빛으로 오신 예수님

Exposition of John

빛으로 오신 예수님

한 복 음 강 해

께서 가라사대 내가 곧 길이요 진리요
이니 나로 말미암지 않고는 아버지께로
가 없느니라(요한복음 14:6)

김서택 지음

솔로몬

빛으로 오신 예수님

초판3쇄 발행 2014년 1월 15일

지은이 김서택
펴낸이 박영호
펴낸곳 도서출판 솔로몬

등록번호 제 16-24호
등록일 1990년 7월 31일

주소 : 서울시 동작구 사당3동 207-3 신주빌딩 1층
TEL : 599-1482 FAX : 592-2104
직영서점 : 596-5225

값 : 40,000원
ISBN : 978-89-8255-423-0 03230

서문

가장 위대한 복음서

요한복음은 예수님의 사랑을 가장 많이 받은 제자 요한이 아주 늙었을 때 기록한 말씀으로 알려지고 있습니다. 요한복음의 놀라운 점은 이 복음서만 읽어도 예수 그리스도가 누구인지 확실히 알고 구원을 받을 수 있다는 것입니다. 요한복음은 누가 읽어도 쉽게 이해할 수 있는 하나님의 진리가 기록이 되어 있습니다. 그러면서도 아무리 오래 믿은 사람도 쉽게 이해할 수 없는 어려운 진리가 들어있는 것도 사실입니다.

저는 이미 오래 전에 요한복음을 여섯권의 책으로 출판을 한 적이 있습니다(성서유니온간). 그러나 세월이 많이 지난 지금 저는 요한복음을 일반 교인들이 좀더 쉽게 이해하고 은혜받을 수 있는 방법이 없을까 생각을 하게 되었습니다. 그래서 산고를 겪은 후 다시 요한복음을 강해해서 책으로 출판을 하기로 결정했습니다.

본서를 읽은 독자들은 요한복음을 쉽게 그리고 은혜스럽게 이해하면서도 성경의 전체적인 관점을 갖고 요한복음을 새롭게 읽게 될 것입니다.

즉 예전에는 성경 주해에 좀 더 관심을 가졌다면 이번에는 전체적인 흐름이나 의미에 좀 더 관심을 가졌다고 말할 수 있을 것입니다.

요한복음이 우리에게 주는 축복은 엄청난 것입니다. 우리는 이것을 읽고 묵상하는 가운데 은혜를 받을 뿐 아니라 설교하고 가르치는 가운데도 많은 능력과 축복을 체험할 수 있을 것입니다.

이 부족한 설교집이 우리 목회자들이나 성도들로 하여금 요한복음의 진리 속에 좀 더 쉽게 접근하며 그 속에 들어 있는 축복을 캐내는데 좋은 징검다리 역할을 할 수 있기를 기대합니다.

마지막으로 이 책을 기꺼이 출판해 주신 솔로몬 출판사 대표 박영호 집사님과 편집부 직원들에게 감사를 드립니다. 그리고 언제나 하나님의 말씀을 듣는데 적극적이며 설교자인 저에게 용기와 격려를 항상 아끼지 아니하시는 대구 동부 교회 성도님들에게 감사를 드리며 또 비록 멀리 떨어져 있지만 인터넷으로 저의 설교를 청취하시면서 영적으로 교통하시는 많은 성도님들에게도 감사를 드립니다.

대구 수성교옆에서

김 서 택 목사

차례

요 한 복 음 강 해

빛으로 오신 예수님

Exposition of John

Exposition of John

01 _ 요 1:1-14

하나님의 아들의 오심

집에 어떤 손님을 모시느냐 따라서 집안의 분위기가 완전히 달라지는 것을 보게 됩니다. 예를 들어 자기 친척 중에서 가장 성공을 했고 유명하게 된 사람이 찾아왔다면 그 집 식구들은 모두 어깨가 으쓱할 것이며 집안 식구들의 얼굴에는 기쁨을 감추지 못할 것입니다. 그러나 형제 중에서 주벽이 아주 심하고 오기만 하면 행패를 부리거나 소리를 지르고 물건을 두들겨 부수는 사람이 왔다면 식구들은 모두 싫어할 것이며 안절부절 하지 못할 것입니다.

우리 기독교에서는 '심방' 이라고 하는 아주 중요한 제도가 있습니다. 이것은 목회자나 교인들이 다른 성도들의 집을 방문해서 문안하고 함께 예배를 드리는 것입니다. 우리가 주님의 이름으로 다른 형제의 집을 방문하고 예배드리면 그곳에 하나님의 나라가 임하게 되고 하나님의 축복이 임하게 됩니다. 그러나 여러 가지 이유로 심방을 받지 못할 때도 있을 것입니다. 예를 들어 자기는 예수를 믿지만 집안의 가장이 심하게 기독교를 반대하거나 핍박할 때에는 목사님을 영접해서 예배드리지 못할 것입니다. 제가 아주 어렸을 때 저희 주일학교 전도사님이 저희 집에 심방을 오셨습니다. 그러나 저희 아버지가 워낙 기독교를 싫어하셨기 때문에 소리를 지르시고 욕을 하는 바람에 전도사님은 얼른 놀라서 예배도 드리지 못하고 가야만 했습니다. 그래서 집 밖에서 저에게 손을 흔들면서 잘 있으라는 표시를 하셨습니다. 그때 저는 마음이 아주 많이 아팠습니다.

우리 기독교에는 가장 중요한 것이 '말씀' 입니다. 우리가 모이는 것은 하나님의 말씀을 듣기 위한 것이며 우리에게는 항상 하나님의 말씀이 우리 모든 신앙과 활동의 중심이 되고 있습니다. 때때로 어떤 분들은 왜 항상 교회에 딱딱하고 재미없게 하나님의 말씀만 중심이 되어야 하는지 모르겠다고 하면서 다른 것을 교회 중심에 끌어들이려고 하는 분도 있습니다. 그러나 오늘 말씀은 교회에 하나님의 말씀이 얼마나 중요한 것인지 깨닫게 해 줍니다. 또한 이것이 우리가 사는 유일한 길이라고 말씀하고 있습니다.

요한복음은 사도 요한이 아주 늙었을 때 기록한 것으로 알려지고 있습니다. 특히 요한은 다른 세 복음서를 알았던 것 같습니다. 그래서 할 수 있으면 다른 세 복음서와의 중복은 피하면서 예수님이 행하신 능력과 기적과 가르침을 자신의 풍부한 해석과 함께 이 복음서를 기록하려고 한 노력을 감지 할 수 있습니다.

오늘 본문 말씀은 요한복음의 서문에 해당되는 부분인데 상당히 상징적이고 어려운 표현으로 되어 있는 것을 볼 수 있습니다.

보통 책의 서문이라고 하는 것은 모두 다 책을 다 쓰고 난 후에 쓰게 되어 있습니다. 그러나 이 당시에는 두루마리 양피지에 책을 필사했기 때문에 나중에서 서문을 써서 앞에 붙일 수가 없었습니다. 그래서 아마도 요한은 처음부터 이 서문을 쓰고 요한복음을 기록한 것 같습니다. 즉 요한은 처음부터 자신이 요한복음을 어떤 주제와 어떤 내용으로 쓸 것인지를 작정을 하고 기록을 해 나간 것입니다.

요한복음의 서문은 예수 그리스도의 오심이 얼마나 엄청난 일인가를 우리에게 보여주고 있습니다. 예수님이 이 세상에 오신 것은 성공한 친척이나 잘 아는 유명한 사람이 찾아온 것이 아니라 온 천지를 창조하신 하나님의 아들이 찾아오신 것이라는 사실입니다. 중요한 것은 그를 영접하는 자는 누구든지 하나님의 아들이 되는 특권을 주시는 것입니다.

오늘 본문은 세 부분으로 나눌 수 있습니다. 첫 번째는 그리스도와 하나님의 관계입니다. 두 번째는 그리스도와 이 세상과의 관계입니다. 그리고 세 번째는 그리스도와 우리 믿는 자와의 관계입니다.

하나님의 아들의 정체

요한복음 1장 1절

태초에 말씀이 계시니라 이 말씀이 하나님과 함께 계셨으니 이 말씀은 곧 하나님이시니라

우리가 자주 사용하는 '예수'라는 이름은 하나님의 아들이 이 세상에 태어나셔서 사용하신 이름입니다. 그런데 하나님의 아들은 이 세상에 태어나기도 전부터 존재하셨기 때문에 이 세상에 태어나기 전의

이름을 무엇이라고 불러야 하는지 궁금하지 않을 수 없습니다. 구약성경에도 보면 이 세상에 태어나기 전의 제 이위 하나님에 대하여 '여호와' 라고 불리우기도 하고 '여호와의 사자' 라고 불리우기도 하고 어떤 곳에서는 '그 천사' 라고 부르는 경우도 있었습니다. 그런데 요한복음에서는 이 세상에 오시기 전의 하나님의 아들을 '로고스' 라고 부르고 있습니다. 우리는 보통 '로고스' 라고 하면 가장 먼저 생각나는 것이 그리스 철학자들이 말하는 '로고스' 입니다. 즉 이 세상의 제일 원리로서의 로고스나 혹은 이성으로서의 로고스를 생각하게 되는 것입니다. 그러나 요한은 결코 그런 의도로 이 '로고스' 라는 단어를 사용하지 않았다는 것을 단언할 수 있습니다. 왜냐하면 그리스 철학자들이 말하는 '로고스' 는 어떤 인격을 가진 신이 아니기 때문입니다. 즉 그들은 결코 인격을 소유하지 않은 어떤 존재의 원리 같은 개념을 말하기 때문입니다. 그런데 요한이 요한복음 서두에서 '태초에 하나님의 아들이 계셨다' 라고 하면 가장 간단하고 명료하게 이해하기 쉬울 텐데, 왜 그는 굳이 '로고스' 라고 오해되기 쉬운 말을 썼을까요? 그것은 바로 이 '로고스' 가 요한복음의 가장 중요한 주제이기 때문입니다. 사도 요한은 우리에게 주어진 하나님의 말씀을 거의 예수 그리스도와 동격의 위치에 놓고 있습니다. 즉 하나님의 말씀은 예수님 자신은 아닙니다. 왜냐하면 우리에게 주어진 말씀은 그 자체가 신은 아니기 때문입니다. 이 말씀은 들려져야 하고 이해되어야 하는 말씀이지 이 말씀 자체가 신이나 신앙의 대상은 될 수가 없는 것입니다. 그러나 우리가 이 말씀을 듣고 믿음으로 받아들일 때 우리 안에는 하나님의 아들이 오신 것과 똑같은 능력과 축복이 임하게 됩니다. 그래서 장차 오는 시대의 모든 교회와 성도들에게 이 복음 즉 하나님의 말씀을 예수님 자신처럼 사랑하고 받아들이라는 뜻에서 하나님의 아들을 '로고스' 즉 말씀이라고 표현을 하고 있는 것입니다. 그러기에 우리는 하나님의 말씀이 우리 신앙의 중심이 되고 교회의 중심이 되게 해야 합니다. 이것이 우리 가운데 예수님을 바로 모시는 신앙인 것입니다.

이제 사도 요한은 예수님에 대하여 설명하기 시작합니다. 우선 예수님에 대하여 가장 중요한 것은 그가 하나님과 함께 계셨다는 것입니다. 여기서 '함께 계셨다' 는 것은 두 분이 다르다는 것을 의미합니다. 예를 들어 '거기에 두 사람이 함께 있었다' 라고 말할 때 거기에는 서로 다른 두 사람이 있은 것이지 한 사람이 있은 것을 말하지 않습니다. 즉 '하나님과 함께' 라는 말은 예수님은 성부 하나님과 구별되는 분이라는 뜻입니다. 아들은 성부가 아닙니다. 아들은 독립된 인격을 가진 분으로 창조 전부터 아버지와 함께 계셨습니다. 그러나 그는 하나님이셨습니다. '이 말씀은 곧 하나님이시니라' 이 말은 조금 전에 '하나님과 함께 있었다' 는 말을 부정하는 것이 아니고 오히려 하나님과 모든 점에서 똑같았다는 뜻입니다. 아들은 아버지는 아니지만 영광이나 본성이나 자질은 모두 다 하나님의 성품을 가졌지 피조물의 본성을 가진 것은 아니었습니다. 예수 그리스도는 또 다른 하나님이셨습니다. 이 세상의 모든 것은 다 피조물입니다. 천사도 피조물이고 우주도 피조물이고 사람도 피조물입니다. 그러나 하나님의 아들은 피조물이 아니었습니다.

예를 들어 자동차 공장에 가보면 많은 자동차가 있을 것입니다. 그 자동차 중에는 아주 큰 것도 있고 비싼 것도 있습니다. 그러나 그 자동차들은 그 어느 것도 사람이 아닙니다. 모두 사람이 만든 것입니다. 그렇기 때문에 자동차는 아무리 부서져도 다시 만들면 됩니다. 그러나 사람은 다시 만들어낼 수가 없습니다. 마찬가지로 이 온 우주에서 피조물이 아닌 것은 하나님과 아들 밖에 없었습니다. 나머지는 모두 다 하나님이 만드신 작품들이지 하나님은 아니었습니다.

오늘 성경은 하나님의 아들에 대하여 두 가지를 말씀하고 있습니다.

그 하나는 하나님의 아들이 이 세상 모든 피조물을 만들었다는 것입니다.

요한복음 1장 2-3절

그가 태초에 하나님과 함께 계셨고 만물이 그로 말미암아 지은바 되었으니 지은 것이 하나도 그가 없이는 된 것이 없느니라

여기서 중요한 것은 '만물이 그로 말미암아 지은 바 되었다' 는 것입니다. 도대체 '그로 말미암아 지은 바 되었다' 는 것이 무엇을 의미합니까? 이것은 피조 세계에서의 아들의 위치에 대한 것을 말하는 것입니다. 우리는 창세기 1장에서 하나님께서 말씀만 하심으로 모든 것이 다 저절로 만들어진 것으로 알고 있습니다. 그런데 오늘 말씀을 보면 '아들로 말미암아 모든 것이 만들어졌고 또 아들 없이 된 것은 아무것도 없다' 고 말씀하고 있는 것입니다.

중요한 것은 천지창조에 있어서 아들은 방관자의 위치에 있었거나 혹은 한쪽 사이드에 밀려서 전혀 중요하지 않은 그런 위치가 아니었다는 것입니다. 아들은 창조에 있어서 굉장히 중요한 역할을 감당했고 완성된 피조 세계에 있어서도 중심적인 위치를 차지한 것을 알 수 있습니다. 그렇다면 '그로 말미암아' 라고 했을 때 어느 정도로 아들이 창조에 관여한 것을 말할까요?

아마도 하나님께서 아들을 시켜서 모든 것을 다 만들도록 했다고 생각합니다.

즉 모든 창조를 계획하시고 지휘하신 분은 하나님이시지만 실제로 모든 실무를 행하신 분은 아들이신 것입니다. 그래서 이 세상에 있는 것 중에서 아들의 손이 가지 않은 것은 없고 아들이 모르는 것은 없는 것입니다.

저희 교회에서도 무슨 일을 할 때에는 꼭 그 일을 맡은 담당자를 통해서 합니다. 즉 '담당자를 말미암아' 하는 것입니다. 그래서 겉으로 나타나는 데는 담당자의 이름이 나오지 않을지 몰라도 실무는 모두 담당자의 손을 다 거쳐서 이루어지게 되어 있습니다. 그런 까닭에 우리가 여기서 알 수 있는 것은 모든 피조세계의 창조가 우리가 생각하는 것처럼 '빛이 있으라' 는 말 한 마디로 저절로 쉽게 되어진 것이 아니라는 것입니다. 아들이 상당히 연구를 하고 애를 써서 모든 것이 이루어졌다는 것을 알아야 합니다. 곧 이 피조 세계는 아들의 꼼꼼한 연구와 솜씨 그리고 노력으로 만들어진 결과인 것입니다.

그리고 또 하나는 이 아들 안에 생명이 있다는 것입니다.

요한복음 1장 4절

그 안에 생명이 있었으니 이 생명은 사람들의 빛이라

성경은 '아들은 살아있었다' 라고 말하지 않고 '그 안에 생명이 있었다' 라고 말씀하고 있습니다. 이 '생명' 은 단순히 살아있는 것 이상의 생명인 것입니다. 즉 아들 안에 있는 생명은 하나님의 모든 영적인 축복을 다 말하는 것입니다. 우리의 육체적인 생명을 넘어서는 영적인 축복입니다. 우리가 하나님을 알고 믿음의 능력을 가지고 하나님의 거룩한 본성을 가지며 성령의 능력으로 사는 모든 것을 다 포함하는 것입니다. 무엇보다 아들의 이 생명은 다른 사람에게 줄 수 있는 생명입니다. 예수님은 이 생명을 자신의 육체에 싸가지고 이 세상에 오셔서 우리 인간들에게 이 생명을 다 나누어주셨습니다.

이것이 예수님이 이 세상에 오신 본질이고 의미입니다. 인간들은 악하게도 창과 못으로 그의 육체를 찢었지만 그의 육체가 찢어질 때 그 안에 있던 생명이 흘러나오게 되었습니다. 지금 그 생명이 어디에 있습니까? 우리가 듣는 이 하나님의 말씀 안에 있습니다. 이 말씀 안에는 저주를 이기고 멸망을 이기고 죄를 이기는 생명이 가득 들어 있습니다.

영적인 빛과 어두움

이 세상은 하나님의 아들에 의하여 아주 아름답게 창조되었습니다. 그런데 이 피조 세계에 무엇인가 엄청난 일이 일어났습니다.

요한복음 1장 5절

빛이 어두움에 비취되 어두움이 깨닫지 못하더라

갑자기 이 세상에 어두움이 생겨나게 되었습니다. 그리고 이 어두움이 얼마나 심한지 아무리 빛이 비춰도 어두움은 그 빛을 깨닫지 못했습니다. 어떤 번역에는 '어두움이 이기지 못하더라' 고 되어 있기도 합니다.

다시 말해서 아들은 자기가 그렇게 정성을 쏟아서 만든 이 세상을 빼앗겨버린 것입니다. 그리고 아무리 이 세상을 사랑하고 변함없이 사랑과 축복을 보내어주어도 이 세상은 그것을 알지 못했던 것입니다.

결국 누가 하나님의 아들이 만든 세상을 빼앗아갔을까요? 바로 마귀와 우리 인간들이 그렇게 한 것입니다. 에덴동산에서 뱀과 여자가 한 것은 이 세상을 하나님으로부터 빼앗아서 우리 인간의 세상으로 만들자는 것이었습니다. 그래서 이 세상은 정말 마귀와 인간의 세상이 되어버렸습니다. 인간이 마귀와 합작을 해서 이 세상을 빼앗은 결과는 어두움이 있게 된 것입니다.

여기서 우리에게 궁금한 것은 왜 요한은 예수님과 이 세상의 관계를 빛과 어두움이라고 하는 비유적인 표현을 사용했는가 하는 것입니다.

특히 요한이 말하는 이 빛은 우리 눈으로 볼 수 있는 빛이 아닌 다른 빛을 말합니다. 이것은 하나님의 사랑이요 하나님의 축복이며 하나님의 능력인 빛을 말하는 것입니다. 인간들이 이 세상을 하나님으로부터 빼앗아서 자기 것으로 만들었을 때 찾아온 것은 영적인 캄캄함뿐이었습니다. 그들은 눈에 보이는 것은 마음대로 가질 수 있었지만 정말 중요한 하나님의 축복은 영원히 빼앗기고 잃어버리게 되었습니다. 이것이 인간들이 저지른 계산착오였습니다. 사람들은 지금도 이 계산착오를 하고 있습니다. 사람들은 눈에 보이는 세상의 돈이나 명예가 좋아서 정신없이 세상을 향하여 달려가고 있습니다. 그리고 일체 하나님의 말씀에 귀를 기울이려고 하지 않습니다. 그러나 진짜 복은 눈에 보이는 복이 아니라 눈에 보이지 않는 것입니다.

사람들이 이 세상에 있는 좋은 것을 아무리 많이 가진다 하더라도 하나 밖에 없는 이 몸뚱이를 먹이고 씻기고 입히고 즐겁게 하는 것 밖에 없습니다. 그런데 아무리 돈이 많고 재산이 많아도 문제는 이 몸뚱이가 하나 밖에 없는 것입니다. 아무리 먹을 것이 많아도 위는 제한되어 있습니다. 아무리 패물이나 옷이 많아도 걸칠 수 있는 몸뚱이는 하나 밖에 없습니다. 그러나 하나님의 은혜는 우리 몸속에 하나님의 영광으로 채우고 하나님의 기쁨으로 채우고 하나님의 능력으로 채웁니다. 이것은 도무지 비교할 수 없는 축복인 것입니다. 세상의 것들은 채우면 채울수록 더 썩게 되어 있고 부패하게 되어 있고 더 추하게 되어 있습니다. 그러나 하나님의 은혜는 채우면 채울수록 우리가 더 아름다워지게 되어 있고 더 존귀해지게 됩니다. 결국 인간의 품격은 자기 안을 무엇으로 채우느냐에 달려 있습니다. 욕심으로 채우면 추하게 되는 것이고 하나님의 말씀으로 채우면 존귀하게 됩니다. 그래서 우리는 자신의 모순이나 결함에 대하여 너무 고민하지 마시고 채우는 것을 바꾸면 됩니다.

오늘 말씀을 보면 이 빛에 대하여 세 가지 증거를 말씀하고 있습니다.

첫째는 이 세상 자체의 증거입니다.

요한복음 1장 10절

그가 세상에 계셨으며 세상은 그로 말미암아 지은바 되었으되 세상이 그를 알지 못하였고

하나님에 대한 가장 분명한 증거는 이 세상 자체입니다. 하나님께서

는 이 세상에 여전히 햇빛과 비를 주시면서 은총을 내려주셨습니다. 우리 인간들에게 건강을 주시고 지혜도 주시며 복도 빼앗지 아니하셨습니다. 그럼에도 불구하고 우리 인간들은 하나님을 인정하지 않았습니다.

두 번째는 구약 말씀의 증거입니다.

요한복음 1장 11절

자기 땅에 오매 자기 백성이 영접지 아니하였으나

하나님께서는 이스라엘 백성들을 끝까지 '자기 백성'으로 생각하셨습니다.

하나님은 이스라엘 백성들에게는 하나님의 존재를 알게 하셨고 하나님의 축복을 알게 하셨습니다. 그러나 너무나도 죄의 세력이 강하여서 자기 백성들은 모두 하나님을 배반하고 하나님의 아들을 영접지 아니하였습니다. 하나님의 아들을 거부하고 십자가에 못박혀 죽게 했습니다.

세 번째는 하나님이 보내신 사람의 증거였습니다.

요한복음 1장 6-7절

하나님께로서 보내심을 받은 사람이 났으니 이름은 요한이라. 저가 증거하러 왔으니 곧 빛에 대하여 증거하고 모든 사람으로 자기를 인하여 믿게 하려 함이라

우리는 세례 요한에 대하여 잘 알지 못하지만 예수님 당시의 사람들에게는 요한이 굉장히 유명한 사람이었습니다. 아마도 이 당시에 예수님을 모르는 사람은 많아도 세례 요한을 모르는 사람은 거의 없었을

것입니다. 그 정도로 세례 요한은 권세 있는 설교자였습니다. 그런데 그 세례 요한의 주된 사명은 바로 예수님을 증거하는 것이었습니다.

오늘도 하나님께서는 이 빛에 대하여 삼중적으로 증거를 하십니다. 하나는 자연의 일반은총을 통해서 증거하시고, 또 하나는 구약 이스라엘 역사와 성경을 통해서 증거하시고, 세 번째는 하나님이 보내신 복음 전도자들을 통해서 증거하시는 것입니다.

그러나 사람은 결코 빛이 아닙니다. 이 세상에 아무리 능력 있고 유능한 복음 전도자가 있다 하더라도 그는 빛이 아닙니다. 오직 그 빛을 반사하고 증거하는 종일 뿐입니다. 우리는 사람을 믿는다고 해서 구원을 얻을 수가 없습니다. 오직 참 빛은 예수님 한 분 뿐이십니다.

하나님의 축복 안에 들어갈 수 있는 자

여기서 사도 요한은 가장 중요한 말씀을 하고 있습니다. 그 말씀은 누구든지 예수님을 하나님의 아들로 믿고 영접하는 자는 하나님의 자녀가 되는 권세를 얻게 된다는 것입니다.

요한복음 1장 12절

영접하는 자 곧 그 이름을 믿는 자들에게는 하나님의 자녀가 되는 권세를 주셨으니

여기서 '영접한다'는 것과 '그 이름을 믿는 것'은 같은 것입니다. 즉 하나님께서 우리에게 주시려는 것은 타락하기 전 세상의 모습대로 돌려주시려고 하는 것이 아닙니다. 하나님이 우리에게 주시려는 것은

인간이 욕심으로 잃어버린 것과 비교되지 않는, 수천 배 아니 수억만 배 되는 복을 우리에게 주시려고 하시는 것입니다. 그래서 하나님께서는 마치 바보나 되시는 것처럼 마귀와 인간들이 하나님이 만드신 세상을 다 빼앗아 가고 유린해도 가만히 계셨던 것입니다. 하나님께서 우리 인간들에게 주시려는 것은 영원한 하나님 자신의 축복입니다. 우리로 하여금 하나님의 친자식처럼 되게 하시는 것입니다. 그래서 영생을 상속하게 하시고 영원히 썩지 않는 젊음과 생명을 갖게 하는 것입니다.

하나님께서는 이것을 위해서 우리 인간들에게 오직 단 하나만 요구하셨습니다. 그것은 이 세상에 오신 하나님의 아들을 믿는 것입니다.

'영접하는 자 곧 그 이름을 믿는 자들에게는 하나님의 자녀가 되는 권세를 주셨으니' 입니다.

여기서 예수님을 영접하고 믿는다는 것은 특별한 어떤 것을 의미하지 않습니다. 우선 예수님께서 하나님의 아들이시며 내 죄를 대신하여 오셔서 죽으셨다는 것을 믿는 것입니다. 그리고 나서는 내 집을 열어서 하나님의 말씀을 가운데 모시고 믿음의 집이 되게 하는 것입니다. 그러면 하나님의 자녀가 되는 것입니다. 여기에 보면 '권세를 얻는다' 고 했습니다. 이 권세는 당당한 자격이고 어느 누구도 빼앗지 못할 뿐 아니라 하나님 앞에서 당당하게 인정받는 자격을 말합니다. 우리가 하나님 앞에서 기도하거나 예배를 드릴 때 천사들도 우리를 가로막지 못합니다.

이것에 대하여 요한은 좀 더 자세히 설명을 하고 있습니다.

요한복음 1장 13절

이는 혈통으로나 육정으로나 사람의 뜻으로 나지 아니하고 오직 하나님께로서 난 자들이니라

여기서 가장 중요한 것은 누구든지 예수를 믿는 자는 하나님으로부터 태어난 새로운 생명을 얻는다는 것입니다. 믿는 자는 모두 다시 태어난 사람들입니다. 즉 과거의 허물과 죄로 죽었던 우리 자신은 예수님의 십자가에 못박아버리고 우리는 새로운 생명을 하나님으로부터 받았습니다. 우리의 이 새 인생은 옛날의 인생과는 다릅니다. 우선 우리는 과거의 실패했던 내 자신에게 더 이상 고통 받지 말아야 합니다. 왜냐하면 과거의 그 모든 고통스러웠던 경험들이 하나님을 바로 만나기 위한 과정이었기 때문입니다. 우리가 하나님을 바로 만나게 되었다면 오는 길에 있었던 좋지 못했던 일들은 아무 상관이 없는 것입니다. 그리고 이 새 인생은 내가 힘쓰고 애써서 인생을 개척해나가는 것이 아닙니다. 다른 사람들과 치고 박고 싸워서 이기는 경쟁의 삶이 아닙니다. 이것은 오직 믿음으로 사는 인생입니다. 나는 부족하지만 하나님을 믿고 감사함으로 살아가면 하나님이 나의 모든 부족한 부분을 다 채워주셔서 완전하게 살아가도록 하시는 것입니다. 예를 들어서 내가 가진 능력이 5퍼센트 밖에 되지 않는다면 모든 것을 하나님께 맡기고 감사하면서 최선을 다하면 하나님께서 95퍼센트가 되어주셔서 온전한 백퍼센트의 삶이 되게 하십니다. 여기에는 다시는 사탄의 종노릇하는 것과 다른 사람들과 물고 뜯고 싸우는 것이 없습니다. 오직 내게 능력주시는 자 안에서 모든 것을 감사하면서 살면 되는 것입니다.

이것이 바로 어두움의 감옥에서 나온 것이며 죄의 쇠사슬에서 풀려난 것이며 마귀의 종노릇에서 풀려난 것입니다.

요한은 이것은 자연적인 삶으로는 절대로 안된다고 했습니다. '혈통이나 육정이나 사람의 뜻으로 나지 아니하고' 여기서 혈통은 부모의 상태를 말합니다. 그리고 육정은 육체적인 탄생을 말합니다. 그리고 사람의 뜻이라고 하는 것은 정신적인 노력을 말합니다. 모든 사람들은 부모로부터 육정으로 태어납니다. 육정으로 태어는 모든 사람들은 죄 아래 사로잡혀 있습니다. 아무리 부모를 잘 만나서 귀족이나 왕족으로 태어난다 할지라도 아무리 돈이 많은 부잣집에서 태어났다고 해도 그는 죄의 종입니다. 그러므로 오직 하나님의 축복의 자녀가 될 수 있는 길은 예수님을 믿는 길 외에는 없습니다. 여기서 예수님을 믿는다는 말 안에는 자기 인생을 다 맡긴다는 의미가 들어 있습니다.

14절은 작은 결론입니다.

요한복음 1장 14절

말씀이 육신이 되어 우리 가운데 거하시매 우리가 그 영광을 보니 아버지의 독생자의 영광이요 은혜와 진리가 충만하더라

하나님의 아들은 자신의 육신 안에 모든 하나님의 생명과 축복을 싸가지고 이 세상에 오셨습니다. 제자들이 이 생명을 처음 접촉한 것은 예수님의 입에서 나오는 말씀을 통해서였습니다. 예수님은 너무나도 평범하게 생기셨기 때문에 그와 대화를 나누어보기 전에는 요한도 그 분이 하나님의 아들이신지 몰랐습니다. 그런데 그 분이 입을 열어서 말씀하시는 순간 온 세상은 달라지기 시작했습니다. 모든 어두움의

먹구름을 사라지고 하나님의 찬란한 빛이 사람들의 마음속에 비취기 시작했습니다. 그리고 여기저기서 죄의 쇠사슬과 마귀의 쇠사슬이 철컥 철컥 끊어지는 소리가 들렸습니다.

마치 사도 바울과 실라가 빌립보 감옥에서 찬송하고 기도했을 때 옥문이 열리고 착고가 풀리는 일이 일어났던 것처럼 예수님의 말씀을 듣는 순간 모든 사람들의 마음속에 그런 일이 일어나게 된 것입니다. 그리고 그들은 보게 되었습니다. 그것은 바로 예수님 안에 있는 하나님의 영광이었습니다. 예수님 안에 있는 하나님의 사랑과 축복을 보게 된 것입니다. 하나님이 보잘 것 없는 나 같은 죄인을 얼마나 사랑하시는지를 보게 된 것입니다. 눈으로 보는 이상으로 더 분명하게 볼 수 있게 되었습니다.

예수님께서 십자가 위에서 못 박히실 때 입으로 흘러나오던 모든 축복이 다 터져버렸습니다. 마치 양가죽 부대가 터지면서 그 안에 들어있는 포도주가 다 쏟아지듯이 예수 그리스도 안에 있는 하나님의 모든 축복과 능력이 전부 다 우리 모든 인간들에게 다 쏟아지게 되었습니다.

여기에 보면 '말씀이 육신이 되어 우리 가운데 거하시매' 라고 되어 있습니다. 그러면 예수님의 거처는 어디였습니까? 이것이 바로 뒤에 나오는 제자들의 질문이었습니다. 예수님의 거처는 어디신가요? 예수님의 거처는 없었습니다. 예수님은 아무데도 집을 가지지 아니하셨습니다. 예수님의 거처는 오직 우리 믿는 사람들 안인 것입니다. 우리가 하나님의 말씀을 가지고 모일 때 예수님은 우리 가운데 거처를 함께 하셔서 우리 모임이 성전이 되게 하십니다.

'우리가 그 영광을 보니 아버지의 독생자의 영광이요 은혜와 진리가 충만하더라' 예수님 안에 있는 영광은 하나님의 영광이었습니다. 그리고 은혜와 진리가 충만했습니다. 여기서 은혜라는 것은 죄인을 향한 하나님의 무한한 사랑을 말합니다. 그리고 진리라고 하는 것은 끝까지 우리를 배신하지 않고 우리를 버리지 않고 책임지시는 사랑을 말합니다. 우리는 아무리 부족하고 연약해도 우리가 예수를 믿는 이상 하나님은 결코 우리를 버리지 아니하시며 결코 우리를 거부하지 아니하시고 끝까지 책임을 지시는 것입니다.

인간들은 이 세상의 좋은 것을 다 차지하면 복 받았다고 생각하지만 진정한 복은 예수님 안에 있습니다. 우리는 예수님안에서 새로운 삶을 살아가야 합니다. 우리는 이제 자신만을 위하여 육체의 욕심을 따라 살아서는 안 됩니다. 우리는 하나님이 주시는 것에 만족하면서 오직 내 속을 하나님의 영광과 은혜로 채우면서 살아야 합니다.

Exposition of John

02 _ 요 1:15-34

성령으로 세례 주실 분

제가 처음 서울에 올라가서 살았던 변두리는 그때까지 전기가 들어오지 않았습니다. 그래서 밤이 되면 호롱불을 켜야만 했고 집 안에는 전기를 사용하는 기구가 단 한 개도 없었습니다. 물론 물도 우물물을 펌프로 퍼 올려서 사용해야만 했습니다. 그러다가 어느 날 집에 전기가 들어오게 되었습니다. 그때 전기불의 밝기와 찬란함이라고 하는 것은 말로 표현할 수가 없었습니다. 전기불은 호롱불 수십 개를 밝혀 놓은 것보다 더 환하게 온 방을 밝혀놓았고 그 후에 공장의 기계가 가동이 되기 시작했고 다른 모든 생활도 달라지게 만들었습니다.

오늘날은 전기의 의존도가 더욱 높아져서 이제는 단 하루라도 전기가 끊어지면 생활하는 것 자체가 거의 불가능하게 되어버렸습니다. 그러나 우리 인간들에게는 전기보다 훨씬 더 필요한 것이 있습니다. 이것은 단순히 생활의 편의를 위한 것이 아니라 우리 인간의 본질을 결정하는 가장 중요한 에너지인 것입니다. 즉 이것은 우리가 좀 더 문명의 혜택을 보고 좀 더 고상하게 수준 높게 사느냐의 문제가 아니라 우리가 과연 진정한 인간으로 살 수 있느냐 아니면 짐승같이 멸망할 자로 사느냐 하는 것을 결정하는 가장 중요한 문제인 것입니다. 그것이 무엇입니까? 바로 우리 인간에게 하나님의 성령이 임하는 것입니다.

오늘 우리가 읽은 본문 말씀을 보면 기독교의 가장 중요한 모든 진리가 다 들어 있다는 것을 알게 될 것입니다.

예수님이 세상에 자신을 나타내시기 전에 활동을 한 사람은 세례 요한이었습니다. 그런데 세례 요한에 대한 유대인들의 반응은 거의 절대적이었던 것을 우리는 볼 수 있습니다. 유대인들은 여기서 한 걸음 더 나아가서 세례 요한이 메시야가 아닌가 하는 기대까지 많이 하게 되었습니다. 그것에 대하여 세례 요한은 분명히 대답하기를 '나는 메시야가 아니라' 고 했습니다. 그러나 내 뒤에 한 분이 오시는데 그 분이 바로 성령으로 세례를 주실 분이라고 소개를 했습니다. 우리 인간들에게 가장 큰 사건은 우리에게 하나님의 성령이 부어지는 것입니다. 우리에게 성령이 부어지는 것은 전기가 없던 동네에 전기가 들어오는 것보다 페니실린이 없는 동네에 페니실린 약이 들어오는 것보다 더 엄청난 사건인 것입니다. 예수님은 우리에게 성령을 주신 분이십니다.

그리스도의 신분

우리는 먼저 오늘 말씀의 심오함에 대단한 주의를 기울일 필요가 있습니다.

세례 요한은 오늘 우리 생활 주변에서 일어나는 시시한 생활 잡기에 대하여 말하고 있는 것이 아닙니다. 세례 요한은 먼저 우리 인간의 머리로는 도저히 알 수도 없고 생각할 수도 없는 하나님의 가장 비밀스러운 진리를 설명하고 있습니다. 그래서 우리는 오늘 말씀을 통해 가볍게 은혜를 받을 생각을 해서는 안 됩니다. 세례 요한은 예수님에 대하여 네 가지를 말씀하고 있습니다.

그 첫 번째가 예수님은 먼저 계셨다는 것입니다.

요한복음 1장 15절

요한이 그에 대하여 증거하여 외쳐 가로되 내가 전에 말하기를 내 뒤에 오시는 이가 나보다 앞선 것은 나보다 먼저 계심이니라 한 것이 이 사람을 가리킴이라 하니라

세례요한은 예수님에 대하여 증거할 때 '외쳐서' 말을 했다고 기록하고 있습니다. 이것은 그가 지나가는 말로 한 마디 한 것이 아니라 온 힘을 다하여 큰 소리로 이 말을 증거했다는 뜻입니다. 그것은 '내 뒤에 한 분이 온다' 는 것입니다.

원래 '메시야' 라는 말은 '기름부음을 받았다' 는 뜻입니다. 즉 하나님이 세운 사람이고 하나님이 보낸 사람이라는 뜻입니다. 하나님께서는 이스라엘 백성들이 위기에 처할 때마다 구원자들을 보내셔서 위기에서 건져주셨습니다.

그러나 구약 성경이 끝난 후 오랫동안 하나님이 세운 사람이 나타나지 않았습니다. 그런데 이사야가 뭐라고 예언을 했는가 하면 마지막 날에 오실 분은 아주 엄청난 분이시라는 것입니다. 아주 어마어마한 능력을 가지신 분이시고 이 세상의 죄를 완전히 끝장내실 한 분이 오

신다고 했습니다. 하지만 그 분이 오시기 전에 반드시 선구자가 온다고 했습니다. 즉 이제는 구약 시대같이 여러 지도자들이나 영웅들이 나타나는 것이 아니라 딱 한 분이 오시는데 그 분은 선구자를 앞세우고 오시고 그 분 뒤에는 다시는 구원자가 오시지 않는 것입니다. 이 분은 바로 하나님이십니다. 그래서 지금 온 인류에게는 어마어마한 역사적인 한 사건이 기다리고 있습니다.

요한은 예수님을 가리켜 '내 뒤에 오시는 이가 나보다 앞섰다' 라고 말을 하였습니다. 그러나 이것은 예수님께서 단순히 세례 요한보다 생일이 몇 달이나 몇 년 앞섰다는 뜻이 아닙니다. 세례 요한은 인간이기 때문에 이 세상에 태어나면서부터 존재를 했지만 예수님은 무한 전부터 계셨습니다. 그러나 이것을 이런 식으로 표현하는 이유는 하나님께서 진리를 모든 사람들에게 다 알리는 것을 원치 않으시기 때문입니다.

하나님의 진리의 가치는 도저히 돈으로나 다른 것으로 헤아릴 수 없는 어마어마한 것입니다. 하나님께서는 이런 진리를 모든 사람들에게 다 알리는 것을 원치 않으셨습니다. 예수님의 말씀대로 '거룩한 것을 개에게 주지 아니하며 진주를 돼지 앞에 던지지 않는 것' (마7:6) 입니다. 그래서 하나님께서는 외부인들에게는 진리를 감추시면서 믿는 자들에게는 진리를 드러내시는 방법을 쓰고 있는 것입니다. 그래서 우리에게는 성경을 바로 해석하는 것이 아주 중요합니다. 이것이 어마어마한 노다지를 캐내는 것입니다.

예수님은 이 세상에 아무 것도 없을 때부터 존재하신 하나님이십니다. 이것은 도저히 우리 인간들과는 비교도 되지 않는 것입니다. 그런데 그 분이 우리를 사랑하셔서 우리에게 오셨습니다. 마치 인간이 개미를 사랑해서 개미가 된 것과 같은 것입니다. 거기서 한 걸음 더 나아가서 개미들을 대신해서 죽어주기로 한 것과 같은 것입니다. 이것은 말도 되지도 않는 것입니다. 그러나 예수님은 그만큼 우리를 사랑하셨습니다.

세례 요한이 말한 예수님의 두 번째 특징은 '충만' 입니다.

요한복음 1장 16절

우리가 다 그의 충만한데서 받으니 은혜위의 은혜러라

'충만' 이라고 하는 것은 무엇인가 가득 찬 상태를 의미합니다. 이것은 두 가지 사실을 의미합니다. 우선 우리 모든 인간들의 능력은 자신들의 것이 아니고 하나님으로부터 빌려 쓰고 있는 것입니다. 예를 들어 우리나라에는 석유가 한 방울도 나지 않습니다. 이것은 충만한 것이 아니지요. 아무리 석유를 많이 사서 비축을 해 놓았다 하더라도 얼마 지나지 않으면 곧 석유는 비게 될 것입니다. 그래서 석유가 떨어지면 다른 나라에서 사오든지 빌려와야 합니다. 그러나 산유국들은 자기 나라에서 석유가 생산되기 때문에 자기들이 얼마든지 석유 생산량을 조절을 할 수 있습니다. 우리 인간의 모든 능력은 하나님으로부터 빌린 것입니다. 그러나 하나님께서 우리 인간의 능력을 도로 가져가시는 순간 우리는 모두 빈털터리가 되고 맙니다. 우리 인간들은 이것을 모두 조심해야 합니다. 우리의 건강도, 지혜도, 권력도, 돈도 모두 다 하나님께서 빌려주신 것입니다. 그러기에 이런 것들만 붙잡고 살면 하나님께서 거두어 가실 때 알거지가 될 수밖에 없습니다. 우리는 하나님 자신을 잡아야 망하지 않습니다. 우리 주님은 모든 능력의 근원자이십니다. 예수님은 어느 누구에게도 능력이나 권세를 빌려오지 않습니다. 자기 자신 안에 모든 능력이 있으시고 권세가 있으십니다. 무엇보다 항상 '충만' 하시기 때문에 끝없이 능력과 권세가 생산이 되기에 부족함이 없습니다. 그래서 예수님에게는 능력과 기적이 저절로 생산이 됩니다. 성경에 보면 어떤 때에는 예수님도 모르게 능력이 나간 적이 있습니다. 12년간 혈루증을 앓던 여인이 예수님의 옷을 만지니까 예수님도 모르게 능력이 나가버렸습니다. 그래서 우리는 예수님에게 능력이 부족해서 기다려야 한다거나 시간이 있어야 하는 일은 없습니다. 예수님은 우리에게 하나님의 그 무한한 축복을 주시기 위해서 일부러 이 세상에 오셨습니다. 그러니까 우리는 무조건 예수님께 나아가서 간청하기만 하면 하나님의 능력과 기적과 축복을 받을 수 있습니다.

이것이 우리에게는 '은혜 위의 은혜' 로 나타나게 됩니다. 이것은 한 번 은혜를 받았다고 해서 은혜가 끝나는 것이 아닙니다. 예수님의 은혜는 우리의 부족함과 어려움을 완전히 채울 때까지 계속 될 뿐 아니라 그 후에도 계속 우리에게 은혜와 축복을 내려주시기 때문에 우리는 예수님이 한 번만 은혜를 주시고 우리를 모른다고 내팽개치지 않을까 걱정할 필요가 없습니다. 하나님은 한 번만 은혜를 주시고 그 다음에는 은혜를 갑자기 중단하시는 분이 아니십니다. 오히려 한 번 은혜를 주시기 시작하시면 더 많이 더 풍성하게 주시는 분이십니다.

세 번째는 율법과의 차이입니다.

요한복음 1장 17절

율법은 모세로 말미암아 주신 것이요, 은혜와 진리는 예수 그리스도로 말미암아 온 것이라

지금까지 유대인들이 받았던 것은 율법이었습니다. 그러나 율법은 여러 가지 한계가 있었습니다. 장소적인 한계가 있어서 예루살렘 성전에서 제사를 드려야 했고 효과적인 한계도 있어서 이스라엘 자손들이 말씀에 불순종하니까 망할 수밖에 없습니다. 그러나 예수님의 진리는 장소의 한계도 없습니다. 어느 곳에서나 예수님을 믿기만 하면 되고 어떤 죄인도 상관이 없습니다. 아무리 흉측한 죄인도 예수님 앞에 나오기만 하면 다 죄용서 받을 수 있고 새로운 삶을 살 수 있습니다. 여기서 '모세를 말미암아' 혹은 '예수 그리스도를 말미암아' 라는 말에서 '말미암아' 라는 말은 '누구누구를 통해서' 라는 뜻입니다. 율법은 모세를 통해서 하나님이 주셨습니다. 아무리 모세가 불붙는 시내산에서 거의 천사와 같은 자격으로 하나님의 불붙는 말씀을 받았다 하더라도 역시 그는 인간이기 때문에 완전한 하나님의 진리와 은혜를 전달할 수가 없었습니다. 그러나 예수님은 자기 육체 가운데 하나님의 모든 진리와 은혜를 다 싸가지고 이 세상에 오셨습니다. 그래서 예수님은 '걸어 다니는 천국' 이셨습니다. 예수님의 육체 안에는 천국의 모든 보물과 기적과 능력이 다 들어있었습니다. 예수님은 십자가에 못 박히시면서 이것을 우리에게 다 부어주셨습니다.

그래서 네 번째로 이렇게 말하고 있습니다.

요한복음 1장 18절

본래 하나님을 본 사람이 없으되 아버지 품속에 있는 독생하신 하나님이 나타내셨느니라

우리 인간은 하나님을 볼 수 없습니다. 구약 성경에 나타나신 하나님은 절대로 성부 하나님은 아닙니다. 성자이시든지 천사들 중의 하

나인 것입니다. 성부는 우리 인간들은 아무도 볼 수가 없습니다. 그러나 그리스도는 '아버지 품속에 있는 하나님' 이십니다. 여기서 '아버지 품속' 이라는 말은 두 가지 의미가 있습니다. 하나는 너무나도 소중한 존재라는 뜻이고, 다른 하나는 '깊이 감추어진 비밀' 이라는 뜻이 있습니다. 예수 그리스도의 존재는 하나님의 가장 큰 비밀이어서 하나님께서는 깊이깊이 감추어 놓으시고 절대로 내어놓지 아니하셨습니다. 왜냐하면 이 아들이 하나님께서는 너무나도 엄청나게 중요한 분이실 뿐 아니라 이 분의 존재 자체가 어마어마한 가치를 가진 비밀이었기 때문입니다. 예를 들어 어느 나라의 핵무기 시설 같은 것이 있다면 어느 누가 보자고 해도 절대로 보여주지 않을 것입니다. 어떤 경우에는 그런 시설이 있는 것 자체도 인정을 하지 않을 것입니다. 예수님은 그런 분이셨습니다.

여기 보면 '독생하신 하나님' 이라고 했는데 이런 아들의 존재는 또 없습니다. 구약시편에 보면 때때로 천사를 하나님의 아들이라고 할 때도 있는데 진짜 하나님의 아들은 단 한 분밖에 없습니다. 하나님은 그런 어마어마하신 아들을 우리를 위해서 내어주신 것입니다. 이것은 우리를 말로 표현할 수 없을 정도로 사랑하셨기 때문입니다. 우리는 여기서 하나님의 사랑을 믿어야 합니다. 동물의 왕국을 보니까 사슴이 새끼를 낳았는데 맹수가 오니까 풀 속에 새끼를 감추어 놓고 자기는 맹수를 유인해서 다른 곳으로 가는 것을 본 적이 있습니다. 하나님은 아들을 가슴 속 깊이 감추어 놓으시고 결코 나타내시지 아니하셨습니다. 그러시다가 드디어 우리에게 하나님의 모든 복을 다 주시기 위해서 이 아들을 노출시키시고 죽게 하시고 우리로 하여금 모두 하나님의 사랑을 믿게 하신 것입니다.

유대인들의 관심

구약 성경이 끝난 후 하나님의 능력의 종은 나타나지 않았습니다. 말라기 이후로 무려 사백년 동안 권세 있게 설교할 수 있는 종은 나타나지 않았습니다. 하나님의 백성들은 하나님의 말씀을 들어야 살 수가 있는데 하나님의 말씀을 듣지 못하니까 모두 병들어가고 망해버렸습니다. 그런데 갑자기 세례 요한이 유다 광야에 나타나서 설교를 하기 시작했습니다. 이때 세례 요한에 대한 유대인들의 반응은 엄청난 것이었습니다. 얼마나 유대인들이 세례 요한에 대하여 열광적으로 반응을 했든지 그의 설교를 모르는 사람들이 거의 없었고 수많은 사람들이 그로부터 세례를 받았습니다.

유대인들은 여기서 한 걸음 더 나아가서 혹시 세례 요한이 메시야가 아닐까 하는 기대까지 하게 되었습니다. 그것도 한두 사람이 한 것이 아니라 굉장히 많은 사람들이 기대를 하게 되고 심지어는 유대인들을 대표하는 산헤드린 공회에서 대표까지 보내어서 공식적으로 세례 요한에게 '당신이 그리스도냐?' 하는 질문을 하게 되었습니다.

세례 요한은 유대인들의 기대를 수정하여 성경으로 인도를 했습니다. 즉 메시야나 하나님의 구원에 대해서 인간적으로 추측을 하거나 공상을 하지 말고 성경을 가지고 생각을 하라는 것입니다.

세례 요한의 대답은 두 가지였습니다. 하나는 나는 그리스도가 아니라는 것이었습니다. 세례 요한은 성경에 말하는 그리스도가 아니었습니다. 왜냐하면 구약 이후에 구원자는 단 한 분밖에 없기 때문입니다. 그런데 이 한 분의 그리스도의 가장 큰 특징은 선구자가 있다는 것입니다. 즉 그의 안내자가 있는 것입니다. 그래서 세례 요한은 이사야의 말씀을 가지고 자기를 소개했습니다.

요한복음 1장 22-23절

또 말하되 누구냐? 우리를 보낸 이들에게 대답하게 하라. 너는 네게 대하여 무엇이라 하느냐? 가로되 나는 선지자 이사야의 말과 같이 주의 길을 곧게 하라고 광야에서 외치는 자의 소리로라 하니라

이사야 40장3절에 보면 "외치는 자의 소리여 가로되 너희는 광야에서 여호와의 길을 예비하라. 사막에서 우리 하나님의 대로를 평탄케 하라" 고 했습니다. 이것은 유다 백성들이 바벨론 포로에서 돌아오는 것을 예언하는 말씀입니다. 포로 되어 갔던 유다 백성들이 돌아올 때 하나님의 사자가 와서 길을 닦아 놓고 '이 길로 오라' 고 소리를 치면서 백성들을 인도하는 것입니다.

그러면 도대체 이 '광야에서 외치는 소리' 의 정체는 무엇이었을까요? 이 광야는 바벨론 광야가 아니라 사람들의 마음이었습니다. 사람들의 마음을 준비시켜서 예수님을 맞이할 수 있도록 준비시키는 사람이었습니다.

그러나 구약의 중요한 예언은 앞으로 오실 메시야는 여러 사람이 아니고 오직 한 분이시며 이 분은 바로 하나님 자신이라는 것입니다. 그리고 이 분 앞에는 반드시 선구자가 한 사람 나타나게 될 것입니다. 그 선구자가 바로 세례 요한이었습니다.

세례 요한의 사역 중에서 가장 특이한 것은 회개하는 사람들에게 물로 세례를 주는 것이었습니다. 구약에서 신약에 이르기까지 이런 세례를 주는 사람은 아무도 없었습니다. 이것은 세례 요한의 아주 특이한 사역이었고 그래서 그의 이름조차도 '세례 요한' 이 되었습니다.

유대인들은 세례 요한에게 물었습니다. '너는 왜 물로 세례를 주느냐?'

그때 요한은 대답을 했습니다.

요한복음 1장 26-27절

요한이 대답하되 나는 물로 세례를 주거니와 너희 가운데 너희가 알지 못하는 한 사람이 섰으니 곧 내 뒤에 오시는 그이라

구약 시대에 세례라는 의식 대신에 정결 의식이라는 것이 있었습니다. 이것은 죄를 지었던 사람이 죄를 자복하고 속죄제를 드린 후 제사장에게 오면 제사장이 우슬초라는 풀에 물을 찍어 뿌리는 것이었습니다. 그러나 요한은 번제 없이 누구든지 죄를 자복하고 오는 자를 물 속에 집어넣어서 잠그는 의식을 행한 것입니다. 이것은 율법에도 없는 것이고 누가 하라고 한 것도 아니었습니다. 그러나 이것은 유다 백성들에게 죄에 대한 강한 도전이었습니다. 즉 죄를 완전히 해결하려면 짐승을 태우거나 물을 뿌려가지고는 안되고 모든 사람들이 보는 앞에서 자신을 물 속에 집어넣어서 죽여야 한다는 것이었습니다. 그러나 세례 요한은 자신의 세례는 이것 자체가 완전한 것이 아니고 뒤에 이루어질 불세례의 전 단계라는 것을 분명히 했습니다. 곧 내 뒤에 엄청난 한 분이 오시는데 이 분이 성령으로 세례를 주실 것이라고 선포했습니다.

그러면 도대체 성령으로 세례를 받는다는 것이 무엇일까요? 이 당시 사람들은 이것을 완전히 이해하지 못했을 것입니다. 왜냐하면 구약 시대만 해도 성령의 능력은 아주 제한된 사람들에게만 나타났기 때

문입니다. 주로 성령의 능력으로 일한 사람들은 사사기에 나오는 사사들이었습니다. 이 사람들은 평범한 사람들이었지만 성령이 임하시면 갑자기 능력 있는 종이 되곤 했습니다.

그러나 사람들이 성령으로 세례를 받으면 어떻게 되는지 이해를 할 수가 없었습니다.

인간에게 가장 필요하면서도 불가능한 것이 성령으로 세례를 받는 것입니다. 왜냐하면 성령으로 세례를 받는다는 것은 우리 안에 하나님의 신이 들어오는 것이기 때문입니다. 쉬운 말로 표현하면 신들리는 것입니다. 그러나 악한 마귀의 귀신이 들리는 것이 아니고 하나님의 영에 사로잡히는 것입니다.

그러나 이것조차도 우리의 머리로는 이해할 수가 없습니다. 원래 우리 인간은 아주 정교하게 만들어졌습니다. 그런데 인간이 하나님의 만드신 그 완전한 피조물의 기능을 제대로 발휘하려면 우리 인간 안에 하나님의 신이 들어와야 합니다. 그래야 우리 인간들은 마치 완벽한 기계에 전기 에너지가 공급이 되어 능력 있게 가동이 되는 것처럼 움직여지게 되는 것입니다. 그러나 인간들은 하나님의 신이 없어도 생존은 할 수 있게 만들어져 있습니다. 지금 우리 인간들은 단지 일정기간 생존만 하고 있는 것입니다. 마치 물 밖에 나온 물고기가 잠시동안 생존하는 것과 같습니다.

우리가 영원히 살려면 성령이 오셔야 합니다. 왜냐하면 성령이 오셔야 인간들은 죄로 인하여 완전히 파괴된 내면을 고칠 수가 있고 예수를 믿고 구원 받을 수 있기 때문입니다. 성령님은 희한한 능력을 가진 분이신데 우리의 파괴된 속사람을 완전히 고쳐 놓으십니다. 그리고는 하나님의 능력으로 우리 자신이 엄청난 능력으로 살수 있도록 에너지를 공급하십니다.

그러기에 성령이 오시면 인간의 모든 문제는 해결됩니다. 즉 공부를 잘 하거나 못하거나 성장 과정이 훌륭하거나 못하거나 집안이 좋거나 나쁘거나 이 모든 차이는 아무런 문제가 되지 않습니다. 성령이 오시면 인간의 모든 것은 완전히 달라지게 됩니다. 왜냐하면 성령께서 우리의 기능이나 삶을 수천 배 내지는 수만 배 달라지게 하기 때문입니다. 쉽게 말하면 허물과 죄로 죽었던 우리들을 완전히 새 사람으로 살려 놓기 때문입니다. 성령이 오시기 전의 우리는 식물인간과 같습니다. 움직이지도 못하고 사람의 말귀도 알아듣지 못합니다. 그러나 성령이 오시면 살아있는 천사가 되는 것입니다. 우리의 모든 삶 자체가 하나님의 축복이 됩니다. 하나님의 축복의 호스가 되어서 하나님의 귀한 축복이 우리를 통해서 무한정으로 나타나게 됩니다. 다시는 죄와 정욕이 우리를 사로잡거나 노예로 만들지 못합니다.

하나님의 아들의 나타남

세례 요한은 자기 자신도 처음에는 예수가 하나님의 아들인지 잘 알지 못했다고 했습니다. 그런데 요한은 예수님이 하나님의 아들인지 어떻게 알 수 있었을 까요? 그것은 성령이 그에게 임하신 것을 보았기 때문이었습니다.

요한복음 1장 34절

나도 그를 알지 못하였으나 나를 보내어 물로 세례를 주라 하신 그이가 나에게 말씀하시되 성령이 내려서 누구 위에든지 머무는 것을 보거든 그가 곧 성령으로 세례를 주는 이인줄 알라 하셨기에 내가 보고 그가 하나님의 아들이심을 증거하였노라

세례 요한도 예수님이 하나님의 아들인지 몰랐습니다. 단지 세례 요한의 모친과 예수님의 모친이 가까운 친척 관계였기 때문에 탄생에 대한 이상한 이야기는 들었을 것입니다. 그러나 그는 확신은 할 수 없었습니다. 그런데 어느 날 하나님께서 세례 요한에게 말씀을 주셨습니다. 즉 네가 물로 세례를 주면 그 세례 받는 사람 중에 성령을 받는 분이 있을 텐데 그 분이 바로 하나님의 아들이라는 것이었습니다.

하루는 세례 요한이 세례를 주는데 예수님이 오셨습니다. 세례 요한은 예수님에 대하여 어머니로부터 들은 바가 있어서 세례를 줄 수 없다고 했습니다. 오히려 자기가 예수님의 세례를 받아야 한다고 했습니다. 그때 예수님께서는 네가 나에게 세례를 주는 것이 하나님의 의를 이룬다고 말씀하셨습니다. 그래서 세례 요한은 할 수 없이 예수님에게 세례를 베풀었습니다. 그런데 그때 예수님에게 성령이 임하는 것이 보였습니다. 세례 요한도 사람의 눈으로는 예수님을 알아보지 못했습니다. 그렇지만 하나님이 주시는 영감과 성령의 나타나심으로 예수님이 하나님의 아들이신 것을 분명히 알 수 있게 되었습니다.

과연 우리에게 성령이 임하는 것이 보일까요? 우리에게는 성령이 임하는 것이 눈으로 보이지 않습니다. 단지 성령이 임한 결과를 보고 우리는 성령이 임했다는 것을 알 수 있습니다. 즉 성령이 임하신 후에 우리의 마음이 한없이 기쁘고 너무나도 영적으로 흥분이 되어서 주체할 수 없고 한없는 능력과 감사와 축복을 느낄 때 우리는 성령을 받

은 것입니다. 특히 예수 믿고 처음 성령을 받을 때에는 지금까지 자기가 교만하게 살아왔던 것을 눈물로 회개하고 부르짖으면서 기도를 하는데 정말 통곡하면서 기도를 하게 됩니다. 그리고는 완전한 죄 용서의 체험을 하게 됩니다. 그러나 우리 눈에 성령이 직접 임하는 것은 보이지 않습니다. 그래서 예수님께서도 성령은 바람이라고 하셨습니다. 우리 눈에 바람은 보이지 않지만 강한 바람을 느낄 수 있습니다. 연기가 날리고 마후라가 휘날리면 약한 바람이 부는 것입니다. 그러나 가로수가 뽑히고 몸을 주체할 수 없으면 아주 강한 태풍이 부는 것입니다.

그런데 세례 요한은 성령이 임하시는 것을 보았습니다. 아마도 세례 요한에게는 두 가지 현상이 다 나타났던 것 같습니다. 하나는 성령의 강한 임재를 체험했고 다른 하나는 그 가운데서도 성령이 비둘기같이 임하는 모습을 볼 수 있었습니다. 예수님이 세례 받고 물에서 올라오실 때 아주 강한 성령이 억수같이 퍼붓는 현상이 일어났습니다. 이것은 성령의 폭포였고 성령의 쏟아지는 현상이었습니다. 예수님은 성령의 충만함을 받으셨습니다. 그런데 그 중에도 세례 요한이 분명히 볼 수 있도록 성령이 비둘기의 형상으로 갑자기 나타났습니다. 그래서 세례 요한은 성령의 강한 임재를 느꼈을 뿐 아니라 눈으로 보기까지 했던 것입니다.

여기서 우리는 두 가지 상징을 풀어야 합니다.

하나는 '왜 성령이 비둘기의 형상으로 나타났을까?' 하는 것입니다. 그리고 또 다른 하나는 예수님께서 우리에게 성령을 주시기 위해서 치르신 대가입니다. 이 두 가지 모두 상징으로 나타나고 있습니다. 하나는 비둘기이고 다른 하나는 어린양입니다.

우선 비둘기도 구약 시대의 제물 중 하나였습니다. 그러나 비둘기는 아주 가난한 자들의 제물이었습니다. 그럼에도 불구하고 비둘기는 많은 경우 새로운 소식을 알려주는 메신저 역할을 합니다. 특히 감람나무 잎사귀를 물고 있는 비둘기의 모습은 무시무시한 전쟁은 끝나고 평화의 시대가 온 것을 알려주는 메신저인 것입니다. 성령이 오신 것은 인류에게 완전히 새로운 시대가 온 것을 알려줍니다. 즉 무서운 저주의 시대는 끝나고 이제는 마음껏 하나님 앞에서 새로운 삶을 살 수 있는 평화와 축복의 시대가 도래한 것입니다.

세례 요한은 너희 중에 이미 그 분이 와서 서 있다고 했습니다. 너희들은 알지 못하지만 이미 너희 가운데 성령으로 세례를 주실 분이 서 계신다는 것입니다. 이것은 얼마나 하나님의 축복이 그들에게 가깝게 다가왔는지 보여줍니다.

그리고 예수님은 성령을 그냥 주신 것이 아니라 아주 비싼 대가를 지불하시고 우리에게 주셨습니다. 그것은 자신을 하나님의 어린양으로 바치신 것입니다.

요한복음 1장 29절

이튿날 요한이 예수께서 자기에게 나아오심을 보고 가로되 보라 세상 죄를 지고 가는 하나님의 어린 양이로다

이스라엘 백성들은 일 년에 한 번씩 유월절이 되면 어린양을 잡아서 피를 흘렸습니다. 아마도 이스라엘 백성들이 출애굽한 이후를 생각하면 수천만 마리의 어린양이 이스라엘 백성들을 대신해서 죽었을 것입니다. 이 수천만 마리의 어린양은 단 한 가지 사실을 가르쳐줍니다. 즉

인간은 자기 스스로 죄를 해결할 수 없고 양에게 자기 죄를 넘겨주어야 한다는 것입니다. 그래서 이스라엘 백성들은 대리 죄에 대한 인식을 가지게 되었습니다.

요즘 우리나라에서는 대리 죄 대신에 대리 운전이 많이 유행하고 있습니다. 술을 마셨기 때문에 운전을 못하면 다른 사람이 대신 운전을 해 주어서 음주 운전에 걸리지 않게 하는 것입니다. 그런데 이스라엘 사람들은 죄를 해결하려면 다른 사람은 안 되고 양은 대리로 죽을 수 있다는 것을 알았습니다. 그래서 이스라엘 백성들에게 양은 그냥 짐승이 아니고 자기 생명의 담보였고 자신의 또 다른 생명이었습니다. 죄를 지으면 자기가 죽어야 하는데 양이 있기 때문에 자기는 안 죽는 것입니다. 그래서 집집마다 반드시 양은 몇 마리씩 있어야만 했습니다. 왜냐하면 양이 없으면 자기가 죽어야 했기 때문입니다.

그런데 그 양은 흠이나 티가 조금도 없어야만 했습니다. 조금이라도 상한 곳이 없어야 했습니다. 여러분, 짐승들의 모든 새끼가 다 아름답지만 어린양 새끼는 얼마나 아름다운지 모릅니다. 정말 어린양은 흰 눈 같이 깨끗하고 순결하며 아무 죄가 없습니다. 다른 양을 머리로 들이받은 적도 없고 다른 사람이나 아이를 할퀴거나 문 적도 없습니다. 그러나 오직 내 죄를 대신해서 죽어야만 하는 것입니다. 그런데 그 양이 드디어 나타났습니다. 그 양은 바로 하나님의 아들이었습니다. 하나님의 아들이 내 대신해서 죽고 그는 우리에게 새로운 생명을 주시고 성령을 물 붓듯이 부어주셨습니다.

예수님은 세상 죄를 지고 가는 분으로 오셨습니다. 단지 옆으로 잠시 치워놓는 분이 아니시라 자기 자신이 짊어지고 가셔서 완전히 없애버리는 분이셨습니다. 우리 모든 인간들은 죄의 세례를 받은 자들입니다. 죄의 세례는 염산의 세례처럼 우리 내면과 외면을 모두 형체도 알아볼 수 없을 정도로 흉악하게 변화시켜버렸습니다. 예수님은 이것을 완전히 치료하시는 분으로 오셨습니다. 우리는 예수님을 믿어야 하고 예수님의 수술대 위에 올라서 치료를 받아야 하는 것입니다.

우리에게 가장 필요한 것은 성령이 오시는 것입니다. 예수님은 그 일을 행하셨습니다. 이 놀라운 사실에 우리는 모든 생각이나 하던 일들을 멈추어야 합니다. 그리고 우리는 여기서 단 한 가지 생각만 해야 합니다. 왜 하나님이 이렇게 하셨을까? 예수님은 왜 이런 엄청난 일을 행하셨을까? 우리는 여기에 충격을 받아야 합니다. 그 이유는 짐승 같은 우리를 살려서 하나님의 살아 있는 천사가 되도록 하기 위해서 그렇게 하셨기 때문입니다. 오늘 여기서 이 아무개, 김 아무개는 다 없어지고 하나님의 천사들로 다 변하기를 바랍니다. 이미 예수님은 우리에게 성령의 문을 열어 놓으셨습니다. 말씀을 붙잡고 간구하는 자에게 한없는 성령을 부어주실 것입니다. 우리는 더 이상 먹고 사는 것이나 죽는 것을 두려워해서는 안 되겠습니다. 우리가 해야 할 일은 계속 성령의 세례를 받고 하나님의 능력으로 충만해져서 주님의 증인된 삶을 살아야 할 것입니다. 그리고 하나님의 눈으로 나와 주위에 있는 모든 것을 보면서 이 육체가 살아있는 동안 하나님의 뜻을 시원하게 이루어 드려야 합니다. 우리는 모두 성령의 비둘기 같은 마음을 받아야 하겠습니다. 그리고 우리는 모두 입에 감람나무 잎사귀를 물고 돌아가야 하겠습니다. 올 때는 매나 독수리의 마음으로 오셨다 하더라도 돌아가실 때에는 감람나무 잎을 문 평화의 사신으로 돌아가시기를 바랍니다.

03 _ 요 1:35-51

예수님을 만난 제자들

아마 결혼하신 분들은 모두가 다 처음 자기 남편이나 아내를 만났던 장소나 시간을 기억하실 것입니다. 왜냐하면 바로 그 만남을 통해서 자기 자신의 인생이 완전히 달라지게 되었기 때문입니다. 어떤 분은 찻집에서 다른 사람의 소개로 만나는 경우도 있을 것이고 어떤 분은 우연히 누구 집에 초대되어 갔는데 거기서부터 알게 된 경우도 있을 것입니다. 처음 만났을 때에는 서먹서먹하기도 하고 좀 사람이 우스꽝스러운데도 있었는데 점점 만나다 보니까 끌리는 데가 있고 좋아지게 되어서 결국 결혼을 해서 이십년 삼십년을 같이 살게 되는 것입니다. 특히 결혼 과정 중에 있었던 많은 순간들은 다 잊어버렸을지 몰라도 처음 만났을 때의 인상이나 장소 같은 것은 뚜렷하게 기억이 될 것입니다. 그런데 우리가 부부로 만나는 것 보다 더 중요한 것이 있습니다. 그것은 하나님과의 만남입니다. 그러나 하나님과의 만남은 기억이 잘 나지 않을 때가 많습니다. 왜냐하면 하나님은 눈에 보이지 아니하시고 또 우리가 은혜를 아주 여러 차례 받기 때문에 굳이 어떤 때에만 좋았더라고 꼬집어 말할 수 없을 때도 많이 있기 때문입니다.

하나님께서는 우리 인생의 근본적인 문제를 해결하시기 위해서 예수님을 이 세상에 보내어 주셨습니다. 그래서 우리 인간에게 가장 중요한 것은 예수님을 만나는 것입니다. 우리가 예수님을 제대로 만날 수 있기만 하면 우리는 어떤 병도 다 고침을 받을 수 있고 어떤 문제도 해결 받을 수 있습니다. 요한복음에 보면 예수님을 만나서 자신의 비참함이나 질병이나 마음의 고통들을 해결 받고 완전히 새 사람이 된 많은 사람들이 소개되고 있습니다. 사람들이 예수님을 만나는 것이 어려운 것은 예수님이 하나님의 아들인지 알지를 못하기 때문입니다. 심지어는 예수님을 증거하는 사명을 받은 세례 요한 자신도 처음에는 예수님을 알아보지 못했다고 말을 하고 있습니다. 세례 요한도 예수님을 알아보지 못했다면 다른 사람들이 예수님을 전혀 알아보지 못하는 것은 지극히 정상입니다. 그런데 오늘 말씀을 보면 처음 제자들이 어떻게 예수님을 만나게 되었고 어떤 약속을 받았는지를 소개해주고 있습니다. 예수님은 오늘 우리들도 주님을 만나서 우리 인생의 가장 힘든 모든 문제들을 해결 받을 수 있도록 해 놓으셨습니다.

처음 제자들과의 만남

원래 처음에는 예수님의 제자들이 한 사람도 없었습니다. 그런데 처음으로 예수님의 제자가 된 사람들은 원래 세례 요한의 제자였는데 자기 선생의 소개를 듣고 예수님을 따르게 되었습니다.

요한복음 1장 35-36절

또 이튿날 요한이 자기 제자 중 두 사람과 함께 섰다가 예수의 다니심을 보고 말하되 보라 하나님의 어린 양이로다

예수님을 처음 만난 두 제자가 예수님을 따르게 된 것은 자기 스승 세례 요한이 예수님에 대하여 '하나님의 어린양' 이라고 소개했기 때문입니다. 결국 이 사람들은 예수님을 양이라고 해서 관심을 가지게 된 것입니다. 우리는 양을 키우는 문화가 아니기 때문에 '저 사람은 양이다' 라고 해 봐야 아무 생각이 없을 것입니다. 아마 혹시 성격이 순하다고 생각하든지 아니면 양띠라는 뜻으로 생각을 할 것입니다. 그러나 이스라엘 자손들은 다른 것은 몰라도 양은 아주 잘 알고 있었습니다. 양은 이스라엘 자손들이 출애굽한 후부터 계속 유월절만 되면 잡아 온 짐승이었습니다. 즉 이스라엘 자손들에게 양은 자신들의 죄를 대신하는 것이었고 양은 자기 죄를 대신해서 죽는 또 다른 자기 자신의 생명이었습니다.

세례 요한이 예수님에 대하여 '하나님의 어린 양' 이라고 소개를 했는데도 아무도 예수님을 따르지 않았고 관심을 가지지도 않았습니다. 왜냐하면 예수님은 양같이 생기지도 아니하셨기 때문입니다. 또한 예수님은 그냥 평범한 목수였고 '하나님의 어린양' 과는 아무런 상관이 없는 분으로 보이셨기 때문입니다. 그러나 이 두 제자는 바로 예수님이 '양' 이기 때문에 관심을 가지게 되었습니다. 즉 이 두 사람은 세례 요한이 예수님을 '하나님의 어린양' 이라고 했을 때 무슨 생각을 했겠

습니까? 아마도 구체적인 것은 잘 몰라도 자신들의 죄를 해결하시는 분이라는 생각을 하게 되었던 것 같습니다. 왜냐하면 양은 죄와 관계가 있었기 때문입니다. 양은 우리 인간들의 죄 때문에 죽는 동물이었습니다. 제자들은 무엇인가 자신들의 마음속에 자기들이 하나님 앞에 죄인이라는 생각을 가지고 있었던 것 같습니다. 우선 이스라엘 자손들이 하나님으로부터 버림을 받은 것 자체가 죄였습니다. 왜냐하면 이스라엘 자손들은 하나님의 백성들이기 때문에 이방인의 지배를 받지 않는 것이 정상이고 성전을 통해서 하나님의 무궁무진한 축복을 받는 것이 정상이기 때문입니다. 그런데 이스라엘 자손들 중에는 우리가 지금 이방인의 통치를 받아야 하고 성전을 통해서 하나님의 놀라운 복을 받지 못하는 것은 우리가 죄에 빠졌기 때문이라는 인식을 가진 자들이 있었던 것입니다. 그 사람들이 바로 처음 예수님을 만나러 온 두 제자였던 것입니다. 이 사람들은 안드레와 요한복음을 쓴 사도 요한이었는데 자기들은 지금 죄에 빠져 있고 어떤 방향인지는 모르겠지만 구원을 받아야 한다고 생각했던것 같습니다. 그런 까닭에 그들은 자기들의 죄를 해결하기 위해서 예수님을 찾아 온 것입니다. 우리 인간은 누구나 자신의 연약한 실존을 인식하지 못하면 예수님을 찾지 않습니다. 무엇보다 지금 아무 것도 부족한 것이 없고 전혀 어떤 어려움도 없다고 생각하는 사람들은 아무리 예수님을 소개 받아도 관심을 가지지 않을 것입니다. 더욱이 그들은 구원자가 필요없다고 생각하기 때문에 어린양 자체에 대하여 관심이 없는 것입니다. 그러나 지금 심각한 위기에 빠져 있으며 자칫 잘못하면 영원한 멸망에 빠질 수 있다고 생각하는 사람들은 하나님이 보내신 구원자에 대하여 관심을 가질 것입니다.

그러나 유대인과는 달리 우리나라 사람들은 죄에 대한 인식이 크지 않기 때문에 '하나님의 어린양' 이라고 말을 해봐야 아무 소용이 없습니다. 우리에게는 차라리 '하나님의 구원자' 라고 말을 해야 조금은 마음에 와 닿을 것입니다.

우리 인간들에게 가장 심각한 것은 하나님으로부터 격리된 것입니다. 즉 하나님과 우리와의 관계가 차단이 된 것입니다. 이것 때문에 우리의 구원자이신 예수님은 어린양으로써 죽어야 합니다. 우리는 이것을 믿어야 하는 것입니다. 믿어야 한다는 것은 어린양이 어떤 일을 하시든지 우리는 그대로 믿고 우리 자신을 맡겨야 하는 것을 의미하는 것입니다.

아마 처음 두 제자는 그것까지는 이해하지 못했을 것입니다. 그러나 이들은 예수님이 무엇인가 '이스라엘을 회복할 분이시다' 는 정도는 인식하고 예수님을 만나기를 원한 것 같습니다.

이 사람들이 예수님을 따르기 시작했을 때 예수님은 그들에게 그들이 원하는 것이 무엇인지 물으셨습니다.

요한복음 1장 38절

예수께서 돌이켜 그 좇는 것을 보시고 물어 가라사대 무엇을 구하느냐? 가로되 랍비여 어디 계시오니이까? 하니 (랍비는 번역하면 선생이라)

예수님은 이 두 사람에게 그들이 예수님에게 무엇을 원하는지 물어보셨습니다. 즉 예수님으로부터 세상적인 성공을 원하는지 정치적인 출세를 원하는지 아니면 세상에서 돈을 많이 버는 것을 원하는지 물어보셨습니다. 그런데 그들이 예수님께 바라는 것은 오직 말씀에 대한 작은 관심뿐이었습니다.

여기서 중요한 것은 예수님을 '랍비' 라고 부른 것입니다. 원래 '랍비' 라는 말은 하나님의 말씀을 가르치는 선생을 말합니다. 이 당시에는 정규 율법 학교를 나오고 다른 사람에게 율법을 가르치는 사람을 랍비라고 불렀습니다.

'랍비여 어디 계시오니이까?' 라는 말은 '예수님의 거처가 어디냐?' 라는 뜻입니다. 그들이 이렇게 질문한 것은 지금부터는 예수님의 제자가 되어서 예수님이 어디로 가시든지 예수님을 따라다니면서 예수님의 말씀을 배우겠다는 뜻이었습니다. 이것은 요즘과 옛날의 진리를 가르치는 방식의 차이를 보게 됩니다. 요즘은 주로 가르치는 지식의 정보가 중요하기 때문에 이름이 있는 학교나 대학원에 들어가서 돈을 주고 배우면 됩니다. 그러나 옛날에는 모든 지식은 사사를 해야만 했습니다. 그래서 어떤 지식을 배우려면 반드시 선생을 찾아가서 같이 살면서 배워야만 했습니다.

여기서 우리는 '하나님의 어린양' 이 하나님의 말씀을 가르치는 랍비로 변하는 것을 보게 됩니다. 즉 '하나님의 어린양' 이라는 사상은 성경에서 나온 것인데 두 제자는 성경을 더 배우고 싶은 생각이 들었습니다. 아마도 이 두 제자는 세례 요한이 예수님을 보고 '하나님의 어린양' 이라고 하는 말을 듣고 자기들이 하나님의 진리를 너무 모르고 있기에 성경을 더 배워야 하겠다고 생각을 한 것 같습니다.

이들이 하나님의 어린양이라는 말을 듣지 않았더라면 예수님으로부터 말씀을 배우려고 하지도 않았을 것이고 그랬더라면 이 엄청난 진리의 창고 안으로 들어갈 수도 없었을 것입니다. 이들이 예수님을 만나서 말씀을 들었을 때의 감격은 바로 14절의 "말씀이 육신이 되어 우리 가운데 거하시매 우리가 그 영광을 보니 아버지의 독생자의 영광이요, 은혜와 진리가 충만하더라"는 말씀과 같은 것이었습니다. 두 제자가 예수님을 따라간 처소는 아마 유대 광야 어느 곳이었을 것입니다. 왜냐하면 모든 유대인들은 세례 요한의 설교를 듣기 위해서 유대 들판에서 노숙을 하고 있었기 때문입니다. 그러나 예수님을 만나서 말씀을 들은 그 장소는 더 이상 들판이 아니고 하나님의 지성소였습니다.

그러면 이 세상에서 천국의 지성소로 들어가는 축복을 받은 사람은 도대체 어떤 사람입니까? 그 사람들은 하나님의 말씀을 듣고 자기 죄에 대하여 심각한 고민에 빠져서 고민하게 된 사람이나 예수님의 십자가 이야기를 듣고 성경을 배우고 싶은 마음이 생긴 사람들일 것입니다. 예수님은 이들을 더 깊은 은혜의 자리로 초청해주십니다. 우리가 천국에 들어가는 가장 정확한 길은 봉사나 은사나 축복이나 지식이 아닙니다. 이런 분들은 결코 이 영광의 지성소에 들어가지 못합니다. 오직 자기 죄 때문에 예수님의 말씀을 좀 더 듣기를 원하는 자들에게만 천국 문은 열리는 것입니다.

예수님은 이 두 사람을 오게 하셨습니다.

요한복음 1장 39절

예수께서 가라사대 와 보라. 그러므로 저희가 가서 계신데를 보고 그 날 함께 거하니 때가 제 십 시쯤 되었더라

예수님께서는 진리에 관심을 가지는 자들을 초청하셨습니다. 예수님은 '와 보라' 고 하셨습니다. 이것은 와서 하나님의 그 놀라운 진리와 축복을 다 보라는 것입니다. 예수님께서 '와 보라' 고 말씀하신 것

은 예수님의 살림살이를 보여주시겠다는 뜻이 아니었습니다. 또 그냥 '와서 들어라' 고 말씀하신 것도 아니었습니다. 와서 모든 것을 보고 다 가지라는 것입니다.

오늘 가장 복 받은 사람들이 누구입니까? 하나님의 진리에 관심을 가진 여러분들입니다. 주님께서는 여러분들에게 와서 보고 다 가지라고 초청하십니다. 제자들은 그때부터 예수님의 제자가 되었습니다. 그리고 그때 시간이 제 십 시 쯤 되었다고 말을 하고 있습니다. 유대인의 시간에 여섯 시간을 더하면 우리 시간이 되는데 제 십 시는 오후 네 시입니다. 그들은 예수님을 만나 하나님의 말씀을 듣는 것이 너무 좋았기 때문에 아주 늙은 나이였는데도 그때의 시간을 분명히 기억하고 있었습니다.

다른 두 제자와의 만남

예수님을 만나서 예수님의 말씀을 들은 두 제자들은 자기들만 예수님의 말씀을 들은 것으로 만족하지 못했습니다. 그들은 즉시 자기들과 가장 가까운 사람들에게 예수님을 소개하고 예수님을 만나게 했습니다.

요한복음 1장 40-42절

요한의 말을 듣고 예수를 좇는 두 사람 중에 하나는 시몬 베드로의 형제 안드레라. 그가 먼저 자기의 형제 시몬을 찾아 말하되 우리가 메시야를 만났다 하고(메시야는 번역하면 그리스도라) 데리고 예수께로 오니 예수께서 보시고 가라사대 네

가 요한의 아들 시몬이니 장차 게바라 하리라 하시니라(게바는 번역하면 베드로라)

우리가 궁금한 것은 왜 안드레가 예수님을 만난 후 가장 먼저 자기 형제 시몬을 예수님께 데리고 왔을까요? 그것은 자기 형제 시몬도 자기와 똑같은 문제로 고민을 하고 있었기 때문입니다. 즉 이스라엘이 하나님으로부터 버림을 받은 것으로 고민을 하고 있었지만 그들은 희망을 잃지 않고 다시 하나님으로부터 구원받기를 기다리고 있었던 것입니다. 이런 사람들의 특징이 무엇입니까? 세상의 다른 어떤 일로도 만족을 하지 못하는 것입니다. 돈을 벌어도 만족을 하지 못하고 공부를 해도 만족을 못하고 사업을 해도 만족을 못합니다. 그 이유는 이미 영적인 갈급함이 시작이 되었기 때문입니다. 결국 이런 사람은 예수님을 만나기 전에는 영원히 방황할 수밖에 없습니다.

그런데 시몬이 예수님께 왔을 때 예수님은 시몬을 알고 계셨습니다. 예수님은 그가 누구이며 어떤 상태에 있는지 알고 계셨습니다.

'네가 요한의 아들 시몬이니' 라고 말씀하시면서 이미 주님은 베드로가 누구인지 알고 계셨습니다. 우리는 보통 다른 사람들을 만날 때 먼저 자기 자신을 소개해야 서로가 알 수 있습니다. 그러나 예수님께 나왔을 때에는 자기를 소개할 필요가 없습니다. 왜냐하면 이미 먼저 예수님께서 우리를 아시기 때문입니다. 어떤 분은 교회에 처음 왔는데도 그날 설교가 완전히 자기를 잘 아는 것처럼 설교를 하시더라고 합니다. 우리가 경험하는 가장 놀라운 것은 바로 말씀으로 예수님이 우리를 만나주시는 것입니다.

특히 베드로가 예수님을 찾아온 이유는 그의 형제 안드레가 예수님을 '메시야' 라고 소개를 했기 때문입니다. 여기서 메시야라는 것은 이스라엘을 회복하실 분을 말합니다. 안드레는 예수님에 대하여 '하나님의 어린양을 보았다' 고 말하지 않았습니다. 또한 나는 진정한 랍비를 찾았다라고 말하지도 않았습니다. 그는 바로 자신이 메시야를 만났다고 했습니다. 이 메시야가 우리의 모든 죄를 해결해주시고 이스라엘을 회복하실 분이신 것입니다. 그러니까 안드레는 예수님을 만나서 말씀을 들음으로 '하나님의 어린양' 에서, '랍비' 에서, '메시야' 로 발전을 하게 되었습니다. 이것은 오늘 본문에서 아주 중요한 핵심입니다.

예수님께서는 지금 제자들을 단순히 모집을 하고 계신 것이 아니라 숫자를 채우고 계셨습니다. 물론 제자들 자신은 우연히 예수님을 만난 것 같지만 예수님은 목적을 가지고 그들을 부르고 계셨습니다. 그래서 그들의 숫자를 열둘로 채우셨습니다. 이것은 제자들이 새로운 이스라엘의 기초가 된다는 뜻입니다.

메시야는 그리스도이며 그리스도에게는 반드시 그의 백성 이스라엘이 있습니다. 이스라엘이 없는 메시야는 없습니다. 다시 말해서 메시야와 이스라엘의 관계는 바늘과 실의 관계와 같습니다. 그러기에 영적 이스라엘인 우리들이 오늘 교회에 모이는 것은 새 이스라엘의 자격으로 모이는 것입니다. 우리들에게도 이스라엘의 축복이 임하게 되는 것입니다. 우리는 그냥 교회에 설교 듣고 은혜 받으러 온 것이 아니라 새로운 이스라엘의 자격을 가지고 하나님의 놀라운 축복을 받기 위해서 나아온 것입니다.

그런데 왜 예수님께서는 시몬에게 게바라는 새 이름을 주셨을까요? 여기서 게바나 베드로는 다 같은 뜻인데 반석이라는 말입니다. 아마도 두 가지 뜻으로 생각이 됩니다. 하나는 지금까지 시몬은 상당히 한 곳에 정착하지 못하고 여기 저기 떠돌아다니듯이 살아왔던 것 같습니다. 시몬은 지금까지 굴러다니는 조약돌이지 반석은 되지 못했던 것입니다. 그러나 이제 예수님을 만남으로 다시는 방황할 필요가 없어지게 되었습니다. 그는 지금부터 예수님께 뿌리를 내리게 될 것입니다. 그리고 또 하나는 주님이 앞으로 베드로가 한 번 크게 넘어질 것을 아신 것입니다. 그럼에도 불구하고 다시 일어나 견고한 반석처럼 흔들리지 않고 끝까지 신앙을 지키고 교회를 지킬 것이라는 약속으로 이 이름을 주신 것 같습니다. 사실 베드로가 예수님을 세 번씩이나 부인한 것은 신앙적으로 엄청난 실패였습니다. 그는 예수님을 저주하기까지 했습니다. 그러나 그는 다시 반석이 되어서 굳세게 교회를 지키는 자가 되었습니다.

또한 베드로 다음으로 예수님을 만난 사람이 있습니다. 그 사람이 바로 빌립입니다. 빌립은 예수님이 직접 만나셔서 나를 좇으라고 하셨습니다.

요한복음 1장 43절

이튿날 예수께서 갈릴리로 나가려 하시다가 빌립을 만나 이르시되 나를 좇으라 하시니

우리는 예수님께서 빌립을 부르신 것에 대하여 주의를 기울일 필요가 있습니다. 왜냐하면 안드레나 요한이나 베드로는 다른 사람의 소개로 예수님을 찾아왔는데 빌립은 예수님이 직접 만나셔서 그를 부르셨기 때문입니다. 즉 베드로 같은 사람은 워낙 적극적이어서 형제 안드레의 소개만 듣고도 예수님께 나아왔지만 빌립은 좀 까다로운 성격

이었던 것 같습니다.

교인들 중에는 처음부터 진리에 관심을 가지고 적극적으로 배우고 시키는 대로 모든 것을 잘 따라 하는 사람이 있는가 하면 어떤 사람은 개인적인 성격 때문에 처음에는 잘 받아들이지도 않고 믿지도 않다가 어떤 계기가 있고 난 후에는 아주 적극적인 신자가 되는 사람이 있습니다.

처음 예수님을 소개받고 따른 요한과 안드레 같은 사람은 적극적으로 주님을 따르는 편이었습니다. 자기 형제의 소개를 받고 주님을 따른 베드로 같은 사람은 상당히 적극적인 제자에 해당됩니다. 그러나 주님께서 보시고 '나를 좇으라' 고 하셨을 때 비로소 주님을 따른 빌립이나 빌립의 소개를 받고 예수님을 직접 만나서 말씀을 나누기까지 의심하고 있었던 나다나엘 같은 사람은 대단히 소극적인 사람입니다. 이런 사람들은 마음에는 주님을 필요로 하고 있고 주님을 원하지만 성격적인 특성이나 어떤 좋지 못한 선입견 때문에 선뜻 주님을 따르지 못하는 스타일의 사람들입니다.

주님께서는 이들을 알고 계셨습니다. 그리고 그들을 만났을 때 그들의 마음속에 걸림돌이 되고 있는 부분을 제거시켜 주셨습니다. 그결과 이들도 똑같이 적극적인 자세로 주님을 따르도록 하셨습니다.

요즘 '제자도' 라는 말이 많이 유행하고 있습니다. '제자도' 라는 것은 누구든지 예수님의 말씀을 듣고 적극적으로 자신의 삶을 내어 드리기 원하는 적극적인 사람들을 말하는 것입니다. 이런 사람들은 주님의 뜻이라면 무엇이든지 하고 어떤 희생이든지 치를 준비가 되어 있는 사람들입니다. 거기에 비해서 목회 상담을 받아야 할 사람들도 많이 있습니다. 이런 사람들은 성격적인 결함이나 과거의 마음의 상처 때문에, 주님을 사랑하고 따르기를 원하지만 쉽지 않습니다. 그들은 '마음은 원하지만 몸이 따르지 않는' 사람들입니다. 주님은 이런 분들도 사랑하시고 그들에게 맞게 도와주셔서 주님을 따르게 하십니다.

예수님께서 빌립을 만나신 상황은 유다 광야에서 갈릴리로 가는 길에서였습니다. 이때 빌립은 안드레와 베드로와 동향인데 따로 고향으로 가고 있었습니다.

지금 예수님을 따르고 있는 두 사람은 빌립의 동네에서 아주 잘 아는 형이나 친구입니다. 안드레가 자기 형제 베드로는 데리고 오면서 왜 빌립에게는 말하지 않았을까요? 그것은 빌립이 성격적인 이유로 예수님께 오는 것을 주저했기 때문인 것 같습니다. 빌립은 천성적으로 계산이 밝고 실리적인 사람이었습니다. 그가 예수님을 따르지 않고 따로 떨어져 있는 것은 그의 대차대조표가 맞지 않아서 그런 것이 아닐까요?

예수님께서 자기 고향인 벳새다에서 오병이어의 기적을 행하실 때였습니다. 예수님께서는 거기서 그를 시험해보셨습니다. 예수님께서는 빌립에게 이 사람들을 먹이라고 하셨습니다. 그랬을 때 그는 금방 계산을 해내었습니다. '이 많은 사람들을 먹이는 데는 이백 데나리온의 떡도 부족하겠습니다.' 그는 대단히 계산적인 사람이었습니다. 빌립은 기질 자체가 계산이 맞지 않고 눈으로 확인하지 않으면 선뜻 나서지 않고 계속 망설이는 성질이었습니다.

빌립도 세례 요한의 집회에 참석했다가 돌아가는 길이요, 그도 분명히 '세상 죄를 지고 가는 하나님의 어린양을 보라'는 세례 요한의 증거를 들었던 자입니다. 그러나 그는 계산을 하고 있었습니다. 그는 예수님의 초라한 모습을 보았을 때 예수님을 따를 것인지 좀 더 지켜볼 것인지 망설이고 있고 마음속으로 갈등을 일으키고 있었던 것입니다. 그때 주님이 빌립을 만나셨습니다. 주님은 빌립을 보고서 긴 말씀을 하시지 않았습니다. 단 한마디 '나를 좇으라' 고만 하셨습니다. 주님은 빌립을 설득하시지 않았습니다. 그냥 단 한마디 '나를 좇으라' 고만 하셨습니다. 이 말속에는 이미 빌립이 주님을 알고 있고 주님에 대하여 많이 생각한 것을 아신다는 의미가 들어 있습니다.

이미 빌립 안에서는 주님을 두고 따를 것인지 말 것인지 치열한 싸움이 있었던 것입니다. 주님께서 빌립에게 하신 말씀이 무엇입니까? '이제 충분히 생각했지? 이제 그만 생각하고 나를 좇으라' 고 말씀하시는 것입니다.

우리는 머리로 아무리 생각을 해봐도 소용이 없습니다. 주님을 향하여 믿음의 첫걸음을 옮겨야 하는 것입니다. 대개 머리가 좋은 사람들은 생각이 복잡한 편입니다. 그래서 분명히 진리인 줄 알면서도 자기 머리로 복잡한 대차대조표를 만들어 가면서 고민하고 망설이면서 주저합니다. 그때 예수님께서는 그를 확 당겨주시는 것입니다. 이제 그만 주저하고 그만 망설이고 그냥 믿음으로 나를 따르라는 것입니다. 빌립은 그 말씀에 순종함으로 예수님의 제자가 되었습니다.

참 성전의 회복

빌립은 한번 믿기가 어려워서 그렇지 한번 믿고 난 후에는 또 아주 철저한 주님의 제자가 되었습니다. 그는 혼자 믿지 않고 자기 친구 나다나엘을 찾아가서 예수님을 소개했습니다.

요한복음 1장 45절

빌립이 나다나엘을 찾아 이르되 모세가 율법에 기록하였고 여러 선지자가 기록한 그이를 우리가 만났으니 요셉의 아들 나사렛 예수니라

빌립이 얼마나 철저한 사람인가 하면 나다나엘에게 예수님에 대하여 그냥 대충 소개하지 않고 성경적인 근거를 가지고 아주 구체적으로 소개를 했습니다. 즉 자기는 모세가 율법에 기록하였고 여러 선지자들이 증거한 바로 그 분을 만났다는 것입니다. 바로 이 분이 이스라엘을 회복하실 그리스도인 것입니다. 그런데 빌립은 예수님을 너무 잘 소개하려고 하다가 실수를 했습니다. 그것은 예수님을 '나사렛 예수'라고 소개를 한 것이었습니다.

나사렛은 갈릴리의 한 지방이었고 거기에 대해서는 나다나엘이 아주 잘 알고 있었습니다. 그런데 아마도 나다나엘은 나사렛이란 동네에 대해서는 아주 좋지 않은 이미지를 가지고 있었던 것 같습니다. 그래서 나다나엘은 예수님이 나사렛 사람이라는 말을 듣자마자 바로 화를 벌컥 내면서 '나사렛에서 무슨 선한 것이 날 수 있느냐?' 라고 했습니다. 나사렛은 너무나도 형편없는 동네이기 때문에 거기에서는 선한 것이 나올 수가 없다는 것입니다. 아마도 나사렛이라는 동네가 질이 좋지 못했던 것 같습니다.

옛날에 서울에서 제가 살던 가까운 곳에 철거민들을 옮겨놓아서 정착 시킨 동네가 있었습니다. 그 동네는 얼마나 좋지 못했는지 사람들이 항상 싸우고 욕하고 하는데 웬만하면 경찰도 들어가기 꺼려하는 곳이었습니다. 그런데 놀라운 것은 그곳 교인들이 정말 진실한 신자들이 많았습니다.

아마도 나다나엘은 나사렛이라고 하면 아주 지긋지긋하게 싫어했던 동네였고 자기 생각에는 거기서는 절대로 하나님의 종은 나올 수 없는 동네라고 생각을 했던 것 같습니다. 그런데 예수님이 나사렛 출신이라고 하니까 나다나엘은 아예 만나려고 하지도 않았습니다. 이때 빌립은 예수님이 제자들을 초청했던 그 말로 나다나엘을 초청했습니다. '와보라' 고 했습니다.

예수님은 빌립의 말을 듣고 그를 찾아 온 나다니엘을 보시고 책망하지 않았습니다. 오히려 그의 중심에 있는 진실한 신앙을 인정해주셨습니다.

요한복음 1장 47절

예수께서 나다나엘이 자기에게 오는 것을 보시고 그를 가리켜 가라사대 보라 이는 참 이스라엘 사람이라. 그 속에 간사한 것이 없도다

나다나엘은 아주 까다롭고 비판적인 사람이었지만 그 마음속에는 하나님 앞에 정직하려고 하는 마음이 있었습니다. 단지 과거에 한번 깊은 상처를 받아 본 적이 있었기 때문에 쉽게 마음을 열지 못하는 것 뿐이었습니다. 우리 주위에 이런 분들이 많이 있습니다. 과거에 한번 교회에서 깊은 마음의 상처를 받아 본 분들은 쉽게 마음을 열지 못하고 방어적일 때가 많습니다. 그러나 그 마음 속 깊은 곳에는 은혜를 사모하고 주님을 뜨겁게 사랑하는 마음이 있는 것입니다. 그래서 하나님께서 그의 마음 속 깊은 곳에 있는 진실을 알아주실 때 마음이 열리면서 뜨거운 눈물이 흐르고 그 뒤에는 사람에 대한 두려움도 다 치료가 되게 됩니다. 우리 주위에는 상처 받은 나다나엘이 너무나도 많습

니다. 이 분들의 마음의 상처는 주님의 말씀만이 치료를 할 수 있는 것입니다.

예수님께서는 나다나엘이 참 이스라엘 사람이라고 말씀하셨습니다. 이것이 우리 믿는 자들의 주목적이 되어야 합니다. 예수님께서 제자들을 부르고 계신 것은 참 이스라엘 사람들을 만들려고 하시는 것입니다.

예수님은 나다나엘에게는 간사한 것이 없다고 말씀하셨습니다. 여기서 '간사한 것이 없다' 는 말이 무슨 뜻입니까? 예수님께서는 바리새인들을 향하여 간사한 것이 없다고 말씀하시지 않았습니다. 오히려 예수님께서는 그들을 향하여 거짓되다고 말씀하셨습니다. 그 이유가 무엇입니까? 그들은 늘 자기 모습 있는 그대로 하나님께 나아오지 않았던 것입니다. 그들은 하나님께 나아올 때마다 늘 가면 같은 것을 하나씩 쓰고 나타났습니다. 그들은 자신의 죄를 하나님이 행여나 보실까봐 수많은 선행들로 포장해서 나타나곤 했습니다. 하나님께서는 그들을 보실 때마다 역겨워하시곤 했습니다. 그러나 나다나엘에게는 그런 것이 없었습니다. 그는 하나님 앞에서 기도할 때마다 있는 그대로 자신을 내어놓고 기도드렸습니다. 그는 자신을 진짜 죄인으로 생각하고 하나님 앞에 내어 놓았습니다. 조금도 자기 자신을 감추지 않고 있는 그대로의 모습으로 주님께 나아왔습니다. 이것이 간사한 것이 없는 것이고 참 이스라엘 사람의 모습이었던 것입니다.

나다나엘은 깜짝 놀라서 예수님께 물었습니다.

"어떻게 나를 아시나이까?"

그때 예수님은 '빌립이 너를 부르기 전에 네가 무화과나무 아래 있을 때에 보았노라' 고 대답하셨습니다. 빌립이 나다나엘을 부르기 전에 나다나엘은 무화과나무 아래서 무엇인가를 하고 있었습니다. 그가 거기서 무엇을 했는지는 사람은 아무도 모를 것입니다. 아마 그가 무화과나무 아래 있었다는 것조차도 사람들은 모를 것입니다. 그러나 예수님은 그를 만나시기도 전에 빌립이 그를 부르기도 전에 그가 어디서 무엇을 하고 있는지 다 알고 계셨습니다.

이때 나다나엘은 예수님 앞에서 거꾸러지면서 '랍비여, 당신은 하나님의 아들이시오, 당신은 이스라엘의 임금이로소이다.' 라는 고백을 하였습니다.

주님께서는 나다나엘 자기밖에 모르는 그 비밀을 알고 계셨습니다. 아마도 나다나엘은 무화과나무 아래서 자기의 죄 문제를 가지고 하나님 앞에서 깊이 회개하는 시간을 가졌을 것입니다. 전혀 가식 없이 자기 속에 있는 죄를 다 토해내는 회개를 했을 것입니다. 예수님은 그것을 보셨던 것입니다.

지금 예수님과 제자들은 그냥 진리에 대하여 토론하기 위하여 모이는 것이 아니었습니다. 새 이스라엘로 모이고 있었습니다. 예수님은 하나님의 아들이시며 이스라엘의 왕이시기에 제자들이 주님을 찾아오는 것입니다.

나다나엘이 예수님께 자기 신앙을 고백했을 때 예수님께서는 그에게 엄청난 새로운 약속을 주셨습니다.

요한복음 1장 50-51절

예수께서 대답하여 가라사대 내가 너를 무화과나무 아래서 보았다 하므로 믿느냐? 이보다 더 큰일을 보리라. 또 가라사대 진실로 진실로 너희에게 이르노니 하늘이 열리고 하나님의 사자들이 인자 위에 오르락내리락하는 것을 보리라 하시니라.

지금 나다나엘은 예수님의 신적 지혜를 보았고 그 앞에 완전히 두려움으로 떨고 있습니다. 그러나 예수님은 나다나엘이 이것보다 더 큰 일을 볼 것이라고 약속하십니다. 그것이 무엇입니까? 그것은 하늘이 열리고 하나님의 천사들이 예수님 위에 오르락내리락하는 것입니다.

하늘이 열리고 하나님의 사자들이 오르락내리락하는 것은 야곱의 꿈입니다. 야곱이 형 에서를 피하여 도망을 치다가 벧엘 광야에서 하나님을 만났을 때 꿈에 하늘이 열리고 큰 사닥다리가 하늘에 닿았는데 그 위를 하나님의 천사들이 오르락내리락하는 것을 보았습니다. 그때 야곱은 여기가 하나님의 성전이요 하늘의 문이라고 고백했습니다. 하늘이 열리고 하나님의 천사들이 오르락내리락하는 곳은 성전입니다. 예수님께서는 예루살렘의 그 화려한 성전대신 예수님 자신이 친히 성전이 되어 주실 것을 약속하셨습니다. 예수님이 십자가 위에서 달리셨을 때 성전의 휘장이 찢어지면서 하늘이 열렸습니다. 이제 우리 성도들이 주님의 이름으로 모인 곳에는 하나님이 임재하시고 하나님의 능력이 나타나게 되는 것입니다.

여기서 우리는 구약 성경의 이스라엘의 꿈이 성전과 함께 이루어지는 것을 보게 됩니다.

오늘 우리는 하나님의 성전으로 모였습니다. 이제 우리는 하나님의 참된 백성인 이스라엘이 되었습니다. 하늘이 열리고 하나님의 천사들이 오르락내리락하는 곳은 바로 이곳입니다. 우리 인생의 모든 문제들은 주님께 간구함으로 다 해결될 것입니다.

오늘 이곳에서 주님은 우리에게 친히 하나님의 말씀을 들려주시며 우리의 기도를 들어주시고 기적으로 우리의 어려움을 해결해주실 것입니다.

04 _ 요 2:1-25

예수님의 정체

우리는 어떤 유명한 분에 대하여 공식적인 자리에서 만났을 때와 개인적인 자리에서 만났을 때 상당히 다른 인상을 받을 때가 있습니다. 예를 들어 공식적인 석상에서는 상당히 딱딱하고 무서울 것 같은 분이 개인적으로 만났을 때에는 아주 따뜻하고 친밀한 인상을 받을 때가 있는 것입니다. 거의 대부분의 복음서들은 예수님의 첫 사역을 주로 회당에서 설교하시며 병든 사람들을 고치시는 일부터 기록을 하고 있습니다. 즉 예수님의 공식적인 사역은 설교하는 일과 병을 고치는 치료 사역이었던 것입니다. 그러나 사도 요한은 요한복음을 통해 자신이 개인적으로 예수님과 함께 있으면서 받았던 깊은 인상에 대하여 더 소개하기를 원합니다. 그 이유는 사도 요한은 예수님을 개인적으로 만나면서 경험한 부분이 너무 컸기 때문입니다. 그는 예수님의 말씀과 능력을 통해서 그가 하나님의 아들이심을 확실히 인식하게 되었던 것입니다. 그래서 사도 요한은 요한복음의 독자들에게 단순하게 예수님이 하나님 나라의 복음을 전하시고 또 많은 병자를 고치셨는 것보다는 개인적으로 예수님을 아주 가까이에서 보았고 체험했던 것을 더 많이 소개하고 있습니다. 그 이유는 우리도 예수님을 개인적으로 가깝게 체험하면서 바로 믿기를 원하기 때문입니다.

사도 요한이 증거하는 것은 예수님이 어느 집의 결혼식에 초대되어 갔을 때와 예루살렘 성전에 올라가셔서 하신 일입니다. 예수님은 처음 제자들을 모으시고 하나님 나라를 전하실 때 가족적인 결혼 잔치의 초대를 거절하지 아니하셨습니다. 오히려 제자들과 기꺼이 결혼 잔치에 참석을 하셨습니다. 그러나 예수님은 그 결혼 잔치에서부터 무엇인가 다른 모습을 보여주시기 시작하셨습니다. 그러다가 예루살렘 성전에 올라가셔서는 모든 사람들 앞에서 거의 폭발적으로 자기 자신의 정체성을 드러내셨던 것입니다. 이것은 마치 어느 거대한 댐에서 물이 가나 혼인 잔치에서는 아주 작게 졸졸 거리면서 흐르던 것이 예루살렘 성전에서는 댐이 터지듯이 자신의 정체를 드러내시는 모습과 같은 것입니다. 요한은 이 두 가지 사건을 통해서 예수님이 하나님의 아들이시라는 것을 너무나도 분명히 알게 되었습니다. 그러니까 요한의 증거는 좀 더 개인적이면서도 체험적이고 그리고 실제로 경험한 자가 아니면 도저히 말할 수 없는 아주 구체적인 것임을 알 수 있습니다.

가나의 혼인 잔치

예수님께서 가나의 혼인 잔치 집에 가신 것은 갈릴리에서 설교하시고 병자를 고치시는 것과 동시에 이루어졌던 것 같습니다. 그러니까 예수님께서 제자들과 함께 다니시면서 사람들에게 설교를 하시는 중에 또 이 혼인 잔치에 초대 되었던 것 같습니다.

요한복음 2장 1-2절

1-2절, "사흘 되던 날에 갈릴리 가나에 혼인이 있어 예수의 어머니도 거기 계시고 예수와 그 제자들도 혼인에 청함을 받았더니"

여기서 '사흘 되던 날' 이라고 하는 것은 예수님께서 나다나엘을 만나신 후 사흘 되던 날이라고 생각할 수 있습니다. 이제 예수님을 따르는 자들은 첫 번째 세례 요한의 제자였던 안드레와 요한, 베드로와 빌립 그리고 나다나엘 이렇게 다섯 명이 되었습니다. 이때 예수님의 가족들은 예수님이 완전히 자신들을 떠났다고 생각하지 않았던 것 같습니다. 그래서 가나의 한 혼인 잔치가 있었는데 예수님은 이 잔치에 초대를 받았고 예수님을 만난 지 사흘밖에 되지 않던 제자들도 함께 초대를 받았습니다. 예수님은 기꺼이 이 혼인 잔치에 제자들과 함께 참석하셔서 음식을 잡수셨습니다.

사관학교 같은데 처음 입학을 하면 가입교 기간이라고 해서 아주 심한 군사 훈련을 시킵니다. 대개 신입생들은 그 훈련을 받으면서 앞으로 사관생도로 생활할 기초 훈련을 받게 됩니다. 그리고 많은 대학이나 동아리에서도 처음 신입생들이 들어오면 선배들이 가입 의식을 행하면서 군기를 톡톡히 잡습니다.

지금 예수님의 제자들은 예수님을 만난 지 사흘밖에 되지 않았습니다. 그렇다면 제자들은 당연히 예수님께서 금식 기도를 훈련시키신다든지 아니면 다른 무슨 고된 훈련을 시킬 것이라고 기대를 했을지도 모릅니다. 예를 들면 세례 요한은 제자들에게 반드시 금식 기도를 훈련시켰을 것입니다. 왜냐하면 세례 요한이 가장 중요하게 생각한 것은 금식 기도였기 때문입니다. 그리고 세례 요한은 절대로 자기 자신이 요리를 한 음식을 먹지 않았습니다. 세례 요한은 메뚜기와 야생꿀을 먹었습니다. 그러니까 세례 요한의 제자들은 아마 첫 사흘 정도는 거의 '지옥주'에 해당될 정도로 굶고 기도하는 훈련을 받았을 것입니다.

그런데 예수님은 서슴치 않고 제자들을 잔치하는 집에 데리고 가셨습니다. 그 이유는 예수님께서 우리에게 주시려고 하는 것이 잔치와 같은 풍성한 삶이기 때문입니다. 특히 잔치 중에서도 혼인 잔치는 사랑이 있고 희망이 있고 미래가 있는 잔치입니다. 혼인 잔치에서는 모든 사람들이 기뻐하고 행복해 하며 신랑 신부가 앞으로 건강하고 행복한 미래를 살아갈 수 있도록 축복을 합니다. 우리가 예수를 믿는 것은 바로 이런 풍성한 혼인 잔치에 들어가는 것과 같습니다. 여기에는 기쁨이 있고 희망이 있고 미래의 축복이 있는 것입니다.

그러나 예수님이 참석하셨던 그 잔치는 더 이상 계속될 수가 없었습니다. 왜냐하면 손님을 대접하는데 가장 중요한 포도주가 떨어져버렸기 때문입니다.

요한복음 2장 3절

포도주가 모자란지라. 예수의 어머니가 예수에게 이르되 저희에게 포도주가 없다 하니

유대인들은 보통 혼인 잔치를 하면 일주일을 하는 것이 보통인데 포

도주가 떨어졌다는 것은 혼인 잔치를 그만 두어야 하는 것을 의미했습니다. 아마 이 집이 가난해서 포도주를 많이 준비하지 못했든지 아니면 예상보다 손님이 많이 왔는지 알 수 없지만 이 결혼 잔치는 상당히 불명예스럽게 마쳐질 수밖에 없는 처지였습니다. 이때 예수님의 모친 마리아는 예수님께 와서 '저희에게 포도주가 없다' 는 사실을 알려주었습니다. 마리아가 예수님께 포도주가 없다고 말한 것은 기적으로 포도주를 만들어달라는 뜻은 아니었습니다. 단지 지금까지 집안의 모든 일을 큰 아들과 의논을 해 왔기 때문에 이번에도 큰 아들에게 알려서 어디서 포도주를 좀 빌리든지 해보라는 뜻이었을 것입니다. 그리고 특히 요즘 새로운 사람들과 어울려다니시는데 그 사람들 집에 포도주가 있는지 한번 알아봐 달라는 뜻이었을 것입니다. 즉 예수님은 친척집 포도주가 갑자기 떨어졌기 때문에 어디서 빌리든지 알아봐야 하는 처지가 된 것입니다.

그러나 예수님은 그 자리에서 마리아의 부탁을 냉정하게 거절하셨습니다. 요한은 예수님이 거절하는 이 말씀에서 깊은 인상을 받은 것 같습니다. 예수님은 이렇게 말씀하시면서 거절하셨습니다.

요한복음 2장 4절

예수께서 가라사대 여자여 나와 무슨 상관이 있나이까? 내 때가 아직 이르지 못하였나이다

예수님께서는 모친 마리아를 '여자' 라고 불렀습니다. 이것은 결코 지금까지 부르시던 '어머니' 가 아니었습니다. 예수님은 마리아를 이 순간 자신과는 아무 상관이 없는 한 여자로 상대하셨습니다. 그리고

두 가지 이유를 대면서 마리아의 요청을 거절하셨습니다. 그 하나는 이 일이 나와 상관이 없다는 것이고 다른 하나는 내 때가 이르지 않았다는 것이었습니다.

예수님은 세례 요한에게 세례를 받으시고 제자들을 부르신 지금 자신을 분명히 하나님의 아들로 인식하고 계셨습니다. 그래서 아무리 자신을 낳으시고 기르신 마리아라 하더라도 지금 이 순간부터는 예수님에게 가정 일을 의논하시고 일을 시키시는 어머니가 아니라 예수님을 하나님의 아들로 믿어야 하는 '여자' 였던 것입니다.

그러면서 예수님은 지금부터 자신이 해야 할 일을 분명히 하셨습니다. 그것은 '나와 무슨 상관이 있나이까?' 라는 말씀입니다. 즉 예수님께서는 이제부터는 모든 일을 사람의 구원과 연결시켜서 생각을 하시겠다는 것을 분명히 하신 것입니다. 예수님은 이 순간 집안일과 하나님의 아들로서 하셔야 할 일을 분명히 구별하셨습니다. 즉 지금까지 예수님은 마리아의 아들로서 집안의 모든 일을 맡아서 하시고 또 어떤 때에는 어머니가 말씀하시면 친척들의 일까지 심부름을 하셨던 것 같습니다. 그러나 이제는 마리아도 '여자' 인 것입니다. 그리고 예수님은 더 이상 그 집의 식구가 아니라 하나님의 아들로서 사람들을 구원하는 일만을 위해서 자신을 헌신하시겠다는 의지를 밝히신 것입니다.

예수님은 이 혼인집에서 포도주가 떨어져서 잔치를 망치게 된 것이 이 집의 위신이나 잔치의 모양새에는 중요한 일일지 몰라도 사람의 영혼을 구원하는 일에는 아무 상관이 없다는 것을 알고 계셨던 것입니다. 그런 까닭에 예수님께서는 부모의 유산을 받지 못한 아들이 예수님을 찾아와서 형에게 말을 좀 해서 유산을 받게 해 달라고 부탁했을 때에도 예수님은 그것이 자기와 아무 상관이 없다고 하셨습니다.

'누가 나를 재판장이나 물건 나누는 자로 세웠느냐?' 고 하시면서 '사람의 생명이 그 소유의 넉넉한데 있지 아니하다' (눅12:15)고 말씀하셨습니다.

예수님은 인간의 구원은 돈에 있지 않다고 분명히 말씀하고 계십니다. 오직 구원은 하나님의 말씀을 듣고 은혜 받고 하나님을 의지하는데 있는 것입니다.

그리고 예수님은 '내 때가 이르지 아니하였나이다' 라고 말씀하셨습니다. 마리아는 예수님에게 '포도주가 없다' 고 했을 때 기적으로 물로 포도주를 만들어달라는 뜻은 아니었습니다. 그러나 예수님은 이제부터 모든 것을 하나님의 아들로서 자신을 어떻게 나타내실 것인가 생각을 하셨던 것 같습니다. 그리고 자신의 입장을 분명히 나타내고 있습니다. 어떤 사람들은 '내 때' 가 십자가를 지실 때라고 해석을 하는 분이 있는데 그것은 아닌 것 같습니다.

예수님을 하나님의 아들로 믿는 것이 예수님의 때이고 예수님과 상관이 있는 일이었던 것입니다. 예수님은 혼인 잔치 하나가 훌륭하게 마쳤다고 해서 믿음이 생기는 것도 아니라는 사실을 알고 있었습니다. 그러기에 이런 일을 위해서는 예수님의 능력을 나타내고 싶지 않다고 하셨습니다.

마리아의 믿음

마리아가 예수님께 '이 집에 포도주가 없다' 고 말한 것은 도와주자는 뜻이었습니다. 그런데 마리아는 예수님으로부터 이상한 대답을 들었습니다. 즉 아들이 자기를 보고 '여자' 라고 하는 것입니다. 물론 여자인 것은 틀림없지만 이것은 이상한 것이었습니다. 그리고 자기와는 상관이 없다고 하시면서 완전히 딱 잡아떼는 것이었습니다. 이때 보통 사람 같으면 '웬 별 소리를 다 한다' 고 하면서 다른 일을 하든지 할 것 같은데 마리아의 다음 행동이 놀랍습니다.

요한복음 2장 5절

그 어머니가 하인들에게 이르되 너희에게 무슨 말씀을 하시든지 그대로 하라 하니라

마리아는 예수님의 거절에 포기도 하지 않았고 그렇다고 조르지도 않았습니다. 오직 하인들에게 지금부터 무엇을 시키시든지 그대로 하라고만 했습니다. 이것이 마리아의 믿음이었습니다. 마리아도 인간이었기 때문에 늘 예수가 누구인지 자주 잊어버리곤 했던 것 같습니다. 우리는 하나님이 늘 함께 하시지만 하나님이 눈에 보이지 않기 때문에 늘 잊어버립니다. 그러다가 하나님의 도우심으로 일이 하나씩 끝날 때마다 하나님이 함께 하신 것을 다시 깨닫게 되는 것입니다. 아마도 마리아는 예수님이 '여자여' 라고 할 때 정신이 번쩍 들었던 것 같습니다. 곧 예수는 자기 아들이 아니고 믿어야 할 하나님의 아들이라는 것을 순간적으로 깨달았던 것 같습니다. 여기에 있는 분이 아들이 아니고 하나님이시라면 어떻게 되는 것입니까? 이것은 더 좋은 것입니다. 자신곁에 하나님의 아들이 있다면 이것은 얼마나 놀라운 일입니까? 아들이라면 심부름은 시킬 수 있고 부탁은 할 수 있겠지만 하나님이시라면 이제는 이 분을 믿어야 합니다. 그런데 이 분이 여기에 오셨다면

무슨 이유가 있지 않겠습니까? 마리아의 믿음은 하나님은 능치 못함이 없다는 것이었습니다. 무엇이든지 그가 말씀하시지만 하면 되는 것입니다. 여기서 마리아는 아들에게 심부름을 시키려고 하던 자세에서 무엇이든지 말씀하시기만 하면 그대로 이루어진다는 자세로 바뀌어 있었습니다. 이것은 자기만이 아니라 하인들에게도 그대로 시켰습니다.

믿음은 하나님의 능력을 움직이는 힘을 가지고 있습니다. 믿음은 상관없는 일을 상관있게 만듭니다. 믿음은 아직 도달하지 않은 때라도 도달하게 만듭니다. 혼인잔치의 포도주가 모자라는 것은 주님과는 아무런 상관이 없는 일이었습니다. 그러나 그것을 믿음으로 주님께 가지고 나왔을 때 얼마든지 주님과 상관이 있는 일이 될 수 있었습니다. 아무 상관이 없는 일이라도 믿음으로 주님께 가지고 나아왔을 때는, 이것은 주님의 일이 됩니다. 원래 가이사와 상관이 없는 일이라도 가이사의 이름으로 호소하면 그것은 가이사의 일이 됩니다. 대통령과 아무 상관없는 일이라고 하더라도 청와대로 진정을 하면 그것은 대통령과 상관있는 일이 되는 것입니다. 원래 이 혼인은 주님과는 상관없는 일이었습니다. 그러나 그 어려움을 주님께 끌고 와서 주님의 앞에 호소했을 때 그것은 주님의 일이 되었습니다. '주께서 무엇을 말씀하시든지 그대로 하라' 고 하기만 하면 그것은 주님의 일이 되는 것입니다.

오늘 우리는 우리의 일을 주님의 일로 만들어야 합니다. 그렇게 하려고 하면 주님 앞에 내어놓고 우리는 대기 상태에 있어야 합니다. 주님이 하라고 하시는 데로 하기만 하면 되는 것입니다. 주님은 혼인 잔치가 중요하지만 이번에는 좀 재미없이 마치라고 하시면 그대로 하면 되는 것입니다. 손님들에게 '지금 포도주가 떨어져서 더 이상 잔치를 할 수 없습니다. 대단히 죄송하지만 지금 우리에게는 놀라운 분이 와 계십니다. 그 분의 말씀을 들어보시면 어떨까요?' 라고 할 수도 있는 것입니다.

이때 주님은 이들이 순종하기 어려운 일을 시키셨습니다. 이것은 아무 설명도 하시지 않으시고 손발을 씻는 항아리에 물을 가득 채워서 연회장에게 갖다 주라는 것이었습니다. 결례를 위하여 손발을 씻는 물은 먹는 물이 아닙니다. 이것은 완전히 손발을 씻는 물일 뿐입니다. 이런 물을 연회장에게 갖다 주었다가 미쳤다고 야단만 맞으면 어떻게 됩니까? 그런데 놀라운 것은 하인들은 예수님이 말씀하신 그대로 항아리에 물을 채워가지고 그 물을 연회장에게 갖다 주었습니다. 그렇게 했더니 그 물이 극상품 포도주로 변해 있었습니다.

요한복음 2장 7-10절

예수께서 저희에게 이르시되 항아리에 물을 채우라 하신즉 아구까지 채우니 이제는 떠서 연회장에게 갖다 주라 하시매 갖다 주었더니 연회장은 물로 된 포도주를 맛보고 어디서 났는지 알지 못하되 물 떠온 하인들은 알더라. 연회장이 신랑을 불러 말하되 사람마다 먼저 좋은 포도주를 내고 취한 후에 낮은 것을 내거늘 그대는 지금까지 좋은 포도주를 두었도다 하니라

하인들이 예수님의 말씀에 순종했을 때 손발을 씻는 물은 완전히 아주 맛있는 최고의 품질의 포도주로 변해 있었습니다. 이것은 결코 마술이 아니었습니다. 이것은 창조주의 기적이었습니다. 완전히 물체의 성질을 변하게 하는 기적이었던 것입니다. 항아리 안에 들어 있는 결

례의 물은 사람들의 겉만 씻을 뿐이었고 심리적인 만족감을 줄 뿐이었습니다. 즉 나는 이 정도로 율법을 지키려고 애를 쓴다는 것이었습니다. 그러나 겉만 씻는다고 해서 사람의 속이 변하는 것은 아니었습니다. 중요한 것은 손발을 씻는 것이 아니라 예수님을 믿는 것이고 예수님의 말씀에 순종하는 것이었습니다. 그러니까 기적이 일어났고 초라하게 끝날 뻔 했던 혼인잔치는 더 풍성해졌으며 제자와 하인들의 마음에는 예수님에 대한 분명한 믿음이 생겼던 것입니다.

제자들 중에는 처음에는 예수님의 초라한 외모를 보고 완전히 믿고 따르지 못한 제자들도 있었을 것입니다. 그러나 예수님의 말씀 한 마디에 결례용 물이 극상품 포도주로 변한 것을 보고 특히 요한은 예수님을 하나님의 아들로 믿게 되었던 것입니다.

사람들은 사람의 속을 바꿀 수 없습니다. 오직 겉만 바꾸고 만족감을 줄 뿐입니다. 그러나 예수님은 성령을 주셔서 우리를 완전히 새 사람이 되게 하십니다. 우리가 주님의 말씀에 순종하기만 하면 주님은 오늘 우리 가운데도 이 놀라운 일을 행하실 것입니다. 우리의 마음속에 성령을 부으셔서 우리를 극상품의 포도주 같은 인생이 되게 하실 것입니다. 우리는 주님을 부려먹으려고 해서는 안 됩니다. 우리는 주님 앞에서는 한 여자이고 남자이며 피조물입니다. 그런 까닭에 우리는 주님 말씀하시면 무엇이든지 시키는 대로 하겠다고 고백해야 합니다.

주님은 우리를 풍성하게 하기 위하여 오셨습니다. 우리의 삶을 풍성하게 하는 것이 주님의 목적입니다. 주님이 어떻게 우리의 삶을 풍성하게 하십니까? 그것은 성령을 우리에게 주심으로 풍성하게 하십니다. 성령이 오시지 않는 한 풍성한 삶이 있을 수 없습니다. 마치 우리가 돌 항아리에 있는 물처럼 있는 한 소용이 없습니다. 성령께서 우리를 바꾸셔야 합니다. 우리 안에 있는 잘못된 기질과 성품을 바꾸셔야 합니다. 색깔도 달라지고 맛도 달라져야 합니다. 그래야 우리는 풍성한 삶을 살 수 있습니다. 우리의 삶이 주님과 상관있는 일이 되게 하십시오. 지금까지 주님과 전혀 무관했던 우리들의 생각과 삶에 주님의 영광이 나타날 수 있도록 주님 앞에 내어놓으십니다. 우리가 이대로 살아가는 것은 아무런 의미가 없습니다. 포도주로 입맛만 다시는 것밖에 되지 않습니다. 우리 안이 새로워질 수 있도록 주님의 말씀에 마음을 여시기 바랍니다. 주님은 우리를 약간 위로해주기 위하여 오신 것이 아닙니다. 그것은 주님의 일이 아닙니다. 주님은 우리를 완전히 새롭게 하기 위하여 오셨습니다. 이제 더 이상 손 씻는 항아리는 필요하지 않습니다. 이제 필요한 것은 그런 외적인 행위가 아니고 하인들이 했던 것처럼 주님의 말씀을 듣고 그대로 순종하는 것입니다. 그렇게 할 때만이 하나님의 살아계심을 체험할 수 있을 것입니다.

성전에 나타난 하나님의 아들

만약 여러분들이 오랜만에 시골에 있는 아버지의 집을 찾아가게 되었는데 모르는 사람들이 아버지의 집 마당에 들어와서 온 집안에서 음식을 만들어 먹고 오물을 버리면서 더럽히고 있다면 어떻게 하겠습니까? 아마 계속 그렇게 아버지의 집을 더럽히도록 내버려두는 사람은 한 명도 없을 것입니다. 아마 당장 달려 들어가서 그 집에서 음식을 만들어 먹는 자들을 다 나가게 하고 거기에 있는 오물들도 치우게 할 것입니다. 만약 그 사람들 중 하나가 여러분들에게 '당신이 무엇인데 우리가 이 집에서 노는 것을 못하게 하는 거요?' 라고 말한다면, 당신은 '이 집은 내 아버지의 집이란 말이요. 내 아버지의 집이 유흥장인 줄 아시요? 어느 누구도 내 아버지의 집을 유흥장으로 만들지 못합니다!' 라고 소리칠 것입니다. 다른 사람들은 그렇게 할 자격이 없습니다. 왜냐하면 그들은 모두 그 집의 주인이 아니기 때문입니다. 그러나 아들은 결코 가만히 있지 않을 것입니다.

예수님께서 가나 혼인 잔치 집에서 물로 포도주를 만드신 것은 자신이 하나님의 아들이신 것을 은밀하게 믿고 순종하는 자들에게만 나타내신 것이었습니다. 그러나 이제 예수님은 성전에서 모든 사람들 앞에서 자기가 하나님의 아들이라고 공공연하게 주장을 하셨습니다.

요한복음 2장 13-14절

유대인의 유월절이 가까운지라. 예수께서 예루살렘으로 올라가셨더니 성전 안에서 소와 양과 비둘기 파는 사람들과 돈 바꾸는 사람들의 앉은 것을 보시고

예수님께서 성전에 올라가셨을 때 성전 안에는 장사하는 자들이 가득 들어있었습니다. 그 이유는 유월절이 되면 전 세계의 유대인들이 성전에 제사를 드리러 오는데 그들이 소나 양이나 비둘기 같은 제물을 직접 끌고 올 수 없기 때문에 어차피 예루살렘에 와서 돈으로 바꿀 수밖에 없었습니다. 또 이방인의 손에 묻은 것은 하나님께 바칠 수 없기 때문에 성전 돈으로 바꾸어야만 했습니다. 그런데 성전 당국은 그 편의를 위해서 성전 뜰에서 그 일을 하고 있었습니다.

예수님은 그 일에 대하여 굉장히 격분하셨습니다.

요한복음 2장 15-16절

노끈으로 채찍을 만드사 양이나 소를 다 성전에서 내어 쫓으시고 돈 바꾸는 사람들의 돈을 쏟으시며 상을 엎으시고 비둘기 파는 사람들에게 이르시되 이것을 여기서 가져가라. 내 아버지의 집으로 장사하는 집을 만들지 말라 하시니

우리가 알기로 예수님은 아주 온유한 분이셨습니다. 그러나 예수님은 사람들이 성전 안에서 장사하는 것에 대해서는 참지 못하시고 격분하셨습니다. 그래서 노끈으로 채찍을 만드셔서 짐승들을 성전 뜰에서 다 내어쫓으시고 돈을 바꾸는 사람들의 상을 들어 엎으셨습니다. 이때 예수님께서 얼마나 흥분해 계셨든지 제자들은 시편 말씀이 생각났다고 말을 했습니다.

요한복음 2장 17절

제자들이 성경 말씀에 주의 전을 사모하는 열심이 나를 삼키리라 한 것을 기억하더라

'어떤 열심에 삼키운다' 는 것은 무슨 뜻입니까? 완전히 그 열정에 사로잡혀서 도저히 진정이 되지 않고 미친 듯이 그 일을 해버리는 것을 말할 것입니다. 예수님께서는 하나님의 성전을 더럽히는 짐승들이나 장사하는 사람들을 보고 분노하여 마치 미친 사람이 설치듯이 그들을 쫓아내었던 것입니다.

예수님께서는 먼 외국에서 오는 사람들이 소나 양이나 비둘기를 예루살렘에서 바꾸는 자체를 정죄하신 것이 아니었습니다. 또 예수님께서는 외국돈을 성전 돈으로 바꾸는 자체를 책망하신 것이 아니었습니다. 예수님이 도저히 참으실 수 없었던 것은 그 장소였습니다. 즉 성전

안에서 이런 장사 행위를 하신 것을 도저히 참지 못하셨던 것입니다. 그 이유가 무엇입니까? 성전은 내 아버지 집이었기 때문입니다. 이것이 예수님이 하나님의 아들이시라는 것을 가장 분명하게 나타내는 것이었습니다. 어느 누구도 성전에서 이런 일을 하지 못했습니다. 왜냐하면 성전은 너무나도 거룩했기 때문에 다른 사람들은 감히 이렇게 해라 저렇게 하라는 말을 할 수가 없었습니다. 심지어는 세례 요한 조차도 성전에서 이렇게 하지 못했습니다. 그러나 예수님께서 성전 안에서 장사하는 자들을 내어 쫓을 수 있었던 것은 오직 그 아버지의 아들이었기 때문입니다. 그리고 예수님께서는 자신의 입으로 직접 '내 아버지의 집을 장사하는 집으로 만들지 말라' 고 하셨습니다. 이것을 제자들도 듣고 다른 유대인들도 다 들었습니다. 그렇다면 이 분은 하나님의 아들로서 성전에 홀연히 찾아오신 것입니다. 그런데 이것이 구약 성경에 예언이 되어 있었습니다.

스가랴서 맨 끝 절은 이렇게 마치고 있습니다. "그 날에는 만군의 여호와의 전에 가나안 사람이 다시 있지 아니하리라." 특히 스가랴서는 성전의 회복에 대한 예언서입니다. 여기서 '가나안 사람' 이라는 히브리어는 '장사꾼' 과 같습니다. 다시는 성전에 장사꾼이 없을 것이라는 것입니다. 가나안 원주민이 없을 것이라는 뜻이 아닙니다.

이것보다 더 분명한 말씀이 말라기의 예언입니다. 말라기 3장에는 주께서 친히 홀연히 성전에 나타나셔서 성전을 깨끗케 하실 것이라고 말씀하고 있습니다.

말라기 3장 1-2절

만군의 여호와가 이르노라 보라 내가 내 사자를 보내리니 그가 내 앞에서 길을 예비할 것이요. 또 너희의 구하는바 주가 홀연히 그 전에 임하리니 곧 너희의 사모하는바 언약의 사자가 임할 것이라. 그의 임하는 날을 누가 능히 당하며 그의 나타나는 때에 누가 능히 서리요. 그는 금을 연단하는 자의 불과 표백하는 자의 잿물과 같을 것이라.

예수님이 가장 원하셨던 것은 성전이 깨끗케 되는 것이었고 레위의 자손들이 깨끗케 되는 것이었습니다. 왜냐하면 그렇게 해야 하나님이 우리 가운데 계시기 때문입니다.

예수님이 성전에서 장사하는 자들을 내어 쫓으면서 '내 아버지의 집을 장사하는 집으로 만들지 말라' 고 하셨을 때 예수님은 스가랴가 예언하고 말라기 선지가 예언했던 그 하나님의 사자인 것입니다. 그 때 모든 유대인들이 예수님 앞에서 나다나엘이 고백했던 것처럼 '하나님의 아들이시며 이스라엘의 왕이십니다.' 라고 고백을 했어야 합니다.

그러나 유대인들 중에서 아무도 이런 고백을 하는 자가 없었습니다. 오히려 유대인들은 예수님에게 표적을 보이라고 요구를 했습니다.

요한복음 2장 18절

이에 유대인들이 대답하여 예수께 말하기를 네가 이런 일을 행하니 무슨 표적을 우리에게 보이겠느뇨?

우리가 알아야 할 것은 표적이라고 하는 것은 바른 말씀의 증거로 나타나는 것입니다. 주의 종이 바른 말씀을 전하고 그것을 믿으면 기적이 나타나고 부흥이 일어나고 기도 응답이 일어나게 되는데 그것이 표적인 것입니다. 물론 더 중요한 것은 하나님의 말씀을 듣고 믿는 것입니다.

그런데 하나님의 말씀을 믿지 않으면서 표적을 요구하는 것은 하나님을 시험하는 것입니다.

지금 예수님께서 자신을 하나님의 아들로 증거하시고 계십니다. 또한 성경에도 이러한 사실이 분명히 예언이 되어 있었습니다. 그런데도 불구하고 그들은 표적을 보이라고 했습니다. 이것은 '네가 이런 일을 하는 것을 보니 선지자쯤 되는 모양인데 선지자의 증표를 보자'는 것입니다. 그들은 예수님이 하나님의 아들 되심을 일부러 인정하지 않고 선지자의 수준으로 떨어뜨렸습니다. 그러면서 선지자이면 표적을 행하라고 요구를 한 것입니다.

그들은 돈에 양심이 팔려서 옳은 것을 보고서도 옳다고 인정하지 못하는 것입니다. 그들은 스스로 참된 지각을 포기해버렸습니다. 그들은 성경을 알지만 그것을 믿기를 거부했습니다.

많은 사람들은 하나님의 말씀을 듣고도 '저것은 저 설교자 개인의 견해일 뿐이야. 저 사람은 늘 저런 식으로 설교하는 것이 큰 문제란 말이야' 라고 비난하면서 인정을 하지 않습니다.

예수님의 말씀에도 불구하고 유대인들이 그가 하나님의 아들이심을 인정치 않았을 때, 예수님의 입에서는 무시무시한 예언의 말씀이 나왔습니다.

요한복음 2장 19절

예수께서 대답하여 가라사대 너희가 이 성전을 헐라 내가 사흘 동안에 일으키리라 이스라엘 백성들에게 가장 무서운 예언은 성전파괴에 대한 예언입니다.

그것은 그들이 또다시 하나님으로부터 버림을 받아 영원히 방황하는 자들이 되는 것을 의미합니다. 그러나 눈으로 보고서도 하나님의 진리를 인정치 않는 것은 하나님의 성전을 파괴하는 것과 같습니다. 결국 그들은 돈과 권력의 욕심에 눈이 어두워져서 참된 성전을 죽이게 될 것입니다. 그러나 예수님은 자신이 이 성전을 다시 지을 것이라고 말씀하십니다.

여기서 우리는 두 개의 성전을 보게 됩니다. 하나는 유대인들의 성전입니다. 이 성전은 눈에 보이는 성전입니다. 그러나 이 성전은 하나님께로 갈 수 있는 성전이 아니었습니다. 그 대신 예수님은 그 육체 안에 하나님의 모든 죄 용서와 축복과 구원을 싸가지고 오신 참 성전이었습니다. 예수님의 육체가 찢어지면서 눈에 보이는 성전 휘장이 위에서부터 아래로 찢어졌습니다.

나중에 예수님께서 재판을 받으실 때 이 말씀이 성전 모독의 중요한 이유로 제시되었습니다. 그때 많은 유대인들은 예수님이 이 성전을 부수라고 주장을 했다고 했습니다. 유대인들은 모두 눈에 보이는 이 성전을 허물라는 소리로 들었습니다. 그러나 예수님이 말씀하신 성전은 눈에 보이는 성전이 아니라 예수님의 몸이었던 것입니다. 그들이 예수님을 십자가에 못 박아 죽일 때 예수님은 다시 사흘 만에 살아나심으로 참된 성전을 우리 가운데 세우신 것입니다. 마치 눈에 보이는 이 성전은 요즘으로 치면 하나의 아파트 모델 하우스와 같은 것입니다. 아파트가 세워져서 분양이 끝나면 자동적으로 모델 하우스는 철거되게 되는 것입니다.

요한복음 2장 21절

그러나 예수는 성전된 자기 육체를 가리켜 말씀하신 것이라.

물론 유대인들이 눈에 보이는 이 성전을 허물리는 없을 것입니다. 그러나 그들은 참 성전 되신 예수님의 육체를 파괴시켜 죽음에 이르게 할 것이라는 것입니다.

여기서 예수님이 가장 중요하게 생각하신 것은 새로운 성전을 짓는 것이었습니다. 그 새로운 성전은 예수 믿는 사람들의 모입니다. 예수님은 죽음에서 부활하신 후 망치와 못으로 집짓는 일을 하시지 않았습니다. 예수님께서 하신 것은 한 공동체를 세우는 일이었습니다. 예수님을 '주'라고 고백하는 무리들이 한 다락방에 모여서 기도할 때 그들 위에 성령이 불같이 부어졌습니다.

예수님께서는 처음부터 성전을 지으시는데 목적을 두셨습니다. 그가 원하셨던 성전이 무엇입니까? 오늘 예수 믿는 자들로 이루어진 성령의 공동체입니다. 이방인들에게도 성령이 부어져서 남종이나 여종이나 모두 예언하는 그 공동체를 말하는 것입니다.

바울 사도는 고린도전서에서 무엇이라고 말씀하고 있습니까? 바울은 고린도교회가 성령이 거하시는 전이라고 말씀하고 있습니다. 그들은 이방인들이요 더러운 자들이었습니다. 그럼에도 불구하고 이들은 그 안에 성령을 모신자이었기에 그들은 거룩한 성전이 되었던 것입니다. 구약 이스라엘의 그 놀라운 축복이 오늘 신약 교회에 계승되었습니다. 우리의 모임이 구약의 성전이며 성전에서 이루어지던 일들이 우리의 모임을 통하여 이루어지고 있습니다. 하나님이 우리 가운데 계시면서 우리의 기도를 들으시고 우리를 모든 어려움에서 구원하여

주십니다. 예수님은 이 성전이 장사하는 곳이 되는 것을 결코 용납하지 않습니다. 지금도 채찍으로 장사하는 자들을 내어 쫓으실 것입니다. 오직 이 성전 안에는 눈물의 기도만 있어야 합니다. 오직 주님의 말씀만이 우리 가운데 있어야 합니다. 그러면 주님은 우리 모두를 깨끗케 하시고 우리를 이 악한 세상의 어려움에서 구원하여 주실 것입니다.

05 _ 요 3:1-15

거듭남의 비밀

우리 주위에 계신 분들 중에서 고칠 수 없는 병에 걸려서 마지막 투병 하시는 분들이 있을 것입니다. 이 분들이 사랑하는 가족들과 하시던 소중한 일들을 두고 이 세상을 떠나야 한다는 것을 생각하면 얼마나 기가 막히는 일인지 모릅니다. 그런데 만약 이런 분들에게 다시 한 번 살 수 있는 기회가 주어진다면 얼마나 감사하고 기쁘겠습니까?

우리 주위를 보면 아주 놀랍게 거의 새로 태어난 것처럼 사는 사람들이 있습니다.

그 중에 한 가지가 죽을 병에 걸렸다가 큰 수술을 받고 치료를 받아서 다시 건강을 회복하는 것입니다. 만약 이 사람을 그냥 그대로 두었다면 분명히 그 사람은 병으로 죽었을 것입니다. 그러나 좋은 의사를 만나서 수술을 받는 바람에 기적적으로 새로운 삶을 살게 된 것입니다. 이런 사람은 자기에게 주어진 삶이 너무나도 감격스러울 것입니다

다. 그리고 어떤 경우에는 사람이 도덕적으로 크게 깨달아서 지금까지 살아오던 죄악된 삶을 다 청산하고 완전히 새롭게 출발하는 사람도 있을 것입니다. 예를 들어 깡패로 살다가 깡패 생활을 다 청산하고 포장마차 장사를 하면서 새로운 삶을 시작하는 것입니다. 그리고 어떤 사람은 어느 날 갑자기 자신의 재능을 인정받아서 화려한 새 선수로 등장하는 경우도 있습니다. 예를 들어 어떤 무명의 축구 선수가 히딩크 같은 훌륭한 감독의 눈에 드는 바람에 스카우트가 되어서 월드컵 경기에서 훌륭한 경기를 펼치면서 이 사람은 그때부터 새로운 스타로 등장하게 되는 것입니다. 그러나 거의 대부분의 사람들은 그냥 지금까지 자기가 살아온 삶을 돌이켜 보면서 남에게 뒤지지 않고 살아왔다면 그런대로 성공적인 삶을 살았다고 생각을 할 것입니다. 그러나 우리 주님은 그렇게 생각하지 않습니다.

예수님께서는 이 세상에서 살고 있는 모든 사람의 삶이 실패한 삶이라고 규정을 하고 있습니다. 물론 여기에는 깡패나 사기꾼같이 실패한 삶을 산 사람들만이 아니라 훌륭한 학자나 정치인이나 나름대로 이 세상에서 성공적인 삶을 살아온 모든 사람들도 세상에서는 성공했다고 인정받을지 몰라도 하나님 앞에서는 모두 실패한 삶이라고 말씀하고 있습니다. 즉 우리가 이 세상에서 남들에 비하여 뒤떨어지지 않고 그나마 성공적인 삶을 살았다고 해서 하나님 앞에서 성공적인 삶을 산 것은 아니라고 말씀하고 있습니다. 여기에 기독교의 강한 도전이 있습니다. 이 세상에 사는 모든 사람들은 다시 거듭나야 한다는 것입니다. 즉 우리 인간들은 단순히 이 세상에서 성공하거나 실패하지 않았다고 해서 성공적인 삶을 산 것이 아니라 하나님 앞에서 완전히 다시 태어나는 체험이 있어야 멸망하지 않는 인생을 살 수 있다는 것입니다.

니고데모의 방문

요한복음에는 어느 날 갑자기 예수님을 만나고 예수님을 믿게 된 사람들을 소개하고 있습니다. 그 중에는 처음 세례 요한의 제자였다가 '하나님의 어린양을 보라' 는 세례 요한의 말을 듣고 예수님을 따르게 된 요한과 안드레 같은 사람이 있습니다. 그리고 안드레의 소개로 예수님을 만나게 된 시몬이나 빌립이나 나다나엘 같은 사람들이 있습니다. 그런데 이 사람들은 자기들이 예수님을 믿고 예수님을 따르는 것이 어떤 것인지 잘 알지 못했습니다.

그런데 이들은 어느 날 예수님이 유대 사회에서 아주 거물급인 사람과 만나서 대화를 나누는 가운데 예수님을 믿고 따르는 것이 어떤 것인지 분명히 알게 되었습니다.

요한복음 3장 1-2절

바리새인 중에 니고데모라 하는 사람이 있으니 유대인의 관원이라. 그가 밤에 예수께 와서 가로되 랍비여 우리가 당신은 하나님께로서 오신 선생인줄 아나이다. 하나님이 함께 하시지 아니하시면 당신의 행하시는 이 표적을 아무라도 할 수 없음이니이다

우선 우리가 알아야 할 것은 지금 예수님을 찾아온 이 니고데모라는 사람은 지금까지 예수님의 제자가 된 사람들과는 사회적인 신분에 있어서 큰 차이가 있는 자라는 사실입니다. 지금까지 예수님을 만나고 예수님의 제자가 된 사람들은 세상적으로는 가진 것이 별로 없는 사람들이었습니다. 그래서 이들은 세상의 모든 것을 버리고 예수님을 따

르는데 별로 큰 어려움을 느끼지 못했습니다. 그냥 자기들이 있는 상태에서 예수님을 따르기만 하면 되었습니다. 그러나 니고데모라는 사람은 달랐습니다. 니고데모는 바리새인이요 유대인의 관원으로서 율법 선생이었습니다. 니고데모는 유대 사회에서 정규 교육을 받은 사람이었고 상당히 높은 자리까지 올라간 사람이었습니다.

보통 유대 사회에서 바리새인들은 정규 교육을 받지 않은 사람들을 인정해주지 않았습니다. 그럼에도 불구하고 니고데모는 예수님에 대하여 다른 생각을 가지고 있었습니다. 니고데모가 보기에 예수님은 유대 사회에서 정규 교육을 받은 사람이 아니었습니다. 그럼에도 불구하고 니고데모는 예수님은 하나님이 보낸 사람이라고 믿었습니다. 그것은 예수님이 행하시는 기적을 보고 마음 속으로 예수님을 인정을 했기 때문입니다.

옛날 선지자들은 굳이 정식 학교를 나와서 선지자가 되는 것은 아니었습니다. 그러나 말라기 선지자 이후로 오랫동안 살아있는 하나님의 말씀이 중단되면서 그 자리를 대신하게 된 것이 율법을 학교에서 정식으로 배운 랍비라는 사람들이었습니다. 그런데 니고데모는 다시 선지자의 시대가 올 수도 있다고 생각을 했습니다. 즉 누구든지 정식 학교 교육을 받지 아니하고서도 오직 성령의 능력으로 하나님의 말씀을 전하고 기적을 행하는 선지자의 시대가 올 수도 있다고 믿은 것입니다. 이런 것을 보면 니고데모라는 사람은 당시 바리새인들 중에서는 상당히 의식이 열린 사람이었던 것을 알 수 있습니다.

니고데모는 예수님을 찾아와서 '당신은 하나님께로서 온 선생입니다. 하나님이 함께 하시지 아니하시면 당신이 행하시는 표적을 아무도 행할 수 없습니다.' 라고 하면서 예수님이 하시는 일을 인정을 했습니다. 이것은 한편으로 보면 대단한 일이 아닐 수 없습니다. 유대 사회에서 세례 요한 외에는 예수님을 인정한 사람이 없었는데 바리새인 중에서 거물급이었던 니고데모라는 사람이 예수님을 '하나님이 보낸 사람'으로 인정했다는 것은 대단히 고무적인 일이 아닐 수 없었을 것입니다.

그런데 니고데모는 예수님을 찾아오는데 낮에 찾아오지 않고 밤에 찾아왔습니다. 2절에 '그가 밤에 예수께 와서'라고 했습니다.

니고데모는 왜 예수님을 밤에 찾아왔을까요? 그것은 그가 낮에 다른 사람들의 이목 때문에 예수님을 낮에 만나는 것을 대단히 꺼려했다는 것을 알 수 있습니다. 니고데모는 아무도 보지 않는 시간에 개인적으로는 예수님을 찾아와서 만난 후 하나님이 보낸 선지자로 인정을 했습니다. 그러나 다른 사람들이 보는 낮에는 여전히 예수님과 만나는 것을 꺼려하고 자기 자신의 위신을 지키고 싶어 했던 것을 알게 됩니다. 이것이 니고데모가 가진 이중성이었습니다. 즉 개인적으로는 예수님을 믿고 그를 인정하지만 공적으로는 그것을 나타내기를 싫어했습니다.

그렇다면 니고데모는 무엇 때문에 굳이 예수님을 찾아왔을까요? 아마도 니고데모도 예수님의 말씀을 개인적으로 듣고 싶었던 것 같습니다. 즉 지금 내 자신이나 우리 사회에 대하여 하나님의 사자께서는 무엇이라고 말씀하실지 듣고 싶었던 것입니다. 다른 말로 말하면 니고데모에게도 풀리지 않는 인생의 숙제가 있었고 살아 있는 하나님의 말씀을 듣고 싶은 영적인 갈급함이 있었던 것입니다. 니고데모는 성경을 가르치는 율법사였습니다. 그러나 아무리 니고데모가 다른 사람들에게 성경을 가르친다고 하지만 막상 자신의 문제에 대해서는 자신이 없었던 것입니다. 결국 니고데모는 이미 늙었지만 자기 자신에 대한 하나님의 말씀을 듣기 위하여 예수님을 찾아왔던 것입니다. 즉 지금까지 살아온 자신의 인생이 성공적인 삶이었는지 아니면 무엇인가 부족한 것이 있는지 예수님의 말씀을 듣고 싶었던 것입니다.

오늘 모든 사람들에게 필요한 것은 하나님의 진단입니다. 지금 과연 나는 어떤 상태에 있으며 나는 무엇을 향하여 가고 있는지 예수님을 통해 인생 진단을 받아야 하는 것입니다.

우리나라 거의 대부분의 사람들이 가지고 있는 생각이 무엇입니까? 자신의 인생을 다른 사람의 인생과 비교해서 크게 뒤떨어지지 아니하고 오히려 남들보다 좀 더 성공적인 삶을 살았으면 성공적인 삶을 살았다고 믿는 것입니다. 남들이 학교를 나올 때 자기도 졸업하고 좀 더 좋은 학교를 나왔으면 만족을 하는 것입니다. 사회적으로 남들보다 좀 더 승진하고 남들보다 더 높은 자리에 있으면 자신의 삶을 성공적이었다고 판단을 하는 것입니다.

그 대신에 직장이나 관직에서 높이 승진하지 못했거나 사업에 크게 성공하지 못했거나 학교에서 공부를 잘 하지 못해서 그렇고 그런 식으로 공부를 했으면 자신의 인생이 별로 성공적이지 못했다고 생각하는 것입니다. 거기에다가 완전히 사업에 실패해서 알거지가 되거나 죄를 지어서 감옥에 들락거리거나 혹은 가정마저도 깨어져버렸으면 완전히 실패한 인생이라고 생각하는 것입니다.

이런 기준에서 보면 니고데모의 삶은 성공적인 삶이었습니다. 그는 바리새인이어서 도덕적으로 깨끗했고 유대 사회의 관원이었고 율법을 가르치는 학자로서 성공한 사람이었습니다. 그러나 니고데모는 이것에 만족 할 수가 없었습니다. 자신이나 유대 사회에 대한 하나님의 말씀의 판단을 듣기를 원했던 것입니다.

예수님의 도전

니고데모를 만났을 때 예수님이 니고데모에게 하신 말씀은 너무나도 충격적인 것이었습니다.

요한복음 3장 3절

예수께서 대답하여 가라사대 진실로 진실로 네게 이르노니 사람이 거듭나지 아니하면 하나님 나라를 볼 수 없느니라

예수님은 안드레나 요한이 '랍비여 어디계십니까?' 라고 물었을 때 '와보라' 는 식으로 초청을 하셨습니다. 시몬을 만났을 때에는 '장차 게바라 하리라' 고 말씀하셨고 나다나엘을 만나셨을 때에는 '이는 참 이스라엘 사람이라 이 속에 간사한 것이 없도다' 라고 말씀하셨습니다. 그런데 예수님께서는 니고데모를 만나셨을 때 '당신 같은 거물급 사람이 밤에 나같이 누추한 사람을 찾아주어서 대단히 영광스럽게 생각합니다' 라고 말씀하시지 않으셨습니다. 오히려 예수님은 '사람이 거듭나지 아니하면 하나님 나라를 볼 수도 없다' 고 말씀하셨습니다. 이것은 너는 아직 거듭나지 아니하였고 따라서 하나님 나라와는 거리가 먼 사람이라는 뜻입니다.

예수님께서는 니고데모가 아직 태어나지도 아니한 사람으로 보셨습니다.

여기서 예수님께서는 충격적인 단어를 사용하셨는데 그것은 '거듭난다' 는 단어입니다. '거듭난다' 는 말이 영어로 'born again' 이나 혹은 'rebirth' 등의 단어로 사용됩니다. 이것은 '두 번 태어난다' 는 뜻으로 이해가 되고 있습니다. 그런데 예수님께서 사용하신 단어는 '게네데 아노센' 이라고 해서 '위에서 난다' 는 뜻을 가지고 있습니다. 곧 예수님께서는 육체적인 출생 이외의 다른 출생을 말씀하신 것입니다.

니고데모는 이 세상에 태어나서 하나님을 아는 유대인으로서 모범적인 사회인이었고 성경 지식도 뛰어나서 성경을 가르치는 학자가 되었습니다. 그러나 하나님 앞에서 니고데모라는 사람은 존재의 의미조차도 가지고 있지 못했습니다. 예를 들어 어떤 사람이 대학에 합격자 발표를 보러 학교에 찾아갔습니다. 그러나 그의 이름은 합격자에 없는 것은 물론이고 아예 수험생 등록조차 되어 있지 않았던 것입니다. 왜냐하면 누군가가 그 사람의 서류를 접수를 시키지 않았기 때문입니다.

사람이 존재의 의미를 가지는 것은 태어나면서부터입니다. 어떤 경우에는 어머니 뱃속에 있는 태아도 존재의 권리를 가질 때가 있습니다. 그러나 니고데모는 아직 어머니의 뱃속에서 만들어지지도 않은 존재로서 이 세상을 살아오고 있었던 것입니다.

그러나 니고데모는 예수님이 '거듭나야 한다' 는 말을 육체적으로 두 번 태어나야 한다는 말로 이해를 한 것 같습니다.

그래서 4절에 '니고데모가 가로되 사람이 늙으면 어떻게 날 수 있삽나이까? 두 번째 어머니 모태에 들어갔다가 날 수 있삽나이까? 라고 다시 물었습니다. 이것은 니고데모가 예수님의 말씀에 대하여 아주 진실하게 믿으려고 애를 썼다는 것을 알 수 있습니다. 보통 사람들 같으면 사람이 '다시 태어나야 한다' 고 하면 정신을 차려서 이제부터 방황하지 아니하고 제대로 된 인생을 산다는 뜻으로 받아들였을 것입니다. 그러나 니고데모는 정말 예수님의 말씀을 문자 그대로 믿으려고 했고 그렇게 하려고 하다보니까 어처구니없는 질문을 할 수 밖에 없었던 것입니다. 그러나 예수님은 니고데모의 이런 질문을 조금도 우습게 생각하지 아니하셨습니다. 예수님께서는 니고데모의 우스꽝스러운 질문에 아주 진지하게 대답을 하셨습니다. 그 이유가 무엇입니까? 예수님께서는 니고데모의 엉터리 같은 질문을 통해서 그가 정말 새로워지기를 바라는 갈망이 있다는 것을 아셨던 것입니다. 그는 자신의 삶에 만족을 할 수가 없었습니다. 그는 만약 할 수만 있다면 두 번째 어머니 뱃속에 들어가서 다시 나오는 한이 있더라도 다시 한 번 새로운 생명을 얻고 싶었던 것입니다.

가끔 사회적으로 성공하신 분들 중에서 자신의 개인적인 문제를 목회자들에게만 털어 놓으시는 경우를 볼 수 있습니다. 그때 그 분들이 하시는 말씀 중에는 정말 유치하게 보이는 것들도 있습니다. 그러나 그런 분들이 유치한 이야기를 할 수 있다는 것은 아주 중요한 것입니다. 왜냐하면 지금까지 쓰고 있던 가면을 벗고 가장 진실한 자신의 모습을 보여주고 있는 순간이기 때문입니다.

사람들이 젊었을 때에는 육체적인 의욕이 너무 강하기 때문에 그런 것을 잘 느끼지 못합니다. 그러나 어느 정도 나이가 들고 보면 하는 모든 것이 매너리즘에 빠져 있고 마치 썩은 채소들처럼 생기가 없고 상한 냄새가 나는 것 밖에 없는 것입니다. 우리 인간에게 필요한 것은 새로운 능력입니다. 이것은 단순한 기분 전환이나 도덕적인 각성이나 새로운 취미 생활의 시작이 아니라 진정으로 무엇인가 새로운 힘과 능력이 자신의 마음속에 충만하게 임하는 것입니다.

니고데모도 변하고 싶었습니다. 무엇인가 새로워지고 싶었고 더 가치 있는 삶을 향하여 나아가고 싶은 갈망이 있었습니다.

이때 예수님께서는 거듭나는 것에 대하여 설명을 해주셨습니다.

요한복음 3장 5절

예수께서 대답하시되 진실로 진실로 네게 이르노니 사람이 물과 성령으로 나지 아니하면 하나님 나라에 들어갈 수 없느니라

여기서 예수님은 두 번째로 하나님 나라에 대하여 말씀하셨습니다. 예수님은 첫 번째로 '하나님 나라를 볼 수도 없느니라' 고 말씀하셨다가 이번에는 '하나님 나라에 들어갈 수 없으니라' 고 말씀하셨습니다.

사실 하나님의 나라는 볼 수가 없습니다. 왜냐하면 예수님의 하나님의 나라는 눈으로 보는 나라가 아니기 때문입니다. 그러나 예수님의 제자들은 그 나라를 볼 수 있었습니다. 그들의 마음속에 임하는 놀라운 은혜와 물이 포도주로 변하는 기적을 통하여 하나님의 나라를 볼 수 있었습니다.

그런데 이번에는 예수님께서 '하나님 나라에 들어가는 것' 을 말씀하십니다.

예수님은 하나님의 나라를 이 세상에 가져오신 분이십니다. 이 세상에 하나님의 나라가 있고 하나님의 백성들이 있습니다. 이 사람들은 이 세상에 살지만 하나님의 은혜가 임하는 사람들이고 하나님의 능력이 임하는 사람들입니다.

예수님은 '물과 성령으로 거듭나지 아니하면' 이라고 말씀하셨습니다. 우리가 새 사람이 되는데는 두 가지가 필요합니다. 하나는 인간적

인 것이고 다른 하나는 하나님이 하시는 것입니다. 여기서 인간적인 것이 바로 '물' 입니다. 여기서 '물' 이라고 하는 것은 요한의 세례를 두고 하는 말입니다. 누구든지 하나님의 말씀을 듣고 믿는 자는 세례를 받게 됩니다. 이것이 우리가 하는 것입니다. 그러면 하나님께서 하시는 것이 있습니다. 그것은 그 사람에게 성령을 부으셔서 그 영혼과 생각과 감정과 모든 것을 다 하나님의 능력으로 변화시켜버리시는 것입니다.

우리가 예수를 믿는다고 하는 것은 우리 껍데기만 그냥 두고 우리 안에 있는 모든 것을 전부 다 바꾸는 수술을 하는 것입니다. 예를 들어 아주 오래된 벤츠 자동차가 있는데 아무리 벤츠라 하더라도 오래되면 고물이 될 수밖에 없습니다. 그때 벤츠 회사에서 껍데기만 그대로 두고 안에 있는 엔진이나 의자나 모든 것을 다 바꾸어주었다면 사실 이 차는 고물이 아니라 새 차인 것입니다.

우리가 예수를 믿을 때 하나님께서는 우리의 뇌나 심장이나 혈액이나 내장이나 모든 것을 전부 다 예수님의 것으로 바꾸는 수술을 하십니다. 그래서 우리의 얼굴이나 이름만 옛날 이름을 그대로 가지고 있지 우리의 속사람은 완전히 하나님의 것으로 새로 만들어지게 됩니다. 이것이 거듭나는 것입니다. 하나님께서는 우리 안에 성령을 넣으셔서 우리의 모든 생각과 죄의식과 옛날의 감정과 모든 것을 예수님의 것으로 바꾸어버리십니다.

이것이 바로 우리가 새로 거듭나는 것이며 하나님 나라 백성이 되는 것입니다. 그런데 우리가 하나님나라의 백성이 되는 것은 한번으로 그치는 것이 아니라 계속적으로 하나님의 능력을 공급받게 됩니다.

중요한 것은 우리가 하나님의 말씀을 듣고 믿는 것입니다. 우리가 일단 하나님의 말씀을 듣고 예수님을 믿으면 새로운 피조물이 됩니다. 우리는 어느 순간 큰 은혜를 받으면서 우리가 옛날과 다른 새 사람이 된 것을 알게 됩니다. 우리는 하나님에 대하여 생각하는 것이 달라지게 됩니다. 그 전에는 하나님이 싫었고 하나님을 미워했는데 거듭나면서 하나님을 '아바 아버지'라 부르게 됩니다. 그리고 이전에 자기 자신은 모순덩어리였고 위선자였으며 죽으라고 구원에 이르려고 몸부림을 쳐 결코 구원에 이르지 못하는 구도자였는데 어느 순간 '너무나도 사랑스럽고 존귀한 자기 자신'을 되찾게 되는 것입니다. 그리고 이 세상에 대해서도 전에는 성공하려고 했고 좋은 것을 차지하려고 했는데 이제는 내가 믿음으로 살아야 하겠다고 변하는 것입니다.

참으로 희한한 것은 하나님께서 사람의 죽는 것을 너무나도 고통스럽게 만들어놓으신 것입니다. 만약 사람이 죽는 것이 전혀 고통스럽지 않다면 자살하는 사람들이 너무나도 많을 것입니다. 그러나 죽는 것이 너무나도 고통스럽고 무섭기 때문에 인간들은 모두 죽을 때까지는 살아야 하는 것입니다.

우리 인간들은 그냥 이 세상에 태어난 것만으로는 절대적으로 성공적인 삶을 살 수가 없습니다. 그리고 이 세상에 있는 것만으로는 절대적으로 가치 있는 삶을 살 수가 없습니다. 우리 인간의 마음속에는 하나님의 능력이 쏟아 부어져야 비로소 참으로 가치 있는 자신의 삶을 살아갈 수 있습니다.

아마 니고데모가 예수님을 만났을 때 나이가 얼마나 되었을지 모르지만 상당히 나이가 들었을 때일 것입니다. 그러나 예수님은 니고데모에게 '너는 너무 늦었다' 라고 말씀하시지 않으셨습니다. 예수님은 니고데모에게 지금이라도 거듭나기만 하면 된다고 말씀하셨습니다. 인간은 언제든지 어떤 상태이든지 진정으로 거듭나기만 하면 완전히 새로워진 자신을 얻을 수 있고 완전히 새로운 삶을 살게 되는 것입니다. 곧 인생의 완전한 새 도화지를 얻게 되는 것입니다.

거듭난 자의 특징

예수님께서는 거듭난 자의 삶은 자연적인 삶과는 완전히 다른 것이라고 말씀하셨습니다.

> 요한복음 3장 6-8절
>
> 육으로 난 것은 육이요 성령으로 난 것은 영이니 내가 네게 거듭나야 하겠다 하는 말을 기이히 여기지 말라. 바람이 임의로 불매 네가 그 소리를 들어도 어디서 오며 어디로 가는지 알지 못하나니 성령으로 난 사람은 다 이러하니라.

예수님께서는 부모에게서 육신으로 태어나는 것과 성령으로 태어나는 것은 근본적으로 다르다고 말씀하셨습니다. 즉 육으로 태어나 아무리 잘 살고 아무리 오래 살고 아무리 성공해도 소용없다는 것입니다. 하나님 앞에서 영원히 살려면 어디까지나 성령으로 다시 태어나야 하는 것입니다. 다시 말해서 겉으로 보기에는 똑같은 사람이요 똑같은 동네에 살고 똑같은 일을 하더라도 어떤 사람은 육이고 어떤 사람은 영인 것입니다. 심지어는 같은 집안에서 같이 자고 같이 음식을 먹어도 어떤 사람은 육이고 어떤 사람은 영인 것입니다.

이것을 예수님께서는 바람으로 설명을 하셨습니다. '바람이 임의로 불매 네가 그 소리를 들어도 어디서 오며 어디로 가는지 알지 못하나니'

우리의 눈에는 바람은 보이지 않습니다. 그러나 바람의 소리를 들을 수 있습니다. 이와 같이 우리도 성령을 눈으로 볼 수는 없지만 영으로 성령의 존재를 경험할 수 있습니다.

하나님의 말씀이 선포되는 것은 성령의 바람이 부는 것입니다. 그때 누구든지 그 말씀을 듣고 믿으면 죽은 뼈가 하나님의 군대가 되는 것입니다.

지금까지 사람들의 삶이 타락되고 더럽고 냄새가 났던 것은 썩은 시체였고 뼈였기 때문입니다. 그러나 아무리 타락되어 있고 썩어 있었다 하더라도 하나님의 말씀을 듣고 믿으면 완전히 새로운 피조물이 되는 것입니다. 이것이 눈에는 보이지 않을지 모릅니다. 왜냐하면 우리의 겉모습은 그대로이기 때문입니다. 그러나 우리의 속사람은 완전히 변하여 새 사람이 된 것입니다.

니고데모는 예수님의 이 말씀을 듣고 믿을 수가 없었습니다.

요한복음 3장 9절

니고데모가 대답하여 가로되 어찌 이러한 일이 있을 수 있나이까?

니고데모가 지금까지 경험한 것은 모든 인간은 한번 망치면 망친대로 살 수 밖에 없다는 것이었습니다. 그래서 인간의 모든 제도나 교육 시스템이 하는 것은 사람을 덜 타락하게 붙드는 것이지 일단 한번 버리면 다시는 새로워질 수 없다고 생각을 했습니다. 그러나 예수님은 모든 사람들이 다 죽은 상태에 있기에 말씀을 듣기만 하면 아무리 많은 썩은 시체들이라 하더라도 다 살아날 수 있다고 말씀하셨습니다. 니고데모는 도대체 어떻게 그것이 가능하냐고 물었습니다.

그때 예수님께서는 하늘의 일을 가지고 설명을 하셨습니다.

요한복음 3장 10-12절

예수께서 가라사대 너는 이스라엘의 선생으로서 이러한 일을 알지 못하느냐? 진실로 진실로 네게 이르노니 우리 아는 것을 말하고 본 것을 증거하노라. 그러나 너희가 우리 증거를 받지 아니하는도다. 내가 땅의 일을 말하여도 너희가 믿지 아니하거든 하물며 하늘 일을 말하면 어떻게 믿겠느냐?

예수님은 니고데모에게 어떻게 이스라엘의 선생으로 이것을 모르느냐고 책망하셨습니다. 성경 전체가 말씀하는 것이 믿음으로 새로워질 수 있다는 것이기 때문입니다. 성경은 다른 책이 아닙니다. 성경은 누구든지 하나님의 능력으로 새로워줄 수 있다는 것을 약속하고 있는 책입니다. 그러나 사람들은 언제 어떻게 그것이 이루어지는지 알지 못했습니다. 왜냐하면 그것은 비밀 중의 비밀이요 축복 중의 축복이었기 때문입니다.

특히 니고데모가 아무리 성경을 가르치고 배우면서도 사람이 새로워지는 비밀을 몰랐던 것은 이상한 것이 아닙니다. 왜냐하면 자기 자신이 그것을 보지 못했고 체험하지 못했기 때문입니다. 바로 이 새로워짐의 비밀이 누구에게 주어졌습니까? 오직 예수님을 생명의 구주로 믿는자에게 주어진 것입니다.

예수님은 우리에게 영원한 생명을 주시기 위해 이 세상에 오셨습니다. '우리 아는 것을 말하고 본 것을 증거한다' 고 했습니다. 이것은 예수님과 선지자들을 말합니다. 물론 선지자들은 직접 들은 것은 아니었습니다. 그러나 예수님은 하나님과 직접 의논을 했고 이것을 가지고 하나님과 결정을 내린 분이십니다.

여기서 '땅의 일' 이 무엇입니까? 우리가 이 세상에서 돈 벌고 먹고 사는 것을 말하는 것이 아닙니다. 우리가 이 세상에서 거듭나며 하나님의 능력으로 변하여 새 사람이 되는 것을 말합니다. 이것은 우리의 노력이나 결심에 달린 것이 아닙니다. 이것은 하나님 앞에서 결정되어진 결과에 따른 것입니다. 즉 하나님 아버지와 아들이 의논하시고 약속하신 것이 있습니다. 그것은 아들이 우리 죄를 대신해서 죽으면 하나님께서 우리를 아들을 대신해서 모두 다 살리시기로 약속하신 것입니다.

우리는 너무나도 엄청난 일이 너무나도 쉽게 우리에게 이야기되어지고 쉽게 이루어지니까 잘 믿지 못하는 것이 사실입니다. 그러나 이것은 결코 쉽게 되어진 것은 아닙니다. 하나님의 아들이 우리를 대신하여 죽었기 때문에 우리가 이러한 복을 받는 것입니다. 우리는 오직 예수님의 말씀을 믿기만 하면 됩니다. 그러면 예수님은 우리의 모든 삶을 전부 다 놀랍게 만들어주십니다.

인간이 이 세상에서 살면서 해야 하는 최고로 중요한 일은 성경 말씀을 믿고 거듭나는 것입니다. 거듭나지 않은 상태에서 아무리 공부를 잘 하고 아무리 사회적으로 성공을 한다 하더라도 그는 아직 태어나지 않은 아이와 같아서 아무런 존재의 의미가 없습니다.

요한복음 3장 13-15절

하늘에서 내려온 자 곧 인자 외에는 하늘에 올라간 자가 없느니라. 모세가 광야에서 뱀을 든것 같이 인자도 들려야 하리니 이는 저를 믿는 자마다 영생을 얻게 하려 하심이니라

이스라엘 백성들이 애굽에서 탈출한 후 광야에서 하나님을 원망하다가 불 뱀의 습격을 받았습니다. 그래서 모두 독사의 독으로 죽어갈 때 하나님께서는 이스라엘 백성들이 살 수 있는 길을 제시해주셨습니다. 그것은 이스라엘 자손들을 물었던 그 뱀을 놋으로 만들어서 장대에 매달고 그것을 보면 산다는 것이었습니다. 이스라엘을 죽게 만든 것은 교만이고 불순종이었습니다. 그대신 그들을 살게 하는 것은 하나님의 말씀을 믿는 것이요 순종하는 것이었습니다. 예수님은 우리를 죄에서 구원하기 위하여 나무에 높이 매달리셨습니다. 그런 까닭에 우리는 그분을 믿기만 하면 삽니다. 예수님은 자신을 하늘에서 내려온 자라고 말씀하셨습니다. 그런데 자신이 또 하늘에 올라갔다고 말씀하고 있습니다. 앞으로 올라갈 것이다가 아니라 이미 올라갔다고 말씀하고 있습니다. 이것은 둘 중의 하나일 것입니다. 과거에 천지를 창조하실 때 오셨던 것이든지 아니면 이스라엘 역사 가운데 찾아오셨다가 올라가신 것을 의미할 것입니다. 그러나 이번에는 올라가시는 것이 틀립니다. 왜냐하면 인간의 죄를 대신 지시고 장대에 매달려서 죽으심으로 올라가시기 때문입니다.

지금 우리는 이 엄청난 거듭남의 축복을 체험한 사람들입니다. 우리들의 질문은 '그러면 지금 우리는 어떻게 살아야 하느냐?' 하는 것입니다. 거듭난 후에 우리는 어떻게 해야 하겠습니까? 우리는 더욱 더

하나님의 능력으로 충만하게 되어야 합니다. 우리에게 임하시는 하나님의 능력은 과거에 주신 은혜로는 살 수 없기 때문에 우리는 날마다 새로 채움을 받아야 합니다. 우리는 날마다 마음과 생각과 감정이 새로워져야 하겠습니다. 우리는 묵은 생각과 묵음 감정을 퍼내어야 합니다. 오늘 우리에게 가장 중요한 일은 생각과 감정이 새로워지는 것입니다. 그리고 더 이상 우리 자신을 우리가 붙들고 있지 말고 우리 자신을 하나님의 은혜에 던져버려야 합니다.

그리고 이제는 모든 것을 내게 능력주시는 자 안에서 해야 합니다. 우리는 부족한 점도 너무 많고 모자라는 부분도 많습니다. 우리는 결코 완전할 수 없습니다. 우리가 만약 완전하게 모든 것을 다 잘하려고 한다면 정신병에 걸리고 말 것입니다. 우리는 모든 일에 감사하면서 내게 주시는 능력 안에서 최선을 다하면 되고 부족한 부분은 하나님께 맡기면 됩니다. 그러면 하나님께서 채워주실 것입니다. 우리는 지금 죄악의 잠을 자고 있어서는 안 되겠습니다. 우리에게 성령의 바람이 불고 있다면 우리는 해야 할 일이 많이 있을 것입니다. 무엇보다 우리는 거룩한 삶을 살면서 하나님의 영광을 위해 살아야 할 것입니다. 그 중에서 가장 중요한 것이 이 바람이 계속 불게 하는 것입니다.

06 _ 요 3:16-21

하나님의 크신 사랑

부모님들 중에서는 좋은 부모님이 있는가 하면 나쁜 부모님도 있습니다. 물론 거의 대부분의 아이들은 좋은 부모님 밑에서 행복하게 자라고 있습니다. 그러나 어떤 아이들은 나쁜 부모님 밑에서 태어나는 바람에 태어나자 마자 버림을 받고 먼 외국에 입양이 되어서 양부모 밑에서 자라야 하는 아이들도 많이 있습니다.

지난번에 한국계 출신의 어느 미국의 스키 선수가 동계 올림픽에서 동메달을 땄습니다. 그리고 자기가 한국인이며 부모를 찾기를 원한다고는 발표를 했습니다. 그랬더니 너도 나도 그 아이의 부모라고 하면서 많은 가짜 부모가 나타났습니다. 그 청년은 대단히 혼란스러워 하면서 이 나라를 떠나야만 했습니다. 그는 자기 부모를 찾는 것을 거의 포기할 뻔했습니다. 그러나 이 사람의 진짜 아버지가 나타났는데 이 아버지는 외모를 보아도 친부모인 것이 확실할 정도로 구레나룻가 닮아 있었습니다. 결국은 유전자 검사 결과 친부모인 것이 확인이 되어서 드디어 만날 수 있게 되었습니다. 아들은 아버지에게 어떻게 자기를 잃어버리게 되었는지 물어보았습니다. 아마도 시장에 가다가 잠깐 사이에 자식을 놓친 것 같은데 그 이후 아이를 찾지 못했다고 대답을 했습니다. 그 후에 여러 고아원을 돌아다니면서 아들을 찾아보려고 했지만 결국 찾지 못했고 그동안 이 아이는 먼 미국으로 입양이 되어버렸던 것입니다. 아들은 아버지에게 '왜 저를 끝까지 찾지 않으셨느냐?' 고 물었습니다. 그랬더니 아버지는 '먹고 살아야 하기 때문에 계속 찾을 수 없었다' 고 하면서 '미안하다' 고 했습니다. 그리고 '잘 자라주어서 고맙다' 고 말을 했습니다. 그러나 이 사람은 정말 좋은 양부모를 만나서 잘 자라는 바람에 축복받은 케이스에 속하는 것입니다. 만약 아이가 깡패 두목이나 살인자에게 입양이 되었다면 그 아이도 한평생 죄를 지어면서 살 것이고 나중에는 한 평생을 감옥에서 보내든지 아니면 사형을 당하게 될 수도 있었을 것입니다.

만약 자기 아버지가 아들 소식을 듣게 되었는데 아주 악한 깡패의 아들이 되어서 강도질을 하고 살인을 저질러서 사형을 당하게 되었다면 어떻게 하겠습니까? 부모들 중에는 자식을 잃은 셈 치고 포기를 하는 사람도 있을 것이며 아니면 목숨을 걸고 뛰어들어서 아이를 건져내려고 하는 분도 있을 것입니다. 그런데 사실은 하나님도 아이를 잃어버린 분이십니다. 하나님은 우리를 사랑으로 만드셨고 많은 자유를 주셨지만 우리 인간들은 살인자요 범죄자인 마귀에게 속아서 마귀의 자식으로 입양이 되어버렸습니다. 우리 모든 인간들은 자동적으로 마귀의 자식이 되고 멸망의 자식이 되고 말았습니다. 여기서 눈물겨운 하나님의 아들 찾기가 시작이 되게 됩니다. 하나님께서는 우리 인간들을 얼마든지 포기하실 수 있으셨습니다. 하나님은 우리 모든 인간들을 다 버리시고 새로운 세상을 만드실 수도 있으셨습니다. 그러나 하나님께서는 엄청난 계획을 세우셨습니다. 그것은 우리 모든 인간들을 구원해서 하나님의 아들로 만들자는 것이었습니다.

여기서 결정적인 역할을 하는 분이 하나님의 독생자이셨습니다. 하나님의 단 하나 밖에 없는 아들은 자신이 직접 인간이 되셔서 이 세상에 오셔서 우리 인간들에게 하나님의 사랑을 전하셨습니다. 그리고 우리의 죗값으로 자신을 마귀에게 내어주어서 마귀가 마음대로 자기를 고통스럽게 하고 때리고 침을 뱉고 나중에는 죽이도록 하셨습니다.

우리의 구원은 오직 하나님의 사랑 때문입니다. 하나님은 우리를 너무나도 사랑하셨기 때문에 우리를 구원하시기로 결정하셨습니다. 그러나 우리의 구원이 결코 쉬운 것이 아니었습니다. 왜냐하면 우리는 하나님을 믿지 않고 인정하지도 않으며 그 동안 지은 죗값이 너무나도 컸기 때문입니다. 이 모든 것을 하나님의 아들이 우리를 대신하여 죽음으로 다 해결하셨습니다.

복음은 하나님의 사랑입니다. 결국 하나님의 위대한 사랑이 우리를 찾아내었고 하나님의 위대한 사랑이 그 아들을 죽게 하셨습니다.

우리 인간들로 하여금 하나님께 돌아서게 할 수 있는 것은 '하나님이 자기 아들을 죽게 할 정도로 우리를 사랑하셨다' 는 말씀이었습니다. 우리 한 사람 한 사람이 얼마나 가치가 있는 사람인지 하나님의 아들이 나를 위하여 죽어주신 것입니다. 이 세상에 우리를 위하여 죽어주는 사람은 아무도 없습니다. 심지어는 부모님들도 우리를 위하여 대신 죽어줄 수는 없습니다. 그러나 하나님의 아들이 나를 대신하여 죽으셨고 그 피값으로 우리는 참으로 엄청난 사랑받는 하나님의 자녀가 된 것입니다.

하나님의 놀라운 사랑

요한복음 3장 16절

하나님이 세상을 이처럼 사랑하사 독생자를 주셨으니 이는 저를 믿는 자마다 멸망치 않고 영생을 얻게 하려 하심이니라

기독교를 한 마디로 말하면 '하나님의 엄청난 사랑' 입니다. 하나님께서 우리를 사랑하신 사랑은 그야말로 '이처럼 사랑하사' 입니다. 여기서 '이처럼' 이라고 하는 것은 우리가 상상할 수 없는 수준의 엄청난 사랑을 말하는 것입니다. 우리 인간들은 하나님 앞에서 어떤 존재들입니까? 그야말로 우리는 모두 하나님 앞에서 '한 줌의 흙들' 인 것입니다. 하나님은 우리를 만드실 때 모두 한 줌의 흙으로 만드셨습니다. 마치 조각가들이 작품을 만들 때 흙으로 만들거나 돌을 깎아서 만들듯이 하나님은 우리를 흙을 빚으셔서 만드셨습니다. 그러나 우리는 어디까지나 하나님의 작품에 불과하기 때문에 마음에 들지 않으면 부수어버릴 수도 있고 깨고 다시 만드실 수도 있습니다.

그러나 하나님은 우리를 너무나도 사랑하셨습니다. 어느 정도로 사랑하셨는가 하면 하나님 자신의 생명만큼 우리를 사랑하셨습니다.

물론 사람이 자기가 만든 작품을 자기 생명처럼 사랑하고 아낄 수도 있습니다. 그러나 그것은 어디까지나 비유적인 표현이지 정말 자기 작품을 대신해서 죽어줄 수 있다는 뜻은 아닐 것입니다. 그러나 하나님은 우리를 하나님 자신의 생명만큼 사랑하셨습니다.

그래서 하나님이 하신 것이 무엇입니까? 우리를 대신하여 '독생자를 주신 것' 입니다. 하나님의 독생자는 또 다른 하나님이십니다. 하나

님께서 가장 아끼시고 사랑하시며 온 우주보다 더 존귀한 아들이신데 우리를 대신해서 희생하기로 결정하신 것입니다. 이것은 우리의 머리로서는 도저히 이해할 수도 없는 것이고 도저히 상상할 수도 없는 것입니다. 그러나 하나님은 그렇게 하셨습니다. 하나님께서 이렇게 하신 것은 또 다른 인간들은 만들지 않으시겠다는 의지를 나타내시는 것입니다. 우리 인간들을 만드시는 것은 우리 인간들이 처음이자 마지막이고 끝인 것입니다. 그리고 하나님께서는 실패한 우리들에게 하나님의 엄청난 사랑을 들이부어서 하나님의 사랑을 완성시키겠다고 결심하신 것입니다. 그래서 우리 인류 외에 또 다른 인류는 없습니다. 하나님께서는 아무리 우리가 깨어지고 망가지고 죄로 인하여 형편없이 되어버렸다 하더라도 하나님의 어마어마한 사랑으로 우리를 고치셔서 하나님의 완전한 창조의 뜻을 완성시키기로 결심하신 것입니다.

여기서 하나님은 두 가지를 말씀하십니다.

하나는 '세상을 사랑하셨다' 고 말씀하셨습니다. 여기서 이 '세상'이라고 하는 것은 모든 인간을 말하는 것입니다. 하나님께서는 인간들을 구원하시는데 아무런 차별을 하시지 않기로 하셨습니다. 부자나 가난한 자나 배운 자나 무식한 자나 남자나 여자나 아무도 차별하시지 않기로 결정하셨습니다. 즉 모든 인간들이 구원의 대상이 되는 것입니다. 그리고 또 하나는 '아들을 믿는 자' 입니다. 하나님께서는 인간들을 구원하는데 오직 한 가지 조건만 요구하셨습니다. 그것은 십자가에 못 박혀 죽은 예수가 하나님의 아들이며 내 죄를 대신하여 죽었다는 것을 믿는 것입니다. 인간에게 있어서 가장 어려운 것은 십자가에 달려 죽은 예수가 하나님의 아들이라는 것을 믿는 것입니다. 십자가에 달려 죽은 자를 믿는다는 것은 내가 하나님 앞에서 십자가에 못 박혀 죽어야 할 죄인이며 내가 내 자신을 구원하기 위하여 할 수 있는 것이 아무 것도 없다는 것을 인정하는 것입니다. 우리 인간들에게 가장 받아들이기 어려운 것이 바로 이것입니다. 우리가 하나님 앞에서 의로운 것이라고는 아무 것도 없으며 오직 모든 것을 하나님의 처분에 맡겨야만 하는 것이 가장 어려운 것입니다.

예를 들어, 환자가 병원에서 수술을 받을 때 그가 할 수 있는 것은 그야말로 죽은 사람처럼 누워 있는 것입니다. 그러나 자기 자신이 무엇인가 도와주려고 의사에게 칼을 집어 준다든지 피를 닦아준다든지 혹은 커피를 끓여주려고 한다면 의사는 제대로 수술을 할 수가 없을 것입니다. 우리 인간들이 하나님 앞에서 할 수 있는 것은 오직 십자가에 못 박혀 죽어 있는 것입니다. 그러면 하나님께서 우리에게서 고칠 것은 고치시고 바로 잡을 것은 바로 잡으셔서 새 사람이 되게 하실 것입니다. 하나님께서 우리 모든 인간들에게 요구하시는 것은 겸손과 믿음입니다. 왜냐하면 이것이 있어야 제대로 하나님의 은혜 안에 있을 수 있기 때문입니다.

인간의 상태

요한복음 3장 16-18절

하나님이 세상을 이처럼 사랑하사 독생자를 주셨으니 이는 저를 믿는 자마다 멸망치 않고 영생을 얻게 하려 하심이니라. 하나님이 그 아들을 세상에 보내신 것은 세상을 심판하려 하심이 아니요 저로 말미암아 세상이 구원을 받게하려 하심이라. 저를 믿는 자는 심판을 받지 아니하는 것이요 믿지 아니하는 자는 하나님

의 독생자의 이름을 믿지 아니하므로 벌써 심판을 받은 것이니라

하나님께서 아들을 이 세상에 보내신 것은 이 세상이 처해있는 심각한 상태 때문입니다. 우리 인간들은 그냥 이 세상에 태어나서 살아가고 있습니다. 그러나 우리 인간의 처지는 당장은 상관없지만 영원한 멸망을 향하여 달리고 있는 기차를 타고 있는 사람들과 같은 것입니다.

지난번에 대구 지하철에서 화재가 나서 많은 사람들이 죽었을 때 지하철을 탔던 승객들은 그 지하철에서 그런 화재가 날 줄은 아무도 모르고 있었습니다. 그런데 갑자기 불이 나서 문이 닫히는 바람에 탈출하지 못했던 것입니다. 더욱이 억울했던 것은 반대쪽에서 오던 열차가 불이 붙은 열차 옆에 서서 문을 닫아버리는 바람에 거기에 탔던 사람들은 영문도 모르고 연기에 질식하거나 불에 타서 죽고 말았습니다.

성경은 분명히 이 세상 전체가 멸망을 향하여 달리고 있다고 증거하고 있습니다. 마치 이 세상 전체는 불구덩이를 향하여 돌진하고 있는 열차와 같은 것입니다. 결국 가만히 있으면 모두 다 영원한 불구덩이에서 멸망하고 말 것입니다. 이 세상 전체가 멸망한다는 증거가 어디에 있습니까? 성경은 강력한 두 가지 증거를 제시하고 있습니다. 그 하나는 노아 홍수이고 다른 하나는 소돔과 고모라의 멸망입니다. 결국 이 세상에 있는 모든 인간들이 멸망을 향하여 달리고 있는 열차를 타고 있다면 이 열차에서 뛰어내려야 할 것입니다. 다리가 부러지든지 머리가 깨어지든 지간에 이 열차에서 뛰어 내려야 살 수 있을 것입니다. 전에 어떤 건물에서 불이 붙었는데 건물 안에서 화장실로 피하

거나 다른 방으로 피한 사람들은 다 연기에 질식 되거나 불에 타 죽었습니다. 오직 살아난 사람은 누군가가 밖으로 던져서 다리가 부러진 여학생뿐이었습니다.

우리 인간들이 이 세상에서 아무리 적응을 잘하고 성공적인 삶을 산다 하더라도 그것 가지고는 이 멸망을 피할 수가 없습니다. 우리가 이 세상에서 멸망당하지 않는 방법은 오직 '믿음' 밖에 없습니다. 이 믿음은 두 가지 내용으로 되어 있습니다. 하나는 근본적인 것인데 예수가 하나님의 아들이며 내 죄를 대신하여 죽으셨다는 것을 믿는 것입니다. 그리고 또 다른 하나는 그 후에 모든 것을 하나님을 믿는 믿음으로 사는 것입니다. 우리는 결혼이나 직장생활이나 모든 것을 하나님을 믿는 믿음으로 살아야 합니다.

우리는 우리의 남은 삶을 완전히 하나님께 맡겨버려야 합니다. 우리의 삶을 하나님께 맡긴다고 하는 것은 오직 하나님의 말씀만 붙잡고 하나님께서 하라고 하시는 범위 안에서 사는 것을 말합니다. 남들이 아무리 성공하고 유명하게 되어도 우리는 그 길을 따라가서는 안 됩니다. 오직 하나님만 붙잡고 하나님이 길을 열어주시는 범위 안에서 살아야 하는 것입니다.

그렇게 하지 않고 여전히 세상을 믿고 사는 사람들은 이미 심판을 받았다고 말씀하고 있습니다. 왜냐하면 이 세상이 지금 하나님의 심판 아래 있기 때문입니다.

지금 모든 인간들은 사형수의 신분과 같습니다. 단지 우리의 형벌이 유예되고 있는 것입니다. 아무리 이 세상에서 성공하고 잘 살아도 하나님께서 심판을 내리시는 날에는 모두 다 비참하게 망하게 되어 있습니다.

그 이유가 무엇입니까? 우리 인간들은 원래 하나님께 영광 돌리도록 만들어졌기 때문입니다. 그래서 하나님께 영광 돌리지 않는 사람은 멸망하게 되어 있습니다. 예수님께서는 우리를 바꾸셔서 다시 하나님께 영광 돌릴 수 있도록 하기 위해 오셨습니다. 우리가 하나님께 영광을 돌리는 것은 하나님을 위해서 많은 일을 하는 것이 아닙니다. 오직 하나님의 말씀에 자기 자신을 쳐서 복종시키는 것입니다.

만약 이 모든 것이 사실이라면 우리 인간들은 어떻게 해야 옳을까요? 아마 모든 일을 다 팽개치고 예수님께로 달려가서 무조건 예수 이름만 믿어야 할 것입니다. 하지만 놀랍게도 그렇게 하는 사람들이 많지 않았습니다.

요한복음 3장 19-20절

그 정죄는 이것이니 곧 빛이 세상에 왔으되 사람들이 자기 행위가 악하므로 빛보다 어두움을 더 사랑한 것이니라. 악을 행하는 자마다 빛을 미워하여 빛으로 오지 아니하나니 이는 그 행위가 드러날까 함이요

'빛' 이 세상에 왔지만 사람들이 자기 행위가 악하기 때문에 빛으로 나아오기를 원하지 않는 것입니다. 여기에 '빛' 이 무엇입니까? 이 빛은 예수님 자신과 예수님의 말씀을 말합니다.

이 빛은 하나님께로부터 온 것이기 때문에 누구든지 이 빛을 따라가기만 하면 생명을 얻을 수 있습니다. 그런데 놀랍게도 사람들은 예수님을 믿으려고 하지 않았고 이 빛을 좋아하지 않았습니다.

그 이유가 어디에 있을까요? 세상이 너무 좋았고 자기 정욕을 버리는 것이 너무나도 아까웠기 때문입니다. 인간의 악은 세상에 대한 욕

망과 자기 안에 있는 정욕을 버리지 않고 오히려 더 정당화시키는 것입니다.

사람들은 예수님의 말씀을 믿지 않았습니다. 왜냐하면 아직 세상은 망할 것 같지가 않고 또 세상이 망한다는 증거가 없기 때문입니다. 그 대신에 세상에는 좋은 것이 너무나도 많은 것입니다. 그래서 우리 인간들은 이 세상에 대한 욕심과 미련 때문에 예수님의 말씀만 믿을 수가 없었던 것입니다.

그렇다면 우리가 살려면 어떻게 해야 합니까?

요한복음 3장 21절

진리를 좇는 자는 빛으로 오나니 이는 그 행위가 하나님 안에서 행한 것임을 나타내려 함이라 하시니라

여기에 보면 '진리를 좇는 자는 빛으로 온다' 고 했습니다. 우리가 하나님의 말씀을 듣고 그 말씀을 따라가다 보면 우리는 어느 순간에 빛 안에 들어와 있게 됩니다. 물론 이 빛은 하나님의 은혜의 빛이요 영광의 빛인 것입니다.

하나님께서 우리에게 영생을 주신다고 할 때 이 영생은 단순히 오래 사는 것을 말하지 않습니다. 이것은 하나님께서 가지고 계신 모든 존귀와 거룩하심과 아름다움과 사랑과 능력과 축복이 풍성한 삶을 말하는 것입니다. 우리는 이 세상에서 이 복을 누리게 됩니다. 그리고 죽은 후에는 우리 육체까지 영원히 죽지 않는 몸으로 변화되어 하나님의 모든 복을 물리적으로도 다 상속을 받게 됩니다.

신랑과 신부의 만남

이 세상에서 가장 기쁘고 아름다운 것이 있다면 사랑하는 가족들과의 만남일 것입니다. 유대인들은 신랑 신부가 결혼할 때 얼마나 기쁜지 혼인 잔치를 일주일 동안 한다고 합니다. 우리가 생각하기에 일주일 동안 잔치해서 다 먹어버리고 써버리면 그 다음부터는 무엇을 먹고 살까 걱정되겠지만 한 평생 부부가 하나님으로부터 받을 축복에 비하면 일주일 잔치는 아무 것도 아니라고 생각하는 것입니다. 그만큼 신앙 안에서 부부가 만나는 것은 복이요 복의 근원입니다.

세례 요한은 우리가 예수를 믿는 것이 바로 이런 복의 근원을 가지는 것으로 설명을 했습니다.

요한복음 3장 24절

요한이 아직 옥에 갇히지 아니하였더라

세례 요한은 예수님 앞에 와서 주인공을 소개하고 내려가는 배우였습니다. 그런데 세례 요한이 연기를 너무 잘 하는 바람에 사람들은 처음에 세례 요한이 주인공인 줄 착각을 했었습니다. 오페라에서 주인공이 너무 늦게 나오면 사람들은 조연을 주인공인 줄 착각할 수 있는 것과 같습니다. 그런데 예수님은 자신의 본격적인 사역을 요한이 옥에 갇히는 시점으로 생각하셨습니다. 그래서 그 전에는 기적을 일으키는 것도 자제하시고 활동도 소극적으로 하셨습니다. 그럼에도 불구하고 예수님께서 복음을 전하시고 병자들을 고치시니까 사람들이 요한보다 예수님께 더 많이 몰려들게 되었습니다. 그때 세례 요한 주위에 있던 사람들이 요한에게 충동질을 하려고 했습니다. 즉 당신이 소개한 그 사람이 세례를 주니까 사람들이 그 사람에게 더 많이 간다고 했습니다.

이때 요한은 자신의 입장을 분명히 밝혔습니다.

요한복음 3장 27-29절

요한이 대답하여 가로되 만약 하늘에서 주신바 아니면 사람이 아무 것도 받을 수 없느니라. 나의 말한바 나는 그리스도가 아니요 그의 앞에 보내심을 받은 자라고 한 것을 증거할 자는 너희니라. 신부를 취하는 자는 신랑이나 서서 신랑의 음성을 듣는 친구가 크게 기뻐하나니 나는 이러한 기쁨이 충만하였노라

결혼식에서 가장 중요한 것은 들러리가 아니고 신랑과 신부입니다. 그 날에는 오직 신랑과 신부만이 주인공이 되기에 모든 사람들이 이 두 사람만 주목하면서 그들의 영원한 행복을 축복하게 되는 것입니다. 그런데 만약 결혼식 날에 신랑 친구가 신랑보다 더 멋있는 옷을 입고 나타나서 신부를 가로채어 가버린다면 이것은 완전히 결혼식을 도둑질하는 것이 되는 것입니다.

그래서 결혼식에는 예복을 입은 사람은 오직 신랑 신부밖에 없습니다. 다른 사람들은 모두 이 두 사람을 축하해주기 위해서 온 것입니다.

하나님께서는 죄인들이 하나님께 돌아올 때 거지가 한 사람 동냥 받으러 오는 것으로 생각하시지 아니하십니다. 하나님께서는 그 죄인 한 사람을 그리스도의 신부로 받아주시는 것입니다. 그리고 다른 사람들은 모두 다 그 사람들이 예수님과 만나는 것을 축하하고 기뻐해야 합니다.

그런데 요즘 우리가 보는 현실은 결코 그렇지 않은 것을 보게 됩니다. 즉 목회자나 교회가 사람들을 예수님께로 데리고 가야 하는데 그냥 자기들이 신랑이 되어버려서 예수님을 만날 필요가 없도록 하고 있는 것입니다. 이것은 결국 신부를 도둑질하는 것 밖에 되지 않는 것입니다.

특히 신부라고 할 때에는 개인적인 의미도 있겠지만 전체적인 의미도 있습니다. 원래 이스라엘은 그리스도의 신부였습니다. 그러나 그리스도의 신부가 바람이 나서 세상을 따라가고 타락하는 바람에 신랑으로부터 버림을 당하게 됩니다. 이 모습을 생생하게 보여주는 성경이 구약의 호세아서입니다. 하나님께서는 호세아 선지자에게 바람기가 많은 여자 고멜과 결혼을 하라고 합니다. 고멜은 결혼한 후에도 계속 음란한 짓을 하면서 다른 아이들을 낳다가 나중에는 완전히 사기를 당해서 노예로 팔려가버리게 됩니다.

이스라엘 백성들은 신랑으로 버림을 받았다가 이제 몇 백 년 만에 다시 그리스도를 신랑으로 맞이하게 됩니다. 여기에 무슨 시기나 질투가 있을 수 있겠습니까? 오직 신랑의 소리를 듣고 기뻐하고 감사할 뿐이지요. 이것은 오늘 우리들도 마찬가지입니다. 우리는 개개인이 그리스도의 신부이기도 하지만 교회가 전체적으로 신부이기도 합니다. 그러나 우리나라 교회는 그동안 바람이 나서 하나님의 말씀은 저버리고 세상에 깊이 빠져 있었습니다. 이제는 우리가 신랑의 음성을 들어야 합니다. 교회가 그리스도를 중심에 바로 모셨을 때 부흥이 나타나는 것입니다. 그리고 예배드릴 때 마다 큰 감동과 기적이 일어나서 하나님의 말할 수 없는 축복이 우리 위에 쏟아지게 되는 것입니다. 우리는 이것을 간절히 사모해야 하고 이것을 위해서 애를 써야 합니다.

우리는 모두 지금까지 부모도 없이 마귀에게 붙들려서 껌팔이나 하고 도둑질하면서 살던 사람들이었습니다. 그런데 어느 날 예수님의 음성이 우리에게 들려왔습니다. 즉 '내가 죽을 정도로 하나님 아버지께서 널 사랑하신다'는 소리입니다. 이 소리가 우리를 새 사람이 되게 했고 이 음성이 우리를 죄의 구렁텅이에서 나오게 한 것입니다. 우리는 이 음성을 가장 중요하게 생각해야 하고 교회에서 이 음성만 들리게 해야 합니다.

진정으로 교회가 교회답게 되고 부흥의 역사가 나타나려면 세례 요한 같은 마음이 있어야 합니다. 즉 30절, "그는 흥하여야 하겠고 난 쇠하여야 하리라." 교회 안에서 십자가에 못 박히신 예수님 외에는 모두 다 죽어져야 합니다. 왜냐하면 교회는 예수님의 피값으로 사신 사람들로 모였기 때문입니다. 큰 소리 칠 수 있는 분은 오직 십자가에 못 박혀죽으신 예수님 밖에 없습니다.

하나님의 인치신 분

우리는 중요한 우편물을 보낼 때에는 반드시 등기로 해서 도장을 찍어서 받게 합니다. 그래서 재산과 관계되는 모든 서류는 등기로 해서 보내게 됩니다. 그런데 생명과 관계되는 것은 등기로도 안 되고 사람이 직접 가서 말을 해야 합니다. 이것은 병원에서도 환자의 생명에 대한 중요한 사항은 의사가 직접 환자나 환자 가족을 만나서 구두로 전달을 하는 것과 같습니다.

오늘 본문은 하나님의 아들이 이 세상에 직접 오셔서 구원에 대하여 말씀하신 것이 얼마나 엄청나게 중요한 일인지 말씀해주고 있습니다.

요한복음 3장 31-32절

위로부터 오시는 이는 만물 위에 계시고 땅에서 난 이는 땅에 속하여 땅에 속한 것을 말하느니라. 하늘로서 오시는 이는 만물 위에 계시나니 그가 그 보고 들은 것을 증거하되 그의 증거를 받는 이가 없도다

여기서 '땅에서 난 자' 라고 하는 것은 세례 요한을 포함한 모든 인간들을 말하는 것입니다. 우리는 이 세상에서 태어났기 때문에 이 세상 일 밖에는 알지 못합니다. 우리는 하나님의 존재나 하나님의 계획에 대해서는 아무것도 아는 것이 없습니다. 그래서 세례 요한도 예수님에 대해서 소개할 뿐이지 자기가 모든 진리를 다 말할 수 있는 것은 아니었습니다. 그러나 사람들은 예수님의 외모가 우리와 똑같았기 때문에 예수님이 말씀하시는 것을 우리 인간들이 말하는 것과 같은 수준이나 아니면 그 보다 더 못한 수준에서 받아들일 때가 많습니다.

그러나 예수님이 말씀하시는 것은 우리 인간들이 말하는 것과는 근본적으로 그 질이 다른 것입니다. 우리 인간들이 전하는 진리라고 하는 것은 하나님의 빛의 희미한 반사에 불과합니다. 즉 달이 태양 빛을 반사하는 정도 밖에 안 되는 것입니다. 우리 인간들은 우리가 스스로 생각한 것이나 혹은 하나님께서 말씀하신 것을 받아서 말하는 수준입니다. 그러나 예수님은 하나님의 진리 자체를 이 세상에 가지고 오셨습니다. 즉 예수님의 진리는 태양을 반사하는 것이 아니라 태양 자체를 가지고 오신 것입니다.

예수님은 어떤 분이십니까? 만물 위에 계신 분이십니다. 그가 만물 위에 계신다는 것은 피조물이 아니라는 뜻입니다. 그는 온 세상 위에 계시기에 이 세상에 포함된 분이 아니십니다. 그리고 그 분 안에 모든 우주의 목적과 계획이 다 들어 있습니다. 그 분이 직접 오셔서 인간의 상태와 하나님의 구원에 대하여 말씀하셨다면 이 말씀은 결정적인 선언이며 이 외의 다른 방법은 있을 수가 없는 것입니다.

예를 들어, 어떤 환자가 중병으로 병원에 입원해서 진찰을 받았는데 담당 의사는 진단을 내리기 전에 의사들이 모여서 회의를 합니다. 그리고 나서 담당 의사가 직접 찾아와서 병에 대하여 결론을 내리고 치료 방향을 설명했다면 적어도 그 병원에서는 그의 결정이 최종적인 것입니다.

예수님께서는 이것을 혼자 결정하신 것도 아닙니다. 우리 인간의 문제를 두고서 성부 성자 성령의 의논이 있으시고 그 결과를 직접 오셔서 알려주신 것입니다. 이외에 다른 결정은 있을 수가 없습니다.

그런데 안타깝게도 사람들은 이 엄청난 진리를 잘 믿으려고 하지 않습니다. '그가 그 보고 들은 것을 증거하되 그의 증거를 받는 이가 없도다'.

이것이 바로 우리 인간이 얼마나 무지하며 얼마나 악한지 보여주는 것입니다. 하나님께서 모든 것을 다 희생하고 우리를 위해서 아들을 보내어 주셨는데 우리 인간들은 그것 자체를 무시하고 불신하고 거부하는 것입니다. 그 책임은 자기 자신이 져야 합니다. 이것은 하나님의 무서운 시험입니다. 즉 하나님께서 마지막으로 아들의 죽음으로 우리에게 찾아오셨을 때 우리는 온 생명을 다하여서 이 진리를 붙잡아야 하는 것입니다.

그러면 예수님의 진리가 참인 증거가 어디에 있습니까? 그것은 하나님께서 증거하셨습니다.

요한복음 3장 33절

그의 증거를 받는 이는 하나님을 참되시다 하여 인쳤느니라

하나님께서는 누구든지 예수님의 말씀을 믿는 자는 인을 치십니다. 그 인의 내용이 무엇인가 하면 '하나님은 참되시다' 는 것입니다. 하나님의 말씀은 절대로 거짓말이 아니며 이 모든 것은 사실이라는 것입니다. 이것을 어떻게 우리에게 도장을 찍으십니까? 성령으로 도장을 찍으십니다. 마치 시내 산에서 모세가 십계명을 받을 때 불이 돌에 떨어져서 글자를 새겼듯이 하나님의 말씀은 성령의 불로서 우리 마음에 새겨지게 되는 것입니다. 그래서 우리는 다른 것은 모르지만 하나님은 참되시며 하나님은 절대로 거짓말하지 않으시며 하나님의 말씀은 틀림이 없다는 것을 믿습니다. 이것을 뒤집어서 말하면 이 세상은 거짓되며 이 세상 진리를 믿을 수 없다는 뜻입니다. 결국 이 세상 모든 것들은 다 심판받고 무너질 때에 하나님의 말씀은 절대로 무너지지 않습니다.

요한복음 3장 34절

하나님의 보내신 이는 하나님의 말씀을 하나니 이는 하나님이 성령을 한량없이 주심이니라

예수님이 하나님이 보내신 분이라는 증거는 그에게서 성령의 능력이 한없이 나타나는 것이었습니다. 예수님께서 세례를 받고 물에서

올라오실 때 그에게 성령이 한없이 부어졌습니다. 예수님께서는 우리에게 성령으로 세례를 주실 분이시기에 먼저 성령으로 세례를 받으셨습니다. 오늘도 우리가 하나님께 돌아오기만 하면 이 세상 어느 것에서도 체험할 수 없는 성령의 강한 능력을 체험하게 됩니다. 성령은 생명입니다. 성령은 죄에 죽은 우리를 살리며 병든 육체를 살리며 마귀의 시험을 내어 쫓을 것이며 이 세상을 능히 살아갈 수 있는 지혜와 힘과 용기를 주실 것입니다.

이 세상에서 가장 중요한 것은 예수님을 만나는 것입니다. 그리고 이 멸망의 열차를 생명의 열차로 갈아타는 것입니다. 우리가 예수님께 우리 자신을 던지면 머리는 깨어지고 다리는 부러질지 모르지만 우리에게는 영원한 천국의 축복이 쏟아지게 될 것입니다.

요한복음 3장 36절

아들을 믿는 자는 영생이 있고 아들을 순종치 아니하는 자는 영생을 보지 못하고 도리어 하나님의 진노가 그 위에 머물러 있느니라

여기서 영생이라는 것은 단순히 오래 사는 것을 말하지 않습니다. 하나님의 모든 생명과 지혜와 능력과 축복이 충만한 것입니다. 거기에 비하여 진노라고 하는 것은 영원히 하나님의 사랑과 축복에서 분리되는 것입니다. 우리에게 하나님의 사랑이 없으면 영원히 미워하면서 영원히 저주하면서 이를 갈면서 가장 처참한 가운데 있게 될 것입니다. 믿지 않는 자는 영생을 보지 못합니다. 그리고 알지도 못할 것입니다. 그 대신 하나님의 진노가 그들의 머리에 위에 머물러 있습니다. 마치 소나기구름같이 언제든지 심판이 쏟아질 수 있는 것입니다. 그러

나 우리는 환한 빛 가운데 있습니다. 곧 하나님의 은혜와 축복이 우리를 감싸고 있는 것입니다. 이 세상에 어떤 시험이나 어려움이 온다 하더라도 우리는 안전할 것입니다. 예수님이 우리의 영원한 반석이 되어주셔서 모든 비바람이나 사탄의 공격이나 시험을 다 막아주실 것입니다. 진리를 좇는 자는 빛으로 가게 됩니다. 지금 우리에게는 신랑의 음성이 들리고 있습니다. 우리는 오직 이 음성만 믿고 기뻐하면 되는 것입니다. 우리 모두 신랑을 맞이하는 신부가 되시기를 바랍니다. 세상 옷은 다 벗어버리고 그리스도의 의의 옷을 입고 영원한 천국의 축복으로 기뻐하시는 성도들이 되시기를 바랍니다.

Exposition of John

07 _ 요 4:1-18

사마리아 여인과의 만남

우리는 때때로 너무 절망적인 사람을 만나게 될 때 우리가 해 줄 수 있는 것이 아무 것도 없다는 것을 알게 됩니다. 우리 인간이 해 줄 수 있는 것은 남이 조금 부족할 때 그 부족한 것을 메꾸어 주는 것이지 죽어가는 사람을 다시 살린다거나 혹은 도저히 사람의 힘으로 구제불능인 사람을 회복시켜줄 수 없습니다.

우리 주위에는 여러 가지 이유로 절망적인 사람들을 보게 됩니다. 그 중에서 병으로 절망적인 사람도 있고 정신 이상으로 절망적인 사람도 있고 도덕적으로 타락을 했기 때문에 절망적인 사람도 있습니다. 그런데 성경에는 이런 절망적이던 사람들이 예수님을 만남으로 완전히 새로운 삶을 얻은 일들을 많이 소개해주고 있습니다. 질병 때문에 절망적이던 사람이 예수님을 만나서 치료를 받은 일은 이루 헤아릴 수도 없을 정도로 많습니다. 그 중에는 나병에 걸렸던 사람들이나 중풍 병에 걸렸던 사람도 있고 심지어는 죽었다가 살아난 사람도 있습니다. 심지어 정신 이상으로 절망적으로 살던 사람들 중에도 고침을 받은 사람도 있었습니다. 그 사람은 거라사 지방에 살던 광인이었습니다. 이 사람의 생명은 돼지 이천 마리와 바꿈으로서 새로운 삶을 살게 되었습니다. 그리고 오늘 우리가 성경에서 보게 되는 사람은 도덕적으로 타락해서 절망적인 삶을 살던 사람이었습니다. 그런데 이 사람이 예수님을 만남으로 완전히 타락한 옛 생활을 청산하고 너무나도 당당한 새로운 삶을 시작하는 것을 보게 됩니다.

요즘도 사마리아의 수가성 여자라고 하면 도덕적으로 타락한 여성을 의미합니다. 그래서 '우물가 선교회' 라고 하면 술집 종업원 같은 여성을 상대로 해서 전도하는 사업을 말하는 것입니다.

사람이 도덕적으로 타락하면 일단 타락한 생활 그 자체만으로도 추하고 역겹습니다. 그러나 이 타락한 생활은 그 사람의 습관이나 정신까지 썩어 문드러지게 만들어서 소생 불능으로 만들어 놓습니다. 예를 들어, 건전한 생활을 하는 사람들도 음란한 영화를 보거나 책을 읽으면 그 영혼이 독약을 한 사발씩을 마시는 것과 같아서 그 사람의 영혼이 큰 손상을 보게 됩니다. 사람이 독약을 한 사발 마시는데 어떻게 속이 멀쩡할 수 있겠습니까? 그러나 타락한 생활을 하는 사람은 독약 속에 완전히 빠져 있기 때문에 도저히 재기할 가능성이 없는 것입니다. 예를 들어, 한번만 죄에 빠져도 치료하기가 어려운데 매일 그런 죄를 먹고 마시면서 사는 사람은 이미 영혼 자체가 거의 존재하지 않는 것처럼 썩어버린 상태에 있는 것입니다.

그런데 하나님의 말씀의 놀라운 점은 바로 이런 사람도 치료할 수가 있다는 것입니다. 예수님께서는 도덕적으로 타락한 삶을 살아온 사람도 소중한 한 영혼을 가지고 있으며 얼마든지 하나님의 말씀으로 치료

될 수 있다는 것을 보여주셨습니다. 이것이 바로 하나님의 말씀의 능력이 가장 놀랍게 나타나는 부분입니다.

예수님과 한 여인의 만남

요한복음 4장 1-4절

예수의 제자를 삼고 세례를 주는 것이 요한보다 많다 하는 말을 바리새인들이 들은 줄을 주께서 아신지라. (예수께서 친히 세례를 주신 것이 아니요 제자들이 준 것이라) 유대를 떠나사 다시 갈릴리로 가실쌔 사마리아로 통행하여야 하겠는지라)

예수님께서 예루살렘에서 성전에서 장사하는 자들을 내어 쫓으시고 또 밤에 찾아온 니고데모를 만나셨습니다. 이때 벌써 예수님의 제자들에게 세례를 받고 제자가 되는 사람들이 세례 요한에 의해서 세례 받고 제자가 되는 자들보다 더 많아지게 되었습니다. 예수님은 이 소식을 바리새인들이 들었다는 것을 아셨습니다. 이것은 이제부터 바리새인들이 예수님을 더 주목해서 보게 되었다는 것을 의미하는 것입니다. 우리가 생각하기에는 무엇이든지 다른 사람과 경쟁해서 이기는 것은 좋을 것 같습니다. 다른 사람보다 내가 더 유명하게 되고 내가 영향력이 있는 사람이 된다는 것은 좋은 일일 것 같습니다. 그러나 예수님은 이것을 피하셨습니다. 예수님은 이 세상에서 높아지시고 유명하게 되는 것을 아주 위험하게 생각하셨습니다. 그래서 예수님은 다시 아무도 알아주지 않는 갈릴리로 돌아가기를 원하셨습니다. 예수님은 역사의 주인공시지만 세례 요한과 경쟁 관계로 보이는 것도 원치 않으셨고 바리새인들의 주목을 받는 것도 원치 않으셨습니다.

예수님은 사마리아를 지나가시면서 아주 역사적으로 유명한 곳을 지나가시게 되었습니다. 그곳은 수가라고 하는 마을이었는데 아주 옛날 야곱이 요셉에게 준 땅이 있는 곳이었고 야곱의 우물이 있는 곳이었습니다.

요한복음 4장 5-6절

사마리아에 있는 수가라 하는 동네에 이르시니 야곱이 그 아들 요셉에게 준 땅이 가깝고 거기 또 야곱의 우물이 있더라. 예수께서 행로에 곤하여 우물곁에 그대로 앉으시니 때가 제 육시쯤 되었더라

야곱의 우물이라고 하면 대개 역사가 이천년 이상 되는 우물인 것을 알 수 있습니다. 우리나라에서는 이조시대나 신라시대의 유물 같으면 아주 오래된 가치 있는 유물로 생각합니다. 그러나 수가성에 있는 우물은 그 당시에 이미 이천년이 된 우물이었습니다. 그런데도 그 우물은 그때도 사용하고 있었고 오히려 그 동네 사람들의 주식수원이었던 것입니다.

예수님은 거기서 아주 도덕적으로 망쳐버린 한 여성을 만나게 되셨습니다. 물론 성경에 나타난 것을 보면 모든 것이 우연히 되어진 것 같지만 예수님은 이 여인을 잘 알고 있었습니다. 이것이 예수님을 만난 사람들이 체험하는 아주 신비로운 부분입니다. 우리는 참 우연한 동기에 의해서 예수를 믿게 되고 하나님을 믿게 된 것 같은데 실제로는 우리가 전혀 하나님을 모를 때부터 하나님은 우리를 보고 알고 계셨고 우리의 삶을 인도해 오셨던 것입니다.

그래서 우리의 과거의 삶을 돌이켜보면 실컷 방황하고 있었고 죄짓고 있었던 때에도 누군가가 나의 삶에 함께 있었던 것 같은 느낌을 받게 됩니다. 그래서 무엇인가 큰 사고를 당할 뻔 했는데도 살게 되었다든지 아니면 자살을 하려고 하는데 이상하게 미수에 그치게 되었다면 알지 못하는 손에 의하여 보호되고 있었던 것입니다. 이것이 바로 눈에 보이지 않는 하나님의 손입니다. 그러다가 어느 결정적인 순간에 하나님은 우리에게 자신을 나타내 보이시고 우리로 하여금 꼼짝 못하고 하나님을 믿게 하시는 것입니다.

예수님이 찾아가신 동네는 역사적으로는 아주 유명한 유물이 있는 곳이었지만 예수님은 그 우물을 구경하러 가신 것이 아니었습니다. 예수님은 그곳에서 아주 타락한 삶을 살고 있는 한 여성을 만나기 위하여 가셨습니다.

예수님께서 여행에 피곤하여 우물에 앉아 계실 시간은 제 육시였습니다. 이것은 우리 시간으로는 열두시를 말하는데 낮에 가장 더운 시간인 것입니다. 그리고 이 시간에 여인들은 물을 길으러 우물에 나오지 않았습니다. 여인들은 보통 물 긷는 시간이 저녁에 좀 해가 서늘할 때였습니다. 아무도 물을 길으러 나오지 않는 그 시간에 한 여인이 물을 긷기 위해서 우물에 나왔습니다. 아무도 물을 길어 나오지 않는 시간에 이 여인이 물을 길으러 나왔다는 자체가 이 여인은 이 동네에서도 다른 여인들과 관계가 좋지 않다는 것을 보여주는 것이었습니다. 또 이때 예수님의 제자들은 모두 먹을 것을 사기 위하여 다른 곳으로 가버렸습니다. 왜냐하면 유대인들은 사마리아 동네는 종교적으로 부정하다고 하여서 먹는 것이나 마시는 것을 일체 사지 않았기 때문입니다.

그런데 이 수가 동네는 역사적으로는 아주 유명한 곳이었지만 외부인들에 대한 인심은 그렇게 야박할 수가 없었습니다. 왜냐하면 그 유명한 야곱의 우물에서 물을 길을 수 있는 두레박도 치워버렸기 때문입니다. 수가성의 역사적인 프라이드는 대단했지만 실제로 하나님으로부터는 버림받은 곳이었고 하나님의 은혜는 메말라버린 동네였습니다.

이때 예수님과 이 수가성 여인만 단 둘이 우물가에서 만나게 되었습니다. 예수님과 이 여인은 인간적으로 보면 아무 상관이 없는 관계였습니다. 예수님은 유대인이고 이 여인은 사마리아 사람이었고 유대인과 사마리아 사람사이에는 적대적인 관계가 있었습니다. 그러나 신앙적인 눈으로 보면 관계가 있었습니다. 예수님은 영혼을 건지기 위해서 오신 분이고 이 여인은 잃어버린 영혼을 가진 사람이었습니다.

그러나 예수님과 이 여인 사이에는 너무나도 문화적으로나 인종적으로나 윤리적으로 담이 높아서 서로 도저히 접근할 수가 없었습니다. 이 여인은 오늘까지 엉망진창으로 살아왔고 거기에다가 다른 사람에 대한 심한 기피증을 가지고 있는데다가 유대인에 대한 편견까지 있었습니다. 그러나 예수님과 이 여인 사이에는 하나의 공통점이 있었습니다. 그것은 두 사람 모두 물이 필요했다는 사실입니다.

예수님은 아주 쉬운 데서부터 말씀을 시작하셨습니다. 예수님께서 이 여인에게 처음으로 하신 말씀은 물을 좀 달라는 것이었습니다.

요한복음 4장 7절

사마리아 여자 하나가 물을 길러 왔으매 예수께서 물을 좀 달라 하시니 예수님께서 이 여자에게 물을 좀 달라고 하자 이 여자로부터 즉시 거부반응이 돌아왔습니다.

요한복음 4장 9절

사마리아 여자가 가로되 당신은 유대인으로서 어찌하여 사마리아 여자 나에게 물을 달라 하나이까? 하니 이는 유대인이 사마리아인과 상종치 아니함이러라

유대인들은 특히 물을 마실 때 사마리아 사람들이 쓰던 그릇에는 절대로 물을 마시지 않는다고 합니다. 왜냐하면 사마리아 사람들이 쓰던 그릇은 부정하다는 것입니다. 그럼에도 불구하고 예수님이 사마리아 여자에게 물을 달라고 한 것은 상당히 놀라운 것이었습니다. 사실 유대인과 사마리아인 사이의 이 문화적이고 종교적인 장벽을 깬다는 것은 인간으로는 쉬운 일이 아니었습니다. 실제로 예수님의 제자들은 이 장벽을 깨지 못해서 사마리아 사람들로부터 떡을 사지 않기 위해서 멀리 사마리아 경계 밖에 있는 마을까지 음식을 사러간 것이었습니다. 그런데 예수님께서는 한 영혼을 만나시기 위해서라면 얼마든지 문화적인 장벽이나 종교적인 편견은 깨트릴 수 있으셨습니다. 사실 예수님의 복장이나 스타일을 보면 유대인인 것이 분명한데 사마리아 여인인 자기에게 말을 거는 것 자체가 이상할 뿐 아니라 물을 달라고 하는 것은 더더욱 예외적인 것이었습니다.

이 때 사마리아 여인은 왜 '유대인이 사마리아 여인인 자기에게 물을 달라고 하느냐?' 하면서 핀잔하는 식으로 대답을 했습니다. 왜냐하면 물길을 그릇이 없다고 하면 다른 집에 가서 빌려오라고 할지 모르기 때문이었습니다. 아예 예수님이 자기에게 더 이상 말을 걸지 못하

도록 인종적인 편견을 방패로 삼아서 예수님을 상대하지 않으려고 했습니다.

이 여인의 병은 바로 여기에 있었습니다. 이 여인은 자기가 아름답지 못한 삶을 살았기 때문에 아예 다른 사람 어느 누구와도 담을 쌓고 지냈던 것입니다. 그런데 갑자기 생전보지도 못한 유대인 남자가 물을 달라고 하니까 다시는 말을 걸지 못하도록 '왜 유대인이 자기에게 물을 달라고 하느냐?' 하면서 반박을 했습니다. 아예 예수님께 말도 걸지 못하게 막은 것입니다.

예수님은 이 세상에 하나님의 엄청난 은혜와 축복을 가지고 오셨지만 인간들의 편견이나 미움의 장벽들이 예수님을 막고 있었습니다. 오늘도 너무 많은 사람들이 자신의 편견 때문에 예수님에 대하여 아예 대화조차 하지 않으려고 하는 것을 볼 수 있습니다. 사람들에게 가장 두려운 것은 예수님을 받아들임으로 자기 자신에게 일어날 변화인 것입니다. 그래서 예수님은 더 이상 이 여인과 대화를 나눌 수가 없게 되었습니다.

사실 예수님께서 이 여인에게 말을 걸어주시고 또 물을 달라고 하신 것은 자기 자신을 엄청나게 낮추신 것이었습니다. 그러나 이 여인은 예수님의 은혜를 받을 준비가 전혀 되어 있지 않았습니다. 그리고 이 준비는 영원히 될 수 없었습니다.

세례 요한이 필요한 이유가 바로 여기에 있었습니다. 세례 요한은 자기 자신을 광야에서 길을 평탄하게 하는 자라고 했습니다. 산들은 낮아져서 평지가 되고 골짜기는 돋아져서 평탄하게 한다고 했습니다. 유대인들은 너무나도 교만하여서 예수님을 맞아들일 수가 없었습니다. 그들은 모두 높은 산이었고 봉우리였습니다. 모두 자기들만이 최고라고 생각했기 때문에 예수님의 말씀을 받아들일 수가 없었습니다. 거기에 비하여 사마리아여인은 그 마음이 너무나도 깊이 파인 골짜기와 같아서 예수님을 맞아들일 수가 없었습니다. 이 여인의 마음속에는 하나님은 자기같이 팔자 사납고 죄 많은 여자는 버리셨다고 생각하고 있었습니다. 이 여인은 사람과 하나님으로부터 모두 버림 받은 상태였습니다. 그러나 더 정확하게 말하면 자기 자신이 자기를 버렸던 것입니다. 그의 타락한 욕망이 자기 자신을 하나님과 사람들로부터 깊은 골짜기 속으로 내동댕이쳤던 것입니다. 예수님은 이 깊은 골짜기 속까지 잃은 양을 찾아오셨습니다. 그러나 이 양은 예수님을 불신하고 더 깊은 골짜기 속으로 도망을 치려고 하고 있는 것입니다.

오늘도 우리 주위에는 처음 말씀을 듣자 말자 마치 자석에 빨려오듯이 말씀에 빨려오는 사람들이 간혹 있습니다. 그런 사람들은 정말 준비된 귀한 영혼인 것입니다. 그러나 거의 대부분의 경우에는 사람들의 마음이 너무 교만하여 높은 봉우리가 되어서 절대로 예수님의 말씀을 받아들이지 않으려고 하는 것입니다. 심지어 어떤 사람의 마음은 너무 깊은 골짜기처럼 꺼져 있어서 도저히 복음이 들어갈 수가 없는 경우도 있습니다. 그러나 예수님은 그 깊은 골까지 속까지 말씀을 들고 한 영혼을 건지기 위해서 찾아가십니다. 그래서 우리를 만나주셨고 우리를 건져주셨으며 우리 마음에 축복의 고속도로가 생기게 하셨습니다.

예수님의 선물

지금 예수님과 이 여인의 대화는 아슬아슬하게 끝나려고 하고 있었습니다.

예수님은 이 여인을 향하여 손을 내밀었지만 이 여인은 그 손이 자기를 귀찮게 하는 것인 줄 알고 거부하고 있는 것입니다. 그때 예수님은 이 여인으로 하여금 예수님에 대하여 관심을 가지도록 도전을 하셨습니다.

요한복음 4장 10절

예수께서 대답하여 가라사대 네가 만약 하나님의 선물과 또 네게 물좀 달라 하는 이가 누구인줄 알았더면 네가 그에게 구하였을 것이요, 그가 생수를 네게 주었으리라

예수님은 갑자기 물을 달라고 하는 입장에서 180도 변하셨습니다. 그래서 네가 만약 하나님의 선물이 무엇이고 네게 물을 달라고 하는 자가 누군지 알았더라면 네가 나에게 물을 달라고 했을 것이라고 도전을 하셨습니다.

여기서 예수님은 자신을 단순히 피곤해서 물을 달라고 하는 여행객에서 하나님의 선물을 가지고 온 자로 변하시는 것입니다. 그리고 이 여자의 모든 관심을 자신의 과거에서 지금 자기 앞에 있는 이 분이 누구신지 거기에 다 집중하도록 하셨습니다.

즉 한 사마리아 여자 앞에 한 낯선 유대인이 서 있습니다. 이 사람은 이 여자에게 물을 달라고 하지만 실제로는 하나님의 선물을 가지고 온

자라고 말씀을 하십니다. 그리고 네가 내가 누구인지 알았더라면 나에게 달라고 하였을 것이라고 말씀하십니다. 그러니까 당연히 이 여자의 관심은 하나님의 선물이 무엇이며 자기 앞에 있는 이 유대인의 정체가 무엇인지에 쏠리게 되는 것입니다.

사람들이 누구나 다 죄를 짓는 것은 욕망과 충동에 사로잡혀서 앞뒤 가리지 않고 미쳐버리기 때문입니다. 그리고 죄를 짓고 난 후에는 완전히 죄의 올무에 사로잡혀서 혹시라도 이 죄가 자기를 완전히 파멸시키지 않을까 더 비참한 상태에 던져버리지 않을까 벌벌 떨면서 다른 것은 일체 생각을 하지 못하게 됩니다. 죄에 빠진 사람들을 죄로부터 건져내려면 죄보다 더 강하고 죄보다 더 좋은 것이 주어져야 합니다. 그런데 이 세상에 죄보다 더 강하고 죄보다 더 좋은 것이 어디에 있습니까? 그것이 바로 하나님의 선물이고 그것이 바로 예수님의 사랑입니다. 이 세상에서 죄인들을 죄에서 건져낼 수 있는 것은 하나님의 사랑밖에 없습니다.

예수님은 이 여자의 관심을 자신의 죄와 죄를 지을 수밖에 없도록 만드는 환경에서 하나님의 선물과 자기 앞에 서 있는 예수님에게 돌리셨습니다.

'도대체 나 같은 죄 많은 여자에게 하나님이 주실 선물이 도대체 무엇일까? 하나님이 선물을 주시는 것은 고사하고 나 같은 죄인을 알고나 계실까? 알고 계시는 것은 고사하고 당장 심판하시지는 않으실까?' 하는 생각을 가지게 되었을 것입니다. 그러나 예수님은 이 죄 많은 여자를 포기하지 않으십니다.

예수님은 이 여자에게 하나님이 주실 선물이 시시한 것이 아니고 어떤 굉장히 좋은 우물인 것처럼 말씀하셨습니다.

'네가 그에게 구하였을 것이요 그가 생수를 네게 주었으리라'

지금도 팔레스타인에는 우물을 가진 자가 최고 부자입니다. 우물이 없으면 농사도 지을 수가 없고 목축도 할 수가 없습니다. 지금 수가성 사람들이 잘 살 수 있었던 것은 이천 년 된 야곱의 우물이 있었기 때문입니다. 그런데 이 여인은 품행이 좋지 못해서 동네에서도 따돌림을 당하는 바람에 늘 이 우물에서 물을 긷는데 어려움을 당하고 있었던 것 같습니다. 그런데 누군지는 모르겠지만 어떤 분이 하나님의 선물로 나만의 우물을 하나 주실 것처럼 말씀하고 있습니다. 그런데 그 우물은 그냥 우물이 아니라 생수인 것입니다. 속에서부터 물이 자동적으로 퐁퐁 솟아나는 생수인 것입니다. 이 생수는 물을 길으러 우물 속에 들어가거나 두레박을 사용할 필요가 없이 스물 네 시간 자동적으로 물이 솟아나는 샘물인 것입니다. 이런 물만 하나 가지고 있으면 이 여자는 동네 사람들에게 아쉬운 소리를 들을 필요도 없이 마음껏 농사도 짓고 마음껏 목축도 해서 부자가 될 수 있을 것입니다.

지금 이 여자는 머릿속으로 복잡하게 계산을 하고 있습니다.

이런 엄청난 우물을 하나 나에게 주려고 하면 전쟁을 해서 빼앗든지 아니면 거금을 주고 사야 할 텐데 도대체 내 앞에 물을 달라고 하는 이 사람은 누구일까? 그래서 드디어 이 여자는 예수님께 물어 보았습니다.

요한복음 4장 11-12절

여자가 가로되 주여 물 길을 그릇도 없고 이 우물은 깊은데 어디서 이 생수를 얻겠삽나이까? 우리 조상 야곱이 이 우물을 우리에게 주었고 또 여기서 자기와 자기 아들들과 짐승이 다 먹었으니 당신이 야곱보다 더 크니이까?

이 여자가 아는 최고의 우물은 바로 이 야곱의 우물이었습니다. 그러나 이 여인은 이 야곱의 우물을 쓰는데 많은 어려움이 있었습니다. 즉 동네 사람들이 자기를 상대를 해주지 않는 것입니다. 그렇다고 해서 다른 우물로 갈 수도 없었습니다. 그런데 지금 눈앞에 있는 어떤 분이 이 우물보다 더 좋은 우물을 준다는 것입니다. 그래서 '과연 당신이 야곱보다 더 훌륭합니까?' 라고 물어 보았습니다. 즉 당신이 야곱보다 우물을 더 잘 찾고 당신이 야곱보다 더 부자이며 당신은 야곱보다 더 능력이 있는 사람이냐는 뜻입니다. 즉 야곱은 이 땅 사람들을 이천년 동안이나 먹여 살리는 우물을 주었는데 당신도 나나 다른 사람들을 그렇게 먹여 살릴 수 있느냐는 뜻입니다.

만약 예수님께서 오늘 우리 성도들에게 금광을 하나씩 주겠다고 말씀하신다면 그 말씀을 믿겠습니까? 자식들 충분히 공부시키고 결혼 다 시키고 죽을 때까지 행복할 수 있는 금광을 하나씩 주겠다고 말씀하시면 어떻게 대답을 하시겠습니까? 그런데 하나님은 이미 우리에게 엄청난 금광을 주셨습니다. 이 금광을 가지고 있는 사람은 영원히 멸망당하지 않을 것입니다.

예수님은 자신이 주는 물은 야곱의 물과 근본적으로 다르다고 말씀하셨습니다.

요한복음 4장 13-14절

예수께서 대답하여 가라사대 이 물을 먹는 자마다 다시 목마르려니와 내가 주는 물을 먹는 자는 영원히 목마르지 아니하리니 나의 주는 물은 그 속에서 영생하도록 솟아나는 샘물이 되리라 사실 사람이 사는데 있어서 물 문제 보다 더 중요한 것이 없을 것입니다. 물과 양식은 인간이 생존하는데 가장 기본적으로 중요한 두 가지입니다. 특히 물이 없으면 인간은 살 수가 없습니다. 그럼에도 불구하고 물은 인간의 육체적인 갈증만 해소해 줍니다. 물은 우리 인간의 영혼 속에 있는 갈증은 해소시켜주지 못합니다. 그리고 우리 영혼 속에 있는 때나 더러운 것은 씻어주지 못합니다. 예수님께서 말씀하시는 것은 야곱의 물이 훌륭한 것이기는 하지만 이 물은 사람의 육체적인 갈증만 해결해주고 육체적인 생활만 가능하게 해주는 것이지만 인간에게는 더 중요하고 근본적인 것이 있다는 것입니다. 그것은 바로 우리 영혼의 갈증을 해소해주는 것이고 우리 안에 있는 죄를 씻는 것이며 죄가 끼친 모든 독을 치료받는 것입니다.

예수님은 자신이 물을 마시러 온 것이 아니라 물을 주시려 오셨는데 이 물은 한번만 마시면 영원히 목마르지 않는 물이라고 말씀하셨습니다. 왜냐하면 그 배에서 영원토록 솟아나는 샘물이 되기 때문입니다. 이것은 우리의 영혼이 완전히 죄에서 치유되어 새 사람이 될 뿐 아니라 계속적으로 하나님의 새로운 은혜와 축복을 공급받게 되기 때문입니다.

그러면 예수님의 이 말씀은 들으면 항상 이런 질문을 던지게 됩니다. 그러면 '우리 먹고 사는 것은 어떻게 됩니까?' 즉 우리 영혼이 살고 난 후 우리 육체는 어떻게 되느냐 하는 것입니다. 영혼을 살리신 분이 육체를 살리시지 못하시겠습니까? 예수 그리스도는 죽은 자 가운데서 살리신 하나님께서 우리 이 몸뚱이 하나를 책임지지 못하겠습니까? 우리에게 영원한 천국의 상급을 주시겠다고 약속하신 하나님께서 우리를 이 세상 사는 동안 지켜주시지 않으시겠습니까? 다른 사람들은 모두 웅덩이를 붙잡고 산다면 우리는 영원히 마르지 않는 샘물을 가지고 있는 사람들입니다. 우기에 비가 많이 올 때에는 웅덩이가 물이 더 많고 좋은 것 같지만 비가 오지 않는 건기가 오면 웅덩이 물은 다 말라버리고 금이 쩍쩍 갈라지게 됩니다. 그 대신 샘물은 아무리 심한 가뭄에도 물이 마르지 않는 것입니다.

하나님께서는 이스라엘 백성들을 책망하시면서 그들이 샘물같이 흐르는 하나님을 버리고 웅덩이를 택했는데 그 웅덩이는 터진 웅덩이어서 물을 저축하지 못하는 웅덩이라고 말씀하셨습니다.

우리는 금방 없어질 세상의 복을 제쳐 놓고 영원히 없어지지 않는 하나님의 복을 잡은 사람들입니다

우리가 예수를 믿고 성령을 받으면 우리 영혼 더 깊은 곳에 진정한 만족과 기쁨과 시원함이 있습니다. 이것을 믿습니까? 세상 사람들이 그렇게 술을 마시는 이유는 그 영혼에 채워지지 않는 갈증이 있기 때문입니다. 사람들이 이 세상에서 붙잡는 모든 것은 일시적으로만 만족을 줄 뿐입니다. 그 다음에는 더 심한 갈증과 목마름을 느끼게 되어 있습니다. 그렇지만 우리가 죄 용서 받고 성령을 받으면 내 영혼 속에 진정한 만족함이 있습니다. 왜냐하면 하나님의 사랑이 나를 만족하게 하기 때문입니다. 그리고 하나님의 은혜가 내 영혼을 보배롭게 만들기 때문입니다. 내 영혼의 가치가 수천억짜리로 변하니까 다른 것은 더 이상 필요치 않는 것입니다. 그래서 우리는 하나님 앞에서 '주님의 은혜가 나에게 족합니다' 라는 고백을 하게 되는 것입니다.

우리가 예수를 믿을 때 예수님은 우리에게 새로운 인생을 주시고 새롭게 살 수 있는 기회를 주십니다. 이것은 완전한 새로운 인생입니다. 그리고 계속 하나님의 은혜와 사랑과 축복을 누리게 하십니다.

예수님의 치유

예수님은 이 여인에게 그냥 하나님의 축복을 받으라고 말씀하시지 아니하셨습니다. 예수님은 이 여인 속에 있는 죄를 드러내게 하셨고 그것을 입으로 고백하게 하셨습니다.

요한복음 4장 15-16절

여자가 가로되 주여 이런 물을 내게 주사 목마르지도 않고 또 여기 물 길러 오지도 않게 하옵소서. 가라사대 가서 네 남편을 불러 오라

이 여자의 문제는 속에 있는 죄였습니다. 그러나 그녀는 자신의 죄는 드러내지 않으면서 예수님의 선물만 받고 싶었습니다. 그래서 예수님이 우물을 하나 주시려는가 생각해서 우물을 하나 달라고 부탁을 했습니다. 그랬더니 예수님의 가장 예리한 말씀이 튀어나왔습니다. 그것은 가서 남편을 데리고 오라는 것이었습니다. 이 말을 들은 여자는 아마도 예수님께서 자신의 사정을 전혀 모르고 있기 때문에 우물을 가지려면 세대주가 필요해서 남편을 불러오라는 것으로 생각했을 것입니다. 그러나 예수님은 이 여자를 잘 알고 계셨습니다. 이 여자는 예수님을 몰랐지만 예수님은 아주 오래 전부터 이 여자를 알고 계셨으며 이 여자가 언제부터 타락했고 언제부터 엉망이 되었는지 다 알고 계셨던 것입니다. 그러나 예수님은 결코 죄 문제는 얼렁뚱땅 넘어가시지 않으셨습니다.

결국 이 여자는 끝까지 예수님 앞에서 자기 문제를 내어 놓지 않으려고 했습니다.

요한복음 4장 17-18절

여자가 대답하여 가로되 나는 남편이 없나이다. 예수께서 가라사대 네가 남편이 없다 하는 말이 옳도다. 네가 남편 다섯이 있었으나 지금 있는 자는 네 남편이 아니니 네 말이 참되도다

이 여자는 과거에 남편이 다섯 명이 있었습니다. 그리고 지금은 여섯 번째 남편과 살고 있는데 이 남자도 자기 남자가 아니었습니다. 이 여자는 과거에 남자에게 많이 버림을 당한 것 같고 그 후에는 비정상적으로 이 남자 저 남자와 아무렇게나 사는 난잡한 생활을 해 왔던 것입니다. 이것을 예수님께서는 정확하게 알고 계셨습니다.

죄라고 하는 것은 우리 안에 영원히 지워지지 않는 흉터를 남깁니다. 그러나 마음속에 있는 이 흉터는 절대로 아물어지지가 않습니다. 계속 우리 마음을 병들게 하고 우리 영혼을 썩게 합니다.

만약 우리 육체 안에도 어느 부분이 썩어가고 있다면 얼마나 열이 나고 고통스럽겠습니까? 복막염, 내막염 같은 것이 생기면 우리는 열이 펄펄 나면서 당장 응급실에 가서 그 썩은 부분을 치료받지 않으면 죽을 것입니다. 그러나 죄는 우리 영혼을 완전히 썩게 만들었고 고름 천지로 만들었습니다.

그럼에도 불구하고 예수님은 썩은 우리의 영혼을 치료하기 위하여 오셨습니다. 이러한 상황에서 우리가 해야 할 일은 예수님 앞에서 그 썩은 부분을 입으로 말씀을 드리기만 하면 됩니다.

우리가 생각하기에 말로 하는 것이나 속으로 생각하는 것이 무슨 차이가 있겠나 생각할지 모르지만 그렇지 않습니다. 우리는 죄가 있을 때 구렁이 담 넘어가듯이 그냥 슬그머니 넘어가면 안 됩니다. 그

러면 우리는 이 사죄의 은총을 받을 수가 없습니다. 우리 입술로 고백을 해야 합니다. 아무리 고통스럽고 아무리 괴로워도 우리 입으로 시인하면 예수님께서 우리 고름 나고 썩은 죄들을 모두 용서해 주십니다.

예수님께서는 이 여인이 끝까지 시인을 하지 않으려고 하니까 예수님께서 입으로 말씀해주시고 이 여인으로 하여금 인정하게 하셨습니다. 아마 이 여인이 이 깊은 상처를 말하고 난 후에 거기서 얼마나 울었겠는지 우리는 충분히 생각해 볼 수 있습니다. 다윗 같은 경우에도 밧새바와 죄를 짓고 일 년이 넘도록 죄를 고백하지 못하고 있었습니다. 그때 하나님께서 나단 선지를 보내셔서 다윗의 죄를 지적하고 회개하도록 촉구 하셨습니다. 우리가 예배드리고 은혜 받은 시간은 사실 우리 안에 있는 죄를 터트리는 시간입니다. 우리의 모든 크고 작은 좋지 않은 일들이 우리 안에서 고름이 되어서 썩고 있습니다. 이것을 그냥 참고 넘어가서는 안 됩니다. 우리는 사람 앞에서는 다 말하지 못해도 하나님 앞에서는 아무리 고통스럽고 아파도 다 말씀을 드려야 합니다. 그러면 우리 안에 영원한 성령의 생수가 터지면서 진정한 만족과 감사를 체험하게 될 것입니다.

예수님께서는 우리에게 영원한 생수를 선물로 주셨습니다. 그리고 우리에게 어마어마한 금광을 선물로 주셨습니다. 하나님의 말씀 안에 모든 보물이 다 있고 모든 치료의 약이 다 있습니다. 여러분은 모두 하나님의 은혜로 다 치료함을 받고 다시는 세상의 복을 부러워하지 않는 축복의 성도들이 되시기를 바랍니다.

08 _ 요 4:20-34

사마리아의 부흥

오래 전부터 있던 도시가 그 동안 별로 사람들의 주목을 받지도 못하고 활기도 없었는데 갑자기 사람들이 몰려들기 시작하고 산업이 발달하기 시작하고 높은 빌딩들이 들어서기 시작할 때 사람들은 이 도시가 지금 한창 '부흥' 되고 있다라는 말을 사용합니다. 도시가 부흥이 될 때에는 일단 사람들이 몰려들고 높은 건물들이 하루가 멀다 하고 들어서기 시작하면서 한 순간에 도시의 모습이 변해버리게 됩니다. 무엇 때문에 그동안 오랫동안 침체되어 있었고 활기가 없었던 도시가 다시 이렇게 활발하게 살아나게 될까요? 아마 몇 가지 이유가 있을 것입니다. 하나는 그동안 찾지 못했던 새로운 자원이 발견되었을 때입니다. 예를 들어, 석유라든지 금이라든지 돈이 될 만한 새로운 자원이 생산되기 시작했을 때입니다. 그렇지 않으면 정부의 시책에 따라서 엄청난 자금이 투입이 되어서 연구 단지나 산업 단지나 혹은 거대한 어떤 시설들이 들어서기 시작했을 때 그 도시는 다시 살아나게 되는 것입니다.

예를 들어, 어떤 분의 자동차가 고장이 나서 움직이지 않는다면 반드시 공장에 차를 가지고 가서 부속품을 교체를 해서 다시 움직이게 해야 할 것입니다. 그러나 고장 난 차에 부속을 갈아 끼워서 고쳤다고 새 차가 되었다고 말하지는 않습니다. 왜냐하면 중고차는 아무리 부속품을 갈아 끼운다고 해서 새 차가 될 수는 없기 때문입니다. 그러나 아무리 중고차라 하더라도 새로운 동력이나 에너지가 공급이 되면 새 차 이상의 힘을 발휘하게 됩니다.

그래서 어떤 지역이나 어떤 장소에 새로운 부흥이 일어나려면 부속품을 갈아 끼우는 정도의 수리로는 안 되고 기름이 솟아져 나오든지 정부의 정책이 바뀌어서 거기에 엄청난 돈이 투입이 되든지 무엇인가 새로운 에너지가 공급이 되어야 한다는 것을 알 수 있습니다.

그런 의미에서 하나님의 백성들에게는 언제나 부흥의 가능성이 있습니다. 이것은 교회가 건물을 새로 짓거나 혹은 내부를 새로 단장하는 것을 의미하지 않습니다. 하나님의 백성들이 바른 하나님의 말씀으로 돌아오면 어마어마한 새로운 하나님의 능력이 공급되게 됩니다. 바로 이것이 진정한 의미의 부흥인 것입니다.

최근 우리나라 교회나 기독교계에서는 부흥을 많이 부르짖고 있습니다. 평양 부흥의 백주년 행사를 많이 하고 있습니다. 또 각 교회들마다 부흥을 부르짖으면서 더 크고 화려한 예배당을 건축하려고 하고 있습니다. 그러나 진정한 의미의 부흥은 우리 심령에 임하는 것입니다. 진정한 부흥이 일어나는데 가장 중요한 것은 바른 하나님의 말씀이 선포되는 것입니다. 그래서 부흥이 일어날 때 가장 중요한 것은 말씀이 달라지는 것입니다. 선포되는 말씀이 권세가 있고 능력이 있는 것입니다. 그러면 반드시 기도와 찬송이 달라지면서 예배에서 하나님의 은혜가 임하게 됩니다. 이것이 바른 부흥의 시작인 것입니다. 우리가 예배에서 은혜를 충만히 받으면 우리의 삶이 변하게 됩니다. 그 전에 술을 마시던 사람이 술을 마시지 않고 음란한 생활을 하던 사람이 그런 죄짓는 생활을 청산하게 됩니다. 그 이유는 은혜를 받고 나니까 더 이상 죄를 지을 필요가 없어졌기 때문입니다.

오늘 본문 말씀은 사마리아에 있었던 부흥을 소개해주고 있습니다. 우리가 알아야 할 것은 사마리아라는 곳은 부흥이 일어날 가능성이 제로였다는 사실입니다. 거의 대부분의 사람들은 사마리아는 절대로 부흥이 일어날 수가 없는 곳이라고 생각했습니다. 그러나 놀랍게도 거의 창녀와 가까운 방탕한 생활하던 한 여인이 예수님을 만남으로 영적으로 이 죽은 도시인 사마리아에서 놀라운 부흥이 일어나게 되었습니다.

영적으로 죽은 도시

사마리아 여자는 예수님과 만나서 대화를 나누는 중에 점점 놀라운 사실을 발견하게 되었습니다. 처음에 이 여자는 예수님께서 그냥 길을 지나가는 평범한 유대인인 줄 알았습니다. 그러나 대화를 나누는 중에 그분이 자기를 너무나도 잘 알고 있었기 때문에 자기에게 하나님의 선물을 주시기 위해서 오신 선지자가 아닌가 생각하게 됩니다. 그녀는 너무나도 보잘 것 없는 자신의 삶에 위대한 하나님의 사람이 찾아왔다는 것에 매우 감격하게 됩니다.

만약 여러분 중에 어떤 분이 큰 병으로 병원에 오래 입원해 있는데 누군가 찾아와주는 사람이 있으면 얼마나 고마운지 모릅니다. 사람은 자기 자신이 다른 사람 앞에 가치가 있을 때 살 의욕이 생기고 살 힘이 생기게 됩니다. 그러나 이 여자같이 세상에서 죄만 많이 짓고 엉망진창으로 살아온 자기를 알고 하나님의 선지자가 찾아왔다는 사실은 엄청난 일이었습니다. 그런데 이 여자는 선지자의 방문을 받고 사마리아와 유대인들 중에서 어느 신앙이 참된 신앙인지 알고 싶어졌습니다. 그래서 예수님에게 이렇게 물었습니다.

요한복음 4장 19-20절

여자가 가로되 주여 내가 보니 선지자로소이다. 우리 조상들은 이 산에서 예배하였는데 당신들의 말은 예배할 곳이 예루살렘에 있다 하더이다

지금 이 여자는 자기들이 사마리아 산에서 드리는 예배를 하나님께서 받으시고 선지자를 보내셨는지 알고 싶어 했습니다. 즉 사마리아인의 신앙도 바른 신앙인지 알고 싶었던 것입니다. 그러나 사마리아인들의 신앙은 바른 신앙이 아니었습니다. 이들의 신앙은 이단 신앙이었고 엉터리 신앙이었으며 부흥이 일어날 수 없는 신앙이었습니다.

그 이유는 원래 사마리아인들은 이스라엘 자손들이 아니었습니다. 이스라엘이 앗수르에 망했을 때 포로 되어가지 않고 남은 일부 이스라엘 족속과 그 지역으로 강제 이주된 이방인들 사이에 태어난 혼혈족들이었습니다. 그러나 사실은 혼혈족이라고 하지만 이스라엘 피는 거의 없다고 해도 과언이 아닐 정도로 이방화가 된 족속들이었습니다. 그리고 이들은 유대인들이 바벨론 포로에서 돌아와서 성전을 지으려고

했을 때 반대하고 방해를 했습니다. 그 바람에 유대인들과 사마리아 인들은 철천지원수가 되어 수백 년을 내려오게 되었습니다. 더욱이 사마리아에서는 바른 하나님의 말씀의 선포가 전혀 없었습니다.

이스라엘 땅에서 하나님의 말씀이 선포된 것은 이스라엘이 망하기 전에 호세아 선지자와 아모스 선지자가 마지막이었고 그 후 700년 동안이나 바른 말씀을 전하는 선지자가 간 적이 없었습니다. 어떻게 보면 사마리아 땅은 영적으로 철저하게 버려진 땅이었습니다. 영적으로 사마리아 땅을 보면 완전히 돌밭 황무지와 같아서 절대로 이곳에서는 부흥이 일어날 수가 없는 곳이었습니다. 그럼에도 불구하고 이곳에도 아주 작은 가능성은 있었습니다. 그것은 사마리아 사람들이 모세 오경을 읽었다는 사실입니다. 구약 성경 전체는 없었고 딱 모세 오경만 가지고 신앙생활을 나름대로 한다고 했습니다. 그리고 그들의 마음 속 깊은 곳에서는 자기들도 하나님의 은혜를 받고 싶은 깊은 갈망 같은 것이 있었습니다. 그래서 하나님께서는 받지도 않으시는 예배를 그들은 그리심 산에서 계속 드리고 있었습니다. 사마리아에 부흥이 일어날 수 있는 가능성은 제로였습니다. 그들은 유대인들의 입장에서 보면 못된 이단이었습니다. 그럼에도 불구하고 모세 오경은 믿었고 하나님의 은혜를 받기를 사모하는 마음은 가지고 있었습니다. 하나님은 이것을 보시고 가장 위대한 선지자, 선지자 중의 선지자이신 하나님의 아들을 보내신 것입니다.

사마리아의 부흥의 시작

인간적으로 생각하면 사마리아에서 심령의 부흥이 일어난다는 것은 상상할 수도 없는 일이었습니다. 그러나 가장 놀라운 것은 예수님께서 유대를 떠나셔서 사마리아로 들어가셨다는 사실입니다.

그런데 예수님께서 유대를 떠나신 이유가 있습니다. 그것은 예수님께서 세례를 준 사람이 세례 요한보다 많다는 것을 바리새인들이 알게 된 것이었습니다. 유대인들은 예수님께서 하나님의 말씀을 전하실 때 순수한 마음으로 받아들이지 않았습니다. 그들은 세례 요한과 예수님을 서로 경쟁하게 만들려고 했고 제자들끼리 서로 싸움을 붙이려고 했습니다. 예수님은 이런 마음을 보시고 실망하셔서 유대를 떠나서 사마리아로 오신 것입니다.

부흥이라고 하는 것은 사람이 만들어내는 것이 아닙니다. 부흥이라고 하는 것은 순수하게 하나님께서 주시는 선물입니다. 그런데 아무에게나 주시는 것이 아니라 오직 하나님의 백성 이스라엘에게만 주시는 최고의 선물인 것입니다. 그러나 하나님께서는 이스라엘 자손이라고 해서 이 부흥의 복을 무한정으로 주신 것은 아니었습니다.

예수님께서는 사마리아 여인을 만났을 때 '네가 하나님의 선물이 무엇인지 알았더라면 그것을 달라고 했을 것이라' 고 말씀하셨습니다. 예수님은 그 여인에게 줄 선물이 생수라고 말씀하셨습니다. 이것은 우리 문화에서는 이해하기 어려운 말씀입니다. 그러나 리비아 같은 나라에서는 생수가 하나 터지면 그 나라는 완전히 사막의 나라에서 축복의 나라로 변해버립니다. 왜냐하면 땅은 비옥한데 물이 없어서 사막이 되어버렸기 때문입니다. 그런데 리비아에 우리나라 건설회사가 물을 연결시켜 주었습니다. 이것이 리비아에서는 국가적인 대 사업이 되었습니다. 마치 우리나라에서 경부 고속도로가 열리는 것과 같은 사업이었던 것입니다. 아니 그 이상의 대사업이 바로 이 수로 건설 사업이었습니다.

하나님이 주시는 '부흥' 을 비유로 들면 사막지대의 나라에 무궁무진한 생수가 터지는 것과 같습니다. 또 다른 비유를 들면 불모지로 되어 있는 땅에 석유가 펑펑 쏟아지는 것과 같으며 가난한 산골에서 금광이 터져서 무궁무진한 금덩이가 쏟아져 나오는 것과 같습니다.

그런데 하나님께서는 이스라엘에도 이 부흥을 자주 주시지는 않으셨습니다. 아주 몇 십 년이나 몇 백 년 만에 한번 씩 위대한 말씀의 종이 나타났을 때 하나님께서는 부흥을 주셨습니다. 그러나 진정으로 뱃속에서 솟아나는 이 부흥은 오직 예수님만이 주실 수 있는 것입니다.

그런데 유대인들은 이스라엘 자손이지만 하나님의 말씀의 가치를 몰랐습니다. 그랬을 때 예수님께서는 이 축복을 전혀 엉뚱한 동네인 사마리아 수가성에 가서 부어주셨습니다. 우리 인간들은 이 부흥을 일으킬 수 없습니다. 그러나 우리가 하나님의 말씀을 붙들고 몸부림을 칠 때 하나님께서 큰 부흥을 주시는 것입니다. 우리는 이때야 말로 최고의 축복의 때라는 것을 알고 다른 모든 것을 다 버리고 하나님의 말씀과 은혜를 붙잡아야 하는 것입니다. 그래야 하나님이 주시는 이 부흥을 다른 사람들에게 빼앗기지 않습니다.

왜 하나님께서는 이스라엘과 교회의 역사에서 그렇게 자주 성령을 거두어 가셨을까요? 그것은 우리가 하나님의 말씀의 가치를 모르고 하나님의 은혜를 무시할 때 이 축복을 거두어 가심으로 깨달으라는 것입니다. 그런 까닭에 우리는 이 세상에서 다른 것은 다 빼앗겨도 되지만 하나님의 말씀만은 절대로 빼앗겨서는 안 되며 그 앞에 다른 어떤 조건을 붙여서도 안 되는 것입니다.

우리가 부흥을 일으킬 수는 없지만 부흥을 사모해야 합니다. 그리고 하나님께서 부흥을 주실 때에는 온 마음과 생명을 다 해서 그 축복을 붙들어야 합니다. 우리가 이 세상을 살 때 기회라는 것이 늘 주어지는 것은 아니라는 것을 알아야 합니다. 어떤 사람에게는 이 세상에서 성공할 수 있는 기회가 한 번 아니면 두 번밖에 주어지지 않을 수도 있습니다. 그 기회를 잘 붙잡아서 살린 사람은 성공하는 사람이 될 것이고 그렇지 못하고 기회를 놓친 사람은 한 평생을 후회하면서 살게 될 것입니다.

부흥이라고 하는 것은 하나님의 백성들이 바른 하나님의 말씀을 듣고 하나님 말씀으로 돌아가는 것을 말합니다. 그 동안 자신들도 모르게 하나님과의 바른 관계를 떠나서 잘못된 신앙으로 많이 떠내려갔으면 이제 그것을 바로 잡기 위해서 다른 모든 우선순위를 바꾸어야 합니다. 그러면 하나님께서 먼저 감동하시고 우리에게 성령의 감동과 충만을 주시려고 기다리고 계시는 것입니다.

그러나 우리가 알아야 하는 것은 부흥이라고 하는 것은 끄기는 쉽지만 일으키는 것은 너무나도 어렵다는 것을 알아야 합니다. 유다 백성들이 우상을 끌어들이고 세상을 끌어들여서 예루살렘의 부흥의 불길을 꺼버렸을 때 그것을 도로 살리기 위해서 무려 70년의 바벨론 포로생활이 필요했고 많은 사람들이 죽고 많은 희생을 치르고서야 가까스로 느헤미야와 에스라를 통해서 부흥이 조금씩 일어나는 것을 볼 수 있습니다.

한번 부흥의 불길이 꺼져버리면 다시 이 불길을 일으키는 것은 너무나도 어렵습니다. 여러 사람들이 거의 목숨을 걸고 큰 희생을 치르고 한 평생 몸부림을 쳐도 겨우 이 부흥은 일어날까 말까하는 것입니다. 그 이유는 일단 사람들이 말씀의 맛을 모르기 때문에 그 가치를 잘 알지 못합니다. 그리고 말씀을 듣지 못하는 동안에 너무나도 마음이 황폐하게 되어 있어서 도무지 하나님의 말씀이 들어가지는 못하는 것입니다.

그래서 하나님께서는 사마리아의 부흥을 위해서 가장 비참한 생활을 살아온 수가성 여인을 사용하였습니다. 이 여인은 거의 창녀와 같은 생활을 살아왔기 때문에 자랑할 수 있는 것은 아무 것도 없었습니다. 하나님께서 사용하신 사람은 바로 이런 창녀와 같은 사람이었습니다. 우리는 이 사실에 엄청난 위로를 받게 됩니다. 하나님께서는 이 사마리아 여자가 성녀였기 때문에 축복하신 것이 아니었습니다. 오히려 성녀와는 정반대되는 가장 타락한 여인이었지만 하나님께서 축복을 주시기로 작정하시니까 놀라운 은혜와 축복이 임했습니다. 그런데 이 여인은 생각지도 못했던 이 축복의 기회를 붙잡고 놓치지 않았습니다.

아마도 이 여인은 어렸을 때 신앙생활을 조금 했던 것 같습니다. 요즘식으로 말하면 주일 학교를 조금 다녔던 것 같습니다. 그것이 성탄절에 빵을 얻으러 간 것이었든지 부활절에 계란을 얻으러 간 것이었든지 알 수 없지만 신앙생활을 조금했던 것은 분명합니다. 왜냐하면 그녀는 모세를 알았고 선지자를 알았고 예배를 알고 있었기 때문입니다. 아마도 이 여인은 죄짓는 생활은 하면서도 늘 마음속에는 죄책감이 있고 하나님의 은혜에 목말라 하고 있었던 것 같습니다. 그러다가 이 여인이 예수님을 만났을 때 그 마음 속에 하나님의 은혜를 사모하는 마음이 폭발하듯이 솟아나게 되었습니다. 이것이 사마리아 전체의 부흥의 불씨가 되었습니다.

우리는 부흥이 무조건 은혜를 갈망하고 사모한다고 해서 일어난다고 생각해서는 안 됩니다. 저는 많은 경우에 하나님의 말씀도 없이 너무나도 은혜만 받으려고 사모한 나머지 더 큰 허탈감과 강박관념에 빠지는 분들을 많이 본 적이 있었습니다. 올바른 부흥은 바른 말씀과 예배에서 일어나게 됩니다.

요한복음 4장 20-23절

우리 조상들은 이 산에서 예배하였는데 당신들의 말은 예배할 곳이 예루살렘에 있다 하더이다. 예수께서 가라사대 여자여 내 말을 믿으라. 이 산에서도 말고 예루살렘에서도 말고 너희가 아버지께 예배할 때가 이르리라. 너희는 알지 못하는 것을 예배하고 우리는 아는 것을 예배하노니 이는 구원이 유대인에게서 남이니라. 아버지께 참으로 예배하는 자들은 신령과 진정으로 예배할 때가 오나니 곧 이때라. 아버지께서는 이렇게 자기에게 예배하는 자들을 찾으시느니라

사마리아 사람들은 오랫동안 하나님의 은혜와 축복을 사모하면서 그리심 산에서 예배를 드렸습니다. 그러나 예수님은 그들의 예배는 죽은 예배이고 알지 못하는 예배라고 말씀하셨습니다. 예를 들어, 이미 폐광이 된 금광을 아무리 파 들어간다고 해서 거기서 무슨 새로운 금광석이 나오는 것은 아니기 때문입니다. 예수님은 구원은 유대인들에게서 난다고 분명히 말씀을 하셨습니다. 이것은 바른 말씀이 오직 유대인들에게만 맡겨졌다는 뜻입니다.

그러나 예수님께서는 이제 중요한 것은 장소가 아니라고 말씀하셨

습니다. 예수님은 그리심 산이나 예루살렘이 중요한 것이 아니라고 말씀하셨습니다. 왜냐하면 지금은 장소보다 더 중요한 것이 생겼기 때문입니다. 그것은 하나님께서 장소를 떠나서 진심으로 예배드리는 자를 만나시고 찾으시는 때가 왔기 때문입니다. 그것이 바로 이 복음의 때이고 신약 시대의 축복입니다.

여기서 예수님께서는 '하나님' 에 대하여 엄청나게 다른 표현을 쓰고 있습니다. 그것은 '아버지' 라는 표현입니다. '하나님' 이 어느 순간에 '아버지 '가 된 것입니다. 지금까지는 마치 종이 주인을 섬기듯이 두려운 마음으로 먼 거리를 두고 예배를 드렸지만 이제는 한 집안에서 자식이 아버지를 대하듯이 가깝고 친밀하게 예배를 드리게 되는 것입니다.

아버지는 '신령과 진정으로 예배드리는 자들을 찾으신다' 고 말씀하셨습니다. 여기서 '신령' 이라는 말은 '영적' 이라는 말인데 '육체' 에 상대되는 개념입니다. 즉 지금까지는 눈에 보이는 짐승의 육체로 제사를 드렸지만 이제는 더 이상 짐승으로 예배를 드리지 않게 되었다는 뜻입니다. 이제는 누구든지 마음으로 하나님께 예배를 드릴 수 있게 된 것입니다.

그리고 '진정' 이라는 말은 '참' 이라는 뜻입니다. 하나님 앞에서 '참된 것' 은 바른 말씀을 바른 믿음으로 받아들이는 것입니다. 예수님은 지금 사마리아의 한 타락한 여인 앞에서 엄청난 선언을 하십니다. 이것은 이제 하나님에 대하여 제사 드리는 방법이 근본적으로 변하게 되었다는 것입니다.

우리가 생각하기에는 이 정도로 중요한 발표라면 예루살렘 성전 앞에서 하시든지 아니면 국회 의사당 앞에서 하셔야 할 것입니다. 그러나 예수님께서는 아무도 없는 사마리아의 우물가에서 한 타락한 여인을 붙들고 지금까지 수천 년 동안 이루어져 왔던 하나님께 대한 예배 방법이 전적으로 달라지게 되었다고 말씀을 하시는 것입니다. 지금 예수님이 말씀하시는 이 예배 법은 모세의 법을 완전히 바꾸시는 것입니다. 이것은 헌법을 수정하는 것보다 더 엄청난 사건이었습니다. 그럼에도 불구하고 예수님께서는 예루살렘의 그 수많은 제사장들이나 참배자들을 외면하시고 한 여인에게 이 중요한 사실을 알려주시는 것입니다. 그 이유는 진리는 결코 모든 사람들이 들을 수 있는 것이 아니기 때문입니다. 하나님의 진리는 오직 들을 귀가 있는 사람만 들을 수 있기 때문입니다.

요한복음 4장 24절

하나님은 영이시니 예배하는 자가 신령과 진정으로 예배할찌니라

예수님은 이 세상이 만들어진 이후로 인류가 지켜오던 예배 방식이 근본적으로 달라졌다는 것을 선언하셨습니다. 그리고 이제는 하나님께서 주시는 축복도 진정으로 우리의 마음속에 있는 믿음을 통하여 받게 되는 것입니다.

진정한 부흥은 바른 말씀의 선포에 있고 그 말씀을 진심으로 받아들이고 믿음으로 무조건 수용할 때 장소와 시간을 떠나서 일어나게 되는 것입니다. 하나님께서는 그런 사람들을 찾으신다고 말씀하셨습니다. 이것은 하나님께서 이런 예배를 너무 기뻐하시며 이런 예배를 드리는 사람들을 너무나도 귀하게 생각하신다는 뜻입니다. 이제는 신분이나 외모와 상관없이 누구든지 하나님 앞에서 신령과 진정으로 예배를 드

릴 수 있는 사람이 축복을 받는 것입니다.

가장 중요한 것은 부흥이 일어나면 내가 하나님의 사랑받는 자녀라는 인식이 교인들 가운데 일어나게 됩니다. 이것은 엄청난 자격의 회복입니다. 그 동안 탕자와 같이 죄만 지으면서 살았던 우리들에게 온 천지의 하나님께서 나의 아버지가 되어주시면서 과거의 모든 죄는 다 씻어지는 것을 체험하게 됩니다. 그리고 하나님이 나의 아버지가 되시기 때문에 모든 미신이 다 없어집니다. 또한 하나님의 말씀을 들을 때 그렇게 마음이 기쁘고 시원할 수가 없습니다. 세상 어느 곳에서도 경험할 수 없었던 기쁨과 만족감이 찾아옵니다. 그리고 기도가 응답되기 시작하고 병이 낫고 기적이 일어나게 됩니다. 이것이 한 사람에게만 일어나는 것이 아니라 교인들 거의 대부분 아니면 전부에게 일어나게 됩니다. 그리고 세상도 부흥의 축복이 나타나기 시작합니다. 사회적인 무질서와 혼란이 줄어들고 산업이 부흥되기 시작하며 전쟁의 위험이 없어지게 됩니다.

나타난 결과

사마리아 여자는 예수님의 말씀을 듣는 가운데 엄청난 사실을 알게 되었습니다. 그것은 아직 하나님께서 여전히 그들을 사랑하시며 기억하고 계신다는 사실이었습니다. 그러나 예수님과 대화를 나누는 중에 더 엄청난 사실들을 알게 되었습니다. 즉 사마리아 예배는 잘못된 예배이고 진정한 진리는 예루살렘에 주어졌는데 이제는 그것도 떠나서 누구든지 바른 말씀을 듣고 믿음으로 받아들이면 축복을 받는 새로운 엄청난 진리를 알게 된 것입니다. 이것 자체가 부흥이었습니다. 부흥이 일어날 때에는 이와 같이 모호한 모든 장막들이 다 치워지면서 하나님의 진리가 마치 태양처럼 모든 것을 비취게 됩니다. 이제 이 여인이 깨달은 것이 무엇입니까? 사마리아에도 하나님의 축복이 왔으며 이것을 나만 알아서는 안 된다는 것이었습니다.

사마리아인들은 모세 오경만 믿으면서도 나중에 모세 같은 선지자가 한 명 온다는 사실은 믿었습니다.

요한복음 4장 25절

여자가 가로되 메시야 곧 그리스도라 하는 이가 오실 줄을 내가 아노니 그가 오시면 모든 것을 우리에게 고하시리이다

이 여자는 자기가 모세가 예언한 그 선지자 곧 그리스도와 대화를 나누고 있었다는 것을 알게 되었습니다. 이 여자는 그리스도 앞에서 모든 문제가 다 해결되어버렸습니다. 그 동안에는 다른 사람들과 자신을 비교하면서 죄의식을 가지고 열등감을 가졌는데 하나님 앞에서는 모두 다 버림받은 자들이었고 용서와 축복이 필요한 사람들이었다는 것을 깨닫게 됩니다. 이 여자는 동네 사람들이 자기를 싫어하든 싫어하지 않든 그것은 문제가 아니라고 생각했습니다. 동네 사람들에게 반드시 그리스도가 오신 것은 전해야 되겠다고 생각했습니다. 그래서 이 여자는 물동이를 버려두고 동네로 들어가서 사람들을 만났습니다.

저는 최근에 씨.에스. 루이스의 '예기치 못한 기쁨' 이라는 책을 읽었습니다. 그 책에서 루이스가 말하는 '기쁨' 이라는 것은 무엇인가 새로운 종교적인 체험이 주는 감정이었습니다. 그러면서 그는 어렸을

때 그리스도를 만나지 못했지만 어떤 상상이나 음악을 통해서 종교적인 감정을 느꼈던 경험을 이야기를 하고 있었습니다. 저는 그 책을 읽으면서 제 자신의 어렸을 때를 생각해 보았습니다. 저는 어렸을 때부터 살아온 것을 두 단어로 요약할 수 있다고 생각했습니다. 하나는 길들여지지 않는 '야수성' 이었고 다른 하나는 '영원한 것에 대한 갈망' 이었습니다. 그런데 이 두 가지가 너무나도 서로 달랐고 또 강해서 세상적인 학교 교육이나 세상적인 만족으로는 채워지지가 않았습니다. 루이스는 학교에서 얻어터지면서도 다녔지만 저는 그렇게 얻어터지면서는 절대로 학교를 다니지 않았을 것입니다. 저는 길들여지지 않는 것이 제 속에 있었습니다. 사랑도 싫었고 제도에 얽매이는 것도 싫었습니다. 저는 저만 그런 것은 아니고 모든 분들이 다 그렇다고 생각합니다. 단지 저는 그것이 좀 더 강했을 뿐인 것 같습니다. 그런데 그리스도 안에서 이 길들여지지 않던 본성과 영원에 대한 갈망이 다 해결이 되었습니다. 그리고 저는 늑대 인간이 아닌 정상적인 인간이 될 수 있었습니다.

사마리아 여인이 타락할 수밖에 없었던 것도 물론 환경 탓도 있었겠지만 길들여지지 않는 야수성이 있었던 것입니다. 결국 이 여인은 사랑을 찾아서 방황을 했습니다. 그러나 어느 남자도 이 여자를 진심으로 대하지 않았던 것 같습니다. 그녀와 결혼하거나 관계했던 모든 남자들이 이 여자를 이용하려고 했거나 속였고 나중에 이 여자를 버렸을 것입니다. 이 여인은 끊임없는 자신의 욕망에 따라서 남자들을 찾아 다녔고 그러면 그럴수록 이 여자의 죄는 더 깊어졌고 더 비참하게 되었습니다. 그러면서도 이 여인 속에는 영원을 갈망하는 마음이 있었습니다. 아마도 이 여자는 인생 막다른 골목까지 와 있지 않았나 하는 생각이 듭니다. 그러다가 어느 순간 예기치도 못하게 예수님을 만나게 되었을 때 한 순간에 이 모든 죄의 덩어리들이 다 녹으면서 하나님의 은혜가 이 여인의 마음속에 부어지게 된 것입니다.

이 여인은 이 놀라운 축복을 자기만 가져서는 안 된다는 것을 알았습니다.

요한복음 4장 28-30절

여자가 물동이를 버려두고 동네에 들어가서 사람들에게 이르되 나의 행한 모든 일을 내게 말한 사람을 와 보라. 이는 그리스도가 아니냐 하니 저희가 동네에서 나와 예수께로 오더라

여인은 동네 사람들에게 예수님을 소개하기 위하여 많은 이야기를 할 필요가 없었습니다. 아마 그의 지적 수준도 그렇게 되지 않았을 것입니다. 이 여인은 오직 자신의 모든 삶을 다 알고 계시는 분을 만났다고 소개했습니다. 그리고 그 분이 바로 모세가 말했고 우리가 기다리고 있던 메시야라고 소개를 했습니다. 이 여자가 많은 사람들을 예수님께로 인도할 수 있었던 것은 자신의 치부를 스스럼없이 말할 수 있었던 용기였습니다. 이 여자가 자신의 이야기를 많은 사람들 앞에서 할 수 있었던 것은 그의 죄가 치료가 되고 용서가 되었기 때문입니다. 많은 사람들이 자신의 문제를 남들에게 말하지 못하는 이유는 아직 그 상처가 아물지 않았고 여전히 곪아있기 때문입니다. 그러나 다 치료가 되었고 아물고 난 후에는 얼마든지 다른 사람들에게 꺼내어서 보여줄 수 있는 것입니다. 사람들은 그리스도가 오셨다는 말을 듣고 예수님을 만나기 위하여 우물가로 몰려갔습니다.

이 여인은 다른 사람들은 모두 자기를 손가락질 하고 비난하지만 사실은 그들도 마음 속에는 죄의 본성이 있고 하나님의 은혜를 사모하는 마음이 있다는 것을 알았습니다. 그래서 이 놀라운 소식을 동네 사람들에게 전해주었습니다. 그리고 사마리아 사람들은 그 말씀에 적극적으로 반응을 했습니다. 그들은 그 여자를 본 것이 아니라 예수님을 보기를 원했습니다.

그 동안에 제자들은 드디어 임무를 마치고 돌아왔습니다. 제자들의 임무는 사마리아의 떡이 아닌 떡을 구해오는 것이었습니다. 제자들은 드디어 떡을 구해 와서 예수님과 함께 먹게 된 것을 기뻐했습니다. 그러나 예수님에게는 다른 떡이 있었습니다.

요한복음 4장 31-32절

그 사이에 제자들이 청하여 가로되 랍비여 잡수소서. 가라사대 내게는 너희가 알지 못하는 먹을 양식이 있느니라

사람들은 어떤 의미에서 이 세상에서 먹는 것이 가장 중요하다고 말할 수 있습니다. 왜냐하면 사람은 먹어야 살기 때문입니다. 그래서 이 세상의 사람들에게 가장 중요한 것은 먹고 사는 것이며 나머지 것들은 모두 먹고 사는 문제가 해결된 후에 생각해야 한다고 인식하고 있습니다. 그러나 예수님에게는 예수님의 말씀을 듣고 구원받는 것 자체가 양식이었습니다. 왜냐하면 이것이 진정으로 사는 것이기 때문입니다. 예수님의 목적은 다른 영혼을 구원하는 것이었습니다. 이것이 예수님의 양식이었습니다. 그리고 나머지는 모두 부수적인 것에 불과했습니다. 그래서 예수님은 다른 양식이 있다고 말씀하셨습니다. 그 양식은

바로 이 사마리아 여인이 예수를 믿고 구원을 받는 것이었습니다. 그 결과 이제 이 여인의 마음속에 놀라운 은혜가 임하고 있으며 말할 수 없는 기쁨이 생기고 있는 것입니다. 예수님은 이것 때문에 배가 이미 부르셔서 더 이상 아무 것도 먹을 필요가 없었습니다.

우리에게 너무 기쁜 일이 있을 때에는 먹는 것은 눈에 들어오지 않을 때가 있을 것입니다. 특히 다른 사람들이 은혜 받아서 너무 행복해할 때에는 이미 행복에 배가 불러서 아무 것도 먹고 싶지 않을 것입니다. 예수님은 사마리아 여인 하나가 회개하고 구원을 받았을 때 너무 좋아서 아무 것도 먹고 싶지가 않으셨습니다.

우리는 자칫 잘못하면 신앙생활이 이런 영혼을 건지는 본질에서 떠나서 직업적이 되거나 하나의 행사로 생각될 때가 많이 있습니다. 그렇게 되면 다른 사람들이 은혜 받는 것을 보고 배가 부른 것보다는 내가 배가 고픈 것이 더 중요할 것입니다. 나의 것을 더 챙기게 되고 나의 배를 더 생각하게 되는 것입니다.

제자들은 도대체 예수님이 우리가 없는 동안에 무엇을 드셨는지 궁금했습니다.

요한복음 4장 33-34절

제자들이 서로 말하되 누가 잡수실 것을 갖다 드렸는가 한대 예수께서 이르시되 나의 양식은 나를 보내신 이의 뜻을 행하며 그의 일을 온전히 이루는 이것이니라

예수님의 양식은 먹는 것이 아니었습니다. 예수님에게 가장 중요한 것은 하나님의 뜻을 이루어드리는 것이었습니다. 이것이 그의 사는 목적이었습니다.

오늘 모든 사람들에게 가장 심각하게 필요한 것은 하나님의 은혜가 회복되는 것입니다. 이런 부흥의 역사는 인간이 갈망한다고 하거나 어떤 단체를 조직한다고 해서 이루어지는 것은 아닙니다. 이것은 그야말로 순수하게 하나님이 주시는 선물이며 하나님이 너무나도 우리에게 주시고 싶어 하시는 것입니다. 부흥이야말로 인간에게 있어서 가장 중요한 축복입니다. 이것은 오직 바른 말씀과 진정한 믿음으로 이루어지는 것입니다.

하나님께서는 이번에도 많은 새신자들로 하여금 학습과 세례를 받게 하셨습니다. 이것이 우리의 양식이 되어야 합니다. 이것이 우리에게 가장 중요한 일이 되어야 하는 것입니다. 다른 어떤 행사나 외모를 꾸미는 일보다도 이것이야말로 우리가 사는 것이 되어야 하며 죽는 것이 되어야 합니다.

하나님께서 은혜를 주시지만 감사하지 않고 그 가치를 모르는 자들은 그것을 빼앗아서 사마리아 사람들에게 주어버리십니다. 우리가 유대인들처럼 욕심에 차서 예수님을 대하면 우리는 이 축복을 잃어버리게 될 것입니다. 우리는 하나님 앞에서 불만이나 불평을 해서는 안됩니다. 우리는 하나님께서 주신 이 귀한 은혜와 부흥의 축복을 목숨을 다하여 지켜야 하며 감사해야 합니다. 다른 사람들이 아무리 맛있는 음식을 가지고 먹이려고 해도 우리는 다른 것이 필요치가 않습니다.

우리가 예수님을 바로 만나면 한 평생 풀리지 않는 인생의 어려움들이 다 풀리게 됩니다. 우리는 늑대 인간에서 하나님의 어린양으로 변하게 되는 것입니다. 우리는 이 양의 모습으로 다른 사람들을 찾아가야 합니다. 그러면 그들에게 다시 물릴 수도 있고 발에 채일 수도 있지만 그들은 무엇인가 우리 안에 일어난 중요한 변화를 보게 될 것입니다. 이것이 우리가 바로 예배에서 하나님을 만나고 나온 모습인 것입니다. 바른 예배에서 부흥의 역사가 일어납니다. 이제 우리는 하나님 앞에서 다른 모든 걱정들이나 세상을 살아가는 생각들 다 내려놓아야 합니다. 그리고 모든 의심을 버리고 순전한 마음으로 하나님의 말씀을 받아들이고 이 말씀대로 살아야 합니다. 그러면 하나님의 놀라운 은혜를 경험하게 될 것입니다.

09 _ 요 4:35-54

영적 추수의 계절

얼마 전에 가까운 들판에 나갔더니 농부들이 열심히 땅을 갈면서 씨를 뿌릴 준비를 하고 있었습니다. 농부들은 일 년 농사를 잘 짓기 위해서 수고를 많이 해야 합니다. 때를 놓치지 않고 밭이나 논을 갈아야 하고 퇴비나 비료도 준비해서 논이나 밭에 뿌려 주어야 합니다. 그리고 씨를 뿌린 후에도 때때로 물이 잘 공급되게 해야 하고 중간중간에 자라는 잡초도 뽑아 주어야 합니다. 그러다가 드디어 결실기가 되면 기적이 일어나게 됩니다. 논이나 밭에 과일이나 열매가 주렁주렁 열리게 되는데 그것을 다 따서 시장에 가서 팔면 돈이 되는 것입니다. 그런데 태국이나 베트남 사람들은 우리와 농사짓는 것이 많이 다르다는 것을 알게 될 것입니다. 그곳은 우리나라 같이 벼농사를 일 년에 딱 한번만 짓는 것이 아니라 두 번도 짓고 심지어는 세 번까지도 짓습니다. 태국이나 베트남 같은 데는 날씨가 덥고 비가 많이 오기 때문에 일 년 내내 벼농사를 지을 수가 있습니다. 그러니까 씨를 뿌리면 얼마 되지 않아서 추수하고 추수하면 바로 또 씨를 뿌리고 씨를 뿌리면 또 추수를 하게 되는 것입니다. 그래서 너무 쌀이 싸기 때문에 먹고 사는 것을 걱정하지 않게 되니까 오히려 남자들이 더 게을러진다고 합니다.

그런데 우리나라에도 요즘은 비닐하우스에서 농사를 짓는 농가들이 많이 있습니다. 비닐하우스에서 딸기나 참외나 다른 농사를 짓는 분들은 비닐하우스 자체가 온도를 높여주기 때문에 일 년 내내 열매를 딸 수 있다고 합니다. 그래서 겨울에도 딸기나 참외를 먹고 수박도 먹는 것입니다.

예수님께서는 앞으로 부흥이 일어나면 영혼을 추수하는 일이 이렇게 일 년 내내 이루어지게 될 것이라고 말씀하셨습니다.

이 세상에는 여러 가지 농사를 짓고 있습니다. 물론 우리가 가장 흔하게 보는 것이 벼농사나 채소나 과일 농사 같은 것입니다. 이런 농사들은 일 년에 단 한번 열매를 거둡니다. 그러나 사과나 배 같은 과일 나무들은 처음 과일 나무를 심으면 일 년 내에 거두지 못하고 몇 년을 기다려야 합니다. 자식 농사 같은 경우에는 20년, 30년 키워서 딱 한번 결혼을 시키게 됩니다. 자식 농사를 성공적으로 지으려면 교육비에 돈도 많이 들 것입니다.

그러나 예수님은 최고로 중요한 것은 영혼의 농사라고 말씀하십니다. 하나님이 만드신 피조물 중에서 최고의 피조물이 우리 인간들입니다. 그런데 우리 인간들은 죄를 짓는 바람에 영혼이 죽어버려서 가치 없는 삶을 살고 있습니다. 이 인간들이 예수님을 믿고 영혼이 살기만 하면 천사보다 더 고귀한 하나님의 자녀가 되는 것입니다.

가끔 아파트에서 어떤 고물 장사들이 돌아다니면서 '고장 난 텔레비나 전축 파쇼!' 라고 외치면서 다니는 것을 보게 됩니다. 우리 생각에는 고장 난 텔레비전이나 전축을 사서 어디에 쓰려고 하는지 이해가 되지 않는데 아마 이 사람들은 그것도 고쳐서 팔면 물건이 되는 것 같습니다. 그러나 최고로 남는 장사는 '고장 난 인간을 사서 천사로 만드는 것' 입니다.

예수님께서는 부흥의 때가 되면 이런 사람들이 하나님께 돌아오는데 추수 때처럼 무더기로 회개하고 하나님께 돌아올 것이라고 약속하셨습니다. 우리가 전도를 해 보면 알지만 한 사람을 전도하는 것이 얼마나 어려운 일인지 모릅니다. 전혀 하나님을 모르는 사람에게 하나님을 알게 해서 예수 믿는 사람이 되게 하기까지는 많은 희생이 요구됩니다. 마치 산모가 아기를 배어서 해산하는 것처럼 힘들 때가 많습니다. 그래서 사도 바울은 갈라디아 사람들에게 '내가 다시 너희를 위하여 해산하는 수고를 하려고 한다' (갈4:19)고 말을 한 적이 있습니다. 부모가 아이 하나하나를 배어서 낳고 키우기까지가 얼마나 힘든지 모릅니다. 아마 아이 하나 제대로 키우려면 엄마는 다른 일을 아무것도 하지 못할 것입니다. 그러나 부흥의 때가 되면 사람들이 무더기로 죄를 회개하고 우상을 버리고 하나님께 돌아와서 예수를 믿는 일이 일어나게 될 것입니다. 이것이 바로 천국에서는 대박을 터트리는 것입니다. 풍년 중의 대풍년입니다. 우리는 믿음으로 이 풍년이 계속되게 해야 합니다. 그러면 다른 것 먹고 사는 것들은 저절로 하나님께서 축복해 주실 것입니다.

영적 추수의 시기

예수님께서 사마리아를 지나가실 때는 아직 추수하기에 넉 달 정도 남은 때였습니다. 이때는 농부들이 쉬는 때였습니다. 농부들은 봄에 파종할 때 열심히 일을 한 뒤 가을에 추수할 때가 되기까지는 할 일이 없었습니다. 왜냐하면 비가 전혀 오지 않았기 때문입니다. 우리나라는 주로 가을에 추수를 하고 봄에 파종할 때까지가 농한기입니다. 그래서 주로 겨울에는 시골 농촌에서는 할 일이 없어서 농민들은 온돌 구들에 앉아서 화투놀이나 하면서 놀았습니다. 아마도 팔레스타인은 봄 파종과 가을 추수 사이에 농한기였던 것 같습니다. 그러다가 가을에 비가 오고 난 후에는 알곡이 여물기 때문에 농사 일이 바빠졌던 것 같습니다. 그러나 예수님은 이렇게 말씀하셨습니다.

요한복음 4장 35절

너희가 넉 달이 지나야 추수할 때가 이르겠다 하지 아니하느냐? 내가 너희에게 이르노니 눈을 들어 밭을 보라 희어져 추수하게 되었도다

지금 제자들의 눈에는 밭에 씨를 뿌린지 얼마 되지 않아서 늦은 비가 올 때까지는 농부들이 별로 할 일이 없는 그런 모습이었습니다. 그러나 예수님의 눈에는 밭에 이미 이삭이 피어서 희게 되고 벌써 추수하게 되었다는 것입니다. 우리나라는 벼가 익으면 누렇게 되어서 추수를 하게 되는데 이곳의 밀은 알곡이 익으면 희게 되었던 것 같습니다. 제자들은 아무리 눈을 씻고 보아도 곡식은 그대로였습니다. 그러나 예수님의 눈에는 온통 밭이 희어져 있었습니다. 그것은 사마리아

사람들이 여인의 전도를 듣고 예수님을 믿으려고 나아오는 것을 두고 하는 말이었습니다.

사람들은 추수를 하면서 벼나 밀을 추수해서 시장에 팔면 얼마를 받을 것인지 계산을 하면서 기뻐할 것입니다. 그러나 한 사람이 예수를 믿고 그 영혼이 살아나면 그 가치가 얼마나 되겠습니까? 그 가치는 수천억 원으로도 계산을 할 수가 없는 것입니다. 교회는 그런 보물로 가득 차 있는 곳입니다.

농사를 짓는 사람에게 신기한 것이 무엇입니까? 땅에 떨어진 씨가 온도와 습도가 맞으면 어느 한 순간에 우후죽순 격으로 자라면서 열매가 맺히는 것입니다. 그리고 일단 첫 열매가 맺히면 그런 열매가 수백 개 수천 개 열리게 됩니다. 이것은 영혼의 농사에도 마찬가지입니다. 처음에는 아무리 말씀의 씨를 뿌려도 아무 반응이 없는 것 같은데 어느 순간에 계절이 변하면서 엄청나게 많은 알곡이 한꺼번에 열리게 되는 것입니다. 이것이 이 지상과 천국의 최고의 축복의 때입니다.

요한복음 4장 36-37절

거두는 자가 이미 삯도 받고 영생에 이르는 열매를 모으나니 이는 뿌리는 자와 거두는 자가 함께 즐거워하게 하려 함이니라. 그런즉 한 사람이 심고 다른 사람이 거둔다 하는 말이 옳도다

이 당시에는 일꾼이라 하더라도 대우가 다 같은 것이 아니었습니다. 어떤 일꾼들은 일을 해도 임금을 제 때까지 받지 못하는 경우도 많이 있었습니다. 그러나 추수 때에는 너무나도 일꾼들이 모자라기 때문에 주인은 일꾼들에게 선불을 주고 일꾼들을 확보했습니다.

예수님께서는 복음의 일꾼들에게 선불을 주셨다고 말씀하고 있습니다. 우리가 예수님으로부터 받은 선불이 무엇입니까? 우선 우리는 먼저 하나님의 은혜를 받은 사람들입니다. 우리들은 먼저 하나님의 구원을 받은 자들입니다. 우리는 은혜도 받지 못하고 구원도 받지 못한 상태에서 남의 구원 농사를 짓는 사람들이 아닙니다. 또한 우리가 부흥을 위해서 하나님의 말씀을 가지고 일을 하면 하나님의 약속은 반드시 이루어질 것입니다. 이 세상에는 막상 일을 했지만 일이 실패하는 바람에 원금도 건지지 못하는 사업들이 많이 있습니다. 그러나 하나님의 말씀을 가지고 하는 사업은 절대로 실패하지 않습니다. 반드시 부흥이 일어나고 하나님의 축복이 나타나게 되어 있습니다. 여기에는 실패라고 하는 것이 절대로 없습니다. 저는 여러 경우에 하나님의 말씀을 가지고 일을 했었습니다. 그 일 중에서 실패했던 일은 단 한 번도 없었습니다. 처음에는 도무지 좋은 결과가 나타날 것 같지가 않았는데 어느 순간에 갑자기 영적인 계절이 바뀌면서 알곡들이 맺히기 시작했습니다.

요한복음 4장 38절

내가 너희로 노력지 아니한 것을 거두러 보내었노니 다른 사람들은 노력하였고 너희는 그들의 노력한 것에 참예하였느니라

더욱이 중요한 것은 반드시 자기가 씨를 뿌렸기 때문에 자기가 추수를 하는 것은 아니라는 것입니다. 어느 누가 씨를 뿌렸든지 거두어서 추수를 하기만 하면 되는 것입니다. 왜냐하면 씨를 뿌리는 자는 뿌리는 대로 복되고 추수를 하는 사람들은 추수를 하는 사람대로 복되기

때문입니다. 이 모든 것이 전부 다 하나님의 일이고 하나님의 창고에 들어가기 때문입니다.

요즘 도시 교회는 과거 농촌에서 씨를 뿌렸던 사람들을 무더기로 추수해서 엄청나게 부흥을 하고 있습니다. 특히 서울 같은 경우에는 대교회가 엄청난 추수를 하고 있는데 거의 대개 자신들이 뿌리지 않은 씨를 거두고 있는 것입니다. 그것을 우리는 나쁘다고 말할 필요가 없습니다. 그만큼 열심히 하기 때문에 또 많이 거두는 것입니다. 중요한 것은 영혼을 추수하는 것입니다. 영혼을 추수한다고 하는 것은 한 사람 한 사람에게 세례를 주어서 예수의 제자가 되게 하는 것입니다.

우리가 하나님의 말씀으로 나가면 반드시 이 추수의 계절은 계속 이루어지게 되어 있습니다. 원래 이때의 추수 계절이 오순절인데 오순절에 성령이 오셨을 때 예루살렘에서 한꺼번에 3천명이 회개를 하고 예수를 믿는 역사가 일어났습니다. 이것이 바로 영혼의 추수인 것입니다. 이 추수가 계속 되어야 합니다. 그렇게 하려면 우리는 하나님의 말씀을 가지고 기도하는 일을 계속 해야 합니다.

사마리아인들의 반응

사마리아인들이 예수님께 나아오게 되었던 계기는 이 여자가 예수님이 자기 일을 다 알고 계셨다고 말했기 때문입니다.

요한복음 4장 39절

여자의 말이 그가 나의 행한 모든 것을 내게 말하였다 증거하므로 그 동네 중에 이 여자는 동네 사람들에게 가서 다른 이야기는 하지 않았습니다. 자기가 지금까지 부끄러운 삶을 살아왔는데 한 분이 그것을 다 알고 말씀하시더라고 했습니다. 그런데 놀라운 사실은 이 여자가 부끄러운 삶을 살아온 것이 동네 사람들로 하여금 예수님을 믿게 만들었습니다.

우리는 어떻게 이것을 믿을 수가 있겠습니까? 이 여자의 성공한 이야기도 아니고 축복받은 이야기도 아니고 이 여자가 많은 죄를 지었던 부끄러운 이야기들이었습니다. 그런데 동네 사람들은 그것을 본 것이 아니었습니다. 이 여자가 자기 이야기를 할 수 있었던 것은 이미 그것이 치료가 되었기 때문이었습니다. 이 여자는 곪아 있는 상처를 보여 주었던 것이 아니라 이미 나은 상처를 보여 주었던 것입니다. 그리고 이 여자가 자기 이야기를 하는 순간에 사람들은 수치와 치욕이 아니라 말할 수 없는 기쁨과 말할 수 없는 행복한 모습을 이 여인을 통해 보았던 것입니다. 다시 말해서 동네 사람들은 이 여자의 변화된 모습을 보았던 것입니다. 이 여자가 예수님을 만나고 온 시간은 불과 30분도 안 된 시간이었을 것입니다. 그런데 누군지도 모르지만 이 구제불능의 여자를 이 짧은 시간에 변화시켰다는 사실을 알았고 어떤 능력을 느꼈던 것입니다. 그리고 모든 사마리아인들의 마음 속에 자기들도 변화되고 싶은 마음이 있었습니다.

그래서 그들은 이 여자의 말을 듣고 예수님께 나아왔습니다. 하나님께서 왜 우리처럼 허물 많은 자들에게 복음을 전하게 하셨을까요? 하나님은 천사들에게 복음을 전하게 하셨으면 더 좋지 않았을까요? 그러나 천사들에게는 변화라는 것이 없습니다. 그러나 복음은 우리를 변화시킵니다. 변화된 우리의 모습 그것이 진정한 복음의 능력인 것입니다.

저는 설교를 하면서 왜 하나님께서는 나 같은 죄인에게 말씀을 전하게 하셨을까 하는 생각을 많이 했습니다. 그러나 하나님은 저의 완전한 모습을 보여주시고 싶어 하시는 것이 아니라 변화된 모습을 보여주고 싶으신 것입니다. 약을 선전하는 사람이 먼저 자기가 약을 먹고 그 효과를 가지고 선전을 한다면 효과 만점일 것입니다. 우리는 바로 이 복음의 약을 먹은 자들입니다.

이 여인의 솔직하고 담대한 증거는 많은 사람들의 잠자는 양심을 깨웠습니다. 그들로 하여금 자기들에게 찾아오신 하나님의 아들을 만나고 싶은 뜨거운 마음으로 불타오르게 하였습니다.

요한복음 4장 40절

사마리아인들이 예수께 와서 자기들과 함께 유하기를 청하니 거기서 이틀을 유하시매

사마리아인들은 예수님의 말씀을 듣고 예수님을 붙잡았습니다. 그래서 며칠을 더 계시면서 말씀을 들었습니다. 이것이 바로 이 사람들이 보인 열정이었습니다. 이들은 오늘 바쁜 일이 있으니까 다음 기회에 예수님을 만나서 말씀을 들어야겠다고 생각하지 않았습니다. 그들은 이 여자의 말을 듣자마자 그 여자가 말한 곳으로 달려 나왔습니다. 이것은 그들이 예수님을 만나서 예수님의 말씀을 듣는 것을 최우선적으로 생각했다는 뜻입니다. 그리고 예수님의 말씀을 인하여 믿는 자가 많았습니다.

요한복음 4장 42절

그 여자에게 말하되 이제 우리가 믿는 것은 네 말을 인함이 아니니 이는 우리가 친히 듣고 그가 참으로 세상의 구주신줄 앎이니라 하였더라.

사마리아인들은 자기들에게 예수님을 전해준 여인을 보지 않았습니다. 그들은 그 여인 때문에 예수를 믿는데 전혀 지장을 받지 않았습니다. 왜냐하면 자기들이 직접 예수님을 만나서 진리를 확인을 했기 때문입니다. 어떤 분은 믿음이 너무 약해서 다른 교인 때문에 시험에 들어서 교회를 나오지 않는 분들이 있습니다. 그러나 그것은 잘하는 것이 아닙니다. 우리의 영혼은 너무나도 중요하기 때문에 다른 사람 핑계로 하나님을 버릴 이유는 되지 못하는 것입니다. 그럼에도 불구하고 사람들은 약해서 다른 사람 때문에 신앙을 잃을 수가 있기 때문에 교회는 할 수 있는 대로 넘어질 만한 시험거리들을 두지 말아야 합니다.

그들은 예수님의 말씀을 직접 듣고 중요한 사실을 발견했습니다. 그것은 '예수님은 세상의 구주시다'는 것입니다.

여기서 '세상의 구주'라는 말은 유대인들만의 구주가 아닌 사마리아인이나 이방인이나 모든 사람들의 구주라는 뜻입니다. 이것은 그 당시에 충격적인 발견이었습니다. 그 당시 모든 사람들은 주님을 유대인들의 메시야로만 알았습니다. 그러나 그들이 직접 예수님을 만나보니까 예수님은 유대인들만의 구주가 아니셨습니다. 사마리아인들의 구주셨습니다. 이방인들의 구주셨습니다. 예수님에 대하여 가지고 있던 모든 오해와 편견이 다 벗겨지게 되었습니다. 이것은 하나님의 말씀에 대하여 열정을 가진 자들만이 가장 먼저 알 수 있는 특권입니다.

신문 기자들에게 중요한 것은 '특종' 입니다. 이 특종은 아무도 모르고 있던 일을 가장 먼저 알아내어서 보도하는 것입니다. 이것은 우리들에게도 마찬가지입니다. 하나님 나라에 대하여 아무도 몰랐던 일들을 가장 먼저 알아내는 것이 특종입니다. 저는 우리가 특종을 많이 터트려야 한다고 생각합니다. 성경 깊은 곳에 아무도 모르던 약속이나 축복을 찾아내어서 터트려야 하는 것입니다. 사마리아인들은 이 특종을 터트림으로 당당한 하나님의 자녀들이 되었습니다. 이제는 더 이상 예수님을 만나는데 인종적인 편견을 가질 필요도 없었고 하나님의 진리를 듣는데 죄의식을 가질 필요도 없었습니다. 당당하게 하나님의 은혜를 받을 수 있게 된 것입니다. 우리가 하나님의 진리를 캐내면 캐낼수록 하나님의 축복을 받는 걸림돌들이 없어지게 됩니다.

우리가 하나님의 말씀에 대하여 열심을 내야 할 이유가 무엇입니까? 그 안에 아직 어마어마한 특종들이 수두룩하기 때문입니다. 이 하나를 캐내면 캐낼수록 우리들은 천국에서 더 능력 있는 자들이 되는 것입니다.

예수님께서 오셨을 때 유대인들이 보인 반응이 무엇입니까? 그들은 하나님의 초청을 받고서도 어떤 사람은 결혼하기 위하여, 또 다른 사람은 새로 산 소를 점검하러, 또 다른 사람은 자기가 산 밭을 확인해보려고 다 다른 곳으로 가버렸습니다. 그래서 그들은 이 천국의 잔치에서 쫓겨나고 말았습니다.

우리는 하나님의 진리에 대하여 최우선적으로 시간을 내야 합니다. 그리고 하나님의 진리를 듣고 난 후에 그 중에서 오늘의 특종이 무엇인가 찾으시기 바랍니다.

하나님의 말씀의 능력

우리는 하나님께서 아무리 풍성한 결실을 주셔도 게으른 농부들에게는 추수가 아무 소용이 없다는 사실을 알아야 합니다. 즉 아무리 그 해 날씨가 더웠고 비가 많이 왔다 하더라도 게을러서 밭에 풀이 무성하게 자라게 하고 일을 하지 않은 농부는 아무 것도 거둘 수가 없을 것입니다.

마찬가지로 사마리아인들은 즉시 예수님의 말씀을 듣고 천국의 열매를 거두는 일을 했습니다. 우리가 알아야 할 것은 믿는 자들에게는 천국의 열매를 거두는 일이 시간이 오래 걸리는 일이 아니라는 것입니다. 우리가 말씀을 듣고 깨닫는 것은 모두 다 지금 열매를 거두고 있는 것입니다.

그러나 예수님께서 갈릴리로 가셨을 때 갈릴리 사람들은 예수님의 말씀에 대하여 별로 열정이 없었습니다.

요한복음 4장 43-45절

이틀이 지나매 예수께서 거기를 떠나 갈릴리로 가시며 친히 증거하시기를 선지자가 고향에서는 높임을 받지 못한다 하시고 갈릴리에 이르시매 갈릴리인들이 그를 영접하니 이는 자기들도 명절에 갔다가 예수께서 명절 중 예루살렘에서 하신 모든 일을 보았음이더라

여기에 보면 상반된 두 가지 말씀이 나옵니다. 하나는 예수님께서 갈릴리로 가시면서 선지자가 고향에서는 높임을 받지 못한다고 하신 것입니다. 이것은 예수님께서 갈릴리에서는 높임을 받지 못한다는 뜻

입니다. 그러나 예수님께서 갈릴리로 가셨을 때 사람들은 예수님을 영접했습니다. 이것은 도대체 어떻게 된 것일까요? 예수님께서 갈릴리로 가시기 전에 미리 영접 받지 못할 것을 걱정하셨는데 다행히도 이들이 예수님을 영접한 것일까요? 이것이 결코 그런 것이 아니었습니다. 갈릴리 사람들은 예수님의 말씀에 흥미가 없었습니다. 그들이 예수님을 영접한 것은 선지자로서가 아니라 예루살렘에 가서 실컷 분풀이를 한 영웅으로 영접을 한 것이었습니다. 즉 갈릴리 사람들은 예루살렘 사람들에 대하여 심한 열등감이 있었습니다. 그런데 예수님께서 예루살렘에 가셔서 성전을 뒤집어엎는 엄청난 일을 하셨습니다. 이것이 갈릴리 사람들의 속을 시원하게 했던 것입니다. 그러나 그들은 여전히 예수님의 말씀에 대해서는 별로 관심이 없었습니다. 늘 그렇고 그런 말씀이고 우리가 다 아는 말씀이라고 생각했던 것입니다.

지금 갈릴리 사람은 예수님을 무슨 개선장군을 맞이하듯이 환영하고 있습니다. 마치 국제대회에서 금메달을 딴 선수를 환영하듯이 이들은 예수님을 맞이하고 있습니다. 그러나 예수님께서 원하신 것은 이런 영웅적인 대접이 아니었습니다. 그들이 사마리아인들처럼 오직 예수님의 말씀에 집중하기를 원하셨던 것입니다.

아마 교회에서도 목사님이 어디 다른 곳에 가서 큰 상을 받고 오면 교인들이 대대적으로 환영을 할 것입니다. 그러나 막상 그가 하는 진정한 말씀에 대해서는 별로 관심을 보이지 않는다면 이것은 말씀의 복을 놓치고 있는 것입니다.

이들이 그렇게 하는 이유는 자기들은 하나님의 말씀을 잘 알고 있다고 생각하는 것입니다. 어떤 의미에서는 하나님의 말씀보다는 사람들의 인정이나 눈에 보이는 업적에 더 많은 관심을 가지고 있기 때문입니다. 그래서 말씀은 늘 듣는 것이 아닌가 라고 생각을 해버리는 것입니다.

존 스타인백이 쓴 '에덴의 동쪽' 이라는 소설이 있습니다. 거기에 보면 아버지가 아담인데 큰 아들 아론만 믿고 둘째 아들 칼은 믿지 않습니다. 왜냐하면 아들이 모범적이지 않고 좀 껄렁하기 때문입니다. 아버지는 늘 자신의 말씀만 진리라고 생각하고 아들이 인정받으려고 하는 모든 것을 다 무시합니다. 한번은 아버지가 상추에 얼음을 넣어서 뉴욕에 가서 팔면 돈을 많이 벌겠다고 해서 거금을 투자해서 수송을 하는데 중간에 길이 막히는 바람에 얼음이 다 녹아서 막대한 손해를 보게 됩니다. 이때 둘째 아들은 콩을 사서 이윤을 붙여서 거금을 벌어서 아버지에게 드립니다. 그런데 아버지는 욕을 하면서 이런 식으로 돈을 버는 것은 나쁜 짓이라고 하면서 도리어 책망을 합니다. 그러니까 둘째 아들은 자기 어머니가 오래 전에 가출해서 창녀 짓을 하고 있는 것을 폭로해서 아버지와 형에게 복수를 합니다. 형은 충격을 받아서 군대에 입대를 하고 아버지는 중풍으로 쓰러지게 됩니다. 이것이 존 스타인백이 본 '에덴의 동쪽' 이었습니다.

사람들은 자기가 늘 완전하고 옳다고 생각하는 사람은 다른 사람의 말이나 주장을 잘 받아들이지 않으려고 합니다. 대신에 자기 마음에 드는 것만 받아들이고 칭찬을 하는 것입니다.

오늘 많은 사람들은 교회 안에서 이벤트에 굉장히 관심을 가지고 좋아합니다. 그러나 정작 말씀을 들을 때에는 쓴 약을 마시는 것보다 더 얼굴을 찡그립니다. 왜냐하면 이것은 아무 것도 아니라는 뜻입니다. 그러나 사실 우리가 집에서도 잔치만 자꾸 하면 아이들의 정서가 불안해져서 공부도 잘 하지 못하고 부모의 말도 잘 들으려고 하지 않습니다.

이들은 평범한 하나님의 말씀에서 은혜를 받지 못하고 무엇인가 더 자극적인 것을 원했습니다. 즉 예수님께서 예루살렘에 올라가셔서 성전을 한 번 더 뒤엎어 주시고 예루살렘 사람들의 코를 한 번 더 납작하게 해주기를 바랐던 것입니다. 이것은 결국 우리 마음에서 예수님을 몰아내는 것밖에 되지 않습니다. 예수님은 갈릴리 사람들의 이런 모습에 굉장히 마음 아파하셨습니다.

이때 한 가버나움의 귀족이 예수님을 찾아왔습니다.

요한복음 4장 46-47절

예수께서 다시 갈릴리 가나에 이르시니 전에 물로 포도주를 만드신 곳이라. 왕의 신하가 있어 그 아들이 가버나움에서 병들었더니 그가 예수께서 유대로부터 갈릴리에 오심을 듣고 가서 청하되 내려오셔서 내 아들의 병을 고쳐주소서 하니 저가 거의 죽게 되었음이라

여기 '왕의 신하'라고 하는 것은 당시 갈릴리를 다스렸던 헤롯 안티파스의 신하를 말합니다. 이 신하는 그 동안 예수님에 대한 소문을 들었습니다. 왜냐하면 예수님께서 물로 포도주를 만드신 가나의 소식을 들었기 때문입니다. 그러나 그는 그 동안 예수님께 적극적으로 나아올 수가 없었습니다. 왜냐하면 그의 상관 헤롯 안티파스가 예수님을 너무나도 싫어했기 때문입니다. 그러나 그가 더 이상 망설일 수 없는 사건이 터지게 되었습니다. 그것은 자기 아들이 병들어 죽게 되었기 때문입니다. 이 신하는 이제는 왕이 자기를 싫어해서 자리에서 쫓아내더라도 아들은 고쳐야 하겠다고 생각해서 예수께 달려가서 청했습

니다. 이것은 대단히 귀한 신앙이었습니다.

그런데 예수님은 이 가버나움의 왕의 신하의 말을 들어주시기 전에 먼저 갈릴리 사람들의 거짓된 태도를 책망하셨습니다.

요한복음 4장 48절

예수께서 가라사대 너희는 표적과 기사를 보지 못하면 도무지 믿지 아니하리라

갈릴리 사람들의 믿음은 어떤 것입니까? 그들은 눈에 나타나는 기적이 없는 한 믿으려고 하지 않는 사람들이었습니다. 원래 표적과 기사라고 하는 것은 하나님의 말씀의 신빙성을 위하여 하나님께서 주신 표적입니다. 그러나 이들이 원한 것은 말씀 자체가 아니고 오직 나타난 결과였습니다. 예수님은 이들의 잘못된 태도를 책망하셨습니다. 어느 것이 먼저입니까? 말씀이 먼저입니까? 아니면 결과가 먼저입니까?

사마리아 사람들은 아무런 표적이나 기적 없이 예수님의 말씀만 듣고 믿었습니다. 주님이 귀하게 여기는 믿음은 아무런 기적이나 표적이 없어도 순수하게 하나님의 말씀만 듣고 믿는 것입니다. 그러면 기적이나 응답이 나타나게 되어 있습니다. 참된 하나님의 말씀을 믿으면 기적은 나타나게 되어 있는 것입니다.

이것은 우리 모두에게 도전이 되는 말씀입니다. 말씀이 먼저냐 아니면 결과가 먼저냐 하는 것입니다. 우리는 하나님의 말씀을 믿으면 결과가 나타날 줄 믿어야 합니다.

가버나움의 한 왕의 신하는 예수님의 소문을 들었지만 예수님께 나아갈 수가 없었습니다. 그것은 그의 직업이 그를 붙잡았기 때문입니

다. 예수님을 만나러 갔다는 소문이 나면 왕이 그의 목을 자를 것이기 때문입니다. 그러나 아들이 병들었을 때 자리를 내어놓고 예수님을 찾아갔습니다. 이것이 그의 믿음이었습니다.

왕의 신하가 예수님께 달려 왔을 때 예수님은 다른 것은 아무 것도 하시지 않으시고 오직 말씀만 하셨습니다.

요한복음 4장 50절

예수께서 가라사대 가라 네 아들이 살았다 하신대 그 사람이 예수의 하신 말씀을 믿고 가더니

예수님께서는 오직 말씀만 하셨습니다. 예수님은 다른 아무 말씀도 하시지 않으셨습니다. '가라 네 아들이 살았다 하신대'

지금 문제가 무엇입니까? 예수님은 아이를 본 적도 없으시고 그곳에 가시지도 않으셨습니다. 그리고 아이는 지금 멀리 떨어진 곳에 있습니다. 그런데 오직 말씀만으로 '아이가 나았다' 고 하십니다. 그때 우리 마음속에 어떤 의심이 듭니까? 만약 안 나았으면 어떻게 하느냐 하는 것입니다. 그리고 아이가 나았는지 낫지 않았는지 가봐야 아는 것 아닙니까?

그러나 이 왕의 신하는 예수님의 말씀을 믿고 갔습니다. 다른 사람들은 다 믿지 못하는 눈치였습니다. 그러나 그는 주님의 말씀을 믿고 갔습니다. 다른 아무 표적 없이, 만약 아이가 낫지 않았다면 어떻게 하겠다는 각서 하나 없이 집으로 갔습니다. 그러나 그는 집으로 돌아가는 길에서 하인들을 만났고 하인들로부터 아이가 살았으며 열이 떨어진 때가 예수님께서 말씀하신 바로 그 순간이라는 것을 알았습니다.

그는 말씀의 능력을 체험했습니다. 그리고 어떻게 했습니까? 집에 가서 온 식구들이 다 함께 예수님을 구주로 믿는 집안이 되었습니다.

예수님께서 하신 말씀은 단순히 아이가 살아있으니까 걱정하지 말라는 말씀이 아니었습니다. 그 말씀은 지금 죽어가는 아이를 살리는 능력의 말씀이었습니다. 그 말씀은 아무 증표 없이도 멀리 떨어진 아이에게 즉각적으로 능력을 나타내는 살아있는 말씀이었습니다. 참된 하나님의 말씀은 반드시 그 결과가 있었습니다. 표적이 먼저가 아닙니다. 하나님의 말씀이 먼저입니다. 오늘 우리가 듣고 있는 하나님의 말씀은 단순히 우리를 위로하는 말씀이 아닙니다. 이 말씀은 우리를 살리는 말씀이고 우리를 치료하는 말씀이고 공간과 시간을 뛰어넘어서 능력을 나타내는 말씀입니다.

'혹시' 가 아닙니다. '반드시' 입니다. 주님이 말씀하시면 그것을 전부 다 믿으십시오. 그러면 다른 것은 뒤에 따라서 이루어집니다.

그러므로 우리는 병에 걸리거나 여러 가지 어려움에 사로잡히는 것이 반드시 불행한 일이라고 볼 필요는 없습니다. 왜냐하면 이런 어려움들이 우리의 교만을 꺾고 예수님께 적극적으로 나아가게 만들기 때문입니다.

여러분은 표적을 잡지 말고 살아계신 하나님의 말씀만을 의지하는 자들이 되시길 바랍니다.

10_ 요 5:1-16

38년 된 병자

우리는 모두 단 한번 밖에 없는 인생을 살아가고 있는 사람들입니다. 그래서 우리 모두는 한 순간이라도 인생을 낭비하지 않고 남들보다 한 걸음이라도 먼저 달려서 인생의 유리한 고지를 차지하려고 애를 씁니다. 따라서 젊었을 때에는 다른 사람들보다 일이년 뒤로 처지는 것이 엄청나게 인생에 뒤지는 것으로 생각될 때가 많습니다. 다른 친구들은 대학에 들어가서 다니고 있는데 자기는 재수 삼수하거나 혹은 다른 친구들은 이미 결혼을 해서 아이들을 낳았는데 나는 아직 학교를 다니고 있다면 친구들에 비해서 인생이 많이 늦은 느낌이 들 것입니다.

그러나 사람들은 이 세상에 살아가면서 자기가 전혀 생각지 못했던 일로 인해서 인생의 삶이 크게 뒤지게 될 때가 있습니다. 예를 들어, 젊은 시절에 폐병이라도 걸리게 되어 병원에서 3,4년 보내게 되면 그만큼 남보다 인생살이가 늦어지게 되는 것입니다.

혹은 무슨 죄를 지어서 감옥에라도 들어갔다 나오면 그 만큼 인생을 완전히 까먹어버리게 되는 것입니다.

쇼생크의 탈출이라는 영화를 보면 어렸을 때 살인죄를 저지르고 30년 동안 감옥 생활한 사람의 이야기가 나옵니다. 그 사람은 정말 철부지 때 멋도 모르고 사람을 죽였는데 이제는 그 젊은 녀석은 없어지고 완전히 늙은이가 되어 여기에 있다고 말을 합니다. 그 사람은 아까운 자신의 인생을 완전히 감옥 안에서만 다 보낸 것입니다. 그 사람은 감옥 밖에서는 존재하지도 않는 사람이었습니다.

가장 흔한 경우에는 세상에서 잘 나가다가 실패하는 경우입니다. 즉 나름대로 세상에서 열심히 살았고 성공했다고 생각을 했는데 어느 한 순간 무엇이 잘못되어서 인생 밑바닥으로 곤두박질을 하면서 다시는 재기하지 못하고 실패한 인생으로 살게 되는 경우입니다. 요즘 우리나라에서는 이런 식으로 사업이나 직장에 실패해서 자신의 능력을 발휘하지 못하고 사시는 분들이 너무 많습니다. 아마 수백만 명은 될 것입니다. 거기에서 더 심각하게 되면 노숙자가 되는 것입니다. 노숙자가 되면 그때부터는 다시는 재기할 의욕을 잃어버리고 어디서 밥을 주거나 돈을 주는 데만 알아서 돌면서 시간을 보낼 뿐입니다.

성경을 보면 아주 다양한 많은 사람들이 예수님을 만나서 새로운 삶을 얻게 되는 것을 보게 됩니다. 그 중에서도 오늘 말씀에 등장하는 사람은 무려 38년 동안이나 병으로 자리에 누워 있던 사람이 예수님을 만남으로 일어서는 기적을 체험하는 것을 보게 됩니다. 한번 생각해 보시기 바랍니다. 이 사람은 38년이나 되는 세월을 자리에 누워서 지냈습니다. 여기서 2년만 더 보태면 40년이 되는 것입니다. 스무 살에 이렇게 되었다면 이 사람은 육십이 되었을 것이고 열 살 때 그렇게 되었다면 이 사람은 쉰은 되어 있을 것입니다. 그러니까 이 사람은 다른 사람들은 무엇인가를 향하여 열심히 살아가는 동안 40년 동안을 자리에 누워서 전혀 아무 것도 하지 않고 인생을 까먹어버린 것입니다.

그런데 이 사람은 예수님을 만남으로 단숨에 병이 낫게 되어버렸습니다. 예수님은 사람들의 병을 낫게 하신 후에 세상의 성공을 향하여 달려가게 하시지 않으셨습니다. 예수님은 사람들로 하여금 꼭 믿음을 가지게 하시고 더 성숙한 신앙을 향하여 나아가게 하셨습니다. 왜냐하면 이것이야말로 하나님께서 우리에게 진심으로 원하시고 기뻐하시는 일이기 때문입니다. 그래서 우리가 이 세상에서 성공을 향한 진도가 잘 나가지 않을 때 우리는 빨리 인생 방향을 돌려야 합니다. 즉 하나님의 말씀으로 틀어야 하고 나의 신앙이 더 성숙하는 방향으로 돌려야 하는 것입니다. 그러면 반드시 하나님이 기뻐하시는 삶이 만들어지게 될 것입니다.

베데스다 못가의 사람들

요한복음 5장 1-4절

그 후에 유대인의 명절이 있어 예수께서 예루살렘에 올라가시니라 예루살렘에 있는 양문 곁에 히브리 말로 베데스다라 하는 못이 있는데 거기 행각 다섯이 있고 그 안에 많은 병자, 소경, 절뚝발이, 혈기 마른 자들이 누워 [물의 동함을 기다리니 이는 천사가 가끔 못에 내려와 물을 동하게 하는데 동한 후에 먼저 들어가는 자는 어떤 병에 걸렸든지 낫게 됨이러라]

예수님은 주로 많은 시간 갈릴리에서 말씀도 많이 전하시고 병자도 많이 낫게 하셨습니다. 그리고 예루살렘에는 그저 일 년에 몇 차례씩 행사가 있을 때만 올라가셔서 말씀을 전하시고는 바로 내려오셨습니다. 우리가 생각하기에는 예루살렘을 주무대로 사용하셔서 사역을 하셨으면 더 효과가 컸을 것 같은데 예수님은 거의 대부분의 시간을 갈릴리에서 보내셨습니다. 예수님께서 그렇게 하신 이유가 있습니다. 그 이유는 예수님은 예루살렘 사람들을 너무 잘 아셨기 때문입니다. 예루살렘 사람들은 할 수만 있으면 예수님을 영웅시해서 정치적으로 이용하려고 했습니다. 예수님은 그것을 너무 잘 알고 계셨기 때문에 예루살렘을 완전히 외면하신 것은 아니지만 활동의 주무대로 사용하시지는 않으셨습니다.

이것을 보면 예수님께서는 예루살렘 사람들에 대하여 두 가지 마음을 가지셨던 것 같습니다. 한편으로는 예수님께서는 이들도 똑같은 한 영혼으로 이들을 사랑하시면서도 다른 한편으로는 이 사람들이 순수하게 예수님의 말씀을 받아들이지 않는 것에 대한 안타까운 마음도 있었던 것입니다. 그리고 예수님은 예루살렘 사람들의 정치적인 성향을 늘 조심을 하셨습니다. 예수님은 끝까지 순수하게 말씀 중심의 사역으로 남기를 원하셨습니다.

이 점은 오늘 우리나라에서 어떤 일을 하려고 할 때에도 언제나 신경을 써야 하는 부분일 것입니다. 즉 우리나라에서는 누군가가 좀 떴다고 하면 그 사람을 불러서 강연이나 강의를 시키기가 바쁩니다. 물론 유익한 강의를 듣고 서로 좋은 경험을 나누는 것은 좋은 일이지만 그 정도가 너무 지나친 것입니다. 또 본인의 입장에서도 유명하게 되고 많은 사람들에게 불려 다니는 것이 좋은 일이기 때문에 기꺼이 하지만 나중에는 하나님과의 관계는 흔들려버리고 사람들을 만나는 것이 주업이 되어버리는 것입니다. 그러면 그 순수성은 떨어지게 되고 나중에는 한계가 드러나거나 건강을 다치게 되거나 재미가 없어져버리게 되는 것입니다. 그러면 또 헌신짝 버리듯이 던져버리는 것입니다. 결국 명성과 돈이 사람의 순수성을 다 해쳐버리는 것입니다. 이럴 때 끝까지 자신의 길을 가려고 하면 자기 자신에 대한 부르심을 매 순간 철저하게 확인을 해야 합니다. 그리고 자신이 가야 할 길에 충실하면서 예수님처럼 사람들이 많이 모이는 곳은 가능한 한 피하고 덜 인기를 끈다 하더라도 자신의 부르심에 끝까지 충실한 것이 잘하는 것입니다.

예루살렘에는 여러 개의 문이 있는데 그 문마다 이름들이 있었습니다. 여기에 보면 양문이라고 하는 문이 있었는데 이 문은 북동쪽에 있는 문이었고 가까운 곳에 양 시장이 있어서 사람들이 양을 데리고 이 문으로 많이 왔기 때문에 양문이라고 붙여진 것 같습니다. 이 양 문 옆에는 베데스다라는 큰 못이 있었는데 못 옆에 행각이 다섯 개가 있었고 거기에 많은 병자들이 있었습니다.

'베데스다' 라는 말은 '베드 에쉬다' 라는 말에서 나온 것인데 이 '에쉬다' 라는 말은 '뿜어 나온다' 는 뜻을 가지고 있습니다.

아마도 베데스다는 속에서 물이 뿜어져 나오는 못이었던 것 같습니다. 그래서 못 물이 전체적으로 회전하거나 움직이는 것처럼 보였던 것 같은데 사람들은 천사가 내려와서 못 물을 움직이게 한다고 믿었습니다. 사람들은 천사가 물을 움직이게 할 때 누구든지 가장 먼저 물에 들어가는 자는 무슨 병이든지 다 낫는다는 미신을 가지고 있었습니다. 그래서 이 못에서 병 치료를 받기 위해서 아주 많은 병자들, 소경이나 다리를 쓰지 못하는 분 등이 여기 다섯 개의 행각에서 아예 살고 있었던 것입니다.

우선 여기서 알 수 있는 것은 이 베데스다 못이 다른 못과는 달랐다는 점입니다. 이 못은 아주 컸는데 못 물이 한번 씩 회전을 하든지 좌우간 움직였던 것 같습니다. 그 이유는 둘 중의 하나일 것입니다. 하나는 이 못이 지하수와 연결이 되어서 일정한 시간이 되면 물이 뿜어져 나왔던 것 같습니다. 아마 물이 계속 뿜어져 나왔더라면 이런 미신이 안 생겼을 수도 있는데 한 번씩 움직이니까 천사가 내려와서 물을 움직인다는 미신이 생긴 것입니다.

태백시에 가면 황지라는 못이 있습니다. 이 못은 낙동강의 발원지인데 아예 동네 한 가운데 공원처럼 만들어 놓았는데 크게 두 개의 못이 있고 그 못 속에서 계속 물이 솟아오르는 것을 볼 수 있습니다. 그런데 베데스다 못은 간헐천처럼 못 아래 있는 지열 때문에 정기적으로 물이 뿜어져 나오는 구조였던 것 같습니다. 그런데 사람들은 이런 구조적인 특징은 과학 지식이 없어서 알지 못하고 좌우간 천사가 내려와서 물을 동하게 한다고 믿었고 그때 누구든지 가장 먼저 들어가면 무슨 병이든지 다 낫는다는 생각을 가지고 있었던 것입니다.

여기서 우리가 볼 수 있는 것은 일반 사람들이 가지고 있는 신념입니다. 사람들은 누구나 다 자기 나름대로 어떤 신념을 가지고 살아갑니다. 즉 나는 이 세상에서 성공할 것이라거나 나는 반드시 이 병이 나을 것이라는 것이나 나는 우리 자녀들을 성공하게 하고야 말겠다는 식의 신념을 가지고 살아가는 것입니다. 그런데 이런 신념들이 근거가 있을 때가 있는가 하면 근거가 전혀 없을 때도 있습니다. 예를 들어, 어떤 사람이 충분히 실력도 있고 바른 길을 가고 있으면서 내가 열심히 노력을 하면 이번 기회에 성공할 것이라고 믿는 것은 어느 정도 근거가 있는 것입니다. 그러나 전혀 실력도 없고 준비도 되어 있지 않으면서 자기는 이번에 성공할 것이라고 믿는다면 이것은 전혀 근거가 없는 신념이 될 것입니다. 그래서 사람들은 자기 자신이 가지고 있는 신념이 근거 있는 것이 되게 하려면 자기 자신을 객관적으로 정확하게 평가를 해 보는 것이 필요합니다. 즉 자기 실력이 어느 정도가 되는지 시험을 쳐서 점수를 봐야 할 것이고 병이 어느 정도인지 진찰을 받아서 정확한 결과를 받아 봐야 할 것입니다.

그런데 오늘 많은 사람들은 그런 객관화의 과정을 생략해버리고 자기 혼자의 희망 사항이 이루어진다고 믿는 경향이 많습니다. 특히 자신의 신념의 근거를 자기 스스로가 생각한 징조를 가지고 믿으려고 하는 것입니다. 예를 들어, 나뭇잎이 떨어지지 않으면 내 생각이 이루어지는 것으로 믿는다든지 아니면 누군가가 나에게 손수건을 주면 좋은 결과가 나타날 것으로 믿는 것입니다. 이렇게 되면 이것은 완전히 미신이 되어버리는 것입니다.

물론 신념이라고 하는 것은 사람들에게 꼭 필요한 것입니다. 신념은 사람들에게 희망을 주기도 하고 또 오랜 시간 견딜 수 있는 힘을 주기도 합니다. 그러나 문제는 그 신념이 근거가 없는 것일 때에는 그것이 올무가 되어서 거기서 벗어나지 못하고 자꾸 질질 끌려가게 되는 것입니다.

베데스다 못이 이상하게 움직이는 것은 사실이었습니다. 이것은 특이한 현상이었고 무엇인가 과학적인 연구가 필요한 것은 사실이었습니다. 그러나 못의 물이 움직이는 것이 천사가 물을 휘젓는 것이라든가 또 누구든지 가장 먼저 들어가는 자는 무슨 병이든지 낫게 된다는 것은 전혀 근거가 없는 것이었습니다. 단지 이것은 모든 사람들이 믿고 싶었던 일이었을 뿐입니다. 그러나 이런 희망 사항이 얼마나 많은 사람들을 의미 없이 이 베데스다 행각에 모았고 얼마나 무의미한 세월들을 이곳에서 보내게 했는지 모릅니다.

아마 처음에는 이 못가에 사람들이 많이 모이지는 않았을 것입니다. 그러나 몇몇 사람들이 그런 희망을 가지고 모이기 시작하다가 이런 희망들이 기정사실처럼 믿어지면서 나중에는 다른 곳에 있는 많은 병자들까지 몰려오게 만든 것입니다.

우리가 알아야 할 것은 희망 사항 자체가 기적은 아니라는 것입니다. 기적은 우리가 무턱대고 희망한다고 나타나는 것이 아닙니다. 그러나 사람들은 이런 희망마저 없으면 무너질 수밖에 없기 때문에 아닌 줄 알면서도 오게 되는 것입니다. 사실 이 베데스다 못은 환자들은 많지만 의사도 한 명도 없고 간호사도 한 사람도 없는 그야말로 치료와는 아무 상관이 없는 곳인데 사람들은 기대만 가지고 몰려든 것입니다.

38년 된 병자와의 만남

예수님께서 왜 이 베데스다 못으로 가시게 되었는지는 나타나 있지 않습니다. 그런데 예수님은 예루살렘에서 가장 비참한 사람들이 몰려 있는 이곳에 찾아오셨습니다. 그리고 그 중에서도 가장 비참한 병자를 개인적으로 만나셨습니다. 그 사람은 무려 38년 동안 병에 걸려서 자리에 누워 있는 병자였습니다.

요한복음 5장 5-6절

거기 삼십팔 년 된 병자가 있더라. 예수께서 그 누운 것을 보시고 병이 벌써 오랜 줄 아시고 이르시되 네가 낫고자 하느냐?

예수님이 병든 노숙자들이 몰려 있는 이 베데스다 못을 찾으신 것은 그들도 소중한 한 영혼이었기 때문입니다. 예수님은 그 사람들 중에서도 가장 비참한 사람을 만나셨습니다. 이 사람은 무려 삼십팔 년 동안이나 병으로 자리에 누워서 일어나지 못하는 사람이었습니다. 무려 삼십 팔년 동안이었습니다. 여기서 이년만 더하면 사십년이 됩니다. 이 사람은 사십년 동안 누워서 지내야만 했고 아무 것도 할 수 있는 것이 없었습니다. 이 사람이 열 살 때 병에 걸렸다면 지금은 오십대가 다 되어가고 있는 것입니다. 그럼에도 불구하고 죽지 않고 아직까지 몸은 살아 있었습니다.

예수님은 이 사람이 이 물가에 있는 것이 무슨 희망이 있어서 있는지 물어보셨습니다. '네가 낫고자 하느냐?'

예수님은 이 사람에게 이렇게 못가에 자리를 깔고 누워 있는 것이 나을 수 있다는 믿음이나 의욕이 있어서 이렇게 누워 있느냐고 물어보신 것입니다. 그러나 이 사람은 자기가 희망을 가지고 있다는 이야기를 하지 못했습니다.

이 사람은 영 엉뚱한 소리만 했습니다.

요한복음 5장 7절

병자가 대답하되 주여 물이 동할 때에 나를 못에 넣어 줄 사람이 없어 내가 가는 동안에 다른 사람이 먼저 내려가나이다 이 사람은 결코 자기는 나을 희망이 있다는 말을 하지 못했습니다. 단지 자기가 내려가야 하는데 다른 사람들이 먼저 내려간다고 '다른 사람들의 염체 없음'과 '다른 사람들의 예의 없음'만 원망하고 비난했습니다. 그러면 이런 희망이 없는 사람이 무엇 때문에 이 못가에 계속 있습니까? 다른 방법이 없었기 때문입니다. 비록 이루어지지 않을 줄 알지만 희망을 가지고 있는 것이 전혀 희망이 없는 것보다는 나았기 때문입니다.

여기서 우리는 인간의 진실한 모습은 바로 이 베데스다 못가에서 볼 수가 있습니다. 그 하나는 사람들은 할 수 있는 대로 자신들의 희망 사항을 믿으려고 하는 것입니다. 사람들이 자신들의 희망 사항을 믿을 수 있다는 것이 얼마나 행복한 것입니까? 돈도 많이 벌고 싶고 집도 큰 집을 사고 싶고 세상에서 유명한 사람도 되고 싶은 것입니다. 그런데 예수님께서 정말 그런 가능성이 있다고 믿느냐고 물으시면 금방 다른 '싸가지 없는 놈들'에 대한 원망이나 너무나도 불평등한 세상에 대한 원망만 하는 것입니다.

여기서 예수님께서는 이 희망도 없는 병자에게 완전히 새로운 것을 주셨습니다. 이 새로운 것은 바로 새로운 생명이었고 새로운 능력이었습니다. 그것은 바로 하나님의 말씀을 주신 것입니다.

요한복음 5장 8절

예수께서 가라사대 일어나 네 자리를 들고 걸어가라 하시니

이 사람은 예수님을 알지도 못했고 말씀에 대한 전혀 기대도 하지 않았습니다. 그런데 예수님은 그냥 일방적으로 하나님의 말씀을 주셨

습니다. 예수님의 이 말씀은 공허한 철학이나 말장난이 아니었습니다. 이것은 이 사람에게 명령하시는 것이었습니다. 예수님은 다른 많은 사람들에게 하시는 말씀이 아니라 이 사람 개인에게 적용되는 그러면서도 꼭 필요한 말씀을 주셨습니다. 그 첫 번째 말씀은 '일어나라'는 것이었습니다. 이 사람은 일어날 수 없는 사람이었습니다. 병 때문에 신경이 다 죽어서 일어설 수 없는 사람이었습니다. 그런데 예수님은 '일어나라' 고 명령하셨습니다. 이 말씀은 생명을 주는 말씀이었고 치료하는 말씀이었고 기적을 일으키는 말씀이었습니다. 예수님은 그 사람을 안아서 일으키시지 않으셨습니다. 또 최면을 걸어서 일어서게 하시지도 않으셨습니다. 예수님이 이 사람에게 일어서라고 하셨을 때에는 이미 일어설 수 있도록 해 놓으셨기 때문이었습니다. 이 사람은 그냥 일어서기만 하면 되는 것이었습니다.

그리고는 '자리를 들고 걸어가라' 고 하셨습니다. 예수님은 또 언젠가 그 자리가 혹시 필요할 때가 있을지도 모르니까 잘 보관해 두라고 말씀하시지 않으셨습니다. 예수님은 그 자리를 치워버리라고 말씀하신 것입니다. 그리고 이제는 더 이상 병이 재발되지 않을 테니까 이제는 두려워하지 말고 믿음으로 살라고 하신 것입니다.

우리에게 하나님의 말씀이 없을 때에는 우리는 희망사항을 믿습니다. 그러나 이 희망사항은 모두 꿈과 같은 것이기 때문에 희미합니다. 그리고 그 희망사항을 믿기 위해서 또 많은 생각들을 하게 됩니다. 거기에 미신이 파고 들어올 때에는 더 생각이 복잡해지게 됩니다. 하나님의 말씀을 듣지 못했을 때 우리의 상태는 내가 무엇을 원하는지 조차도 알지 못하고 너무나도 많은 생각과 공상을 하면서 살아가고 있는 것입니다. 예수님께서 무엇을 원하느냐고 물어보시면 우리는 내가 무엇을 원하는지 조차도 알지 못합니다.

그러나 예수님의 말씀은 복잡한 말씀이 아닙니다. 아주 간단명료합니다. 주님은 우리의 상황을 너무나도 정확하게 알고 계시고 우리에게 명령하십니다. '일어서라' 그리고 '그 자리를 치워버리라' 는 것입니다.

이것은 완전히 새로운 것이었습니다. 예수님께서는 막연히 희망을 기다리는 베데스다의 못가에 있는 사람들에게 완전히 새로운 것을 가져오셨습니다. 그것은 바로 하나님의 말씀이었습니다.

하나님의 말씀은 바로 능력을 나타내었습니다.

요한복음 5장 9절 (上)

그 사람이 곧 나아서 자리를 들고 걸어 가니라.

무려 38년 동안 병으로 누워 있던 사람이 예수님의 말씀 한 마디로 그 자리에서 치료를 받아서 자리에서 일어났습니다. 이제는 천사도 필요 없고 자기를 물에 넣어줄 사람도 필요가 없었습니다. 예수님의 말씀만으로 완전히 새 사람이 되었습니다.

하나님께서 우리에게 주시는 최고의 선물은 하나님의 말씀을 주시는 것입니다. 이 하나님의 말씀이 없으면 우리는 여전히 어두움 가운데서 헤맬 수밖에 없으며 말도 되지도 않는 미신을 따라갈 수밖에 없습니다. 그러나 하나님의 말씀은 빛이요 능력이요 축복입니다.

우리에게 필요한 것은 공상이나 희망사항이 아닙니다. 우리에게 필요한 것은 새로운 힘이고 능력입니다. 이것은 바로 하나님의 말씀에서 오는 것입니다.

저는 교인들에게 하나님의 말씀 외에 다른 것은 다 집어 치우라는 말을 자주 합니다. 그러나 옛날 자신들이 가지고 있던 생각이나 신념에 대한 미련을 버리지 못하는 것을 많이 볼 수 있습니다. 그런 것은 아무리 붙들고 있어봐야 한 사람도 살려내지 못합니다. 십년이 아니라 삼십팔 년을 붙들고 있어도 병자 한 사람 살려내지 못하는 무책임한 것밖에 되지 않습니다. 오늘 우리에게 필요한 것은 우리를 살릴 수 있는 하나님의 말씀밖에 없습니다.

사람들을 잡아매고 있는 것들

우리가 생각하기에 38년 동안 병으로 누워 있던 사람이 병이 나았으니까 이보다 더 좋을 수는 없을 것입니다. 그리고 이제는 더 이상 두려워 할 것도 없을 것입니다. 그러나 아직도 이 사람을 붙들어 매고 있는 것이 있었습니다. 이 사람은 이것까지 완전히 벗어야만 완전한 새 사람이 될 수 있었습니다.

그 하나는 사회적인 관습이나 묵은 전통이었습니다. 그리고 다른 하나는 이 사람 속에 있는 욕망이었습니다.

요한복음 5장 9(下)-13절

이 날은 안식일이니 유대인들이 병 나은 사람에게 이르되 안식일인데 네가 자리를 들고 가는 것이 옳지 아니하니라. 대답하되 나를 낫게 한 그가 자리를 들고 걸어가라 하더라 한대 저희가 묻되 너더러 자리를 들고 걸어가라 한 사람이 누구냐? 하되 고침을 받은 사람이 그가 누구신지 알지 못하니 이는 거기 사람이 많으

므로 예수께서 이미 피하셨음이라

유대인들은 안식일을 철저하게 지키기 위해서 안식일에 해서는 안 되는 많은 규정들을 만들어서 지킬 것을 강요하고 있었습니다. 그 중에는 물건을 들고 가서는 안 되는 내용이 있었습니다. 아마 원래 의도는 장사나 혹은 이사하는 것을 막으려고 그런 규정을 만든 것 같습니다. 그러나 나중에는 어떤 물건이라도 안식일에는 들고 갈 수 없는 것이 되어버렸습니다.

이 병자가 38년 동안 일어나지 못하고 누워 있다가 자기가 깔고 있던 자리를 들고 걸어가는 것은 기적 중의 기적이었습니다. 이것은 모든 사람들이 박수를 칠 일이었고 기뻐하고 춤을 출 일이었습니다. 왜냐하면 이제 드디어 자기들에게 하나님의 말씀의 능력이 찾아왔기 때문입니다. 하나님의 말씀의 능력이 찾아왔다는 것은 강남 갔던 제비가 돌아온 이상의 것이었습니다.

이것은 마치 꽁꽁 얼어붙은 세상에 봄바람이 불기 시작한 것과 같습니다. 마치 오랫동안 얼어붙어 있는 얼음 밑으로 시냇물이 흐르고 버들강아지가 핀 것과 같습니다. 이제는 완전히 새로운 축복의 계절이 온 것입니다.

우리나라 농촌에서는 겨울에는 할 일이 없었습니다. 그래서 모두 온돌 구들에 앉아서 놀고 있다가 경칩이 되어서 개구리가 땅 속에서 나오고 땅이 풀리게 되면 농사를 지을 준비를 합니다. 땅을 갈고 거름을 주고 씨를 뿌리면 이제는 온 들판이 새로운 싹으로 뒤덮이게 되는 것입니다.

예수님께서는 사마리아에서 한 여인의 회심으로 온 사마리아 사람들이 하나님께로 돌아오게 되는 것을 보셨습니다. 어쩌면 예수님께서는 베데스다 못가의 부흥을 기대하셨을 것입니다. 즉 무려 38년이나 된 병자가 예수님의 말씀의 능력으로 치료되었다면 그 보다 못한 병자들은 얼마든지 치료될 수 있는 것입니다. 베데스다 못가에 있는 모든 사람들이 예수님의 말씀을 들으면 아마 그들 모두 병 치료받고 대부흥을 경험하게 되었을 것입니다.

그런데 그것을 막는 것이 유대인들의 안식일이었습니다. 원래 이 안식일이라는 것은 세상일을 다 내려놓고 하나님의 은혜 받는 날이었는데 그냥 아무 것도 하지 못하는 날이 되어버렸습니다. 아마도 사람들이 이 사람에게 물어 볼 수도 있었을 것입니다. '당신은 왜 이 자리를 들고 가는거요?' 그러면 이 사람이 '나는 38년 동안 병들어서 이 자리에 누워 있었는데 능력의 말씀으로 치료받고 치우려고 들고가는거요' 라고 했더라면 얼마나 좋았겠습니까?

그러나 사람들은 무조건 '안식일에 물건을 들고 가면 안 된다. 당신은 법을 어겼으니 처벌 받아야 하오' 라고 우겼던 것입니다. 그러자 이 사람은 또 이 사람 나름대로 '이것은 내 잘못이 아니요. 나를 고친 사람 책임이요' 라고 말을 했던 것입니다.

유대인들의 오랜 관습이 하나님의 말씀의 능력을 막고 있었습니다. 우리가 알아야 할 것은 하나님의 은혜는 너무나도 민감하기 때문에 다른 것이 조금만 틈을 타고 들어와도 하나님의 은혜는 막히게 됩니다.

예를 들어, 기름이 들어오는 아주 예민한 관이 있다면 그 관을 매일 청소를 해야 할 것입니다. 그런데 조금이라도 불순물이 그 속에 들어가면 그 관은 막혀버리고 마는 것입니다. 그래서 교회는 오직 하나님의 말씀을 붙들어야 하고 하나님의 말씀 외 다른 것들은 사랑해서는 안 됩니다. 그렇게 하려고 하면 너무나도 재미없게 예수를 믿을 각오를 해야 합니다. 그러나 그런 사람들에게 부흥이 일어나는 것입니다. 사마리아 여인을 보십시오. 그 자리에서 물동이를 두고 마을로 뛰어갔는데 마을 사람들이 모두 다 나와서 예수님을 만났고 말씀을 들었습니다. 이렇게 되어야 하는 것입니다.

또 하나의 문제는 이 사람 속에 있는 죄의 욕망이었습니다.

예수님께서는 다른 경우에는 대개 상대방의 믿음을 보시고 병을 치료해주셨습니다. 왜냐하면 병을 낫는 것 자체가 목적이 아니라 믿음을 인쳐주시고 축복해주시는 것이 더 큰 목적이었기 때문입니다. 그러나 이 사람의 경우에는 병이 너무 깊어서 도저히 믿음을 가질 수가 없었습니다. 그래서 예수님께서는 병부터 먼저 고쳐주시고 믿음을 가지게 하시려고 하셨습니다. 우리가 알아야 할 것은 이 사람의 경우에도 예수님의 목적은 병을 고쳐주셔서 더 행복하게 사는 것이 목적이 아니었습니다. 예수님은 이 사람이 믿음을 가지고 새로운 삶을 살기를 원하셨습니다. 그래서 예수님은 이 사람을 다시 만나셔서 이렇게 말씀하셨습니다.

요한복음 5장 14절

그 후에 예수께서 성전에서 그 사람을 만나 이르시되 보라, 네가 나았으니 더 심한 것이 생기지 않게 다시는 죄를 범치 말라 하시니

아마도 이 사람은 병이 생기기 전에 방탕하게 살았던 것 같습니다. 그래서 이 사람이 병이 생기게 된 것입니다. 물론 모든 병이 다 죄의 직접적인 결과는 아니지만 이 사람의 경우에는 무엇인가 방탕한 생활

을 한 결과였던 것입니다. 예수님께서는 이 사람을 다시 만나셔서 더 심한 것이 생기지 않도록 죄를 짓지 말라고 말씀하셨습니다. 무려 38년 동안이나 병자 생활한 것보다 더 비참한 것이 무엇이 있겠습니까? 그것은 영원토록 지옥의 심판을 받는 것입니다. 만약 그가 회개하지 않고 또 죄를 짓는 생활을 하게 된다면 이제는 38년이 아니라 영원히 지옥에서 고통을 받게 되는 것입니다. 그래서 예수님께서는 더 심한 것이라고 말씀을 하셨습니다. 즉 병이 기적적으로 나았다고 해서 믿음을 가지지 않는다면 이것은 완전히 나은 것이 아닌 것입니다.

이제는 예수님을 믿어야 하고 이제는 하나님의 말씀대로 살아야 합니다. 이제는 내 몸은 죽은 몸이다 생각하고 오직 하나님의 영광만을 위해서 써야 하는 것입니다. 아직도 베데스다 못가에는 많은 병자들이 맹목적인 기대를 가지고 물이 움직이는 것을 기다리고 있습니다. 그는 이 사람들에게 진정으로 예수님을 소개해줄 수도 있었을 것입니다.

그러나 그는 더 이상 믿음으로 나가지 않았습니다. 그는 예수님의 말씀을 더 듣지도 않았고 그는 더 이상 베데스다 사람들을 찾아가지도 않았고 오히려 그는 예수님을 유대인들에게 고발을 했습니다. 즉 자기에게 안식일에 짐을 들고 가라고 한 사람은 예수님이기 때문에 예수님을 처벌하고 예수님에게 벌금을 받으라고 한 것입니다. 그는 무려 38년 동안을 고통을 받은 후에도 조금도 깨닫지 못하고 있었습니다. 이 사람은 38년을 병자로 고통을 받았지만 겸손하지 않았습니다. 그리고 다른 영혼에 대해서도 관심이 없었습니다.

우리는 많은 경우 신념을 신앙으로 생각을 할 때가 많습니다. 그러나 신앙은 '나는 할 수 없다' 는 것을 인정하고 주님을 의지하는 것입니다. 그래서 우리는 '주여 당신은 하실 수 있나이다' 라는 기도가 얼마나 좋은 기도인 줄 알아야 합니다. '주여, 나는 할 수 있습니다. 이것도 하고 저것도 하겠나이다' 라고 하는 것이 아니라 '주여, 저는 아무 것도 할 수 없나이다. 오직 주님은 하실 수 있나이다' 라고 고백하고 전적으로 주님만을 믿는 것이 믿음인 것입니다.

이제 우리에게 필요한 것은 사람의 많은 기대나 생각이 아닙니다. 오직 누워 있는 자를 일으키고 살리는 하나님의 능력의 말씀인 것입니다. 우리는 하나님의 말씀으로 부흥의 불길을 일으켜야 하며 죽어가는 생명을 살려야 합니다. 여러분 모두가 부흥의 주역이 되시길 바랍니다.

11 _ 요 5:17-29

아버지와 아들

우리는 흔히 '부모 자식 사이는 못 속인다' 는 말을 합니다. 즉 친부모 자식 사이는 아무리 닮지 않았다 하더라도 외모나 성격이나 하는 짓이 닮은 부분이 있어서 드러나게 되어 있다는 뜻입니다. 사람의 유전자 안에는 사람의 얼굴 생김새만이 아니라 골격이나 성격이나 기질까지 입력이 되어 있는 것 같습니다. 그래서 누가 시키거나 가르쳐주지 않아도 부모를 닮은 행동이 나오게 되는 것입니다.

한번은 어느 집 사진을 보았는데 할아버지와 아들과 손자 이렇게 삼대가 같이 사진을 찍은 것이었습니다. 그런데 이 삼대가 얼굴이나 눈이나 머리 숱이나 모든 것이 놀라울 정도로 닮아 있었습니다.

그뿐만 아니라 옛날에는 여기서 한 걸음 더 나아가서 가업이라는 것이 있었습니다. 가업이라고 하는 것은 조상대대로 내려오는 그 가문 특유의 직업을 말하는데 옛날에는 아버지의 직업을 자식이 물려받는 경우가 많았습니다. 예를들어 돗자리를 만든다거나 혹은 가구를 만든다거나 하는 직업을 말하는 것입니다. 이 가업에는 두 가지 장점이 있습니다. 우선 하나는 아들이 자라면서 어렸을 때부터 이 일에 늘 가까이 접하면서 살았기 때문에 자신에게 아주 친밀한 것입니다. 즉 어렸을 때부터 심부름도 하고 도우면서 자랐기 때문에 전혀 새로운 일이 아닌 것입니다. 그리고 또 하나는 아버지나 조상 때부터 수 십 년 그 일을 해왔기 때문에 다른 사람들은 모르는 비법이 있는 것입니다. 그래서 이 비법을 전수받게 되면 다른 사람들보다 훨씬 유리한 위치에서 경쟁을 하기 때문에 쉽게 성공할 수가 있습니다.

그래서 옛날에는 어떤 사람이 일하는 방식이나 물건을 만드는 방식만 보아도 어느 집 사람이라는 것을 금방 알 수 있었습니다.

예수님께서는 베데스다 못가에서 무려 38년 동안이나 병에 걸려서 누워 있는 병자를 말씀으로 일으키셨습니다. 그런데 사건의 발단은 예수님께서 그 낳은 병자에게 자리를 들고 집으로 가라고 하신 것입니다. 이 병자는 38년 동안이나 병에 걸렸다가 갑자기 치료되었기 때문에 어리둥절한 가운데 있었습니다. 지금 엉겁결에 일어서기는 했지만 다시 병이 도져서 드러눕게 될지 아니면 낫기는 완전히 나은 것인지 확신을 할 수가 없었습니다. 그때 예수님께서는 자리를 들고 가라고 하셨습니다. 이것은 네가 나았다는 것을 모든 사람들에게 보여주고 하나님께 영광을 돌리라는 뜻이었습니다. 그런데 문제는 그 날이 안식일이었던 것입니다. 유대인들은 안식일에는 물건을 들고 가지 못하게 되어 있었습니다.

여기서 예수님과 유대인들은 충돌을 하게 됩니다. 즉 유대인들은 예수님에게 '네가 뭔데 안식일을 어기면서 병을 고치고 사람들에게 물건을 들고 가라고 하느냐?' 하면서 공격을 했던 것입니다. 그때 예수님께서는 그냥 넘어가지 아니하시고 '아버지께서 안식일에 일하시니 나도 일한다' 고 하시면서 자신을 하나님과 동일시해서 말씀하셨습니다. 여기서 유대인들이 격분하여 예수님을 죽이려고 하는 사태까지 벌어지게 되었습니다. 그런데 이 때 예수님은 하나님과 자신의 놀라운 관계에 대하여, 그리고 아버지께서 자신에게 주신 사명이나 권한에 대하여 아주 자세하게 설명을 해 주셨습니다. 이것은 하나님 나라의 엄청난 비밀이 드러나는 순간이며 특히 우리 인간의 운명에 대하여 가장 중요한 말씀이 이 안에 다 들어있는 것을 보게 됩니다. 우리는 이미 예수님의 이러한 복음에 대하여 많이 들었기 때문에 새로운 내용이 아닐지 모르겠지만 이 당시 이 말씀을 처음 듣는 사람들에게는 한 말씀 한 말씀이 놀라운 것이었고 충격적인 것이었습니다. 그런 까닭에 우리는 모두 현장에서 이 말씀을 처음 듣는다고 생각하고 이 말씀을 들어야 이 말씀의 묘미를 제대로 느낄 수가 있을 것입니다.

안식일 문제

예수님께서 유대인들과 충돌하게 되신 것은 안식일을 지키지 않으신 것 때문이었습니다.

요한복음 5장 16-18절

그러므로 안식일에 이러한 일을 행하신다 하여 유대인들이 예수를 핍박하게 된지라. 예수께서 저희에게 이르시되 내 아버지께서 이제까지 일하시니 나도 일한다 하시매 유대인들이 이를 인하여 더욱 예수를 죽이고자 하니 이는 안식일만 범

할 뿐 아니라 하나님을 자기의 친 아버지라 하여 자기를 하나님과 동등으로 삼으심이러라

우선 유대인들은 언제부터인지 모르겠지만 안식일을 철저히 지키게 되었습니다. 아마도 이것은 바벨론 포로에서 돌아오고 난 후부터였던 것 같습니다. 유대인들은 이스라엘이 망한 것은 율법을 지키지 않았기 때문이라고 생각해서 모든 율법을 철저히 지키려고 애를 많이 썼습니다. 그러나 이것이 세월이 흐르다 보니까 그 속에 들어 있는 정신은 없어져버리고 규칙 자체만 강조하는 하나의 관습법처럼 되어버렸습니다.

유대인들은 안식일이 되면 사람의 병을 고치는 것을 금지했습니다. 그리고 안식일에는 물건을 들고 가는 것도 금지를 했습니다. 그런데 예수님은 이 두 가지를 모두 어기셨습니다. 즉 예수님은 안식일임에도 불구하고 병자의 병을 고치셨고 또 병을 고치신 후에 안식일이니까 계속 자리에 누워 있으라고 하시지 않으시고 자리를 들고 걸어가라고 하신 것입니다.

유대인들은 안식일이 하나님의 날이기 때문에 영업 행위나 장사 행위를 금지시킨 것은 타당한 것이었습니다. 그러나 중요한 것은 무엇을 하지 말아야 한다는 것 보다는 무엇을 해야 하느냐 하는 것이 더 중요한 것이었습니다. 즉 안식일에 영업 행위나 장사 행위를 하지 말아야 한다면 그러면 그 날은 무엇을 해야 하는지 가르쳐야 하는데 그렇게 하지 못했습니다. 단지 유대인들은 이러 이러한 것들은 하지 말아야 한다고 정하고는 사람들에게 복종을 강요했던 것입니다.

그런데 예수님이 안식일을 어기시니까 예수님에 대하여 비난을 했

습니다. 즉 당신은 왜 율법을 어기고 하나님의 명령을 어기고 안식일을 지키지 않느냐 하는 것이었습니다.

여기서 예수님은 엄청난 폭탄선언을 하셨습니다. 그것은 '내 아버지께서 이제까지 일하시니 나도 일한다.' 는 말씀이었습니다.

이 말은 실제로 하나님은 안식일에 일을 하신다는 것입니다. 만약 하나님께서 안식일에 일을 하시지 않고 모든 일을 중단 하신다면 안식일에는 해도 뜨지 않을 것이고 공기도 소통이 되지 않을 것이며 그러면 모든 생명체들을 죽을 수 밖에 없을 것입니다. 그래서 실제로 하나님은 안식일에도 일을 하시고 오히려 안식일에는 더 많은 일을 하셨습니다. 그것은 우리들에게 영적인 복을 내려주시는 것입니다.

예수님은 이 말씀을 통해서 안식일에 대해서 사람들이 지켜야 하는 것과 하나님이 하시는 것은 다르다고 말씀하셨습니다. 사람들은 일주일 내내 자신의 욕심에 따라서 일을 하기 때문에 이 하루만이라도 자신의 욕망을 내려놓고 전적으로 은혜 받고 축복받기 위하여 일을 쉬어야만 합니다. 그러나 하나님은 일을 쉬실 수가 없습니다. 오히려 하나님은 안식일이라고 해서 쉬실 수가 없고 오히려 이 안식일에 복을 주시기 위해서 더 많은 일을 해야만 하셨던 것입니다. 무엇보다 예수님께서 하늘에서 보시니까 하나님 아버지께서 안식일이라고 해서 쉬시는 것을 한 번도 본 적이 없었던 것입니다. 오히려 안식일에 더 많은 병자들을 고쳐주셨고 더 많은 기도를 들어주셨고 더 많은 복을 내려주셨던 것입니다.

예수님은 자신이 안식일을 지키지 않는 근거를 하나님의 아들이신 것에 두셨습니다. 즉 '나는 하나님의 아들이기 때문에 안식일에 매이지 않는다' 는 뜻이었습니다.

만약 누군가가 자기가 사람처럼 생겼으면서 하나님의 아들이라고 주장한다면 모두가 미쳤다고 할 것입니다. 사실 미치지 않고서는 멀쩡한 사람이 자기가 하나님의 아들이라고 주장하지는 않을 것입니다. 그런데 예수님을 만난 사람들은 예수님이 전혀 미친 사람이 아니라는 것을 알았습니다. 그럼에도 불구하고 예수님은 정상적인 사람이라면 도저히 할 수 없는 말을 하셨습니다. 이것은 사람들에게 결단을 요구하시는 것입니다. 즉 나를 너희들이 생각하는 랍비 정도로 생각하고 넘어가려고 하지 말라는 것입니다. 너희는 나를 미쳤다고 하든지 아니면 하나님의 아들로 믿든지 양단간의 하나를 선택을 해야 한다는 뜻이었습니다.

유대인들은 예수님을 미워해서 죽이려고 하는 쪽이었습니다.

요한복음 5장 18절

유대인들이 이를 인하여 더욱 예수를 죽이고자 하니 이는 안식일만 범할 뿐 아니라 하나님을 자기의 친 아버지라 하여 자기를 하나님과 동등으로 삼으심이러라

유대인들이 예수님을 싫어했던 이유는 그가 사람과 똑같이 생겼으면서 하나님의 아들이라고 했기 때문입니다. 예수님은 사람과 다른 데가 한 군데도 없었습니다. 눈도 둘이고 코는 하나요 입도 하나요 모든 것이 정상적인 인간이었습니다. 그런데 자기는 하나님의 아들이라고 하니까 얼마나 헷갈리는 일입니까? 아마도 그 당시에 우리 눈으로 예수님을 보았더라면 긴가민가했을 것입니다. 그러나 예수님을 다른 사람과 다르게 만든 것은 외모가 아니라 그 분의 말씀이었습니다. 그리고 그 분의 능력이었습니다. 예수님의 말씀은 절대로 사람이 할 수

없는 말씀이었습니다. 그래서 결국 예수님의 말씀을 믿지 않는 자들은 예수님을 믿을 수가 없었습니다. 그런데 예수님의 말씀을 믿는 자들은 예수님이 하나님의 아들인 것이 믿어졌습니다.

예수님께서 38년 된 병자를 고치는 것을 통해서 우리는 하나님 나라의 비밀을 조금 알 수가 있습니다. 하나님께서는 안식일에 더 일을 많이 하신다는 것입니다. 안식일에 우리의 병을 더 많이 고쳐주시고 우리를 더 많이 축복하시며 결코 이 복을 다른 날로 넘기지 않으시는 것입니다. 하나님은 우리에게 '다음에 오라' 는 것이 없습니다. 우리가 하나님께 나아가기만 하면 결코 거절하시지 않으십니다.

그리고 이미 병이 나은 사람이 안식일이라고 해서 자리에 계속 누워 있어야 한다는 것은 얼마나 웃기는 일입니까? 하나님은 그런 식으로 일을 하시지 않으십니다. 무엇 때문에 병이 다 나은 사람이 아프지도 않으면서 하루 동안 자리에 누워 있어야 하겠습니까? 안식일은 아픈 사람들이 자리를 들고 일어나서 걸어감으로 하나님께 영광 돌리는 날이지 다른 사람들의 눈치를 보는 위선적인 날이 아닌 것입니다.

특히 이 병자는 예수님을 알지 못했습니다. 그리고 믿음도 없었습니다. 그러나 하나님은 먼저 은혜를 주시고 믿음을 가질 수 있도록 하셨습니다. 그래서 우리에게 기도할 마음이 생겼을 때에는 이미 응답하시기로 작정하신 것입니다. 회개할 마음이 생겼을 때에는 회개하십시오. 이미 하나님께서는 우리 죄를 용서하시려고 그런 마음을 주신 것입니다.

아들에게 보이신 것

사람들 사이에도 아버지와 아들 사이에 특별한 친밀 관계가 있듯이 예수님은 하나님과 아들 사이에도 그런 것이 있다고 말씀하셨습니다. 사실 여기에 모든 구원의 비밀이 다 들어 있는 것입니다.

요한복음 5장 19-20절

그러므로 예수께서 저희에게 이르시되 내가 진실로 진실로 너희에게 이르노니 아들이 아버지의 하시는 일을 보지 않고는 아무 것도 스스로 할 수 없나니 아버지께서 행하시는 그것을 아들도 그와 같이 행하느니라.

아버지께서 아들을 사랑하사 자기의 행하시는 것을 다 아들에게 보이시고 또 그보다 더 큰 일을 보이사 너희로 기이히 여기게 하시리라"

여기서 예수님은 하나님 아버지와 자신 사이의 특별한 관계를 인간의 예를 들어서 설명을 하십니다.

자식이 부모를 닮는다고 할 때 천성적으로 저절로 닮는 부분이 있는가 하면 어떤 것은 일부러 배워야 하는 부분이 있습니다.

예를들어 얼굴이라든지 성격 같은 것은 누가 가르쳐주지 않아도 저절로 습득이 되게 됩니다. 그러나 농사를 짓는 것이라든지 물건을 만드는 것 등은 자동적으로 습득이 되는 것이 아니라 일일이 부모로부터 배워야 합니다. 그래서 일을 배울 때는 아버지가 시범을 보여주시고 또 요령을 가르쳐주셔야 배울 수가 있는 것입니다. 이때 엄청나게 야단을 맞으면서 배우게 됩니다. 저희들이 자랄 때 아버지께서는 농사 짓는 법을 가르쳐주셨습니다. 배추씨를 어떻게 뿌리고 무씨를 어떻게 뿌리며 토마토나 가지 모종은 어떻게 심어야 하는지 가르쳐주셨습니다. 물론 저희들은 아버지로부터 엄청난 야단을 들어가면서 밭농사 짓는 것을 배워야만 했습니다.

예수님께서도 아버지로부터 배웠다고 말씀하셨습니다. 물론 어떤 부분은 아들이기 때문에 천성적으로 배운 것도 있을 것입니다. 그러나 어떤 부분은 아버지로부터 일일이 배웠다고 말씀하고 있습니다. 우리는 아들이 아버지로부터 배운 것이 무엇인지 자세하게는 알 수가 없습니다. 아마도 예수님은 하나님의 아들로서 천부적으로 지혜와 재능이 뛰어난 것으로 알고 있습니다. 그럼에도 불구하고 아들은 아버지로부터 배워야 할 것도 있었습니다. 아마도 이 세상을 창조하는 것이나 또 이 세상을 유지하고 악을 다스리는 법등을 배우셨을 것입니다. 그러나 본문에서 예수님께서 38년 된 병자를 말씀으로 고치시는 것을 보면 예수님은 아버지로부터 병자를 고치거나 사람들 사이의 갈등이나 자연의 재앙 등을 다스리는 모든 비법을 아버지로부터 다 배우셨던 것 같습니다. 하지만 예수님은 그것이 전부가 아니라고 말씀하고 있습니다. 더 엄청나게 중요한 더 큰 것이 있다는 것입니다.

요한복음 5장 20절

아버지께서 아들을 사랑하사 자기의 행하시는 것을 다 아들에게 보이시고 또 그보다 더 큰 일을 보이사 너희로 기이히 여기게 하시리라

아버지는 아들에게 이 우주와 세상과 인간의 과거와 현재와 미래에 대한 모든 것을 다 알게 하셨습니다. 그래서 우리 인간의 운명과 이 세상에 대한 것 중에서 아들이 모르는 것이 없고 아들이 해결하지 못할

것이 없습니다. 아들은 우리 인간의 육체적이거나 정신적이거나 사회적인 모든 질병과 난제들을 해결하는 방법을 하나님으로부터 다 배워서 알고 있었습니다. 마치 동의보감을 쓴 허준이 사람의 병을 치료할 수 있는 약제와 또 치료법을 다 연구해서 제자에게 전수를 해주면 제자는 그 모든 병을 치료할 수 있는 능력을 가지게 되는 것과 같습니다.

예수님은 우리 인간과 세상과 우주의 모든 병과 재난을 치료할 수 있는 지식과 비법과 능력을 다 갖춘 유일하신 분이십니다. 이것은 전부 아버지로부터 배운 것이었습니다. 그러니까 우리는 전능하신 하나님의 놀라운 능력을 믿어야 하며 우리를 완전히 책임지실 수 있는 분이시다는 것을 믿어야 합니다. 그러나 가장 중요한 것은 '또 그보다 더 큰 일을 보이사' 라는 것입니다. 지금 우리 인간들이나 세상이 가지고 있는 문제를 해결하는 것보다 더 큰 일이 있는 것입니다. 그것이 무엇입니까? 바로 이것이 예수님이 이 세상에 오셔서 하려고 하시는 일인 것입니다.

요한복음 5장 21절

아버지께서 죽은 자들을 일으켜 살리심 같이 아들도 자기의 원하는 자들을 살리느니라

하나님께서 앞으로 하실 가장 놀라운 일은 모든 죽은 자를 다시 다 살리는 것입니다. 이것이 바로 앞으로 하나님이 하실 가장 놀라운 일입니다. 그리고 이것이 가장 무서운 것입니다. 왜냐하면 인간들이 한 번 살다가 죽음으로 끝나는 것이 아니라 다시 다 살아나야 하기 때문입니다. 이것은 심판을 위하여 살아나는 것입니다. 그런데 아들은 또

다른 의미로 자기의 원하는 자들을 살리십니다. 이것이 바로 믿음으로 사는 것이요 영생을 얻는 것입니다.

예수님은 이 세상의 모든 어려움들을 다 해결할 수 있는 능력을 가지고 계신 분이십니다. 그래서 많은 병자를 고치시고 귀신을 쫓아내셨습니다. 그러나 예수님은 이 세상의 모든 어려움을 다 해결하시지는 않으셨습니다. 그 이유는 바로 이 영적인 생명을 얻는 것이 이 세상에서 어려움 없이 잘 사는 것보다 가장 중요하기 때문입니다.

이것이 25절과 26절에 나옵니다.

요한복음 5장 25-26절

진실로 진실로 너희에게 이르노니 죽은 자들이 하나님의 아들의 음성을 들을 때가 오나니 곧 이 때라. 듣는 자는 살아나리라 아버지께서 자기 속에 생명이 있음같이 아들에게도 생명을 주어 그 속에 있게 하셨고

하나님께서는 이 세상에 있는 모든 사람들을 '죽은 자들' 이라고 말씀하고 있습니다. 이 세상 모든 사람들은 육체적인 생명은 가지고 있지만 하나님의 생명이 없습니다. 즉 하나님의 능력을 받을 수 없고 하나님의 뜻에 순종할 능력이 없는 것입니다. 인간에게 중요한 것은 생물학적인 생명이 아닙니다.

우리에게 중요한 것은 하나님을 믿을 수 있는 능력, 하나님의 뜻에 순종할 수 있는 생명이 있어야 하는데 이것이 모두 다 죽어 있는 것입니다. 그런데 우리 인간들에게 '하나님의 아들의 음성을 들을 때' 가 옵니다. 이것은 그들의 귀에 하나님의 말씀이 들리는 것입니다. 놀라운 것은 이것을 들으면 인간은 다 살아나게 되어 있습니다. 이것은 그

냥 듣기만 하는 것이 아니라 믿는 것을 말합니다. 하나님의 말씀을 듣고 그것을 믿으면 살게 됩니다.

그러므로 하나님의 말씀을 듣는 것이 얼마나 중요한지 모릅니다.

예수님은 그 시간이 '곧 이때라' 라고 말씀하고 있습니다. 지금이 바로 그 죽은 자들이 모두 다 살아날 그때인 것입니다.

하나님은 아들에게 아주 놀라운 능력을 주셨습니다. 이것은 죽은 자를 살릴 수 있는 능력입니다.

요한복음 5장 26절

아버지께서 자기 속에 생명이 있음 같이 아들에게도 생명을 주어 그 속에 있게 하셨고

하나님 속에 있는 생명은 우리 안에 있는 생명과 다릅니다. 우리 안에 있는 생명은 숨을 쉬고 살 수 있는 능력이지만 하나님의 능력은 생명을 줄 수 있는 능력입니다. 즉 죽은 자를 살릴 수 있는 능력입니다. 특히 영적인 생명을 주어서 하나님을 믿게 하고 그 뜻을 스스로 생각할 수 있는 능력인 것입니다. 예수님은 지금 이 순간이 얼마나 중요한지 이렇게 말씀하고 있습니다.

요한복음 5장 25절

진실로 진실로 너희에게 이르노니 죽은 자들이 하나님의 아들의 음성을 들을 때가 오나니 곧 이 때라 듣는 자는 살아나리라

예수님은 '진실로 진실로' 라고 말씀하고 있습니다. 이것을 두 번씩이나 반복하시는 것은 이것이 얼마나 진실하고 중요한 것인지 알 수

있습니다.

'내 말을 듣고 나 보내신 이를 믿는 자는' 이라고 했습니다. 가장 중요한 것은 예수님의 말씀을 듣는 것입니다. 예수님의 말씀을 듣고 받아들이는 자는 하나님이 예수님을 보내신 것을 믿는 것이고 이것이 바로 하나님을 믿는 것입니다. 이 사람은 이미 영생을 얻었습니다. 왜냐하면 그 사람 안에 하나님의 새로운 생명이 들어왔기 있기 때문입니다. 그 결과 이 사람은 심판에 이르지 않습니다. 왜냐하면 이미 사망에서 생명으로 옮겨졌기 때문입니다.

어떤 큰 사고가 나면 사망자 명단이 발표가 됩니다. 그러나 대개 부상자들 중에서 죽는 사람들이 생기기 때문에 사망자는 늘어날 가능성이 많습니다. 그러나 일단 가족들은 자기 가족이 사망자의 명단에 들어 있지 않으면 안심할 것입니다. 그러나 하나님의 명단은 이상합니다. 원래 인간들은 모두 사망자의 명단에 올라가 있습니다. 우리는 모두 사망자의 명단에 들어 있던 사람들이었습니다. 그런데 예수님의 말씀을 듣고 믿는 순간 우리 코에서 숨이 조금씩 나오면서 얼굴에 혈색이 돌면서 살아나게 되는 것입니다. 그리고 우리의 명단은 사망자에서 생존자의 명단으로 넘어가게 됩니다. 이것이 바로 지금 우리에게 일어나고 있는 일인 것입니다.

요한복음 5장 28-29절

이를 기이히 여기지 말라. 무덤 속에 있는 자가 다 그의 음성을 들을 때가 오나니 선한 일을 행한 자는 생명의 부활로, 악한 일을 행한 자는 심판의 부활로 나오리라 놀라운 것은 최종적인 심판의 때에 모든 사람들이 그리스도의 음성을 듣고 다 살아나게 됩니다. 여기 무덤 속에 있는 자는 영적으로 죽은 자가 아니고 모든 죽은 자를 다 말합니다. 그때 예수님의 음성을 듣는 것은 지금 듣는 것과 다릅니다. 그때는 최후 심판을 위해서 듣는 것입니다. 그런데 선한 일을 행한 자와 악한 일을 행한 자의 부활이 완전히 다릅니다. 선한 일을 행한 자는 착한 일을 많이 한 사람을 말하는 것이 아닙니다. 하나님의 생명을 가지고 말씀대로 산 사람들을 말합니다. 그런 사람은 영생의 축복의 부활로 살아납니다. 그러나 하나님의 말씀을 듣지 않고 자연인으로 산 사람은 악한 삶을 산 것입니다. 그는 심판의 부활로 다시 살게 됩니다.

심판하는 권세

인류 역사에 있어서 가장 중심이 되는 것은 하나님의 아들입니다.

하나님은 아들을 너무나도 사랑하셔서 모든 심판을 아들에게 다 맡기셨습니다.

요한복음 5장 22-23절

아버지께서 아무도 심판하지 아니하시고 심판을 다 아들에게 맡기셨으니 이는 모든 사람으로 아버지를 공경하는 것 같이 아들을 공경하게 하려 하심이라. 아들을 공경치 아니하는 자는 그를 보내신 아버지를 공경치 아니하느니라

사실 우리 인간들이 치료를 받아야 할 것들이 너무나도 많이 있을

것입니다. 지금도 병원에 가보면 그 큰 병원에 무수하게 많은 병명을 가진 환자들이 치료를 받기 위하여 몰려드는 것을 볼 수 있습니다. 그렇지만 목숨을 건지지 못하고 많은 사람들이 병 때문에 가족을 잃는 슬픔을 당하고 있습니다. 그리고 청년들은 대학을 졸업한 후에도 직장을 구하지 못해서 신규 직원을 채용한다고 하면 구름떼와 같이 많은 젊은이들이 취직을 하려고 몰려드는 것을 보게 됩니다. 그뿐만 아니라 주택 문제라든지 아니면 환경 문제라든지 수많은 문제들이 우리 현실에는 쌓여 있습니다. 그러나 이런 것들이 하나님 앞에서 가장 어려운 문제는 아닙니다. 하나님 앞에서 가장 어려운 문제는 우리 인간의 교만입니다. 우리가 피조물임에도 불구하고 하나님을 거부하고 자기 의지대로 사는 것이 가장 큰 병인 것입니다.

하나님께서는 이 문제를 해결하기 위하여 아들과 의논하셨습니다. 인간의 이 불순종과 교만은 도저히 해결할 수 없는 죄요 재앙입니다. 그러나 우리 인간들은 이것이 죄인 줄도 모르고 이 세상에서 신나게 살아가고 있습니다.

물론 하나님은 우리 인간들을 다 멸하시고 새로운 인간을 만드시고 새로운 세상을 만드시면 되지만 하나님은 우리를 사랑하셨습니다. 하나님은 우리를 멸망시키는 것을 기뻐하지 아니하셨습니다. 하나님께서는 아들에게 요구하셨습니다. '아들아, 이 모든 인간들을 대신해서 죽으라. 그러면 너를 믿는 모든 사람은 내가 다 구원하겠고 너에게 심판자의 신분을 주겠다' 고 약속하신 것입니다.

하나님의 아들이 우리 인간이 된다는 것은 사람이 두꺼비가 되는 것보다 더 고통스러운 것입니다. 그런데 그는 밟히시고 찢기시고 십자가에 못 박혀 죽으셨습니다. 그의 죽음은 우리의 모든 죄를 대신하신 것입니다.

하나님의 아들이 이 과정을 통해서 엄청난 변화를 겪으셨습니다. 우선 그는 우리의 영원한 구주가 되셨습니다. 우리는 예수님 안에 있기 때문에 무조건 심판을 패스하는 것입니다. 그리고 우리 믿는 자들에게 무한정의 성령을 부으셔서 하나님의 뜻을 깨닫게 하시고 능력 있게 살게 하십니다. 그리고 그는 온 세상을 다스리는 권세를 받으셨습니다. 지금 이 세상에 일어나는 일 중에서 그리스도의 허락 없이 일어나는 일은 하나도 없습니다. 그래서 우리는 아무리 위기가 일어나도 안심하고 하나님의 일을 할 수가 있습니다. 왜냐하면 주님은 끝까지 우리를 책임지시기 때문입니다.

그래서 하나님께서는 우리 인간들이 아들을 아버지같이 공경하는 것을 우리 구원의 가장 중요한 조건으로 삼으셨습니다. 왜냐하면 멸망할 우리들을 살린 것은 아들의 순종이기 때문입니다. 또 아들의 이런 희생과 순종을 통하여 우리 인간들은 하나님의 뜻을 가장 잘 이해할 수가 있습니다. 우리가 십자가에 죽은 아들을 믿지 않으면 교만이 치료되지 않습니다. 하나님께서는 결코 교만한 자를 구원하실 생각이 없으신 것입니다. 아무리 하나님을 사랑한다고 떠들어대어도 진정 아들을 믿지 않는 자는 사실상 하나님을 믿는 것이 아니라 자기가 만든 신을 믿는 것입니다. 이것은 일종의 자기도취에 빠진 것에 불과한 것입니다. 결국 그리스도가 구원의 열쇠입니다.

요한복음 5장 27절

또 인자됨을 인하여 심판하는 권세를 주셨느니라

하나님의 아들이 사람이 되시지 않으셨더라면 예수님도 우리를 구원할 자격이 없으셨을 것입니다. 우리에게 자신의 생명을 나누어주시지 못하셨을 것입니다. 그러나 인자가 되시고 죽으심으로 우리를 얼마든지 구원할 수 있는 자격을 얻으셨습니다. 그리고 하나님은 모든 심판하는 권세를 아들에게 맡기셨습니다. 그러니까 아들의 결정이 최종적인 심판이 되는 것입니다.

누구든지 아들을 믿지 않고 이 무서운 하나님의 심판을 통과할 수 있는 사람은 없을 것입니다. 하나님의 심판에서 합격할 수 있는 길은 오직 아들을 믿고 하나님이 주시는 힘으로 산 사람 밖에 없습니다. 다른 모든 것은 불에 타서 아무 것도 남지 않을 것입니다.

이제 우리가 해야 할 것은 오직 우리 안에 그리스도의 생명이 더 충만하게 하는 것입니다. 그렇게 하려면 우리는 세상의 야망과 욕심을 버려야 하며 나의 고집이나 나의 생각도 십자가에 못 박아야 합니다. 이제 나의 생각이나 고집은 의미가 없어졌습니다. 이제 살아있는 것은 모두 그리스도입니다. 우리에게는 이미 영생이 주어졌습니다. 이미 우리는 영원한 생명을 갖고 살고 있습니다. 우리 안에는 하나님의 생명이 공급되고 있습니다. 그런 까닭에 우리는 이제 완전히 하나님에게 의존적이 되어야 합니다. 나라고 하는 존재는 완전히 없어져버리고 하나님과 나 사이에 바늘 구멍만한 틈도 생기지 않게 해야 합니다. 예수님은 죽으면서도 하나님을 믿었습니다. 그리고 사망의 권세를 깨트리고 다시 살아나셨습니다. 우리는 어떤 일이 있어도 하나님을 의심해서는 안되겠습니다. 여러분은 모두 주님만을 의지하는 믿음의 거장이 되어야 할 것입니다.

Exposition of John

12 _ 요 5:30-47

하나님의 아들인 증거

마크 트웬이 쓴 '왕자와 거지'라는 동화를 보면 어느 날 왕자와 비슷하게 생긴 같은 또래의 거지와 서로 만나서 옷을 바꿔 입게 됩니다. 왕자는 거지 소년의 옷을 입고 거리에 나가게 되고 거지는 왕자의 옷을 입고 왕궁에서 생활을 합니다. 그런데 왕자는 거리에서 자기가 아무리 왕자라고 주장을 해도 그의 말을 믿어주는 사람이 없었습니다. 그리고 모두 이 거지가 미쳤다고 생각을 했습니다. 그리고 또 거지는 왕궁에서 자기가 아무리 왕자가 아니라고 주장을 해도 그것을 믿어주는 신하가 없었습니다. 단지 왕자가 공부를 너무 많이 해서 정신이 좀 이상해졌다고 생각을 할 뿐이었습니다. 그러다가 갑자기 아버지 왕이 죽어버리게 되었습니다. 이제는 문제가 심각해졌습니다. 왜냐하면 거지 소년이 꼼짝 못하고 왕이 되어야만 했기 때문입니다. 이때 군중을 헤치고 왕자가 나타나서 자기가 왕자라고 주장을 했습니다. 그때 신하들은 이 거지 옷을 입은 소년에게 왕자인 증거를 제시하라고 합니다. 이때 왕자는 당당하게 옥새가 있는 곳을 가르쳐줍니다. 처음에는 왕자가 말한 곳에 옥새가 없었습니다. 왜냐하면 왕자가 왕궁 밖으로 나가면서 옥새를 더 안전한 곳에 감추었는데 자기도 잊어버렸기 때문입니다. 그때 거지가 왕자가 다른데 넣지 않았느냐고 기억을 상기시켜 주었습니다. 옥새는 기사의 갑옷 안에 들어 있었습니다. 이것으로 왕자는 왕자인 것이 증명이 되어서 왕으로 즉위를 하게 됩니다. 거지는 그 옥새가 옥새인줄 모르고 몇 번 꺼내어서 호두를 까먹었던 적이 있었던 것입니다.

만약 우리에게 누군가가 나타나서 자기가 하나님의 아들이라고 주장을 한다면 모든 사람들이 그가 미쳤다고 말할 것입니다. 왜냐하면 오늘 많은 사람들은 하나님의 존재 자체도 믿지 않는데 하나님의 아들을 믿을 리가 없기 때문입니다. 예수님은 이 세상에 오셔서 당당하게 자신은 하나님의 아들이라고 주장하셨습니다. 문제는 여기서 다 발생하는 것입니다. 만약 예수님께서 자신이 위대한 선지자라고 하셨든지 위대한 철학자라고 하셨든지 도덕 선생이라고 주장하셨더라면 전혀 문제가 생기지 않았을 것입니다. 왜냐하면 사실 예수님은 위대한 선지자나 도덕 선생 이상의 지식과 능력을 가지고 계셨기 때문입니다. 그런데 문제는 예수님은 자신을 하나님의 아들이라고 진지하게 주장하신 것입니다. 만약 이것이 농담이나 우스갯소리가 아니었다면 예수님은 둘 중의 하나일 것입니다. 하나는 그가 미쳤든지 아니면 그가 진짜 하나님의 아들이든지 둘 중의 하나일 것입니다. 예수님 당시에 많은 사람들은 예수님을 미쳤다고 주장을 했습니다. 그러나 예수님이 미쳤다고 말하기에는 그가 너무나도 온전하셨고 그에게 너무나도 놀라운 능력이 나타나고 있었습니다.

만약 예수님이 하나님의 아들이시라면 가장 심각한 문제가 그가 왜 오셨는가 하는 것입니다. 즉 그의 방문은 사적인 방문인가 아니면 공적인 방문인가 하는 것입니다. 그리고 만약 그가 공식적인 임무를 띠고 오셨다면 그의 임무는 무엇이었는가 하는 것입니다. 하나님의 아들이 공식적인 임무를 띠고 이 세상에 오신 것이 사실이라면 이것이야말로 모든 인간들이 가장 우선적으로 알아야 할 내용일 것입니다. 특히 하나님의 아들이 목숨을 걸고 왔어야 할 정도로 중요한 일이라면 그 일이야말로 오늘 우리들이 먹고 사는 것보다 훨씬 더 중요한 일임이 틀림없을 것입니다.

아들이 오신 목적

예수님은 자신이 이 세상에 오신 목적이 이 세상의 심판과 관계되는 것이라고 말씀하셨습니다.

요한복음 5장 30절

내가 아무 것도 스스로 할 수 없노라. 듣는 대로 심판하노니 나는 나의 원대로 하려하지 않고 나를 보내신 이의 원대로 하려는 고로 내 심판은 의로우니라

우선 예수님은 이 짧은 말씀에서 다음 세 가지 중요한 말씀을 하고 있습니다. 그 첫째는 자신은 이 세상에 공식적으로 보냄을 받았다는 사실입니다.

예수님은 우리들처럼 이 세상에 그냥 태어나신 것이 아니고 하나님

이 보내셔서 임무를 가지고 오셨습니다. 두 번째로 예수님의 그 임무는 우리 모든 인간들의 심판과 관계되는 가장 중요한 문제입니다. 즉 우리 모든 인간들의 생사와 관계되는 아주 중요한 일인 것입니다. 예를들어 불이 났을 때 소방대원들은 불이 난 집에 들어가서 문을 부술 수도 있고 물을 뿌릴 수도 있습니다. 왜냐하면 그들은 사람의 생명을 구하는 가장 중요한 일을 맡은 사람들이기 때문입니다. 그러니까 누구든지 예수님의 말씀을 들으면 사는 것이고 예수님의 말씀을 듣지 않으면 죽는 것입니다. 그리고 세 번째로 장래의 모든 일은 예수님의 말씀대로 다 이루어지게 되어 있습니다. 왜냐하면 예수님의 모든 말씀은 하나님께서 하라고 주신 말씀이기 때문입니다.

여기서 우리가 알아야 할 것은 적어도 예수님이 이 세상에 오신 것은 사람들을 만나서 교제하기 위해서가 아니라는 것입니다. 또 사람들이 모르는 진리를 가르쳐주시기 위해서도 아닌 것입니다. 예수님이 오신 것은 우리가 사느냐 죽느냐 하는 기로에서 우리를 살리기 위해서 오신 것입니다. 마치 집에 불이 붙고 있는데 소방대원 아저씨가 나타나서 '지금 집에 불이 붙었으니까 무조건 나만 따라오라' 고 다그치는 것과 같습니다. 예수님이 오신 것은 진리에 대하여 강의하려고 하시는 것이 아닙니다. 예수님은 우리 모두에게 우리가 가진 모든 것을 다 내려놓고 무조건 예수님만 믿고 따라오라는 것입니다. 그런데 우리가 보기에 이 세상은 아직 불붙은 것 같지가 않습니다. 그리고 또 하나는 예수님이 소방대원 같지도 않은 것입니다. 그래서 그 당시에도 많은 사람들이 한편으로는 예수님을 좋아하지만 다른 한편으로는 예수님을 따르는 것을 주저했고 지금도 마찬가지인 것을 볼 수 있습니다. 지금도 많은 사람들이 예수님을 사상가로는 개인적으로 좋아하지만 모든 것을 다 포기하고 맹목적으로 예수님만 따르는 것은 주저하고 있는 것입니다.

우리는 모두 이 세상에서 축복된 삶을 원하고 있고 성공적인 삶을 원하고 있습니다. 그런데 우리의 성공이 어디에 있으며 우리의 축복이 어디에 있는지는 아직 많은 사람들이 찾지 못하고 있습니다. 예수님은 여기서 두 가지 말씀을 하십니다. 즉 이 세상에는 성공이나 축복 이전에 무서운 심판과 멸망이 있다는 것입니다. 이 무서운 멸망이나 심판에서 살아남는 길은 오직 예수님을 맹목적으로 믿고 따르는 것 밖에 없다는 것입니다. 그렇게 할 때 진정한 축복의 삶도 진정한 성공적인 삶도 예수님이 주신다고 말씀하십니다. 그래서 예수님의 말씀을 들어보면 둘 중의 하나 밖에 없는 것을 알게 됩니다. 하나는 예수님의 제안을 거부하고 내 판단이나 내 생각대로 계속 이 세상을 살아가든지 아니면 나의 모든 생각이나 판단을 포기하고 무조건 예수님을 믿고 따라가든지 둘 중의 하나인 것입니다.

그러면 왜 예수님께서는 무조건 예수님을 믿고 따르는 것을 요구하셨을까요? 왜 예수님은 우리에게 하는 요령만 제시해주시고 알아서 잘 하라고 하시지 않고 무조건 예수님을 믿고 따르라고 하셨을까요? 이것은 이 생명의 길이 너무나도 어렵고 복잡하기 때문에 우리에게 맡겨둘 성질의 것이 결코 아니기 때문입니다. 예를들어 의사가 환자를 수술할 때 환자의 몸이지만 의사는 환자에게 지침만 주지 않습니다. 의사가 환자에게 건강에 대하여 지침을 줄 때에는 아직 건강할 때입니다. 병이 들었을 때에는 일방적으로 치료하고 일방적으로 마취시켜놓고 수술을 해버리는 것입니다.

예수님이 하나님의 아들인 증거

사람들이 예수님을 하나님의 아들로 믿지 못했던 이유는 두 가지로 볼 수 있습니다. 우선 하나는 과연 우리의 지금 상태가 그렇게 절망적인가 하는 것입니다. 만약 지금 하늘에서 유황불이 떨어지고 있고 땅이 흔들리면서 지구 멸망의 조짐이 보인다면 우리는 하나님의 심판을 믿겠지만 아직 당장은 세상은 안전한 것 같습니다. 물론 병이나 전쟁이나 자연 재해의 위험은 있지만 그렇다고 해서 당장 이 세상이 멸망할 것 같지는 않습니다. 그리고 또 하나는 예수님이 보통 사람들이 기대했던 것 같은 하나님의 아들의 모습이 아니었다는 것입니다. 온 몸에서 빛이 나고 얼굴이 태양같이 빛나는 그런 모습이 아니라 평범한 한 유대인 청년이었습니다. 그런데 어떻게 예수님이 하나님의 아들이며 예수님의 말씀만 믿어야 구원을 얻는다고 자신할 수 있겠습니까? 사실 이것이 가장 심각한 문제인 것입니다.

예수님은 이렇게 말씀하셨습니다.

요한복음 5장 31절

내가 만약 나를 위하여 증거하면 내 증거는 참되지 아니하되

예수님은 자기가 스스로 하나님의 아들이라고 하면 그 증거는 참되지 않다고 말씀하셨습니다. 물론 예수님이 하나님의 아들이시라면 얼마든지 스스로 하나님의 아들이라고 증거하실 수 있습니다. 그러나 문제는 사람들이 그 사실을 믿어주지 않는다는 것입니다. 그러니까 예수님이 하나님의 아들이신 외증이 있어야 하는 것입니다. 즉 다른

그 무엇이 예수님은 하나님의 아들이시라는 것을 밝혀줄 수 있어야 하는 것입니다.

모세는 사십년 동안 미디안 광야에서 도망자 생활을 하고 난 후에 하나님의 보내심을 받아서 자기 동족을 찾아갔습니다. 그때 하나님께서는 모세에게 몇 가지 증표를 주셨습니다. 그 하나가 뱀이 지팡이가 되고 지팡이가 뱀이 되는 능력이었습니다. 그리고 또 하나는 손을 품에 넣었을 때 나병이 생기고 다시 뺐을 때에는 그 나병이 치료되는 능력을 주셨던 것입니다. 그리고 그것도 믿지 않으면 그릇의 물을 땅에 쏟으라고 하셨습니다. 그러면 그것이 피가 될 것이라고 하셨습니다. 모세는 이스라엘 백성들을 만났을 때 이 기적들을 다 행했고 이스라엘 백성들은 모세를 자기 지도자로 받아들였습니다.

그러면 예수님도 이 세상에 하나님의 보냄을 받아서 오셨으면 무슨 하나님의 증표가 있어야 할 것입니다. 유대인들은 끈질기게 예수님에게 그 증표를 요구했습니다. 그러나 예수님은 그 증표를 잘 보여주려고 하시지 않으셨습니다. 그 이유는 예수님이 하나님의 아들인 증표는 모세와 같은 증표보다 훨씬 더 강력한 것이 준비되어 있었기 때문입니다. 그것이 무엇입니까? 예수님이 하나님의 아들인 가장 강력한 증거는 예수님의 부활이었습니다.

사실 예수님이 부활하시기 전에는 예수님의 동생들도 예수님을 믿지 않았습니다. 그런데 예수님이 부활하신 것을 보고서는 예수님을 하나님의 아들로 믿었습니다. 심지어 제자들도 예수님을 하나님의 아들로 믿으면서도 때로는 자주 의심을 하기도 했습니다. 그러나 예수님이 부활하신 후에는 한 번도 예수님을 의심한 적이 없었습니다. 예수님이 사망의 권세를 깨트리시고 부활하신 이 놀라운 사실은 예수님의 모든 말씀이 사실인 것을 증명하신 것이었습니다.

그리고 또 하나는 오순절이 성령이 오신 것입니다. 우리 인간에게 성령이 오셨을 때 우리의 지각은 아마도 백만 배 이상 뛰어나게 되었을 것입니다. 그래서 그 전에 믿어지지 않던 것이 다 믿어졌고 이해되지 않던 것들이 다 이해되게 되었던 것입니다. 우리에게 믿어진다는 것은 그냥 머리로 이해되는 정도가 아니고 전인격적으로 흥분과 감동 가운데 은혜로 받아들여지는 것입니다.

그러나 예수님이 이 말씀을 하시는 때는 아직 예수님이 죽지도 아니하셨고 오순절의 성령도 임하시기 전이었습니다. 그런데 사람들은 자꾸 예수님에게 하나님의 아들인 증거를 보이라고 하면서 예수님을 의심했습니다.

이때 예수님은 어떻게 자신이 하나님의 아들이신 것을 증명하실 수 있겠습니까? 물론 모세와 같이 지팡이를 던져서 뱀이 되게 할 수도 있고 손을 품에 넣어서 나병이 낫게 할 수도 있겠지만 예수님은 그렇게 하시지 않으셨습니다. 왜냐하면 예수님을 보지 못한 사람들도 마찬가지로 똑같은 문제에 부딪칠 수 있기 때문입니다.

그래서 예수님은 가장 강력한 두 가지 증거로 사람의 증거와 성경의 증거를 제시하셨습니다.

요한복음 5장 33-34절

너희가 요한에게 사람을 보내매 요한이 진리에 대하여 증거하였느니라. 그러나 나는 사람에게서 증거를 취하지 아니하노라. 다만 이 말을 하는 것은 너희로 구원을 얻게 하려 함이니라 유대인들은 세례 요한이 혹시 메시야인가 해서 사람을 보내어 공개적인 질문을 하였습니다. 그때 세례 요한은 진리에 대하여 증거했습니다. 여기서 말하는 진리는 예수님에 대한 증거를 말하는 것입니다. 예수님에 대한 증거는 참된 진리입니다. 그런데 예수님은 사람의 증거에 매달리지는 않는다고 말씀하셨습니다. 즉 사람들이 알아주고 추천을 해주어야 가치를 가지는 것이 아니기 때문입니다. 왜냐하면 예수님을 증거하는 사람들도 모두 예수님의 은혜를 받은 자들이기 때문입니다.

예를 들어 사마리아 수가성의 많은 사람들은 우물가에서 예수님을 만났던 여인의 증거를 듣고 예수를 믿게 되었습니다. 그렇다고 해서 예수님께서 그 여인에게 무슨 신세를 진 것이 있거나 그 여인이 없었으면 안 되었던 것은 아니었습니다. 단지 하나님께서는 우리의 신앙을 위해서 반드시 사람을 사자로 보내시는 것입니다. 왜냐하면 사람의 증거는 꿈이나 환상과 달리 아주 구체적이고 분명하고 실제적이기 때문입니다. 병원에서 담당 의사가 환자에게 설명하는 것은 아주 구체적이고 실제인 것입니다. 이것은 이 메일로 보낼 수 있는 것도 아니고 핸드폰 문자 메시지로 보낼 수 있는 것이 아닙니다. 왜냐하면 이 문제가 그 사람에게는 아주 중요하고 특별한 것이기 때문입니다.

그만큼 어떤 일반적인 정보와 어떤 확정된 사실과는 엄청난 차이가 있는 것입니다. 예를들어 누군가가 텔레비전에 나와서 당뇨병에 대하여 강의를 할 수 있습니다. 이것은 어디까지나 정보에 해당되는 것입니다. 그러나 내가 지금 병원에서 진찰을 받아본 결과 어떤 병으로 수술을 받아야 하는 것과는 다른 것입니다. 하나님께서는 우리 한 사람 한 사람에게 사람을 보내셔서 나의 처지와 내가 살 길에 대하여 말씀하십니다. 그것이 바로 죄의 문제이고 하나님과의 관계 문제입니다. 그렇지만 하나님은 우리 모든 인간들을 결코 도매금으로 취급하시지 않으십니다. 우리 한 사람 한 사람이 하나님이 보낸 사람을 통해서 하나님의 말씀을 들어야 하는 것입니다.

우리 인간들에게 가장 심각한 것은 우리가 하나님으로부터 단절된 것이 얼마나 끔찍한 일인지 느끼지 못하는 것입니다. 우리 인간에게 있어서 심판이라는 것은 다른 것이 아니라 하나님의 은혜와 축복이 단절되어 있는 것입니다. 예를들어 우리 인간들에게 산소 공급이 단절되거나 전기 공급이 단절되거나 식량 공급이 단절되면 우리는 끔찍한 상태에 처하게 될 것입니다. 비록 아직 우리가 죽지는 않았다 하더라도 우리는 지금 죽음을 향하여 가고 있는 것입니다. 마찬가지로 심판은 하나님의 은혜에서 단절된 것이고 하나님의 축복에서 단절된 것입니다. 단지 우리는 그 엄청난 고통조차 느끼지 못하고 있는 것입니다. 이것이 우리가 예수를 믿고 난 후에야 제대로 느끼게 됩니다. 그래서 우리의 축복과 능력이라고 하는 것은 예수님을 통해서만 하나님과의 관계가 회복되는 것입니다. 이것 자체가 성공이고 이것 자체가 생명인 것입니다. 만약 우리가 믿음으로 하나님과의 관계만 소통이 되면 모든 고통을 이기고 남습니다. 우리의 모든 고통의 원인은 하나님과의 관계가 단절된 것입니다. 그러나 이 단절된 관계를 회복시킬 수 있는 분은 예수님 밖에 없습니다. 그리고 여기에 우리가 할 수 있는 것은 아무 것도 없습니다. 오직 예수님을 믿고 우리의 모든 삶을 그분께 맡겨드리기만 하면 되는 것입니다. 일단 우리가 하나님을 믿고 은혜가 공급이 되기 시작하면 우리는 가장 큰 위기에서 살아난 것입니다. 우리는 절대로 멸망하지 않습니다. 이 세상에서도 우리는 망하지 않습니다. 가장 행복하고 아름다운 삶을 살 수 있게 됩니다.

하나님께서는 우리가 사람을 통해서 하나님의 진리를 듣기를 원합니다. 그러나 그 사람은 사마리아 여인일 수도 있고 거지 나사로일 수도 있습니다. 중요한 것은 그가 증거하는 예수님입니다. 누가 증거하든지 예수님에 대한 증거는 진리이고 그 안에 생명과 축복이 있습니다. 그런 까닭에 우리는 너무 사람을 부각시키지 말아야 합니다. 예수님의 진리는 누구든지 전할 수 있습니다. 그리고 누구든지 그 진리를 믿으면 구원을 얻습니다.

예수님은 우리가 진리를 받기 전과 후의 차이에 대하여 말씀하십니다.

요한복음 5장 35절

요한은 켜서 비취는 등불이라. 너희가 일시 그 빛에 즐거이 있기를 원하였거니와

여기서 '켜서 비취는 등불' 이라고 하는 것은 아침이 오기 전에 밤의 등불을 말합니다. 캄캄한 밤에 등불은 얼마나 요긴한지 모릅니다. 사람들은 그 등불을 절대적으로 아끼고 의지합니다. 그러나 아침이 오고 환한 태양이 떠오르면 등불은 더 이상 필요치 않습니다. 예수님께서는 세례 요한과 예수님의 진리의 밝기의 차이를 비유로 말씀하셨습니다. 세례 요한이 등불이라면 예수님은 환한 태양인 것입니다. 이것은 우리가 예수 믿기 전과 그 후에도 동일하게 적용이 될 수 있습니다. 우리가 예수 믿기 전에는 사람의 안내를 받아야 하는 눈 뜬 장님과 같습니다. 우리 눈 앞은 완전히 캄캄하여 혼자 서는 아무데도 갈 수 없고 겨우 더듬어서 한 발자국씩 앞으로 나아갈 뿐입니다. 그러나 우리가

예수를 믿고 나면 우리의 눈이 뜨이게 되고 하나님의 영광의 빛을 보게 되는 것입니다. 그래서 지금도 빛 가운데 사는 사람이 있는가 하면 어두움 가운데서 사는 사람도 있는 것입니다. 사람에게 가장 중요한 것은 바로 이 빛을 얻는 것입니다. 예수님은 세례 요한의 빛은 충분치 않다고 말씀하셨습니다. 우리가 사람을 의지해서 믿는 것은 충분치 않습니다. 우리 자신이 이 빛을 얻어야 하는 것입니다. 그것은 예수님께 자기 자신이 직접 나아가야 합니다.

그러나 예수님에게 가장 중요한 것은 역시 하나님이 행하시는 큰 일입니다.

요한복음 5장 36절

내게는 요한의 증거보다 더 큰 증거가 있으니 아버지께서 내게 주사 이루게 하시는 역사 곧 나의 하는 그 역사가 아버지께서 나를 보내신 것을 나를 위하여 증거하는 것이요

여기서 '아버지께서 내게 주사 이루게 하시는 역사' 라고 하는 것은 예수님이 행하시는 기적을 말하기도 하지만 궁극적으로는 그 보다 더 큰 것을 의미합니다. 즉 예수님의 죽으심과 부활을 말하는 것입니다. 예수님이 하나님의 아들이신 가장 분명한 증거는 그의 부활이었습니다. 그래서 예수님께서는 십자가의 그 순간까지 더 많은 기적을 행하실 수도 있었지만 그렇게 하시지 않으시고 참으셨습니다. 왜냐하면 예수님이 스스로 자신을 증거하지 않아도 하나님 아버지께서 다 증거하실 줄 믿었기 때문입니다.

요한복음 5장 37-38절

또한 나를 보내신 아버지께서 친히 나를 위하여 증거하셨느니라. 너희는 아무 때에도 그 음성을 듣지 못하였고 그 형용을 보지 못하였으며 그 말씀이 너희 속에 거하지 아니하니 이는 그의 보내신 자를 믿지 아니함이니라

예수님을 믿는 자들 중에서 하나님의 음성을 듣거나 하나님의 얼굴을 보고 믿는 자는 아무도 없었습니다. 그러나 이상하게 하나님의 말씀을 믿는 자들은 예수님을 믿었습니다. 그러나 하나님의 말씀을 믿지 않는 자들은 예수님을 믿지 못했습니다. 그 이유가 어디에 있을까요? 이 하나님의 말씀 자체가 엄청난 것이기 때문입니다. 비유를 들면 하나님의 말씀 그 자체는 축복의 화약과 같습니다. 우리 안에 하나님의 말씀이 들어 있는데 성령의 불이 붙여지면 이것이 폭발적인 반응으로 나타나게 되는 것입니다.

지금 예수님의 말씀이나 기적은 불 그 자체입니다. 그럼에도 불구하고 유대인들의 마음속에 믿음의 불이 붙지 않는 이유는 마음속에 하나님의 말씀이 전혀 없었기 때문입니다. 이유를 여러 가지가 있을 수 있습니다. 그 중의 하나는 바른 진리를 전해 주는 사람들이 없어서 말씀을 듣지 못했거나 다른 하나는 욕심이 마음에 가득 들어 있어서 하나님의 말씀이 들어갈 수 없었든지 둘 중의 하나인 것입니다.

우리에게 있어서 가장 중요한 것은 우리 안에 하나님의 말씀이 언제나 있어야 하는 것입니다. 그냥 있는 정도가 아니라 충만하게 있어야 합니다. 그러면 성령의 역사가 나타나면서 엄청난 부흥의 폭발적인 역사가 나타나게 될 것입니다. 이것이 최고의 복입니다.

성경을 상고하는 삶

예수님께서는 우리가 이 세상에서 하나님이 주시는 풍성한 삶을 사는 가장 중요한 비결이 하나님의 말씀을 상고하는 것이라고 말씀하셨습니다.

요한복음 5장 39절

너희가 성경에서 영생을 얻는 줄 생각하고 성경을 상고하거니와 이 성경이 곧 내게 대하여 증거하는 것이로다

여기서 '성경을 상고한다' 는 것은 성경을 무턱대고 읽는 것이 아니라 이치를 따져가면서 그 의미를 마음 속으로 질문해 가면서 읽는 것을 말합니다. 이것은 성경을 그냥 속독하듯이 대충 읽고 넘어가는 것이 아니라 그 의미를 해석해보려고 애를 쓰면서 읽는 것을 말합니다.

우리가 보석을 감정할 때 겉에 흙이나 이물질이 많이 붙어 있을 때 그냥 육안으로 봐서는 제대로 그 가치를 알 수가 없습니다. 그때에는 작은 망치나 끌 같은 것으로 때려서 겉에 붙은 이물질이 떨어져야 그 안에 들어 있는 찬란한 보석의 가치를 알 수 있게 되는 것입니다. 마찬가지로 우리가 하나님의 말씀을 읽을 때 그냥 좋은 말씀으로 한 순간에 읽어버려도 유익하지만 한 말씀 한 말씀의 이치를 곰곰아 생각해보아야 합니다. 그러면 이것이 나의 말씀으로 속에 남아 있게 되는 것입니다.

우리가 하나님께 가장 가까이 나아갈 수 있는 방법이 무엇일까요? 구약 이스라엘 백성들이 출애굽한 후 시내산에서 하나님의 말씀을 받

을 때에 그들은 산에 불이 붙어서 접근할 수가 없었습니다. 또 하나님께서도 일반인들의 접근을 금지하셨습니다. 왜냐하면 하나님은 소멸하는 불이시기 때문입니다.

만약 우리의 모든 복이 태양 속에 있다고 한다면 우리가 태양 속까지 들어갈 수 있겠습니까? 그것은 불가능한 일입니다. 아무리 튼튼하고 강한 우주선이라 하더라도 태양 안에까지는 들어갈 수가 없습니다. 아마 조금만 가까이 가면 타서 없어지든지 녹아버릴 것입니다. 그런데 하나님은 태양보다 수천억 배 뜨거운 분이십니다. 그러면 우리가 어떻게 하나님께 가까이 가서 복을 받아올 수 있겠습니까? 오직 우리의 중보자 되신 그리스도의 이름을 의지하여 하나님께 나아가 하늘의 신령한 복을 받아 누릴 수 있는 것입니다. 또한 우리가 그리스도 안에 있으면 얼마든지 하나님 앞에 나아가 복을 누릴 수 있는 것입니다. 또한 우리가 그리스도 안에 있으려면 하나님의 말씀 안에 있으면 됩니다. 그리고 하나님의 말씀을 조심스럽게 해석하면서 상고하면 우리는 그리스도 안에서 태양보다 더 뜨거운 하나님의 은혜 속에 들어가게 되는 것입니다. 하나님은 우리에게 너무나도 놀라운 능력을 주시고 우리의 길을 인도해 주십니다.

그러나 유대인들은 그것을 믿지 못했습니다.

요한복음 5장 40절

그러나 너희가 영생을 얻기 위하여 내게 오기를 원하지 아니하는도다

이 사람들은 예수님께 나아가기만 하면 하나님의 생명을 얻고 복을 받을 수 있는데 예수님에게 오기를 원치 않았습니다. 그 이유가 어디

에 있었을까요? 이들은 하나님의 말씀을 가지고 믿으려고 하지 않고 자기의 경험이나 생각을 가지고 믿으려고 했기 때문입니다. 즉 자신들의 이성적인 판단으로 믿어지는 것은 받아들이고 이성적인 판단으로 믿어지지 않는 것을 거부해 버렸습니다. 그런 까닭에 그들은 예수님께 가서 모든 것을 다 맡길 수가 없었습니다.

우리가 예수 믿는 것은 예수님에게 모든 것을 다 맡기는 것입니다. 마치 불이 난 집에서 소방대원 아저씨가 따라 오라고하는 대로 무조건 따라가는 것과 같습니다. 그런데 유대인들은 예수님을 따라가려고 하니까 이 세상에서 너무 손해를 보는 것이 많은 것 같고 예수님이 믿어지지가 않았습니다.

가장 중요한 이유가 성경을 상고하지 않는 것이었습니다. 우리가 성경을 읽으면 인생의 가장 큰 재앙이 하나님을 믿지 않는 것이라는 것을 알게 됩니다. 하나님을 믿지 않는 것이 가장 큰 고통이요 가장 큰 위기며 이것 때문에 인간들은 망하는 것입니다. 그러나 이것을 모르니까 우선 세상의 많은 좋은 것들에 심취하여 헤어나오지 못하는 것입니다. 더욱이 세상의 현학적인 것들을 포기하지 못하니까 믿음이 생기지 않았던 것입니다.

요한복음 5장 41절

나는 사람에게 영광을 취하지 아니하노라

여기서 예수님은 사람에게 영광을 취하지 아니한다라고 말씀하셨습니다. 이것은 예수님의 진리는 많은 사람들이 인정해주고 칭찬해주어야 가치가 있는 것이 아니라는 뜻입니다. 예수님과 예수님의 말씀은 그 자체가 이미 진리이기 때문에 많은 사람들의 동의나 지지가 필요치가 않은 것입니다. 오직 필요한 것이 있다면 사람들이 그것을 믿고 받아들이는 것밖에 없습니다.

그러나 사람들은 하나님이 주시는 것은 알지 못하고 사람들의 인정과 칭찬에 만족을 하는 것입니다.

요한복음 5장 44절

너희가 서로 영광을 취하고 유일하신 하나님께로부터 오는 영광은 구하지 아니하니 어찌 나를 믿을 수 있느냐?

여기에 보면 두 가지 영광이 나옵니다. 하나는 사람의 영광이고 다른 하나는 하나님의 영광입니다. 사람의 영광은 사람들에게 인정을 받고 칭찬을 받고 유명하게 되는 것입니다. 그리고 다른 하나는 하나님의 영광입니다. 이것은 믿음으로 하나님의 도우심을 받고 인도하심을 받고 하나님이 주시는 힘으로 사는 것입니다. 우리가 이것을 보면 인간은 누구나 다 영광을 사모하는 존재인 것을 알 수 있습니다. 즉 사람의 인정이냐 하나님의 인정이냐 그것이 다를 뿐이지 사람들은 누구나 다 다른 사람의 인정이나 칭찬을 받아야 살 수 있는 존재들인 것입니다.

우리는 우선 다른 사람들의 지지나 인정이나 칭찬을 원합니다. 왜냐하면 이것이 이 세상에서 성공하는 것이고 유명해지는 길이며 성공하는 길이기 때문입니다. 특히 요즘 같은 세상에서는 일단 '떴다' 고 하면 엄청난 수입을 올릴 수 있기 때문에 어떻게 해서든지 유명해지고 싶어 합니다. 그러나 이것은 우리가 다 건강하며 큰 병이 없다는 것을 전제로 할 때의 일입니다.

아무리 유명하게 되었다 하더라도 큰 병에 걸려버리면 그만큼 더 비참해질 것입니다. 한 때 아무리 성공했다 하더라도 그 후에 식물인간이 되어버린다면 그 유명했던 것도 아무 소용이 없을 것입니다. 병원에서 아무리 미인으로 뽑히고 인정받는다 하더라도 그것은 아무 소용이 없을 것입니다.

마찬가지로 우리 인간이 유명해지는 것은 영적으로 건강하다는 것을 전제로 했을 때의 일입니다. 우리가 죄의 상태에 빠져 있을 때에는 아무리 죄인들끼리 사랑하고 인정해주고 축복해주어도 아무 소용이 없습니다. 이것은 비참한 것을 일시적으로 잊게 해 줄 뿐입니다. 진정한 영광은 하나님으로부터 옵니다. 아마도 사람들은 그 방법을 몰랐든지 알았더라도 욕심 때문에 예수님께 오지 않았을 것입니다.

우리가 하나님을 알면 반드시 하나님을 사랑하게 되어 있습니다.

요한복음 5장 42절

다만 하나님을 사랑하는 것이 너희 속에 없음을 알았노라

하나님은 우리에게 심술궂은 분이 아니십니다. 하나님은 우리에게 대하여 너무나도 인자하시고 너무나도 애정이 깊으신 분이십니다. 우리가 하나님을 몰라서 그렇지 한번 하나님을 알고 나면 완전히 하나님께 빠지지 않을 수가 없습니다. 그리고 예수님을 목숨보다 더 사랑하지 않을 수가 없습니다. 그러나 모두 마귀에게 속아서 미쳐버렸기 때문에 오히려 하나님을 의심하고 미워하고 증오하고 있는 것입니다.

우리가 마귀의 손에서 벗어나는 길은 예수님을 믿는 것입니다. 우리

가 예수를 믿는 길은 성경을 읽고 배우면 됩니다. 그러면 어느 순간에 우리는 믿음의 세계 안에 들어와 있게 되고 태양보다 더 뜨거운 하나님의 영광 안에 들어 와 있게 되는 것입니다. 그 결과 우리는 하나님의 능력과 축복 가운데 살아가게 되는 것입니다.

우리의 영생은 이미 이 세상에서 시작되는 것입니다. 우리가 하나님의 은혜와 축복으로 사는 것 자체가 영광이고 능력이고 영생인 것입니다. 우리가 예수님의 말씀을 따라가면 절대로 이 세상에서 멸망하지 않습니다. 우리의 삶은 절대로 이 세상에서 실패하지 않습니다. 왜냐하면 하나님의 능력으로 이 세상을 살기 때문입니다.

요한복음 5장 45-46절

내가 너희를 아버지께 고소할까 생각지 말라. 너희를 고소하는 이가 있으니 곧 너희의 바라는 자 모세니라. 모세를 믿었더면 또 나를 믿었으리니 이는 그가 내게 대하여 기록하였음이라

유대인들은 자기들은 모세를 믿는다고 생각했습니다. 즉 모세를 믿기 때문에 예수님을 믿을 수 없다고 주장을 했습니다. 그런데 그 모세가 바로 예수님의 종이었던 것입니다. 예수님은 아무도 고소할 필요가 없습니다. 왜냐하면 믿음으로 살지 않은 그 자체가 심판이기 때문입니다. 아무리 이 세상에서 유명하고 성공적으로 살았다 하더라도 하나님의 능력으로 살지 않았다면 그는 아직 불붙는 집 안에서 잘 산 것 뿐입니다.

모세는 자기 능력을 믿지 않고 하나님의 말씀을 믿었습니다. 그랬더니 한 평생 능력이 나타났고 마른 땅에서도 생수의 기적이 일어났습니

다. 우리는 모두 하나님이 주시는 풍성한 가나안 땅으로 가게 될 것입니다. 아무도 의심하지 마시기 바랍니다. 중간에 하나님의 말씀에 반항하지 마시기 바랍니다.

오직 하나님의 말씀을 전적으로 믿고 순종하여 이 땅에서도 풍성한 복을 받는 아름다운 생이 되시길 바랍니다.

13 _ 요 6:1-29

진정한 천국 잔치

저희들이 어렸을 때 집안에서 결혼식 잔치를 하면 참으로 신나는 날이었습니다. 우선 새로 결혼한 새댁이 저 같은 촌놈 아이를 보고 '도련님' 이라고 불러주는데 얼마나 신이 났는지 모릅니다. 그리고 결혼식 잔치에 가면 모든 어른들을 다 뵐 수 있어서 좋았습니다. 또 옛날에는 평소에 거의 고기라고는 구경도 하지 못하면서 살다가 잔치 집에 가면 맛있는 음식을 실컷 먹을 수 있었습니다. 그리고 집에 갈 때에는 또 남은 반찬을 싸주기 때문에 잔치라고 하는 것이 얼마나 좋은 것이었는지 모릅니다.

그래서 옛날에는 집안에서 큰 잔치를 하려고 하면 준비하는 것부터 예사 일이 아니었습니다. 우선 중요한 것은 잔치에 참석할 사람들부터 파악을 해야 하는데 집안 어른부터 시작해서 꼭 모셔야 할 중요한 사람들 그리고 이웃 사람들이나 친구들 등등해서 대충 숫자가 파악이 되어야 합니다. 그러면 일단 음식을 준비해야 하는데 그 인원이 밥을 먹으려면 쌀과 육류가 있어야 하기 때문에 돼지 몇 십 근 혹은 소고기 몇 십 근 하는 식으로 준비를 해야 하는 것입니다. 그래서 어떤 집에서는 아예 돼지 한 마리를 잡았다 혹은 소 한 마리를 잡았다라고 말을 하는 것입니다. 그리고 나서는 여러 가지 반찬이나 국이나 술 같은 것을 준비를 해야 하는 것입니다. 그러면 동네에 음식 잘 만들 줄 아는 웬만한 사람들은 총출동이 되고 남자들 중에서도 일 잘 하는 사람들은 총출동이 되어서 음식이나 행사를 준비하게 되는 것입니다.

오늘 말씀을 보면 예수님께서 갈릴리의 굶주린 사람들에게 진정한 천국 잔치를 베풀어주셔서 배부르도록 실컷 먹이신 것을 볼 수 있습니다. 예수님께서는 갈릴리 호숫가에서 말씀을 가르치실 때 예수님의 말씀을 들으려고 오천 명 이상 되는 많은 사람이 예수님께 나아와서 따라다니고 있었습니다. 예수님은 이들에게 천국 잔치를 베푸시려고 생각을 하고 계셨습니다. 그러나 예수님은 미리 사람들을 계산하지도 아니하시고 또 음식을 준비하시기 위하여 시장을 봐서 음식 재료를 준비하는 일도 하시지 아니하셨습니다. 그 대신 예수님께서는 계속 하나님의 말씀을 전하시다가 제자들과 몇 마디의 말씀을 나누신 후에 한 소년이 바친 작은 음식 즉 보리떡 다섯 개와 물고기 두 마리로 즉석에서 잔치를 베푸셨습니다. 예수님의 이 잔치는 기적의 잔치였습니다. 즉 우리들이 보통 결혼식이나 회갑식에서 경험하는 것과 같은 다양한 맛있는 음식이 있거나 술이 있는 잔치가 아니라 예수님의 기적 자체가 잔치의 주 메뉴였던 것입니다. 생각지도 못했다가 갑자기 예수님의 기적의 잔치를 체험한 사람들은 예수님의 기적이 너무 좋아서 예수님에 대하여 열광을 하기 시작했습니다. 그 사람들은 아예 예수님을 붙잡아서 억지로 자기들의 왕을 삼으려고 하기도 했습니다. 그러나 예수님은 그 무리들을 떠나셨고 결국 그 무리들도 예수님을 떠나게 되었습니다. 그 이유는 예수님께서는 먹고 배부른 것은 진정한 천국 잔치가 아니라고 말씀하셨기 때문입니다. 우리의 먹는 욕구를 채워주고 우리의 보는 욕구를 채워주는 것은 아무리 재미가 있고 신기하고 좋아도 그것은 썩는 잔치 밖에 되지 못하는 것입니다. 예수님께서는 사람들에게 '썩는 양식을 위하여 일하지 말고 영생하는 양식을 위하여 일하라' 고 말씀하셨습니다. 즉 예수님이 주시려고 하는 잔치는 입으로 먹고 눈으로 보고 즐기는 것이 아니라 하나님의 말씀을 듣고 그 말씀대로 순종하는 것이 잔치인 것입니다. 오늘도 주님은 우리를 천국 잔치의 자리로 인도하셨습니다. 이 천국 잔치는 세상의 많은 일들처럼 우리의 감각을 흥분시키고 우리의 입을 즐겁고 하고 눈을 즐겁게 하는 잔치가 아닌 것입니다. 우리에게 살아있는 하나님의 말씀을 듣게 하고 우리가 그 말씀의 은혜에 푹 잠겨서 하나님의 영광과 은혜로 내 마음을 가득 채우는 것이 진정한 천국의 잔치인 것입니다.

예수님을 따르는 많은 무리들

요한복음 6장 1-2절

그 후에 예수께서 갈릴리 바다 곧 디베랴 바다 건너편으로 가시매 큰 무리가 따르니 이는 병인들에게 행하시는 표적을 봄이러라

갈릴리 호숫가에는 예수님을 따라다니는 사람들의 큰 무리가 있었습니다.

나중에 계산해 본 바에 의하면 남자 어른만 오천 명이었으니까 여자나 어린아이들까지 포함하면 약 만 오천 명에서 이만명은 되었을 것입니다. 이 정도의 많은 사람들이 모였다고 하는 것은 얼마나 대단한 일인지 모릅니다. 지금도 정치적인 집회가 아닌 종교적인 집회에서 만 명이나 이만명이 모였다고 하는 것은 대단한 인원이 모인 것이지만 예수님 당시에는 이 정도라면 엄청난 인원이 모인 것입니다. 그런데 이 사람들이 예수님께 몰려든 것은 예수님께서 병자들을 고치는 기적을 보았기 때문이라고 말씀하고 있습니다.

즉 예수님께서 기적의 능력으로 병자들을 고치는데 그것이 너무 신기하고 놀랍고 재미가 있어서 그것을 보기 위해서 그 많은 사람들이 몰려들었던 것입니다. 오직 이 많은 사람들이 예수님께 몰려든 것은 병을 고치는 기적 때문이었습니다. 도저히 사람의 힘으로는 치료될 수 없는 병자들이 예수님의 말씀 한 마디나 혹은 만져주심만으로 병이 치료되어서 벌떡 벌떡 일어나는 것을 보니까 신기한 구경거리였던 것입니다.

이 많은 사람들이 예수님께 나아오고 예수님을 따라다니는 것은 하나님의 기적의 간접 체험이었습니다. 곧 자기가 병에 걸렸거나 자기가 병이 나은 것은 아니라할지라도 다른 사람들이 병이 낫고 다른 사람들이 일어서는 것만으로도 충분히 신기하고 놀라운 것이었습니다. 그러나 이 사람들은 아직 자기 개인에게 임하는 하나님의 능력이나 기적은 체험해보지 못한 사람들이었습니다. 단지 예수님의 능력이 신기해서 자꾸 따라다니는 것이었습니다.

신앙생활을 오래 하기는 했지만 실제로 살아있는 하나님을 체험하지 못한 채로 신앙 생활하시는 분들이 많이 있습니다. 이런 분들은 신앙생활은 오래 해 왔지만 하나님이 진짜 살아 계신지 아닌지도 확신이 없을 때가 많이 있습니다. 그러다가 부흥회 같은 어떤 집회에 가서 기도 받는 가운데 다른 병자들이 기적으로 자리에서 벌떡 일어서고 또 신앙을 핍박하던 자에게 하나님의 저주가 임하는 것을 볼 때 큰 충격을 받게 됩니다. 그래서 이런 것을 보고 '아, 하나님이 살아계시기는 계시는구나.' 하는 생각이 들면서 하나님에 대한 두려운 마음을 가지게 됩니다. 이것 자체가 얼마나 두렵고 충격적인 일인지 모릅니다. 좀 지나친 분은 한 걸음 더 나아가서 지금까지 신앙 생활한 것은 모두 엉터리이고 지금 여기만 진짜라고 떠들어대면서 거기에 완전히 빠져버리는 사람도 있습니다.

오랫동안 침체된 상태에 있던 분들이 하나님의 기적을 다른 사람을 통해서 간접적으로라도 체험하면서 하나님이 살아계신다는 것을 느끼는 것도 대단한 일일 것입니다. 그러나 이것은 어디까지나 다른 사람의 은혜를 간접적으로 옆에서 보는 것이기 때문에 자기 은혜는 아닌 것입니다. 예수님께서는 거기에 있는 모든 사람들이 하나님의 기적과 능력을 직접적으로 체험을 하고 믿음을 가지기를 원하셨습니다. 그래서 하나의 큰 영적인 잔치를 준비하셨습니다. 그것은 모든 사람들이 직접 자기가 하나님의 능력을 보고 그 능력을 몸으로 느끼는 것이었습니다.

예를들어 병을 낫는 기적이라고 하는 것은 병에 걸리지 않은 사람은 아무리 기적을 체험하고 싶어도 체험할 수가 없을 것입니다. 그러나 예수님께서는 병에 걸리지 않은 사람들도 하나님의 살아계심과 기적을 체험할 수 있기를 원하셨습니다. 이것이 바로 오병이어의 기적입니다.

예수님께서는 이 기적에 앞서서 먼저 제자중의 한 사람인 빌립과 이 많은 사람들을 먹이시는 것에 대하여 대화를 나누셨습니다.

요한복음 6장 5-7절

예수께서 눈을 들어 큰 무리가 자기에게로 오는 것을 보시고 빌립에게 이르시되 우리가 어디서 떡을 사서 이 사람들로 먹게 하겠느냐 하시니 이렇게 말씀하심은 친히 어떻게 하실 것을 아시고 빌립을 시험코자 하심이라. 빌립이 대답하되 각 사람으로 조금씩 받게 할지라도 이백 데나리온의 떡이 부족하리이다

예수님께서는 먼저 제자 중 빌립에게 이 많은 사람들을 먹이려면 떡이 얼마나 있어야 하겠는지 물어 보셨습니다. 왜 예수님께서 하필이면 빌립에게 이것을 물으셨는지는 분명치가 않습니다만 아마도 빌립이 제자들 중에서 가장 계산적이어서 그렇게 하셨을 수도 있고 아니면 빌립이 먹는 것을 담당했기 때문인지도 모르겠습니다.

빌립은 그 많은 사람들을 눈으로 대충 훑어본 후에 '조금씩 준다고 해도 이백 데나리온의 떡은 있어야 할 것 같습니다.' 라고 대답을 했습니다. 이때 한 데나리온은 노동자들의 하루 품삯이라고 하는데 요즘으로 치면 6~7만원 이상 되는 가치라고 볼 수 있습니다.

요즘 식으로 말하면 빌립은 예수님께 '대략 팔, 구백만원의 떡이 있어야 할 것 같은데요. 돈은 어디서 구하며 설사 돈이 있다고 해도 이 많은 사람의 떡을 어디서 한꺼번에 구워내겠습니까? 라는 식으로 대답을 한 것입니다.

빌립은 아무런 돈도 없고 준비도 없이 지금 당장 이 많은 사람들에게 먹을 것을 준다는 것은 불가능하다고 대답을 한 것입니다. 이것은

빌립이 아니라 다른 모든 제자들도 마찬가지였을 것입니다.

그런데 예수님께서 빌립에게 이런 질문을 하신 것은 '친히 어떻게 하실 것을 아셨다' 고 말씀하셨습니다. 즉 예수님은 이 많은 사람들을 하나님의 능력으로 먹이고 싶으신 것입니다. 그러나 제자들은 이것이 불가능하다고 생각했고 실제로 불가능했습니다.

여기에 보면 많은 사람들이 예수님이 사람들의 병을 고치는 것은 기대했지만 먹을 것을 주시는 것은 아무도 기대를 하지 않은 것입니다. 그것은 거기에 있는 제자들이나 모든 사람들이 예수님이 병을 고치시는 데는 능력이 있으신지 몰라도 다른 부분까지 능력이 있으신 것은 믿지 못했던 것입니다.

여기서 우리는 세 무리 사이의 긴장을 볼 수 있습니다. 예수님은 이 굶주린 많은 사람들을 하나님의 능력으로 먹이고 싶어 하지만 거기에 비하여 제자들은 그것은 현실적으로 불가능하다고 생각하고 있는 것입니다.

지금 돈도 없고 떡을 만들어 놓은 것도 없는데 오천 명이 넘는 사람들을 어떻게 갑자기 먹이겠습니까? 이것은 말도 되지도 않는 것이며 예수님도 지금 안 되는 일을 생각하고 계신다고 생각하고 있는 것입니다. 거기에 비하여 거기에 모인 많은 사람들은 이제 돌아가야 하는지 아니면 좀 더 거기에 있어야 하는지 망설이고 있는 중이었습니다. 지금 배가 고프고 해가 지려고 하기 때문에 거기에 더 있어서는 안 됩니다. 아니, 지금 가더라도 배가 너무 고파서 가면서 쓰러질지도 모릅니다. 그런데 예수님은 아직 자기들에게 가라고 하시지 아니하십니다. 이제 모든 것이 다 끝났으니까 더 늦기 전에 빨리 집으로 가라고 하시지 않으시고 무엇인가 아직 있는 것처럼 사람들을 잡아 놓고 계신 것입니다. 예수님은 그 많은 사람들을 먹이려면 얼마나 떡이 있어야 하느냐고 물으시고, 제자들은 돈도 없고 떡도 없다고 하고, 사람들은 가야하나 말아야 하나 하는 가운데 있었던 것입니다.

이때 이 팽팽한 긴장을 깨트린 것은 소년의 보리떡이었습니다.

요한복음 6장 8-9절

제자 중 하나 곧 시몬 베드로의 형제 안드레가 예수께 여짜오되 여기 한 아이가 있어 보리떡 다섯 개와 물고기 두 마리를 가졌나이다. 그러나 그것이 이 많은 사람에게 얼마나 되겠삽나이까?

예수님의 천국 잔치는 아주 작은데서 시작되었습니다. 즉 빌립처럼 전체 인원을 계산해보고 난 후에 '인원을 보아하니 몇 백 데나리온의 떡이 있어야 하는데 지금은 도저히 안 되겠습니다' 라는 계산에서 나온 것이 아니었습니다.

하나님의 놀라운 기적은 아무 것도 생각하지 않는 한 소년의 순수한 감사에서 시작이 되었습니다. 이 소년이 제자들에게 이 보리떡과 물고기를 내어놓은 이유가 어디에 있을까요? 그 많은 사람들을 먹이려고 한 것이 절대로 아니었습니다. 오직 예수님의 말씀을 듣고 은혜를 받아서 예수님이 좋았던 것입니다. 우리는 아이들이 설교를 듣고 은혜 받는 것을 믿지 않는 경우가 많이 있는데 절대로 그렇지 않습니다. 오히려 아이들 중에서 놀라울 정도의 집중력으로 말씀을 듣고 아주 기쁨에 충만한 경우도 많이 있습니다.

아이들은 굳이 모든 말씀을 다 알아듣는다고 해서 은혜 받는 것은 아닙니다. 단지 하나님의 말씀을 들을 때의 거룩한 분위기라든지 혹은 말씀과 함께 임하는 성령의 역사에 은혜를 받을 때가 많이 있습니다. 이 소년은 예수님의 말씀을 듣고 은혜를 받았습니다. 그래서 예수님이 너무 너무 좋았기 때문에 자기의 것을 예수님에게 드리고 싶었습니다. 어른들 같으면 이 작은 것을 드린다는 것은 창피하다고 생각할 수 있습니다. 그러나 아이들은 작은 것이라 하더라도 자기들에게는 대단한 것이기 때문에 주어도 부끄럽지 않은 것입니다.

그러나 안드레는 벌써 어른이기 때문에 계산을 하고 있었습니다. 즉 안드레는 '그것이 이 많은 사람들에게 얼마나 되겠삽나이까?' 라고 하면서 한심하게 생각을 했습니다.

이때 예수님께서는 이 사람들을 앉게 하라고 명령하셨습니다. 그런 후 하늘을 보시고 이 양식을 주신 하나님께 감사드린 후에 사람들에게 나누어주라고 하셨습니다. 예수님은 조금씩 주라고 하신 것이 아니라 원하는 대로 주라고 하셨습니다. 여기서 기적이 나타났습니다. 예수님이 주시는 떡과 물고기는 없어지지 않았습니다. 아무리 떼어도 계속 떡이 생겨났고 물고기도 계속 생겨났습니다. 예수님은 남은 것을 버리지 말고 다 모으라고 하셨는데 나중에 계산을 해보니까 소년의 보리떡 다섯 개와 물고기 두 마리로 오천 명이 먹고 남은 부스러기가 열두 광주리나 되었습니다.

이것이 예수님이 행하신 천국 잔치였습니다. 예수님의 이 잔치는 소를 잡거나 양을 잡은 거창한 잔치는 아니었지만 하나님의 기적의 잔치였습니다. 사람들은 이제 모두가 하나님의 기적을 직접 눈으로 보았고 그 기적을 먹고 이제는 배까지 부르게 되었습니다. 그들의 볼록한 배가 바로 기적의 배였던 것입니다. 예수님의 잔치 주 메뉴는 기적이었습니다.

사람들의 반응

요한복음 6장 14절

그 사람들이 예수의 행하신 이 표적을 보고 말하되 이는 참으로 세상에 오실 그 선지자라 하더라

예수님께서 보리떡 다섯 개와 물고기 두 마리로 오천 명을 먹이신 이 사건은 엄청난 은혜요 축복이었습니다. 이것은 하나님의 살아계심을 체험하는 것임과 동시에 하나님의 위로를 체험하는 것이었습니다.

배가 고픈 사람에게 가장 필요한 것은 따뜻한 국밥 한 그릇일 것입니다.

돈이 없어서 여러 날 굶은 사람을 데리고 가서 따뜻한 국밥을 한 그릇 사주면 아마 그 사람은 감격할 것입니다. 왜냐하면 배가 그 사랑을 증거하기 때문입니다. 굶주린 사람들은 예수님의 기적을 통해서 하나님이 살아계신 것과 하나님의 위로를 동시에 체험할 수 있게 되었습니다.

여기서 예수님의 제자들이나 군중들은 흥분하기 시작했습니다. 그들은 예수님의 기적을 통해서 엄청난 보물을 찾았습니다. 그들의 기분은 금광을 찾은 느낌이었고 유전을 발견할 느낌이었을 것입니다. 그들은 드디어 하나님의 능력을 찾았습니다. 만약 우리가 엄청난 규모의 금광을 갑자기 찾게 되었다면 얼마나 흥분되겠습니까? 만약 우리가 엄청난 규모의 유전을 발견하게 되었다면 아마 엄청나게 흥분할 것입니다. 예수님의 제자들과 군중들이 본 것은 엄청난 하나님의 능력의 금광이었습니다.

사람들은 지금까지 하나님의 기적에 대하여 구경꾼들이었습니다. 예수님은 사람들의 병을 치료하는 이상한 능력을 가지고 계셨고 그들은 그것만 보고서도 흥분하였습니다. 그러나 예수님께서는 그들이 보는 앞에서 보리떡 다섯 개와 물고기 두 마리로 오천 명을 먹이는 기적을 행하셨습니다. 병도 고치고 기적으로 사람들을 먹이신다면 예수님이야말로 복덩어리였던 것입니다. 이제 사람들은 오직 예수님만 잡으면 이 세상의 모든 어려움은 다 해결될 수 있다고 생각을 한 것입니다.

여기서 우리는 세 부류의 사람들을 볼 수 있습니다. 하나는 예수님의 제자들이었습니다. 그들은 예수님을 하나님의 아들로 믿었고 예수님의 능력을 믿었습니다. 그럼에도 불구하고 자주 자주 현실적인 어려움에 부딪치기만 하면 예수님의 생각보다는 자기들의 계산이 먼저 나왔던 것입니다. 그러나 예수님의 능력 앞에서 자기들의 계산은 여지없이 실패하고 말도 되지도 않는 것 같았던 예수님의 말씀이 승리하는 것을 본 것입니다. 이때 제자들은 다시 한 번 '우리들의 믿음이 이것 밖에 안 되는구나 우리는 너무나도 많이 예수님의 능력을 깎아내리고 무시하고 있구나' 하는 것을 깨달을 수 있었을 것입니다. 그래서 앞으로는 무조건 계산부터 할 것이 아니라 예수님의 생각을 물어야 한다는 것을 배운 것입니다. 계산은 나중에 하는 것이었습니다. 사람들을 먹이기도 전에 된다, 안 된다 할 것이 아니라 먹이시고 난 후에 '아, 이만큼 많은 사람들을 먹이셨구나' 하는 것을 계산을 해야 하는 것입니다. 즉 자기 능력으로 할 수 있는가 보려고 계산부터 하는 것이 아니라 하나님이 하신 것을 영광 돌리기 위해서 계산을 해야 하는 것입니다.

그 다음에는 소년이 있습니다. 이 소년은 무조건 예수님이 좋아서 자기 도시락을 예수님께 드렸습니다. 그러나 예수님은 자기 도시락을 많은 사람들 앞에 펼쳐 놓으시고 기도하시더니 사람들에게 막 나누어 주셨습니다. 그런데 거기서 기적이 일어나면서 모든 사람들이 다 그 떡을 먹고 배가 불렀습니다. 무조건 예수님께 감사하고 바친 것은 기적이 나타난다는 것을 알았습니다.

당시 이 떡을 먹은 많은 군중들은 예수님의 능력을 보고 그야말로 하나님의 능력의 원천을 찾았다고 기뻐했습니다. 이 사람들은 예수님의 기적을 보고 흥분하기 시작했습니다. 그래서 심지어는 예수님을 억지로 왕으로 삼으려는 사람들도 있었습니다.

요한복음 6장 15절

그러므로 예수께서 저희가 와서 자기를 억지로 잡아 임금 삼으려는 줄을 아시고 다시 혼자 산으로 떠나가시니라

사실 이들이 예수님의 능력을 보고 무엇인가 엄청난 것을 잡았다고 생각한 것은 옳았습니다. 그런데 그 끝에서 그들은 무엇인가 잘못된 방향으로 벗어나버리고 말았습니다. 예수님께서 이 천국 잔치를 보여주신 것은 사람들로 하여금 예수님의 말씀을 믿도록 하기 위한 것이지 기적 자체를 믿게 하기 위한 것이 아니었습니다. 예수님께서 가장 중요하게 생각하시는 것은 진리를 구경만 않고 자신의 것으로 붙잡는 것이었습니다. 머지 않아 예수님은 그 모든 능력을 가지시고 십자가로 가셔서 우리 죄를 대신하여 죽으실 것입니다. 이 사람들은 예수님의 십자가를 믿어야 하는 것입니다. 십자가 없는 기적과 십자가 없는 영광은 결코 예수님이 원하시는 것이 아니었습니다. 그러나 사람들은 예수님을 잡아서 십자가 없는 왕으로 삼으려고 했습니다. 그때 예수

님께서는 제자들을 급히 호수로 보내시고 자신은 급히 산으로 올라가셨습니다. 왜냐하면 지금 이 흥분은 성령의 역사가 아니고 인간적인 흥분이었기 때문입니다.

대개 하나님의 큰 은혜가 임했을 때 인간적으로 흥분하는 경우가 있습니다. 이런 것은 결코 하나님의 축복에 도움이 되지 않습니다. 오히려 소리를 지르고 웃고 떠드는 것을 통해서 하나님의 은혜를 저질스러운 것으로 보이게 하고 결국 하나님의 축복을 닫히게 하는 경우가 많이 있습니다. 우리는 하나님의 은혜와 축복이 나타났을 때 인간적인 흥분이 일어나더라도 그것을 자제하고 하나님의 말씀을 기대하고 잠잠하게 하나님의 영광을 높여드릴 때 그 축복이 계속되게 되는 것입니다.

제자들과 군중들을 구분하심

예수님은 제자들을 서둘러서 배를 타고 그곳을 떠나게 하셨습니다. 왜냐하면 제자들도 그런 분위기에 감염될 수가 있었기 때문입니다. 군중들이 흥분하는 것만 보면 너무나도 신앙적인 것 같고 진정한 부흥처럼 보였습니다. 그러나 그들의 중심은 이기적인데 있었지 예수님의 말씀에 있지 않았습니다. 예수님은 이런 식의 종교적인 흥분은 좋지 않다고 생각해서 제자들을 군중으로부터 분리를 시켜서 호수 건너편으로 보내시고 예수님은 산 위에서 기도하셨습니다. 예수님이 기도하신 이유는 역시 십자가였습니다. 예수님도 사람들이 기뻐하고 좋아하는 것을 보았을 때 얼마든지 기분이 좋았을 수도 있습니다. 그러나 이것은 결코 예수님이 원하신 것이 아니었습니다.

그러나 예수님이 산 위에서 제자들을 보시니까 제자들이 호수 위에서 아주 고전을 하고 있었습니다.

요한복음 6장 16-18절

저물매 제자들이 바다에 내려가서 배를 타고 바다를 건너 가버나움으로 가는데 이미 어두웠고 예수는 아직 저희에게 오시지 아니하셨더니 큰 바람이 불어 파도가 일어나더라.

갈릴리 호수는 호수면이 지면 보다 많이 낮기 때문에 지상에서 바람이 불 때에는 돌발적으로 물이 끓는 것 같은 현상이 나타나게 되는데 이때가 아주 위험하다고 합니다. 제자들은 어두운데 호수 위를 노를 저어 가는데 아마 이런 좋지 못한 바람을 만났던 것 같습니다. 그래서 앞으로 나가지 못하고 쩔쩔 매고 있었을 뿐 아니라 예수님이 보시기에는 이 바람이 더 심해질 가능성이 있었던 것 같습니다. 그래서 만약 예수님께서 제자들을 그냥 두신다면 제자들이 물이 빠져 죽을 수도 있는 그런 상황이었던 것 같습니다. 그래서 예수님은 물 위를 걸어서 제자들에게 오셨습니다.

이것은 사람들이 예수님에게서 전혀 기대하지 못했던 능력이었습니다. 예수님이 병자를 고치시고 귀신은 쫓아내신다 하더라도, 심지어 보리떡 다섯 개로 오천 명을 먹이신다 하더라도, 사람이 물 위를 걸어서 오는 것은 어느 누구도 예상치 못했던 것이었습니다. 그래서 심지어는 제자들마저도 예수님을 보고 유령이라고 소리를 질렀습니다.

제자들은 언제나 믿음이 부족했습니다. 평소에는 믿음이 있는 것 같아 보였지만 막상 현실에 부딪치면 계산을 했고 걱정을 했고 불가능하다고 생각을 했습니다. 그러나 예수님은 이런 제자들을 사랑하셔서 호수 위를 거의 뛰다시피 하셔서 달려오셔서 그들을 위로해주셨고 도와주셨습니다. 왜냐하면 이들은 말씀을 붙드는 자들이었기 때문입니다. 물 위로 걸어온다는 것은 어느 누구도 생각지 못한 기적이었습니다. 그러나 예수님은 이들에게 모든 것을 다 주시기를 원하셨습니다. 우리가 이해가 되지 않는 것이 바로 이 부분입니다. 우리는 언제나 믿음이 부족하고 이기적이고 계산적입니다. 그러나 예수님은 우리에게 모든 것을 아낌없이 주시기를 좋아하시는데 어떻게 하시겠습니까? 하나님은 우리가 하나님의 말씀을 사랑하는 것을 가장 좋아하십니다. 그러나 기적을 좋아하면 하나님의 축복은 단발로 끝나게 됩니다.

드디어 예수님과 헤어졌던 군중들이 예수님을 찾아왔습니다.

요한복음 6장 24-25절

무리가 거기 예수도 없으시고 제자들도 없음을 보고 곧 배들을 타고 예수를 찾으러 가버나움으로 가서 바다 건너편에서 만나 랍비여 어느 때에 여기 오셨나이까? 하니

군중들은 예수님을 거의 로또 복권으로 생각을 했던 것 같습니다. 예수님은 병도 낫게 하시고 굶주린 자를 먹이시는 분이시기 때문에 예수님만 붙잡고 있으면 자기들은 무조건 돈도 벌고 잘 살게 된다고 생각했던 것입니다. 그래서 예수님이 산으로 가신 그곳을 샅샅이 찾아보았습니다. 그러나 예수님은 거기에 안계셨습니다. 배도 한 척 밖에 없었고 그 한 척의 배도 제자들이 타고 가버렸는데 예수님은 없는 것

입니다. 그러나 이들은 예수님을 찾는 법을 알고 있었습니다. 그것은 제자들을 찾으면 예수님을 찾을 수 있었던 것입니다.

이것은 오늘도 마찬가지입니다. 예수님을 도대체 어디서 찾을 수 있겠습니까? 예수님을 어디서 만날 수 있겠습니까? 예수님의 말씀을 믿는 자들을 찾아오면 거기서 예수님을 만날 수가 있는 것입니다.

이 사람들의 머리로는 예수님이 물 위를 걸어서 오신 것은 도저히 알 수 없다고 하더라도 좌우간 제자들이 있는 곳에 오니까 예수님이 계셨습니다. 그래서 너무 반가워서 예수님에게 '언제 이곳에 오셨습니까?' 하면서 물어보았습니다. 그때 예수님은 고생 고생하면서 예수님을 찾아온 이 사람들을 엄청나게 책망하셨습니다.

요한복음 6장 26절

예수께서 대답하여 가라사대 내가 진실로 진실로 너희에게 이르노니 너희가 나를 찾는 것은 표적을 본 까닭이 아니요 떡을 먹고 배부른 까닭이로다

예수님이 오병이어의 기적을 행하신 것은 천국 잔치였습니다. 이 천국 잔치는 음식이 다양한 것이 아니었습니다. 이 천국 잔치의 핵심은 하나님의 기적적인 능력이었습니다. 그러나 예수님은 사람들이 이 기적을 말씀에 대한 표적으로 받아들이기를 원하셨습니다. 즉 이 기적을 보고 예수님을 믿고 더욱 더 하나님의 말씀을 믿기를 원하셨던 것입니다. 그러나 이들이 예수님을 찾는 것은 그들의 현실적인 문제를 해결 받으려고 찾았습니다. 그들은 기적의 떡을 먹고 배가 불렀습니다. 그래서 예수님께서 자기들을 위해서 계속 기적을 행해주기를 바랬던 것입니다.

여기서 예수님은 진정한 천국 잔치가 무엇인지 분명하게 말씀을 하십니다.

요한복음 6장 27절

썩는 양식을 위하여 일하지 말고 영생하도록 있는 양식을 위하여 하라. 이 양식은 인자가 너희에게 주리니 인자는 아버지 하나님의 인치신 자니라

예수님께서는 분명히 사람들의 육체의 병을 고쳐주셨고 굶주린 배를 채워주셨습니다. 그러나 이런 것은 얼마 가지 않으면 없어지는 것들이고 영원히 우리의 고통을 해결해주는 것은 아닌 것입니다. 병은 나았다 하지만 그 뒤에는 또 먹고 사는 문제가 있고 집 문제가 있고 자녀 양육의 문제가 있는 것입니다. 한 끼 기적의 떡을 먹고 배불렀다 하더라도 또 그 다음에는 배가 고프게 되어 있습니다.

예수님께서 보면 기적 자체는 말씀에 따라오는 확인 도장에 불과한 것입니다.

우리가 인감도장을 중요하게 생각하지만 역시 중요한 것은 인감도장이 찍히는 문서일 것입니다. 주택 매매일 수도 있고 은행에서 대부를 받는 것일 수도 있습니다. 마찬가지로 기적보다 더 중요한 것은 하나님의 말씀을 듣고 순종하는 것입니다. 그래서 예수님이 원하시는 진정한 천국의 잔치는 단순한 기적이 아니라 하나님의 말씀이 능력 있게 선포되고 우리가 그 말씀을 아멘으로 믿고 받아들이는 것입니다. 우리가 그렇게 할 때 하나님께서는 우리의 모든 일에 기적과 능력으로 역사하실 것이며 축복의 인을 쳐주실 것입니다.

오늘 하나님께서는 우리들에게 천국 잔치를 베푸셨습니다. 우리는

아직도 예수님의 제자들처럼 예수님의 능력을 의심하면서 자기 계산에 빠져 있지 않습니까? 우리에게 중요한 것은 우리 생각에 할 수 있다거나 할 수 없다는 판단이 아닙니다. 이 소년처럼 예수님의 말씀에 은혜를 받고 그 말씀을 믿는 것입니다. 예수님의 말씀에 믿음으로 반응하는 것입니다. 그러면 예수님께서 우리의 그 작은 믿음에 인을 치셔서 기적이 일어나게 하실 것입니다. 예수님은 하나님께서 기적으로 인치신 분이십니다. 또 예수님은 이 시간에 우리의 믿음에 기적으로 인을 치실 것입니다. 우리가 예수님의 말씀을 듣고 믿는 것이 천국 잔치입니다. 오늘 이 시간 우리는 예수님은 못하실 것이 전혀 없다는 것을 알았습니다. 그러면 우리는 주님만을 의지해야 합니다. 우리는 하나님의 말씀이 어마어마한 축복의 덩어리라는 것을 믿어야 할 것입니다. 우리는 우리의 욕심을 위해서 예수님을 붙잡아서는 안 됩니다. 오늘 우리는 예수님의 말씀에 우리의 모든 걱정과 염려를 맡기고 우리의 속마음을 예수님의 말씀으로 가득 채워야 하겠습니다. 그러면 우리의 삶에 기적이 계속 일어날 것입니다.

14 _ 요 6:28-46

하나님이 보내신 자

그 동안 우리나라 기업들은 중국이라는 나라에 대하여 전혀 신경을 쓸 필요가 없었습니다. 그래서 우리나라 기업가들은 거저 좋은 물건들을 양심껏 만들어서 시장에 팔기만 하면 공장이 돌아가는 형편이었습니다. 그러나 어느 순간 우리나라 시장이 중국에 대하여 개방이 되면서 도저히 상상할 수 없을 정도로 싼 물건들이 쏟아져 들어오기 시작하니까 우리나라 기업들이 도저히 버티어낼 수가 없어서 많이들 문을 닫게 되어버렸습니다. 아마 앞으로 자유무역협정이 체결되면 더 많은 부분에서 그런 일이 일어나게 될 것입니다.

이제 우리나라 기업들은 내가 양심껏 좋은 물건을 만들어서 시장에 내다 팔기만 하면 성공할 수 있다는 생각을 고쳐야만합니다. 이제는 중국이나 일본이나 미국이나 다른 나라의 기업들이나 시장 사정들을 생각하지 않으면 도저히 기업이 살 수 없는 시대가 오게 된 것입니다.

옛날에 제가 어렸을 때에는 바나나라고 하는 과일은 아주 귀한 것이었습니다. 생긴 것이 꼭 야구 글러브같이 생겼는데 너무 귀해서 아무나 먹지 못하고 주로 병원에 입원한 환자들을 방문할 때 들고 갈 정도였습니다. 바나나가 귀했던 것은 우리나라에서 나지 않는 과일이었기 때문입니다. 물론 지금은 길에서 가장 흔한 것이 바나나이지만 옛날에는 환자가 아니면 먹을 수 없는 귀한 과일이었습니다. 또 원숭이가 아주 귀했습니다. 그래서 약장사들이 원숭이를 데리고 나와서 재주를 부리면서 약을 팔면 사람들이 신기해서 몰려들곤 했습니다. 또 누군가가 외국에 여행을 갔다가 돌아오면 그 나라의 특산물 중에 어느 것을 사가지고 와서 선물로 나누어 주었습니다. 이런 특산물들은 우리가 가보지 않은 다른 나라의 맛을 보여주는 의미가 있었던 것입니다.

예수님께서 디베랴 호수 가에서 보리떡 다섯 개와 물고기 두 마리로 오천 명을 먹이셨을 때 사람들은 예수님에 대하여 굉장히 좋아하게 되었습니다. 왜냐하면 그들은 너무나도 배가 고팠는데 예수님께서 한 순간에 그들의 배고픈 것을 다 해결해주셨기 때문이었습니다. 그러나 예수님은 백성들이 이 기적을 다르게 해석해주기를 원하셨습니다. 그것은 천국에 대한 예표로 보기를 원하셨던 것입니다. 즉 예수님께서 사람들에게 먹이신 것은 단순히 배가 고프니까 떡을 먹이신 것이 아니고 그들에게 천국을 먹이신 것이었습니다. 즉 천국의 능력의 맛을 보이신 것이었고 천국의 능력과 생명을 소유하기를 원하셨던 것입니다. 그래서 예수님께서는 유대인들을 향하여 '썩는 양식을 위하여 일하지 말고 영생하도록 있는 양식을 위하여 일하라' 고 말씀을 하셨던 것입니다. 예를들어 어떤 사람이 열대 지방에서 바나나를 가지고 와서 선물을 한 것은 단순히 배가 고프기 때문에 바나나를 많이 먹게 해서 배를 부르게 하기 위한 것이 아니고 열대 지방이 이렇다는 것을 보여줌으로 그 나라와 무역을 하고 그 나라와 좀 더 깊은 관계를 맺기를 원하는 것과 같습니다. 예수님께서 보리떡 다섯 개와 물고기 두 마리로 오천 명을 먹이신 것은 사람들에게 천국의 능력을 맛보게 하시고 더욱 더 천국과 깊은 관계를 맺으며 더 천국의 축복을 받도록 하기 위한 것이지 단순히 배를 채우는 의미는 아니었던 것입니다.

때때로 하나님께서는 우리에게 은혜를 주시고 난 후에 그 다음에는 은혜를 안주시는 것 같은 때가 있습니다. 그때 우리가 알아야 할 것은 하나님의 마음이 변하신 것도 아니고 하나님의 능력이 바닥이 난 것도 아니고 우리에게 이 세상의 것이 아닌 천국의 무한한 복을 주시려고 그렇게 하시는 것입니다.

그래서 예수님께서는 예수님을 만나기 위해서 육지로 허겁지겁 달려서 예수님을 찾는 무리들을 매몰차게 거절하셨습니다. 이것은 예수님께서 우리에게 주시려고 하시는 것은 단순히 육체의 욕망을 채워주시거나 어려움을 해결해주시는 것이 아니라 더 풍성한 하나님 나라의 능력을 주시려고 하시는 것입니다.

그 동안 이 세상 사람들은 하나님의 나라에 대하여 큰 관심을 갖지 못했습니다. 왜냐하면 이 세상에서 나름대로 열심히 일을 하거나 노력을 하면 성공적인 삶을 살 수 있었기 때문입니다. 그러나 예수님께서는 이제는 하나님의 나라가 무한정으로 이 세상으로 쳐들어오기 때문에 단순히 이 세상에서 열심히 산다고 해서 축복된 삶을 살 수 있는 것이 아니라고 가르쳐주십니다. 우리가 하나님의 능력으로 살아야 성공적인 축복의 삶을 살 수 있다는 것입니다.

하나님의 표적

저희들이 어렸을 때 가장 슬펐던 것은 굶주린 배를 안고 잠자리에 들어야 하는 것이었습니다. 그래서 가끔은 꿈에서 먹고 싶은 것을 실컷 먹는 꿈을 꿀 때가 있었습니다. 그때 어머니가 깨우시면 '이 꿈은 절대로 깨면 안 되는데' 하면서 안타까워하던 때가 있었습니다. 제가 어렸을 때 친구로부터 뷔페라는 음식점이 생겼다는 이야기를 들은 적이 있습니다. 거기는 한번 들어가면 자기가 먹고 싶은 대로 얼마든지 실컷 먹을 수 있다는 것입니다. 그 때 저는 정말 거기에 한번 가서 실컷 먹는 것을 소원으로 가졌던 적이 있었습니다.

디베랴 호숫가에서 그야말로 먹을 것이 없어서 굶주린 배를 안고 집으로 가야 했던 사람들은 예수님께서 작은 보리떡 다섯 개와 물고기 두 마리로 오천 명이 넘는 사람들을 그야말로 실컷 배부르게 먹이셨을 때 그들은 너무나도 놀라게 되었습니다. 그리고 이 사람들은 예수님이야말로 복덩어리이며 예수님만 붙들고 있으면 먹는 문제는 다 해결되겠구나 하는 생각을 가지게 되었습니다. 그래서 이 떡을 먹은 사람들은 기를 쓰고 예수님을 찾아다녔고 드디어 가버나움에서 예수님을 찾았습니다. 그때 예수님은 이 사람들을 책망하시면서 '썩는 양식을 위하여 일하지 말고 영생하도록 있는 양식을 위하여 하라' 고 말씀하셨습니다. 그 때 비로서 이 사람들은 예수님의 말씀을 알아듣게 되었습니다. 이 기적의 떡을 먹고 계속 배나 채울 저속한 생각을 하지 말고 이제는 하나님의 일을 하라는 뜻으로 알아들었던 것입니다.

이것은 대단히 중요한 발견입니다. 때때로 하나님께서 우리에게 이 세상적인 복을 주실 때가 많이 있습니다. 예를들어 돈이 생기게 하기도 하고 병이 낫게 하기도 하시고 좋은 직장을 주시기도 하실 때 우리는 어떻게 하면 이 세상에서 돈을 더 벌고 어떻게 하면 이 세상에서 더 풍족하게 살고 어떻게 하면 이 세상에서 더 재미있게 살 것인가 하는 것을 생각할 것이 아니라 하나님의 일을 생각하라는 것입니다. 그래서 우리는 하나님께서 복을 주셨을 때 세상적인 욕심에 빠져서는 안 됩니다. 하나님께서 우리로 하여금 더 높은 은혜, 더 높은 축복을 바라보라는 뜻으로 생각을 해야 하는 것입니다.

그런데 기특하게도 사람들은 예수님의 말을 알아듣고 이렇게 물었습니다.

요한복음 6장 28절

저희가 묻되 우리가 어떻게 하여야 하나님의 일을 하오리까?

이 사람들은 자신들의 태도에 대하여 조금 반성을 하게 되었습니다. 즉 '그 동안 우리가 가난하다고 해서 너무나도 먹고 사는 일에 생각이 빠져 있었구나. 이제 우리가 하나님의 기적의 떡을 먹었으니까 이제는 하나님의 일을 좀 생각해야 하겠다. 그러면 우리는 하나님의 일을 도대체 어디에서부터 해야 할 것인가?' 라는 의문이 제기되었습니다. 그래서 예수님께 '우리가 어떻게 하여야 하나님의 일을 하오리이까?' 라고 질문을 한 것입니다. 곧 '이제 저희들은 하나님의 일에 대하여 조금 관심이 생기게 되었습니다. 그 동안 우리들은 먹고 사는 문제에 빠져서 너무 하나님의 일을 생각하지 못했습니다. 이제 우리가 어떤 일부터 해야 되겠습니까?' 그때 예수님께서는 이렇게 대답하셨습니다.

요한복음 6장 29절

예수께서 대답하여 가라사대 하나님의 보내신 자를 믿는 것이 하나님의 일이니라 하시니

지금 사람들은 하나님의 일이라고 할 때 눈에 보이는 어떤 일을 해야 하는 것으로 생각을 하고 있었습니다. 그러나 예수님께서는 하나님의 일이라고 하는 것은 내가 하나님을 위하여 이 일 혹은 저 일을 하는 것이 아니라 우리 마음의 문을 활짝 열어놓고 하나님의 말씀을 전폭적으로 다 받아들이는 것이라고 말씀을 하시는 것입니다. 즉 어떤 성이 있는데 그 성이 왕과의 관계가 좋지 못할 때 왕과 화해할 수 있는 방법은 자기 마음대로 왕을 위해서 어떤 공사를 한다거나 어떤 행사를 하는 것이 아니라 왕의 사신 앞에 성문을 활짝 열고 왕이 하시는 말을 다 듣고 순종을 해야 하는 것입니다.

오늘 하나님께서 우리 모든 인간들에게 원하시는 것은 우리가 하나님을 위해서 자기 나름대로 이 일 저 일을 하거나 열심을 내는 것이 아니라 마음 문을 활짝 열고 하나님의 말씀을 전폭적으로 받아들이는 것입니다.

여기서 유대인들은 예수님의 말씀에 강력하게 반발을 했습니다.

요한복음 6장 30-31절

저희가 묻되 그러면 우리로 보고 당신을 믿게 행하시는 표적이 무엇이니이까, 하시는 일이 무엇이니이까? 기록된바 하늘에서 저희에게 떡을 주어 먹게 하였다 함과 같이 우리 조상들은 광야에서 만나를 먹었나이다

예수님께서는 유대인들에게 그들이 진정으로 하나님의 축복을 받

고 하나님의 능력을 체험하려면 하나님이 보내신 자 예수님을 영접하고 예수님의 말씀을 듣는 것이라고 했을 때 그들은 예수님이 하나님으로부터 온 표적이 필요하다고 말을 했습니다. 곧 유대인들은 예수님께서 보리떡 다섯 개로 오천 명을 먹이신 것은 어디까지나 자기들의 배를 채운 것이지 예수님이 하늘로부터 온 표적은 아니라는 것입니다. 그것은 어디까지나 배고픈 것을 먹여준 것이지 하늘의 표적은 아니라는 것입니다. 지금 유대인들은 하늘의 표적과 이 세상의 기적을 구별해서 생각하고 있었습니다. 즉 하늘의 표적이라면 떡이 많아지는 것으로는 안되고 하늘에서 만나가 내리는 정도는 되어야 한다고 생각했습니다. 다른 말로 표현하면 예수님도 그 자리에서 하늘에서 만나가 내리게 해 보라는 것이었습니다. 그런데 사실은 이들이 아주 중요한 말을 한 것이었습니다.

우선 하늘에서 만나가 내린 것은 두 가지 특징이 있었습니다. 하나는 이 만나가 이 세상에 없는 것인데 하늘에서 내렸다는 사실입니다. 그래서 '만나' 라는 이름 자체가 '이것이 무엇이냐?' 라는 뜻이었습니다. 그리고 또 하나는 이 만나는 무려 사십년 동안이나 이스라엘 백성들의 먹는 문제를 해결해 주었습니다. 홍해에서 요단강까지 만나는 하루도 빠짐없이 소리도 없이 내렸습니다. 여기서 유대인들이 예수님에게 만나의 기적을 요구한 것은 아마 진정한 기적이라면 이 세상에 있는 떡을 가지고 기적을 일으켜서는 안 되고 순수하게 하늘로부터 임하는 기적이어야 한다고 생각을 한 것입니다. 이 사람들은 하늘의 기적과 땅의 기적을 구별하고 있었습니다.

그러나 만나에 대하여 진짜 중요한 것은 만나가 내린 이유였습니다. 하나님께서는 출애굽한 수십만 명의 이스라엘 자손들을 먹을 것도 없고 마실 것도 없는 광야로 인도하시면서 이렇게 말씀하셨습니다. '사람이 떡으로만 살 것이 아니요 하나님의 입에서 나오는 말씀으로 살 것이니라.'

그러니까 만나라고 하는 것은 하늘에서 내렸느냐 아니면 땅에서 생겼느냐 혹은 십년 동안 내렸느냐 사십년 동안 내렸느냐 하는 것이 중요한 것이 아니라 하나님의 말씀대로 순종하니까 기적이 일어나더라는 것입니다. 하나님의 말씀에 순종해서 사니까 이 세상에서는 한 번도 본 적이 없는 기적의 양식이 생겼던 것입니다. 그런데 이것이 만나가 아니라 까마귀가 날라다 준 엘리야의 떡이나 고기라도 마찬가지인 것입니다. 중요한 것은 이 기적이 하늘에서 내려왔느냐 아니면 땅에 있는 재료로 일어났느냐 하는 것이 아닌 것입니다. 우리가 어느 곳에 있든지 하나님의 말씀에 순종을 하니까 굶어죽지 않고 망하지 않고 사는 것 자체가 기적인 것입니다. 그리고 이것이 천국의 능력이요 천국의 축복인 것입니다.

하나님의 나라와 세상 나라

지금 우리가 보고 있는 것들은 모두 세상 나라입니다. 우리는 매일 신문이나 텔레비전 뉴스를 통해서 우리 사회에서 일어나는 여러 가지 일들에 대한 소식들을 듣고 있습니다. 우리는 아파트 시세를 보고 있습니다. 우리는 주식 가격의 상승을 보고 있습니다. 우리는 월급봉투에서 나의 봉급의 액수를 보고 있습니다. 우리는 이 세상에서 좀 더 행복하고 풍성하게 살기를 원하고 있습니다. 그런 까닭에 사실 천국이라고 하는 것은 죽은 후에 가게 될지도 모르는 정도로 생각을 할 때가 많습니다.

예수님을 찾아온 유대인들도 너무나도 이 세상에 살면서 어려움이 많은 사람들이었습니다. 집에서는 양식도 떨어져 있습니다. 그리고 살 집도 없는 사람들이 많았습니다. 병이 들었지만 고침을 받지 못하는 사람들도 많았습니다. 그리고 국내 정치는 늘 불안정했습니다. 그런데 예수님께서 '하나님의 일을 위해서 하라' 고 하니까 도대체 하나님의 일이라는 것이 무엇일까 하는 생각을 하게 되는 것입니다. 그래서 그들은 예수님에게 '당신이 모세와 같은 능력을 보여주면, 우리가 전적으로 믿고 따르겠다' 고 대답을 한 것입니다. 즉 모세와 같이 기적을 행하고 모세와 같이 우리의 먹을 것을 해결해주고 모세같이 우리를 축복의 땅으로 인도해달라는 것이었습니다.

그런데 이들이 알지 못했던 것은 광야에서 내렸던 만나가 기적의 떡이기는 했지만 그들의 배를 채우는 일밖에 하지 못했던 것입니다. 만나는 먹는 자에게 하나님의 말씀에 순종하는 힘을 주지는 못했습니다. 그래서 이스라엘 백성들은 만나를 먹으면서도 하나님의 말씀에 불순종하고 하나님을 원망함으로 가나안 땅에 들어가지 못하고 광야에서 다 죽어야 했습니다.

지금 우리들에게 중요한 것은 기적을 체험하는 것이 아니라 하나님의 말씀을 사랑할 수 있는 능력인 것입니다. 왜냐하면 우리가 하나님의 말씀을 사랑하기만 하면 기적은 나타나게 되어 있기 때문입니다.

그래서 예수님은 이렇게 대답을 하셨습니다.

요한복음 6장 32-33절

예수께서 이르시되 내가 진실로 진실로 너희에게 이르노니 하늘에서 내린 떡은 모세가 준것이 아니라 오직 내 아버지가 하늘에서 내린 참 떡을 너희에게 주시나니 하나님의 떡은 하늘에서 내려 세상에게 생명을 주는 것이니라

예수님은 유대인들에게 모세가 만나를 준 것이 아니라고 말씀하고 있습니다. 만나는 이스라엘 자손들이 하나님의 말씀에 순종할 때 하나님께서 주신 생명이었습니다. 그런데 이스라엘 자손들은 만나만 먹었지 하나님의 말씀에 순종하는 능력은 받지 못했습니다. 그래서 결국 이스라엘 백성들은 애굽에서는 나왔지만 가나안 땅에 들어가지 못했고 가나안 땅에 들어갔던 후손들도 결국 하나님의 말씀에 순종을 하지 못해서 멸망하고 말았던 것입니다.

예수님께서는 지금 예수님을 찾아온 사람들에게 그들에게 가장 필요한 것은 목숨을 유지하는 떡이 아니라 하나님의 말씀에 순종하는 것이라고 말씀하고 있습니다. 이것은 오늘 우리들에게도 마찬가지입니다. 우리들은 이 세상에서 직장을 가지고 돈을 벌고 집을 사고 사회적으로 성공하는 것이 중요하다고 생각합니다. 우리나라 사람들은 이 세상에서 성공하기 위해서 전세금을 빼내어서 유학을 가기도 하고 젊음을 고시촌에서 보내기도 하고 죽으라고 직장에서 밤을 새워가면서 일을 하기도 합니다. 우리가 이 세상에서 성공하는 떡을 얻기가 얼마나 어려운지 모릅니다. 그런데 예수님께서는 이 세상의 떡 보다 수십 배 수백 배 아니, 수천억 배 중요한 것이 하나님의 말씀을 듣고 순종하는 떡이라고 말씀을 하십니다. 왜냐하면 이스라엘 백성들이 광야에서 만나를 먹고도 해결하지 못했던 것이 바로 이것이었고 이스라엘 백성

들이 가나안 땅에 들어가 놓고도 그 축복을 빼앗겼던 것이 바로 하나님의 말씀에 불순종했기 때문이었습니다. 그래서 오늘 우리는 이 세상에서 가장 중요한 것은 하나님의 말씀을 듣고 하나님의 말씀에 순종하게 하는 것이라는 사실을 알아야 합니다.

예수님은 바로 그 떡을 주시겠다고 말씀하십니다. '오직 내 아버지가 하늘에서 내린 참 떡을 너희에게 주시나니 하나님의 떡은 하늘에서 내려 세상에게 생명을 주는 것이니라'

지금 예수님이 유대인들에게 주시려고 하시는 것은 고픈 배를 채우는 떡이 아닙니다. 이 떡은 광야에서 죽지 않고 가나안 땅에서 쫓겨나지 않고 영원히 하나님의 축복을 빼앗기지 않는 참 떡인 것입니다. 그것이 무엇입니까? 하나님의 말씀을 믿고 그 말씀에 순종해서 사는 떡인 것입니다.

우리가 보통 맛있는 떡을 먹으면 어떻습니까? 우선 입에서 떡을 씹으면서 행복합니다. 그리고 씹은 떡이 목구멍을 통해서 뱃속을 채울 때 속이 든든해집니다. 하지만 그 다음에 시간이 지나면 또 배가 고파지고 또 새로운 떡을 입 안에 넣어서 씹어야 합니다.

그러나 하나님이 주시는 참 떡을 먹으면 우리의 눈이 환하여 집니다. 얼마나 하나님이 좋아지는지 모릅니다. 그리고 내 자신의 소중한 가치를 되찾게 됩니다. 그리고 진정으로 영혼에 만족감이 있고 기쁨이 있고 하나님의 능력과 축복이 우리 마음에 임하게 됩니다. 더욱이 조금씩 조금씩 하나님의 말씀대로 행하고 싶은 생각이 듭니다. 마치 오래 장애를 입었던 분이 재활 치료를 하면서 한 걸음씩 걷게 되는 것과 같습니다. 물론 처음에는 잘 걷지 못하고 몇 번씩 넘어집니다. 그러나 속에서 기운이 올라오니까 또 일어서게 됩니다. 그리고 또 걷습니다. 그 대신 죄와 비참한 것과 더러운 것은 싫어하게 되고 멀리하게 됩니다. 때로는 옛날 습관 때문에 유혹에 넘어갈 때도 있지만 금방 멀리하게 되는 것입니다. 이것이 바로 하나님의 참 떡인 것입니다.

유대인들은 이것을 잘 이해하지 못한 것 같습니다. 그래서 그들은 예수님께 이 떡을 항상 우리에게 달라고 부탁을 합니다.

요한복음 6장 34절

저희가 가로되 주여 이 떡을 항상 우리에게 주소서

아마 이 사람들은 여전히 만나 같은 떡을 생각한 것 같습니다. 그래서 항상 자기들 옆에 하나님의 떡이 있어서 배가 고프기만 하면 떼어서 먹을 수 있는 영원히 없어지지 않는 떡을 달라고 한 것입니다.

사실 부인들에게 이런 떡이 있으면 얼마나 좋겠습니까? 밥을 할 필요도 없이 소년의 떡 한 조각만 집에 갖다 놓으면 배고플 때 마다 한 조각씩 떼어서 먹으면 일할 필요도 없고 밥을 할 필요도 없고 돈을 빌릴 필요도 없을 것입니다.

유대인들은 예수님이 주시는 하늘의 떡을 한 조각씩 집에 두고 살기를 원했습니다. 그래서 배만 고프면 기도하고 떡을 떼기만 하면 몇 십 명씩이나 몇 백 명씩 먹을 수 있는 떡만 있으면 얼마나 좋겠습니까? 그러나 우리에게 영생하는 떡은 그런 먹는 떡이 아닌 것입니다. 우리 안에 하나님의 말씀을 사랑하는 마음입니다. 우리 안에 하나님을 사랑하고 하나님의 말씀을 사랑하면 이것이 바로 기적의 떡이 우리에게 있는 것입니다.

예수님은 이렇게 말씀하셨습니다.

요한복음 6장 35절

예수께서 가라사대 내가 곧 생명의 떡이니 내게 오는 자는 결코 주리지 아니할 터이요 나를 믿는 자는 영원히 목마르지 아니하리라

우리가 하나님의 축복을 소유하는 비밀은 오직 예수님 한 사람 안에 있습니다. 예수님이 천국문의 열쇠인 것입니다. 우리가 하나님을 사랑하고 하나님의 말씀에 순종한다는 것은 한 순간의 결심으로 되지 않습니다. 이것은 우리 안에 있는 본성의 문제입니다. 우리 안에 있는 본성이 하나님을 거역하고 하나님을 대적하고 자기 멋대로 살려고 하는 것이 있기 때문에 우리는 이 생명의 떡을 먹지 못하는 것입니다. 우리가 천국의 복을 누리려면 우리 안을 완전히 수술을 해서 바꾸어야 합니다. 우리의 생각과 감정과 기질까지 다 바꾸어야 합니다. 그렇게 하려면 우리는 죽어야 합니다. 우리가 죽는 유일한 방법은 예수님께 모든 것을 걸고 오는 것입니다.

예수님은 그런 자들에게 이렇게 약속하셨습니다.

'내게 오는 자는 결코 주리지 아니할 터이요 나를 믿는 자는 영원히 목마르지 아니하리라'

여기서 예수님은 예수님께 오는 자는 결코 주리지 아니할 것이라고 하셨습니다. 즉 영원히 배고프지 않은 것입니다. 그런데 예수님은 수수께끼 같은 말씀을 하시는데 이것이 중요한 것입니다. '나를 믿는 자는 영원히 목마르지 아니하리라' 고 하셨습니다. 우리가 떡을 먹으면 배가 고프지 않는다는 것은 알지만 오히려 떡을 먹으면 목이 더 마를 수 있습니다. 왜냐하면 먹는 것과 마시는 것은 다르기 때문입니다. 그

러나 예수님은 마시는 것까지 다 해결된다고 약속하셨습니다. 이것은 배고픈 것과 목마른 것이 단순히 육체적인 것이 아닌 것을 말합니다. 곧 우리의 삶에서 무엇인가 중요한 것이 결핍되어 비참한 것을 말합니다. 그리고 목마른 것은 우리가 무엇인가를 갈망하는 것입니다. 우리는 목마른 것 외에도 많은 것을 갈망합니다. 우리 안에 하나님의 말씀을 사랑하고 순종하는 마음이 있을 때에는 하나님이 결핍된 것도 채워주시고 우리의 갈망도 채워주시는 것입니다. 사실 너무나도 목이 마를 때에는 아무리 물을 마셔서 갈증이 없어지지 않습니다. 이럴 때에는 그야말로 수도 없이 냉장고 문을 열고 찬물을 들이키게 됩니다. 그러나 하나님께서 우리에게 주시는 성령의 생수는 뱃속에서부터 솟아나는 생수이기 때문에 영원히 목마르지 않게 됩니다. 우리의 모든 갈증의 원인은 하나님의 사랑과 은혜가 결핍이 되어서 생기는 것입니다. 우리 안에 하나님의 은혜와 사랑이 부어지게 될 때 우리는 영원히 목마르지 않게 되는 것입니다.

우리가 예수를 믿으면 어떻게 됩니까? 우리 안에 과거와 현재의 모든 죄가 씻겨지게 됩니다. 그리고 하나님의 말씀을 들으려고 하고 그 말씀에 순종하려고 합니다. 이것이 바로 이 광야 같은 세상에서 망하지 않는 방법이고 가나안의 축복을 영원히 빼앗기지 않는 방법인 것입니다.

이때 우리는 마음속에 의심이 생기게 됩니다. 우리가 영적인 양식을 먹는다고 해서 과연 이 세상에서 성공적인 삶을 살 수 있을 것인가 하는 것입니다. 이것은 우리가 은혜와 세상의 복을 구분해서 생각하기 때문에 생기는 불신인 것입니다. 이 세상의 복을 만드신 분이 과연 누구십니까? 이 세상에 많은 것을 주신 분이 과연 누구십니까? 하나님께서 우리에게 주신다고 하셨으면 우리는 그것을 믿어야 하는 것입니다.

예수님은 이것이 자신의 뜻이 아니라 하나님의 뜻이라고 분명히 밝히셨습니다.

요한복음 6장 38-39(上)절

내가 하늘로서 내려온 것은 내 뜻을 행하려 함이 아니요 나를 보내신 이의 뜻을 행하려 함이니라

우리는 예수님의 뜻과 하나님의 뜻이 다르다고 생각해서는 안 됩니다. 바로 이것이 하나님의 뜻인 것입니다. 하나님께서 우리 인간들에게 가장 원하시는 것은 예수를 믿고 하나님의 말씀에 순종해서 사는 것입니다.

하나님이 주시는 자

예수님은 누구나 자신을 믿고 이 놀라운 복을 누릴 수 있는 것은 아니라고 말씀하셨습니다. 그러면 누가 과연 이 생명의 떡을 먹게 되는 것일까요? 그것은 하나님께서 예수님에게 주시는 사람들이 있습니다. 이 사람들이 바로 이 영생하는 떡을 먹게 되는 것입니다.

요한복음 6장 36-37절

그러나 내가 너희더러 이르기를 너희는 나를 보고도 믿지 아니하는도다 하였느니라. 아버지께서 내게 주시는 자는 다 내게로 올 것이요 내게 오는 자는 내가 결

코 내어 쫓지 아니하리라

예수님은 이미 유대인들에게 '너희가 나를 보고도 믿지 아니하는도다' 라고 말씀하셨습니다. 여기서 '너희가 나를 보고' 라고 하는 것은 예수님의 외모를 말하는 것이 아니라 예수님이 행하시는 놀라운 능력을 말하는 것입니다. 이 사람들은 예수님의 놀라운 기적과 능력을 보고서도 예수님을 전적으로 믿지 못했습니다. 그 이유가 어디에 있을까요? 예수님의 설교의 능력이 부족해서 그럴까요? 아니면 이 사람들이 더 악해서 그럴까요? 그것은 우리가 잘 알 수 없습니다. 그러나 이상하게 어떤 사람들은 마치 스펀지가 물을 빨아들이듯이 하나님의 말씀을 받아들이고 믿는 자가 있는가 하면 어떤 사람들은 듣기는 듣는데 결국 믿음이 생기지 않아서 믿지 못하는 자들도 있습니다.

이것을 예수님께서는 '아버지께서 내게 주시는 자' 라고 말씀하셨고 '아버지께서 이끌지 아니하시면 아무도 내게 올 수 없다' 고 말씀하셨습니다. 우리가 믿음을 가지는데는 놀라운 하나님의 신비와 인도하심이 있는 것입니다.

우리는 우리의 과거를 돌이켜 보면 예수를 믿지 않던 시절에도 하나님이 자기와 함께 하셨던 것을 알게 될 것입니다. 무엇인가 알 수 없는 힘이 우리를 지켜주시고 우리와 조용히 동행을 해 오신 것입니다. 그동안 우리가 돌이킬 수 없는 죄에 빠지려고 하면 알지 못하는 힘이 지켜주기도 하시고 우리가 죽으려고 할 때에도 막아주시기도 하셨습니다. 그러다가 어느 결정적인 순간에 하나님께서 우리 삶에 나타나셔서 자기를 드러내시고 도저히 예수를 믿지 않으면 안되도록 우리를 코너에 몰아 붙이셨던 것입니다. 어떤 사람은 예수를 믿지 않으려고 그렇게 도망을 다녔는데 도망치는 곳마다 예수 믿는 사람들이 아예 포진을 하고 있었다고 말을 하고 있습니다.

이것은 우리 인간들이 얼마나 간악하고 얼마나 하나님께 붙들리기 어려운 존재인지 보여주는 것입니다. 우리는 정말 하나님의 은혜에 붙들리기는 너무나도 어려운 존재들이었습니다. 하나님이 잡으려고 하시면 미꾸라지보다 더 미끄럽게 도망을 치던 자들이었습니다. 그런데 하나님은 우리를 포기하지 아니하시고 끝까지 따라오셔서 드디어 우리를 잡으셔서 예수 믿게 하신 것입니다. 이 세상에서 가장 위대한 은총은 우리가 하나님의 손에 잡히는 것입니다.

믿음의 조상 야곱 같은 경우에는 어렸을 때부터 신앙의 가정에서 자랐고 들판에서 살아계신 하나님을 체험했고 밧단 아람에서 하나님의 복을 많이 받았습니다. 그러나 끝내 하나님의 손에 잡히지 않다가 얍복강 가에서 에서를 기다리다가 천사와 씨름을 하고 환도 뼈가 위골된 후 하나님의 손에 잡혔습니다. 그런데 야곱이 하나님의 손에 잡힌 그 순간에 바로 이름이 승리자라고 하는 이스라엘로 변해버렸습니다. 이제 그는 능력의 사람이 된 것입니다.

이 세상에서 가장 행복한 사람은 하나님의 손에 잡혀서 꼼짝 달싹 못하고 믿음으로 사는 사람입니다.

유대인들은 예수님의 말씀을 듣고 수군거렸습니다.

요한복음 6장 41-42절

자기가 하늘로서 내려온 떡이라 하시므로 유대인들이 예수께 대하여 수군거려 가로되 이는 요셉의 아들 예수가 아니냐? 그 부모를 우리가 아는데 제가 지금 어찌하여 하늘로서 내려왔다 하느냐?

유대인들은 아직 하나님의 손에 붙잡히지 않은 자유로운 상태에 있었습니다. 그러니까 예수에 대하여 수군거리면서 믿지 않았습니다. 어떤 의미에서는 이것이 오히려 정상적인 것입니다. 정상적으로는 이 세상에 예수 믿을 사람은 아무도 없습니다. 인간은 모두 자신이 하나님보다 더 똑똑하고 자신인 하나님보다 더 잘났는데 어떻게 예수를 믿을 수 있겠습니까? 그러나 이 세상에 단 한 명이라도 예수 믿는 사람이 생기는 것은 하나님이 행하시는 가장 놀라운 기적인 것입니다.

요한복음 6장 43-45절

예수께서 대답하여 가라사대 너희는 서로 수군거리지 말라. 나를 보내신 아버지께서 이끌지 아니하면 아무라도 내게 올 수 없으니 오는 그를 내가 마지막 날에 다시 살리리라. 선지자의 글에 저희가 다 하나님의 가르치심을 받으리라 기록되었은즉 아버지께 듣고 배운 사람마다 내게로 오느니라

예수 믿는 자는 전부 하나님께서 특별히 붙잡아서 데리고 온 사람들입니다. 이제 우리는 다른데 도망갈 곳도 없습니다. 그러므로 우리는 하나님의 말씀을 매일 묵상하고 거룩한 삶을 살아야 합니다. 살아계신 우리 주님은 오늘 우리에게 영원히 배고프지 않고 영원히 목마르지 않게 하겠다고 약속하셨습니다. 이제 우리는 세상의 배고픈 것은 벗어버리고 더 하나님의 크신 은혜로 채움 받기를 소망해야 할 것입니다.

15 _ 요 6:47-71

영생의 삶

얼마 전에 우리나라의 유명한 영문학자이신 피천득 선생이 돌아가셨습니다. 피천득 선생은 영문학자이기도 하지만 수필가로 우리에게 더 유명한데 누구나 학생 시절에 '피터의 산문' 이라고 읽어 보셨을 것입니다. 몇 년 전에 신문에서 피천득 선생의 인터뷰 기사가 실려 있어서 읽은 적이 있었습니다. 거기에는 피천득 선생이 자신의 소중한 책갈피에 넣어서 보관하고 있는 한 젊은 여성의 사진이었습니다. 이미 그 사진은 색이 누렇게 바랜 아주 오래된 사진이었고 그 사진의 주인공은 아주 미인이었습니다. 피천득 선생은 그 여성에 대하여 말을 잘 하지 않으려고 하는데 기자가 자꾸 물으니까 아주 옛날 젊었을 때 중국 남경에서 대학 다닐 때 같이 공부했던 중국 여학생이라는 것입니다. 그 여학생을 사랑했었는데 결국 헤어지고는 만나지 못했는데 여자들이 더 오래 사니까 살아 있으면 지금이라도 한번 만나고 싶다고 했습니다.

사진 속의 여성은 이 분의 머리 속에는 영원히 젊은 싱싱한 여성으로 남아 있는 것입니다. 물론 이 여성은 공산 혁명을 겪으면서 죽었을 수도 있고 그 후에 결혼해서 손자 손녀들이 주렁주렁 있을 수도 있고 이미 죽어서 땅 속에서 썩어가고 있을지 모르지만 적어도 피천득 선생의 기억 속에는 육십년 전 젊은 여성으로 살아있는 것입니다.

저는 가끔 책을 읽거나 영화를 보다가 시간의 마술에 걸릴 때가 있습니다. 책에서는 어떤 여성의 어린 시절부터 늙어서 손자 손녀를 낳을 때까지 그 엄청난 시간을 책 한 권에서 다 보여줍니다. 영화도 보면 어렸을 때 형제들이 같이 자연 속에서 뛰놀다가 어느 새 모두 다 죽고 아주 늙은 노인이 되어서 혼자 과거를 회상하는 것을 보게 됩니다. 이것이 영화니까 한 시간이나 두 시간 안에 다 보여주는 것입니다.

그래서 저는 어떤 의미에서 젊어서 죽는 것도 반드시 나쁜 것은 아니겠다는 생각이 듭니다. 왜냐하면 젊어서 죽는 것이 아깝기는 하지만 모든 사람들의 기억 속에 그 사람은 영원히 젊은 모습으로 남아 있기 때문입니다.

미국 대통령 중에서 존 F 케네디 같은 경우에는 젊은 사십대에 죽었기 때문에 영원히 젊은 대통령으로 전 세계인의 마음속에 남아 있는 것입니다.

헤밍웨이가 쓴 '노인과 바다' 를 보면 노인이 자면서 자주 꿈을 꿉니다. 주로 자기가 젊었을 때 배를 타고 아프리카 해변을 지나갈 때 해변에 나와서 놀고 있는 사자에 관해 꿈을 꾸는 것입니다. 그리고 이 노인이 젊었을 때 얼마나 팔 힘이 세었는지 어느 흑인과 팔씨름 내기를 했는데 만 하루 스물 네 시간을 자지도 않고 쉬지도 않고 팔씨름을 해서 결국 흑인을 이깁니다. 노인은 자신의 젊었을 때를 자꾸 꿈을 꾸면서 잠을 잡니다. 사람이 늙으면 늙을수록 옛날을 꿈꾸면서 살아가는 것 같습니다.

우리는 가끔 늙지도 않고 죽지도 않고 영원히 젊은 상태에서 살 수는 없을까 하는 생각을 하게 됩니다. 특히 몸에 병이 들거나 나이가 많이 들어가면 들어갈수록 이런 생각은 더 들 것입니다. 혹은 가족 중에서 너무 사랑하는 사람을 잃게 되었을 때에는 더욱 이런 생각을 하게 될 것입니다.

예수님께서는 우리에게 바로 그런 세계가 있다고 말씀하고 있습니다. 우리가 늙지도 않고 죽지도 않고 영원히 젊고 싱싱한 상태에서 살 수 있는 세계가 있는 것입니다. 그 세계는 우리가 살고 있는 이 세계 바로 옆에 있습니다. 예수님은 바로 그 놀라운 삶을 주시기 위하여 우리에게 찾아오신 것입니다.

우리 옆에 있는 영생의 나라

폐쇄된 사회에 사는 사람들은 자신들의 인생만 전부라고 생각하게 됩니다. 예를들어 북한에 사는 사람들은 북한이외의 삶을 알지 못할 것입니다. 특히 북한에서는 북한 안에서의 이사의 자유도 허락이 되지 않습니다. 그러니까 어느 한 곳에 태어난 사람들은 한 평생 거기에서만 살다가 죽어야 하는 것입니다. 그러다가 외국 사람들이 한 번씩 들어간다든지 혹은 남한의 방송이나 텔레비전을 보게 되면 자기들과 전혀 다른 삶이 있다는 것을 알고 놀라게 될 것입니다. 또한 교도소에서 살고 있는 사람들은 교도소 안의 삶만이 전부라고 생각할 것입니다. 기상하고 식사하고 노동하고 취침하고 죄수들끼리 인간관계를 맺으면서 사는 것을 전부라고 생각할 것입니다. 그러나 한 번씩 외부인이 면회를 오거나 외부 텔레비전을 보면 자기들과는 전혀 다른 바깥세상의 이야기를 듣게 될 것입니다.

우리가 살고 있는 이 세상도 역시 폐쇄된 세상입니다. 그래서 우리 인간들은 우리가 살고 있는 이 세상 밖에 어떤 세상이 있는지를 알지 못합니다. 지금까지 인간들은 바깥세상을 알기 위해서 많은 추측도 하고 많은 노력도 했지만 아직 우리 인간 세상 밖에 있는 생명의 존재조차도 모르고 있습니다.

그런데 예수님께서는 이 우주에는 우리만 사는 것이 아니라 우리가 알지 못하는 또 다른 세상이 있다고 말씀하셨습니다. 그 세상의 특징이 바로 영원히 사는 것입니다.

요한복음 6장 47-49절

진실로 진실로 너희에게 이르노니 믿는 자는 영생을 가졌나니 내가 곧 생명의 떡이로라. 너희 조상들은 광야에서 만나를 먹었어도 죽었거니와

우리에게는 두 세계가 공존하고 있습니다. 하나는 늙어서 죽는 바로 우리가 살고 있는 세상이고 다른 하나는 영원히 늙지도 않고 죽지도 않고 언제나 젊고 싱싱하고 아름다운 세상이 있는 것입니다. 그런데 이 두 세계는 완전히 서로가 격리 되어 있어서 사람들은 그런 세계가 있다는 사실 조차도 알지 못했습니다. 그런데 모세 때 영생의 나라에서 무엇인가 선물이 왔습니다. 그것은 바로 만나였습니다. 만나라는 식물은 이 세상과 영생의 세계를 연결시켜주는 고리였습니다. 즉 만

나는 이 세상 어디에도 없는 식물이었습니다. 그런 식물이 매일 아침에 이스라엘 백성들에게 내렸다는 것은 우리가 전혀 알지 못하는 다른 세계가 있다는 것을 보여주는 증거였던 것입니다.

예를들어 바나나는 우리가 알지 못하는 열대 지방이 있다는 것을 보여주는 증거인 것입니다. 그러나 바나나는 우리를 열대 지방으로 데려가 주지는 못합니다. 마찬가지로 만나는 그 나라의 맛만 보여주었을 뿐이지 이스라엘 백성들을 그곳으로 데려가지는 못했습니다.

우리는 사람들이 왜 늙어서 죽는가 하는 것에 대하여 여러 가지 이론들을 제기하고 있습니다. 그 중의 하나가 유전자설입니다. 즉 사람의 유전자 안에 사람의 세포가 어느 시간 성장하다가 늙어서 죽도록 입력이 되어 있다는 것입니다. 그래서 사람들은 큰 이변이 없는 이상 유전자 속에 있는 생장 프로그램에 의해서 살다가 죽는다고 생각합니다. 거기에 비해서 어떤 사람들은 사람 몸에서 나오는 유해활성 산소가 있는데 이 산소가 몸의 노화를 촉진시켜서 결국 사람은 늙어서 죽는다고 주장을 합니다.

그러나 어떤 이론으로 설명하든지 간에 이 세상에 사는 모든 사람들이나 모든 생명체는 노화되게 되어 있고 어느 시간을 살고 난 후에는 모두 죽게 되어 있습니다. 그리고 죽은 후에는 모두 다 땅 속에서 썩어서 없어지게 되어 있습니다.

그러나 예수님께서는 우리가 알지 못하는 또 다른 세계가 있다고 말씀하십니다. 거기는 일체 늙지 않고 병들지 않고 죽지 않는 영원한 생명의 세계인 것입니다. 예수님은 거기서 오셨다고 말씀하고 있습니다.

47절에 '내가 진실로 진실로 너희에게 이르노니 믿는 자는 영생을 가졌나니' 라고 말씀하셨습니다. 여기서 예수님이 말씀하시는 '영생'

이라고 하는 것은 이 세상에서 우리가 죽지 않고 오래 오래 늙도록 사는 것을 말하지 않습니다. 여기서 예수님이 말씀하시는 영생이라는 것은 아름답고 풍성하고 싱싱한 상태에서 하나님이 주시는 복을 영원토록 누리는 것을 말합니다.

어떤 의미에서 이 세상에서 오래 오래 사는 것이 복이 아닐 수도 있습니다. 왜냐하면 늙지 않고 젊고 건강한 상태에서 오래 사는 것이 좋지 병든 상태에서나 혹은 기력이 전혀 없는 상태에서 혹은 정신이 전혀 없는 상태에서 오래 사는 것은 전혀 복이 아닐 수도 있을 것입니다. 요즘 현대 의학은 우리 인간들의 수명을 엄청나게 연장시켜 놓았습니다. 옛날에는 병으로 돌아가셨을 분들도 이제는 약으로 다 살려놓아서 노인 인구가 엄청나게 많아지게 했습니다. 어떤 의미에서는 이렇게 해서라도 오래 사시는 것은 복입니다. 그러나 진짜 영원히 사는 것은 모르고 육체적으로만 오래 오래 사시는 것은 진정한 행복이 아닌 것입니다. 우리는 영원히 살고 싶어 합니다. 하지만 주님을 믿지 않으면 불가능합니다.

예수님께서는 '진실로 진실로' 라고 하시면서 '믿는 자는 영생을 가졌다' 고 자신 있게 말씀을 하셨습니다.

이것은 우리 안에 이미 다른 생명이 들어와 있는 것을 의미하는 것입니다. 즉 우리를 노화시키고 멸망시키는 것을 상쇄시키는 능력이 우리 안에 들어와 있는 것입니다. 그러면 우리 인간이 이 세상에서 늙어가고 죽는 가장 중요한 이유가 무엇일까요? 그 이유는 죄 때문입니다. 인간이 죄 때문에 하나님으로부터 단절이 되어서 주어진 이 육체적인 생명만 가지고 살다가 죽는 것입니다.

우리 인간들이 진정으로 가치 있고 능력 있는 삶을 살려고 하면 우리 안에 하나님의 은혜와 능력이 공급이 되어야 합니다. 그러나 죄가 그것을 철저하게 막고 있기 때문에 우리는 그냥 이 세상 태어나면서 가지고 있는 생물학적인 삶 밖에는 살지 못하는 것입니다. 이것은 다른 식으로 표현하면 죄의 감옥에 한 평생 살다가 죽는 것과 같습니다.

그러나 예수님은 우리에게 영생을 가지고 오셨습니다. 예수님이 가지고 온 영생은 두 가지 단계로 되어 있습니다. 하나는 이 세상에서 죄의 사슬을 푸는 것입니다. 곧 죄의 감옥에서 나오게 해서 우리로 하나님의 능력으로 하나님의 영광을 위해서 가치 있는 삶을 살게 하시는 것입니다. 그리고 다른 하나는 진짜 우리에게 이 세상과는 다른 영생의 삶을 영원히 누리게 하시는 것입니다. 그런데 이 두 가지 모두 다 영생입니다. 우리는 이 세상에서도 영생을 누리고 죽은 후에도 영생을 누립니다.

그런 까닭에 우리가 예수를 믿고 나면 우리의 인격과 생각과 감정이 모두 가장 아름다운 보석처럼 변해서 부패하지 않는 것입니다. 우리는 구약 성경에서 하나님께서 이스라엘 백성들의 '마음이 부패했다' 는 말씀을 많이 하시는 것을 볼 수 있습니다. 이 세상에 모든 것이 부패하지만 가장 잘 부패하는 것이 인간의 생각이고 마음인 것입니다.

그런데 우리가 예수를 믿고 나면 오히려 속사람이 더 새로워집니다. 우리의 생각이 더 신선해지고 우리의 감정이 더 새로워지고 아름다워집니다.

그래서 사도 바울은 말하기를 "그러므로 우리가 낙심하지 아니하노니 겉사람은 후패하나 우리의 속은 날로 새롭도다." (고후4:16)고 말씀했습니다.

우리가 이 세상에 죄를 가지고 태어난 이상 우리의 몸은 육체의 법칙에 따라 노화되게 되어 있습니다. 그러나 우리가 예수를 믿으면 우리의 생각은 날로, 날로 새롭고 우리의 감정도 너무나도 신선하고 아름다울 수 있는 것입니다. 또한 우리 모든 삶이 전혀 부패하지 않을 수 있습니다.

그래서 예수 믿는 사람과 예수 믿지 않는 사람들은 똑같은 이 세상에 살고 있지만 엄청난 차이가 있습니다. 예수 믿지 않는 사람들은 눈에 보이지 않는 죄의 감옥에 갇혀서 하나님이 처음에 주신 육체적인 생명만 가지고 살아가고 있습니다. 이것은 폐쇄된 삶입니다. 부패한 삶이고 늙어가는 삶입니다. 아무리 아름답고 젊은 여성이라 하더라도 시간이 지나면 저절로 늙고 추해지게 되어 있습니다. 어린아이들이 노인이 되는데 늙어서는 고집만 세어지고 욕망만 더 추해지게 됩니다. 그러나 예수 믿는 사람들은 죄에서 벗어나서 하나님의 사랑과 능력으로 삽니다. 오히려 죄의 감옥에서 벗어났기 때문에 무엇을 해야할지 알 수 없어서 당황해할 때도 많이 있습니다. 그러나 우리의 생각은 새롭고 우리의 감정은 아름답고 싱싱하기 때문에 우리는 하나님이 매일 주시는 사랑과 은혜와 능력으로 삽니다. 늙는 것은 오직 우리 육체 밖에 없는 것입니다.

우리 안에 있는 알맹이는 전혀 늙지 않고 추해지지 않습니다. 그러다가 우리가 이 영생의 나라로 옮기워지면 그때는 영원히 늙지도 않습니다. 우리는 다시 한 번 멋진 인생을 살게 되는데 그때는 영원한 젊음을 가지고 영원히 아름다운 마음과 아름다운 감정을 가지고 최고로 축복받은 삶을 살게 됩니다. 이것이 우리 옆에 기다리고 있는 것입니다.

예수님은 생명의 떡

예수님께서는 누구든지 이 영생을 얻으려면 생명의 떡을 먹어야 한다고 말씀하셨습니다. 우리 인간이 이 세상에서 살려고 하면 일단 숨을 쉬어야 하고 그 다음에는 음식과 물을 섭취해야 합니다.

예수님께서는 누구든지 하나님이 주시는 영생을 누리려면 생명의 떡을 먹어야 한다고 말씀하셨습니다. 그런데 이 생명의 떡이 무엇인가 하면 예수님 자신인 것입니다.

요한복음 6장 50-51절

이는 하늘로서 내려오는 떡이니 사람으로 하여금 먹고 죽지 아니하게 하는 것이니라. 나는 하늘로서 내려온 산 떡이니 사람이 이 떡을 먹으면 영생하리라 나의 줄 떡은 곧 세상의 생명을 위한 내 살이로라 하시니라

예수님은 먼저 조상들이 광야에서 먹었던 만나라는 떡에 대하여 말씀하셨습니다. 만나는 하늘에서 내려온 음식이었습니다. 그러나 이 만나는 하늘나라가 있다는 것을 맛보게 하는 것이지 사람들을 하늘로 데려가지는 못했습니다. 단지 이 세상에서 굶어죽지 않도록 생명을 연장시켜주는 떡이었던 것입니다. 만나라는 떡은 출처는 하늘이었지만 가지고 있는 성분은 이 세상의 생명을 연장시켜주는 것이었습니다. 그런데 예수님은 자신이 생명의 떡이라고 말씀하시면서 예수님은 하늘에서 오셨고 우리에게 영원한 천국의 삶을 주실 수 있다고 말씀하셨습니다. 하지만 예수님은 누구든지 영생을 얻으려면 자기를 먹어야 한다고 말씀을 하셨습니다. '나의 줄 떡은 내 살이라' 고 말씀하셨습니

다. 여기서 많은 유대인들은 기가 막히게 되었습니다. 누구든지 영생을 얻기를 원하고 영원히 살아야 하겠는데 그렇게 하자면 예수님의 살을 뜯어 먹어야 하는 것입니다. 어떻게 사람들이 살아 있는 예수님의 살을 뜯어 먹을 수 있습니까? 도저히 사람이 살아 있는 사람의 살을 뜯어 먹을 수 없습니다. 그러면 영생을 못 얻는 것입니다.

그래서 유대인들이 서로 격렬한 논쟁을 벌였습니다.

요한복음 6장 52절

이러므로 유대인들이 서로 다투어 가로되 이 사람이 어찌 능히 제 살을 우리에게 주어 먹게 하겠느냐?

유대인들이 딱 걸린 것이 바로 예수님의 살을 먹어야 한다는 것이었습니다.

도대체 어떻게 자기들이 예수님의 살을 먹을 수 있습니까?

여기에는 두 가지의 의미가 들어 있습니다. 하나는 어떻게 사람이 야만스럽게 다른 사람의 살을 뜯어 먹을 수 있겠느냐는 뜻도 있고 다른 하나는 예수 자기가 뭔데 자기 살을 주어서 우리를 살게 할 수 있느냐 하는 뜻입니다.

또한 예수가 왕이나 되고 총독이나 된다면 자기가 죽어서 우리를 살릴 수 있을지 모르겠지만 돈도 없고 무식한 사람이 죽는다고 해서 우리에게 무슨 도움을 줄 수 있겠느냐는 의미도 들어 있는 것입니다.

여기서 예수님은 더 끔찍하게 자기를 먹는 것이 무엇인지 구체적으로 말씀을 하십니다.

요한복음 6장 53-55절

예수께서 이르시되 내가 진실로 진실로 너희에게 이르노니 인자의 살을 먹지 아니하고 인자의 피를 마시지 아니하면 너희 속에 생명이 없느니라. 내 살을 먹고 내 피를 마시는 자는 영생을 가졌고 마지막 날에 내가 그를 다시 살리리니 내 살은 참된 양식이요 내 피는 참된 음료로다

예수님이 말씀하시는 것을 들으면 거의 드라큘라나 식인종들의 이야기를 하시는 것 같습니다. 본문의 말씀을 문자적으로 받아들이면 누구든지 영생을 얻으려면 둘러앉아서 예수님의 살을 뜯어 먹고 예수님의 피를 꿀꺽꿀꺽 마셔야 영생을 얻을 수 있을 것 같습니다.

모두 예수님의 인육을 먹고 예수님의 피를 한 사발씩 마셔서 입가에 피가 묻어 있는 사람들을 생각한다는 자체가 얼마나 끔찍한 것입니까? 그러나 예수님은 영생이 바로 그런 것이라고 말씀하셨습니다.

예수님을 따르는 사람들 중에는 예수 믿는 것이 아주 고상한 것으로 생각하는 사람들이 많이 있었습니다. 예수님께서는 갈릴리 호숫가에서 너무나도 은혜스러운 말씀을 가르치셨고 예수님의 은혜는 너무나도 아름다운 것이었습니다. 그래서 사람들 중에는 우리가 예수님을 계속 따라다니면서 이 아름다운 가르침 그리고 이 고상한 가르침만 계속 배우면 우리는 천국 생활을 할 수 있겠다고 생각하는 사람들이 많았을 것입니다. 그러나 예수님의 가르침은 완전히 달랐습니다. 누군가가 칼이나 도끼를 들고 예수님에게 덤벼들어서 예수님을 찍어서 그 찢겨진 살을 주워 먹고 예수님의 그 흐르는 피를 마시는 것이 영생이라는 것입니다. 이 말을 액면 그대로 수용하면 얼마나 기독교는 끔찍하고 잔인한 종교입니까?

사실 예수님의 말씀 중에는 과장된 표현이 어느 정도 있는 것은 사실이었습니다. 우리 기독교는 실제로 예수님의 살을 먹고 예수님의 피를 마시는 것은 아닙니다. 그러나 반드시 예수님은 우리 죄를 대신해서 비참하게 죽으셔야 합니다. 예수님이 비참하게 죽으신 것이 내 죄를 대신해서 죽은 것이라는 것을 믿을 때 우리는 예수님의 죽으심과 하나가 됩니다. 이것을 예수님은 예수님의 살을 먹고 예수님의 피를 마시는 것으로 표현을 한 것뿐입니다. 우리가 처음 예수 믿는 것도 예수님을 먹는 것입니다. 그리고 우리가 이 세상을 살아가는 것도 예수님을 먹음으로 살게 되는 것입니다. 이것은 오직 우리가 예수님의 죽으심과 하나가 되어서 예수님이 주시는 힘만 가지고 사는 것을 말하는 것입니다.

우리가 예수님이 내 죄를 대신해서 죽으셨다는 것을 믿는 순간 우리와 예수님은 하나가 되게 됩니다.

요한복음 6장 56-57절

내 살을 먹고 내 피를 마시는 자는 내 안에 거하고 나도 그 안에 거하나니 살아계신 아버지께서 나를 보내시매 내가 아버지로 인하여 사는 것 같이 나를 먹는 그 사람도 나로 인하여 살리라

여기서 가장 어려운 것은 예수의 죽으심을 믿는 것을 예수님의 살을 먹고 예수님의 피를 마시는 것으로 말씀하신 것입니다. 사실 우리는 예수님의 살을 먹고 예수님의 피를 마시는 것이 아닌데 예수님은 그런 식으로 비유를 하셨습니다. 그 이유가 어디에 있을까요? 이것은 예수 믿는 것이 결코 쉽지 않다는 것을 보여주시려는 것입니다. 우리가 예

수 믿는다는 것은 단순히 예수의 사상을 배우는 것을 말하지 않습니다. 우리가 예수 믿는다는 것은 단순히 하나님의 능력을 받는 것도 말하지 않습니다. 우리가 예수 믿는 것은 예수님의 죽음 외에는 살 수 있는 가능성이 전혀 없는 절망적인 사람들이기 때문입니다.

이 세상에서 영생을 얻은 유일한 방법은 예수님의 죽으심과 하나가 되는 것 밖에 없습니다. 그래야 하나님의 새 능력이 내 안에 공급이 되게 됩니다. 그 결과 예수님께서 하나님 때문에 산 것처럼 우리도 하나님을 위해서 살 수 있게 되는 것입니다.

어려운 진리

예수님의 이 말씀을 들은 많은 제자들 중에서 예수님의 이 말씀이 너무 어려워서 받아들일 수 없다고 말을 하였습니다.

요한복음 6장 60절

제자 중 여럿이 듣고 말하되 이 말씀은 어렵도다 누가 들을 수 있느냐 한대

예수님의 말씀은 두 가지로 요약할 수 있습니다. 하나는 우리가 이 세상에 밥 먹고 사는 삶 외에 다른 영생의 삶이 있다는 것입니다. 그리고 또 다른 하나는 누구든지 이 영생을 얻으려면 예수님의 죽은 살을 먹어야 하고 예수님의 흘린 피를 마셔야 한다는 것이었습니다.

예수님의 이 말씀을 들은 유대인들의 반응은 아주 부정적이었습니다. 그들은 예수님의 말씀이 아주 어렵다고 하면서 누가 들을 수 있겠

느냐라고 했습니다. 그러나 이것은 대단히 점잖은 표현들이었습니다. 실제로 예수님의 말씀을 들은 유대인들의 반응은 '끔찍한 말이군.' 이라든지 '도저히 더 이상 들을 수 없어' 라는 식의 아주 불쾌한 표정들이었습니다.

그 이유가 무엇일까요? 일단 예수님이 살아있는 사람인데 자기가 죽고 자기 죽은 시체를 뜯어 먹으라고 하니까 기분이 좋을 사람이 누가 있겠습니까? 사람들은 죽음에 대하여 말하는 것 자체를 터부(taboo)시 하는 편입니다. 그런데 자기가 죽고 자기 시체를 먹으라고 하니까 누가 좋아하겠습니까?

그리고 또한 대부분의 사람들은 죽은 후의 삶보다는 이 세상의 삶에 관심이 더 많았습니다. 즉 이 세상에서 좀 더 안정되고 풍성하고 평안하게 사는 것에 관심이 많았지 죽고 난 후에 영생하는 것은 아직 그들에게는 절실한 문제가 아니라고 생각한 것입니다.

많은 사람들은 죽은 후에 잘 사는 것보다는 지금 이 세상에서 좀 더 성공해서 풍족하고 넉넉하게 살면 충분하다고 생각합니다. 그러니까 예수님은 두 개의 세계를 보고 계신 것입니다. 그것은 하나님의 세계와 이 세상입니다. 예수님은 이차원의 세계를 보고 계신 것입니다. 그러나 사람들은 오직 눈에 보이는 이 세상이 전부이고 이 세상에서 유복하고 잘 사는는 것이 전부이기에 예수님의 능력이 도움이 되기를 바랬던 것입니다. 그래서 사람들이 가지고 있는 관점은 일차원적이라고 볼 수 있습니다.

여기서 예수님은 이렇게 말씀하십니다.

요한복음 6장 61-63절

예수께서 스스로 제자들이 이 말씀에 대하여 수군거리는 줄 아시고 가라사대 이 말이 너희에게 걸림이 되느냐? 그러면 너희가 인자의 이전 있던 곳으로 올라가는 것을 볼 것 같으면 어찌 하려느냐? 살리는 것은 영이니 육은 무익하니라. 내가 너희에게 이른 말이 영이요 생명이라.

지금 많은 제자들에게는 내 살을 먹어야 한다는 예수님의 말씀에 걸림이 되어버렸습니다. 즉 음식을 먹다가 목구멍에 걸려버렸는데 도저히 더 이상 내려가지 않는 것입니다. 제자들은 모두 이 말씀에 체해버렸습니다. 그래서 그들은 도저히 더 이상 신앙적으로 예수님을 의지할 수가 없었습니다.

그래서 많은 제자들이 여기서 예수님을 믿는 것을 포기하고 다시는 예수님을 좇지 아니하였습니다. 그만큼 예수님께서 '내 살을 먹어야 한다' 는 말씀이 공포의 말씀이었던 것입니다.

요한복음 6장 66-67절

이러므로 제자 중에 많이 물러가고 다시 그와 함께 다니지 아니하더라. 예수께서 열 두 제자에게 이르시되 너희도 가려느냐?

많은 사람들이 예수님의 가르침은 참 좋은 가르침인 줄 알고 열심히 따라다녔는데 내 살을 먹어야 한다는 것에서 딱 걸려버렸습니다. 그들은 도저히 더 이상 나아갈 수가 없었습니다. 그래서 예수님의 제자들 중에서 많은 사람들이 예수님을 떠나버렸습니다. 그런데 예수님은 남아 있는 제자들에게도 '너희도 가려느냐?' 고 말씀하셨습니다. 이 말씀은 '너희들도 가지 왜 안가고 있느냐?' 하는 뜻입니다.

이때 베드로가 담대하게 대답했습니다.

요한복음 6장 68절

시몬 베드로가 대답하되 주여 영생의 말씀이 계시매 우리가 뉘게로 가오리이까?

베드로도 예수님의 말씀을 논리적으로 알아들은 것은 아니었습니다. 거기에 있는 제자들 중에서 어느 누구도 예수님의 살을 먹어야 한다는 진리를 제대로 이해한 사람들은 없었습니다. 그런데 왜 어떤 제자들은 예수님을 떠나고 왜 베드로와 같은 제자들은 떠나지 않고 남아 있었을까요? 그것은 그들이 예수님의 말씀을 알아들었기 때문이 아니었습니다. 그들은 죽어 있는 예수님의 살을 먹은 것이 무엇인지는 몰랐지만 지금 살아계신 예수님을 통째로 먹었습니다.

요한복음 6장 69절

우리가 주는 하나님의 거룩하신 자신줄 믿고 알았삽나이다

베드로는 예수님의 말씀 하나 하나를 이해하려고 했던 것이 아닙니다. 그는 예수님 자체를 믿었습니다. 우선 살아 있는 예수님을 믿으니까 십자가에 죽은 예수도 믿을 수 있게 되었던 것입니다.

특히 베드로는 예수님의 말씀의 능력을 체험했습니다. 예수님의 말씀은 생명을 주는 말씀이었습니다. 베드로는 예수님을 만나기 전에 인생의 의미를 알지 못하고 방황하면서 살았습니다. 베드로라는 이름은 예수님이 지어주셨는데 '반석' 이라는 뜻입니다. 이것은 그 전에는 그가 반석같이 살지 못하고 많이 방황하면서 살았다는 뜻입니다. 그는 예수님을 만나기 전에 많은 영적인 갈급함도 있었고 죄의식도 있었

고 엄청난 고민과 갈등도 있었는데 예수님을 만나서 말씀을 들음으로 완전히 새 사람이 되었습니다. 그런데 지금 예수님을 떠나면 또 다시 방황하면서 죄를 먹고 마시면서 살게 되지 않겠습니까? 베드로는 죽었으면 죽었지 다시는 과거의 방탕하고 죄짓는 삶으로 돌아가지 않겠다고 결심을 했습니다. 차라리 예수님의 살을 먹고 예수님의 피를 마시고 말지 다시는 과거의 무의미한 삶으로 돌아가지 않겠다는 결심이 베드로로 하여금 예수님을 계속 붙잡게 하였습니다.

우리에게는 놀라운 삶이 있습니다. 그것은 영원히 우리의 생각과 감정과 의지가 썩지 않는 영생의 세계입니다. 예수님은 그 영생을 주시기 위해서 우리 대신 십자가에서 죽으셨습니다.

우리는 모두 사망의 잠에 취해서 자고 있었고 죄의 철장 속에 갇혀 있었습니다. 예수님은 우리를 죄의 잠에서 깨워주셨습니다. 지금 우리가 경험하고 체험하고 있는 것들은 영원히 없어지지 않는 영생의 삶의 한 부분이 될 것입니다.

우리는 이제부터 영원히 살게 되는 것입니다. 우리는 점점 더 분명하게 영생을 향하여 나아가고 있습니다. 전에는 희미하던 것들이 점점 더 분명해지고 있습니다. 전에는 멀리 보이던 하늘나라가 점점 더 가까워지고 있습니다. 전에는 희미하게 보이던 하나님이 점점 더 뚜렷해지고 있습니다. 이제 우리에게 마지막 남은 것은 누더기처럼 낡은 육신입니다. 우리가 이 육신을 벗는 날 우리는 천국으로 빨려 들어가게 될 것입니다. 우리는 거기에 헤엄을 치듯이 모든 육체의 속박을 벗어버리고 더 친밀하고 더 가깝고 더 성숙된 상태에서 앞서간 성도들이나 모든 천사들을 만나게 될 것입니다.

우리는 거기서 다시 한 번 멋진 인생을 살게 될 것입니다. 그때 우리는 늙지 않을 것입니다. 그때 우리는 정신적으로나 감정적으로 지금 보다 수백 배 성숙한 상태에서 살게 될 것입니다.

16 _ 요 7:1-24

예수님의 준비

얼마 전에 프랑스 칸 영화제에서 우리나라의 어느 여자 배우가 여우 주연상을 받았습니다. 그 여배우는 그 상 하나로 한 순간에 우리나라에서와 외국에서 유명한 사람이 되었습니다. 우리가 이런 것을 볼 때 이 세상에서 성공하는 지름길이 있다는 것을 알게 됩니다. 예를들어 어떤 음악가가 있는데 그가 아무리 시골집에서 매일 명연주를 한다고 해서 그를 알아주는 사람은 아무도 없을 것입니다. 그런데 그가 어느 날 세계적으로 권위 있는 음악 콩쿨 대회에 나가서 우승을 해버리면 그때부터 이 음악가는 유명하지 않을 수 없게 되어버리는 것입니다. 그러나 이것과 전혀 다른 또 하나의 성공적인 일이 있습니다. 그것은 이 세상에서 유명해지고 성공하는 것과는 정반대되는 성공의 길입니다. 아예 이 세상에서는 사람들의 인정을 받지 않고 오히려 이 세상과 등지고 사람들에게 철저하게 버림받은 상태에서 하나님의 뜻만 죽으라고 붙들고 물고 늘어짐으로 이 세상에서 하나님의 뜻을 이루어드림으로 성공하는 케이스입니다.

우리는 그 대표적인 인물로 모세를 생각할 수 있습니다. 모세는 이 세상에서 충분히 성공할 수 있는 가능성을 가진 사람이었습니다. 모세는 아주 어렸을 때 애굽 바로의 딸로 입양이 되어서 공주의 아들로 자란 사람이었습니다. 그는 아주 총명했고 지식이 있었으며 지도력이 뛰어난 사람이었습니다. 그럼에도 불구하고 모세는 자기 민족을 도우려고 하다가 아무도 없는 허허 벌판인 미디안 광야로 쫓겨나서 모든 젊음을 빈 광야에서 다 허비했습니다. 그러나 모세는 그 광야에서 하나님의 음성을 듣고 그 하나님의 뜻에 헌신함으로 다시 애굽에 돌아와서 바로와 대적하여 열가지 큰 기적을 행함으로 이스라엘 백성들을 애굽에서 구출하여 냅니다. 이것은 도저히 세상적으로 성공했다는 말로는 설명이 되지 않는 것입니다. 모세는 결코 애굽 사회에서 성공한 사람은 아니었습니다. 오히려 그는 애굽 사회에 동화되고 타협하고 인정받는 것을 거부하고 뛰쳐나감으로써 하나님의 뜻을 이룰 수 있었습니다.

사실 우리 예수 믿는 사람들에게 가장 갈등을 일으키는 것은 현실세계의 성공과 하나님께 붙들려서 사용되는 것 사이의 갈등입니다. 오늘날 사람들에게 필요하고 좋은 것은 이 세상에 다 있습니다. 만약 어떤 사람이 가장 권위있고 실력 있는 대회에서 일등을 하면 모든 사람들이 그를 부러워할 것입니다. 그리고 그는 그 대회에서 우승을 함으로 한 순간에 명예와 돈을 함께 움켜쥐게 되는 것입니다. 그러나 하나님께서는 우리를 빈들로 데리고 가실 때가 많습니다. 빈들에는 인기도 없고 학벌도 통하지 않고 아무 것도 없는 곳입니다. 그곳에서 하나님을 일대일로 만나게 하시고 오직 하나님의 뜻과 하나님의 능력만을 붙들게 하시는 것입니다. 그 후 다시 이 세상에 돌아와서 하나님의 사역을 감당케 합니다. 그때에는 이 세상 사람이 아니라 하나님의 종으로 하나님의 뜻을 선포하고 하나님의 능력을 나타내어야 합니다.

하지만 이스라엘 백성들은 예루살렘을 세상으로 만들었습니다. 즉 하나님의 말씀이 나타나고 하나님의 뜻을 깨닫는 곳이 아니라 세상에서 똑똑하고 유능한 사람들이 인정받고 성공하는 곳으로 만들어버렸습니다. 그랬더니 하나님께서는 이스라엘 백성들을 모두 망하게 하셔서 바벨론에 포로되어 가게 하셨습니다. 그리고 거기서 70년을 포로로 있으면서 빈들에서 하나님 앞에서 자신의 모습을 생각하게 하신 것입니다.

오늘 말씀은 유대인의 명절인 초막절에 예수님과 동생들 사이에 있었던 대화를 중심으로 기록을 하고 있습니다. 유대인들의 명절이 되면 예루살렘은 전 세계에서 유대인들이 수백만 명씩이나 모이는 아주 중요한 곳으로 변했습니다. 누구든지 성공을 하려고 하면 바로 그런 기회에 자신의 실력을 인정을 받아야 하는 것입니다. 그러나 예수님은 예루살렘으로 가지 아니하시고 갈릴리에 계속 머물러 계셨습니다. 이 당시 갈릴리라고 하는 곳은 그야말로 아무도 알아주지 않고 아무리 잘해도 인정받을 수 없는 곳이었습니다. 그래서 예수님의 동생들이 너무나도 답답해서 예수님에게 충고의 말을 했습니다.

'형님 같은 능력과 지식을 가지고 이런 갈릴리에서 썩어가지고는 안됩니다. 형님의 그 능력과 지식은 정말 세계적인 가치가 있는 것이기 때문에 이번 명절에 꼭 예루살렘에 올라가셔서 거기서 한번 실력을 나타내보여 주셔야 합니다. 그리고 나서는 로마로 가는 것입니다. 로마에서 한번 더 크게 인정을 받는다면 형님은 그야말로 세계적인 인물이 되는 겁니다' 라는 식으로 조언을 했습니다. 그러나 예수님은 세상을 보는 시각이 동생들이나 다른 사람들과 달랐습니다. 예수님은 전혀 이 세상에서 다른 사람들의 인정을 받을 필요가 없으셨습니다. 왜냐하면 그 자신이 하나님의 아들이셨기 때문입니다. 오히려 그에게 중요한 것은 많은 사람들의 인정이나 인기가 아니라 하나님의 뜻을 온전히 이루어드리는 것이라고 말씀하셨습니다.

예수님의 동생들의 생각

요한복음 7장 2-4절

유대인의 명절인 초막절이 가까운지라. 그 형제들이 예수께 이르되 당신의 행하는 일을 제자들도 보게 여기를 떠나 유대로 가소서. 스스로 나타나기를 구하면서 묻혀서 일하는 사람이 없나니 이 일을 행하려 하거든 자신을 세상에 나타내소서 하니

이 본문 말씀은 예수님의 동생들이 예수님의 삶에 대하여 어떤 시각을 가지고 있었는지 잘 보여주는 말씀입니다. 이때는 유대인의 명절 중 하나인 초막절이었습니다. 유대인들은 명절이 되면 예루살렘에 백만 명이 넘는 사람들이 모여들어서 성전에서 제사를 드렸습니다. 그런데 제사만 드린 것이 아니고 거기서 전 세계에 돌아가는 방향이나 유대인들 중에서 뛰어난 인물들에 대한 평가가 이루어졌던 것 같습니다. 그래서 누구든지 유대인으로서 성공을 하려고 하면 전 세계의 유대인들이 다 모이는 이런 명절에 사람들에게 인정을 받는 것이 중요했

던 것입니다. 그런데 동생들이 보기에 예수님은 그런 것을 잘 모르는 것처럼 보였습니다. 즉 예수님은 할 수 있는 대로 유대나 예루살렘에는 가지 않으려고 할 뿐 아니라 예수님의 그 놀라운 말씀이나 기적을 아무도 알아주지 않는 갈릴리 지방에서 쏟아 붓는 것처럼 보였던 것입니다.

그래서 예수님의 동생들은 도저히 참다못해서 예수님에게 이번 명절에 예루살렘에 올라가라고 했습니다. 왜냐하면 예수님이 가지고 있는 말씀이나 능력 정도라면 예루살렘에서 얼마든지 사람들의 인정을 받을 수 있고 금방 유명해질 수 있는 것이었기 때문입니다. 그러나 갈릴리는 어떤 곳이었습니까? 그야말로 갈릴리는 사람들이 전혀 관심을 갖지 않는 곳이었습니다. 완전히 시골 중의 시골일 뿐 아니라 철저하게 무시당하고 버림받은 곳에서 예수님은 그 아까운 모든 능력과 말씀을 다 낭비하고 있는 것처럼 보였기 때문입니다.

예를들어 어떤 사람이 세계적으로 인정받을만한 바이올리니스트인데 국제적인 대회인 차이코프스키 콩쿨 대회 같은데 가서 연주할 생각은 하지 않고 자꾸 지하철 입구라든지 혹은 서울역 광장에서 노숙자들 앞에서 연주한다든지 하면 듣는 사람들도 알아듣지 못할 뿐 아니라 연주하는 사람도 아무 소용이 없는 것입니다.

예수님의 동생들이 보기에는 예수님의 가르침이나 예수님의 기적은 세상 어느 곳에 내어놓아도 손색이 없는 최고의 것이었습니다. 그런데 안타깝게도 동생들이 보기에 예수님은 너무 순진해서 그런지, 아니면 너무 세상 물정을 몰라서 그런지 유명해질 수 있는 길은 외면하고 전혀 사람들이 알아주지도 않는 시골구석에서 모든 노력을 다 허비하는 것으로 보였던 것입니다.

이것에 대하여 성경은 이렇게 말씀하고 있습니다.

요한복음 7장 5절

이는 그 형제들이라도 예수를 믿지 아니함이러라

성경은 예수님의 동생들이 예수님에게 이런 말을 하는 이유는 동생들이라도 예수님을 믿지 않았기 때문이라고 말씀하고 있습니다. 하지만 하나님의 아들은 사람의 인정이 필요하지 않습니다. 하나님의 아들은 하나님의 아들로 충분하신 것입니다. 하나님의 아들은 예루살렘에서 사람들이 더 알아준다고 해서 더 하나님의 아들이 되거나 혹은 아무도 알아주지 않는 갈릴리에서 썩는다고 해서 하나님의 아들이 덜 되는 것이 아니었습니다. 하나님의 아들은 어느 곳에 있든지 하나님의 아들로 충분한 것입니다. 그리고 또 믿지 않았다는 것은 '하나님의 능력을 믿지 않았다' 는 뜻입니다. 사람의 능력은 일단 사람들이 많이 모이고 많은 사람들이 인정해주고 지지해 줄 때 나타납니다. 그러나 하나님의 능력은 많은 사람들의 인정이나 지지와 아무 상관이 없습니다. 하나님께서 뜻하시기만 하시면 언제 어디서든지 나타나게 되는 것입니다. 그래서 성경은 우리가 하나님의 능력을 모르면 예수님의 동생들같이 생각할 수밖에 없다고 말씀하시는 것입니다. 즉 이 세상에는 두 가지 길이 있습니다. 하나는 많은 사람들 앞에 자신의 능력을 나타내고 실력을 나타내어서 인정을 받는 길이 있는가 하면 다른 하나는 오히려 사람들을 등지고 빈 들판에서 하나님 앞에 철저하게 홀로 서서 자신에 대한 하나님의 뜻을 깨닫고 하나님의 손에 붙잡혀서 사용되어지는 방법이 있는 것입니다.

여기서 우리는 먼저 이때가 '초막절' 이었다는 것을 생각해 볼 필요가 있습니다. '초막절' 이라는 것이 무엇을 하는 절기입니까? 초막절은 이스라엘 백성들이 출애굽한 후에 먹을 것도 없고 마실 것도 없는 광야에서 오직 하나님의 능력 하나 붙들고 사십년을 산 체험을 기념하는 것입니다.

광야는 애굽과는 정반대되는 곳입니다. 애굽은 문명사회이고 애굽에는 학문이 있고 부가 있고 인기가 있고 권력이 있었습니다. 그러나 광야에는 그야말로 아무 것도 없는 곳이었고 그들이 무엇을 먹으며 어디로 가야 하는지 전혀 알 수 없는 곳이었습니다. 광야에 있는 것은 오직 허허벌판과 뜨거운 태양 그리고 하나님의 구름기둥과 불기둥밖에 없었습니다. 그런데 거기서 하나님께서는 반석에서 물이 나오게 하셔서 하나님이 함께 계신 것과 능력 보여주셨습니다. 그리고 이곳에서 이스라엘 백성들은 자신들이 하나님 앞에서 얼마나 아무 것도 아닌 자들인가 하는 것을 깨달을 수 있었습니다.

그렇다면 과연 우리가 아무 것도 없는 광야에서 오직 생수가 솟아나는 반석만 가지고 살 수 있을까요? 초막절의 원리라고 하는 것은 우리가 세상의 영광이나 인기나 자격 없이도 오직 하나님의 말씀과 최소한의 생활로 얼마든지 살 수 있어야 한다는 것인데 사실 우리는 그렇게 해서는 살 수가 없습니다. 사람들에게 가장 힘든 것이 있다면, 그것은 어떤 사회적인 지위나 소속감이 없는 것입니다. 학생들이 재수하면서 가장 힘든 것은 처음으로 소속이 없는 상태에 있다는 것입니다. 대학생도 아니고 그렇다고 해서 고등학생도 아닙니다. 만약 어떤 분이 직장 생활을 하다가 어떤 이유로 직장을 그만두게 되면 마음으로 매우 큰 고통을 받게 됩니다. 갑자기 소속이나 지위가 없어졌기 때문입니다. 물론 사람에게는 쉬는 시간이 필요하지만 많은 경우에는 내가 이제 더 이상 다른 사람들에게 필요가 없어진 것이 아닌가 하는 불안이 생기게 되는 것입니다. 사람은 자기가 다른 사람에게 끊임없이 필요한 존재일때 살아야 할 이유를 발견하는 것인데 갑자기 다른 사람들로부터 필요가 없다는 생각이 들 때 자신의 가치에 대하여 혼란이 생기게 되는 것입니다.

이것이 바로 인간이고 이것 때문에 인간은 사회적인 존재가 될 수밖에 없는 것입니다. 그러나 여기에 전혀 다른 또 하나의 삶의 방식이 있습니다. 그것은 이 세상에서 벗어나서 하나님 앞에 혼자 있는 것입니다. 이것은 어떤 의미에서는 철저한 사회적인 죽음을 겪는 것입니다. 세상에서 알아주는 사람도 아무도 없고 세상에서 나를 필요로 하는 사람도 없습니다. 한 걸음 더 나아가서 내가 이렇게 살아 있다는 것조차도 사람들은 기억하지 못할 것입니다. 하지만 이 때 더 중요한 것을 얻게 됩니다. 내 속에 세상을 향한 모든 욕망은 다 십자가에 못 박히고 하나님의 말씀이 자꾸 임하는 것입니다. 하나님의 말씀이 그냥 임하는 것이 아니라 하나님의 말씀이 내 속에서 끓어오르고 나를 삼킬 듯이 강렬해지는 것입니다. 그리고는 이 말씀이 나를 다시 세상속으로 들어가게 하는 것입니다. 이때는 세상에서 인정받은 사람이 아니라 하나님의 손에 붙잡힌 하나님의 사람으로 들어가게 되는 것입니다.

우리는 결국 이 세상 속으로 들어오게 되어 있습니다. 그런데 방법은 두 가지입니다. 하나는 세상이 가장 좋아하는 방식으로 세상 사람들에게 인정을 받고 들어오는 것이 있고 다른 하나는 세상과는 아무 상관없이 완전히 세상으로부터 동떨어져 있다가 어느 날 갑자기 하나님의 능력으로 세상에 들어오게 되는 것입니다.

예수님의 준비

예수님은 동생들에게 이렇게 말씀하셨습니다.

요한복음 7장 6절

예수께서 가라사대 내 때는 아직 이르지 아니하였거니와 너희 때는 늘 준비되어 있느니라

예수님께서는 지금 예루살렘에 사람들이 많이 모였을 때 올라가시지 않는 이유는 아직 준비가 덜 되었기 때문이라고 말씀하고 있습니다. 그러면서 예수님께서는 '너희 때는 늘 준비되어 있다' 고 말씀하셨습니다. 사실 세상적으로 성공을 하려면 많은 준비를 해야 합니다. 연주자로 성공을 하려고 해도 많은 시간 연습을 해야 하고 운동선수나 혹은 다른 공부로 성공을 하려고 해도 많은 시간 준비를 해야 합니다. 그 대신 예수님은 하나님의 아들이고 언제나 능력이 있으시니까 언제든지 올라가셔서 능력을 행하시면 될 것 같습니다. 그러나 예수님은 정반대로 말씀하셨습니다. 오히려 예수님에게 더 많은 준비가 필요하다고 말씀하시는 것입니다.

예수님께서 말씀하시는 것은 우리가 이 세상에서 성공하는 것이 준비가 없어도 된다거나 늘 성공할 수 있다는 뜻은 아닙니다. 사람들이 이 세상에서 성공하는 것도 대단히 어렵기 때문에 많은 준비나 노력이 있어야 합니다. 그러나 우리가 하나님의 손에 준비되기 위해서는 거의 한 평생에 걸쳐서 자기 자신을 죽이는 과정이 필요한 것입니다. 모세 같은 경우에는 하나님의 손에 준비되는데 80년이라는 세월이 필

요했습니다.

그렇지만 예수님은 하나님의 아들이시기 때문에 모세와 같은 연단은 필요하지 않았을 것입니다. 그러나 예수님도 하나님의 뜻을 완전히 알고 그 뜻에 완전히 자신을 복종시키며 또 하나님의 온전한 시기에 자신의 공생애 사역을 해야 했기 때문에 좀더 시간이 필요했던 것입니다.

예수님에게 중요한 것은 지금 적대적인 유대인들의 분위기 가운데서 더 그들을 자극하지 않고 최선을 다해서 하나님의 말씀을 전하다가 절묘하게 십자가에 죽으셔야 하는 것입니다. 그런 후 다시 살아나셔서 성령을 우리 믿는 자들에게 쏟는 것입니다. 이것은 마치 한 치의 오차도 없이 모든 것이 하나님의 뜻에 따라 이루어져야 하는데 지금 초막절 명절에는 열기가 과열될 수 있었던 것입니다. 즉 유대인들을 불필요하게 자극할 수 있었던 것입니다.

지난번에 미국 나사에서 우주선을 발사하려고 하는데 너무 온도가 과열되는 바람에 발사를 중단한 적이 있었습니다. 왜냐하면 온도가 과열된 것은 무엇인가 기계 이상이 있는 것이고 그 상태로 발사를 하면 우주선이 폭발을 하기 때문이었습니다.

예수님은 결코 이 세상을 외면하지 아니하셨습니다. 하나님도 이 세상을 아무 가치 없다고 말씀하시지 아니하셨습니다. 그러나 하나님께 이 세상에 중요한 것은 그 안에 있는 사람들의 가치가 중요한 것이지 우리같이 세상의 명예나 지위나 사람들의 인기가 중요하기 때문에 세상을 생각하시는 것은 아닌 것입니다. 결국 우리가 이 세상에서 제대로 사용되려고 하면 먼저 세상에서 버림을 받아야 하고 세상에서 실패를 해야 하며 세상에서 떨어져 나와서 하나님 앞에 나 혼자 철저한 단

독자로 서 있는 시간이 있어야 하는 것입니다. 그렇지 않으면 결국 이 세상 전체가 썩은 호수와 같은데 그 썩은 호수에서 좋은 자리를 차지하는 것 밖에 되지 않습니다. 썩은 호수를 살리려면 새 물을 끌어 들여와야 합니다. 바로 그 새 물이 하나님의 말씀이며 하나님의 능력인 것입니다.

예수님은 동생들에게 자기는 올라가지 않을 테니까 너희들끼리 올라가라고 한 후에 따로 조용히 올라가셨습니다.

요한복음 7장 8-10절

너희는 명절에 올라가라 나는 내 때가 아직 차지 못하였으니 이 명절에 아직 올라가지 아니하노라. 이 말씀을 하시고 갈릴리에 머물러 계시니라. 그 형제들이 명절에 올라간 후 자기도 올라가시되 나타내지 않고 비밀히 하시니라

우리는 여기서 예수님이 이랬다저랬다 하시는 것을 보게 됩니다. 즉 예수님께서는 이번 명절에는 때가 이르지 않았기 때문에 올라가지 않겠다고 하시고서는 그 후에 몰래 예루살렘에 올라가신 것입니다. 우리는 여기서 예수님께서 단순히 동생들을 따돌리기 위해서 올라가지 않겠다고 말씀하시지는 않았다고 생각합니다. 예수님은 분명히 처음에는 이번에는 올라가지 않는 것이 하나님의 뜻이겠다고 생각해서 올라가시지 않으시려고 하셨습니다. 그러나 며칠이 지나면서 예수님의 마음속에 이 정도 같으면 올라가도 되겠다는 판단이 드셨던 것입니다. 그래서 예수님은 몰래 올라가셨고 명절 중간쯤 되어서는 아예 드러내시면서 사람들에게 말씀을 가르치셨습니다.

여기서 예수님은 어떤 선입견을 가지고 처음부터 끝까지 밀어붙이

신 것이 아니라 상당히 유동적으로 하나님의 뜻을 생각하시고 판단하신 것을 알 수 있습니다. 그래서 우리가 하나님의 뜻을 살필 때 이랬다 저랬다 갈피를 잡지 못하는 것처럼 보일 때가 많습니다. 이런 것을 보고 다른 사람들은 변덕이 심하다고 욕하기도 하고 도저히 갈피를 잡지 못하겠다고 말을 하기도 합니다. 우리는 처음에는 전혀 자신이 없다가 조금 시간이 지나면서 확신이 드는 경우도 많이 있고 처음에는 모호하다가 시간이 조금 지난 후에 하나님의 뜻이 명확해질 때도 많이 있습니다. 그래서 가장 상대하기가 힘든 사람이 무조건 하나님의 뜻이라고 하면서 밀어 붙이는 사람입니다.

우리는 왜 예수님께서 초막절에 예루살렘에 올라가시는 것을 이렇게 예민하게 생각하셨는지 성경을 보면 잘 알 수가 있습니다.

우선 1절에 보면 "이 후에 예수께서 갈릴리에서 다니시고 유대에서 다니려 아니하심은 유대인들이 죽이려 함이러라" 고 했습니다.

또 7절에 보면 "세상이 너희를 미워하지 못하되 나를 미워하나니 이는 내가 세상의 행사를 악하다 증거함이라" 고 했습니다.

여기서 우리가 알 수 있는 것은 사람들의 눈에는 보이지 않지만 점점 더 심해지고 있는 영적인 적대감을 예수님은 느끼고 계셨던 것입니다. 예루살렘에서 굳이 누구라고 꼬집어 말할 수는 없지만 무엇인가 눈에 보이지 않는 분위기에서 예수님을 죽이려는 음모가 무르 익어가고 있었던 것입니다.

그렇지만 일반인 사이에서는 예수님에 대한 관심이 아주 높아 있었습니다.

요한복음 7장 11-13절

명절 중에 유대인들이 예수를 찾으면서 그가 어디 있느냐 하고 예수께 대하여 무리 중에서 수군거림이 많아 혹은 좋은 사람이라 하며 혹은 아니라 무리를 미혹하게 한다 하나 그러나 유대인들을 두려워하므로 드러나게 그를 말하는 자가 없더라

굳이 동생들이 예수님에게 예루살렘에 가서 많은 사람들 앞에 가르치고 능력을 행하라고 하지 않아도 이미 유대인들 사이에서는 예수님에 대한 많은 소문이 퍼지고 있었습니다. 그들은 예수님을 보기를 원했고 예수님의 말씀을 듣기를 원했습니다. 그러나 예수님에 대한 소문은 가지각색이었습니다. 어떤 사람들은 예수님이 아주 좋은 분이라고 했고 어떤 사람은 사람을 미혹하는 사람이라고 하기도 했습니다. 그러나 유대 당국자들이 예수님을 미워하는 줄 알았기 때문에 드러내놓고는 말하지 못했습니다.

곧 예루살렘 분위기는 일반 군중들 사이에는 예수님에 대한 좋은 소문이 상당히 많이 퍼져 있었지만 예루살렘 지도자들에게는 눈에 보이지 않는 적대감도 있었던 것입니다. 예수님은 이 둘 사이에서 처음에는 올라가야 하는지 올라가지 말아야 하는지 확신을 가지지 못하셨습니다. 오히려 이번에는 올라가지 않는 것이 하나님의 뜻으로 알았는데 시간이 지남에 따라 올라가도 괜찮을 것 같은 확신이 생겼고 또 올라간 후에는 사람들에게 가르쳐도 될 것 같은 믿음이 생겼던 것입니다. 우리가 이것을 보면 하나님의 뜻은 한 걸음 한 걸음씩 깨달아가는 것이 중요한다는 것을 알게 됩니다. 마치 홍해가 갈라지듯이 하나님의 뜻이 환하게 열린 상태에서 당당하게 걸어가는 경우도 있겠지만 많

은 경우에는 한 걸음씩 한 걸음씩 조심스럽게 확인을 하면서 가야 하는 것입니다. 그 이유는 이 세상에 사탄의 함정이 있고 계략이 있기 때문입니다. 거기에 우리가 걸려들지 않으려면 한 걸음씩 인도하심을 받아서 하는 것이 안전합니다. 이때 우리에게 가장 큰 부담은 무엇인가 미래의 확실한 것을 장담을 하지 못하는 것입니다.

어떤 자매가 있는데 집에서 '이번에 서울에 가겠니?' 라고 물으면 '이번에는 가지 않겠어요. 이번만 식구들끼리 가세요' 해 놓고 며칠 뒤에 혼자 서울에 몰래 올라가서 나타난다면 아마 식구들은 '무슨 애가 이런 애가 다 있어?' 라고 할 것입니다. 우리는 많은 경우 왔다 갔다 할 수 밖에 없습니다. 그러나 우리는 왔다 갔다 해도 하나님의 밑그림은 다 그려져 있기 때문에 결국 하나님의 완전한 뜻은 다 이루어지게 되어 있습니다.

예수님의 진리

유대인들은 예수님께서 성경 진리를 가르치는 것을 보고 배우지도 않은 사람이 어떻게 가르치느냐고 물었습니다.

요한복음 7장 15절

유대인들이 기이히 여겨 가로되 이 사람은 배우지 아니하였거늘 어떻게 글을 아느냐 하니

이것을 보면 유대인들이 예수님의 배경에 대하여 어느 정도는 다 알

고 있었던 것 같습니다. 예수님은 공식적인 교육을 받은 적이 없었습니다. 특히 유대인들은 어떤 진리를 혼자 배운다는 것을 인정을 하지 않았습니다. 반드시 어느 선생의 문하에 들어가서 사사를 해야만 인정을 해 주었습니다. 예수님은 어느 선생에게 사사를 한 적이 없었습니다.

그러나 예수님은 전혀 다른 진리가 있다고 말씀하셨습니다.

요한복음 7장 16절

예수께서 대답하여 가라사대 내 교훈은 내 것이 아니요 나를 보내신 이의 것이니라

예수님도 진리를 배우기는 배우셨습니다. 그러나 그 가르쳐준 분이 사람이 아니고 하나님 자신인 것입니다. 세상의 진리는 사람에게 배우지만 하나님의 진리는 하나님으로부터 배워야 하는 것입니다. 특히 하나님께서 그 아들을 보내셔서 인간의 언어로 말씀하신 이 진리가 진리 중의 최고의 진리인 것입니다. 이것이야말로 인간의 생사를 결정하는 말씀이며 우리의 영원한 운명을 결정하는 말씀인 것입니다.

이 세상의 학문은 처음에는 대단히 화려한 것 같고 어려운 것 같지만 어느 정도 깊이 들어가 보면 오류도 있고 모호한 부분도 많고 또 한계가 분명히 드러나게 되어 있습니다. 그런데 사람들이 알아주기는 그것을 많이 알아줍니다. 그런데 정말 공부하면 할수록 깊이 있고 순결하고 영혼을 빛나게 하는 것은 하나님의 말씀인데 사람들은 이 말씀은 뻔한 것으로 생각하는 것을 많이 보게 됩니다. 그래서 결국 인간들은 그 교만과 그 엉터리 같은 멋 때문에 진리 중의 최고의 진리를 놓치

고 엉터리 같은 진리로 헛배만 채우는구나 하는 생각을 하게 됩니다.

요한복음 7장 18절

스스로 말하는 자는 자기 영광만 구하되 보내신 이의 영광을 구하는 자는 참되니 그 속에 불의가 없느니라

사람들은 하나님께서 이 세상에 흩어놓으신 많은 부스러기 진리를 모아서 굉장한 권위를 인정하고 영광을 부여합니다. 그러나 하나님의 덩어리 진리인 하나님의 아들의 입에서 나온 말씀은 권위를 부정하고 업신여기고 깔보는 것입니다. 이것이 우리 인간들이 극복해야 하는 가장 첫 번째 관건입니다. 즉 인간의 인정이냐 하나님의 인정이냐 하는 것입니다. 그런데 예수님의 말씀의 가치를 아는 사람들도 있습니다.

요한복음 7장 17절

사람이 하나님의 뜻을 행하려 하면 이 교훈이 하나님께로서 왔는지 내가 스스로 말함인지 알리라

누구든지 이 진리를 구경만 하는 사람은 하나님의 말씀의 가치를 도무지 알지 못하지만 이 진리 안에서 살고자 하는 자는 이 진리의 무한한 가치를 알게 되는 것입니다.

결국 예수님은 이 세상을 외면하지 아니하셨습니다. 다시 예루살렘에 오셨습니다. 그러나 사람들의 인정을 받으러 오신 것이 아니라 그 중에서도 하나님의 말씀을 들어야 할 사람들에게 말씀을 주시기 위해서 오셨던 것입니다.

우리는 이 세상에서 성공하는 것에 대하여 관심이 많습니다. 그러나 하나님께서는 우리가 이 세상에서 성공한 것보다는 진리를 가지고 사는 것을 더 기뻐하십니다.

예수님께서는 자신에 대하여 적대감을 보이는 유대인들을 향하여 그들이 그렇게 예수님을 싫어하는 이유가 무엇인지 알고 계셨습니다. 그것은 예수님이 안식일을 지키시지 않는 것이었습니다.

요한복음 7장 21-24절

예수께서 대답하여 가라사대 내가 한 가지 일을 행하매 너희가 다 이를 인하여 괴이히 여기는도다. 모세가 너희에게 할례를 주었으니 (그러나 할례는 모세에게서 난 것이 아니요 조상들에게서 난 것이라) 그러므로 너희가 안식일에도 사람에게 할례를 주느니라. 모세의 율법을 폐하지 아니하려고 사람이 안식일에도 할례를 받는 일이 있거든 내가 안식일에 사람의 전신을 건전케 한 것으로 너희가 나를 노여워하느냐? 외모로 판단하지 말고 공의의 판단으로 판단하라 하시니라

유대인들은 예수님께서 안식일을 지키지 아니하시고 안식일에 병자들을 고치셨기 때문에 미워했습니다.

원래 어떤 진리가 있으면 거기에서 신앙의 규범이 나오고 의식과 관습이 생기게 되어 있습니다. 그러나 시간이 흐름에 따라서 의식이나 관습은 자꾸 변하게 되어 있고 현실화되게 되어 있습니다. 사람들은 그런 것을 종교 발전이나 현대화라고 말을 할지도 모르겠습니다. 그러나 하나님의 진리는 절대로 그렇지 않습니다. 언제나 신앙의 규범이나 의식이나 관습은 하나님의 진리에 일치해야 합니다. 하나님의 진리에 일치하지 않고 변화되거나 현실화되는 것은 하나님의 능력을

막아버리게 됩니다.

유대인들은 자신들이 지켜오고 있는 관습을 절대시하였습니다. 그러나 예수님께서는 이것이 바른 진리에서 왜곡된 것이니까 굉장히 많이 수정해야 한다고 주장하셨습니다. 여기서 유대인들의 반발이 일어난 것입니다.

예수님은 예를들어 설명하시기를 유대인들은 안식일에도 할례를 하지 않느냐고 하셨습니다. 할례를 지키기 위해서는 안식일에도 할례를 해야 하는 것입니다. 그러면서 예수님은 할례도 모세가 준 것이 아니라 조상 때 준 것이라고 했습니다. 즉 할례와 안식일 중 어느 것이 더 중요합니까? 할례가 더 중요하다는 뜻입니다. 왜냐하면 이스라엘이 있어야 안식일이 존재하기 때문입니다. 이스라엘 백성들도 없는데 무슨 안식일이 필요합니까? 그러면 안식일 이전에 또 무엇이 있어야 합니까? 하나님의 구원이 있어야 하고 능력이 있어야 하는 것입니다. 이스라엘 백성들이 애굽에서 종노릇할 때 무슨 안식일이 있었습니까? 지금 유대인들에게는 위대한 구원이 필요한 상태인 것입니다. 곧 죄에서 해방되는 것이 필요한 것입니다. 지금은 안식일 규정이 절대적인 것이 아니고 예수님의 말씀을 듣고 믿는 것이 절대적으로 중요한 것입니다.

그러면서 예수님은 외모로 판단하지 말고 공의의 판단으로 판단하라고 하셨습니다. 즉 사람의 겉모습을 가지고 좋다 나쁘다 할 것이 아니라 중심에 하나님을 향한 믿음이 있는지 하나님의 능력이 있는지로 판단을 해야 하는 것입니다. 오늘 우리 시대는 사람의 겉만 보고 판단합니다. 겉모습이 훌륭한 사람들은 세상적으로 성공한 자리에 앉아서 큰 소리를 치고 있습니다. 오늘 우리에게 필요한 것은 하나님의 능력이고 축복입니다. 하나님께서는 먼저 우리의 속사람을 축복하여 주십니다. 그리고 철저하게 밑바닥에서부터 시작하게 하십니다. 그래야 이 세상과 타협하지 않고 오직 하나님만 의지하고 믿음으로 살아갈 수 있는 것입니다. 우리는 지금 더 하나님의 말씀을 믿어야 하고 더 하나님의 능력을 의지해야 합니다. 하나님의 능력이 없는 성공은 모래 위에 집을 지은 것과 같습니다.

우리는 이미 속사람이 만들어진 사람들입니다. 속사람이 만들어진 사람은 이제부터 기도로 하나님의 복을 가져오는 자들이 되어야 합니다. 기도로 안 되는 것은 없습니다. '믿는 자들에게 능치 못한 것' 은 아무 것도 없을 것입니다. 우리는 이제부터 철저하게 모든 것을 기도로 해결을 받아야 할 것입니다. 우리는 다시 집을 지어야 할 사람들입니다. 여러분은 모두 철저하게 믿음으로 집을 지으시고 말씀으로 집을 지으시기 바랍니다. 무엇보다 하나님을 신뢰하고 세상의 모든 허영과 욕심을 버리시기 바랍니다. 오직 하나님의 말씀만 의지하고 영원히 무너지지 않는 집을 지으시는 성도들이 되시기를 바랍니다.

Exposition of John

17 _ 요 7:25-36

그리스도의 수수께끼

오늘날 우리들은 많은 수수께끼를 가지고 살아가고 있습니다. 도대체 '나' 라고 하는 존재는 무엇이며 결국 인생이라고 하는 것은 무엇인가 하는 것입니다. 저는 어렸을 때 내가 장차 커서 어떤 사람이 될 것인지 굉장히 궁금해 했었습니다.

어렸을 때 제 바로 위에 있는 형은 아주 잘 웃었습니다. 귀여운 상이었고 공부도 잘 했기 때문에 학교에서 선생님도 귀여워 하셨습니다. 어느 날 형은 저에게 이런 말을 했습니다. '나는 너무 잘 웃어서 결혼식을 못 하겠다' 고 했습니다. 우리는 어렸을 때 장차 내 앞에는 어떤 운명이 기다리고 있을지 또 나는 나중에 어떤 사람이 되어 있을지 굉장히 궁금해 했기에 할 수 있으면 좀 더 멋있고 좀 더 성공적인 사람이 되기 위하여 죽으라고 공부도 하고 열심히 살려고 몸부림을 치고 있었습니다. 그런데 어떤 사람은 어렸을 때에는 집이 너무 가난해서 옷도 잘 입지 못하고 늘 굶으면서 학교를 다녔지만 나중에 성공해서 아주 잘 살게 된 사람이 있는가 하면 어떤 사람은 어렸을 때에는 그렇지 않았는데 나중에 생각지도 못한 어려움들을 많이 당하고 일도 잘 풀리지 않는 바람에 아주 비참하게 살다가 돌아가시는 분들도 있습니다. 마치 우리의 인생은 좀처럼 풀리지 않는 수수께끼를 푸는 것 같습니다.

은행에는 대형 금고가 있습니다. 은행에서 중요한 서류나 돈은 다 금고 안에 넣고 문을 잠급니다. 누구든지 그 금고 문을 열려면 열쇠가 있어야 하고 비밀 번호를 알아야 합니다. 금고의 열쇠가 없고 비밀 번호를 모르면 절대로 그 금고는 열리지 않는 것입니다.

그리스 신화에 보면 테베라고 하는 곳에 스핑크스라는 괴물이 있었습니다. 그 괴물은 얼굴은 여자같이 생겼는데 몸은 사자의 몸을 하고 있었습니다. 스핑크스는 지나가는 사람들마다 수수께끼를 내었는데 그 수수께끼를 풀지 못하면 모두 죽였습니다. 하루는 오이디푸스가 그곳을 지나가는데 스핑크스가 수수께끼를 내었습니다. '아침에는 네 발로 걷고 낮에는 두 발로 걷고 저녁에는 세 발로 걷는 짐승이 무엇이냐?' 라고 물었습니다. 그때 오이디푸스는 '인간이다' 라고 대답하면서 '어렸을 때에는 기어서 가니까 네 발로 걷고 자라서는 서서 걸으니까 두 발로 걷고 늙어서는 지팡이를 짚고 걸으니까 세 발로 걷는다' 라고 대답했을 때 스핑크스는 너무 기분 나빠하면서 스스로 높은 곳에서 떨어져 죽고 수수께끼를 푼 오이디푸스는 테베의 왕이 됩니다. 그러나 그 후 이 오이디푸스는 '자기 아버지를 죽이고 어머니와 결혼하는 운명' 을 가진 사람이 되었습니다. 그래서 심리학자 프로이드 박사는 아들이 아버지를 싫어하는 성향을 '외디푸스 콤플렉스' 라고 불렀습니다.

결국 우리는 이 세상에서 살아가는 자체가 수수께끼인 것을 알게 됩니다. 우리는 왜 이 세상에 태어났는지 모르는 체 살아가야 하고 왜 결혼해야 하는지도 모르는 체 결혼을 해야 하고 왜 죽어야 하는지도 모르는 체 죽어야 하는 것입니다.

어떤 사람은 문학가가 되려고 했는데 집이 어려워서 장사를 하다보니까 사업가가 된 사람도 있고 음악가가 되려고 했는데 그만 결혼을 해서 아이를 키우는 평범한 가정주부가 된 경우도 있을 것입니다.

아마 오늘 우리 사회에서 가장 성공한 사람들이나 정치인들에게 '당신은 인생의 수수께끼를 풀었느냐?' 고 물어보면 '아직도 풀지 못했기 때문에 이렇게 애를 쓰고 있다' 고 대답할 것입니다. 놀라운 것은 세계적인 기업가나 정치인들이 개인적으로 점쟁이를 만나서 인생의 문제를 풀려고 하는 예가 너무나도 많다는 사실입니다.

우리 사회에서 점을 치는 사업이 아주 큰 시장이 되고 있습니다. 대권을 앞둔 정치인들은 물론이고 장사하는 사람, 실연당한 아가씨, 진학을 앞둔 자녀를 둔 부부 등등 수많은 사람들이 점쟁이를 찾아가고 있습니다. 그 이유가 어디에 있을까요? 여전히 인생의 수수께끼를 풀지 못했기 때문입니다.

오늘 많은 사람들은 모든 인생의 계획표가 어디에 있을까 라는 생각을 가지고 있습니다. 바로 이 인생의 계획표가 그들이 생각하는 운명인 것입니다. 사람들이 운명을 생각하는 이유는 인간의 힘으로 아무리 노력을 해도 안 되는 어떤 불가항력적인 한계가 있기 때문입니다. 우리 인간에게 이것이 있는 것은 사실입니다.

오늘 우리 인생의 수수께끼는 인생 자체만 가지고 아무리 씨름을 해봐야 답이 나오지 않습니다. 왜냐하면 우리 인생의 문제는 하나님의 계획이 나타나는 결과에 불과하기 때문입니다. 우리가 인생의 수수께끼를 풀기 위해서 먼저 가장 중요한 것은 그리스도의 신비를 풀어야합니다. 이것이 가장 중요한 것입니다. 누구든지 그리스도의 신비를 푸는 사람은 사는 것이고 그리스도의 신비를 풀지 못하는 사람은 죽는 것입니다. 왜냐하면 그리스도 안에 우리 인생의 모든 문제에 대한 답이 들어있기 때문입니다. 오늘 말씀을 보면 예수님께서 자신에 대하여 아주 수수께끼 같은 말씀을 하시는 것을 보게 됩니다. 우리는 이 당시 사람들이 이 말씀의 의미를 이해할 수 있었을 것이라고 절대로 생각하지 않습니다. 예수님의 이 말씀은 모든 인간들에게 내시는 수수께끼인 것입니다. 이것이 풀려야 우리는 이 세상에서 멸망하지 않고 불안해하지 않고 아름답고 풍성한 삶을 살 수 있는 것입니다.

불가항력적인 하나님의 힘

요한복음 7장 25-26절

예루살렘 사람 중에서 혹이 말하되 이는 저희가 죽이고자 하는 그 사람이 아니냐? 보라 드러나게 말하되 저희가 아무 말도 아니하는도다 당국자들은 이 사람을 참으로 그리스도인줄 알았는가?

우리는 예루살렘 사람들이 예수님에 대하여 하는 말을 통하여 두 가지 사실을 알 수 있습니다. 하나는 예루살렘 당국자들이 예수님을 죽이려고 한다는 사실이 많은 사람들에게 이미 알려져 있었던 것입니다. 단지 예수님의 제자들이나 갈릴리 사람들만 이 사실을 몰랐을 뿐이지 예루살렘에 사는 웬만한 사람들은 예루살렘 당국이 특히 이번 초막절에 예수님을 잡아서 죽이려고 한다는 사실 정도는 다 알고 있었던 것입니다. 여기서 우리가 알 수 있는 것은 사실 유대 당국이 예수님을 죽이려고 결정적으로 벼르고 있었던 때는 이번 초막절이었다는 것입니다. 그리고 또 하나는 예루살렘에 있던 사람들이 끊임없이 궁금해 하고 있었던 것이 그리스도의 정체였다는 사실입니다. 그래서 예루살렘 사람들은 예수님에 대하여 아주 말이 많았습니다. 즉 과연 예수가 그리스도냐 아니냐 하는 것이었습니다. 그들이 예수가 그리스도가 아닐 것이라고 생각하는 이유는 그의 출생과 그의 성장을 안다는 것이었습니다. 유대인들은 구약 성경 어디를 보고 생각했는지 모르겠지만 '그리스도는 갑자기 나타나야 한다' 고 생각한 것 같습니다. 말라기에 홀연히 임하실 것이라는 말씀이나 이사야서의 '주는 하늘을 가르고 강림하시고' 라는 말씀(사64:1)등을 통해서 갑자기 신비롭게 오셔야 한다고 생각했던 것 같습니다. 그러나 예수님은 정상적인 인간으로 출생하시고 정상적으로 갈릴리에서 컸기 때문에 그리스도일 수 없다고 생각했습니다. 거기에 비해서 어떤 사람들은 예수님이 행하신 기적을 보면 진짜 그리스도가 나타난다 하더라도 이 정도 이상은 할 수 없다고 하면서 예수님이 그리스도인 것을 믿으려고 했습니다.

예수님은 유대인들이 예루살렘에서 예수님을 붙잡아서 죽이려고 하는 계획을 알고 계셨습니다. 그래서 동생들이 예루살렘으로 올라가라고 해도 올라가지 않고 있다가 따로 몰래 올라가셨습니다. 그리고 올라가신 후에도 조용히 숨어 계셨습니다. 그러다가 명절이 중간쯤 지났을 때 예수님은 성전에 대담하게 나타나셔서 가르치기 시작하셨습니다. 유대인들의 입장에서 본다면 그렇게 찾던 사람이 제 발로 나타난 것입니다. 그러나 이상하게도 아무도 예수님을 체포하지 못하는 것입니다. 그래서 예수님이 예루살렘에 나타나시면 잡아서 죽이려고 준비하고 있다는 사실을 알고 있는 사람들은 웅성거리기 시작했습니다. 즉 아마도 예루살렘 당국이 예수님을 그리스도로 인정을 하게 되어서 예수님을 잡지 않기로 한 것이 아니냐 하는 것이었습니다.

예수님의 삶에는 사람들의 힘으로는 도저히 이해할 수 없는 불가항력적인 힘들이 나타났던 적이 여러 번 있었습니다.

예수님께서 처음 가버나움에서 말씀을 전하실 때에도 예수님은 가버나움 사람들의 믿음이 이방인들보다 못하다고 책망하셨습니다. 그때 가버나움 사람들은 화가 나서 예수님을 끌고 높은 절벽까지 끌고 가서 거기서 떨어뜨려 죽이려 했는데 이상하게 거기서 더 이상 손을 대지 못했습니다. 절벽 끝까지 끌고 가기는 했는데 이상하게 거기서 꼼짝 하지 못하게 되었습니다. 그리고 예수님은 그들 사이를 걸어서 나오셨습니다.

간음하던 한 여자가 잡혀서 예수님 앞에 끌려 왔을 때 모든 사람은 돌을 들어서 그 여자를 치려고 하였습니다. 그때 예수님께서는 누구든지 죄 없는 자가 돌을 들어 여자를 치라고 하셨을 때 모두가 알 수 없는 힘에 마음이 찔려서 돌을 버리고 그곳을 떠났던 적이 있습니다.

이번에도 유대인들은 예수님이 예루살렘에 올라오기만 하면 예수님을 잡아서 죽일 모든 계획을 다 세워놓았습니다. 그런데 이상하게 예수님을 잡을 수가 없었습니다. 그 이유가 어디에 있을까요? 그것은 뒤에서 하나님의 강권적인 손이 유대인들의 목덜미를 붙잡고 있었기 때문입니다.

우리 인간들은 우리가 계획을 잘 세워놓고 최선을 다하면 이루어질 것이라고 생각합니다. 그러나 인간의 삶을 보면 우연의 변수에 의하여 삶의 길이 달라지는 것이 너무나도 많고 그 중에서는 사람의 힘으로는 도저히 통제할 수 없는 일들도 수없이 나타나고 있는 것입니다.

여기서 인간들은 우리 인간의 힘 외에 분명히 다른 변수가 인간들의 삶 위에 힘을 발휘하고 있다는 것을 생각을 하게 됩니다. 그러나 그 힘이 구체적으로 어떤 것이냐고 물어보면 아무도 대답을 하지 못하는 것입니다. 사람들은 과연 이것이 무엇이냐 하는데 따라서 종교가 달라지게 됩니다. 어떤 사람은 점을 치러 가고 어떤 사람은 갓바위에 빌러 가고 어떤 사람은 허무주의에 빠지는 것입니다.

그러나 이것은 단순한 우연이 아닙니다. 이것은 하나님께서 개입하시는 것입니다. 하나님께서는 모든 것이 인간의 악한 뜻대로 이루어지지 않도록 언제나 간섭을 하시는 것입니다. 아마 하나님께서 모든 것을 인간의 손에만 맡겨두고 내버려두셨더라면 인간들은 단 며칠 만에 모든 것을 다 엉망으로 만들어버리고 말았을 것입니다.

우리가 우리 자신의 삶을 돌이켜 보면 우리가 생각했던 대로 되어진 것이 하나도 없다는 것을 알게 됩니다. 그런데 우리가 다른 사람들의 삶에 대해서는 알지 못하지만 우리 자신의 삶을 돌이켜 보면 우리 인생에서 가장 큰 사건은 역시 예수를 믿게 되었던 것이라고 말할 수 있을 것입니다. 어쩌면 우리의 모든 삶이 우리가 바른 신앙을 가지는 이 한 가지를 위하여 밀려온 것 같은 생각이 들 때가 있을 것입니다. 그것이 바로 하나님께서 우리의 인생을 인도하신 것입니다.

모든 것을 자신의 뜻대로 하시는 분은 오직 하나님 한 분뿐이십니다. 그래서 에베소서 1장에서 바울은 하나님에 대하여 '모든 일을 그 마음의 원대로 역사하시는 자' 라고 표현하고 있습니다(엡1:11). 오직 하나님만이 모든 것을 그 마음에 원하시는 대로 이끌어 가십니다.

그런데 여기서 우리가 인정하지 않을 수 없는 것이 하나님께서 택하신 백성들이 있다는 것입니다. 하나님께서는 어떤 사람들에 대해서는 세상적인 복을 주시기도 하시고 안주시기도 하시지만 어떤 사람들에게 대해서는 거의 강권적인 손으로 예수 그리스도를 아는 길로 인도하시는 것입니다. 그 이유가 어디에 있을까요? 예수 그리스도가 바로 하나님의 모든 복을 받는 비밀번호이기 때문입니다. 우리가 금고 문을 열려고 하면 비밀번호를 알아야 하고 카드를 사용하려고 해도 비밀번호를 서야 할 때가 있습니다.

우리가 이 세상의 복을 가지는 비밀번호는 둘째로 하고 하나님의 복을 받으려고 한다면 반드시 예수 그리스도를 알아야 합니다. 우리에게 가장 중요한 복은 하늘의 복입니다. 이 하늘의 복을 받으려면 반드시 예수 그리스도에 대한 비밀을 풀어야 합니다.

우리가 예수님을 바로 알고 믿으면 어떻게 됩니까? 우리에게 하나님의 은혜가 임하고 하나님의 축복이 임하면서 나의 정체성과 이 세상을 성공적으로 살아갈 수 있는 원리나 힘을 얻게 됩니다. 그러나 그리스도를 모르는 사람은 이 세상에서 아무리 잘 살았고 아무리 유명하게 되었다 하더라도 그는 여전히 하나님의 축복 밖에서 어둡고 추운데서 떨며 서 있는 버림받은 사람밖에 되지 못하는 것입니다.

그리스도의 나심과 오심

예루살렘의 유대인들이 예수님이 그리스도가 아닐 것이라고 판단한 이유가 있습니다. 그것은 그들이 예수님의 출생이나 출신에 대하여 알고 있다는 것이었습니다.

요한복음 7장 27절

그러나 우리는 이 사람이 어디서 왔는지 아노라. 그리스도께서 오실 때에는 어디서 오시는지 아는 자가 없으리라 하는지라.

유대인들은 그리스도가 오시면 갑작스럽게 나타날 것이라고 믿었습니다. 그래서 그들이 생각하는 그리스도는 부모도, 출신도, 고향도 알지 못하는 아주 신비스러운 인물이어야 할 것이라고 생각한 것입니다. 그런데 그들은 유감스럽게도 예수님이 어디서 왔는지 안다고 말을 했습니다.

그러니까 유대인들이 생각한 그리스도는 전혀 유대인들에게 알려지지 않은 어떤 사람이 갑자기 나타나서 폭발적인 하나님의 말씀의 능력을 나타내는 것이었습니다.

그런데 사실 우리가 보기에는 그리스도의 출현은 갑작스런 것입니다. 왜냐하면 우리가 성경을 보면 예수님의 탄생에 대하여 잠깐 언급을 하다가 그 다음에 어느 날 갑자기 요단강에서 세례를 받으시고 능력의 말씀을 전하기 시작하셨기 때문입니다. 그래서 어떤 사람들은 또 예수님이 서른이 될 때까지 어디에 있었겠느냐 해서 이상한 엉터리 같은 공상을 한 사람들도 있었습니다.

그러나 유대인들은 예수님을 알고 있었습니다. 갈릴리 사람들 중에는 예수님의 부모를 아는 자들도 있었고 또 예수님이 갈릴리에서 자란 것을 본 사람들이 많았습니다. 그래서 아예 '나사렛 예수' 라는 말이 나중에는 예수님의 이름처럼 사용되었습니다. 유대인들의 생각에는 그리스도가 오실 때에는 어디서 오는지 아무도 모르게 갑자기 튀어나와야 하는데 예수님에 대해서는 자기들이 이미 알만한 것은 다 알기 때문에 그리스도가 아니라는 것이었습니다. 그래서 그들이 내린 결론은 '이 사람은 그리스도가 아니다. 왜냐하면 이 사람이 어디서 왔는지 우리가 알기 때문이다' 라는 것이었습니다.

그러나 사실 그들은 그리스도에 대하여 너무나도 많은 것을 모르고 있었습니다. 그들은 나사렛의 한 처녀 마리아에게 천사장 가브리엘이 나타난 것을 몰랐습니다. 그들은 요셉이 마리아와 같이 살기 전에 이미 마리아는 임신을 했고 그것 때문에 결국 베들레헴까지 가서 애기를 낳은 것을 몰랐습니다. 또 별을 보고 찾아온 동방박사들 때문에 헤롯이 위협을 느껴서 베들레헴의 아기를 다 죽이려고 했기 때문에 애굽으로 피신했던 사실을 모르고 있었습니다. 그들이 예수님에 대하여 알고 있는 것은 사람들이 시험 들지 않도록 하기 위하여 비밀은 다 빼놓고 전혀 중요하지 않은 사실만이었다는 것을 모르고 있었습니다. 즉 일반인들이 예수님에 대하여 알았던 것은 전혀 비밀이 아닌 것들이었습니다. 그리고 그 정도의 지식으로는 인생의 문제도 풀 수 없고 하늘문도 열 수 없는 것이었습니다.

하지만 예수님께서는 그들을 서서히 진리의 세계로 인도하셨습니다. 이제 예수님이 말씀하시는 것이 진짜 일급비밀인 것입니다. 그리고 이 비밀을 풀 수 있어야 인생의 문제를 풀 수 있는 것입니다.

요한복음 7장 28-29절

예수께서 성전에서 가르치시며 외쳐 가라사대 너희가 나를 알고 내가 어디서 온 것도 알거니와 내가 스스로 온 것이 아니로라. 나를 보내신 이는 참이시니 너희는 그를 알지 못하나 나는 아노니 이는 내가 그에게서 났고 그가 나를 보내셨음이니라 하신대

예수님은 우선 유대인들이 예수님도 알고 예수님이 어디서 온 것도 알고 있다는 것에서부터 말씀을 시작하셨습니다. 그들은 예수님을 알고 있었습니다. 예수님이 갈릴리 출신인 것도 알고 있었습니다. 그러나 이것은 예수님에 대한 가장 중요한 사실이 아니었습니다.

예수님은 아주 중요한 사실을 말씀하셨습니다. 그것은 예수님께서 하나님을 알고 계신다는 것입니다. 물론 유대인들도 하나님을 알고 있었습니다. 그러나 이것은 예수님이 하나님을 아시는 것과는 근본적으로 다른 차원의 것이었습니다. 유대인들은 조상 대대로 모세가 가르쳐준 율법이나 의식이나 체험을 통해서 하나님을 알았습니다. 그러나 예수님은 직접적으로 하나님을 아셨습니다.

여기에 보면 예수님의 출생에 대하여 아주 중요한 말씀을 하십니다.

요한복음 7장 29절

나는 아노니 이는 내가 그에게서 났고 그가 나를 보내셨음이니라 하신대

유대인들은 예수님이 갈릴리에서 난 것만 가지고 실망을 하고 있었습니다. 사실 예루살렘에 사는 유대인들의 가장 큰 불만은 예수님이 갈릴리 사람이었다는 것이었습니다. 아마 예수님께서 갈릴리 출신이 아니고 유대 어느 지방 출신이었다면 훨씬 그를 믿는 사람들이 많았을

것입니다. 유대인들에게도 심한 지역 차별이 있었습니다.

그런데 예수님은 자신에 대하여 예수님이 이 세상에 오신 것과 처음 만들어진 것은 다르다고 말씀하셨습니다. 모든 사람들은 어머니 뱃속에 임신이 되면서 처음 만들어집니다. 그러나 예수님은 마리아의 몸 안에서 임신 될 때 처음 만들어진 것이 아니라 보냄을 받은 것이었습니다. 어떻게 보면 인간화가 되는 과정이었다고 볼 수 있습니다. 예수님은 마리아의 몸에 임신되기 훨씬 전부터 하나님과 함께 계셨습니다.

예수님도 태어나신 때는 있었습니다. 그것을 '아버지에게서 났다' 라고 말씀하고 있습니다. 예수님은 아주 영원 전에 이 세상에 우주나 천사도 없었을 때에 신비로운 과정에 의해서 아버지로부터 생기셨습니다. 그런데 하나님과 똑같은 분으로 생기셨습니다.

이 점을 두고서 C. S. 루이스라는 작가는 '순전한 기독교' 라는 책에서 낳는 것과 만드는 것의 차이를 설명하려고 애를 쓰고 있습니다. 우리가 만든다고 하는 것은 자기와 다른 것을 만드는 것입니다. 예를들어 사람들은 자동차를 만듭니다. 그러나 자동차는 사람이 아닌 것입니다. 그래서 일단 창조라고 하면 자기와는 다른 것을 만드는 것입니다. 우리는 인형을 만든다라고 하지 인형을 낳는다라고 말하지는 않습니다. 그 대신에 어머니는 아기를 낳습니다. 어머니는 아기를 만드는 것이 아니라 아주 신비로운 과정에 의하여 임신이 되어서 우리와 똑같은 사람을 낳는 것입니다. 그리스도는 영원 전에 아버지로부터 신비로운 과정에 의하여 하나님과 똑같이 생기셨습니다. 이것은 아버지로부터의 분열이 아닙니다. 분열이라고 하는 것은 아주 하등 동물에서 발생하는 과정입니다. 아주 고차원적인 과정에 의해서 성부 하나님과 똑같은 분으로 태어나셨습니다. 그리고 마리아의 몸에서는 인성을 입고 인간이 되셔서 이 세상에 보내어지셨습니다.

이것이 그리스도에 대한 첫 번째 수수께끼입니다. 예수님은 우리 인간들과 똑같이 생기셨지만 우리 인간이 아니고 하나님의 아들이셨습니다. 이것이 믿어지지 않으면 우리 인간은 영원히 자기 수수께끼에만 빠져 있게 됩니다. 우리 인간들이 자기의 감옥에서 빠져나올 수 있는 첫 번째 열쇠가 하나님의 아들이 아주 어려운 과정에 의하여 인간이 되셔서 이 세상에 오신 것입니다.

우리가 이 사실을 믿는다면 당연히 나오게 되는 질문이 왜 하나님의 아들이 그런 식으로 이 세상에 오셨을까 하는 것입니다. 그것은 이 세상이나 우리 인간들이 정상적인 상태에 있지 않기 때문입니다. 우리는 지금 우리가 정상적인 상태에 있다고 생각하고 모든 것을 풀려고 하니까 아무 것도 풀리지 않는 것입니다. 우리 인간들은 마치 자동제어 장치가 고장이 난 배와 같습니다. 지금 배는 잘 가고 있습니다. 그래서 배 안에서 사람들은 경치 구경도 하고 맛있는 음식도 먹고 춤도 추고 있고 장사도 하고 연애도 하고 있지만 사실 이 배는 고장이 나서 제 멋대로 돌아다니고 있는 것입니다. 이것을 위해서 하나님의 아들이 오셔야만 했습니다.

그러면 우리 인간 사회는 엔진만 고장이 났을까요? 아닙니다. 모든 부분입니다. 전부 다 고장이 난 상태에 있습니다. 단지 인간들은 이 사실을 모르고 있고 인정하지 않으려고 하고 있는 것입니다. 왜냐하면 아직 눈앞에 보이는 상황은 그렇게 절망적이지 않기 때문입니다. 그러나 하나님의 눈으로 보면 인간들은 지금 엄청난 파멸에 빠져 있는 것입니다. 예수님께서는 이것을 정상적으로 고치기 위해서 오셨습니다.

우리가 몸에 병이 있을 때 혼자서 아무리 애를 써도 낳지 않습니다. 그런데 병원에 가서 전문의의 진찰을 받고 치료를 받으면 얼마든지 깨끗하게 낫습니다. 마찬가지로 예수님은 우리 인간의 삶을 치료하시기 위해서 아주 어려운 과정으로 이 세상에 오셨습니다. 예수님의 가장 중요한 말씀이 무엇입니까? '나는 아버지를 안다'는 말씀입니다. 예수님은 우리 인간의 문제를 정확하게 알고 계셨습니다. 우리와 하나님의 관계가 잘못되어서 우리는 지금 통제 불능 상태에 빠진 것입니다. 그래서 예수님은 우리를 구원하기 위해서 이 땅에 오신 것입니다. 그런 까닭에 우리에게 있어서는 하나님과의 관계가 중요하고 죄가 해결되는 것이 중요하고 예수 그리스도에 대한 믿음이 중요한 것입니다.

예수 그리스도의 가심

사실 예수님이 이 세상에 오셨기 때문에 우리 인생의 문제는 반 이상 해결이 된 것이나 마찬가지입니다. 그러나 예수님이 오셨다고 해서 모든 것이 다 해결된 것이 아닙니다. 예수님은 이 세상에서 자신의 일을 마치시고 가셔야 합니다. 그러나 예수님이 가시는 것은 오실 때보다 훨씬 더 어렵고 복잡한 과정을 거쳐야만 했습니다.

예수님께서 무리 가운데서 담대하게 가르치시는 것을 보고 사람들은 웅성거리기 시작했습니다.

요한복음 7장 30-31절

저희가 예수를 잡고자 하나 손을 대는 자가 없으니 이는 그의 때가 아직 이르지 아니하였음이러라. 무리 중에 많은 사람이 예수를 믿고 말하되 그리스도께서 오실찌라도 그 행하실 표적이 이 사람의 행한 것보다 더 많으랴 하니

예수님은 처음 장막절이 되었을 때 예루살렘에 올라가시는 것에 대하여 자신을 하시지 못하셨습니다. 그러나 예수님은 하나님의 뜻을 깊이 묵상하시는 가운데 이번 장막절은 사탄의 세력이 예수님을 잡을 수 없다는 확신을 가지게 되셨습니다. 그래서 예수님은 사람들 앞에 담대하게 나서서 당당하게 말씀을 전하셨습니다. 그런데 그때 유대 당국에서 예수님을 체포하려고 했는데 이상하게 체포할 수가 없었습니다. 그 이유는 하나님께서 강권적인 하나님의 뜻을 믿었기 때문입니다. 예수님은 이번은 '그때가 아니다'는 확신을 가지고 계셨습니다.

예수님께서는 이런 말씀을 하셨습니다.

요한복음 9장 4절

때가 아직 낮이매 나를 보내신 이의 일을 우리가 하여야 하리라. 밤이 오리니 그 때는 아무도 일할 수 없느니라

예수님에게는 낮과 밤이 있으셨습니다. 여기서 낮이라고 하는 것은 진리가 마음껏 활동할 수 있는 때였습니다. 이때는 예수님이 아무리 활동을 하셔도 악한 세력이 예수님을 막을 수도 없었고 예수님을 잡을 수도 없었습니다. 그러나 예수님은 또 밤이 있다고 말씀하셨습니다. 밤에는 더 이상 예수님이 진리를 증거하실 수도 없습니다. 그 때는 악

한 자들이 예수님을 붙잡아서 처형하는 때인 것입니다. 예수님께서 이것을 분별하실 수 있었던 것은 그가 영적으로 볼 수 있었기 때문입니다. 우리가 믿음이 없었을 때에는 영적인 소경이었기 때문에 아무 것도 볼 수가 없었습니다. 오직 모든 것이 캄캄했고 닥치는 대로 사는 수밖에 없었습니다. 그러나 우리 마음속에 하나님의 말씀이 오고 난 후에는 우리는 볼 수 있게 되었습니다. 우리가 마음껏 하나님의 일을 할 때가 있는가 하면 어떤 때에는 악의 세력에 의해서 아무 것도 할 수 없는 때가 있다는 것을 알게 됩니다. 지금 우리에게는 낮이기 때문에 아무 것도 두려워할 필요가 없습니다. 우리에게는 주님의 말씀이 환한 대낮같이 우리 앞을 비춰고 있습니다. 그래서 다윗은 말하기를 '주의 말씀은 내 발의 등이요 내 길의 빛이니이다' 라고 고백을 했습니다.

드디어 대제사장이 보낸 사람들이 예수님을 붙잡으러 왔습니다. 그때 예수님은 이렇게 말씀하셨습니다.

요한복음 7장 32-33절

예수께 대하여 무리의 수군거리는 것이 바리새인들에게 들린지라 대제사장들과 바리새인들이 그를 잡으려고 하속들을 보내니 예수께서 이르시되 내가 너희와 함께 조금 더 있다가 나를 보내신 이에게로 돌아가겠노라

예수님은 자신을 잡으러 온 사람들에게 잠시 후에 나는 아버지에게로 돌아갈 것이라고 말씀하셨습니다. 이것이 그리스도께서 오셨다가 돌아가시는 과정입니다.

이것은 그리스도에 대한 가장 위대한 수수께끼인 것입니다. 이것은 우리가 푸는 것이 아니라 그리스도 자신이 풀어야 하는 수수께끼였습

니다. 그리스도께서 이 세상에 오실 때 구약의 예언대로 처녀의 몸을 빌어서 인간이 되셨듯이 구속의 사명을 다 완수하시고 돌아가실 때에도 성경의 예언대로 하셔야 합니다. 만약 여기에 조금만 차질이 생긴다면 인간들을 구원하는 모든 노력은 다 수포로 돌아가고 맙니다. 여기에는 영점 영영영영 일의 오차도 생겨서는 안 되는 것입니다.

예수님께서는 이 잠시 동안 그리스도의 수난에 대한 모든 성경 구절을 하나도 빼놓지 않고 다 성취하셔야 합니다. 즉 나귀를 타고 입성하시는 것이나 은 삼십에 팔리시는 것이나 유월절 어린양으로 희생을 당하는 것 등 모든 것을 다 성취하면서 십자가에 달려 죽으셔야 합니다. 그리고 십자가에 달리셔서도 저주를 하시거나 욕을 하시면 안 되시고 더욱이 십자가에서 화가 난다고 못을 뽑고 내려오셔도 안 됩니다. 자신을 온전한 산제사로 바치시고 죽으셔야 합니다. 그리고 삼일 후에 사망의 권세를 깨트리고 부활하셔서 하나님 보좌 우편에 올라가셔야 하는 것입니다. 이 어느 하나라도 잘못되면 우리는 모두 죽어야 하는 것입니다.

그래서 멋도 모르고 단순한 시기심에서 예수님을 죽이려고 하는 유대인들에게 이것은 그렇게 간단한 문제가 아니니까 예수님께 맡기라고 하신 것입니다.

그러나 예수님은 이 말씀대로 모든 것을 다 이루시고 부활하셔서 우리 인간의 몸을 가지시고 하나님의 보좌 우편에 올라가셨습니다. 그래서 이제 우리는 저 영원한 하나님 나라의 백성이 된 것입니다.

예수님의 부활은 우리에게 하나님의 능력을 가져왔습니다. 이 세상을 단순히 먹고 살기 위해서 사는 것이 아니라 하나님의 영광을 위해서 살 수 있게 하셨습니다. 우리는 지금 이 세상에서 세상을 위해서 사는 것이 아니라 하나님의 나라를 가져와서 사는 것입니다.

예수님은 예수님을 잡으러 온 사람들에게 그들이 예수님을 만나지도 못할 것이요 예수님이 있는 곳에 오지도 못할 것이라고 말씀하셨습니다. 바로 이것이 예수 믿는 자들과 믿지 않는 자들의 가장 중요한 차이인 것입니다. 우리는 바로 하나님의 보좌 우편과 연결되어 있습니다. 우리는 거기서 오는 능력으로 사는 것이며 거기서 오는 하나님의 뜻을 위해서 삽니다. 그러나 세상 사람들에게는 하나님의 보좌에 접근하는 것이 차단되어 있고 예수님에게 가는 것이 차단되어 있습니다.

이 세상에는 좋은 것이 너무나도 많이 있습니다. 그러나 그것이 모두 우리들에게는 그림의 떡입니다. 우리의 모든 좋은 것은 하나님의 보좌 우편에 있습니다. 우리는 지금 예배를 통하여 하나님의 보좌 우편으로 나아가고 있는 것입니다. 사람들은 이 세상에 자기들도 모르는 많은 위기로 인하여 불안해하고 있습니다. 그러나 우리에게는 이 세상이 언제나 낮이기 때문에 두려워하지 않습니다. 하나님께서는 하나님의 허락 없이는 참새 한 마리도 땅에 떨어지지 않는다고 말씀하셨고 우리들의 머리털 까지도 다 헤아리고 계신다고 말씀하셨습니다.

우리에게 감사한 것은 하나님이 우리를 택하셔서 영원한 축복의 자녀로 삼으셨다는 사실입니다. 이제 여러분은 세상의 명예나 성공을 위하여 살지 말고 하나님이 주시는 능력으로 사시기 바랍니다. 때로는 이 세상에 위기는 있지만 하나님은 우리로 다 알게 하실 것입니다. 무엇보다 하나님의 말씀이 마음껏 선포되고 있는 동안은 낮입니다. 낮에는 우리가 안심하고 다닐 수 있습니다. 그리고 밤이 오지 않도록 만들어야 합니다. 우리는 계속 진리를 밝혀서 다시는 밤의 세력이 우리를 덮치지 못하게 해야 하겠습니다. 그리스도는 천국 복의 열쇠요 비밀번호입니다. 이것만 가지고 있으면 얼마든지 하나님의 복과 능력을 받을 수 있습니다.

Exposition of John

18 _ 요 7:37-53

영적인 초막절

팔레스타인은 우리나라와 달리 나무 한 그루도 없고 물도 전혀 구할 수 없는 뜨거운 광야 길이 한없이 펼쳐진 곳이 많이 있습니다. 이런 곳을 장거리 여행을 하려고 할 때 가장 필수적인 것이 물을 충분히 준비를 하는 것입니다. 만약 물을 제대로 준비하지 못한 상태에서 수십 킬로가 되는 땡볕을 걸어가면 결국 더위에 목이 말라서 지쳐 쓰러지고 말 것입니다. 이때 목이 말라 쓰러진 사람에게 빨리 물을 마시게 하지 않으면 그 사람은 곧 죽고 말 것입니다.

우리나라에서도 여름에 군인들이 장거리 행군을 할 때 수통에 물을 채우는 것은 필수적인 것입니다. 왜냐하면 행군을 하다보면 물이 없는 곳이 있을 수 있고 목은 마른데 물을 구하지 못하면 지쳐서 쓰러질 수밖에 없기 때문입니다.

본문의 배경을 이루고 있는 것은 유대인의 명절 중 하나인 초막절입니다.

유대인의 명절인 초막절은 이스라엘 백성들이 애굽에서 나온 후 광야에서 사십 년 동안 생활한 것을 기념하는 절기입니다. 사실 말이 사십년이지 물도 없고 양식도 없는 뜨거운 들판에서 이스라엘 백성들이 무려 사십년 동안이나 살았다고 하는 것은 그야말로 기네스북에 오를 만한 대기록일 것입니다. 그런데 이스라엘 백성들이 그 뜨거운 광야에서 사십년을 죽지 않고 살 수 있었던 것은 하나님께서 기적의 생수를 주셨기 때문입니다. 즉 이스라엘 백성들이 물이 없어서 목말라 죽어가려고 할 때 하나님께서는 반석을 쳐서 거기서 한없는 생수가 솟아나게 하셔서 이스라엘 백성들을 살게 하셨습니다. 광야에서 이스라엘 백성들에게 중요한 것은 물이었습니다.

이스라엘 백성들은 초막절을 통해서 바로 그 무시무시한 광야에서 물을 주셔서 살게 하신 하나님께 감사를 드렸습니다. 그래서 유대인들은 초막절마다 예루살렘 가까이에 있는 실로암 못에 가서 물을 떠와서 제단에 부으며 '기쁨으로 구원의 우물에서 물을 길으리로다' 라는 이사야 선지자의 말씀을 가지고 하나님께 감사하곤 했습니다.

그런데 이번 초막절에서는 예수님께서 예루살렘 성전에서 소리를 치셨습니다. 즉 "누구든지 목마르거든 내게로 와서 마셔라. 나를 믿는 자는 성경에 이름과 같이 그 배에서 생수의 강이 흘러나리라."

예수님은 지금도 실로암 못의 물을 길어다가 제단에 붓고 초막절을 지키는 유대인들을 향해서 진정한 초막절은 예수님께 나와서 예수님이 주시는 생수를 마시는 것이라고 말씀을 하시면서 '누구든지 목마른 자는 다 내게로 오라' 고 초청을 하시는 것입니다. 물론 예수님 곁에는 아무런 물통도 없었습니다. 그럼에도 불구하고 예수님은 누구든지 목마른 자는 내게로 와서 마시라고 초청을 하시는 것입니다.

예수님께서 주시겠다는 생수가 무엇입니까? 그것은 바로 성경에 기록된 대로 '이는 그를 믿는 자의 받을 성령을 가리켜 말씀하신 것이라' 고 해석하였습니다. 예수님께서 유대인들에게 초청하시는 것은 누구든지 와서 예수를 믿고 성령을 마시라는 뜻인 것입니다.

오늘 우리는 너무나도 더운 사막길을 걸어가고 있습니다. 이 무서운 사막 길에는 더위가 우리 안팎으로 푹푹 찌고 있습니다. 겉으로는 이 세상의 죄와 정욕과 갈등과 미움의 더위가 사람을 태우고 있습니다. 그리고 속으로는 내 자신에 대한 불만과 욕구와 분노의 불이 뜨겁게 타오르고 있습니다. 결국 우리는 이런 식으로 계속 살다가는 얼마 가지 못해서 안과 밖이 모두 다 죄의 더위로 타서 죽을 수밖에 없습니다. 이것을 해결할 수 있는 것은 오직 예수님이 주시는 성령을 마시는 것밖에는 없는 것입니다. 오늘도 여러분의 영혼에 성령이 충만하시길 바랍니다. 그래서 우리를 화나게 만들고 짜증나게 만들고 우리를 미치도록 만들고 있는 모든 죄의 불이 성령의 시원한 생수로 다 죽어지고 진정한 만족감과 기쁨이 충만하기를 바랍니다.

누구든지 목마르거든

예수님께서는 예수님께 나와서 생수를 마실 수 있는 첫 번째 조건으로 '누구든지 목마른 사람' 은 예수님께 나와서 예수님이 주시는 생수를 마실 수 있다고 말씀하셨습니다.

예수님께서는 누구든지 자신이 주시는 생수를 마시기 위해서는 '적어도 자신이 목마르다' 는 것은 알고 있어야 하고 지금 너무나도 자기에게는 물이 필요하다는 것을 인정하고 있어야 한다고 말씀하고 있습니다. 여기서 예수님께서 '누구든지 목이 마르거든' 이라고 말씀하시는 이유가 무엇일까요?

우리가 '목말라한다' 고 할 때 거기에는 적어도 세 가지 의미의 목마름이 있다고 생각합니다.

우선 첫째로는 문자적으로 육체적으로 목마른 것입니다. 어떤 사람이 더운 여름에 물을 마시지 못하고 장거리 여행을 하거나 격렬한 운동을 했다면 몹시도 목이 마를 것입니다. 이스라엘 백성들이 광야에서 방황하면서 목말라했던 것은 바로 이런 육체적인 갈증이었습니다. 육체적으로 목이 마른 사람에게는 물이 꼭 필요합니다. 이것은 생존을 위해서 가장 긴급하게 필요한 물인 것입니다. 어떤 사람이 여름에 설사 등으로 심한 탈수 증세를 보이면 얼른 포도당 주사를 맞혀야 합니다. 그러면 그 사람은 탈수 현상을 극복할 수 있고 목숨을 건질 수 있을 것입니다. 그래서 심한 탈수 증세를 보이는 사람에게 필요한 물은 생존을 위한 물이며 이 물은 생존을 위한 최소한도로 필요한 것입니다. 우리에게 생존을 위한 물은 죽지 않을 정도로의 물만 계속 공급이 되면 충분한 것입니다. 사실 그 이상의 많은 물은 한꺼번에 마실 수도 없고 마신다고 해서 다 몸에 좋은 것도 아닐 것입니다.

그러나 두 번째 목마름은 정신적인 목마름입니다. 이것은 자기 자신을 실현시키기 위한 목마름입니다. 우리 인간에게는 좀 더 완전한 자아를 실현하고자 하는 강한 욕망이 있습니다. 우리에게 이런 욕망이 채워지지 않으면 우리는 심한 정신적인 목마름을 느끼게 됩니다. 그 중에 하나가 배움의 목마름입니다. 사람들이 왜 그렇게 공부를 하고 싶어 합니까? 사람은 밥을 먹듯이 정신적으로 자기에게 필요한 지식을 공급을 받아서 좀 더 똑똑한 자신을 만들고 싶어 하는 욕망이 있습니다.

저는 청소년 때 얼마나 책 읽는 것에 목말라 했든지 며칠 동안 다른 일은 하지 않고 방에 쳐 박혀서 배고픈 사람이 정신없이 빵이나 밥을 집어 먹듯이 친구 집에 있는 세계 문학전집을 빌려서 그야말로 허겁지겁 책을 집어 삼켰던 적이 있었습니다. 책을 몇 십 권쯤 읽고 나니까 책에 대하여 배고픈 것이 좀 가셔져서 정상적인 다른 공부를 할 수 있었습니다. 배움에 대한 사람들의 갈망이 얼마나 강한가 하면 어떤 분은 결국 늙어서까지 대학에 들어가서 그토록 자기가 원했던 공부를 하는 분들이 있습니다. 그런데 그렇게 죽을 둥 살 둥 공부를 해 본 결과가 무엇일까요? 그야말로 약간 목마른 것이 가셔지는 정도이지 완전한 자아실현은 아니라는 것을 알게 됩니다.

사람들은 독재 정권 아래 있으면 자유를 향한 강한 목마름을 가지게 됩니다. 사람들은 자기 의사를 표현하기를 원하고 다른 사람들의 자유로운 의견을 들을 수 있기를 원합니다. 그러나 독재 정권이 사람들의 자유를 억압하면 다른 것은 아무리 자유가 주어져도 인간은 만족하지 못하고 결국은 독재와 싸우게 되는 것입니다. 많은 지식인들이나 학생들은 정치적 자유를 위해서 투쟁하면서 자신들은 너무나도 거룩한 일을 하고 있다고 생각합니다. 그런데 나중에 그렇게 고대하던 정치적인 자유가 주어졌을 때 그들은 여전히 또 문제가 많은 세상을 살아가고 있는 것을 발견하게 되는 것입니다.

흑인 작가가 쓴 '뿌리' 라는 책을 보면 흑인들이 자유를 위해서 얼마나 많은 노력을 하는지 모릅니다. 어떤 사람은 도망을 치다가 붙들려서 죽도록 두들겨 맞는가 하면 어떤 사람은 도끼로 발이 잘리기도 합니다. 어떤 사람은 자기 자신과 가족들을 다시 사기 위해서 한 평생에 걸쳐서 돈을 모읍니다. 그들의 입에서 'free man' 이라는 말이 얼마나 가치 있고 숭고한 말인지 모릅니다. 그러나 지금 미국의 모든 흑인들에게 자유가 주어져 있지만 흑인들은 더 패배적이고 비참한 상태에서 살아가고 있는 것을 볼 수 있습니다.

결국 목마름이라고 하는 것은 우리 안에 아주 뜨거운 욕망이 있기 때문에 생기는 것입니다. 이 뜨거운 욕망은 결국 죄에서 생기는 욕망입니다. 물론 표면적으로는 성취욕이나 야망이나 물질욕이나 성욕 등등 아주 다양한 얼굴을 가지고 나타나지만 결국은 마음속에 하나님이 있어야 할 자리에 죄가 있기 때문에 생기는 갈증인 것입니다. 이 인간의 내면적인 갈증은 아무리 채워주어도 영원히 만족하거나 시원할 수가 없습니다.

결국 예수님이 말씀하시는 목마름이라고 하는 것은 이 세 번째 목마름을 의미하는 것입니다. 이것은 인간의 죄로 인하여 영원히 만족하지 못하는 목마름인 것입니다.

사람들은 흔히 인간의 마음속에 있는 욕망은 발전을 위한 좋은 동기가 될 수 있다고들 말을 합니다. 그래서 모든 인간들은 마음속에 자아를 성취하고자 하는 욕망이 있는 것은 좋은 일이라고 생각합니다. 물론 우리가 어떤 일에 대하여 성취욕이나 자기 자신을 더 개발하고자 하는 욕망을 가지는 것은 필요하고 좋은 것입니다. 그러나 그 한 꺼풀 속을 들어가 보면 우리가 전혀 생각하지 못했던 추악하고 더러운 죄의 욕망이 들어있는 것을 보게 될 것입니다. 그런데 그 한 꺼풀을 벗기는 것이 그렇게 어려울 수가 없습니다.

어쩌면 인간들은 하나님의 도우심이 없이는 그 한 꺼풀을 결코 벗기지 못할 것이며 그 안에 있는 것을 결코 보지 못할 것입니다. 여기에 하나님의 말씀의 조명이 필요합니다. 우리에게 현미경이 없다면 박테리아나 미세한 병균 체의 존재를 알 수 없는 것처럼 하나님의 말씀이 없으면 인간들은 이 세 번째 목마름을 알지 못할 것입니다.

그래서 일단 자기 안에 있는 죄의 불이 있다는 것을 아는 사람은 하나님의 말씀이 비추어진 사람임이 틀림이 없습니다. 왜냐하면 하나님의 존재도 모르고 하나님의 말씀이 한 번도 비춰지지 않은 사람은 영적인 목마름 자체를 느끼지 못하기 때문입니다. 흔히 인간이 불완전한 것은 다 수양이 부족해서 그런 것이지 인간 자체가 그렇게 절망적이지는 않다고 생각을 합니다.

본문에서 예수님께서 말씀하시는 '목마름' 이라고 하는 것은 누군가가 하나님 앞에서 자기의 죄 문제로 목말라하는 것입니다. 그는 죄가 무엇인지 알고 있을 뿐아니라. 자기 안에 무서운 죄의식이 있다는 것도 알고 있습니다. 그러나 죄의 세력이 너무 강해서 거기서 벗어날 힘은 자기에게는 없는 것입니다. 그는 날이 갈수록 죄의식이 자기 살을 파고들고 자기의 뼈를 녹이는 것을 느낍니다. 그는 하나님의 심판을 생각할 때 무서워서 견딜 수 없는 답답함과 공포를 느낍니다.

그래서 사도 바울은 무엇이라고 말하고 있습니다.

로마서 7장 24절

오호라. 나는 곤고한 사람이로다. 이 사망의 몸에서 누가 나를 건져내랴

여기서 '곤고하다' 는 말은 절망적이다는 뜻입니다. 그 이유가 무엇입니까? 자기 자신을 보니까 '사망의 몸' 인 것입니다. 즉 몸 자체가 죽

어 있어서 의식만 있지 할 수 있는 것이 아무 것도 없는 것입니다.

예를들어 어떤 분이 전신마비 환자인데 길에서 쓰러져 있을 때 그가 할 수 있는 것이 무엇일까요? 아무 것도 할 수 있는 것이 없습니다. 그가 할 수 있는 것은 주위에 지나가는 사람에게 소리를 질러서 자기를 일으켜 달라고 하는 수밖에 없는 것입니다.

그런 까닭에 우리는 여기서 놀라운 두 가지 차이를 볼 수 있습니다. 하나는 목말라 하는 것과 그 목마름에서 해결 받는 것의 차이입니다. 일단 목말라한다는 것은 죄의 세력만 인식하고 고민하고 절망하는 것입니다. 그러나 아직 그는 시원한 생수를 맛보지 못했습니다. 아직 그는 고민하고 갈등하고 있을 뿐입니다. 그는 하나님의 은혜를 찾아서 '목마른 사슴이 시냇물을 찾아서 뛰어다니듯이' 몸부림을 치고 있는데 아직 생수는 터지지 않은 것입니다.

우리는 이런 사람을 로마서 7장에서 찾아볼 수 있습니다.

그가 죄에 대한 깨닫게 된 것은 무슨 큰 죄를 지었기 때문이 아니었습니다. 무시무시한 살인죄 같은 짓을 저지르고 경찰의 눈을 피하여 숨어 있으면서 죄를 깨달은 것이 아닙니다. 그는 율법 말씀을 들었습니다. 그 말씀은 '탐내지 말라' 는 것이었습니다. 그는 탐내지 않으려고 마음을 먹었습니다. 그 순간 얼마나 탐욕이 발동을 하는지 결국 꼼짝 못하고 탐욕의 노예가 되어서 죄가 하자는 대로 다 죄를 짓고 만 것입니다. 그리고 난 후에 엄청난 마음의 답답함과 갈등이 오게 되었습니다. 나중에는 결국 혼수 상태가 되어서 자포자기할 수밖에 없을 정도로 무기력에 빠지게 되었습니다.

그때 자기 자신이 할 수 있는 것이 아무 것도 없다는 것을 철저하게 깨닫게 됩니다. 그는 악인이고 완전히 속에 죄의 시궁창이 열려 있는 것입니다. 입을 벌리기만 하면 말할 수 없는 욕들이 튀어나오고 더러운 상상이 끊임없이 그의 생각을 괴롭힙니다. 결국 그가 할 수 있는 것이 무엇입니까? 예수님의 십자가 앞에 나와서 두 손 두 발을 다 드는 것입니다.

그러나 하나님의 말씀이 한 번도 그 영혼에 비추어진 적이 없는 자는 이런 영혼의 목마름을 느끼지 못합니다. 적어도 이 영혼의 목마름을 깨달을 때에는 하나님의 말씀이 그의 영혼에 비추어진 상태입니다. 죄가 무엇인지 아는 사람에게 해당됩니다. 그러나 그는 아직 자기 힘으로 하나님을 믿으려고 하고 자기 힘을 구원을 얻으려고 합니다. 그러나 그 결과는 아무 것도 얻지 못합니다. 그 사람 속에는 폭포수같이 쏟아지는 시원한 생수가 없습니다.

예수님에 대하여 지적으로 아는 것과 실제로 그가 주시는 성령을 마시는 것은 차원이 다릅니다. 교회에 매주 나오고 설교의 말씀으로 은혜를 받음에도 불구하고 그가 주시는 생수를 마시지 않은 경우가 얼마나 많은지 모릅니다.

지금 신앙생활에 넘치는 기쁨이 없습니까? 설교를 들으면 들을수록 더욱 더 답답합니까? 지금 목말라하고 있는 것입니다. 여러분은 지금 복음을 바로 알았고 죄에 대해서도 바로 알고 있습니다. 그러나 분명한 것은 아직 자기 힘으로 억지로 신앙생활을 하고 있다는 사실입니다. 억지로 선을 행하려 하고 있고 억지로 기도를 하려고 하고 있고 억지로 순종하려고 하고 있습니다. 그렇게 하지 못하는 자신을 채찍질하고 계속 거룩하게 살게 하려고 몰아붙이고 있는 것입니다. 결국 얼마 가지 않아서 두 손 두발 다 들게 되어 있습니다. 왜냐하면 이것이 우리 힘으로는 절대로 되지 않기 때문입니다.

어떻게 마실 것인가?

누가 예수님이 주시는 성령을 마실 자입니까? 그는 지금 자신의 영혼의 비참함을 아는 사람입니다. 이 사람에게는 두 가지 사실이 있습니다. 하나는 지금 다른 어느 누구보다도 비참하다는 사실입니다. 즉 다른 사람은 비참해할 필요가 없는데 이 사람은 만족해하지 못하고 비참해하고 있습니다. 그러나 다른 하나는 이런 비참한 사람을 예수님이 초청하고 있다는 사실입니다.

예수님은 이렇게 말씀하시고 있습니다. '나에게 와서 마시라' 고 하십니다. 그러기에 우리는 자신의 비참한 모습 그대로 가지고 가면 되는 것입니다. 절대로 감추거나 위장을 할 필요가 없습니다. 예수님은 영적으로 비참한 사람들을 가장 중요하게 생각하기 때문입니다.

의사들이 초청하는 사람들은 모든 병든 사람들입니다. 의사들은 병들지 않은 사람들의 초청은 별로 반가워하지 않습니다. 왜냐하면 친구가 골프를 치자고 한다든지 술을 마시자고 한다든지 여행을 가자고 한다든지 하는 것이니까요. 예수님이 가장 만나기 원하는 사람들은 영적으로 번민하고 있는 자들이며 괴로워하고 있는 사람들입니다. 이 사람들은 예수님에게 가서 예수님이 주시는 생수를 마시기만 하면 됩니다.

우리는 어떻게 이 성령을 마실 수 있습니까? 그것은 예수를 믿음으로 입니다. 38절에 "나를 믿는 자는 성경에 이름과 같이 그 배에서 생수의 강이 흘러나리라" 고 약속하십니다.

여기서 '나를 믿는다' 는 것은 예수님이 내 죄를 대신하여 모든 값을 지불하셨다는 것을 믿는 것을 말합니다.

이것은 어떤 감정적인 체험이나 열심히 노력해서 도를 통하는 상태를 말하는 것이 아닙니다. 예수님이 말씀하신 모든 것을 믿고 받아들이는 것을 말합니다. 이것은 다른 말로 표현하면 예수님 앞에 인격적으로 항복하는 것을 말합니다. 즉 내 인생을 내 자신의 힘으로는 도저히 수습할 수 없기에 예수님이 알아서 해결해 주십시오라고 내 인생 전체를 예수님께 맡기는 것을 의미합니다.

이것은 마치 어떤 분이 운전을 하는데 아주 서툰데다가 길도 험하고 지리도 잘 몰라서 도저히 운전할 자신이 없어서 운전을 아주 잘 하는 분에게 운전대를 맡기고 자기는 옆자리 앉아 그 사람만 믿고 가는 것과 같습니다.

결국 우리가 예수님을 믿는 것은 우리가 똑똑하고 잘 사는데 더 잘 살기 위해서 예수님을 믿는 것이 아닙니다. 아마도 그런 분들은 운전할 때 예수님을 운전자 옆 자리 조수석에 앉히고 도움이 필요한 때에만 이야기 해 달라고 할 것입니다. 우리가 예수 믿는 것은 우리 자신을 볼 때 도무지 소망이 없기 때문에 주님만 의지하는 것입니다. 우리 자신을 믿고 그대로 내버려두었다가는 대형 사고를 칠 수 밖에 없다는 것이 너무나도 분명하기 때문에 예수님을 믿고 내 자신을 맡기는 것입니다.

그래서 우리는 다른 사람들이 우리에게 '너는 얼마나 잘났기에 예수를 믿느냐?' 고 물으면 '우리가 잘나서 믿는 것이 아니고 도저히 내 자신을 믿을 수 없어서 예수를 믿습니다' 라고 대답을 해야 할 것입니다.

우리가 예수를 믿는 순간 우리 안에 하나님이 들어오십니다. 이것을 성경은 '생수를 마신다' 라고 말씀하고 있습니다. 우리는 이 순간을 잘 인식하지 못할 수도 있습니다. 왜냐하면 우리가 목마를 때 시원한 생수를 한 컵 마시는 것처럼 목구멍이 시원하지는 않기 때문입니다.

그러나 우리 마음속에 지금까지 그토록 방황하던 긴 방황이 끝났다는 안도감이 생길 것입니다. 그리고 이제는 더 이상 하나님이 무섭거나 두렵지 않고 하나님이 너무나도 나를 사랑하시는구나 하는 것을 철저하게 느낄 수 있을 것입니다. 그리고 너무나도 소중한 내 자신을 되찾게 됩니다. 그 전에는 내 자신을 몰라서 술을 마시고 담배를 피우고 많은 방황을 했지만 이제는 이런 것들이 다 필요 없다는 것을 알게 됩니다. 어떤 분은 정말 자기 안에 온 몸을 뒤흔드는 전열이 왔다고 말씀하시는 분도 있고 어떤 분은 하나님의 사랑에 감격해서 사흘 동안 울면서 '아바 아버지' 라고 기도했다고 하기도 합니다. 그러나 저는 정말 멋쩍게 하나님께 기도를 드렸습니다.

'하나님, 저는 항복합니다. 제 힘으로 살려고 했고 제 머리를 믿으려고 했던 모든 것을 다 내려놓고 하나님의 사랑에 항복합니다.' 라고 기도 드렸습니다. 그리고 저는 성령의 생수를 마셨습니다.

우리가 예수님이 주시는 생수를 한번 마셨다고 해서 모든 삶이 다 만족스러운 것은 아닐 것입니다. 왜냐하면 우리 안에 있는 강한 죄의 불은 꺼졌지만 아직도 욕망의 불길은 남아 있기 때문입니다. 그러나 우리에게 분명한 것은 우리가 다시는 하나님을 모르던 옛날로는 돌아갈 수 없는 경계선이 마음속에 생긴다는 사실입니다. 이것을 가리켜 사도 바울은 '십자가' 라고 말을 했습니다. 나는 이 십자가를 넘어서 세상으로 갈 수 없고 세상은 또 나에게로 올 수 없습니다. 이제는 눈이 뜨였기 때문에 세상에서 아무리 돈을 많이 주고 아무리 알아준다고 해도 하나님이 없는 그 무의미한 삶이나 방황의 삶으로는 돌아갈 수가 없기 때문입니다.

예수님이 주시는 성령

예수님께서는 믿는 자에게 주실 성령에 대하여 어떻게 말씀하십니까?

'성경에 이름과 같이 그 배에서 생수의 강이 흘러나리라' 고 말씀하셨습니다. 여기서 그 성경은 아마도 에스겔의 환상을 의미하는 것 같습니다.

에스겔이 환상 중에 성전을 보니까 성전 문지방에서부터 물이 조금씩 흐르는데 이것이 점점 많아져서 처음에는 발목까지 오다가 그 다음에는 무릎까지 오다가 그 다음에는 허리까지 오다가 나중에는 헤엄을 쳐야 하는 강이 되는 것이었습니다.

우리 안에 성령의 강이 흐르는 것입니다. 단지 일시적인 해갈이 되는 것이 아니라 다시는 목말라하거나 다시는 죄로 인하여 고통스럽지 않도록 내 뱃속에서 영원히 솟아나는 강이 되는 것입니다. 이것은 결국 나의 삶을 통해서 많은 열매를 맺게 됩니다.

주님이 약속하신 보혜사 성령의 역사는 어떻습니까? 이것은 내 속에서 흐르기 시작하는 것입니다. 이것은 한두 번 흘렀다가 마는 도랑이 아니고 내 속에 계속 되는 성령의 역사를 말합니다.

우리는 이 성령의 강을 세 가지로 설명할 수 있을 것입니다.

그 첫 번째는 치료의 강입니다. 우리 안에 임하시는 성령의 역사는 한번 감동만 주시고 떠나시는 분이 아니십니다. 계속 성령의 역사가 임하여 우리의 병들고 망가진 속사람을 깨끗이 치료합니다. 곧 우리를 완전히 흠도 없고 티도 없는 사람으로 만들어 놓는 것입니다.

그리고 두 번째는 은혜의 강입니다.

우리는 이 세상에서 우리의 힘이나 머리로는 죄를 이기거나 경쟁이 극심한 세상에서 살아남을 수가 없습니다. 그래서 우리에게는 하나님의 은혜가 계속 공급이 되어야 합니다.

우리는 이 세상에 있는 것만 가지고 세상을 살 수 없습니다. 이 세상에서 우리가 얻는 것은 아주 부수적인 것이고 거의 중요한 모든 것은 하나님으로부터 공급을 받아야 합니다.

그리고 세 번째는 더 깊어지는 강입니다. 에스겔이 환상에서 보았던 생수는 처음에는 아주 적게 졸졸 흐르던 것이었고 그 물의 수위가 발목까지 밖에 오지 않았지만 자꾸 자꾸 측량을 해보니까 나중에는 허리까지 오고 더 나중에는 헤엄을 칠 수 밖에 없는 강이 되었습니다.

무엇보다 우리가 하나님의 말씀을 가지고 자꾸 은혜를 받으면 우리의 영혼은 더 풍성해지게 되어 있습니다. 그래서 처음에는 발목까지 와서 찰랑거리고 돌아다녔는데 나중에는 무릎이나 허리까지 와서 잘 움직이기가 어렵게 됩니다. 좀 더 은혜를 많이 받으면 그때에는 아예 나의 생각이나 나의 활동이라는 것은 의미가 없어져버리고 오직 성령의 역사에 의하여 떠밀려서 가게 되는 것입니다. 그 결과 하는 일마다 기적과 축복의 역사가 일어나는데 도저히 감당할 수 없는 강이 되어서 부어지게 되는 것입니다.

우리가 오늘 후반부 말씀을 보면 예수님의 이 위대한 초청에 대하여 많은 유대인들이 믿지 않고 회의에 빠진 것을 볼 수 있습니다.

우리 같으면 예수님께서 달려가서 '예수님, 우리에게 이 생수를 주십시오. 얼른 마시고 싶습니다.' 라고 할 것 같은데 의심하고 계속 토론만 하는 사람들도 많이 있었습니다.

물론 예수님의 설교는 늘 생생하고 감동적인 설교였겠지만 이번의 설교는 더욱 더 그랬습니다. 어느 정도였는가 하면 예수님을 잡으러 갔던 하속들이 돌아와서 '지금까지 이 사람의 말하는 것처럼 말한 사람을 본 적이 없었습니다.' 라고 보고한 것을 보면 알 수 있습니다. 예수님의 설교가 얼마나 감동적이며 권세가 있었든지 예수님을 잡으러 갔던 사람들이 잡지 못하고 다 돌아왔습니다.

예수님을 잡으러갔던 사람들은 대제사장이나 서기관들을 포함하여 어느 누구도 그렇게 능력 있게 설교하는 것을 본 적이 없었다고 했습니다.

그럼에도 불구하고 예수님을 믿지 않는 자들도 많이 있었습니다.

요한복음 7장 40-43절

이 말씀을 들은 무리 중에서 혹은 이가 참으로 그 선지자라 하며혹은 그리스도라 하며 어떤 이들은 그리스도가 어찌 갈릴리에서 나오겠느냐 성경에 이르기를 그리스도는 다윗의 씨로 또 다윗의 살던 촌 베들레헴에서 나오리라 하지 아니하였느냐 하며 예수를 인하여 무리 중에서 쟁론이 되니

이 사람들이 예수님의 은혜스러운 말씀을 듣고서도 믿음이 생기지 않은 이유가 어디에 있었을까요?

가장 중요한 이유는 그들이 예수님의 말씀에 진지하게 듣지 않았기 때문입니다.

말씀을 보면 두 부류의 사람들이 나타나는 것을 볼 수 있습니다. 하나는 직접 예수님을 찾아가서 예수님의 말씀을 듣는 것입니다. 그들은 예수님의 말씀을 듣고 무엇인가 다르다는 것을 알았습니다.

니고데모는 예수님을 비난하는 다른 바리새인들에게 '우리 율법은

사람의 말을 듣고 그 행한 것을 알기 전에 판결하느냐? 라고 하면서 직접 들어야 한다고 했습니다. 우리는 자신에게 가장 중요한 말씀은 직접 들으려고 할 것입니다.

수험생들은 합격자 통지를 직접 확인하려고 할 것이며 환자는 병원의 판정을 직접 들으려고 할 것입니다. 그렇다면 하나님의 아들의 말씀은 더 직접 들어야 하는 것입니다. 그러나 직접 듣지 않았던 자들은 모두 의심에 빠졌습니다. 마찬가지로 지금 듣는 이 말씀이 나의 영원한 운명을 결정한다는 사실을 진지하게 받아들이지 않으면 우리도 망할 수 밖에 없습니다. 아마 당시 대제사장이나 서기관들이 돈이 생기는 일이라면 이렇게 가만히 있지는 않았을 것입니다. 그들은 돈에 대해서만 진지했지 영생에 대해서는 진지하지 않았습니다.

믿음은 어떤 사람의 것입니까? 자기 자신에 대하여 심한 실망을 느끼는 사람의 것입니다. 더욱이 자기 자신에게는 마음에 드는 구석이 전혀 없습니다. 믿음은 누군가가 자기를 다른 사람으로 바꾸어주었으면 좋겠다고 생각하는 그 사람에게 들어오는 것입니다.

그러한 사람에게는 이제 하나님의 은혜가 강같이 흐르기에 그의 영혼은 기쁨이 넘치게 됩니다. 예수를 생명의 주로 섬기는 여러분의 영혼에 항상 주님이 주시는 은혜와 평강이 넘치시길 기원합니다.

19 _ 요 8:1-20

어두움에서 빛으로

우리는 매일 아침 마다 놀라운 기적을 체험하고 있습니다. 그것은 매일 아침 어두움이 물러가고 찬란한 아침이 찾아오는 순간입니다. 아마 아침 일찍 일하러 가거나 공부하러 가는 분들은 더 절실하게 느끼실 것입니다.

아주 이런 새벽은 아직 모든 것이 칠흑같이 어둡고 앞에 아무 것도 보이지 않습니다. 움직이는 사람도 없고 특히 겨울에는 아주 춥습니다. 그러다가 시간이 조금씩 흐르면서 동쪽 하늘이 조금씩 검은 색이 열어지기 시작하면서 나중에는 온 하늘이 잉크색이 됩니다. 하늘이 잉크색으로 변할 때가 가장 신비로운 것 같습니다. 그렇지만 얼마 후 태양이 떠오르면서 온 세상이 환해지고 모든 사람들이 일어나서 분주하게 일을 하기 시작하는 것입니다.

그러나 중요한 것은 우리 인생에도 이런 빛의 기적이 일어날 때가 있다는 것입니다. 즉 우리는 이 세상에 살면서 내가 누구인지도 모르고 내가 무엇 때문에 살아야 하는지도 모르고 닥치는 대로 살아왔던 때가 있었습니다. 그때가 바로 우리 영혼의 밤이었습니다. 밤에는 사람의 얼굴도 잘 보이지 않고 밤에는 일을 한다고 해도 제대로 할 수도 없습니다. 만약 우리가 캄캄한 밤에 밭에서 밭일을 한다고 하면 아침이 되었을 때 보면 기가 막힐 것입니다. 자기 나름대로는 똑바르게 밭을 갈았다고 하는데 아침에 보니까 비뚤 비뚤 하게 갈려져 있기 때문에 다시 일하지 않으면 안 될 것입니다. 마찬가지로 내가 누구인지도 모르고 무엇 때문에 살아야 하는지도 모르고 닥치는 대로 살아온 것이 우리 인생입니다. 그러나 어느 날 내 마음 속에 하나님의 말씀이 찾아오고 내 영혼이 새 생명을 얻게 되었을 때 우리 영혼 속에는 지금까지 그 어두웠던 밤이 다 물러가고 환한 새 아침이 오게 됩니다. 그때 우리는 새 인생을 살게 되는 것입니다.

예수님이 이 세상에 오신 것은 우리에게 바로 인생의 새 아침을 주시기 위해서입니다. 예수님께서는 초막절을 지내시고 마지막 날 이른 새벽에 성전에 올라가셨습니다. 아직 주위는 캄캄하였고 사람들의 얼굴은 잘 분별할 수 없는 때였습니다. 그때 갑자기 성전이 소란해지더니 바리새인과 서기관들이 간음하다가 붙들린 한 여자를 끌고 예수님에게 왔습니다. 그리고 예수님에게 따지기 시작했습니다. '선생이여 이 여자가 간음을 하다가 현장에서 붙잡혔습니다. 율법에는 이런 여자를 돌로 치라고 하였는데 선생은 뭐라고 말씀하시겠습니까? 라고 물었습니다. 이것은 정말 예수님의 뜻을 물은 것이 아니고 예수님을 함정에 빠트리기 위해서였다고 말씀하고 있습니다. 즉 예수님께서 평소에 세리나 창기와 같은 죄인들과 가까이 하시니까 '당신이 이래도 세리나 창기의 편이 되겠느냐? 는 도전임과 동시에 예수님을 무서운 함정에 빠트리려는 것이었습니다. 이것이 바로 밤의 일이었습니다. 사람들이 밤에는 죄가 죄인 줄도 모르고 먹고 마시면서 죄를 뒤집어쓰고 살아갑니다. 그러다가 잘못 걸려들면 인생을 망치는 것입니다. 돌에 맞아 죽든지 칼에 맞아죽든지 아니면 한 평생 죄인의 오명을 뒤집어쓰고 살아가는 것입니다. 그러나 예수님의 빛은 이런 죄와 무지와 혼동을 몰아내서 찬란한 새 아침이 오게 하는 것입니다.

우리의 영혼 속에 하나님의 말씀이 사랑과 함께 찾아오기 전까지는 우리도 이 간음하던 여자처럼 엉망진창으로 살아왔을 것입니다. 죄를 먹고 마시면서 술에 취해서 미신에 빠져서 살아왔을 것입니다. 그러나 우리가 하나님의 말씀을 믿고 난 후에는 이런 모든 죄와 방황은 사라지고 이제는 환한 새 아침이 찾아온 것입니다.

영적인 밤

요한복음 8장 2-4절

아침에 다시 성전으로 들어오시니 백성이 다 나아오는지라. 앉으사 저희를 가르치시더니 서기관들과 바리새인들이 간음 중에 잡힌 여자를 끌고 와서 가운데 세우고 예수께 말하되 선생이여 이 여자가 간음하다가 현장에서 잡혔나이다

여기서는 '아침에' 라고 되어 있지만 아마도 이 시간은 아직 해가 뜨지 아니한 어두운 새벽이었던 것 같습니다. 이렇게 이른 새벽에는 사람들의 얼굴도 서로 잘 보이지 않고 길도 캄캄해서 길에 다니는 사람들도 별로 없을 것입니다. 그러나 초막절인데다가 유대인들은 새벽에

번제를 드리고 기도하는 시간이 있기 때문에 많은 사람들이 성전에 나와서 기도하고 있었습니다. 예수님은 이런 시간에 성전에 나가셔서 말씀을 전하시는데 새벽 시간의 그 말씀이라고 하는 것은 그야말로 꿀송이보다도 더 단 생명의 말씀이었습니다. 그러나 예수님과는 전혀 다른 생각을 가지고 있는 사람들도 있었습니다. 그 사람들은 간음하다가 붙들린 여자와 또 그 여자를 붙잡아가지고 온 서기관과 바리새인이었습니다.

우선 간음을 하다가 잡혀 온 여자의 경우를 생각해 봅시다. 사람들은 누구나 다 간음은 부끄러운 죄이며 결코 해서는 안 된다는 것을 다 알고 있습니다. 그러나 이 여자는 간음죄에 빠졌고 한 걸음 더 나아가서 현장에서 붙들려버렸습니다. 이제는 많은 사람들에게 수치를 당하게 되었고 돌에 맞아 죽을 처지에 놓이게 되었습니다. 그러면 이 여자의 마음속에는 간음은 나쁜 짓이며 들키게 되면 많은 사람들에게 수치를 당하게 되고 돌에 맞아 죽을지도 모른다는 것을 몰랐을까요? 이 여자도 평소에는 그 정도는 충분히 알고 있었습니다. 그러나 죄라고 하는 것은 무서운 세력이 있기에 조금씩 조금씩 사람을 죄에 빠지게 하는 것입니다. 물론 사람들 중에는 한꺼번에 죄에 텀벙 뛰어드는 자도 있지만 대개는 자기도 모르게 조금씩 조금씩 죄에 끌려 가다가 나중에는 '아예 모르겠다' 는 식으로 자포자기하면서 죄에 빠져버리게 됩니다.

이 여자는 죄라는 것이 이렇게 무서운지 모르고 자기 사랑의 감정이 너무나도 중요하고 너무나도 강력하다고 생각했기 때문에 자기 정욕에 눈이 멀어서 결국 이 무서운 간음죄에 빠져 들게 되었던 것입니다.

유대인들에게 간음죄는 거의 살인죄와 같이 취급을 했습니다. 결국 간음을 하다가 붙잡히면 많은 사람들 앞에서 돌에 맞아 죽게 되어 있었습니다. 그런 까닭에 보통 간이 부은 여자가 아니라면 감히 간음죄 같은 것은 저지를 생각도 하지 못할 것입니다. 그런데 이 여자는 간음죄를 저질렀고 또 현장에서 붙들렸습니다. 그 이유가 어디에 있었을까요? 이 여자 자신이 너무 기질적으로 바람기가 많아서 그랬을까요? 아니면 나쁜 친구를 사귀는 바람에 죄에 끌려들게 되었을까요? 아니면 가정교육이 잘못되어서 그랬을까요? 이 모든 것이 다 이유가 될 수 있었겠지만 가장 중요한 것은 이 여자의 마음이 철저하게 어두웠기 때문입니다. 이 여자의 마음속에 하나님의 말씀이 비춰지 않았고 하나님이 얼마나 자기를 사랑하는지 인식이 없었기 때문에 결국 자기 멋대로 살아오게 되었고 그 결과는 누구를 사귀었는지는 모르겠지만 결국 이 무서운 간음죄에 빠지게 되고 만 것입니다.

그러나 이 여자만 그런 것은 아닐 것입니다. 사실은 모든 사람들이 예수님을 만나기 전까지는 전부 다 어두운 밤길을 걸으면서 살아온 것입니다. 단지 이 여자는 깊은 정욕의 구덩이에 빠져서 거의 죽게 되었지만 다른 사람들은 요행이도 이런 정도의 죄에는 빠지지 않았다 할지라도 모두 방황하면서 죄를 먹고 마시면서 살아가고 있었던 것입니다.

저는 대학 다닐 때 기숙사에 있으면서 친구들을 사귈 수 있는 기회가 많이 있었습니다. 물론 우리 친구들 중에서는 철학적인 문제나 인생의 문제를 가지고 진지하게 고민하고 대화를 나누는 친구들도 있었지만 많은 경우에는 세상의 음탕하고 더러운 경험들에 관하여 이야기를 하는 경우가 훨씬 더 많았습니다. 우리는 모두 다 방황하고 있었던 것입니다. 저는 그때 빛을 찾아서 철학에 관계되는 책들을 여러 권 사서 읽어 보기도 했습니다. 그러나 이런 책들은 저에게 별로 큰 빛을 던져주지 못했습니다. 겨우 캄캄한 밤에 성냥불을 켜면 잠시 불이 붙는 것 같다가 곧 꺼지는 것처럼 빛과 같았습니다.

그때 저는 간음이나 살인이 인간의 잠재적인 본성에 깔려 있다는 것을 알게 되었습니다. 물론 사람들이 행동으로 살인을 하거나 간음을 하는 것은 아니지만 마음 속에는 수없이 살인을 하고 마음 속으로는 수도 없이 간음을 하는 것을 알게 되었습니다. 이때 부르짖을 수 있는 것은 '오호라. 나는 곤고한 사람이로다. 이 사망의 몸에서 누가 나를 건져내랴' 는 것이었습니다.

모든 사람들의 마음속에는 사망의 시궁창이 있습니다. 이 안에는 살인과 간음과 모든 악한 생각과 충동들이 다 들어 있습니다. 그런데 단지 다른 사람의 눈이나 사회적인 평가 때문에 행동에 옮기지 못할 뿐인 것입니다. 그러나 불행하게도 이 여자는 간음죄를 행동으로 옮겼고 또 들키는 바람에 돌에 맞아 죽게 되었습니다. 우리 주위에는 사망의 구렁텅이들이 널려 있기 때문에 한걸음만 발을 잘못 옮기면 그만 끝장이 나고 마는 것입니다.

물론 이 여자의 경우에는 이성의 문제였지만 어떤 사람은 술에 빠져서 살아온 사람도 있을 것입니다. 남자들 중에서 술을 좋아하지 않는 사람들이 어디 있습니까? 우리나라 소설책을 보면 신앙이 없는 사람들은 대부분 술을 많이 마신다는 것을 알게 됩니다. 사실 남자들 중에서는 밤낮이 따로 없을 정도로 친구들과 어울려서 술을 마시는 것이 남자다운 줄로 생각하는 사람이 많은 것입니다. 거기에다가 말도 못하는 미신에 매여서 살기도 하고 무당이나 도사가 한 말에 매여서 아무 것도 하지 못하는 사람들도 많이 있습니다. 특히 여자들은 사회적인 속박에 매여서 자기 자신의 정체성을 상실한 채 오직 제도의 노예로서 살아야만 했습니다. 이것이 바로 영적인 어두움의 삶입니다.

모세의 율법과 예수님의 법

요한복음 8장 5-7절

모세는 율법에 이러한 여자를 돌로 치라 명하였거니와 선생은 어떻게 말하겠나이까? 저희가 이렇게 말함은 고소할 조건을 얻고자하여 예수를 시험함이러라. 예수께서 몸을 굽히사 손가락으로 땅에 쓰시니 저희가 묻기를 마지아니하는지라. 이에 일어나 가라사대 너희 중에 죄 없는 자가 먼저 돌로 치라 하시고

우선 이 여자를 잡아온 시간은 이른 아침이었습니다. 대개 간음하는 여자를 적발해내는 것은 남편의 부인일 것입니다. 그런데 어떻게 된 판인지 모르겠지만 다른 사람들은 아무도 없고 간음하던 여자만 붙잡혀 왔습니다. 간음을 했다면 상대방 남자도 있었을 텐데 남자는 어디 갔는지 없고 여기서는 서기관과 바리새인들이 이 여자만을 잡아서 예수님이 있는 성전으로 끌고 왔습니다. 지금 성전의 새벽 시간은 하나님의 말씀을 듣고 기도하는 시간이지 간음한 여인을 재판하는 시간이 아니었습니다. 이런 문제라면 유대인의 회당에서 채찍질하거나 그것이 안 되면 산헤드린 공회에서 재판을 하면 될 것입니다.

그런데 바리새인과 서기관들은 이른 아침에 예수님께서 하나님의 말씀을 전하는 시간에 여자를 붙잡고 쳐들어 왔습니다. 그리고 이 여

자에 대한 예수님의 답을 이야기해라고 윽박질렀던 것입니다.

사실 어느 사회든지 가장 가슴 아프고 골치 아픈 죄가 이런 책임질 수 없는 간음죄인 것입니다. 하나님께서는 남녀에게 서로 사랑하는 감정을 주셨고 사랑하기 때문에 결혼을 해서 아이를 낳는 것입니다. 그러나 인간들 중에서는 전혀 결혼할 수 없거나 사랑해서는 안 되는데도 불구하고 사랑을 해서 성적인 관계까지 맺는 사람들이 있습니다.

이런 경우에 모세의 율법으로는 해결이 안 되니까 둘 다 돌로 쳐 죽여서 죄를 뿌리채 뽑게 했습니다. 그러니까 율법의 정신은 몸의 상한 부분을 잘라내는 것입니다. 예를들어 다리가 썩었으면 다리를 잘라내고 팔이 썩었으면 팔을 잘라내는 것입니다. 옛날에 전쟁 때에는 마취제도 없는데 팔 다리가 썩는 사람들은 마취도 하지 않고 그냥 잘라내는 경우가 많았습니다.

그런데 요즘은 의술이 너무 발달되었기 때문에 사고로 손이나 팔이 잘려도 시간만 오래 지나지 않았으면 이것을 다시 접합을 시켜서 회복을 시킬 수 있는 것입니다. 그리고 팔이나 다리가 일부는 썩었다 하더라도 전체를 자르지 않고 얼마든지 치료할 수 있도록 기술이 발달되었습니다.

왜 이 사람들은 이 아침 시간에 이 간음한 여자를 붙들고 예수님께 왔을까요? 예수님의 가르침이 바로 여기에 있기 때문입니다. 예수님께서는 아무리 세리나 간음하던 여인들이라 하더라도 예수님을 믿기만 하면 새 사람이 될 수 있다고 가르쳤던 것입니다. 더욱이 예수님께서는 바리새인들이나 서기관들에게 말씀하시기를 '세리나 창기가 너희들보다 먼저 하나님 나라에 들어가리라' 고 하시기도 하셨습니다. 그러나 유대인들은 이런 예수님의 말씀을 절대로 믿지 않았습니다.

즉 어떻게 세리나 창기가 하나님의 나라에 들어갈 수 있느냐 하는 것입니다. 그래서 현장에서 간음하던 여자를 아주 잘 된 것처럼 예수님께 잡아가지고 와서 '그래, 당신은 이런 여자도 변하여 새 사람이 될 수 있다고 생각한단 말이요? 지금 당장 우리에게 말씀하시오. 이 간음하는 여자를 어떻게 해야 옳은지 말하시오!' 라고 하면서 다그쳤던 것입니다.

사실 현장에서 간음하던 여자는 유대인들이 자기들이 알아서 처리를 하면 되는 것입니다. 모세의 율법에서 돌로 치라고 했으면 치면 될 것이고 채찍질하라고 했으면 채찍질을 하면 될 것입니다. 그런데 예수님에게 끌고 온 것은 예수님을 걸고넘어지려 했던 것입니다. 이런 여자를 살려두라고 하면 모세의 율법을 어기는 자라고 비난하고 죽이라고 하면 로마법을 위반하는 것이 되는 것입니다. 로마법에는 간음이 돌로 쳐 죽일 죄는 아니었습니다.

이때 예수님께서는 바로 대답을 하지 아니하시고 고개를 숙이시고 땅에 무엇인가를 글로 쓰셨습니다. 성경 전체에서 예수님이 무엇인가를 땅에 글로 쓰신 것은 처음 나옵니다. 예수님께서 이 사람들의 얼굴을 쳐다보지 아니하시고 땅에 글을 쓰신 것은 두 가지 이유가 있다고 생각이 듭니다. 하나는 그들의 얼굴을 쳐다보기가 싫으셨던 것 입니다. 이 사람들은 너무나도 뻔뻔스러운 사람들로서 그 사회의 모든 죄나 자기들의 엄청난 죄를 다 감추어놓고 간음하다가 붙들린 한 여자의 죄만 가지고 엄청난 일이 일어난 것처럼 떠들어대고 있었기 때문입니다. 그래서 예수님은 그들의 위선을 쳐다보기가 싫으셨던 것입니다. 또 하나는 차라리 예수님께서 그들의 얼굴을 보시지 않으심으로 그들로 하여금 좀 더 생각할 수 있는 시간을 주시려고 하신 것 같습니다.

'도대체 너희들은 지금 너희들이 어떤 상태에 있는지 알기는 하느냐?' 하는 무언의 말씀을 하셨던 것입니다. 그러나 예수님은 사람들이 하도 조르니까 드디어 이렇게 말씀하셨습니다.

요한복음 8장 7절

너희 중에 죄 없는 자가 먼저 돌로 치라

아마 예수님의 이 말씀은 거기에 있는 모든 사람들에게 큰 충격이었을 것입니다. 사람들은 예수님이 '이 여자를 불쌍히 여겨주자' 고 사정을 하거나 혹은 '나는 이 문제는 모르겠다.' 는 식으로 발뺌을 하실 줄로 생각했을 것입니다.

그런데 예수님은 '너희 중에 죄 없는 자가 먼저 돌로 치라' 고 하셨습니다. 이것은 붙잡혀 온 여자에게도 큰 충격이었을 것입니다. 아마 그 여자는 '이제 나는 꼼짝 못하고 죽었구나' 라고 생각을 했을 것입니다.

여기서 예수님은 두 가지를 인정하셨습니다. 하나는 이 여인의 죄가 돌로 쳐 죽일 수밖에 없는 죄라는 것을 인정하였습니다. 그리고 또 하나는 이런 죄인을 돌로 치라고 한 모세의 법도 옳다는 것이었습니다. 모든 것을 예수님은 하나님의 말씀대로 하셨고 말씀의 능력을 믿으셨습니다.

그런데 이때 놀라운 일이 일어났습니다. 그것은 바로 '너희 중에 죄 없는 자가' 라는 말씀에 거기에 온 모든 사람들의 양심이 찔리는 일이 일어났던 것입니다. 예수님은 하나님의 말씀을 가지고 타협을 하거나 잘 봐달라는 식으로 사정을 하지 않았습니다. 예수님은 하나님의 말씀을 믿었습니다. 그리고 이 여자의 문제를 잡아 온 유대인들의 손에 맡기지 아니하시고 하나님의 손에 맡겼을 때 일시적으로 놀라운 말씀의 능력이 나타나게 되었습니다. 그것은 이 여자를 잡아온 모든 사람들의 마음에 큰 찔림이 일어난 것이었습니다.

요한복음 8장 8-9절

다시 몸을 굽히사 손가락으로 땅에 쓰시니 저희가 이 말씀을 듣고 양심의 가책을 받아 어른으로 시작하여 젊은이까지 하나씩 하나씩 나가고 오직 예수와 그 가운데 섰는 여자만 남았더라.

예수님은 다시 고개를 숙이시고 땅에 무슨 글을 쓰셨습니다. 이것은 무리들에게 생각할 시간을 주시는 것이었습니다. 그런데 지금까지 간음하던 여자를 잡아가지고 죽이자고 소리를 지르던 사람들의 마음속에 양심의 가책이 일어나게 되었습니다. 즉 우리가 과연 이 여자의 죄에 대하여 이렇게 떠들고 난리를 피우는 것이 과연 옳은 것인가? 그리고 과연 우리는 이 여자에 비하면 정말 죄가 없는 깨끗한 사람들인가? 그들은 모두 이 여자를 비난할 수는 있었습니다. 그러나 이 여자에게 돌을 던져 심판하는데는 갑자기 자신이 없어져버렸습니다. 어쩌면 이들 중 상당한 사람들은 자기 자신이나 자신들의 자녀가 이런 성 문제에 붙잡혀 있는 자도 있었을 것입니다.

예를들어 나이가 든 어른들의 경우에는 자기 자식도 다른 여자와 관계해서 아이를 낳게 하고 이혼을 했다면 어떻게 이 여자를 돌로 칠 수 있겠습니까? 그리고 젊은이들 중에서 자기는 설사 직접 간음은 하지 않았다 하더라도 주위에 너무 많은 친구들이 간음을 하고 있고 또 자기 자신도 상상으로 많은 죄를 지었다면 과연 이 여자에게 돌을 던질 수 있는가 하는 생각이 든 것입니다. 그리고 이제는 점점 날이 훤해져서 모든 사람들의 얼굴을 알아볼 수 있게 될 것입니다. 이 사람들은 모두 날이 더 밝아지기 전에 다 달아나기 시작했습니다. 이것이 바로 말씀의 능력이었습니다.

진정한 하나님의 말씀이 해석되지 못했을 때에는 모세의 율법이 마치 마녀 사냥처럼 사용될 때가 많았습니다. 중세 때 얼마나 많은 여자들을 마녀 사냥 식으로 화형에 처했는지 모릅니다. 그러나 바른 말씀이 선포되었을 때 여인들을 잡아왔던 사람들의 마음속에 자기들은 이 여자를 심판할 수 없다는 것을 알게 된 것입니다. 그리고 자기들도 다 같은 죄인이라는 인식을 가지게 되었습니다.

이 여인은 자의가 아닌 타의에 의하여 억지로 예수님 앞에 끌려오게 되었습니다. 이 여인이 만약 예수님께 끌려오지 않고 산헤드린 공회로 끌려갔더라면 틀림없이 돌에 맞아 죽었을 것입니다. 그러나 예수님에게 끌려오는 바람에 목숨도 건지고 새로운 삶도 얻게 되었습니다.

예수님은 이 여자에게 물으셨습니다.

요한복음 8장 10-11절

예수께서 일어나사 여자 외에 아무도 없는 것을 보시고 이르시되 여자여 너를 고소하던 그들이 어디 있느냐? 너를 정죄한 자가 없느냐? 대답하되 주여 없나이다. 예수께서 가라사대 나도 너를 정죄하지 아니하노니 가서 다시는 죄를 범치 말라 하시니라.

예수님은 여인에게 '너를 정죄하던 자가 어디 있느냐?' 고 물어보셨습니다. 그러나 여인을 정죄하는 자는 아무도 없었습니다. 지금 이 여자가 간음했다는 것을 아는 사람은 예수님 밖에 없었습니다. 예수님은 이 여자에게 나는 너를 정죄하지 않겠다고 말씀하셨습니다. 왜냐하면 예수님은 썩은 다리도 잘라내지 않고 살리시는 분이시기 때문입니다. 이 여자는 예수님에게 끌려왔을 때 이미 죽은 사람이나 마찬가지였습니다. 이 여자의 살고 죽는 모든 것은 예수님 손에 달렸습니다. 그런데 예수님이 책임을 지시고 살려주셨습니다. 이 여자의 모든 죄는 예수님이 다 가져가시고 이 여자의 간음죄를 씻어주셨습니다. 그리고 가서 다시는 죄를 짓지 말라고 말씀하셨습니다. 아니, 지금까지 이 지경까지 오게 된 여자가 다시 죄를 범치 말라고 한다고 해서 죄를 짓지 않게 되겠습니까? 이것이 불가능하다고 생각할 수 있지만 예수님을 만나 거듭나면 가능하게 됩니다. 왜냐하면 이 여자는 예수님을 만남으로 옛사람은 죽었고 이제는 완전히 새사람이 되었기 때문입니다. 예수님을 통해 거듭난 새사람은 죄를 이길 수 있습니다. 그냥 이기는 정도가 아니라 죄가 너무너무 싫어지고 죄가 아무리 유혹을 하더라도 절대로 속지 않게 되는 것입니다.

예수님은 아무리 무서운 죄에 빠져서 돌에 맞아 죽을 수밖에 없는 사람도 죽이지 않고 새사람이 되게 하십니다. 그 이유는 이 여자가 돌에 맞아 죽는 대신에 예수님이 십자가에 못 박혀 죽으시기 때문입니다. 그래서 누구든지 예수님에게 붙들려오고 예수님에게 끌려오는 자는 다 살게 되는 것입니다.

세상의 빛이신 예수님

요한복음 8장 12절

예수께서 또 일러 가라사대 나는 세상의 빛이니 나를 따르는 자는 어두움에 다니지 아니하고 생명의 빛을 얻으리라

아마 예수님이 이 말씀을 하실 때에는 여자를 잡아가지고 와서 난리를 쳤던 사람들은 다 물러가고 성전에 찬란한 태양이 떠오를 때였던 것 같습니다.

이때 예수님께서 이 환한 태양빛을 받으시면서 '나는 세상의 빛이니 나를 따르는 자는 어두움에 다니지 아니하고 생명의 빛을 얻으리라' 고 큰 소리로 말씀하셨습니다. 이 말씀 자체가 얼마나 능력 있고 은혜가 충만한 말씀입니까? 팔레스타인은 날씨가 더워서 밤에 광야를 여행하는 사람들이 많았습니다. 그러나 캄캄한 밤에는 세상이 어두워서 길을 잃기가 쉬웠습니다.

광야에서 길을 잃어버리면 계속 길이 아닌 곳으로 가게 되어 있습니다. 그래서 어떤 사람은 낭떠러지에 떨어져서 죽는 사람도 있고 맹수에게 물려서 죽는 사람도 있고 지쳐서 쓰러져 죽은 사람도 생기는 것입니다.

그래서 캄캄한 밤에 여행을 할 때에는 맨 앞에 가는 길을 아주 잘 아는 사람이 장대 끝에 바구니를 달아서 거기서 숯불 같은 것을 넣어서 갔습니다. 그러면 뒤에서도 불이 보이기 때문에 그 불만 따라가면 아주 안전하게 목적지에 갈 수 있었습니다.

이스라엘 백성들이 애굽에서 나온 후에 수십만 명 아니면 수백만 명

이 함께 움직이는데 사실 뒤죽박죽이지 제대로 길을 갈 수가 없었습니다. 그렇지만 하나님의 구름 기둥과 불기둥이 길을 안내했기 때문에 그 많은 이스라엘 백성들이 서로 뒤섞이거나 서로 밟히거나 하지 않고 하나의 목표를 향해서 질서정연하게 걸어갈 수 있었습니다.

예수님은 자신이 이 세상의 빛이라고 말씀하셨습니다. 예수님이 자신을 빛이라고 말씀하시는 이유는 이 세상 사람들이 어두움에 빠져 있다는 것을 의미하는 것입니다. 온 세상은 어두움에 빠져 있습니다. 예수님께 오기 전까지는 모든 인간들이 어두움에 빠져서 헤매고 있습니다. 어떤 사람은 미신의 어두움에, 어떤 사람은 음란의 어두움에, 어떤 사람은 술의 어두움에, 어떤 사람은 세상 출세나 성공의 어두움에 빠져 있는 것입니다. 이 세상 모든 사람들이 전부 다 어두움 속에서 헤매고 있습니다. 어두운데서 길을 헤매고 가다가 이 여자같이 남자를 잘못 만나면 간음의 구렁텅이에 굴러 떨어지는 것입니다. 그러다가 들키지 않으면 다행이고 들키면 돌에 맞아 죽든지 몽둥이에 맞아 죽는 것입니다. 좌우간 예수님을 만나기 전까지 우리의 모든 삶은 엉망진창 뒤죽박죽이었습니다. 하지만 빛이신 예수님은 우리의 모든 삶을 깨끗하게 정리해주실 뿐 아니라 썩은 부분을 잘라내게 하시고 새로운 삶을 살 수 있도록 도와 주시는 것입니다. 이것이 바로 예수님의 빛의 능력입니다. 모세의 율법은 썩은 부분을 잘라서 사람은 죽이고 영혼만 살리는 것인데 예수님은 목숨도 살리시고 영혼도 살리시고 완전히 새 사람이 되게 하십니다. 그러기에 예수님을 만난 후부터 우리는 다시 어두움 속에서 헤매지 않습니다. 우리에게 다시는 방황이라는 것이 없습니다. 그러면 우리의 앞길은 어떻게 되는 것입니까? 예수님께서 계속 빛으로 우리를 인도하실 것이기 때문에 염려할 필요가 없습니다.

무엇보다 우리가 주님만 의지하고 살면 예수님은 죄를 이길 수 있는 힘을 주십니다. 그리고 악한 자들이 우리를 공격하려고 할 때에는 '누구든지 죄 없는 자가 이 사람을 치라' 고 말씀하실 것입니다. 하나님은 이미 우리를 깨끗케 하셨기 때문에 우리를 돌로 칠 자가 아무도 없습니다.

혹시 주님께서 오늘 우리에게 '너를 고소하던 자가 어디 있느냐?' 고 물으시면 무엇이라고 대답하시겠습니까? '주여 없나이다.' 라고 대답해야 합니다. '주여 아직도 내 주위에 너무나도 나를 정죄하는 자가 많습니다.' 라고 대답해서는 안 됩니다. 우리에게 다시는 정죄함이 없습니다. 다시는 우리를 고소하는 자가 이 세상에 없을 것입니다.

여기서 예수님은 더 놀라운 약속의 말씀을 우리에게 하십니다. 그것은 '우리가 생명의 빛을 얻는 것' 입니다. 우리가 예수님의 빛을 따라갈 뿐만 아니라 우리 자신이 빛을 가지게 됩니다. 그래서 우리는 다른 사람들까지도 바른 길로 인도할 수 있습니다. 우리가 하나님의 말씀을 가지고 나아가면 우리만 사는 것이 아니고 우리의 말을 듣고 따라오는 다른 많은 사람들도 진정한 생명을 얻을 수 있게 되는 것입니다. 우리에게서도 예수님과 같은 빛이 나기 때문에 우리가 가는 것은 언제나 낮입니다. 우리 앞에는 미신이나 음란이나 방탕함이나 술 취함이 있을 수가 없습니다. 그리고 이 빛은 생명의 빛입니다. 이 생명은 죄를 이기는 힘이고 풍성한 삶의 능력입니다. 우리는 주님만 따라가면 모든 것이 환하게 보이기 때문에 바른 길로 가고 축복을 받게 되는 것입니다.

오늘 여러분의 마음에 이 생명의 빛이 있어 모든 어두움은 사라지고 찬란한 생명의 빛만 넘치기를 바랍니다.

20 _ 요 8:21-36

진리가 자유케 하리라

우리가 모르던 어떤 도시나 지방을 처음 방문하게 되면 거기에 있는 사람들로부터 받는 첫 인상이 있을 것입니다. 예를들어 무엇인가 사람들의 표정이 어둡다든지 아니면 외부인에 대하여 적대적이라든지 혹은 굉장히 사람들이 자유분방하다든지 하는 인상을 받게 될 것입니다. 그리고 우리가 실제로 누군가의 안내로 그 사회 속에 깊숙이 들어가서 사람들을 만나고 이야기를 들어보면 겉으로 보던 것과는 달리 상당히 사람들의 관계가 복잡하고 서로 사이에 좋지 않은 감정의 골이 깊다는 것을 알게 될 것입니다.

로빈손 크루소의 이야기를 보면 로빈손 크루소의 배가 난파되어서 어느 섬에 떠밀려가게 되는데 그 섬사람들은 아주 키가 작은 소인국 사람들이었습니다. 그런데 이 소인국 사람들 사이에도 전쟁이 있었습니다. 이 소인국들이 원수가 되게 된 것은 달걀을 프라이하는 방법이 다른 것 때문이었습니다. 왕이 어느 날 계란은 반드시 완전히 저어서 프라이를 하라고 명령을 내렸는데 절대로 그렇게 할 수 없다는 것이었습니다. 즉 노른자위를 그대로 두고 프라이를 하겠다는 사람들이 불만을 일으켜서 결국 반란이 일어나게 됩니다. 나라가 갈라져서 서로 전쟁까지 하게 되는 비극을 초래하게 되었습니다.

그래서 어떤 의미에서는 그 사회 속에 속해서 사는 사람보다는 외부에서 그 사회를 방문한 사람이 그 사회를 더 객관적인 눈으로 정확하게 볼 때가 많이 있습니다. 예를 들어 우리나라 조선시대 말에 들어온 외국 선교사들은 그 당시 우리나라가 처했던 상황을 더 정확한 눈으로 볼 수 있었을 것입니다.

우리가 어떤 사회를 방문하면 그 사회 전체를 지배하는 어떤 정신이나 사상이 있다는 것을 알게 됩니다. 절대적인 왕이 통치하는 나라에서는 왕에 대하여 절대적인 복종의 정신이 그 나라를 지배하고 있을 것입니다. 그래서 왕에 대해서 절대적으로 복종하지 않는 사람들은 그 사회에서 살 수가 없기 때문에 그 사회에는 왕에 대하여 절대적으로 복종하는 분위기를 느낄 수 있을 것입니다. 또 군사 독재가 이루어지고 있는 나라에서는 군사의 독재에 맹목적으로 복종해야 하는 위압적인 정신이 그 사회 전체를 지배하고 있기에 누구든지 군사정권을 비판하는 자는 쥐도 새도 모르게 붙들려가서 고문을 당하거나 감옥에서 갇히는 일이 비일비재 할 것입니다.

우리 인간에게 가장 소중한 축복은 자유일 것입니다. 사람들에게는 다른 모든 것이 다 있어도 다른 사람의 사상을 강요당하거나 혹은 자신의 생각을 자유롭게 표현할 수 있는 자유가 없다면 전혀 행복하지 못할 것입니다.

예수님께서는 자신을 외부에서 오신 분으로 말씀을 하셨습니다. 즉 예수님께서는 순수하게 이 세상에서 태어나시고 이 세상에서 사신 분이 아니라 다른 세상에서 인간 세상으로 찾아오신 분이셨습니다. 예수님께서 우리 인간 세상에 사시면서 우리 인간들에 대하여 느낀 인상이 무엇이었을까요?

사람들이 참 자유롭다는 것일까요? 아니면 참 탐욕스럽다는 것이었을까요?

예수님은 우리 인간 세상 전체를 덮고 있는 사상이 '죄' 라고 말씀하셨습니다. 즉 인간들은 겉으로 보기에는 참 아름답고 인정스럽지만 모두 다 죄에 붙들려 있어서 자기 자신의 가치도 알지 못하고 진정한 삶의 목적도 모르면서 인생 전체를 허비하고 있는 것으로 보신 것입니다. 예수님께서는 우리 인간들이 죄에서 벗어나서 진정으로 가치 있는 삶을 살 수 있는 유일한 방법을 '진리' 라고 말씀하셨습니다.

인간이 알지 못하는 세계

우리 인간들은 주로 이 세상을 살면서 악착같이 자신의 삶의 영역을 넓히려고 애를 씁니다. 그래서 할 수만 있으면 여행도 많이 가보려고 하고 등산하는 사람들은 다른 사람들이 올라가지 못하는 높은 산꼭대기에도 올라가보고 싶어합니다. 심지어는 달이나 화성에도 우주선을 보내는 것입니다. 그러나 우리 인간은 아직도 우리 인간 사회 밖의 넓은 자연 환경이나 우주만 보았지 우리 인간 이상의 지능과 능력을 가진 세상은 만나보지 못하였습니다. 그러나 예수님은 자신이 우리 인간 세상 밖의 다른 세상에서 오셨다고 말씀하셨습니다.

요한복음 8장 21-23절

다시 이르시되 내가 가리니 너희가 나를 찾다가 너희 죄 가운데서 죽겠고 나의 가는 곳에는 너희가 오지 못하리라. 유대인들이 가로되 저가 나의 가는 곳에는 너희가 오지 못하리라 하니 저가 자결하려는가? 예수께서 가라사대 너희는 아래서 났고 나는 위에서 났으며 너희는 이 세상에 속하였고 나는 이 세상에 속하지 아니하였느니라

예수님께서는 여기서 우리 인간들이 수천 년 동안 그렇게 애를 썼지만 풀지 못했던 가장 중요한 사실을 밝히셨습니다. 그것은 우리가 사는 이 세상은 독자적으로 존재하는 것이 아니라는 것입니다. 곧 이 세상은 독자적으로 존재하는 것이 아니라 하나님께서 창조하셨고 하나님의 능력에 의하여 유지된다는 것입니다. 예를 들어 어떤 큰 무대가 있을 때 그 무대에는 많은 조명 장치가 있고 음향 장치가 있고 다른 여러 가지 시설들이 있습니다. 그 모든 장치나 시설들은 뒤에 유리로 된 방 안에 있는 컨트롤 박스에 의해서 모든 것이 다 조정이 되게 되어 있습니다. 거기서 스위치를 누르는 것에 따라서 무대 막이 올라가기도 하고 내려가기도 하며 조명이 들어오기도 하고 꺼지기도 합니다. 어떤 때에는 배경 음악이 흘러나오기도 하고 스크린에 화면이 들어오기도 합니다. 그런데 조종실에서는 외부의 모든 장치를 다 조정할 수 있지만 외부에서는 자기 마음대로 조종실을 움직일 수가 없습니다.

이것이 바로 이 세상의 중요한 원리입니다. 이 세상은 하나님에 의하여 창조되었고 하나님에 의하여 모든 것이 조정되고 있습니다. 그러나 이 세상은 하나님을 볼 수 없고 하나님을 조종할 수가 없게 되어 있습니다.

그런데 이 세상의 상태는 '죄' 에 빠져 있어서 정상적인 하나님의 조종이 되지 않는 것입니다. 즉 '통제 불능' 의 상태에 빠져 있는 것입니다.

우리가 어떤 사람을 보았을 때 아무리 사람이 잘 생겼고 똑똑하다고 해도 '통제 불능' 의 상태에 있으면 이 사람은 정상이 아닌 것입니다. 이 사람의 상태는 자기 자신에게도 결코 행복하지 않을 뿐 아니라 그냥 둔다면 다른 사람의 행복까지도 위험하게 할 것입니다.

예수님께서 이 세상에 대하여 발견하신 것은 이 세상은 '죄 아래' 있다는 것입니다. 이 세상이 '죄 아래 있다' 는 것은 온 세상이 죄에 빠져 있어서 하나님을 알지도 못하고 하나님의 통제도 받지 아니하고 제멋대로 돌아가고 있다는 뜻입니다.

예수님은 이렇게 말씀하고 있습니다.

요한복음 8장 20절

내가 가리니 너희가 나를 찾다가 너희 죄 가운데서 죽겠고 나의 가는 곳에는 너희가 오지 못하리라

예수님께서 '죄 가운데 있다' 고 말씀하실 때 '죄 아래 있다' 는 것은 무엇을 의미하는 것입니까? 우리는 '죄' 라고 할 때 다른 사람을 해치는 나쁜 행동에 국한해서 생각할 때가 많습니다. 그러나 성경의 '죄' 는 일반적인 의미의 '죄' 와는 그 의미가 다릅니다. 여기서 말하는 죄는 인간의 교만으로 하나님과의 관계가 끊어진 것을 말합니다. 사람들이 하나님의 간섭을 받지 않으려고 하나님과의 관계를 끊어버린 것입니다. 물론 그렇다고 해서 모든 인간들이 당장 다 죽는 것은 아닙니

다. 차의 브레이크가 고장이 났다고 해서 당장 모두 다 죽는 것은 아닙니다. 그러나 브레이크가 고장난 상태에서 달리다가 멈추지 못하면 대형사고가 나고 마는 것입니다.

우리 인간은 하나님으로부터 단절 되어있기에 모든 부분에 있어서 통제불능 상태에 빠진 것입니다. 지금 우리는 모두 죄 가운데서 헤매고 있는 것입니다. 이것은 마치 차들이 깊은 안개에 빠져서 방향을 잡지 못하고 있는 것과 같고 사람들이 겨울에 깊은 산에서 눈에 갇혀서 꼼짝 못하고 있는 것과 같습니다. 지금 사람들이 당장 다 죽는 것은 아니지만 지금 상태 그대로는 대단히 위험한 것입니다.

예수님은 여기서 분명히 말씀하셨습니다.

요한복음 8장 23절

너희는 아래서 났고 나는 위에서 났으며 너희는 이 세상에 속하였고 나는 이 세상에 속하지 아니하였느니라

예수님과 이 세상 사람들은 그 속해 있는 세상이 완전히 다릅니다. 우리 인간들은 아래 있는 이 세상에 속해 있습니다. 그러나 예수님은 위에 있는 세상에 속해 있고 이 세상 사람이 아닌 것입니다.

이 세상이 자기 힘으로는 하나님을 만날 수도 없고 하나님께 영향을 미칠 수도 없습니다. 그래서 인간들은 가만히 두면 죄 가운데서 살다가 죽을 수밖에 없습니다. 우리 인간들이 바로 살 수 있는 유일한 길은 예수님을 믿는 것입니다.

요한복음 8장 24절

이러므로 내가 너희에게 말하기를 너희가 너희 죄 가운데서 죽으리라 하였노라

너희가 만약 내가 그인 줄 믿지 아니하면 너희 죄 가운데서 죽으리라

예수님은 너무나도 분명하게 말씀하셨습니다. 예수님이 이 세상에 오신 목적은 우리 인간의 행복을 더 크게 해주기 위해서가 아닙니다. 예수님이 이 세상에 오신 것은 우리가 다시 하나님의 통제를 받아서 제대로 작동하는 사람들이 되기 위한 것입니다. 만약 우리 인간들이 예수님이 바로 그 분인 것을 믿지 못한다면 우리는 모두 죄 가운데서 헤매다가 죽고 말 것입니다.

오늘날 많은 사람들은 좀 더 행복한 삶을 위하여 많은 노력을 하고 있습니다. 좀 더 안정된 직장을 가지기 위해서, 좀 더 높은 연봉을 받기 위해서, 좀 더 많은 사람들로부터 인정을 받기 위해서, 좀 더 편한 집에서 살기 위해서 많은 노력을 하고 있습니다. 그리고 이런 삶을 얻을 때 사람들은 성공했다고 말을 합니다. 그러나 예수님의 관점에서는 이런 사람들의 삶은 결코 성공한 것이 아닙니다. 이 세상에서 가장 중요한 것은 하나님과 연결이 되어서 하나님의 통제를 받는 것입니다. 하나님의 전원이 들어오고 하나님의 스위치가 켜지고 하나님의 의도대로 우리가 작동되어질 때 우리는 산 것이지 내 마음대로 몸부림치는 것은 아직 통제 불능의 상태에 빠진 것입니다.

여기서 유대인들은 예수님께 아주 중요한 질문을 합니다.

요한복음 8장 25-26절

저희가 말하되 네가 누구냐? 예수께서 가라사대 나는 처음부터 너희에게 말하여 온 자니라. 내가 너희를 대하여 말하고 판단할 것이 많으나 나를 보내신 이가 참되시매 내가 그에게 들은 그것을 세상에게 말하노라

여기서 예수님은 참으로 이해하기 어려운 말씀을 하십니다.

즉 '너는 누구냐?' 라고 할 때 예수님은 '나는 처음부터 너희에게 말하여 온 자' 라고 대답을 하셨습니다. 여기서 '처음부터 너희에게 말하여 온 자' 란 무엇을 의미하는 것일까요?

세례 요한이 처음 예수님을 가리켜 말한 '세상 죄를 지고 가는 하나님의 어린 양' 이라고 말한 것을 의미하는 것일까요? 아니면 창세기에 예언된 '앞으로 오실 여인의 후손' 을 말하는 것일까요? 아마 둘 다 모두를 의미할 것입니다.

예수님은 하나님이 보내신 유일한 구원자이십니다. 그리고 예수님은 우리를 구원하시는데 전문가이십니다. 예수님은 성경이 처음부터 말씀한 바로 그 분입니다. 예수님 한 분 뒤에는 천국 전체가 다 달라붙어 있습니다.

그런데 예수님은 이런 말씀을 하십니다. '내가 너희를 대하여 말하고 판단할 것이 많으나 나를 보내신 이가 참되시매 내가 그에게 들은 그것을 세상에게 말하노라' 고 말씀하셨습니다.

여기서 '나를 보내신 이가 참되시다' 고 할 때 '참되시다' 는 것은 모든 의의 기준이 하나님이신 것을 의미합니다. 우리 인간이 살려면 하나님의 의에 일치해야지 우리 자신의 의에 맞아서는 안 됩니다. 그래서 하나님의 말씀만이 구원의 절대적인 열쇠가 되는 것입니다.

예수님께서도 우리 인간들을 위해서 해 주실 것이 너무나도 많다고 말씀하셨습니다. 즉 예수님은 사람들에게 너무나도 해 주실 것이 많으셨습니다. 가르쳐 줄 것도 많았습니다. 예를 들어 삶의 지혜라든지 자연의 신비한 원칙이라든지 아니면 이 세상에서 탁월한 지혜를 가지는 방법 등 많은 이야기를 들려주고 싶으셨던 것입니다. 그러나 예수님은 그렇게 하지 아니하셨습니다. 왜냐하면 나를 보내신 아버지가 참이기 때문에 아버지를 믿는 것입니다. 예수님은 오직 우리에게 구원의 진리만 말씀하시고 구원에 대한 하나님의 뜻만을 가르치셨던 것입니다.

여기서 우리가 생각해야 할 것은 이 세상에서 우리에게 필요한 지식이나 필요한 것은 너무나도 많다는 것입니다. 예수님도 우리들에게 그것들을 다 주시고 싶으셨습니다. 그러나 예수님은 하나님을 믿으셨습니다. 그것은 오직 구원받는 지혜 곧 믿음만이 사는 길이라는 것을 믿으셨던 것입니다.

우리가 살 수 있는 유일한 길은 하나님의 통제를 받는 것입니다. 그리고 그것은 오직 구원의 진리를 믿는 것입니다.

구원의 댓가

요한복음 8장 28절

이에 예수께서 가라사대 너희는 인자를 든 후에 내가 그인 줄을 알고 또 내가 스스로 아무 것도 하지 아니하고 오직 아버지께서 가르치신 대로 이런 것을 말하는 줄도 알리라

하나님께서는 우리 인간들이 하나님의 완전한 의와 연결되기 위해서 이 세상의 어떤 인간적인 노력이나 열심도 안 된다는 것을 아셨습니다. 그렇다고 해서 하나님께서 무조건 사랑하시고 구원하신다고 해서 되어질 일도 아니었습니다. 중요한 것은 하나님의 마음과 우리 인

간들의 마음이 믿음으로 하나가 되어야 하는 것입니다. 이것을 위해서는 엄청난 희생이 있어야만 했습니다. 그것은 인자가 들리는 것입니다.

여기서 인자라고 하는 것은 인간이 되신 하나님의 아들을 의미합니다. 하나님의 아들이 인간이 되신다는 것 자체가 엄청난 고통이었습니다. 이것은 마치 하나님의 아들이 하나님 되시는 것을 포기하는 것이었습니다. 그러나 하나님의 아들이 인간이 되심으로 하나님 쪽에서 인간으로 침투하는데 성공하셨습니다. 왜냐하면 예수님은 완전한 인간이 되셨으니까요. 누가 봐도 예수님은 인간이셨고 유대인이셨습니다. 예수님은 갈릴리에서 자라시면서 괴물 취급을 받지도 아니하시고 신이라고 해서 숭배를 받지도 아니하셨습니다. 일단 하나님께서 완전히 단절되었던 두 세계에서 인간 세계로 침투하시는데 성공하셨습니다. 그런데 예수님은 그냥 오신 것이 아니라 자기 육체 안에 하나님의 모든 사랑과 용서와 자비와 신성과 생명을 다 싸가지고 오셨습니다. 그런데 인간들은 예수님을 높이 매달아서 그의 육체를 찔러 죽였습니다. 이때 예수님 안에 있던 모든 사랑과 용서와 생명과 축복과 자비는 우리 인간들에게 흘러들어 넘치게 되었습니다. 그리고 우리 인간들의 고집과 교만과 악독과 수치와 모든 더러운 것들은 하나님께로 넘어가게 되었습니다.

사람들이 예수님을 십자가에 매달아서 못으로 박고 창으로 옆구리를 찔렀을 때 놀라운 일들이 일어나게 되었습니다. 하나님의 모든 자비는 우리에게 쏟아지고 우리의 모든 죄는 하나님께 넘어가게 되었습니다. 결국 하나님과 원수되었던 우리는 예수를 믿음으로 하나가 되게 되었습니다. 그래서 이 십자가 위에서 하나님과 우리는 다시 완전히 하나로 연결되어 이제는 정상적으로 하나님의 능력이 우리에게 공급되게 된 것입니다.

그러나 사람들은 이렇게 연결되기 전에는 예수님이 왜 죽으셨는지 또 지금 우리 인간들의 잘못이 무엇인지 모른다고 말씀하셨습니다. 왜냐하면 우리 인간의 무지가 그만큼 무서운 상태에 놓여 있기 때문입니다. 환자로 치면 중태 중의 중태였던 것입니다. 이것은 마치 식물인간이 되어서 중환자실에서 산소 호흡기로 연명하시는 분이 자신의 상태가 어떠한지 모르는 것과 같습니다. 그리고 의사가 얼마나 훌륭한지 또 자기를 위해서 얼마나 많은 사람들이 수고하고 있고 희생하고 있는지 모르는 것입니다. 그런데 그가 기적적으로 깨어나고 난 후에야 비로소 자기가 의식이 없는 상태에서 몇 달을 있었고 정말 사망의 고비를 수없이 넘겼고 자기를 치료한 의사가 얼마나 탁월한 의사였는지 깨닫게 되는 것입니다.

그래서 이 세상의 믿지 않는 자와 신앙적으로 아무리 토론을 해 봐야 소용이 없습니다. 우리가 할 수 있는 것은 눈물과 기도밖에 없는 것입니다. 물론 그들이 알아들을 수 있는 최소한도의 쉬운 설명을 해주어야 합니다. 그러나 이 세상의 그 어느 누구도 설명 듣고 구원받는 사람은 없습니다. 모두 십자가 위에 달리신 예수님을 통해서 하나님과 하나가 되어야 하는 것입니다. 나의 모든 죄는 다 하나님께 넘어가고 하나님의 새 생명이 나에게로 넘어와야 이제 죽음의 자리에서 일어나게 되는 것입니다.

여기서 예수님은 가장 위대한 선언을 하십니다.

요한복음 8장 31-32절

그러므로 예수께서 자기를 믿은 유대인들에게 이르시되 너희가 내 말에 거하면 참 내 제자가 되고 진리를 알지니 진리가 너희를 자유케 하리라

이 세상에 사는 우리 인간들에게 가장 귀한 것은 자유입니다. 즉 우리 인간을 개나 돼지와 다르게 하는 것은 바로 이 자유인 것입니다. 옛날에 사람들이 노예로 있을 때 그들은 결코 인간다울 수가 없었습니다.

옛날 노예들은 밤에 도망을 치지 못하도록 언제나 발이나 목에 쇠사슬을 매어놓았습니다. 노예들은 오직 주인이 시키는 것만 할 수 있었습니다. 노예에게는 '자기' 라는 것이 존재할 수가 없었습니다. 오직 주인의 의지만 있을 뿐입니다. 주인의 말을 듣지 않는 노예는 죽으라고 매를 맞습니다. 결국 매 때문에 노예로 길들여지게 되는 것입니다. 노예는 이성을 보아도 사랑할 수가 없습니다. 왜냐하면 주인의 소유이기 때문입니다. 주인이 노예가 마음에 들지 않으면 얼마든지 팔아버렸습니다. 가령 노예가 사랑을 하게 되면 그 주인에게 같이 살 수 있도록 그 노예를 사 달라고 애원을 합니다. 그렇게 해서 아이를 낳으면 주인의 소유이기 때문에 어느 정도 자라면 노예 상인에게 팔아버립니다. 마치 집에서 키우던 닭이나 개나 염소를 파는 것과 똑같은 것입니다. 자유가 없는 인간은 개나 돼지이지 결코 인간일 수 없습니다. 그러나 모든 인간들은 가장 중요한 자유를 얻지 못했습니다. 그것이 무엇입니까? 그것은 죄로부터 해방되어 진정한 하나님의 사람들이 되는 자유인 것입니다.

우리는 지금 상태의 인간만 봐 왔기 때문에 우리 인간들이 타락하기

전에는 얼마나 신실하고 얼마나 자상하며 희생적이었는지 알지 못하고 있습니다. 우리 인간들이 처음 만들어졌을 때에는 모든 인간들이 천사였습니다.

지금과 같이 오만하고 심술궂고 억지나 떼를 쓰는 더러운 짐승 같은 상태가 결코 아닌 것입니다.

오늘날 우리는 인류 역사상 최고로 많은 자유를 누리고 있는 세대에 살고 있습니다. 인류 역사상 어느 때에도 지금 같은 자유를 누린 적이 없었습니다. 인간들은 이제 노예나 왕으로 살지 않습니다. 대통령도 투표를 해서 뽑습니다. 이제는 노동자들도 옛날같이 약한 입장이 아닙니다. 우리 인간 사회는 돈만 있으면 무엇이든지 다 누리고 다 즐기고 모든 것을 다 할 수 있는 시대가 되었습니다. 그럼에도 불구하고 우리 인간들은 결코 행복하지가 않습니다. 그 이유가 어디에 있을까요? 다른 쇠사슬은 다 벗겨졌는데 마지막 쇠사슬이 남아 있기 때문입니다. 바로 이 쇠사슬이 죄의 쇠사슬입니다. 이 쇠사슬의 고리들 중에는 탐욕도 있고 저주도 있고 미움도 있고 불안도 있고 시기심도 있고 두려움도 있는 것입니다.

예수님은 십자가로 이 마지막 쇠사슬을 박살을 내셨습니다. 이제는 우리가 완전한 자유인이 되게 된 것입니다. 자유의 가장 소중한 것이 무엇입니까? 내가 사랑하는 사람을 마음껏 사랑하고 내가 하고 싶은 것을 마음껏 할 수 있는 것입니다. 이것이 우리를 완전한 인간이 되게 하는 것입니다.

그런데 예수님께서 우리가 이 자유를 소유하기 위해서는 해야 할 것이 있다고 말씀하십니다. 그것은 우리가 '예수님의 말씀에 거하는 것'입니다.

여기서 '거한다'는 말은 헬라어로 '메노'라고 하는데 계속 거주하는 것을 말합니다. 즉 우리가 주님의 말씀의 길을 계속 걸어가는 것을 말합니다.

여기에는 두 가지 뜻이 있습니다. 하나는 일단 우리에게 진리가 오게 된 것은 이미 우리가 구원을 받은 것과 같습니다. 우리는 분명히 살 것이며 우리는 분명히 하나님의 복을 누릴 것입니다. 그러나 우리가 주의해야 할 것은 우리가 이 진리에서 벗어나지 않아야 한다는 것입니다. 우리가 이 진리에서 벗어나서 다시 자기 정욕대로 산다면 우리는 이 자유를 빼앗길 수 있습니다.

우리는 이제 일체 다른 말을 들어서는 안 됩니다. 누가 뭐라고 해도 우리를 이 진리를 붙잡아야 하고 이 진리대로만 걸어가야 합니다. 누가 아무리 감언이설로 속이고 혹은 우리를 편협하다고 비난하고 혹은 죽인다고 위협을 해도 우리는 성경의 진리 외에는 다른 것은 따라갈 수가 없습니다.

예수님은 이 진리가 우리를 자유케 하리라고 말씀하셨습니다. 곧 모든 저주와 모든 두려움과 모든 사탄의 시험과 모든 죄와 모든 불행으로부터 우리를 자유케 한다는 것입니다.

하나님의 아들과 종

여기서 궁금한 것은 우리가 하나님의 조종을 받으면 결코 자유하지 않을 것 같은데 왜 성경은 우리가 자유하게 된다고 하느냐는 것입니다. 예를 들어 어떤 무대가 있을 때 무대의 모든 장치가 통제실과 연결이 되면 결국 모든 것을 통제하는 사람의 의지에 따라서 움직여지지 않겠습니까?

그러면 우리는 우리가 좋아하는 것을 하나도 하지 못하게 되고 결국 하나님의 손에 붙들린 로봇처럼 기계적으로 복종하는 자가 되지 않겠습니까? 그리고 설사 우리가 예수님을 믿음으로 하나님과 하나가 되었다 하더라도 우리 안에는 결코 하나님의 뜻에 복종하기 싫고 제 멋대로 하고 싶은 때가 있지 않습니까? 그런 것은 우리가 어떻게 받아들여야 할까요?

사실 이 두 가지가 우리가 신앙 생활하는데 가장 중요한 문제인 것 같습니다. 사람들이 하나님의 손을 잡는 것을 두려워하는 이유는 우리가 하나님께 붙들렸을 때 나의 모든 자유 의지는 포기하게 되고 오직 하나님의 기계나 로봇밖에 되지 않는다는 것입니다. 예를 들어 나는 인간적인 쾌락도 누리고 싶고 이 세상에서 여러 가지 일들도 하고 싶은데 하나님의 손에 붙들리면 오직 성경만 읽고 기도만 하게 되지 않을까! 두려운 것입니다.

하지만 성경은 우리가 하나님의 손에 붙들린다고 해서 모든 자유의지나 내 생각을 포기당하는 것은 아니라고 말씀하십니다. 오히려 지금까지 잘못되었던 것들이 바른 쪽으로 사용되게 된다고 합니다.

다시말하지만 우리가 하나님의 손에 붙잡혔다고 해서 하나님은 절대로 우리를 노예처럼 부리지 않으신다는 것입니다. 아버지가 자식에게 많은 것을 하지 말라고 하지만 절대로 자식을 노예로 생각하지는 않습니다. 아버지는 자식의 관심이나 열정이 바른 방향으로 쓰이기를 바랄 것입니다. 그래서 아버지는 자식들에게 나쁜 것은 하지 말라고 하시지만 나쁜 것이 아닌 이상 얼마든지 하라고 하십니다. 마찬가지로 하나님께서는 우리의 인격과 생각을 절대로 무시하거나 억지로 무엇을 시키지 아니하십니다.

그리고 또 하나는 우리가 예수 믿고 난 후에도 하나님의 뜻이 아닌 줄 알면서도 복종하기 싫고 내 멋대로 하고 싶을 때에는 어떻게 합니까? 아직 우리가 인간의 몸을 가지고 있기 때문에 어쩔 수없이 이럴 수가 있습니다. 그러나 분명히 알아야 할 것은 이런 것이 결코 좋은 것은 아니라는 사실입니다. 사실 이때 우리는 일시적으로 호흡 정지와 같은 상태에 있는 것입니다. 우리 마음 속에 나쁜 정욕이 가득 들어 있을 때 기도가 되지 않을 것입니다. 그리고 하나님의 사랑이 느껴지지 않을 것입니다.

가끔 사람들 중에서 무호흡증이 있는 분들이 있을 것입니다. 이것은 자면서 일시적으로 숨을 쉬지 않는 것입니다. 이런 것은 좋은 것이 결코 아닙니다. 호흡은 끊어지지 않고 자연스러운 것이 건강한 것입니다. 그러기에 우리는 이런 기회를 자꾸 줄여 나가야 합니다.

요한복음 8장 35-36절

종은 영원히 집에 거하지 못하되 아들은 영원히 거하나니 그러므로 아들이 너희를 자유케 하면 너희가 참으로 자유하리라

어느 집에서든지 종은 주인의 방에서 자지 못할 것입니다. 그리고 종은 중요한 의사 결정을 하지도 못하고 오직 주인이 시키는 것만을 기계적으로 할 따름입니다. 그러나 아들은 부모님에게 얼마든지 자기 의사를 표현할 수 있고 부모님이 꼭 시킨다고 해서 하는 것이 아니라 자신의 삶이기 때문에 하는 것입니다.

모든 인간은 하나님 집의 종입니다. 그러나 그냥 종이 아니고 쫓겨난 종이었습니다. 그러나 아들이 우리를 집 안으로 초청해서 아들이 되게 했습니다. 왜냐하면 이 아들이 집을 나갔다가 우리를 만나서 다 데리고 들어왔기 때문입니다.

영화 피터 팬을 보면 네버랜드에 로스트 보이들이라고 해서 부모가 없는 아이들이 삽니다. 학교도 가지 않고 부모의 간섭도 받지 않고 한 평생 놀면서 피터 팬과 같이 살아갑니다. 때때로 해적들과 싸우면서 살아갑니다. 그러다가 옛날이야기를 잘 하는 웬디와 동생들을 피터 팬이 네버랜드로 데리고 와서 같이 로스트 보이들과 같이 삽니다. 하지만 웬디가 엄마 생각이 나서 집으로 가겠다고 합니다. 그 때 이 로스트 보이들이 다 따라가서 웬디 집의 아들들이 됩니다. 부모는 아이들을 잃어버렸다가 더 많이 생겨서 너무 좋다고 하면서 다 받아들입니다.

하나님은 아들을 잃어버렸습니다. 그것도 그냥 잃어버린 것이 아니라 인간이 되어서 보내었는데 비참하게 죽게 되었습니다. 그런데 이 아들이 다시 살아나서 도망친 종들을 많이 데리고 와서 자기와 같이 아들을 삼아달라고 했습니다. 그 때 아버지는 너무 좋아하시면서 '오늘부터 너희들은 모두 내 아들이고 내 딸들이다' 라고 선포하시는 것입니다.

우리는 버림받은 종에서 하나님의 아들과 딸들이 되었습니다. 이제 하나님의 집에 있는 모든 것이 우리들의 것입니다. 이제 우리는 하나님의 가장 귀한 보물을 가질 수 있는 자격을 얻게 되었습니다. 우리는 다시 쫓겨날 것을 두려워하지 않고 언제나 당당하고 아름답고 자신감에 넘치는 하나님의 자녀들이 다 되었습니다. 할렐루야!

Exposition of John

21 _ 요 8:33-59

아브라함의 자손

어떤 부모가 엄청난 재산을 남겨 놓고 죽으면 그 집 자손은 어마어마한 재산을 상속받게 됩니다.

특히 구약 성경을 보면 하나님으로부터 어마어마한 복을 물려받은 사람이 등장합니다. 그 사람이 바로 아브라함이었습니다. 하나님께서는 아브라함과 그 후손들에게 어마어마한 복을 약속하셨습니다. 이 복을 예수님의 말씀으로 표현을 한다면 '하나님의 진리로 자유케 되는 복' 이라고 말할 수 있습니다.

즉 하나님의 말씀을 믿음으로 이 세상의 자녀가 아니요 하나님의 자녀가 되며 이 세상의 복이 아니라 하나님의 무한한 복을 받는 자가 되는 것입니다. 하나님께서 아브라함에게 주신 복은 우리가 세상에서 보는 그런 흔한 복이 아니고 '복의 근원이 되는 복' 인 것입니다. 즉 이 복은 시시하게 재산이나 신분을 물려받는 것이 아니라 하나님의 복을 물려받으며 하나님의 능력을 물려받는 복이었습니다. 하지만 이스라엘 자손들은 하나님의 말씀에 불순종함으로 이 복을 잃어버렸습니다. 그런데 오늘 본문 성경을 보면 예수님께서 이 세상에 오셔서 진정한 아브라함의 복을 회복시켜주시려고 하십니다. 그럼에도 불구하고 유대인들은 이미 자기들은 그 복을 가지고 있기 때문에 예수님이 무슨 뚱딴지같은 소리를 하는지 모르겠다고 하면서 '너는 귀신들렸다' 고 몰아붙이는 것입니다. 오늘 본문에서 가장 중요한 것은 누가 과연 진정한 아브라함의 자손들이냐 하는 것입니다.

진정한 부흥이라고 하는 것은 정상적인 궤도에서 벗어난 것을 정상적인 위치로 회복시켜놓는 것을 의미합니다. 사실 우리가 하나님과 정상적인 관계에 있다면 하나님으로부터 무한한 능력과 은혜와 축복이 공급 되기 때문에 예배드릴 때마다 기적이 일어나고 충만한 성령의 역사가 나타나는 것이 정상입니다. 그러나 하나님과의 관계가 막히면 아무리 예배드리고 소리를 지르면서 기도를 해도 응답도 없고 능력도 나타나지 않게 되는 것입니다.

아브라함이 받았던 복

예수님께서 유대인들에게 '너희가 진리를 알지니 진리가 너희를 자유케 하리라' 고 말씀하셨을 때 유대인들은 예수님에게 대답하기를 '우리는 아브라함의 자손이라 남의 종 된 적이 없거늘 어찌하여 우리가 자유케 되리라 하느냐' 고 반문을 했습니다.

아마 우리가 교도소에 찾아가서 교도소에 갇혀 있는 죄수들을 향해서 '여러분들은 멀지 않아서 모두 자유하게 될 것입니다' 라고 말을 한다면 죄수들이 모두 환호성을 지르면서 기뻐하며 좋아할 것입니다. 그런데 길에 가는 사람을 붙들고 '진리를 알면 당신은 자유하게 될 것입니다' 라고 이야기를 한다면 그 사람은 빤히 쳐다보면서 '이 사람이 별 이상한 소리를 다 한다' 고 생각할 것입니다. 왜냐하면 그 사람은 지금 감옥에 갇혀 있는 사람이 아니기 때문입니다. 곧 그 사람은 이미 자유를 얻은 사람이고 더 이상 자유가 필요하지 않은 사람이기 대문입니다. 마찬가지로 유대에 있는 유대인들은 노예의 신분이 아니라 자유인의 신분이었습니다. 단지 그들이 불쾌하게 생각하고 있는 것은 로마의 지배를 받고 있다는 것이지 노예나 종의 신분은 아니었습니다. 그런데 예수님께서 '너희가 자유케 되리라' 고 말씀을 하시니까 마치 자기들을 종이나 노예 취급하는 것 같아서 기분이 나빴던 것입니다. 그래서 '우리는 남에게 종이 된 적이 없기 때문에 자유케 될 필요가 없는 자들이요' 라고 대답을 하고 있는 것입니다.

그때 예수님은 분명히 말씀하시기를 우리가 눈에 보이는 이런 종 말고 또 다른 종이 있다는 것입니다. 그것은 바로 영적인 종이고 죄의 종인 것입니다. 예수님은 이렇게 말씀하셨습니다.

요한복음 8장 34절

예수께서 대답하시되 내가 진실로 진실로 너희에게 이르노니 죄를 범하는 자마다 죄의 종이라

우리가 이 세상에서 자유인과 죄수 또는 노예가 있듯이 눈에 보이지 않는 영역에서도 죄수나 노예가 있고 자유인이 있는 것입니다. 예수님은 이 죄수가 더 진짜 죄수이고 이 노예가 더 진짜 노예라고 말씀하

고 있는 것입니다.

예수님은 죄를 범하는 자마다 죄의 종이라고 말씀하셨습니다. 이것은 죄를 범하기 때문에 죄의 종이라는 뜻이 아닙니다. 즉 사람은 이미 두 종류가 있는 것입니다. 하나는 존귀한 하나님의 자녀요 다른 하나는 죄의 종인 사람들입니다. 죄의 종인 사람은 날마다 죄를 짓는 짓을 하는 것입니다. 다시 말해서 한 평생 정욕이 원하는 대로 살면서 자기 욕망을 채우고 남을 미워하면서 남에게 좋지 않은 짓을 하면서 사는 것입니다.

그러나 우리가 생각하기에 이것은 정상적인 것 같습니다. 왜냐하면 우리를 포함한 모든 사람들이 이 세상에서 할 수 있는 대로 자기 욕심을 채우고 자기 정욕을 채우기 위해서 살기 때문입니다. 그런데 예수님께서는 그런 생각을 가진 사람이나 그렇게 사는 것이 전부 죄의 종이라서 그렇게 한다는 것입니다. 지금 우리가 정상적이라고 생각하고 있는 모든 것들은 죄의 노예로서의 삶인 것입니다. 그러면 그 노예 주인은 누구입니까? 마귀요 우리 안에 있는 죄의 정욕인 것입니다.

그런데 하나님께서는 약 4천년 전에 한 사람을 죄로부터 해방을 시키셨습니다. 그때 지구 인구가 얼마 되었을지 알 수 없지만 약 몇 백만 명이라고 한다면 그 몇 백만 명 중에서 단 한 사람을 죄로부터 자유케 하셨습니다.

그 사람이 바로 아브라함이었습니다.

아브라함은 하나님을 만나기 전에 갈대아 우르라는 곳에서 우상을 섬기던 자였습니다. 아마도 그의 직업은 평범한 목축업이었을 것으로 생각이 됩니다. 그런데 그에게 있었던 가장 놀라운 일은 어느 날 그에게 하나님의 말씀이 임했는데 그가 그 말씀을 믿은 것입니다. 하나님은 그의 믿음을 의로 보시고 그에게 자유를 주셨습니다. 그 자유는 믿음으로 살 수 있는 자유였습니다. 즉 이 세상에 수 많은 죄수 가운데서 단 한 사람의 자유인이 탄생한 순간이었습니다.

예를 들어 교도소에서 많은 죄수들이 있지만 그 중에서 단 한 사람의 자유인이 있을 수 있을 것입니다. 그 사람은 그 교도소 안에 있지만 죄수들과는 다른 일을 하고 있는 사람인 것입니다. 즉 다른 죄수들은 모두 그 교도소 안에서 형기를 채우고 있지만 그 사람은 그 안에서 환자를 치료하는 의사라든지 아니면 죄수와 정신 상담을 하는 사람이라든지 혹은 위생적인 일을 처리하는 사람일 수 있습니다. 그 사람의 가장 큰 특징은 죄수들과 달리 얼마든지 자기 의사로 그 교도소에서 나갈 수 있다는 것입니다. 왜냐하면 그는 그 교도소 소속이 아닌 자유인이기 때문입니다. 그리고 거기에 있어도 그 사람은 다른 죄수들과는 다른 목적으로 거기에 있기 때문입니다.

하나님께서는 4천년 전에 많은 죄수들 중에서 단 한명의 사람 아브라함을 자유인이 되게 하셨습니다. 아브라함은 아무 것도 한 일이 없이 오직 하나님의 말씀을 믿었기 때문에 자유인이 되었습니다. 그리고 그는 너무나도 아름답고 놀라운 믿음의 삶을 살았습니다.

그때 하나님께서는 아브라함에게 위대한 약속을 주셨습니다. 그것은 하나님께서 아브라함에게 복을 주시는데 복의 근원이 되는 복을 주시겠다고 약속을 하셨습니다. 그리고 그가 밟고 다니고 있는 가나안 땅을 그와 그 후손들에게 주겠고 많은 후손을 주시겠다고 하셨습니다.

여기서 결국 중요한 것은 그 땅과 그 후손이 어떻게 되었느냐 하는 것입니다. 유대인들은 우리는 혈통상 아브라함의 자손이니까 당연히 그 축복의 자녀이고 자유인이라는 것이었습니다. 사실 유대인들은 로마로부터 세금을 내는 것 외에는 거의 모든 자유를 보장받고 있었습니다. 그들은 자유인이었습니다. 그러나 그들이 알지 못했던 것은 아브라함의 자유가 그런 신분상의 자유가 아니었다는 것입니다. 아브라함의 자유는 진리의 자유이고 하나님의 능력이 공급되어 이 세상에서 하나님의 뜻대로 살 수 있는 자유였습니다.

유대인들에게 가장 중요한 것은 지금 그들이 신분상으로 자유로운가 아닌가 하는 것이 아니라 하나님의 능력이 풍성하게 공급되고 있는가 혹은 이 세상에서 믿음으로 살 수 있는 능력이 있는가 하는 문제였던 것입니다.

유대인들에게 게름직한 것은 유다 땅을 완전히 그들이 장악하지 못하고 있는 것이었습니다. 이것이 아직 아브라함의 축복이 완전히 회복되지는 못했다는 증거였습니다. 만약 그들이 진짜 하나님의 복의 자녀로 신분이 회복 되었다면 가나안 땅을 완전히 차지하든지 아니면 가나안 땅을 차지하는 것 이상의 일이 일어나야 합니다. 여기서 가나안 땅을 차지하는 이상의 일이라는 것이 무엇일까요? 바로 요엘 선지자가 예언한 성령이 폭포수같이 부어지는 것입니다. 그러니까 유대인들에게 완전한 아브라함의 복이 회복되었는지 알려고 하면 가나안 땅을 완전히 자기 것으로 만들든지 아니면 엄청난 폭포수 같은 성령의 역사가 일어나야 하는 것입니다.

오늘 우리가 알아야 하는 것은 이 세상에 자유인이 있고 죄수가 있다는 것입니다. 하나님의 자녀들은 이 세상의 많은 사람들 중의 유일한 자유인들인 것입니다. 이 사람들은 오직 하나님의 말씀을 듣고 믿은 자들인 것입니다. 우리는 주님의 십자가의 은총으로 믿음으로 살 수 있는 힘과 능력을 얻게 된 것입니다. 그래서 우리는 모든 것을 믿음으로 살아야 합니다. 즉 하나님이 주시는 힘으로 살아야 하고 하나님을 믿는 믿음으로 살아야 합니다. 그러면 영생을 얻고 가장 존귀하고 아름다운 삶을 살 수 있게 됩니다.

아들이 자유케 하리라

그런데 아브라함이 하나님의 복을 받으면서 잘 이해가 되지 않았던 것이 하나 있었습니다. 그것은 어떻게 해서 자기가 이 수많은 사람들 중에서 하나님의 자유인으로 선택을 받았는가 하는 것이었습니다. 그리고 또 하나는 어떤 과정에 의해서 자기가 진정한 자유인이 되는가 하는 것이었습니다.

아브라함은 다른 사람에 비해서 잘 생긴 사람도 아니었고 또 지식이 뛰어난 사람도 아니었습니다. 재산이 많은 부자도 아니었습니다. 그런데 어느 날 갑자기 하나님의 말씀에 은혜를 받았고 그 말씀을 믿었더니 축복의 사람이 되었습니다.

이것을 나중에 하나님은 모세를 통해서 설명을 하셨습니다. 모세의 출애굽 기적은 아브라함의 복에 대한 설명이었습니다. 즉 아브라함의 자손들은 모두 노예들이었는데 어린양의 피로 구원을 받은 것입니다. 어린양의 피에서 열 가지 기적이 일어나고 어린양의 피에서 홍해도 갈라졌던 것입니다.

이것을 예수님께서는 이렇게 말씀하셨습니다.

요한복음 8장 36절

그러므로 아들이 너희를 자유케 하면 너희가 참으로 자유하리라

우리가 이 말씀을 잘못 생각하면 어느 집에 노예들이 많이 있는데 그 집 아들이 아버지를 졸라서 종들이 불쌍하니까 종들을 자유케 하자고 해서 아버지가 마지못해서 종들을 해방시키는 것으로 생각할 수 있을 것입니다. 그러나 예수님이 '아들이 너희를 자유케 하면' 이라는 것은 결코 그런 뜻이 아닙니다. 예수님께서는 우리가 자유케 되는 것이 결코 쉬운 것이 아니라고 말씀을 하십니다. 결코 우리 마음대로 노예가 되었다가 그 다음에 자유인이 되었다가 할 수 있는 것이 아닌 것입니다.

결국 이 모든 것은 아들에게 달린 것입니다. 아브라함이 자유케 될 수 있었던 것도 결국 아들 때문이었습니다. 즉 아들은 모든 죄인들을 자신과 하나가 되게 하셨습니다. 이것이 그냥은 절대로 하나가 될 수 없습니다. 우리와 아들이 하나가 될 수 있는 것은 오직 아들의 죽음을 통해서 밖에 없었습니다.

이것은 아버지와 아들 사이의 위대한 약속에 의한 것입니다. 아버지와 아들은 약속하기를 아들이 모든 죄인들을 대신해서 십자가에 달려 죽을 때 그 죽음이 자기 죄를 대신한 죽음이라는 것을 믿는 자는 모두 아들과 같이 죽는 것으로 인정하기로 하신 것입니다. 그래서 예수님이 십자가 위에서 죽으실 때 우리도 모두 다 거기에서 죽은 것입니다.

그래서 이 세상에서 가장 불쌍한 사람들은 예수와 예수를 믿는 사람들이었습니다. 왜냐하면 예수는 죽었고 우리는 모두 죽은 자의 신분

이 되었기 때문입니다. 예수님은 실제로 죽었기 때문에 죽은 자였고 우리는 죽은 자를 믿었기 때문에 죽은 자가 된 것입니다.

옛날에 누군가 자기가 절대적으로 정신적으로 믿는 사람이 죽으면 그 사람을 따르는 모든 사람들은 다 죽은 것과 같았습니다. 곧 살아 있지만 살아 있는 의미가 없는 것입니다. 우리는 이 세상에서 모두 산채로 장사 지낸 사람들과 같습니다. 살아 있지만 다 죽은 사람들인 것입니다. 그런데 하나님께서는 아들의 죽음을 의의 제사로 받으셔서 죽은 자리에서 살리셨습니다. 그것도 그냥 살리신 것이 아니라 하나님의 보좌 우편 가장 높고 영화롭고 최고로 권세 있는 자리로 올리셨습니다. 그 결과 우리도 예수님을 따라 다 거기로 올라가게 된 것입니다.

우리는 예수님께 질문을 합니다. '예수님, 과연 이 방법 외에는 우리가 자유케 되는 길이 없는가요?' 예수님께서는 '그렇다!' 라고 대답하시는 것입니다.

예수님께서도 이 방법이 너무나도 끔찍하기 때문에 할 수만 있으면 이 방법 외 다른 방법이 있으면 다른 방법으로 하려고 했습니다. 그래서 돌아가시기 전 날 겟세마네 동산에서 피땀 흘리면서 기도한 내용은 할 수만 있으면 다른 방법으로 할 수 있게 해 달라는 것이었습니다. 그러나 우리가 진정으로 자유할 수 있는 길은 이 방법 밖에 없었습니다.

우리가 알아야 할 것은 우리는 모두 다 한번 예수 안에서 죽었다가 살아난 사람들이라는 것입니다. 예수님이 십자가 위에서 죽으실 때 우리는 죽었습니다. 그리고 예수님과 함께 살아났습니다. 이제 우리의 신분은 하나님의 보좌 우편에 있게 되었습니다. 그 결과 하나님의 보좌 우편으로부터 능력이 공급되며 우리의 기도는 하나님의 보좌 우편에서 직통으로 하나님께 전달되게 됩니다.

이스라엘의 오해

진정한 부흥이라고 하는 것은 하나님과의 막혀 있었던 관계가 뚫려서 진정한 복이 쏟아지는 것을 말합니다. 가끔 도시에서 큰 수도관이 파열이 되면 그 아까운 수돗물이 엉뚱한 곳으로 철철 흘러버리게 됩니다. 이것을 바로 잡으려면 일단 땅을 파야 하고 수도관이 파열된 곳을 찾아서 철저하게 때운 후에 다시 수돗물을 공급을 해야 합니다.

이스라엘 자손들에게 놀라운 축복은 그들에게 하나님의 축복의 수도관이 연결되어 있다는 것입니다. 그러나 그들은 그 관으로 하나님의 능력을 공급받지 못한 세월이 수백 년이 되었습니다. 그러니까 이스라엘 자손들이 무슨 생각을 하게 되느냐 하니까 수돗물이 아예 오지 않는 것이 정상적이라고 믿게 된 것입니다. 그래서 누군가가 이 수돗물이 콸콸 쏟아져야 한다라고 하면 뭐라고 말을 합니까? '미친 소리 하지 마라. 이 수도에서는 물이 나오지 않는 것이 정상이라' 고 대답을 할 것입니다.

자크 엘룰이라는 프랑스 학자가 있었는데 이 사람은 '비틀린 기독교' 라는 책에서 원래 기독교가 X라고 한다면 세월이 흐르는 동안 변질이 되어서 X' 가 되어버린다는 것입니다. 그러면 사람들은 이 X' 를 진짜 기독교라고 생각해서 X를 주장하는 사람들을 미쳤다고 하는 것입니다. 왜냐하면 이미 오래된 인습이나 관습 자체를 신앙이라고 생각하기 때문입니다.

예수님께서는 이스라엘에 진정한 부흥을 주시기 위해서 오셨습니다. 이것은 자기들을 아브라함의 자손이라고 생각하는 유대인들을 진짜 아브라함의 자손이 되게 하려는 것입니다. 이들이 진짜 아브라함의 자손이 되는데 필요한 것이 무엇입니까? 다른 것이 없습니다. 오직 하나님의 말씀만 믿는 것입니다. 그러나 그들은 하나님의 말씀만 믿기에는 너무나도 머리 속에 들어 있는 것이 많았습니다.

요한복음 8장 39-40절

대답하여 가로되 우리 아버지는 아브라함이라 하니 예수께서 가라사대 너희가 아브라함의 자손이면 아브라함의 행사를 할 것이어늘 지금 하나님께 들은 진리를 너희에게 말한 사람인 나를 죽이려 하는도다. 아브라함은 이렇게 하지 아니하였느니라

하나님의 복을 회복하는데 필요한 것은 오직 하나밖에 없습니다. 그것은 하나님의 말씀만 믿는 것입니다. 그 앞에서 자기라고 하는 것은 죽여야 하고 완전히 부인되어져야 합니다.

그런데 이것이 이미 잘 믿는다고 생각하는 사람들에게는 너무나도 끔찍한 소리인 것입니다. 지금까지 너무나도 복을 많이 받았고 너무나도 잘 믿고 있는데 모든 것을 다 버리고 죽이면 나는 어떻게 되는 것입니까?

다시 말해서 큰 배의 엔진이 꺼져서 배가 표류하고 있는데도 지금 이 배가 문제가 없고 좋은 상태에 있다고 믿는 것과 같은 것입니다.

결국에는 둘 중의 하나는 미친 것입니다. 십자가에 달린 예수가 하나님의 아들이라고 해서 자기 모든 것을 다 부인하고 예수를 믿는 사람이 미쳤든지 아니면 자기가 지금 세상에서 성공하고 있으며 복 받은 자이기 때문에 그렇게 심각하게 생각할 필요가 없다고 생각하는 사람들이 미쳤든지 둘 중의 하나입니다.

그런데 성경은 예수님의 말씀이 옳다고 말씀하고 있습니다. 즉 이 세상이 죽어 있고 하나님의 축복이 막혀 있기 때문에 우리가 진정으로 살려고 하면 예수 안에서 죽어야 하는 것입니다. 예수 안에서 죽는 다는 것은 나의 모든 생각과 세상의 성공을 다 부인하고 하나님의 말씀만 믿는 것입니다.

그렇게 할 때 기도의 응답이 있고 기적이 있고 성령의 역사가 임하게 됩니다.

예수님은 자신의 말을 듣지 않는 자는 마귀의 자식이라고 말씀하고 있습니다.

요한복음 8장 42-44절

예수께서 가라사대 하나님이 너희 아버지였으면 너희가 나를 사랑하였으리니 이는 내가 하나님께로 나서 왔음이라. 나는 스스로 온 것이 아니요 아버지께서 나를 보내신 것이니라. 어찌하여 내 말을 깨닫지 못하느냐? 이는 내 말을 들을 줄 알지 못함이로다. 너희는 너희 아비 마귀에게서 났으니 너희 아비의 욕심을 너희도 행하고자 하느니라. 저는 처음부터 살인한 자요 진리가 그 속에 없으므로 진리에 서지 못하고 거짓을 말할 때마다 제 것으로 말하나니 이는 저가 거짓말장이요 거짓의 아비가 되었음이니라

여기에 예수님은 두 집안에 대하여 분명히 말씀하십니다. 한 집안은 하나님의 집안입니다. 이 집안은 하나님 아버지와 아들과 천사가 속해 있습니다. 그리고 다른 하나는 마귀의 집안입니다. 여기에 모든 인간들이 다 속해 있는 것입니다. 마귀는 처음부터 살인자였습니다. 처음부터 살인자라고 하는 것은 진리를 부인함으로 아담과 하와를 속여

서 타락하게 한 것입니다. 우리 모든 인간들이 하나님의 능력에서 단절되어 있는 것이 죽은 것입니다. 사탄은 우리 모두를 죽였습니다. 그는 아벨이 진리를 믿었을 때 가인을 시켜서 아벨을 죽였습니다. 사탄은 거짓말쟁이입니다. 우리 모든 인간들에게 미치는 독약을 먹여서 하나님을 모르게 만들었고 이 세상을 정상적인 세상이라 믿고 세상을 좋아하게 만든 것입니다. 그러나 마귀의 독약은 하나님의 말씀 안에서 효력을 잃기 시작했습니다. 우리는 조금씩 하나님을 알게 되었고 이 세상외의 능력을 알게 되었습니다. 그러나 아는 것으로는 충분치 않습니다. 우리는 한 번 더 죽어야 진짜 살게 되어 있는 것입니다.

예수님은 여기서 두 가지 말씀을 하셨습니다.

하나는 자신에 대한 것입니다.

요한복음 8장 46절

너희 중에 누가 나를 죄로 책잡겠느냐?

예수님이 자라신 동네는 유별나게 사람들이 거칠고 범죄율이 높은 곳이었습니다. 그래서 나다나엘은 자기 친구 빌립이 예수님을 가리켜 나사렛 출신이라고 했을 때 '나사렛에서 무슨 선한 것이 나겠느냐' 고 하면서 만나지 않으려고 까지 했습니다. 그러나 예수님은 그런 환경에서 자라시면서도 전혀 죄의 유혹에 넘어가신 적이 없으셨습니다. 우리는 주위에 죄가 있으면 죄를 벌컥벌컥 마시면서 살아가고 있습니다. 그러나 예수님은 죄를 지은 적이 없으셨습니다. 또 예수님은 이 세상에 사시면서 유일하게 마음에 상처를 받으신 적이 없는 분이셨습니다. 아무리 멋있게 보이는 사람들도 내면에는 말할 수 없는 상처들이 있습니다. 그러나 예수님의 속사람은 전혀 상처란 것이 없으셨습니다. 특히 우리는 말로 다른 사람들을 깎아내리든지 자기 자신을 과장되게 말을 할 때가 있습니다. 그러나 예수님은 그런 적이 한 번도 없으셨습니다. 참으로 놀라운 분이셨습니다.

또 하나는 유대인들에 대한 것입니다. 그들은 예수님의 말씀을 이해하지 못했습니다.

요한복음 8장 43절

어찌하여 내 말을 깨닫지 못하느냐? 이는 내 말을 들을 줄 알지 못함이로다

유대인들에게는 예수님의 말씀이 아예 들어가지가 않았습니다. 그 이유는 하나님께 대한 믿음이 전혀 없었기 때문입니다. 우리 안에 믿음이 조금이라도 있어야 하나님의 말씀이 들어갈 수가 있는데 유대인들은 너무 이상한 것들이 많이 들어가 있어서 아예 하나님의 말씀이 들어가지가 않았습니다.

예수님은 사람들을 두 부류로 나누셨습니다.

요한복음 8장 47절

하나님께 속한 자는 하나님의 말씀을 듣나니 너희가 듣지 아니함은 하나님께 속하지 아니하였음이로다

이 세상에서 하나님의 말씀을 듣는 자는 하나님께 속한 자들입니다. 그러기에 이들은 하나님의 말씀을 믿고 순종합니다. 그러나 하나님의 말씀을 믿지 않는 자는 죽었기 때문에 아예 말씀이 들어가지 않습니다. 그렇기 때문에 더 말씀을 들으려고 하지 않습니다. 우리에게

는 하나님의 말씀이 이토록 중요한 것입니다. 그러나 지금 너무나도 많은 사람들이 말씀에 물 타기를 하고 있고 다른 요란한 것들로 하나님의 말씀의 빛을 가리고 있습니다. 그 이유는 사람들이 하나님의 말씀을 좋아하지 않을 뿐 아니라 하나님의 말씀을 듣기 싫어하기 때문입니다.

하나님의 말씀과 죽음의 문제

예수님께서 지금까지 하신 말씀만으로도 충분히 유대인들의 심기를 불편하게 해서 화나게 할 수 있었습니다. 그런데 예수님께서 자신의 말씀을 지키면 영원히 죽지 않는다고 하자 굉장히 분위기가 험악해지게 되었습니다.

요한복음 8장 51절

진실로 진실로 너희에게 이르노니 사람이 내 말을 지키면 죽음을 영원히 보지 아니하리라

사람에게 가장 심각한 문제는 언젠가는 다 죽어야 한다는 것입니다. 그래서 사람들은 할 수 있는 대로 이 반갑지 않은 불청객인 죽음을 연기시켜 놓습니다. 사람들이 가장 바라는 것은 할 수 있는 대로 늙을 때까지 오래 살다가 죽는 것입니다. 죽음은 인간이 언젠가는 풀어야 할 숙제이지만 한 평생 풀지 못하고 끙끙거리다가 죽을 수밖에 없습니다. 그러나 예수님은 이 죽음이 예수님 안에서 다 풀렸다고 말씀을 하

십니다. '내 말을 지키면 죽음을 영원히 보지 아니하리라' 고 말씀하신 것입니다. 이것은 육체적인 죽음을 말하는 것이 아닙니다. 영원한 하나님과의 단절된 죽음을 말하는 것입니다.

예수님께서 마귀를 '처음 살인자' 라고 말할 때에도 가인이 아벨을 죽인 것을 말하기 이전에 아담을 타락시켜서 하나님의 생명에서 떠나게 만든 것을 말하는 것입니다. 우리가 예수님의 말씀을 믿고 그대로 살기 시작하면 이미 우리에게 하나님의 생명은 공급이 됩니다. 죄의 모든 사슬은 다 끊어져버리고 옥문은 열려버리고 우리에게 하나님의 능력이 공급되는 것입니다.

이것은 천국이 우리에게 연결되어 있는 것을 말합니다. 그리고 사망의 세력이 우리를 이기지 못하는 것입니다. 물론 우리는 이 세상에서 한번은 죽습니다. 그것도 사망에 삼키우는 것이 아니고 육신을 벗는 것입니다. 옷을 벗듯이 육신을 벗고 더 주님께 온전히 나아가는 것입니다.

그러나 유대인들은 예수님의 말씀을 못 알아듣고 아브라함도 죽었고 선지자들도 다 죽었는데 도대체 너는 무엇하는 사람이냐고 따졌습니다. 그때 예수님은 하나님이 내 아버지이신데 너희가 하나님이라고 부르는 분이라고 대답을 하셨습니다.

예수님께서는 아브라함이 나의 때를 볼 것을 즐거워 하다가 보고 기뻐하였다고 하니까 유대인들은 예수님보고 네가 아직 오십도 안 되었는데 어떻게 아브라함을 보았다고 하느냐고 물었습니다. 그때 예수님이 내가 아브라함이 나기 전부터 있었다고 하니까 돌로 쳐 죽이려고 했습니다.

여기에 보면 아브라함이 예수님 때를 볼 것을 기다리면서 즐거워하다가 기뻐하였다고 말씀하고 있습니다. 이것은 그가 이 세상에서는 예수님의 때를 잘 몰랐던 것 같습니다. 조금씩 알아가면서 즐거워했는데 아마 이삭을 통해서 조금씩 더 알게 되었던 것 같습니다. 그러다가 천국에 가서 완전히 깨닫고 온전히 기뻐했으며 더욱이 예수님이 십자가에 위에서 구원하시는 것을 보고 그의 기쁨이 완전해졌던 것입니다.

아브라함이 이 세상에 있을 때에는 이 의문을 풀 수 없었습니다. 그러나 천국에 가고 난 후에 이 그리스도의 비밀을 알았고 기뻐하였고 즐거워하였습니다. 아브라함이 이 세상에 살았을 때에도 예수님을 기다렸는데 천국에 가고 난 후에 그것을 확실하게 알았던 것입니다.

구약 시대에 나타나신 하나님은 전부 성자이셨습니다. 아브라함에게 나타나셔서 사라가 아들을 낳을 것이라고 말씀하셨던 하나님이 그리스도였고 야곱과 얍복강에서 씨름하셨던 천사도 그리스도였습니다. 모세를 인도하셔서 애굽에서 나오게 하신 분도 그리스도였고 여호수아 앞에서 여호와의 군대 장관으로 나타나셨던 분도 그리스도였습니다. 그리스도는 갑자기 이 세상에 오신 것이 아니고 계속 우리에게 찾아오셨습니다. 그러나 그것으로는 우리를 완전히 구원하실 수가 없었습니다. 그래서 완전히 죄에서 구원하시기 위해서 인간으로 오신 것입니다. 그러므로 누구든지 예수를 믿지 않으면 구원을 받을 수가 없습니다. 예수님은 우리의 생명의 주인이십니다. 주님의 십자가의 은총으로 인해 우리는 하나님의 자녀가 되었고 하늘의 신령한 복을 누리는 은총을 누리게 되었습니다.

Exposition of John

22 _ 요 9:1-12

날 때부터 소경된 사람

요즘은 사회 전체적으로 장애인들에 대한 관심이 예전보다는 달라지는 추세인 것을 볼 수 있습니다. 그래서 전국 체전이나 올림픽 같은 큰 경기가 열리고 나면 같은 곳에서 며칠 뒤에 장애인들의 경기가 열리는 것을 볼 수 있습니다. 정상적인 몸을 가진 선수들이 최고의 기량을 경쟁했던 그 장소에서 장애를 가진 분들이 나름대로 신체적인 장애를 가진 상태에서 또 최선을 다해서 경기를 하는 것입니다. 어떻게 보면 이 세상은 참으로 불공평한 것 같습니다. 예를 들어 어떤 사람은 날 때부터 부모를 잘 만나서 여러 가지 좋은 환경에서 공부도 하고 직장 생활도 하고 외국 생활도 하는데 비하여 어떤 사람은 처음부터 너무 가난한 집에서 태어나서 성장하는 것 때문에 공부의 혜택도 별로 받지 못하고 일찍부터 돈을 벌어야만 하는 사람도 있는 것입니다. 거기에다가 더 억울한 사람은 아예 태어날 때부터 신체적인 장애를 가지고 태어나는 사람입니다. 이러한 사람들은 모든 부분에서 불리하게 생활해야 할 뿐 아니라 정상적인 사람이 누리는 행복을 거의 누리지 못하는 경우도 많이 있습니다.

우리는 이 세상에서 그냥 하루하루를 살아가는 것이 아니라 자기 자신의 모든 환경이나 자기가 오늘까지 살아오면서 겪어야만 했던 많은 짐들을 짊어진 채 살아가고 있습니다. 어떤 사람은 가난의 짐을 벗어버리지 못하는 사람이 있는가 하면 어떤 사람은 학문적인 무지의 짐을 짊어지고 살아가는 사람도 있습니다. 아마 이 세상에서 자신의 삶이 진정으로 만족스럽다고 생각하는 사람들은 1 퍼센트도 되지 않을 것입니다. 그만큼 대부분의 사람들은 대단히 불만스러운 가운데서 어쩔 수 없어서 자신의 인생을 살아가고 있는 것입니다.

그래서 이 세상의 삶을 바라보는 사람들의 관점은 크게 두 가지로 나눌 수 있을 것입니다. 하나는 이 세상의 삶은 자신의 노력 여하에 따라서 얼마든지 바꿀 수 있다고 생각하는 사람입니다. 즉 운명이라는 것은 정해져 있는 것이 아니라 열심히 노력하고 기회를 잘 포착하기만 하면 얼마든지 한계를 극복하고 성공할 수 있다고 생각하는 사람들입니다. 이런 사람들은 삶에 대하여 대단히 적극적인 생각을 가진 사람들입니다. 거기에 비하여 사람의 인생은 이미 어떤 운명에 의하여 정해져 있기 때문에 잘 살기 위해서 아무리 몸부림을 쳐도 소용이 없고 모든 것은 정해진 운명에 따라서 이루어지게 되어 있다고 생각하는 사람들이 있습니다.

그러나 우리 기독교의 입장은 운명론도 아니고 그렇다고 해서 낙관적인 성공론의 입장도 아닙니다. 우리에게 중요한 것은 우리의 삶을 하나님 앞에 가지고 나아가는 것입니다. 우리가 우리 자신의 힘으로 우리의 삶을 산다는 것은 아무 소용이 없습니다. 우리는 하나님 앞에 나아가서 우리의 삶을 치료 받아야 합니다. 그리고 하나님이 주시는 능력으로 새롭게 살 때 우리는 지금까지의 모든 선천적인 혹은 환경적인 장애를 이기고 훨씬 더 축복된 삶을 살게 되는 것입니다.

오늘 말씀은 예수님께서 길을 가시다가 날 때부터 소경된 선천적인 시각장애인을 고치신 사건을 기록하고 있습니다. 그러나 예수님께서 이 시각장애인을 고치시는 과정과 제자들과 나눈 대화를 보면 그 내용이 결코 간단한 것이 아니라는 것을 알게 됩니다.

사람들은 오랫동안 육체만 병드는 것을 알았지 사람의 마음이 병이 든다는 것은 몰랐습니다. 그러나 이제는 많은 사람들이 사람들의 마음이 육체보다 훨씬 더 잘 병이 들 수 있고 한번 병이 들면 잘 고쳐지지 않는다는 것을 알게 되었습니다. 그러나 이 보다 더 심각한 것은 우리 인생 자체가 심하게 병이 드는 것입니다. 이것은 육체가 병드는 것보다 마음이 병드는 것 보다 훨씬 더 심각한 문제인데 우리 인간들은 그것을 자각 조차 하지 못하고 있는 것입니다. 예수님께서는 날 때부터 소경된 자를 고쳐주심으로 예수님은 이 세상에 병들고 망쳐진 인생을 고치기 위해서 오신 분이신 것을 보여주셨습니다. 그래서 누구든지 자기 인생이 병들었고 치료가 필요하다고 생각되시는 분은 이 시간 예수님을 만나면 새로운 삶을 살 수 있을 것입니다.

누구의 책임인가?

요한복음 9장 1-2절

예수께서 길 가실 때에 날 때부터 소경된 사람을 보신지라. 제자들이 물어 가로되 랍비여 이 사람이 소경으로 난 것이 뉘 죄로 인함이오니이까? 자기오니이까, 그 부모오니이까?

가끔 교회 수련회 같은데서 예수님을 새로 영접하기 원하시는 분들은 손을 드시라고 하면 매번 손을 드는 분이 있습니다. 우리는 그 분의 심정을 잘 이해할 수가 있습니다. 즉 그 분은 너무나도 은혜를 받고 싶은데 아무리 노력을 해도 은혜를 받은 것 같지 않고 늘 마음이 컬컬하고 답답한 것입니다. 그래서 언제든지 손을 들고 앞에 나가서 은혜를 받으려고 하는 것을 보게 됩니다.

신앙을 가진 사람들은 신앙이 없는 사람들에 비하여 모든 것을 인과응보적으로 생각할 가능성이 많이 있습니다. 예를 들어 신앙이 없는 사람들은 사업에 실패하거나 혹은 교통사고가 나거나 혹은 자녀가 시험에 떨어졌을 때 운이 없어서 사고가 났다든지 혹은 실력이 부족해서 떨어졌다든지 하는 식으로 쉽게 생각을 하고 넘어갑니다. 거기에 비하여 신앙을 가진 사람들은 한 술 더 떠서 사업에 실패하고 시험에 떨어지고 교통사고가 난 것은 신앙생활을 잘 하지 못했기 때문에 하나님께서 치셨다는 생각을 하게 되는 것입니다. 왜냐하면 누구든지 신앙을 가진 사람들은 하나님께서 자기를 사랑하시기 때문에 정상적으로는 복이 와야 한다고 생각하는 것입니다. 정상적으로는 사업도 잘되고 시험에도 합격하고 사고도 나지 않아야 하는데 이런 어려움이 생긴 것은 신앙생활을 잘 하지 않아서 그렇다고 생각을 하게 되는 것입니다. 이것은 본인만 그렇게 생각하는 것이 아니라 주위에서도 그렇게 생각하기 때문에 이중적으로 마음이 무거워지게 됩니다. 즉 사업이 안 되고 시험에 떨어지고 교통사고가 난 것만 해도 너무나도 마음이 고통스러운데 주위의 시선들까지 무엇인가 정죄하는 것 같은 눈치가 보이는 것입니다.

이것이 신앙을 가진 사람들이 다른 사람을 정죄하기 쉬운 이유입니다.

유대인들은 죄의 개념을 아주 폭넓게 생각하고 있었습니다. 즉 유대인들은 죄인이라고 하는 것을 정상적인 복을 받지 못하는 사람들은 모두 다 죄인의 범주에 넣어서 취급을 했습니다. 그래서 유대인들이 어떤 사람을 죄인이라고 부를 때에는 단순히 죄를 지어서 그런 것이 아니라 가난한 사람도 죄인이고 장애를 입은 사람도 죄인이고 이방인들도 죄인이었습니다. 이것을 요즘식으로 표현을 하면 실업자도 죄인이고 병원에 입원한 사람들도 죄인이고 재수생도 죄인이고 노숙자는 물론 더 죄인이었습니다. 결국 유대인들에게 죄인이 아닌 사람들은 신체적으로도 건강하고 경제적으로도 어렵지 않고 사회적으로도 정상적인 직업을 가진 사람들만 죄인이 아니었던 것입니다.

그런데 이들에게 신학적으로 해결되지 못한 난제가 하나 있었습니다. 그것은 선천적인 장애인은 죄인인 것은 틀림이 없는데 이것이 부모의 죄 때문에 장애인으로 났느냐 아니면 자기 죄 때문에 장애인으로 태어났느냐 하는 것이 해결되지 못한 문제였습니다.

예수님의 제자들은 길을 가다가 어떤 선천적인 장애인을 보았을 때 갑자기 이 토론을 하기 시작했습니다.

즉 "예수님, 이 사람은 보통 소경이 아니고 날 때부터 소경된 사람이라고 합니다. 그러면 이 사람은 누구 죄 때문에 이렇게 소경으로 태어나게 되었을까요? 이것이 부모의 죄일까요? 아니면 자기 자신의 죄일까요?"라고 물었습니다. '부모의 죄'라는 것은 부모의 죄의 보응으로 자식에게 이런 병이 생기게 되었다는 것입니다. 그리고 '자기 죄냐' 는 것은 태어나기 전부터 이 사람에게는 죄인의 운명을 가지고 태어나기로 정해져 있었다는 것입니다.

예수님의 제자들이 가지고 있는 생각은 일종의 '운명론' 적인 생각이었습니다. 부모가 죄를 많이 지어서 자식이 그 벌로 장애를 가지고 태어난다는 것이나 혹은 자기 의지와 상관없이 죄인의 운명을 가지고 태어나는 것은 전부 운명적인 사고방식입니다. 즉 모든 사람의 운명은 정해져 있다는 것입니다. 부자가 되는 사람은 부자의 운명을 가지고 태어나게 되어 있기 때문에 부자가 되는 것이고 노예가 된 사람은 노예의 운명을 가지고 태어나기 때문에 노예가 된다는 식입니다.

우리는 이 세상에 살아오면서 자신의 실패한 아름답지 못한 삶이 과연 누구 때문일까 하는 생각을 할 때가 많이 있습니다. 결국 많은 사람들은 이것이 부모님의 잘못 때문일까 아니면 내 자신의 잘못 때문일까 고민하게 되는 것입니다. 내가 원하는 대학에 들어가지 못한 것은 우리 부모님이 너무 가난하고 무식하셨기 때문일까? 아니면 내 머리가 나빠서 공부를 제대로 하지 못했기 때문일까? '내가 이렇게 제대로 공부하지 못한 것은 고3때 친구를 잘못 만났기 때문이야. 아니야, 중3때 담임선생님을 잘못 만나는 바람에 공부에 홍미를 잃게 되었고 그 후에 내 인생은 망쳐진거야. 아니야, 그때 우리 집이 망하는 바람에 학교를 옮기게 되면서 내 인생은 망쳐지기 시작했어.'

우리 생각으로는 사람들이 하루하루를 쉽게 살아가면 될 것 같은데 실제로는 많은 과거의 짐을 지고 살아가고 있는 것을 알게 됩니다. 그리고 끊임없이 스스로 질문하는 것은 이것이 아버지 때문인가 아니면 내 잘못인가 하는 것입니다. 이런 질문을 수천 번하고 나면 결국은 병이 오게 되는 것입니다. 결국 내 인생은 내가 원하는 대로 되지 않았는데 누가 책임을 져야 하는 것입니까? 내 인생은 망쳐졌는데 아무도 책임질 사람은 없는 것입니까?

그때 예수님은 아주 놀라운 말씀을 하셨습니다.

요한복음 9장 3절

예수께서 대답하시되 이 사람이나 그 부모가 죄를 범한 것이 아니라 그에게서 하나님의 하시는 일을 나타내고자 하심이니라

예수님께서는 '이 사람이나 그 부모가 죄를 범한 것이 아니라' 고 말씀하셨습니다. 이것은 이 사람이나 그 부모가 전혀 죄를 짓지 않는 사람이라는 뜻이 아닙니다. 즉 이 사람이 장애인으로 태어난 것이 자기 죄냐 부모의 죄냐 하는 것을 가지고 아무리 따져봐야 달라질 것은 아무 것도 없다는 뜻입니다.

사람들은 자신의 삶이 자기가 원하는 대로 되지 않고 엉망이 되고 실패한 인생이 되었을 때 누구에겐가 책임을 돌리고 싶어 합니다. 가장 많은 경우가 부모님의 탓이든지 아니면 환경 탓이든지 아니면 자기가 실력이 없거나 게을렀던 탓이든지 누구 탓이든지 돌려야 직성이 풀립니다. 그러나 예수님께서는 지금 와서 자기 인생이 아름답지 않은 것이 누구 탓인지 욕을 하고 원망을 한다고 해서 달라질 것은 아무 것도 없다는 뜻입니다.

사실 예수님께서는 모든 인생이 실패한 인생인 것을 알고 계십니다. 그래서 예수님께서는 자기 인생이 아름답지 못하고 부족하고 불만스러운 부분이 있다는 것을 안 사람들은 누구나 다 그것을 가지고 예수

님께 나오라는 것입니다. 예를 들어 선천적인 장애를 가지고 계신 분은 '예수님, 저는 선천적인 장애가 있습니다.' 라고 하든지 혹은 공부를 제대로 하지 못해서 인생이 불만스러운 분은 '예수님 저는 공부를 제대로 하지 못해서 인생을 망쳤습니다.' 라고 하든지 혹은 '예수님 저는 아버지가 술꾼이어서 너무나도 힘든 인생을 살았습니다.' 라고 하든지 혹은 '예수님, 저는 남들보다 너무나도 예민한 신경을 가지는 바람에 정상적인 생활을 할 수 없습니다.' 라고 하든지 혹은 '저는 이러이런 죄를 짓는 바람에 죄의 길에 빠졌습니다.' 라든지 무엇이든지 예수님께 가지고 나아오라는 것입니다. 그러면 하나님께서 우리의 인생을 수술하시고 치료하셔서 다시 아름다운 삶을 살게 해 주십니다. 그것이 하나님이 우리에게 하시는 일인 것입니다.

어떤 사람은 자신의 삶의 불만을 사회를 향하여 표출시키는 사람이 있습니다. 그래서 자신의 불만을 다른 사람들에게 복수하기 위해서 범죄를 저지르는 사람들도 있습니다. 이런 사람들은 결국 이 '누구 때문에' 의 악순환에서 벗어나지 못했기 때문입니다.

우리 인간의 모든 불행은 어느 누구도 인간은 책임을 질 수가 없습니다. 우리 모든 인간들은 피해자이면서 가해자이고 또 모두 병든 인생을 짊어지고 살아가고 있는 사람들입니다. 결국 우리 인간들끼리 아무리 서로 원망하고 욕을 한다고 해도 우리의 인생은 치료가 되지 않습니다.

하나님은 우리 한 사람 한 사람에 대하여 놀라운 계획을 가지고 계십니다. 그것은 우리 인생의 병을 치료하셔서 가장 멋진 새로운 인생을 살게 하시는 것입니다.

저는 아버지가 정상적인 사회생활에 실패하시는 바람에 저의 인생도 실패할 수밖에 없었습니다. 결국 저는 중학교 시험에 떨어지는 바람에 중고등학교를 정상적으로 다니지 못했습니다. 저는 아버지 친구가 경영하는 양계장에 얹혀서 중학생 시절을 보내어야만 했습니다. 저는 공부를 제대로 하지 못한 콤플렉스가 있었습니다. 나중에 검정고시를 쳐서 대학에 들어갔지만 그것은 잘 없어지지 않았습니다. 저는 양계장 생활을 아주 싫어했습니다. 왜냐하면 거기서 내 인생은 최악의 시기를 보내었기 때문입니다. 그래서 닭을 싫어했고 닭고기조차 먹지 않았습니다. 그러나 예수님을 만난 후 예수님께서 제 인생을 치료해주셨습니다. 저는 그 후에 학벌의 열등감이나 학벌을 가지고 인생을 성취하려고 하는 욕심에서 벗어날 수 있었습니다. 저는 가난하게 자랐지만 그렇다고 해서 돈을 혐오하거나 지나치게 이상주의적인데 빠지지 않도록 주님이 저에게 현실적인 감각을 주셨습니다. 저의 모든 삶을 너무나도 아름답게 치료해주셨습니다. 그런데 그 후에 보니까 너무나도 많은 젊은이들이나 성도들이 고민하고 있는 것이 바로 이런 문제들이라는 것을 발견하게 되었습니다. 제가 예수님 안에서 놀랍게 치료되었던 바로 그 문제들이 오늘 거의 대부분의 사람들이 그렇게 찾으려고 몸부림치는 문제라는 것을 알게 된 것입니다.

사람은 우리의 인생을 책임질 수가 없습니다. 부모님도 책임질 수 없고 자기 자신도 책임질 수 없습니다. 오로지 하나님만이 책임지실 수 있고 예수님만이 우리의 망쳐진 인생을 치료하실 수 있습니다.

영혼의 밤과 낮

예수님은 여기서 갑자기 밤과 낮에 대하여 말씀하셨습니다.

요한복음 9장 4-5절

때가 아직 낮이매 나를 보내신 이의 일을 우리가 하여야 하리라. 밤이 오리니 그 때는 아무도 일할 수 없느니라. 내가 세상에 있는 동안에는 세상의 빛이로라.

요즘 사람들은 밤에도 불을 환하게 밝혀놓고 마치 대낮처럼 일을 많이 합니다. 그러나 지금도 시골에 가면 일단 해만 떨어지고 나면 돌아다니는 사람들이 아무도 없습니다. 왜냐하면 농촌에는 해가 지고 나면 할 일이 아무 것도 없기 때문입니다. 이것이 옛날에는 더 했습니다. 사람들은 낮에는 일하지만 밤에는 일을 할 수가 없었습니다.

여기서 예수님은 우리가 알고 있는 것 외의 다른 밤과 낮에 대하여 말씀하고 있습니다. 예수님은 '내가 세상에 있는 동안에는 세상에 빛이라' 고 말씀하셨습니다. 예수님께서는 진리의 밤과 낮에 대하여 말씀하시고 계신 것입니다. 즉 지금 하나님의 말씀이 선포되고 있고 지금 우리 귀에 하나님의 말씀이 들리고 있는 때는 진리의 낮인 것입니다. 이때 우리는 얼마든지 자신의 망쳐진 인생을 치료받고 고칠 수 있습니다. 그리고 우리는 얼마든지 새로운 하나님의 능력을 받아서 새로운 인생을 살 수 있습니다. 그러나 어떤 경우에는 진리의 밤이 찾아올 때가 있습니다. 진리의 밤이라고 하는 것은 하나님의 말씀을 듣고 싶어도 하나님의 말씀을 전하는 사람이 없어서 들을 수 없는 때를 말합니다. 그리고 또 사탄의 세력이 진리를 억압해서 진리가 활동하지 못하게 하는 때를 말합니다. 그때 사람들은 진리를 몰라서 미신과 우상 숭배에 빠져서 자신의 모든 실패한 인생의 짐을 짊어지고 살 수 밖에 없는 것입니다. 우리가 동남아시아를 여행을 해보면 정말 하나님의 말씀을 전해주는 곳이 별로 없는 것을 알게 됩니다. 이것은 서양 사회도 마찬가지입니다. 기독교 역사는 오래 되었지만 진정으로 부흥의 역사가 일어나는 교회는 결코 많지 않은 것입니다. 그러나 하나님의 말씀이 권세 있게 임하고 놀라운 부흥이 일어나고 있을 때 우리가 알아야 할 것은 이때가 바로 낮이라는 것입니다. 이때 우리는 우리의 인생을 고침 받아야 하고 새로운 인생으로 새 출발을 해야 합니다. 그래서 저는 예배드리는 시간을 그냥 좋은 설교 듣는 시간으로 생각하지 말고 인생을 치료받는 시간으로 생각하라고 권합니다. 곧 하나님의 말씀이 선포될 때는 내 내면 속에 있는 모든 망쳐지고 병들고 구겨진 것들을 모두 다 꺼내어서 치료를 받아야 하는 시간인 것입니다.

예수님께서는 날 때부터 소경된 선천적인 시각 장애인을 두 가지 단계로 치료하셨습니다. 그런데 이 두 가지 모두 우리에게는 다 이해가 되지 않는 방법입니다.

하나는 땅에 침을 뱉어서 진흙을 이겨서 두 눈에 발라주신 것입니다.

요한복음 9장 6절

이 말씀을 하시고 땅에 침을 뱉아 진흙을 이겨 그의 눈에 바르시고

여기서 우리가 놀라게 되는 것은 예수님께서 이 사람의 눈을 바로 기적적으로 치료해주시지 않으셨다는 것입니다. 예수님이 원하셨다면 얼마든지 이 사람의 눈을 바로 말씀으로 치료해주실 수 있었을

것입니다. 그러나 예수님은 그렇게 하시지 않으시고 치료 행위를 하셨습니다. 그런데 그 치료 행위가 끔찍한 비위생적인 치료 행위였습니다.

예수님께서 침을 뱉어서 이 사람의 눈에 바르신 것을 보고 어떤 사람들은 예수님의 침에 능력이 있을 것이라고 생각하는 사람도 있습니다. 그러나 만약 예수님의 침에 능력이 있으면 아픈 사람들 모두에게 침을 뱉거나 침을 발라주면 될 것입니다. 그러나 예수님은 침만 바르신 것이 아니라 진흙을 이기셔서 진흙을 이 사람의 눈에 발라주셨습니다.

아마 이때에는 날이 더워서 땅이 건조했던 것 같습니다. 예수님께서 두 눈에 바를 진흙 두 덩이를 만드시려면 침을 많이 뱉어야 했을 것입니다. 예수님이 침으로 이긴 진흙을 이 사람의 두 눈에 발랐을 때 이 소경의 기분은 어떠했을까요? 아마 결코 좋은 기분은 아니었을 것입니다. 그렇지 않아도 앞이 보이지 않는데 진흙까지 발랐으니까 더 기분이 좋지 않았을 것이고 다른 모든 사람들의 눈에도 이 사람의 눈에 진흙을 바른 모습이 흉측하게 보였을 것입니다. 즉 이 사람은 두 눈에 진흙을 바름으로 소경인 것이 더 분명히 드러나보이게 되었습니다. 예수님은 이 사람이 소경인데 더 소경되게 하셨기 때문에 다른 모든 사람들은 진흙 바른 그의 눈을 보고 비웃었을 것입니다.

예수님은 소경을 더 심히 소경되게 하셨습니다. 예수님은 나중에 이 사람이 치료되고 난 후에 다른 사람들에게 이렇게 말씀하셨습니다.

요한복음 9장 41절

예수께서 가라사대 너희가 소경 되었더면 죄가 없으려니와 본다고 하니 너희 죄가 그저 있느니라 예수님께서 이 소경의 눈에 흙을 바르신 것은 모든 사람들에게 이 소경처럼 자기의 병든 부분을 진흙을 발라서 노출을 시키라는 뜻이었습니다. 즉 입이 더러워서 늘 욕을 하는 사람은 입에 진흙을 바르고 손이 악한 자는 손에 진흙을 바르고 양심이 더러워진 자는 가슴에 진흙을 바르고 이 소경의 뒤를 따라가라고 하신 것입니다.

저는 옛날에 어느 청년들의 수련회에서 이 이야기를 했습니다. 그들은 명문 대학 학생들이었습니다. 그러나 그들의 마음속에는 모두 죄가 주는 심한 가슴앓이를 하고 있었습니다. 저는 그것을 그대로 가지고 살지 말고 죄를 애통해 하며 주님께 고백하고 다 토해버리라고 했습니다. 그 학생들은 그대로 했고 그 날 그들의 역사상 가장 강한 성령의 역사가 임했습니다. 모두 하루 만에 완전히 변해서 새 사람이 되어버렸습니다.

체면이나 위신 때문에 눈에 흙을 바르지 않고 이 소경을 비웃던 모든 사람들의 인생은 치료받지 못했습니다. 하나님은 우리의 인생을 치료하시기를 원하십니다. 그러나 우리가 해야 할 것은 내 과거의 모든 죄를 토해내어야 하는 것입니다. 그것이 싫은 사람은 그대로 살다가 죽는 수밖에 없습니다.

오늘 많은 사람들이 '점잖은 기독교' 를 좋아합니다. 그들이 자랑하는 점잖은 기독교는 죽은 기독교입니다. 예수님은 티끌에 뒹구는 기독교를 좋아하십니다.

실로암 못에 가서 씻으라

예수님은 이 소경의 눈에 진흙을 바르신 후에 어디론가 보내셨습니다. 예수님이 이 사람을 보내신 곳은 병원이 아니고 실로암 못이었습니다.

요한복음 9장 7절

이르시되 실로암 못에 가서 씻으라 하시니 (실로암은 번역하면 보냄을 받았다는 뜻이라) 이에 가서 씻고 밝은 눈으로 왔더라

구약 성경에서 어떤 사람을 어디론가 보내어서 씻고 치료받게 한 내용이 기억이 날 것입니다. 바로 수리아 군대 장관 나아만입니다. 수리아의 군대 장관 나아만은 그만 나병에 걸렸는데 자기 집에 붙들려온 이스라엘 계집종의 이야기를 듣고 이스라엘에 있는 엘리사를 찾아왔습니다. 그런데 엘리사는 나아만을 만나주지도 않고 '요단강에 가서 일곱 번 몸을 씻으라' 는 말씀만 하였습니다. 나아만은 이 말을 듣고 무시를 당한 느낌이 들어서 화가 나서 그냥 가려고 하였습니다. 그러나 그의 종들이 말리는 바람에 겨우 참고 엘리사의 말에 순종했습니다. 그래서 요단강에 일곱 번 몸을 담그었더니 나병이 치료가 되면서 완전히 새 살이 되었습니다. 이것이 바로 말씀의 능력이었습니다.

나중에 예수님께서는 이 부분을 가지고 말씀하시면서 이 이방인 환자는 하나님의 말씀을 믿는데 이스라엘 사람들은 하나님의 말씀을 믿지 않았다고 한탄을 하셨습니다. 우리 믿는 사람들에게 하나님의 말씀이 얼마나 흔합니까? 그야말로 하나님의 말씀이 차고 넘치고 있습

니다. 그러나 놀라운 것은 이 말씀의 능력은 믿지 않습니다. 하나님의 말씀을 알기는 많이 아는데 이 말씀이 병을 고치고 죄를 이기고 불가능한 것을 가능하게 만드는 능력이라고는 생각하지 않는 것입니다. 오히려 하나님의 백성들이 어려운 일을 당하면 더 세상적인 방법으로 나가는 것을 볼 수 있습니다. 그러나 아주 간단한 하나님의 말씀이지만 그 말씀을 믿고 순종했던 나아만에게는 기적이 일어났습니다. 사렙다 과부도 마찬가지였습니다. 그는 마지막 남은 양식으로 빵을 만들어 먹고 죽으려고 땔감을 줍고 있는데 하나님의 종이 나타나서 그 양식으로 떡을 만들어서 자기에게 주고 하나님의 말씀을 믿으라고 했습니다. 그런데 이 이방인 과부는 하나님의 말씀을 믿고 순종을 했습니다. 그 때 하나님의 기적은 나타났습니다.

이 소경에게 예수님의 진흙을 달고 실로암 못까지 가는 것은 어려운 시험이었을 것입니다. 아마 실로암 못으로 가는 길은 사람들이 가장 많이 다니는 길이었을지 모릅니다. 사람들은 그에게 그가 바보같이 예수님이 하라고 하는대로 한다고 조롱을 했을지도 모릅니다. 그리고 그의 마음 속에도 반드시 실로암 못에 가서 씻는다고 해서 낫는다는 보장은 없는 것이 아닌가 하는 의심이 들 수도 있었을 것입니다. 그러나 그는 예수님의 말씀을 믿고 가서 씻었습니다. 그리고 놀랍게도 병이 나았습니다.

더 중요한 것은 '실로암' 이 '보냄을 받았다' 는 뜻을 가지고 있는 것입니다.

예수님은 앞으로 이렇게 병든 인생들은 어디론가 보내실 것을 예고하시는 것입니다. 실로암이라고 하는 것은 지하 터널을 통해서 물이 흘러 들어와서 고이는 샘이었습니다. 예루살렘은 물이 없는 곳인데 히스기야 때 판 터널을 통해서 물이 흘러 들어오는 곳이었습니다.

예수님께서는 앞으로 모든 병든 자들에게 영적인 실로암을 약속하시는 것입니다. 즉 하나님의 놀라운 성령이 흘러들어 와서 넘치는 곳이 어디입니까? 바로 오늘 신약의 교회입니다. 우리가 예배드리는 시간은 하나님의 성령이 넘치는 시간입니다.

물론 병든 인생이 자기 스스로 실로암으로 오지는 못할 것입니다. 그러나 하나님께서 우리 한 사람 한 사람을 보내실 것입니다. 우리는 지금 우리 자신의 힘으로 온 것이 아닙니다. 하나님께서 우리를 보내셔서 온 것입니다. 우리는 여기서 하나님의 은혜에 온 몸을 담구어야 합니다. 우리는 이 은혜의 샘에 뛰어 들어서 머리부터 발끝까지 하나님의 성령으로 충만해져야 합니다.

우리 마음에 병이든 것과 입에 병든 것 눈으로 죄를 지은 것들 우리 속에 들어있는 모든 불행들 전부 다 성령으로 치료를 받아야 합니다.

하나님께서 이 세상에 주시는 기적 중에 최고의 기적은 바로 우리에게 이 실로암 샘을 주신 것입니다. 물론 자주 이 실로암 못이 마를 때도 있었습니다. 그것은 교회가 하나님의 말씀대신에 세상의 물을 갖다 놓을 때입니다.

실로암의 특징은 바위를 뚫어서 물을 끌어온 것입니다. 마치 광야에서 반석을 쳐서 물이 솟아난 것과 같은 이치입니다.

오늘 우리에게는 이 물이 있습니다. 우리는 이 물에서 우리의 모든 인생을 치료받아야 합니다.

이 사람이 눈을 떠서 오니까 사람들은 이 사람을 알아보지 못했습니다.

요한복음 9장 8-9절

이웃 사람들과 및 전에 저가 걸인인 것을 보았던 사람들이 가로되 이는 앉아서 구걸하던 자가 아니냐? 혹은 그 사람이라 하며 혹은 아니라 그와 비슷하다 하거늘 제 말은 내가 그로라 하니

맹인이 갑자기 눈이 떠져서 왔으니까 사람들이 믿을 수 없었을 것입니다. 많은 유대인들은 그렇게 하나님을 믿고 종교 생활을 하면서도 기적이 일어날 수 있다는 것은 믿지 않았습니다. 더욱이 이 소경은 예수님의 말씀을 믿고 치료받는 과정에서 사람이 변해버렸습니다.

그는 예수님의 치료를 받는 과정에서 두 가지를 믿게 되었습니다. 하나는 예수님의 말씀에 능력이 있다는 것이었습니다. 예수님의 말씀은 이 소경이 듣기에도 말도 되지도 않는 말씀이었습니다. 눈에 침으로 진흙을 바르지 않나 실로암 못에 가서 씻으라고 하지 않나 그러나 그대로 믿고 순종했을 때 어느 누구도 믿을 수 없는 기적이 일어났습니다. 말도 되지도 않는 예수님의 말씀에 능력이 있었습니다. 그리고 또 하나는 자신에 대한 하나님의 사랑을 믿게 되었습니다. 그는 지금까지 하나님께서 자기 같은 죄인에게 관심을 가지신다는 것을 믿을 수 없었습니다. 그리고 기도 응답이라는 것은 굉장히 신앙이 좋은 랍비들이나 바리새인들이 기도를 해야 응답이 되는 줄 알았습니다. 그러나 하나님은 자기를 사랑하고 계셨으며 어느 누구에게도 베풀어주시지 아니하시는 기적을 베풀어주심으로 사랑을 확인시켜주셨습니다. 이 하나님의 사랑이 이 사람을 완전히 딴 사람이 되게 했습니다. 아마 이 사람이 예수님의 말씀을 듣고 못에 가서 씻고 오는 시간이 30분이나 한 시간이 채 되지 않았을 것입니다. 그러나 30분이나 한 시간이 채

되지 않는 이 짧은 시간에 이 사람은 완전히 다른 사람이 되어 있었습니다. 즉 하나님의 사랑이 이 사람의 인생을 다른 인생으로 만드신 것입니다. 우리에게 주님의 은혜가 임하면 우리의 병든 인생을 고칠 수 있습니다. 우리는 모두 이 시간 변하여 새 사람이 될 수 있습니다. 여러분 모두에게 이런 축복이 나타나기를 바랍니다.

23_ 요 9:13-41

영적인 소경들

우리 주위에는 여러 가지 장애를 입으신 장애인들이 많이 계십니다. 그 장애들 중에서 앞을 보지 못하시는 시각 장애가 가장 불편할 것으로 생각이 듭니다. 그래도 다른 장애들은 적어도 앞은 볼 수 있기 때문에 활동을 활발하게 할 수가 없지만 사람이나 물건이나 모든 것을 다 분별을 할 수 있습니다. 그러나 시각 장애는 모든 것이 보이지 않으니까 캄캄한 가운데서 손으로 더듬으면서 살아가는 수밖에 없는 것입니다.

얼마 전에 우리나라에서 안마가 시각 장애인만 하는 것은 위헌이라는 판결이 났을 때 시각 장애인들이 들고 일어났습니다. 그 중에 어떤 사람은 한강에 투신해서 죽는 사람도 있었습니다. 그 이유는 우리나라에서 시각장애인들이 할 수 있는 경제 활동이 안마밖에 없다는 것입니다. 그래서 이것마저 정상적인 사람들이 빼앗아버린다면 그야말로 먹고 살 길이 없다는 것이었습니다. 그래도 지금 우리 시대의 형편은 나은 편입니다. 예수님 당시에 맹인들이 할 수 있는 것은 그야말로 구걸밖에 없었습니다.

우리가 생각하기에 장애는 불행한 것이고 그 중에서 시각 장애인은 가장 불행하다고 생각할지 모르겠습니다. 그러나 예수님은 오늘 본문에서 참으로 놀라운 말씀을 하셨습니다. 그것은 이 세상에서 가장 행복한 사람은 '시각 장애인' 이라는 것입니다. 예수님은 자신이 이 세상에 오신 목적이 '보지 못하는 자들은 보게 하고 보는 자들은 소경이 되게 하려 함이라' 고 말씀하셨습니다. 오늘 이 말씀을 들으면 아마 시각 장애인들이 너무나도 위로를 받을 것이라고 생각됩니다. 예수님은 이 세상에 오셔서 지금 앞을 보지 못하는 자들은 전부 다 앞을 보게 만드시고 지금 앞을 잘 보는 자들은 소경되게 하시기 때문입니다. 그러면 어떻게 되겠습니까? 맹인들은 시력을 회복해서 너무 행복하겠지만 지금까지 건강한 눈으로 모든 것을 보면서 살아왔던 자들이 갑자기 소경이 되어버린다면 아무 것도 할 수가 없을 것입니다. 운전도 하지 못하고 직장 생활도 포기해야 할 것이며 다른 사람의 도움이 없이는 아무 것도 할 수 없는 가장 비참한 사람이 될 수밖에 없을 것입니다.

사실 맹인은 앞을 보지 못하기 때문에 불편한 것이 이루 말할 수 없을 것입니다. 그러나 불편한 것이 바로 불행한 것은 아닌 것입니다. 왜냐하면 보지 못하기 때문에 오히려 더 잘 할 수 있는 것이 있습니다. 그것은 바로 듣는 청력은 엄청나게 발달할 수 있기 때문입니다.

옛날에 제 친구 아버님이 계셨는데 그 분은 맹인이셨습니다. 그런데 한번 놀러갔다가 일 년 후에 놀러갔는데 정확하게 제 음성과 이름을 기억을 하고 계셨습니다. 저는 그 때 맹인에게 좋은 점이 있다는 것을 알게 되었습니다. 그 하나는 눈으로 보는 것에 속지 않는다는 것입니다. 우리는 지금 모든 것을 눈으로 보고 확인을 합니다. 그러나 눈으로 보는 것들이 진실한 것이 아닙니다. 예를 들어 우리는 키가 큰 사람을 보고 멋있다고 말을 하고 얼굴이 예쁜 사람을 보고 미인이라고 할 것입니다. 그러나 키가 큰 사람이 얼마든지 멋있지 않을 수 있으며 얼굴이 예쁜 사람이 미인이 아닐 수 있는 것입니다.

맹인의 가장 큰 장점은 엄청나게 발달된 청각입니다. 그러기에 하나님의 말씀에 집중할 수 있습니다. 하나님이 주시는 축복은 모두 말씀으로 옵니다. 그러니까 말씀을 들을 귀가 있는 사람이 가장 복된 것입니다.

요한복음 9장을 보면 예수님께서 길을 가시다가 날 때부터 소경된 한 사람을 고쳐주셨습니다. 그런데 이것은 그야말로 엄청난 사건이었습니다. 왜냐하면 하나님께서는 선지자를 통해서 예언하시기를 메시야가 오시면 '소경의 눈을 뜨게 할 것이라' 고 하셨기 때문입니다. 즉 소경이 눈을 떴다고 하는 것은 그렇게 오래 기다리던 메시야가 오셨고 이제 본격적인 구원의 시대 축복의 시대가 왔다는 것을 의미하는 것입니다. 그러나 유대인들은 전혀 그런 생각을 하지 못하고 있었습니다. 그들은 마땅히 봐야 하는 것은 전혀 보지 못하고 전혀 중요하지 않는 것만 가지고 따지고 있었습니다. 그 이유가 무엇일까요? 이들은 모두 심각한 영적인 맹인들이었기 때문입니다.

정신적인 소경

요한복음 9장 13-14절

저희가 전에 소경 되었던 사람을 데리고 바리새인들에게 갔더라 예수께서 진흙을 이겨 눈을 뜨게 하신 날은 안식일이라

날 때부터 맹인이었던 사람이 예수님을 만남으로 눈을 뜨게 된 것은 엄청나게 기뻐하고 축하할 일이었습니다.

특히 유대 사회에는 하나님의 중요한 약속이 있었기 때문에 더욱 그러해야 했습니다. 그 약속은 앞으로 메시야가 오시는데 메시야가 오시면 소경의 눈을 뜨게 하신다는 것이었습니다. 그렇다면 유대인들은 당연히 소경이 눈을 뜬 이 엄청난 사건을 통해서 과연 그 메시야가 오시지 않았는가 생각하면서 주의 깊게 살펴보아야 했을 것입니다. 그런데 유대인들은 눈이 뜬 소경을 데리고 바리새인들에게 갔습니다. 이것은 그냥 바리새인들에게 간 것이 아니라 이 사람이 안식일을 어긴 것을 고발하러 간 것이었습니다.

바리새인들은 이 소경을 통해서 기가 막힌 이야기를 듣게 되었습니다.

요한복음 9장 15-16절

그러므로 바리새인들도 그 어떻게 보게 된 것을 물으니 가로되 그 사람이 진흙을 내 눈에 바르매 내가 씻고 보나이다 하니 바리새인 중에 혹은 말하되 이 사람이 안식일을 지키지 아니하니 하나님께로서 온 자가 아니라 하며 혹은 말하되 죄인으로서 어떻게 이러한 표적을 행하겠느냐 하여 피차 쟁론이 되었더니

바리새인들이 확인한 사실은 누군가가 이 사람의 눈에 진흙을 발라서 씻게 했다는 것과 그 일을 안식일에 했다는 것이었습니다. 바리새인들은 안식일에 병을 치료하는 것은 죄라고 생각을 했습니다.

여기서 바리새인들이 생각한 것은 일단 이 사람이 눈이 떠진 것이 아닐 것이라고 생각했습니다. 왜냐하면 눈에 진흙을 발라서 물로 씻는다고 해서 눈이 떠질 수도 없거니와 더욱이 안식일에 일을 하는 사람에게 능력이 나타날 수 없다고 생각을 한 것입니다.

이 소경은 예수님의 말씀에 순종을 해서 이미 눈이 떠졌습니다. 기적은 일어났고 지금 이 사람의 눈에는 찬란한 빛이 이미 비춰고 있습니다. 그런데 바리새인들이나 잘 믿는다고 하는 유대인들은 절대로 이 사람 눈이 떠진 것이 아닐 것이라고 생각하는 것입니다. 그래서 이 사람을 만나서 정말 네 눈이 떠진 것이 맞는지 여러 번 확인해도 안 되니까 부모까지 만나서 이 사람이 네 아들이 맞느냐 정말 태어나면서 소경이었느냐 하는 것을 여러 차례 확인을 했습니다.

지금 소경이었던 사람은 치료를 받아서 눈을 뜨고 있는데 바리새인들이나 어른들은 이 사람이 치료를 받은 것이 아닐 것이라고 억지를 부리고 있는 것입니다. 그 이유가 어디에 있을까요? 바로 이 사람들 자신이 영적으로 아무 것도 보지 못하는 소경이었기 때문입니다.

우리는 여러 종류의 소경이 있다는 것을 알아야 합니다. 우선 우리가 가장 흔히 말하는 시각 장애인들이 있습니다. 이 분들은 앞을 보지 못하는 분들입니다. 그러나 정신적인 소경들이 있습니다. 정신적인 소경이라고 하는 것은 앞은 보지만 자기 생각에 꽉 차서 일체 다른 것은 생각하지 못하는 사람들을 말하는 것입니다. 우리는 이런 말을 하곤 합니다. 즉 어떤 사람이 욕심에 꽉 차 있으면 일체 다른 것이 눈에 보이지 않는다고 말입니다.

사람이 너무 자기 기준이나 자기 생각을 절대시하면 일체 다른 의견이나 좋은 생각들이 일체 들어올 수가 없습니다. 그 결과 이 사람은 눈으로 보기는 보지만 모든 것을 전부 다 자기 기준에 맞추려고 하게 되는 것입니다.

옛날 그리스 신화에 보면 어떤 악당이 나오는데 그 사람은 지나가는 모든 사람들을 다 붙들어 가지고 자기 철 침대에 매어서 키가 큰 사람은 다리를 잘라 죽이고 키가 작은 사람은 다리를 당겨서 죽였습니다. 결국 이런 사람들은 모든 것이 자기 기준에 맞아야 하고 조금이라도 자기 기준에 맞지 않는 것은 모두 잘못된 것이며 인정할 수가 없는 것입니다.

유대인들은 메시야의 날을 믿지 않은 것은 아니었습니다. 오히려 정반대로 메시야의 날을 너무나도 많이 고대를 했습니다. 그러나 그들이 기대했던 메시야는 자기들의 기준에 맞는 메시야이어야 했습니다. 그들은 자기들처럼 유대교에 열심이 있고 안식일을 철저하게 지키며 자기들과 똑같은 독립심에 불타는 메시야를 기대했던 것입니다. 그러나 예수님은 일치감치 유대인들의 기준에 맞지가 않았습니다. 예수님은 유대교를 신봉하지도 않으셨고 안식일은 처음부터 지키지 않으셨습니다. 그리고 예수님은 유대의 독립에 대해서도 열정적이지 않으셨습니다. 그러니까 그들은 예수님이 아무리 소경의 눈을 뜨고 아무리 놀라운 기적을 행한다고 해도 메시야라고 인정할 수가 없었던 것입니다.

예수님은 정신적인 소경에 대해서 이렇게 말씀하셨습니다. 즉 '소경이 소경을 인도하면 둘 다 구렁텅이에 빠지느니라' 이것은 예수님께서 신체적인 맹인을 말씀하시는 것이 아니었습니다. 이것은 정신적인 맹인을 말하는 것입니다. 하나님의 진리를 제대로 보지 못하는 영적 소경이 다른 사람을 인도하면 결국 모두 다 멸망의 구렁텅이에 빠질 수밖에 없는 것입니다.

그러면 우리는 이 정신적인 소경에 대하여 좀 더 생각을 해 보아야 하겠습니다. 우선 우리는 우리 눈에는 보이지 않지만 실제로 존재하며 우리의 건강이나 생명에 중요한 영향을 미치는 것들이 많이 있다는 것을 인정하지 않을 수 없습니다. 그 중에 하나를 예를 들면 병원균을 들 수 있습니다. 병원균은 아주 미세한 바이러스이기 때문에 사람의 눈에 보이지 않습니다. 그러나 바이러스 병원균은 분명히 존재하고 이것은 현미경을 보면 볼 수가 있습니다.

의사들은 거의 대개 이 눈에 보이지 않는 바이러스를 대상으로 해서 싸움을 해서 죽어가는 사람들을 살려내는 일을 하고 있는 것입니다. 그러나 바이러스를 모르는 의사가 있다면 그 사람은 일단 대화의 상대가 될 수 없는 것입니다.

그러나 바이러스 이상으로 중요한 것이 있습니다. 그것이 바로 우리 안에 있는 죄입니다. 죄라고 하는 것은 바이러스보다 더 심각한 영향을 사람들에게 미칩니다. 바이러스는 오로지 사람의 육체적인 생명에만 영향을 미치지만 죄는 인간의 정신과 감정과 생명 전체에 치명적인 영향을 미칩니다. 그런데 죄를 모르는 사람은 소경이 될 수밖에 없는 것입니다. 그리고 사탄을 모르면 이것도 영적인 소경입니다. 왜냐하면 사탄은 인간의 타락한 감정을 뒤에서 자극하고 부추겨서 심각한 상태를 만들어내는 장본인이기 때문입니다. 그리고 하나님의 축복이 있습니다. 하나님의 축복은 우리를 살리며 우리에게 힘을 주며 우리로 하여금 더욱 바르게 살아가게 합니다. 하나님은 우리 인생의 주인공이 되시며 삶의 목표가 되시며 우리를 살리시고 지키시고 도우시는 분이십니다.

사람들에게 있어서 가장 치명적인 것은 죄에 빠진 후부터 모든 인간들은 영적인 소경이 되고 만 것입니다. 그래서 눈 앞에 있는 것들은 잘 보는데 그 보다 더 중요한 것은 아무 것도 보지 못하게 되어버렸습니다. 즉 죄라든지 사탄이라든지 하나님의 축복이나 하나님의 은혜 같은 것은 하나도 볼 수 없게 되어버렸습니다. 그 대신에 고집스럽게 자기가 알고 있고 자기가 가지고 있는 것만 전부라고 확신을 하게 된 것입니다.

예수님이 이 세상에 와서 보시니까 모두가 다 소경이었습니다. 그런데 이 소경들은 전부 자기가 잘났다고 하고 자기가 똑똑하다고 하면서 모두 멸망의 길을 가고 있는 것입니다. 하나님께서 아무리 그 길이 틀린 길이라고 소리를 치고 그 길을 가지 못하게 막으려고 해도 이들은 막무가내였습니다. 심지어 하나님이 보내신 선지자들은 다 죽여 버리고 자신이 고집대로 살아가는 것입니다.

지금 예수님께서는 그들이 소경이라는 것을 가르쳐주시기 위해서 진짜 앞을 보지 못하는 한 소경을 고쳐주셨습니다. 여기서 이 소경은 매우 놀라게 되었습니다. 유대인들이 '너는 눈을 뜬 것이 아니라' 고 하였기 때문입니다. 곧 '너는 고쳐진 것이 아니고 무엇인가 잘못된 것이라' 고 하면서 절대로 하나님의 능력을 인정하려고 하지 않는 것입니다.

사람이 앞을 보지 못한다 하더라도 자기가 보지 못한다는 것을 인정하고 다른 사람의 도움을 받는 사람은 이미 정신적인 소경이 아닌 것입니다. 그러나 정신적은 자기 생각에 꽉 차서 자기 생각과 같은 것 외에는 일체 받아들이려고 하지도 않고 도움을 받으려고 하지도 않습니다.

사실 사람들은 원래 태어나면서 모두 다 영적인 소경으로 태어났습니다. 자신들이 보고 손으로 만지는 것 외에는 일체 인정하려고 하지 않게 되어버렸습니다. 이제 우리가 영적인 소경에서 고침을 받으려면 오직 하나님의 음성을 들어야 합니다.

그런데 우리가 생각해야 할 것은 육체적인 소경은 자기 혼자 보지 못하는 것으로 끝나지만 정신적인 소경이나 영적인 소경은 다른 사람에게 영향을 미친다는 사실입니다. 즉 다른 사람의 생각이나 주장이 자기의 생각과 다른 것을 인정을 하지 못하기 때문에 강제적으로 모든 사람들을 자기 생각에 억지로 맞추려 하게 되는 것입니다. 특히 죄나 사탄의 시험이나 하나님의 능력이나 축복을 믿지 않는 자는 결국 다른 모든 사람들을 구렁텅이로 끌고 가게 되는 것입니다.

예수님의 심판

요한복음 9장 39-41절

예수께서 가라사대 내가 심판하러 이 세상에 왔으니 보지 못하는 자들은 보게 하고 보는 자들은 소경되게 하려 함이라 하시니 바리새인 중에 예수와 함께 있던 자들이 이 말씀을 듣고 가로되 우리도 소경인가? 예수께서 가라사대 너희가 소경 되었더면 죄가 없으려니와 본다고 하니 너희 죄가 그저 있느니라 예수님은 자신이 이 세상에 오신 목적을 분명하게 말씀하셨습니다. 그것은 심판입니다. 예수님은 이 세상을 일차적으로 심판하시기 위해서 오셨습니다. 그 심판은 소경은 전부 다 보게 하고 보는 사람들은 전부 다 소경이 되게 하는 것입니다. 사실 예수님의 이 말씀을 문자 그대로 생각해 보면 얼마나 끔찍한 일인지 모릅니다. 물론 지금까지 맹인으로 살아오셨던 분들에게는 이것보다 더 기쁜 소식이 없을 것입니다. 이젠 맹인이었던 분들은 전부 다 정상적인 시각을 가지게 되었습니다. 그런데 자신이 정상적이라고 생각하던 분들은 모두 다 한 순간에 시력을 다 잃어버리게 되엇습니다. 정상적이던 사람들은 모두 더듬으면서 살 수밖에 없습니다. 도대체 예수님께서 이 말씀을 하시는 진의가 어디에 있을까요?

여기서 우리는 앞에서도 말한 바가 있지만 맹인에게도 두 가지 유리한 점이 있다는 사실입니다. 그 한 가지는 일단 앞이 보이지 않기 때문에 보이는 것으로 인하여 속지는 않습니다. 지금 우리는 전부 다 눈으로 보는 이 화려함의 마술에 빠져 있습니다. 화려한 건물들이나 화려한 의상이나 화려한 조명이나 화려한 학벌이나 화려한 인물들의 외모에 빠져 있는 것입니다. 이것이 이 세상에서는 힘이고 이 세상에서는 성공이고 출세인 것은 사실입니다. 그러나 맹인들의 눈에는 이런 것들이 하나도 보이지 않습니다. 사실 맹인은 자기가 잘 생긴 것 조차도 보지 못합니다.

우리는 이 세상의 외모의 화려함에 속고 있습니다. 진정한 것은 모두 하나님의 말씀 속에 있습니다. 우리는 지금 이 세상의 화려함에 속고 있는 것입니다. 맹인들은 적어도 이 세상의 화려함은 눈에 들어오지 않습니다. 왜냐하면 보지 못하기 때문입니다. 그 대신에 맹인들은 청각이 엄청나게 예민하게 발달해 있습니다. 그래서 듣는 것은 누구보다 잘 듣고 기억을 명확하게 하는 장점이 있습니다. 그런 까닭에 맹인들이 하나님의 말씀을 들을 때 비록 예수님을 눈으로 볼 수는 없었지만 어느 누구보다 잘 들을 수 있었던 것입니다.

그래서 예수님 당시에 어느 누구보다 예수님의 말씀에 귀를 기울이고 들었던 사람들이 맹인이었습니다. 왜냐하면 메시야가 오시면 자기들의 눈을 고쳐주신다고 하셨기 때문입니다.

예수님 당시에 많은 사람들이 예수님을 볼 수 없었던 이유는 세상의 영화에 속았기 때문이었습니다. 특히 출신이나 학벌이나 외모를 가지고 예수님을 보았던 사람들은 예수님을 믿지 못했습니다. 왜냐하면 예수님은 초라한 외모와 초라한 학벌과 초라한 출신이었기 때문입니다. 그러나 예수님의 말씀을 들은 자들은 모두 예수님이 하나님의 아들이신 것을 믿었습니다. 왜냐하면 예수님의 말씀 가운데 분명한 능력과 생명과 축복이 있었기 때문입니다.

우리는 어떤 때 무엇을 바로 보려고 할 때 차라리 눈을 감는 것이 더 좋을 때가 있습니다.

예수님은 우리를 억지로 진리의 길 의의 길로 끌고 가시지 않으십니다. 오직 겸손하게 예수님의 인도하심을 바라는 자들을 인도하시기를 원하십니다. 특히 예수님은 우리를 어디로 데리고 가든지 따라오는 자들을 원하십니다. 소경은 자기가 보지 못하기 때문에 누가 인도하든지 자기가 믿는 자는 인도하는 대로 따라가게 됩니다.

예수님께서 말씀하시는 소경은 누구일까요? 하나님 앞에서 자기가 영적인 소경이라는 것을 깨닫게 된 사람을 말합니다. 그는 지금까지 하나님도 모르고 죄도 모르고 말씀도 모르고 살아왔습니다. 더욱이 앞으로 어디로 가야 할지 전혀 모르고 있습니다. 예수님은 이런 사람들의 눈을 뜨게 해 주시고 그들의 앞길을 인도해주시는 것입니다. 그런 사람들로 하여금 진리를 통해서 하나님을 보게 하시고 하나님의 능력과 마귀의 시험을 보게 하시고 그들을 친히 바른 길로 인도하시는 것입니다.

그래서 예수님께서는 산상설교에서 '마음이 청결한 자는 복이 있나니 저희가 하나님을 볼 것임이요' 라고 하셨습니다. 우리가 어떻게 하나님을 볼 수 있습니까? 바로 이 믿음의 눈으로 하나님이 하시는 것을 보고 하나님의 영광과 능력과 임재를 보게 되는 것입니다.

저는 옛날에 교회에서 청년들을 가르치면서 어느 날 '소경이 소경을 인도하면 둘 다 구렁텅이에 빠지느니라' 는 말씀이 마음에 와 닿게 되었습니다. 사실 그 때 저는 성경을 잘 몰랐습니다. 저는 영적인 소경이었습니다. 그래서 아주 비참한 마음으로 주님께 기도를 드렸습니다. '주여, 저는 소경이었습니다. 저는 진리를 보지 못합니다. 저의 눈을 뜨게 해 주십시오!'

주님은 저를 세상에서 소경으로 만드신 후에 서서히 진리에 눈을 뜨게 하셨습니다. 진리에 눈을 뜨고 보니까 참으로 이 세상은 이상한 세상이었습니다. 옳고 그른 것이 모두 다 뒤죽박죽이 되어 있는 세상이었습니다. 더욱이 심각한 것은 교회 지도자들 자신도 영적인 것을 보지 못하는 것입니다. 모든 것을 인간적으로만 생각하고 교회를 인간적으로 끌고 가는 것이었습니다.

예수님은 '보는 자들은 소경이 되게 함이라' 고 하셨습니다. 여기서 보는 자들이라고 하는 것은 거의 모든 사람들을 말합니다. 즉 눈에 보이는 것이 전부라고 믿고 더 이상 하나님의 말씀을 들으려고 하지 않는 자들이 보는 자들인 것입니다. 눈에 보이는 이 세상이 전부라고 생각하고 이 세상에서 높아지고 이 세상에서 인정받고 이 세상에서 유명해지려고 하는 자들이 보는 사람들인 것입니다. 이 사람들은 예수님께서 버려두실 것이라고 했습니다. 이들은 영적인 어두움에 빠져서 자기 고집대로 헤매다가 결국은 구렁텅이에 빠져 죽는 것이 예수님의 심판인 것입니다.

이때 예수님과 함께 있던 바리새인이 아주 중요한 말을 했습니다.

즉 40절에 '우리도 소경인가?' 이것은 이 바리새인으로서 할 수 있는 엄청난 말이었습니다. 예수가 보는 사람들은 다 소경으로 만든다고 했는데 그렇다면 지금 우리도 영적인 소경이란 말인가 하는 뜻입니다.

사람이 할 수 있는 가장 위대한 말이 바로 이것입니다. 즉 '내가 과연 소경인가?' 하는 것입니다. 예수님께서는 '네가 말을 잘 했다. 너는 소경이다' 라고 하시지 않으셨습니다.

예수님께서는 '너희가 소경이었더면 죄가 없으려니와 본다고 하니 너희 죄가 그대로 있느니라' 고 하셨습니다. 예수님은 갑자기 보지 못하는 것을 죄로 연결시키셨습니다.

결국 예수님이 오신 것은 신체적인 장애를 고치시기 위하여 오신 것이 아니고 죄를 해결하시기 위해서 오신 것입니다. 누구든지 죄 치료를 받기 위해서는 이 소경처럼 예수님 앞에 나와야 하고 진흙을 발라야 하는 것입니다. 진흙이라고 하는 것은 내가 이런 죄인이라는 것을 드러내고 표시를 하는 것입니다. 예수님 앞에 입 다물고 있는 죄는 그대로 있게 됩니다. 무엇이든지 진흙을 바르고 실로암 못의 물로 씻어야 하는 것입니다.

우리는 안다고 해서는 안 됩니다. 우리는 보지 못하고 있다는 것을 알아야 합니다. 정말 중요한 죄들은 우리는 보지 못합니다. 우리가 알 수 있는 죄들은 그나마 우리가 지은 죄들 중에서 극히 적은 일부만 기억이 되는 것들뿐입니다. 그러나 우리가 알지 못하는 어마어마한 죄덩어리들이 우리 속에 있습니다. 그래서 우리는 우리의 가장 아픈 부분에 흙을 발라서 아예 통째로 예수님께 우리 자신을 넘겨드려야 합니다.

부정할 수 없는 것

눈이 떠진 소경은 유대 사회로부터 강한 도전과 반발을 받았습니다. 유대 지도자들은 이 소경이었던 사람에게 '진흙을 발라서 씻는다고 해서 눈이 치료된다는 것은 말로 되지도 않는다. 너는 소경이 아니었을 것이다' 라고 했습니다. 또 그들은 소경이었던 사람에게 '안식일을 지키지 않는 사람에게는 하나님의 능력이 나타날 수 없다. 그런데 너는 왜 안식일에 눈이 떠졌느냐? 안식일에 눈이 고침받는 것은 율법에 어긋나는 것이다' 하는 식으로 공격을 해대었습니다.

모든 사람들이 앞을 보지 못하는데 그 중에서 한 사람이 눈을 떠서 모두 틀린 길을 가고 있다고 소리를 지르면 다른 사람들이 그 말을 받아들이기 보다는 네가 틀렸다고 하면서 '입을 다물든지 아니면 여기서 없어지든지 해라.' 는 식으로 소리를 치는 것입니다.

예를 들어 어떤 사람이 눈을 뜨게 되어서 보니까 모든 사람들이 눈을 감고 절벽을 향하여 가고 있는 것을 보게 되었다고 합시다. 이 사람이 다른 사람들에게 '이 길은 죽는 길인데요' 라고 하면 다른 사람들은 욕을 퍼부으면서 '네가 무엇을 안다고 그래? 어서 입을 다물지 못할까?' 라고 소리를 지르는 것입니다.

앞서 언급한 바와 같이 이 소경이었던 사람이 눈을 뜨니까 유대 사회는 두 가지 중 하나를 요구했습니다. 하나는 네가 눈이 떠지지 않았다는 것을 시인하라는 것입니다. 즉 다시 눈을 감고 얼마든지 구걸해도 되니까 예수님이 네 눈을 뜨게 했다는 것만 부인하라고 했습니다. 사실 이 사람이 눈을 도로 감아버리면 온 세상은 다시 잠잠해지게 되는 것입니다. 주위 사람들과도 갈등을 일으킬 필요가 없고 직장도 어려움 없고 부모님도 어려움을 당할 필요가 없는 것입니다.

그리고 또 하나는 예수가 안식일에 병을 고쳤으니까 예수는 안식일을 범한 죄인이라고 고발을 하라는 것이었습니다. 예수님만 배신하면 그는 또 얼마든지 유대 사회에서 잘 적응해서 살 수가 있었습니다.

그러나 이 소경은 놀랍게도 두 가지 모두 다 거부했습니다.

우선 그는 자기가 눈을 떴다는 것을 부인하지 않았습니다.

요한복음 9장 24-25절

이에 저희가 소경 되었던 사람을 두 번째 불러 이르되 너는 영광을 하나님께 돌리라. 우리는 저 사람이 죄인인줄 아노라. 대답하되 그가 죄인인지 내가 알지 못하나 한 가지 아는 것은 내가 소경으로 있다가 지금 보는 그것이니이다

이 사람에게 부인할 수 없는 것은 자기가 하나님의 능력으로 눈이 떠졌고 이것을 통해서 하나님의 사랑을 체험할 수 있었다는 것입니다. 가장 중요한 것은 자기가 새 사람인 된 것이었습니다. 세상 사람들

이 다 아니라고 해도 하나님께서 나를 치료하셨고 나를 살리셨고 나를 새 사람으로 만드신 것은 부인할 수 없는 것입니다. 우리가 이것을 부인하고 앞을 보면 무슨 소용이 있겠습니까? 우리가 하나님의 사랑을 부인하면 이 세상에 아무 것도 남는 것이 없습니다. 우리를 끝까지 붙들어 주고 모든 시험을 이기게 하시는 분은 하나님이십니다. 오직 그 분이 나를 찾아오셨고 나를 살려주시고 나를 변화시켜주신 것입니다.

그리고 이 사람은 가룟 유다같이 자기가 살기 위해서 예수님을 고발하지 않았습니다. 이 사람은 '이상하다' 하면서 정말 놀라운 진리를 증거했습니다.

요한복음 9장 30-33절

그 사람이 대답하여 가로되 이상하다. 이 사람이 내 눈을 뜨게 하였으되 당신들이 그가 어디서 왔는지 알지 못하는도다. 하나님이 죄인을 듣지 아니하시고 경건하여 그의 뜻대로 행하는 자는 들으시는 줄을 우리가 아나이다. 창세 이후로 소경으로난 자의 눈을 뜨게 하였다 함을 듣지 못하였으니 이 사람이 하나님께로부터 오지 아니하였으면 아무 일도 할 수 없으리이다

이 사람이 눈을 뜨고 나니까 정말 모든 것이 이상했습니다. 눈을 뜨기 전까지는 이 세상에서 자기가 가장 불쌍하고 가장 죄 많은 인간이고 바리새인이나 서기관들은 감히 우러러 볼 수도 없는 거룩한 분들인 줄 알았는데 눈을 뜨고 보니까 이 분들은 너무나도 당연한 진리를 하나도 인정하지 않는 영적으로 무지한 고집쟁이들이었습니다. 그리고 놀라운 하나님의 능력을 나타내는 분을 억지로 죄인으로 만들려 고하는 것을 본 것입니다.

그런데 이 사람은 다시 속지 않기로 했습니다. 왜냐하면 이미 이 사람의 마음속에는 하나님의 사랑이 임하여 그를 변하시켰기 때문입니다. 이미 진리에 눈을 뜬 사람의 눈을 감게 할 수는 없습니다.

그래서 이 소경은 유대 사회에서 파문이 되어버렸습니다. 즉 출교라고 하는 가장 무서운 판결을 받은 것입니다. 그러나 그는 두려워하지 않았습니다. 왜냐하면 그는 이미 변하여 새 사람이 되었기 때문입니다.

오늘도 보지 못하는 자들이 모든 권력과 돈과 학식을 장악하고 자기 고집대로 다른 사람들과 온 사회를 끌고 가려고 하고 있습니다. 그러나 우리는 하나님이 하시는 것을 볼 수 있어야 합니다. 우리는 결코 이 세상에서 영적인 소경들이 주는 인정이나 직책 때문에 진리의 소경이 되어서는 안 되겠습니다. 오늘도 내 마음 속에 찾아오신 하나님을 붙잡고 병든 세상에 대하여 하나님의 사랑을 분명히 말할 수 있는 성도들이 되기를 바랍니다.

Exposition of John

24_ 요 10:1-18

양과 목자

우리는 모두 이 세상에 단 한번 밖에 없는 인생을 살아가고 있습니다. 그런데 우리는 과연 어떻게 사는 것이 가장 아름답고 풍성한 삶을 사는 길인지 모르고 있습니다. 만약 사람들이 그 길을 알 수 있다면 얼마나 행복하겠습니까? 오늘 대부분의 사람들은 모두 이 하나밖에 없는 인생을 가치 있고 행복하게 살기 위해서 죽으라고 공부하고 또 가장 좋은 배우자를 만나려고 노력하고 있습니다. 그리고 남에게 인정받는 최고로 인기 있는 길을 걸어가려고 몸부림을 치는 것입니다. 그러나 많은 사람들이 이제는 제법 성공의 길에 들어섰는가 보다 하면 한 순간에 생각지도 못한 일이 터지는 바람에 실패한 인생이 되거나 혹은 생명까지 다 날리는 일들이 너무나도 많이 일어나게 되는 것을 목격하게 됩니다. 결국 우리 모든 인생의 삶은 참으로 죽을 때까지 알 수 없는 아슬아슬한 도박과 같은 길을 걸아가고 있다는 생각이 들 때가 많이 있습니다. 그런데 예수님께서는 자신이 이 세상에 오신 이유는 단 하나밖에 없는 우리의 인생을 가장 아름답고 풍성한 삶이 되게 하기 위해서 오셨다고 말씀하셨습니다. 예수님께서는 우리가 진정으로 행복하게 살 수 있는 길을 비유로 말씀하셨습니다. 그런데 이 비유를 검토해 보면 한편으로는 너무나도 쉬운 것 같으면서도 다른 한편으로는 실제로 이 일을 겪어보지 않은 사람은 잘 알 수 없는 비유인 것입니다.

예수님께서는 우리가 이 세상을 살면서 멸망 당하지 않고 인생을 사기 당하거나 도둑질 당하지 않는 비결을 목자가 양을 치는 예를 가지고 설명을 하셨습니다. 왜냐하면 예수님 당시에 시골에서 살았던 사람들은 누구나 다 양을 치는 것에 대하여 아주 잘 알고 있었기 때문입니다. 그러나 우리는 예수님의 이 진리를 잘 이해를 하는 것 같지만 실제로는 잘 이해를 하지 못하고 넘어갑니다. 그 이유는 우리 문화는 양을 치는 문화가 아니기 때문입니다. 직접 양을 치지 않은 사람들은 오늘 예수님이 하시는 말씀을 잘 이해하지 못할 것입니다. 그런데 예수님의 이 말씀을 이해하지 못하면 우리는 인생을 사기 당하거나 도둑질 당할 가능성이 아주 높습니다.

우리가 예수님의 비유를 제대로 이해하려면 세 가지를 잘 이해를 하고 있어야 합니다.

그 첫째로 팔레스타인의 양치는 사람에게 있어서 목자와 양의 관계는 특별하다는 것입니다. 우리는 보통 양들이 순하게 생겼고 어리석다고 생각하기 쉬운데 실제로 양은 청각이 아주 발달된 동물입니다. 그래서 주인이나 목자의 음성을 다른 사람들의 음성과 정확하게 구별합니다. 이것이 양이 가지는 아주 중요한 특징입니다. 물론 우리나라에서도 집에서 닭이나 돼지나 소를 키울 때 자기에게 먹이를 주는 사람은 짐승들이 알아봅니다. 그러나 팔레스타인에서는 양은 주인의 목소리를 아주 정확하게 인식을 하고 절대로 혼동하지 않습니다. 양들은 밤에도 주인의 음성은 알아듣고 주인이 아무리 옷을 바꿔 입거나 변장을 해도 주인의 목소리를 혼동하는 법은 없습니다. 그래서 팔레스타인의 양은 거의 우리나라 개 수준이라고 생각하면 좋을 것입니다. 우리나라 시골에서 키우는 개는 주인의 목소리나 발자국 소리나 오토바이 엔진 소리 같은 것도 정확하게 구별을 합니다. 그래서 주인이 아닌 낯선 사람이 오면 맹렬하게 짖어대다가 주인의 소리가 들리면 꼬리를 흔들면서 짖지 않습니다. 팔레스타인에서는 양이 그렇습니다. 주인의 소리라고 해서 짖거나 꼬리를 흔들거나 하지는 않지만 주인의 소리를 정확하게 듣습니다. 그래서 주인이 자기를 부르면 가고 주인이 아닌 다른 사람이 부르면 가지 않습니다.

두 번째로 팔레스타인은 우기와 건기가 있어서 우기에는 집 가까운 곳에서 풀을 구할 수가 있지만 건기에는 며칠씩 가야 풀을 구할 수가 있습니다. 그러면 당일에 집에 돌아올 수 없으니까 양이나 목자는 들판에서 잠을 잘 수밖에 없습니다. 그러나 건기의 들판에는 양 도둑들도 있고 맹수도 있습니다. 그래서 목자는 양들은 반드시 들판에 있는 공동 우리 속에 넣어 놓고 문을 닫습니다. 이때 밤에 담을 넘어와서 양을 잡으려는 것들은 다 도둑들입니다. 주인은 결코 담을 넘어서 오지 않습니다. 만약 양들이 도둑을 주인인 줄 알고 따라가면 그 날로 도살을 당하고 맙니다. 그래서 양들은 문으로 들어오지 않는 사람은 절대로 피해야 합니다.

그리고 세 번째로 이 당시 목자는 두 가지 종류가 있었습니다. 하나는 양을 책임지는 선한 목자이고 다른 하나는 책임이 없는 아르바이트 목자입니다. 여기서는 아르바이트 목자는 삯군 목자라고 말씀하고 있습니다. 삯군은 그냥 일만 하고 돈만 받는 자들이기 때문에 양의 생명에 대한 책임이 전혀 없습니다. 아무리 아르바이트 목자가 훌륭해 보여도 양의 생명을 지켜주지 못합니다. 양의 생명을 지켜줄 수 있는 목자는 오직 선한 목자입니다. 그러면 선한 목자인지 아르바이트 목자인지 알 수 있는 방법이 무엇일까요? 아르바이트 목자는 양을 위해서 희생을 하지 않기 때문에 몸에 다른 흉터도 전혀 없습니다. 그러나 선한 목자는 양을 자기 생명보다 더 아끼기 때문에 위험이 닥쳤을 때 양을 지키기 위하여 맹수와 싸우기 때문에 다친 흉터 자국이 많이 있습니다. 더욱이 아주 심한 경우에 목자는 양들을 지키기 위해서 죽는 수도 있습니다.

양들의 상태

우리는 누구나 단 한번 밖에 없는 인생을 후회 없는 최고의 삶으로 살기 원하고 있습니다. 그런데 인간에게는 두 가지 단점이 있고 두 가지 큰 장점이 있는데 대부분 잘 인식하지 못하고 있습니다. 먼저 단점부터 말씀드리면 인간은 모든 불행으로부터 자기 스스로를 방어할 능력이 없다는 것입니다.

우리 인간들이 가정을 꾸미고 사회를 만들고 사회 속에서 다양한 인간관계를 맺고 사는 이유는 불행으로부터 자기 자신을 지키고 행복하게 살기 위해서입니다. 그러나 우리 인간들은 어떤 사회 구조나 시스템 속에서도 완전한 안전이나 행복은 아직 찾지 못하고 있습니다. 그 이유는 인간 자체가 워낙 불안정한 존재이기 때문입니다. 인간은 아직 불행으로부터 자기 자신을 지킬 능력이 없습니다. 그리고 또 하나의 단점은 우리 인간들은 진정한 행복의 길을 알지 못한다는 것입니다. 우리 인간은 이 세상의 부와 명예와 지식만 있으면 행복하다고 생각합니다. 그러나 이러한 것들이 결국 우리 영혼에 진정한 만족을 주지 못합니다.

반면에 인간들에게 놀라운 두 가지 장점이 있습니다. 그 한 가지 장점이라고 하는 것은 인간은 무한한 가능성을 가지고 있다는 것입니다. 우리 모든 인간들이 가지고 있는 힘은 전부가 아닙니다. 우리 인간들은 길을 잘 몰라서 그렇지 마음속에 가지고 있는 의욕은 굉장히 높습니다. 마음속으로는 모든 좋은 것을 다 하고 싶습니다. 그 이유는 사실 그럴 수 있는 가능성이 우리 인간들에게 있기 때문입니다. 우리 인간들의 능력의 범위는 천사보다 더 존귀하지만 악마보다 더 지독하게 악할 수 있는 것입니다. 우리 인간의 마음이 어디로 쏠리느냐 감정이 어느 쪽으로 기울어지느냐에 따라서 인간의 삶은 무한정으로 아름다울 수도 있고 무한정으로 추악할 수도 있습니다. 그리고 또 하나는 만약 인간이 바른 길로 인도되기만 한다면 인간은 지속적으로 아름답고 축복된 삶을 살 수 있다는 것입니다. 그런데 과연 그런 길이 있겠느냐 하는 것입니다.

그래서 우리 인간의 삶이라고 하는 것은 결코 간단한 문제가 아닌 것입니다. 만약 우리 인간들이 바른 길로 인도되어서 바른 능력을 공급받기만 한다면 지속적으로 풍성하고 아름다운 축복의 길을 갈 수 있습니다. 이것이 바로 예수님께서 말씀하신 양으로 풍성한 삶을 살게 하는 것입니다.

예수님께서는 양과 목자의 비유를 말씀하시면서 가장 먼저 양 도둑 이야기를 하십니다.

요한복음 10장 1-2절

내가 진실로 진실로 너희에게 이르노니 양의 우리에 문으로 들어가지 아니하고 다른데로 넘어가는 자는 절도며 강도요 문으로 들어가는 이가 양의 목자라

그러면 도대체 양들이 어떤 상태에 있는지 한번 살펴봅시다.

여기서 우리는 두 종류의 양들을 생각할 수 있습니다. 하나는 극소수의 양들로서 지금까지 하나님의 말씀을 듣고 하나님의 우리 안에 포함되어 있는 양들입니다. 이 양들은 다른 양들에 비해서는 엄청나게 안전한 형편에 있습니다. 그러나 거의 대부분의 양들은 목자도 없고 우리에도 들지 못한 채로 각각 들판을 돌아다니고 있기에 주인이 없는 양의 처지에 있는 것입니다.

가끔 길에 주인 없는 개가 돌아다니는 것을 볼 수 있을 것입니다. 주인 없는 개는 지저분하고 냄새가 나기 때문에 아무도 좋아하지 않습니다. 더욱이 혹시라도 광견병 같은 병을 가지고 있을까봐 사람들은 가까이 오지 못하게 내어 쫓습니다. 누군가가 따뜻한 음식을 주지도 않고 포근하게 들어갈 수 있는 집도 없습니다. 그러다가 혹시 사나운 개나 맹수를 만나면 물려서 죽을 수밖에 없습니다.

우리 거의 대부분의 인생들은 주인이 없는 우리 밖에 있는 양들입니다. 즉 주인이 없는 야생 양들이고 들 양들입니다. 우리는 비에 맞은 채로 더럽고 냄새나는 모습으로 그냥 돌아다니고 있습니다. 그러다가 운이 좋으면 먹을 것이 생기는 것이고 그렇지 못하면 매일 쫄딱 굶으

면서 다닐 수밖에 없는 것입니다.

우리 인간들에게 있어서 가장 중요한 순간은 나에게 목자가 필요하다는 것을 깨닫는 것입니다. 아무리 유명한 철학자이든 아무리 위대한 정치인이든 인간은 다른 인간의 행복을 책임져줄 수가 없습니다. 우리는 인간 이상의 지혜가 필요하고 인간 이상의 능력이 필요합니다. 이것을 깨닫는 것이 가장 중요한 일입니다.

목자의 음성

우리 인간에게 있어서 가장 위대한 순간은 나를 찾고 계시는 하나님을 만나는 것입니다. 우리는 나름대로 열심히 산다고 하면서 노력도 하고 몸부림도 치지만 실제로는 그것이 방황하고 있는 것입니다. 어떤 사람은 절벽 끝에 있는 낭떠러지에서 오도 가도 못하는 처지에 있기도 할 것이며 어떤 사람은 가시덩굴에 굴러 떨어져서 온 몸이 가시에 찔려서 나오지도 못하기도 할 것이며 어떤 사람은 병에 걸려서 쓰러져 있기도 할 것입니다. 그런데 우리가 그런 상태 그대로 있으면 죽을 수밖에 없습니다. 그런데 가장 놀라운 것은 어느 날 우리의 귀에 나를 부르시는 하나님의 음성이 들리는 것입니다.

양이 살 수 있는 유일한 길은 목자의 음성을 듣는 것입니다.

요한복음 10장 3-5절

문지기는 그를 위하여 문을 열고 양은 그의 음성을 듣나니 그가 자기 양의 이름을 각각 불러 인도하여 내느니라. 자기 양을 다 내어 놓은 후에 앞서 가면 양들이 그의

음성을 아는고로 따라 오되 타인의 음성은 알지 못하는고로 타인을 따르지 아니하고 도리어 도망하느니라

사람들은 안전하고 행복한 삶을 위하여 사회 속에서 성공을 찾습니다. 우선 우리 인간들이 사회 속에 포함되어 있으면 훨씬 안전하고 위험성을 줄일 수 있습니다. 그리고 사회 안에서 성공하면 훨씬 더 풍족하고 여유 있는 삶을 살 수 있습니다. 그러나 우리 인간이 이 세상에서 성공했다고 해서 결코 행복할 수 없는 것입니다. 우리의 각자 마음속에는 죄의 폭탄이 들어 있기 때문입니다. 그런 까닭에 이 세상에서 가장 위험한 존재는 사람이고 그 중에는 자기 자신도 포함되어 있는 것입니다. 그리고 더 위험한 것은 하나님과 우리 인간 사이의 관계가 적대적인 것입니다.

여기서 우리가 살 수 있는 첫 걸음은 나를 부르시는 하나님의 살아있는 음성을 듣는 것입니다. 우리가 하나님의 말씀을 들었을 때 이 말씀에 관심을 가지고 금방 사로잡히는 이유는 그 말씀은 진실하며 진리라는 느낌이 들기 때문입니다. 예수님의 제자들이 예수님을 만났을 때 예수님은 그들을 개인적으로 알고 계셨습니다. 예수님께서는 나다나엘을 만나셨을 때 '빌립이 너를 부르기 전에 네가 무화과나무 아래 있을 때에 너를 보았노라' 고 말씀하셨습니다. 예수님은 베드로를 만나셨을 때 '너는 시몬이니 장차 너를 게바라 하리라' 고 말씀하셨습니다.

우리가 이 세상에 듣는 많은 가르침들은 우리에게 정보를 주는 것입니다. 물론 이 정보들은 우리를 유익하게 하며 똑똑하게 하는 것은 사실입니다. 그러나 이런 많은 가르침들이 내 속에 들어있는 병을 고치

지 못합니다. 내 속에 있는 죄의 불덩어리를 고치지 못합니다. 그런데 나를 부르시는 하나님의 음성은 내 속에 있는 죄를 고치고 내 속에 있는 정욕의 불덩어리를 고칩니다. 이것이 우리가 살 수 있는 길입니다. 우리가 알아야 할 것은 이 세상에 많은 강도와 도둑들과 이리나 늑대가 있지만 사실은 우리 안에 똑같은 이런 것들이 있는 것입니다. 이 세상에서 가장 위험한 사람은 다른 사람이 아닌 우리 자신입니다.

우리는 아무리 뛰어나고 훌륭하다 하더라도 주인이 없는 야생양이나 들 양에 불과합니다. 우리 인간에게 가장 필요한 것은 목자의 음성을 듣고 목자에게 나아가는 것입니다. 이것이 우리가 살 수 있는 가장 중요한 첫걸음입니다. 만약 우리가 하나님의 말씀을 듣지 않고 끝까지 자기 지혜와 능력을 믿고 살아가면 반드시 그의 인생은 실패한 인생이 될 수밖에 없습니다. 왜냐하면 결국은 도둑이나 강도나 맹수들의 손에 넘어갈 수밖에 없기 때문입니다.

우리가 하나님의 말씀을 들을 수 있다는 것은 선한 목자가 우리에게 찾아왔기 때문입니다. 아무리 양이 다치고 병들어 있어도 목자가 오면 모든 것을 다 치료해줍니다. 우리는 하나님의 음성을 들었을 때 소리를 내어야 합니다. '내가 여기에 있습니다' 하는 소리를 내어야 합니다.

여기서 예수님께서는 우리의 삶을 인도하시는 방법을 두 가지로 말씀하십니다.

그 첫째는 양들을 불러 낸 후에 먼저 인도하여 가시는 것입니다.

요한복음 10장 3-4절

문지기는 그를 위하여 문을 열고 양은 그의 음성을 듣나니 그가 자기 양의 이름을 각각 불러 인도하여 내느니라. 자기 양을 다 내어 놓은 후에 앞서 가면 양들이 그의 음성을 아는고로 따라 오되

목자는 자기 양들의 이름을 다 알고 있습니다. 그래서 양들이 무질서하게 우리에서 한꺼번에 뛰어나오는 것이 아니라 이름을 부르면 양들이 한 마리씩 목자의 지팡이를 뛰어 넘습니다. 그러기에 양과 목자의 개인적인 관계가 아주 중요합니다.

우리는 그냥 기독교 신앙만 가져서는 안되고 주님을 개인적으로 나의 주님으로 영접을 해야 합니다. 주님이 매일 내 이름을 불러 주셔야 하는 것입니다. 아침에 엄마가 보니까 아이들 중에 하나가 없어졌다면 이것은 엄청난 사고인 것입니다. 만약 다른 사람이 같은 아이니까 다른 아이를 자기 아이로 생각하시라고 하면 엄마가 그것을 받아들이겠습니까? 엄마는 다른 아이가 필요한 것이 아니라 자기 아이가 있어야 하는 것입니다. 마찬가지로 주님에게는 우리 한 사람 한 사람이 중요합니다. 그것이 확인이 되고 나면 주님은 먼저 가시면서 우리를 인도하십니다.

우리가 살아가는 길이 안전한 이유는 주님이 앞서 가시면서 우리의 삶을 인도해 주시기 때문입니다.

특히 목자가 양을 데리고 가는 방식은 아주 특별합니다.

옛날 거리에서 염소 장사가 염소를 데리고 가는 방식을 보면 한 마리 한 마리 마다 끈으로 묶어서 억지로 끌고 갑니다. 그러나 양은 줄이 필요가 없습니다. 목자가 소리를 내면서 먼저 가면 양들은 그 소리를 듣고 다 따라가게 되어 있습니다. 그래서 하나님의 백성들에게 있어서 중요한 것은 우리를 억지로 줄로 매어서 끌고 가지 않는다는 사실

입니다. 우리에게 있어서 가장 중요한 것은 주님의 세미한 음성을 듣는 것입니다. 우리는 성경 말씀을 통해서 주님의 음성을 듣습니다. 그리고 그 말씀을 묵상하고 자기 자신에게 적용을 함으로 세밀한 주님의 음성을 듣습니다. 그런 까닭에 우리가 주님의 소리를 듣지 못하면 계속 들판에서 맴돌 수밖에 없는 것입니다. 이스라엘 백성들은 광야에서 주님의 음성을 거역했다가 사십년 동안 광야만 뺑뺑 돌았습니다.

우리의 삶이 진도가 나가지 않는 이유는 목자의 음성을 듣지 못하고 자기 고집을 부리기 때문입니다. 자칫 잘못하면 사십일이 사십년이 될 수도 있습니다. 우리 인생의 엔진은 하나님의 말씀입니다. 하나님의 말씀이 없으면 우리는 절대로 이 세상의 파도를 헤치고 앞으로 나갈 수가 없습니다.

그리고 우리는 주님의 문의 보호를 받아야 합니다.

요한복음 10장 7-10절

그러므로 예수께서 다시 이르시되 내가 진실로 진실로 너희에게 말하노니 나는 양의 문이라. 나보다 먼저 온 자는 다 절도요 강도니 양들이 듣지 아니하였느니라. 내가 문이니 누구든지 나로 말미암아 들어가면 구원을 얻고 또는 들어가며 나오며 꼴을 얻으리라. 도적이 오는 것은 도적질하고 죽이고 멸망시키려는 것뿐이요 내가 온 것은 양으로 생명을 얻게 하고 더 풍성히 얻게 하려는 것이라

예수님도 이 세상에 도둑들이 우글거린다는 사실을 인정하고 계십니다. 더욱이 도둑만이 아니라 사자나 곰이나 이리 같은 맹수들도 우글거리고 있는 세상이라는 것도 알고 계십니다. 이때 우리가 안전하게 보호되는 방법은 우리 안에 들어가서 문을 닫아 놓는 것입니다.

만약 우리가 살고 있는 집에 문이 없다면 우리의 생활은 너무나도 불안정할 것입니다. 한 밤 중에 어떤 사람이 술이 취해서 들어온다면 어떻게 하겠습니까? 강도나 도둑들이 들락거린다면 아마 도무지 불안해서 살 수가 없을 것입니다.

여기서 예수님은 자신이 문이라고 말씀하셨습니다. 그 문은 역시 예수님의 말씀을 의미하는 것입니다. 그러면 '우리'는 신앙의 공동체를 말합니다. 우리가 하나님의 백성들 안에서 말씀으로 입구를 닫아 놓아야 합니다.

교회에 복음이 있고 바른 말씀이 있을 때 거의 대부분의 사탄의 시험이나 공격을 막을 수 있습니다.

세상의 소리는 아무리 달콤한 소리라 할지라도 결국은 도둑이 양을 유혹하는 소리 밖에 되지 않는 것입니다. 아무리 달콤한 소리로 오라고 해도 목자의 소리가 아니면 일체 듣지 말아야 합니다. 우리는 아무리 훌륭한 사람의 말이라 하더라도 주님의 음성이 아닐 때 '노'라고 할 수 있어야 합니다. 우리가 주님의 소리가 아닌데 모든 말을 귀담아 들으면 엄청난 독을 마시게 되어 우리 속사람이 병들게 되어 있습니다.

이 세상에는 다른 사람의 인생을 책임질 수 없으면서 책임질 수 있는 것처럼 큰 소리를 치는 사람들이 많이 있습니다. 그런 사람을 따라가면 반드시 망하게 되어 있습니다.

그리고 주님은 우리가 풍성한 삶을 사는 비결을 가르쳐주셨습니다. 그것은 주님이 문을 열었을 때 밖에 나가서 풀도 뜯고 물도 마시는 것입니다. 그러나 주님이 문을 열어주시지 않을 때에는 나가지 말아야 합니다. 아무리 답답해도 우리 안에서 가만히 기다려야 하는 것입니다. 하지만 하나님께서 길을 열어주시면 안전한 것이기 때문에 나가서 열심히 사는 것입니다. 그러나 주님이 불러들일 때에는 아무리 재미가 있고 아무리 신나는 순간이라 하더라도 문 안으로 들어와야 합니다.

밤에 아무도 없는 들판에서 양들이 마음대로 뛰어다니면서 풀을 뜯어 먹는 것이 얼마나 환상적입니까? 그러나 숲 속에서는 눈에 빛을 내고 조용히 지켜보고 있는 것들이 있습니다. 그들은 모두 이리떼들이고 도둑들인 것입니다.

예수님이 오신 것은 우리를 그냥 우리 안에 잡아 가두기 위해서가 아니라고 말씀하셨습니다. 양으로 생명을 얻고 더 풍성히 얻게 하기 위해서라고 말씀하셨습니다. 그러기에 우리는 말씀의 통제를 받아야 안전하게 살 수 있습니다. 우리는 아무리 하고 싶은 것이 많이 있어도 모든 것을 하나님의 말씀 안에서 해야 합니다. 그러면 하나님께서 반드시 위기 때 피할 길을 주시고 우리를 위기에서 건져주실 것입니다.

선한 목자

양과 목자의 비유에서 절정은 목자가 양들을 위해서 목숨을 버리는 것입니다.

요한복음 10장 11-12절

나는 선한 목자라. 선한 목자는 양들을 위하여 목숨을 버리거니와 삯군은 목자도 아니요 양도 제 양이 아니라. 이리가 오는 것을 보면 양을 버리고 달아나나니 이

리가 양을 늑탈하고 또 헤치느니라

여기서 예수님이 자신을 '나는 선한 목자라' 고 말씀하신 것은 '착한 목자' 라는 뜻이 아닙니다. 여기서 '선한 목자' 라고 하는 것은 양의 생명을 책임지는 목자라는 뜻입니다.

이스라엘에는 목자가 두 종류가 있습니다. 하나는 양의 생명을 책임지는 목자입니다. 이 목자가 진짜 목자입니다. 그리고 손이 모자라기 때문에 목자를 돕기 위해서 아르바이트 목자를 여러 명 둡니다. 이들은 삯군 목자인 것입니다. 양들의 생명을 책임지는 참 목자는 양들을 지키는데 몸을 아끼지 않습니다. 그래서 사자나 맹수가 양을 물고 가려고 하면 붙어 싸워서 그들의 입에서 양 새끼를 빼어 냅니다. 그럴때 목자들은 많이 다칩니다.

이러한 상황에서 물론 목자가 다칠 수는 있겠지만 죽어야 하는 것은 아닌 것입니다. 그럼에도 불구하고 목자가 죽어야 한다면 이것은 보통 큰 위기가 아닌 것입니다.

예수님이 선한 목자이신 이유는 모든 인간들이 보지 못하는 가장 큰 위험을 알고 계셨던 것입니다. 예수님께서는 그 위기를 돌파해야 우리 인간들이 안전할 수 있고 그 위기를 돌파해야 우리가 진정으로 행복할 수 있다는 것을 알고 계셨습니다.

우리는 국가의 원수인 대통령이나 직장의 최고 책임자에게 많은 권한을 줍니다. 그 이유는 다른데 있는 것이 아니라 위기에서 우리의 재산과 생명을 지켜달라는 뜻입니다. 대통령은 그 막강한 정보와 군사력을 가지고 국민들의 생명과 재산을 지켜주어야 합니다. 이것은 어떤 단체의 장에게도 마찬가지입니다. 대개 어떤 단체의 장은 다른 사람이 가지지 못한 결정권이 있을 때가 많습니다. 그 이유는 우리의 생명과 안전을 지켜달라는 것입니다.

그러나 가장 중요한 위기를 인간들은 볼 능력이 없습니다. 그것은 오직 하나님의 어린양 예수 그리스도만이 볼 수 있고 그리스도만이 해결할 수 있는 것입니다. 그것은 우리 인간들의 죄에 대한 하나님의 진노입니다.

이것이 해결되지 않는 이상 인간이 아무리 이상적인 사회를 만들고 아무리 이상적인 체제를 만들어도 결코 인간은 안전할 수 없습니다. 그런 까닭에 예수님은 우리를 죄와 영원한 죽음에서 구원하기 위해 이 땅에 오셔서 우리 대신 죽으신 것입니다.

이것은 어느 누구도 예수님에게 요구할 수 있는 것이 아니었습니다. 오직 예수님 자신의 마음에 달렸습니다. 예수님께서 만약 못하겠다고 하셨다면 우리는 영원한 멸망의 길을 가야 했을 것입니다.

요한복음 10장 18절

이를 내게서 빼앗는 자가 있는 것이 아니라 내가 스스로 버리노라. 나는 버릴 권세도 있고 다시 얻을 권세도 있으니 이 계명은 내 아버지에게서 받았노라 하시니라

우리 인간의 죄에 대한 하나님의 진노는 우리 인간으로는 절대로 풀 수가 없습니다. 우리 인간들의 모든 행복은 여기서 끝날 수밖에 없습니다. 선한 목자이신 주님이 우리를 대신해서 목숨을 버리지 않으시면 우리는 결코 구원을 받을 수 없습니다. 그러기에 이제 우리에게 결정적으로 중요한 것은 선한 목자의 한 양이 되는 것입니다. 마치 들

나귀같이 살아왔던 내 자신을 하나님의 말씀에 쳐 복종을 시켜야 합니다.

목자의 음성을 들어야 하고 목자가 부르면 대답부터 해야 합니다. 그리고 목자가 우리의 문을 열면 나가고 들어오라고 하면 들어오는 훈련을 해야 합니다.

예수님이 보실 때 이 세상은 온통 도둑 천지이고 맹수 투성이인데 우리 인간들은 아무 것도 모르고 양처럼 들판만 보고 달려가는 것입니다. 우리는 줄에 매이지는 않지만 하나님의 말씀에는 매여야 합니다.

놀라운 사실은 우리가 주님을 알 때 우리는 하나님을 알게 됩니다.

요한복음 10장 14-15절

나는 선한 목자라. 내가 내 양을 알고 양도 나를 아는 것이 아버지께서 나를 아시고 내가 아버지를 아는 것 같으니 나는 양을 위하여 목숨을 버리노라

우리가 어떻게 하나님의 능력을 받으며 어떻게 하나님의 축복을 받을 수 있습니까? 우리가 어떻게 불같은 하나님의 능력 속에 들어갈 수 있습니까? 그것은 오직 예수님 안에서 들어갈 수 있으며 하나님의 말씀 안에서 들어갈 수 있습니다.

오늘 여러분의 귀에 선한 목자되신 주님의 음성이 들리기를 바랍니다. 그러면 예수님의 음성이 우리 마음의 병과 육체의 병을 다 치료하실 것입니다. 미래에 대하여 불안해 하거나 의심하지 말고 오직 하나님의 말씀만 따라가십시요! 그러면 주님이 여러분의 인생을 축복하실 것입니다.

25 _ 요 10:16-33

양이 아닌 자들

옛날에는 여러 집들이 어울려서 캠프를 떠나는 일들이 많이 있었습니다. 그러면 식사 때 여러 집의 그릇들이 다 동원이 되어서 식사를 하게 되는데 이 집 그릇과 저 집 그릇이 마구 섞이게 됩니다. 그런데 나중에 부인들이 그릇을 챙길 때 보면 자기 집 그릇을 정확하게 구별해서 챙겨갑니다. 혹시 그릇이 바뀌면 나중에 연락을 해서라도 자기 그릇을 챙깁니다. 남자들이 보기에는 이 그릇이나 저 그릇이나 다 비슷비슷하게 생긴 것 같은데 부인들은 자기가 사용하는 그릇을 잘 알기 때문에 절대로 실수를 하는 법이 없습니다.

아이들이 며칠 동안 집을 떠나서 단체 여행을 하거나 캠프를 하고 모두 버스를 타고 집으로 돌아와서 버스에서 내려면 모두 정확하게 자기 엄마를 찾아가서 '엄마!' 하면서 품에 안깁니다. 엄마나 아이들은 아무리 다른 사람들이 많아도 자기 엄마와 자기 아이를 정확하게 구별을 해 냅니다.

그런데 놀라운 것은 이 세상에 많은 사람들이 있는데 그 중에서 하나님께서 자기 양으로 생각하는 사람들이 있는가 하면 그렇지 않은 사람들이 있다는 것입니다. 하나님께서는 이 두 부류의 사람들을 정확하게 구별을 하고 계시며 여기에 절대로 실수가 없으십니다. 하나님께서는 어떤 사람에 대해서는 '너는 내 양이라' 고 하시고 어떤 사람에 대해서는 '너는 내 양이 아니다' 라고 말씀하시는 것입니다. 그리고 더 중요한 것은 양들도 목자를 정확히 알아보고 따라 간다는 것입니다.

우리가 사는 길

예수님께서 이 세상에 오셨을 때 이미 우리 안에 들어와 있는 양들도 있었지만 이 세상의 거의 대부분의 양들은 우리도 모르고 우리 밖에서 여전히 살고 있는 것을 알고 계셨습니다. 그래서 예수님께서 궁극적으로 목표를 삼으신 것은 이미 우리 안에 들어와 있는 적은 수의 양들을 잘 돌보시는 것이 아니라 우리 밖에 있는 많은 양들을 우리 안에 들어오게 하셔서 그들을 지켜주시는 것이라고 말씀하셨습니다.

요한복음 10장 16절

또 이 우리에 들지 아니한 다른 양들이 내게 있어 내가 인도하여야 할 터이니 저희도 내 음성을 듣고 한 무리가 되어 한 목자에게 있으리라

개나 소나 돼지를 키우는 우리의 문화에서는 이스라엘의 목자와 양의 관계를 제대로 이해하기가 어렵습니다. 물론 요즘 와서 애완동물

들을 자기 자식만큼이나 귀여워하고 아끼는 사람들이 있지만 사실 애완견이라고 하는 것이 개의 정상적인 상태는 아닌 것입니다. 이것은 개를 거의 장난감 수준으로 만들어놓고 귀여워하고 사랑하는 것뿐입니다.

하지만 이스라엘의 목자와 양의 관계는 서로가 서로에 대하여 완전히 헌신적인 관계입니다. 즉 목자가 양들을 너무 사랑해서 같이 지내는 것은 물론이고 목자는 양을 위하여 자신을 완전히 헌신을 합니다. 그래서 목자는 양을 그냥 하나의 짐승으로 생각하는 것이 아니라 완전히 자기 자식같이 생각을 합니다. 목자는 아무리 추운 겨울이나 더운 여름이라 하더라도 자지 않고 깨어서 양들을 지킵니다. 그리고 위험이 오면 목자는 절대로 양들을 버리고 달아나지 않고 끝까지 양들을 지키고 보호를 합니다. 물론 우리나라 사람들도 짐승을 아끼고 사랑하기는 하지만 그렇다고 해서 짐승들을 위해서 목숨을 버리거나 자신을 완전히 헌신하지는 않습니다. 우리나라 사람들은 짐승을 잘 키우다가 여의치 않으면 팔아버리거나 잡아 먹어버립니다.

그러나 이스라엘의 목자들은 절대로 그런 법이 없습니다. 그래서 이스라엘의 목자와 양의 관계를 잘 이해를 하려고 하면 우리나라의 엄마와 자식의 관계처럼 생각을 해야 합니다. 우리나라의 엄마들은 자식들을 위해서 완전히 자신을 헌신합니다. 자식을 잘 키우다가 아프다고 해서 버리거나 팔아버리지 않습니다. 혹시 놀러갔다가 아이를 잃어버리면 완전히 미친 여자처럼 되어서 온 동네를 돌아다니면서 자기 아이를 찾습니다. 엄마는 자기 아이를 찾을 때까지 절대로 아이를 찾는 것을 포기하지 않습니다. 다른 비슷한 아이 하나를 자식처럼 생각하고 키우면 안 되느냐고 하면 엄마는 그 아이는 내 아이가 아니다고 말할 것입니다. 그리고 엄마는 아이가 무슨 큰 병이라도 걸리면 아이를 업고 온 병원을 다 돌아다니며 치료를 해서 살리려고 할 것입니다. 그래서 엄마가 없는 아이는 그렇게 불쌍한 것입니다.

그러면 어떻게 해서 이런 엄마와 자식의 관계가 이루어지게 됩니까? 그것은 임신과 출생에 의해서입니다. 엄마가 이 아이를 배었고 또 이 아이를 낳았기 때문에 엄마는 무조건 이 아이를 사랑하는 것입니다. 그리고 아기를 보면 완전히 엄마를 믿고 새근새근 잠을 자기도 하고 또 엄마를 찾는데 엄마가 이 자식을 사랑하지 않을 도리가 없는 것입니다.

그런데 하나님께도 이런 사람이 있습니다. 하나님께서 완전히 자기 친 자식처럼 사랑하시고 챙기시고 지켜주시는 사람들이 있습니다. 이 사람들을 예수님은 '내 양' 이라고 부르시는 것입니다. 그런데 이 사람들은 어떻게 해서 예수님의 양이 되고 하나님의 양이 되었을까요? 오직 하나님의 말씀을 듣고 믿음으로 하나님의 양이 되는 것입니다.

그래서 예수님이 이 세상에 오셨을 때 이미 예수님의 말씀을 듣고 이 우리 속에 들어와 있는 사람들도 있었고 또 아직 이 말씀을 듣지 못해서 우리 밖에 있는 다른 많은 양들도 있었던 것입니다. 하나님의 양과 하나님의 양이 아닌 자들을 구별하는 경계선은 하나님의 말씀을 듣고 믿는 것입니다.

여기서 예수님께서는 하나님의 말씀이 얼마나 중요한지 다시 한 번 강조를 하십니다.

요한복음 10장 17-18절

아버지께서 나를 사랑하시는 것은 내가 다시 목숨을 얻기 위하여 목숨을 버림이라. 이를 내게서 빼앗는 자가 있는 것이 아니라 내가 스스로 버리노라. 나는 버릴 권세도 있고 다시 얻을 권세도 있으니 이 계명은 내 아버지에게서 받았노라 하시니라

오늘 이 세상을 사는 우리들에게는 생명이 가장 중요합니다. 우리 인간들이 애를 쓰고 노력하는 모든 것은 다 이 생명을 지키고 또 이 생명을 아름답게 하려고 하는 것입니다. 그런데 이 생명을 지키고 풍성하게 하기 위해서 사람들이 하는 것이 어떤 것들입니까? 돈을 벌고 먹고 마시고 좋은 집에서 살고 여가를 즐기는 것들입니다. 그러다가 사고나 나거나 병에 걸려서 목숨을 잃으면 이 세상의 모든 삶은 다 끝장이 나는 것입니다.

그러나 오늘 예수님은 참 놀라운 말씀을 하셨습니다. 예수님께서는 '아버지께서 나를 사랑하시는 것은 내가 다시 목숨을 얻기 위하여 목숨을 버림이라' 고 말씀하셨습니다. 예수님께서는 마치 자신이 목숨을 잃기도 하고 다시 얻기도 할 수 있는 분처럼 말씀하고 있습니다. 즉 어떻게 들으면 죽고 싶으면 죽었다가 또 다시 살고 싶으면 다시 살아날 수도 있는 것처럼 말씀하시는 것입니다. 세상에 이런 것이 어디에 있습니까? 누구든지 살고 싶으면 살고 죽고 싶으면 죽었다가 또 다시 살고 싶으면 살아난다면 아마 산다는 것은 장난이지 아무 것도 아닐 것입니다. 예수님께서 여기서 말씀하시는 것은 결코 그런 뜻이 아닙니다. 예수님은 여기서 결코 사는 것이나 죽는 것이 아무 것도 아닌 것처럼 가볍게 말씀하시고 계신 것이 아닙니다. 사실 우리 인간들에게 최

고로 중요한 것은 사는 것이고 최고로 큰 비극은 죽는 것입니다.

여기서 예수님께서는 우리가 생각하지 못하는 또 다른 생명을 말씀하고 계신 것입니다. 그것은 바로 하나님이 주시는 능력으로 사는 것을 말합니다.

우리의 육체적인 삶은 돈 벌고 음식을 먹고 병들지 않고 죽을 때까지 행복하게 사는 것입니다. 그러나 하나님이 자신의 말씀에 순종하는 자에게 주시는 복은 영생입니다.

예수님은 우리를 구원하기 위하여 엄청난 일을 한 가지 하셨습니다. 그것은 우리 모든 양들이 하나님의 생명을 얻도록 하기 위하여 자신이 죽는 것입니다. 이것은 우리로서는 도저히 이해가 되지 않는 것입니다. 왜냐하면 우리로서는 누구든지 한번 죽으면 모든 것이 다 끝나기 때문입니다. 그러나 예수님은 결코 그렇지 않다고 말씀하셨습니다.

예수님은 우리 모든 사람들의 죽음을 대신해서 죽으셨지만 다시 살아나셨습니다. 그 결과 우리도 영원히 살게 되는 것입니다.

우리에게 일어난 놀라운 변화

16절 말씀을 다시 보면, '또 이 우리에 들지 아니한 다른 양들이 내게 있어 내가 인도하여야 할 터이니 저희도 내 음성을 듣고 한 무리가 되어 한 목자에게 있으리라' 고 했습니다.

여기에 보면 우리에 들지 아니한 많은 양들이 있습니다. 이 양들은 양은 양이지만 들짐승같이 목자가 없이 살아온 양들입니다. 그러니까 생긴 것만 양과 비슷하지 그 안에 들어 있는 본성은 야생 동물처럼 사납고 통제가 되지 않습니다. 만약 이런 양들을 우리 안에 가두어 놓으면 어떻게 되겠습니까? 이 양들은 답답하고 불안해서 견디지 못할 것입니다. 그저 우리 밖으로 뛰쳐나가려고 소리를 지르고 문이나 벽에 부딪치고 발작을 할 것입니다. 이것은 마치 야생에 있는 노루나 사슴이나 멧돼지 같은 것들을 우리 안에 가두어 놓는 것과 마찬가지일 것입니다. 이런 들짐승들은 사람의 우리에 갇히는 것을 너무나도 두려워하고 불안해합니다. 결국은 우리 문을 부수거나 담을 넘어서 멀리 달아나고 말 것입니다. 만약 이것이 뜻대로 되지 않으면 죽어버릴 것입니다.

이것은 병에 걸리거나 혹은 창이나 화살에 쏘인 야생동물들을 동물학자나 수의사가 치료를 하려고 할 때에도 마찬가지입니다. 야생동물들은 수의사나 동물학자가 접근을 해도 자기를 죽이려는 줄 알기 때문에 소리를 지르면서 덤벼들려고 하거나 아니면 놀라서 더 멀리 달아나버립니다. 결국 이런 야생동물들을 치료를 하려면 마취 총을 쏘아서 기절을 시킨 후에 치료를 해야 합니다. 그리고 그 후에 다시 야생으로 돌려보내어야 하는 것입니다.

우리가 예수님을 믿기 전까지는 모두 야생동물이었습니다. 우리는 이 세상에서 일체 다른 것은 믿지 아니하고 오직 자기 머리가 잘 돌아가는 것이나 운명만 믿고 살아왔습니다. 하나님께서 우리에게 가까이 오셔서 우리를 고치시려고 해도 우리는 하나님이 우리를 죽이려고 하는 줄 알고 기겁을 하고 더 멀리 달아나버리곤 합니다.

그러기에 우리가 하나님의 우리안에 얌전히 들어가려면 예수님의 음성을 들어야 합니다. 그 외에는 다른 방법은 없습니다.

'저희도 내 음성을 듣고 한 무리가 되어 한 목자에게 있으리라'

예수님께서 우리를 부르셨습니다. 그러나 옛날 모세에게 나타나셨듯이 불붙은 가시덤불이나 번쩍 번쩍 빛나는 산위에서 나타나신 것은 아니었습니다.

주님은 십자가의 사랑으로 다가오셔서 우리의 죽은 영혼을 깨우며 조용히 말씀하십니다. 그 결과 우리에게 가장 놀라운 일이 일어납니다. 예수님의 말씀을 듣는 순간 지금까지 한 번도 없었던 하나님에 대한 믿음이 생기는 것입니다. 그때 우리는 변하게 됩니다. 하나의 야생동물에서 하나님을 믿는 하나님의 양으로 변하는 것입니다. 이제는 더 이상 우리 안에 들어 있어도 답답하지 않고 선한 목자되신 주님이 가자고 하면 어디든지 따라갈 수 있는 양이 되는 것입니다.

여러분, 이 세상에서 양이 달리면 얼마나 빨리 달리며 양이 머리가 좋으면 얼마나 좋겠습니까? 들판에는 사자나 표범이나 이리들이 우글우글한데 무슨 재주로 들양 주제에 아름답고 풍성한 삶을 살 수 있겠습니까? 우리가 살 수 있는 유일한 길은 예수님의 말씀을 듣고 변하는 것입니다. 그래서 목자를 믿고 목자를 따라가는 것만이 우리가 살 수 있는 유일한 길인 것입니다.

하나님의 영원한 약속

예수님 당시에는 율법을 많이 공부하고 유대교를 열심히 믿는 사람들이 많이 있었습니다. 그러나 예수님은 그들에 대하여 이렇게 말씀하셨습니다.

요한복음 10장 26절

너희는 내 양이 아니므로 믿지 아니하는도다

예수님께서는 하나님의 말씀을 듣고 우리 안에 일어나는 변화는 너무나도 잘 알고 계십니다. 사실 믿음이라고 하는 것은 겉으로 나타나 보이는 것이 아니라 내면 깊숙한 곳에서 일어나는 것이기 때문에 우리는 도무지 알 수가 없습니다. 그러나 예수님은 모든 사람의 마음에서 일어나는 이 변화를 너무나도 잘 알고 계십니다. 그래서 예수님은 어떤 사람들에 대해서는 '너희는 내 양이라' 고 하시면서 또 어떤 사람에 대해서는 '너희는 내 양이 아니다' 라고 말씀하시는 것입니다. 그러나 이것은 상호간의 관계에서 일어나는 것입니다.

예를 들어 엄마와 자식 사이에서 엄마는 자기 아이를 정확하게 압니다. 엄마는 비슷한 다른 아이를 데리고 와서 당신 아이가 아니냐고 물으면 이 아이는 내 아이가 아니라고 말할 것입니다. 또 아이는 아이 나름대로 자기 엄마를 정확하게 압니다. 다른 아줌마가 '내가 네 엄마다' 라고 말을 하면 아이는 '우리 엄마가 아니야' 라고 말할 것입니다.

믿음이라고 하는 것은 상호간의 관계입니다. 즉 믿음은 일방적으로 내가 하나님을 짝사랑하고 잘 믿으려고 열심을 내는 것이 아닙니다. 또 믿음은 나는 하나님에 대하여 아무 관심이 없는데 하나님만 죽으라고 나를 사랑하시는 것도 아닙니다. 믿음은 하나님과 나의 쌍방 간의 관계에서 생기는 것입니다.

그런데 어떻게 하나님을 모르고 내 능력만 믿고 내 운수만 믿고 살아온 사람이 하나님과 이런 관계가 생길 수 있겠습니까? 주님은 자신의 양은 자신의 음성을 듣고 따른다고 하셨습니다.

요한복음 10장 27절

내 양은 내 음성을 들으며 나는 저희를 알며 저희는 나를 따르느니라

예수님의 양의 중요한 특징은 예수님의 말씀을 듣고 전적으로 자신을 예수님께 맡기는 것입니다. 이들은 예수님에 대하여 절대적으로 의존적입니다.

엄마들이 아이를 키우는 것이 그렇게 힘들어도 아이를 죽어라도 사랑하는 이유가 무엇입니까? 이 아이는 오로지 엄마에게 맡겨진 아이이기 때문입니다.

내가 이 아이를 낳기도 했지만 내가 없으면 이 아이는 죽을 수밖에 없습니다. 내가 돌보지 않으면 이 아이는 불행해질 수밖에 없습니다. 아이는 엄마만 믿고 색색거리면서 잠을 잡니다. 아이는 오직 엄마만 찾습니다. 하나님께서는 엄마에게 엄마만 절대적으로 의지하는 아이를 주신 것입니다.

마찬가지로 우리가 예수를 믿을 때 우리가 더 똑똑해지기 위해서 예수를 믿거나 더 유능한 사람이 되기 위해서 예수를 믿는 것이 아닙니다. 우리는 예수님의 말씀을 들을 때 단 한 순간이라도 하나님이 없이는 살 수 없는 사람이 되어버리는 것입니다. 우리는 예수님의 도움 없이는 그리고 하나님의 도우심 없이는 일분일초도 살 수가 없다는 것을 압니다. 그래서 우리는 매 순간 하나님께 의지하여 도와달라고 소리를 지르는 것입니다. 그러면 주님은 자신을 의지하는 자들에게 힘과 능력과 평안을 주십니다.

우리가 예수님을 믿고 난 후에는 단 한 순간도 예수님이 없이는 살 수가 없는 사람이 되어버립니다. 그러기에 우리는 주님이 우리를 어

디로 인도하시든지 따라가는 것입니다.

우리에게 있어서 가장 중요한 것은 예수님의 음성을 분별하는 것입니다.

양들이 들판에 있으면 다른 목자들도 소리를 지를 것입니다. 아마 이 사람 저 사람 마구 소리를 질러댈 것입니다. 그러나 그 많은 음성 중에서 오직 목자의 음성만 알아들어야 합니다. 다른 사람들이 자기 말을 듣지 않는다고 해서 욕을 하거나 돌을 던지면 피하면 되는 것입니다.

우리 기독교에 있어서 최고로 중요한 것은 '말씀을 듣는 것' 입니다. 만약 우리에게 있어서 말씀이 끊어지면 목자를 놓친 것입니다. 그 결과 우리는 방황을 하게 됩니다. 그래서 마귀들이 필사적으로 하려고 하는 것은 교회에서 하나님의 말씀을 끊어버리는 것입니다. 하나님의 말씀을 끊고 다른 음성만 연결시킬 수 있으면 양들은 몽땅 다 잡을 수 있습니다.

대개 양 도둑들의 특징은 목소리가 아주 좋다고 합니다. 베이스 같은 아주 굵은 목소리로 양들을 부르면서 잘 해주겠다고 할 때 따라가면 그 날로 도살을 당하게 되어 있습니다. '도적이 오는 것은 도적질하고 죽이고 멸망시키려는 것뿐이요' 양 도둑은 일체 인정사정이 없습니다. 한번 따라가면 그 날로 멸망입니다.

그러면 어떻게 우리가 주님의 음성을 분별할 수 있겠습니까? 예수님을 믿는 사람은 성령께서 그 음성을 분별하게 하십니다.

요한일서 4장 5-6절

저희는 세상에 속한고로 세상에 속한 말을 하매 세상이 저희 말을 듣느니라. 우리는 하나님께 속하였으니 하나님을 아는 자는 우리의 말을 듣고 하나님께 속하지 아니한 자는 우리의 말을 듣지 아니하나니 진리의 영과 미혹의 영을 이로써 아느니라

우리 기독교의 모든 것은 말씀으로 끝장이 납니다. 그러기에 하나님의 양이 아닌 사람은 하나님의 말씀이 별로 중요하지가 않습니다. 오히려 양들끼리 어울려서 노는 것을 더 중요하게 생각합니다. 그리고 그들은 양의 우리가 귀찮습니다. 양의 문이라는 것이 굉장히 성가신 것입니다. 그리고 오직 목자만 따라간다는 것이 그렇게 바보스럽게 보일 수가 없습니다. 그 이유는 아직 목자를 모르기 때문입니다.

예수님께서는 '나는 저희를 알며' 라고 말씀하고 있습니다. 예수님은 우리 한 사람 한 사람을 너무나 잘 알고 계십니다. 어느 정도로 잘 아시는가 하면 내가 내 자신을 아는 것보다 더 잘 아십니다. 그리고 나의 모든 것을 다 알고 계십니다. 지금 나의 상태나 나의 기질이나 성격 혹은 성격상의 약점이나 지금 내가 앓고 있는 것이나 다친 것들 전부 다 알고 계십니다. 그래서 예수님은 나에게 가장 좋은 길로 인도를 하십니다.

엄마는 자기 아이의 건강과 기질과 성격을 너무나도 잘 압니다. 그런 까닭에 아이의 특성에 맞게 잘 키우는 것입니다. 에서와 야곱은 쌍둥이 이지만 완전히 기질이 달랐습니다. 에서는 야곱이 돌아왔을 때 네가 네 양떼를 에스코트 하겠다고 하자 야곱은 '형, 이 양들 중에는 새끼 밴 양들도 많이 있는데 하루만 심하게 몰면 다 죽어. 그래서 천천히 몰고 가겠다' 고 대답을 했습니다. 저는 이것을 한 평생 목회하는 지침으로 삼고 있습니다. 교인들 중에는 머리 회전도 빠르고 아주 활

동적인 사람들도 있지만 대부분은 약하고 어린 사람들입니다. 천천히 몰고 가야 하는 것입니다.

저는 주님께 감사한 것은 주님이 저의 체질을 너무 잘 아시고 저를 대해 주신다는 것입니다. 저의 체질은 하기 싫은 것을 강요받아서 하는 것을 죽어도 싫어하는 스타일입니다. 그런데 예수님은 지금까지 제가 하기 싫은 일을 억지로 강요하신 적이 단 한 번도 없으셨습니다. 언제나 기다리시고 언제나 내가 이해할 때까지 제 마음이 준비되어서 스스로 하고 싶어 할 때까지 기다려주셨습니다.

영화 벤허에 보면 그 유명한 마차 경기 장면이 나옵니다. 그때 아랍 상인이 벤허에게 자기 말은 채찍으로 때리면 안 된다고 설명을 합니다. 그리고 말 한 마리 한 마리의 특징을 설명을 해 줍니다. 벤허는 결국 끝까지 채찍질하지 않고 말들을 격려해서 마차 경기에서 우승을 하게 됩니다.

저는 교인들이 다 다르다고 생각합니다. 어떤 사람은 성격이 예민한 사람이 있고 어떤 사람은 자존심이 강한 사람이 있고 어떤 사람은 조금 무시를 하면 심한 상처를 받는 사람들도 있습니다. 예수님의 방법은 각자에게 너무나도 꼭 필요하고 잘 맞는 방법으로 우리를 인도하십니다. 그리고 경기에서 항상 우승하게 하시는 것입니다.

'저희는 나를 따르느니라' 양들은 목자를 절대적으로 신뢰를 합니다. 그래서 목자가 어디로 가든지 따라갑니다. 때로는 목자가 양들을 데리고 돌짝밭으로 갈 때도 있고 어떤 때에는 길이 없는 곳 같은 곳으로 데려갈 때도 있고 어떤 때에는 좋은 풀이 있고 물이 있는데도 가지 못하게 할 때가 있습니다. 그 이유는 목자는 우리 앞에 있는 것을 다 알고 있기 때문입니다. 양들은 자기들 앞에 무엇이 있는지 모릅니다.

풀이 있는 곳도 모르고 시내가 있는 곳도 모릅니다. 그러나 목자는 그것을 압니다. 그러니까 양들은 목자를 절대적으로 따라가야 합니다. 어떤 때는 가시밭길이 나오고 어떤 때에는 돌짝밭 길이 나오고 어떤 때에는 아무리 걸어도 풀과 시내가 나오지 않습니다. 그러나 알고 보면 우리가 헤맨 길이 정확한 길이었고 지름길이었습니다.

저는 제가 살아온 길을 돌아보면서 엄청나게 헤매었다고 생각했습니다. 그러나 저는 헤맨 것이 없었습니다. 알고 보니 꼭 필요한 지름길로 왔던 것입니다. 우리 눈 앞에 좋은 풀밭이 있고 시내가 있어도 목자가 가지 못하게 하는 것은 옆에 사자나 이리가 노리고 있기 때문입니다.

로라 일걸스 와일더가 쓴 '큰 숲 작은 집' 을 보면 어렸을 때 윈스컨신주 숲 속 이야기입니다. 그때 어떤 부인이 우물에 물을 긷기 위해서 가려고 하는데 개가 앞을 가로막고 서서 절대로 가지 못하게 하는 것입니다. 개가 마치 미친 것처럼 으르렁거리고 앞을 가로막고 아무리 때려도 절대로 가지 못하게 했습니다. 그래서 부인은 하루 종일 개가 무서워서 집 안에 갇혀 있으면서 이 개가 미쳤다고 생각을 했습니다. 나중에 저녁이 되어서 개가 좀 얌전해져서 우물에 가보니까 표범 발자국이 많이 있었습니다. 표범이 나무 위에서 사람을 노리고 있었던 것입니다.

지금 우리가 살고 있는 이 세상은 안전한 세상이 아닙니다. 물론 인간들이 세상을 많이 안전하게 만들었지만 결정적인 위기는 인간의 힘으로 막을 수가 없습니다. 이것은 하나님이 지켜주셔야 하는 것입니다. 그것을 위해서 우리는 우리의 자유를 포기하고 말씀의 우리 안에 있어야 합니다.

9절에 '내가 문이니 누구든지 나로 말미암아 들어가면 구원을 얻고 또는 들어가며 나오며 꼴을 얻으리라' 고 하셨습니다. 양들은 문으로 다녀야 하고 문이 열렸을 때 나가서 꼴을 먹으면 얼마든지 안전하게 살 수 있습니다.

우리가 예수님을 통해서만 구원을 받을 수 있습니다. 우리는 모든 것을 믿음으로 해야 하고 말씀을 통해서 해야 합니다. 우리가 야망이나 욕심으로 하면 안전하지 못합니다. 나중에 비싼 후유증을 치르게 됩니다.

요한복음 10장 28-29절

내가 저희에게 영생을 주노니 영원히 멸망치 아니할 터이요 또 저희를 내 손에서 빼앗을 자가 없느니라. 저희를 주신 내 아버지는 만유보다 크시매 아무도 아버지 손에서 빼앗을 수 없느니라.

예수님께서는 양들에게 영생을 주십니다. 여기서 영생이라고 하는 것은 하나님이 주시는 모든 풍성한 삶을 말합니다. 우리는 이 세상을 나의 힘으로 사는 것이 아니라 하나님의 능력으로 살아야 합니다. 어떤 사람은 우리가 이 세상을 우리 힘으로 살지 않고 하나님의 힘으로 사는 것은 반칙이 아닌가라고 말을 합니다. 그러나 원래 하나님께서 인간들을 만드실 때 하나님의 힘으로 살아야 가장 아름다울 수 있도록 만드셨습니다. 우리는 하나님이 주시는 능력으로 살 때 이 세상에서도 아름답고 하나님 앞에서도 아름다울 수 있습니다. 그리고 하나님의 복과 세상의 복을 다 받습니다. 하지만 이 세상에 마귀나 악한 자들이 우리의 행복을 빼앗아 가려고 기회를 노리고 있습니다. 그렇지만 온 우주보다 강한 하나님의 손이 우리를 붙잡고 계시기 때문에 우리는 안전합니다. 아버지는 만유보다 크신 분이십니다. 온 세상보다 더 크신 분이 일분일초도 쉬지 않고 우리를 지키고 있는데 우리를 납치해서 비참하게 할 수 있을까요? 불가능한 일입니다.

양이 아닌 자들

예수님을 찾아온 많은 유대인들은 정말 양같이 생긴 사람들이었습니다. 그들은 모두 하나님을 잘 믿었고 종교 생활을 철저히 하고 있었습니다. 그러나 예수님은 그들이 '내 양이 아니다' 라고 말씀하셨습니다.

요한복음 10장 23-24절

예수께서 성전 안 솔로몬 행각에서 다니시니 유대인들이 에워싸고 가로되 당신이 언제까지나 우리 마음을 의혹케 하려나이까?"

요한복음 10장 26절

너희가 내 양이 아니므로 믿지 아니하는도다

예수님은 유대인들 앞에서 말씀을 가르치시고 또 많은 병자들을 고치셨습니다. 그럼에도 불구하고 유대인들은 예수님에 대하여 계속 알쏭달쏭해 했습니다. 어떻게 보면 메시야인 것 같기도 하고 어떻게 보면 엉터리 사기꾼 같아 보이기도 했습니다. 그래서 아예 예수님 앞에 몰려와서 당신의 정체를 드러내라고 위협을 하기도 했습니다.

그리고 이들은 나중에 예수님이 자기를 하나님의 아들이라고 한다고 해서 돌을 던져서 죽이려고 하기 까지 했습니다. 왜 똑같은 말씀을 듣고 왜 똑같은 기적을 체험하면서도 이들은 예수님을 믿을 수 없었을까요?

가장 중요한 이유가 그들은 주님의 말씀에 자기 자신의 모든 것을 던지지 않았기 때문입니다. 자기는 그냥 살아 있는 상태에서 예수님의 말씀에서 유익을 얻으려고 하니까 한 발도 앞으로 나갈 수가 없었습니다.

우리는 하나님의 진리의 말슴에 '올인' 해야 합니다. 즉 예수님의 말씀에 모든 것을 걸고 받아들여야 합니다. 내 생각이나 내 비전이나 내 야망이나 내 모든 철학 같은 것들을 다 버리고 주님의 말씀에 빠져버려야 합니다. 우리가 수영을 배울 수 있는 가장 필요한 조건은 물속에 내 자신을 던지는 것입니다. 우리가 한 다리라도 땅을 밟고 있는 동안에는 절대로 수영은 배울 수 없습니다. 완전히 두 팔 다리를 물속에 던지고 그 후에 팔 다리를 저으면서 숨 쉬는 법을 배워야 수영이 되는 것입니다.

유대인들은 하나님을 잘 믿었습니다. 율법도 열심히 공부했습니다. 그러나 언제나 한 다리는 땅을 짚고 있었습니다. 이 사람들은 절대로 자기 자신을 예수님 앞에서 포기하지를 못했습니다. 이 사람들은 우리 안에 갇히는 것을 너무 싫어했고 자기 생각이나 주장을 포기하고 목자만 죽으라고 따라가는 것을 바보라고 생각했습니다. 그들은 언제나 자신들의 야성을 가지고 살아가기를 원했습니다. 그래서 예수님이 이 사람들을 보니까 이미 예수님의 양이 아니었습니다. 왜냐하면 예수님의 양들은 야성이 죽어 벌써 눈이 순하고 바보같이 멍청한 것이 특징이기 때문입니다. 그러나 이 야성의 양들은 아직 눈빛이 사납고 자기 자기주장이 살아있고 절대로 하나님의 말씀에 자기를 던지지 않는 자들이었습니다. 사실은 이 세상에서는 가장 똑똑한 사람들이었습니다. 그러나 이 사람들이 자기 앞에 있는 운명은 이기지 못했습니다. 결국은 모두 다 멸망의 길을 걷고 말았습니다.

우리가 사는 모든 것은 오직 하나님의 말씀에 달려 있습니다. 그리고 이 말씀만 따라가야 살 수가 있습니다. 우리는 이미 이 길을 가고 있습니다. 혹시 아직까지 구경만 하고 계시는 분이 계십니까? 그는 위험한 상태에 있습니다. 우리가 주 안에서 바보가 되는 것이 가장 똑똑해지는 비결입니다. 여러분 모두 선한 목자되신 주님의 음성을 듣고 실패가 없는 풍성한 삶을 사시기를 바랍니다.

26 _ 요 11:1-27

부활의 소망

우리는 집안에 어떤 큰일을 닥쳐 혼자서 도저히 감당을 하지 못하면 누군가를 찾게 됩니다. 그때 집의 큰 아들이나 삼촌 중에서 신실한 사람이 있어서 어려움이 닥쳤을 때 여러 가지로 도움이 되어줄 때 얼마나 든든한지 모릅니다. 하지만 우리에게는 이런 큰 아들이나 삼촌보다 더 능력이 많으신 예수님이 계십니다. 그러나 우리에게 가장 답답한 것은 주님이 보이지 않는 것입니다. 우리가 급할 때 119 전화라도 걸면 구급차라도 달려오지만 주님은 눈에 보이지 않습니다. 어떤 때는 우리가 가장 급할 때 주님은 오시지 않는 것을 같기도 합니다. 이럴 때 우리는 어떻게 해야 합니까?

사람에게 가장 무서운 것은 역시 죽는 것입니다. 위급한 병이나 혹은 중병이나 심한 사고가 생기면 그것으로 사람이 죽는 것입니다. 그리고 사람은 일단 죽고 나면 모든 것은 다 끝나고 마는 것입니다. 우리는 이런 생각을 너무나도 깊이 가지고 있습니다. 그러나 예수님이 가지신 생각은 죽음이 결코 절대적인 것은 아니라는 것입니다. 예수님께서 절대적으로 생각하시는 것은 우리 안에 하나님이 주신 생명이 있느냐 없느냐 하는 것이지 우리가 이 세상에서 사느냐 죽느냐 하는 것이 결코 아니라고 말씀하십니다.

오늘 본문 말씀은 예수님께서 특별히 사랑하신 가정 이야기를 하고 있습니다. 그 가정은 예수님의 발에 향유를 붓고 머리털로 닦았던 마리아의 가정이었습니다. 이 집에는 부모님은 돌아가신 것 같고 마리아와 마르다와 나사로 이렇게 세 남매가 살고 있었는데 이들도 예수님을 굉장히 사랑했고 예수님도 이 가정을 굉장히 사랑하셨습니다.

그런데 어느 날 나사로가 중병에 걸려서 죽게 되었습니다. 그 때 마침 예수님은 이들이 사는 베다니에 계시지 않고 요단강 건너편에 가 계셨습니다. 마리아는 빨리 예수님에게 사람을 보내어서 나사로가 중병에 든 것을 알렸습니다. 그러나 예수님은 금방 오시지 아니하시고 이틀을 더 지체하시는 바람에 나사로는 그만 병으로 죽어버렸습니다. 나중에 예수님이 오셨을 때에는 이미 나사로가 죽은지 나흘이 되어서 장사를 다 지낸 후였습니다. 그러나 예수님은 조금도 절망하거나 당황해하시지 아니하시고 '나는 부활이요 생명이니 나를 믿는 자는 죽어도 살겠고 무릇 살아서 나를 믿는 자는 영원히 죽지 아니하리라' 는 놀라운 말씀을 하셨습니다.

그리고 예수님께서는 실제로 무덤에 가셔서 죽은 나사로를 살려내셨습니다. 이것은 우리 믿는 자들이 가지고 있는 지금까지의 인생관을 완전히 뒤집어엎는 것이었습니다. 사실 우리 모든 인간들은 죽지 않으려고 몸부림을 치면서 거의 병원이나 의사나 약에 매달리다시피 하면서 우리의 생명을 지키려고 하고 있습니다.

그러나 예수님은 우리에게 전혀 그럴 필요가 없다고 말씀하십니다. 왜냐하면 우리 믿는 자들은 결코 죽지 않기 때문입니다. 우리 예수 믿는 사람들에게는 죽는 것이 모든 것이 끝장나는 것이 아닙니다. 죽음 너머 영원한 생명이 기다리고 있습니다.

사랑하는 사람의 질병

예수님은 우리 모두를 다 사랑하시지만 그 중에서도 특별히 사랑하시는 자가 있는 것 같습니다. 그 중에서 마리아의 가정 식구들이 있었습니다.

요한복음 11장 1-3절

어떤 병든 자가 있으니 이는 마리아와 그 형제 마르다의 촌 베다니에 사는 나사로라. 이 마리아는 향유를 주께 붓고 머리털로 주의 발을 씻기던 자요 병든 나사로는 그의 오라비러라. 이에 그 누이들이 예수께 사람을 보내어 가로되 주여 보시옵소서 사랑하시는 자가 병들었나이다 하니

우리 생각에는 예수님은 모든 사람들을 똑같이 사랑하시고 사람에 따라서 아무 차별이 없으실 것 같습니다. 그러나 결코 그렇지가 않았습니다. 예수님에게도 더 사랑하시는 사람이 있었습니다. 우리는 보통 우리가 더 좋아하는 사람이라면 나와 취향이 비슷하거나 혹은 인물이 아주 예쁘거나 호감이 가는 사람일 것입니다. 그러나 예수님은 다른 사람을 인물이 좋다거나 호감이 더 간다고 더 좋아하시지는 않으십

니다. 우리는 마리아가 다른 여인들보다 더 인물이 예뻤다고 생각할 수 없습니다. 오히려 마리아는 동네에서 죄인으로 손가락질 받던 여인이었고 일곱 귀신이 들려서 정신병으로 고통을 많이 받은 여인이었습니다. 그러나 이 여인이 예수님의 사랑을 많이 받았던 것은 그가 말씀을 사랑했기 때문입니다. 그녀는 예수님의 말씀을 듣고 예수님을 믿었고 그 말씀대로 살려고 노력했습니다. 그리고 예수님을 사랑하는 자신의 그런 마음을 예수님 앞에 조금도 감추지 않았습니다. 특히 죄 사함 받고 너무 기쁘고 감사하니까 다른 사람들이 있든지 없든지 예수님 앞에 나가서 울면서 발에 기름을 붓고 머리털로 예수님의 발을 씻어드렸습니다. 우리가 다른 사람들보다 하나님의 사랑을 더 많이 받는 방법이 있습니다. 그것은 하나님의 말씀을 가장 사랑하는 것입니다. 사무엘은 이스라엘의 초대임금 사울에게 '제사보다 순종이 낫다' 라고 말을 했습니다.

하나님께서는 엘리 제사장에게 '나를 존중히 여기는 자를 내가 존중히 여기고 나를 멸시하는 자를 내가 경멸히 여기리라'(삼상2:30)고 말씀하셨습니다.

그래서 우리가 하나님을 가장 사랑하고 또 하나님의 사랑을 가장 많이 받는 방법은 하나님의 말씀을 사랑하는 것입니다. 그 대신 하나님의 말씀을 경멸하고 자기 열심을 자랑하고 자기 의를 자랑하는 자는 하나님으로부터 버림을 당할 것입니다.

그런데 예수님을 가장 사랑하고 또 예수님이 가장 사랑하시는 집의 식구 한 사람이 중병에 걸리게 되었습니다. 우리는 대개 하나님께서 사랑하는 사람에게는 병도 들지 않고 어려움도 생기지 않는 줄로 알고 있습니다. 우리는 어떤 사람에 대하여 '그 사람은 하나님이 특별히 사랑하시는 사람이니까 절대로 병에 걸릴리가 없어' 라고 말할 것입니다. 그러나 오늘 성경 말씀을 보면 예수님께서 너무나도 사랑하시는 사람도 큰 병에 걸려서 죽을 수 있다는 것을 깨닫게 됩니다.

우리는 이런 것을 보면 예수님이 아무리 사랑하시는 사람이나 가정에도 병이나 사고가 올 수 있다는 것을 인정을 해야 합니다.

예수님은 우리를 비닐봉지에 싸셔서 아무 일도 생기지 않도록 하시는 것이 아닙니다. 우리는 이 세상의 다른 사람들과 똑같이 여러 가지 어려운 일을 당할 수가 있습니다. 이럴 때 우리는 하나님의 사랑이나 우리의 신앙에 대하여 의심이 생기게 됩니다. 나는 주님을 너무나도 사랑하고 또 주님도 우리를 사랑하시는 줄 알았는데 왜 우리 집 아빠나 아이가 이런 병에 걸렸을까? 혹시 그 동안 우리가 잘 믿는다고 생각했는데 그 신앙이 엉터리 신앙이 아닐까 라는 의심이 드는 것입니다. 사실 사탄은 우리에게 그런 의심을 불어 넣고 하나님의 사랑을 불신하게 만들려고 합니다.

마르다는 당연히 예수님에게 사람을 보내어서 도와달라고 부탁을 했습니다. 사실 우리 믿는 사람의 가정에 어떤 불행한 일이 닥친 것은 대단히 좋지 못한 것입니다. 이것은 슬픈 것이며 가슴 아픈 것이며 당장 어떻게 해서든지 원상 복귀를 시켜야 하는 일일 것입니다. 그러나 예수님은 나사로가 병든 것을 굉장히 긍정적으로 생각하셨습니다.

요한복음 11장 4절

예수께서 들으시고 가라사대 이 병은 죽을 병이 아니라. 하나님의 영광을 위함이요 하나님의 아들로 이를 인하여 영광을 얻게 하려함이라 하시더라 예수님께서는 나사로가 큰 병에 걸렸다는 소식을 들으시고 '큰 일 났다. 나사로가 큰 병에 걸렸대. 나사로가 죽기 전에 어서 가서 나사로의 병을 고쳐주어야 하겠다' 라고 말씀하시지 않으셨습니다. 어떻게 생각하면 좀 이상할 정도로 예수님은 침착하셨습니다. '즉 나사로의 병은 죽을병이 아니고 하나님의 영광을 나타낼 병이고 하나님의 아들의 영광을 나타낼 병이라' 고 말씀하시는 것입니다. 그런데도 나사로는 죽었습니다.

여기서 예수님은 우리와는 굉장히 다른 생각을 보여 주고 계십니다. 우리가 평소에 가지고 있는 생각은 병이나 고통이라고 하는 것은 대단히 좋지 못한 것이고 비정상적인 것이기 때문에 하루라도 빨리 제거되어야 하고 병이 없는 상태로 회복되어야 한다고 생각을 합니다.

즉 우리가 가지고 있는 생각은 아프지 않고 정상적인 상태에서 할 수 있는 대로 오래 생명을 유지하는 것이 가장 이상적인 상태라고 생각하고 있는 것입니다. 그러나 예수님은 죽음이라는 것은 우리가 생각하는 것처럼 절대적인 것이 아니라고 생각하시는 것입니다. 예수님이 생각하시는 것은 안 죽고 안 아픈 것이 아니라 어떤 삶을 살고 어떤 방식으로 살아가느냐 하는 것을 더 중요하게 생각하시는 것입니다.

예수님은 나사로의 병이 얼마든지 하나님의 영광을 나타낼 수 있다고 생각하셨습니다. 아니, 예수님은 한걸음 더 나아가서 나사로의 죽음을 통해서 무엇인가 다른 생명을 보여주실 강한 하나님의 뜻을 인식하고 계셨습니다.

요한복음 11장 5-6절

예수께서 본래 마르다와 그 동생과 나사로를 사랑하시더니 나사로가 병들었다

함을 들으시고 그 계시던 곳에 이틀을 더 유하시고

예수님께서는 마르다와 나사로를 참으로 사랑하셨습니다. 그럼에도 불구하고 나사로가 병들었는데도 나사로에게 가시지 않으셨습니다. 왜 예수님께서는 나사로를 살리려 가시지 않으셨을까요? 왜 예수님께서는 마리아의 전갈을 받고서도 일부러 이틀을 더 지체하셨을까요? 우리는 그 이유를 알 수 없습니다. 물론 나중에는 알 수 있을 것 같기도 하지만 이 당시에는 절대로 이해를 할 수가 없었을 것입니다. 그러나 이 사흘은 이 집 식구들에게는 그야말로 속이 다 타는 시간이었고 그들의 믿음을 너무나도 시험해보는 시간이었을 것입니다. 그들은 예수님이 오실 줄 분명히 알았고 정말 간절하게 예수님을 기다렸을 것입니다. 나사로가 죽어가려고 하는 이 시간 이 식구들에게는 예수님이 가장 필요로 하는 시간이었습니다. 그러나 예수님은 오시지 않으셨습니다. 오히려 예수님은 나사로가 죽은 후에 나타나셨습니다. 이것이 바로 우리 인간의 연약한 모습입니다. 우리 인간들은 너무나도 연약하기 때문에 바로 그 즉시 도와주지 않으면 죽어버리고 죽고 난 후에는 더 이상 할 수 있는 것이 없습니다. 그러나 우주를 말씀으로 창조하신 예수님에게는 나사로가 죽은 것이나 산 것이 큰 문제가 되지 않았습니다. 예수님은 하나님의 뜻이 더 중요하고 하나님의 말씀이 더 중요하다고 생각하셨습니다. 우리는 죽음의 문제가 결코 정복할 수 없는 난제이지만 영원한 생명의 주인이신 주님 앞에는 죽음은 아무런 문제가 되지 않습니다.

제자들의 반응

예수님께서는 나사로가 죽을병에 걸렸다는 전갈을 받으시고도 이틀 동안 아무 것도 하시지 않으셨습니다. 나사로의 집에 가지도 아니하시고 또 현장에서 나사로의 병이 낫도록 기도도 하시지 않으셨습니다. 그 대신 이틀이 지난 후에 갑자기 유다로 가자고 하셨습니다.

요한복음 11장 7-9절

그 후에 제자들에게 이르시되 유대로 다시 가자 하시니 제자들이 말하되 랍비여 방금도 유대인들이 돌로 치려 하였는데 또 그리로 가시려 하나이까? 예수께서 대답하시되 낮이 열 두시가 아니냐? 사람이 낮에 다니면 이 세상의 빛을 보므로 실족하지 아니하고

예수님께서 유대인들에게 양과 목자의 비유를 가지고 설교를 하셨을 때 유대인들은 너무나도 화가 나서 예수님을 돌로 쳐 죽이려고 했습니다. 사실 양과 목자의 설교는 얼마나 아름다운 설교이며 은혜스러운 설교입니까? 그러나 이 설교가 양들에게는 은혜로운 설교이지만 늑대들에게는 절대로 은혜로운 설교가 아니었던 것입니다. 우리가 하나님의 은혜로우신 인도와 보호를 받으려면 오직 목자의 말씀에 자신의 모든 것을 다 맡겨야 합니다. 그 동안 자기가 개발했던 후각이라든지 다른 재능들은 다 포기하고 오직 목자만 따라가야 하는 것입니다. 이 이야기를 듣고 유대인들은 예수님에 대하여 화를 내었습니다.

'네 이야기를 들어보면 너만 모든 것을 다 알고 너만 최고로 똑똑하다는 것인데 그런 교만이나 독선이 어디 있느냐?' 하는 것입니다. 사람

들은 지금도 마찬가지 입장을 견지하고 있습니다. 사람들이 예수님을 외모로 보기에는 별 것 아닌 것 같은데 자기에게 모든 것을 다 맡기라고 하니까 화가 나서 견딜 수가 없었던 것입니다. 그래서 돌을 들어서 예수님을 쳐 죽이려고 하는데 예수님은 간신히 피해서 요단강 건너편으로 피해와 있었습니다. 예수님의 제자들은 예수님이 당분간은 유대로 가시는 것이 불가능할 것이라고 생각했습니다. 왜냐하면 그만큼 예수님에 대한 유대인들의 반응이 험악했기 때문입니다. 그래서 제자들은 예수님께서 당분간 요단 건너편에서 숨을 죽이시고 숨어 계실 줄로 생각을 했던 것 같습니다. 그리고 나사로가 병들었는데도 가시지 않는 이유가 유대인들 때문인 줄 알았습니다.

그러나 예수님께서 이틀 뒤에 갑자기 유대로 가자고 하니까 제자들은 도무지 이해가 되지 않았습니다. 그래서 '랍비여 조금 전에도 유대인들이 돌로 치려고 했는데 또 거기로 가려고 하십니까?' 라고 물었던 것입니다.

그러나 예수님은 이렇게 대답하셨습니다.

요한복음 11장 9-10절

낮이 열 두시가 아니냐? 사람이 낮에 다니면 이 세상의 빛을 보므로 실족하지 아니하고 밤에 다니면 빛이 그 사람 안에 없는 고로 실족하느니라

예수님께서는 유대에 가느냐 가지 않느냐 하는 것에 있어서 유대인들의 반응이나 태도가 중요하지 않다고 말씀하셨습니다. 중요한 것은 내 안에 빛이 있느냐 없느냐 하는 것이라고 말씀하셨습니다.

요즘 우리나라에서는 아프가니스탄 인질 사건 이후로 아프가니스

탄 선교에 대하여는 금기 사항으로 되어 있습니다. 그럼에도 불구하고 어느 교회에서 아프가니스탄에 단기 선교로 가려고 하면 아마 전국이 들고 일어나서 욕을 하고 반대를 할 것입니다.

'지금까지 사십일이 넘도록 온 국민이 엄청나게 스트레스를 받았고 사람이 두 명이나 죽었고 엄청난 몸값을 주고 겨우 사람을 찾았는데 또 거기에 단기 선교를 가려고 하느냐?' 고 하면서 미쳤다고 할 것입니다.

아마 제자들이 보기에는 예수님은 다시는 유대로 가셔서는 안 될 것 같은 그런 험악한 분위기를 느꼈던 것입니다. 그러나 예수님께서는 중요한 것은 유대인들의 태도가 아니고 내 마음 속에 있는 빛이라고 말씀하셨습니다. 즉 내 마음 속에 태양이 환하게 비취는 대낮이라면 아무리 웅덩이가 있고 걸리는 것이 있어도 얼마든지 피할 수 있다고 말씀하시는 것입니다.

이 빛이 어떤 빛일까요? 어떤 사람들은 자신의 마음속에 한 순간에 드는 뜨거운 감동이라고 말을 합니다. 그러나 우리가 알아야 할 것은 예수님의 빛과 우리의 빛은 그 강도가 다르다는 것입니다. 예수님은 하나님의 아들로서 너무나도 그 빛이 강했기 때문에 어떤 위험이나 위기도 예수님을 이길 수는 없었습니다. 예수님이 가시려고 하시면 어디든지 언제든지 가실 수 있었습니다. 유대인들이나 산적이나 탈레반이 아무리 함정을 파고 기다려도 예수님을 걸고넘어질 수는 없습니다. 그러나 우리는 예수님에 비하여 너무나도 그 빛이 어둡기 때문에 즉흥적인 감동이나 충동으로 생명에 관계되는 중요한 결정을 함부로 내려서는 안 됩니다.

그럼에도 불구하고 예수님이 이 말씀을 하신 것은 앞으로는 우리들에게도 이 빛을 주실 것이기 때문에 하신 것입니다. 즉 우리에게 강한 말씀의 역사가 있고 성령의 충만한 감동과 능력이 부어질 때에는 단지 위험이 있다고 해서 두려워서 벌벌 떨 필요는 없다는 것입니다. 왜냐하면 모든 것을 꿰뚫어보시는 성령의 지혜로 모든 함정이나 올무들을 피해갈 수 있게 하시기 때문입니다. 그래서 우리에게는 동기가 대단히 중요합니다. 우리가 하나님의 일을 하는데 우쭐하는 마음이나 자기를 과시하는 마음으로 하는 것으로는 절대로 사탄의 함정을 피해갈 수가 없습니다. 철저하게 나의 명예심이나 공명심 같은 것을 버리고 정말 이것이 내가 낮아지는 길이며 이것이 하나님의 뜻에 순종하는 길인지 확신을 할 수 있어야 합니다.

예수님께서는 지금 유대로 가는 것이 전혀 위험이 없는 길이라고 말씀하시지 않으셨습니다. 분명히 위험이 있을 수 있고 사탄의 함정이 있을 수 있습니다. 그러나 지금은 예수님이 역사를 지배하고 있기 때문에 그 누구도 예수님을 건드릴 수가 없는 것입니다. 우리에게는 이 확신이 아주 중요합니다.

하지만 우리는 여기서도 다시 한 번 종의 원리를 깨달을 필요가 있습니다. 특별히 우리는 미래에 어떤 일이 일어날지 모르기 때문에 주님의 종으로써 철저하게 종의 자세를 취해야 하는 것입니다. 즉 명령을 내리는 자는 하나님이시고 우리는 준비만 철저히 하면 됩니다. 그러나 많은 경우에는 우리가 주인 행세를 하려고 하다가 큰일을 겪는 경우를 많이 봅니다. 우리가 종으로 해야 할 준비나 알아야 할 것도 알아보지 않고 거저 자기 충동에 따라서 믿음이라고 하면서 결정을 내려버리는 것입니다. 이럴 때 위험이 생기게 됩니다. 다시한번 언급하지만 우리는 종이기 때문에 종으로 모든 준비를 다 해놓고 주님의 뜻을 기다려야 합니다. 그러면 주님이 우리 마음에 확신을 주십니다. 그럴 때 우리는 움직이면 됩니다.

예수님은 유대인들의 의도를 다 알고 계셨습니다. 그럼에도 불구하고 예수님은 그것을 이길 수 있는 지혜와 능력을 가지고 계셨습니다. 오히려 모든 유대인들을 꼼짝 못하게 할 능력이 있으셨습니다. 그것은 죽은 나사로를 살리는 것이었습니다.

예수님은 유다로 가야 할 이유에 대하여 이렇게 말씀하셨습니다.

요한복음 11장 11절

이 말씀을 하신 후에 또 가라사대 우리 친구 나사로가 잠들었도다. 그러나 내가 깨우러 가노라

예수님은 나사로가 죽은 것을 아셨습니다. 그러나 예수님은 나사로가 죽은 것을 잠들었다고 말씀하셨습니다. '우리 친구 나사로가 잠들었도다. 그러나 내가 깨우러가노라'

예수님에게는 죽음이 결코 절대적인 것이 아니었습니다. 잠을 자는 사람은 얼마든지 깨울 수가 있습니다. 예수님에게는 나사로의 죽음이 자는 것이지 결코 죽은 것이 아니었습니다.

이것은 예수님께서 우리 믿는 자들에게 죽음에 대하여 아주 새로운 중요한 가르침을 주시려고 하시는 것입니다. 예수님이 이 세상에 오신 것은 우리가 좀 아프지 않고 건강하게 좀 더 행복한 상태에서 살도록 하기 위해 오신 것이 아닌 것입니다. 예수님이 이 세상에 오신 것은 사망을 정복하기 위해서입니다.

그래서 예수님께서는 이번에 우리 믿는 자들에게 죽음이 과연 어떤

것인지 보여주고자 하는 강한 하나님의 뜻을 아셨던 것입니다. 즉 죽음이라는 것이 절대적인 것이 아니라는 것입니다. 죽음은 그냥 우리가 자는 것과 같습니다.

예수님은 나사로의 죽음이 바로 이 죽음의 실체를 보여주는 하나의 샘플이 되는 것을 아셨습니다. 우리 인간들에게는 죽음이 너무나도 엄청난 비극이고 최고로 심각한 문제이지만 예수님의 말씀 앞에서는 얼마든지 정복될 수 있다는 것을 보여주시는 것이 하나님의 뜻이라는 것을 아셨던 것입니다. 그래서 예수님은 나사로가 죽은 것을 잔다고 말씀하셨습니다. 그리고 예수님은 말씀으로 죽은 나사로를 깨우러 가셨습니다.

이것은 예수님께서 우리가 죽은 후에 더 중요한 삶이 있고 이 세상의 삶은 죽음 이후에 있는 부활의 삶과 연결되는 것임을 보여주시는 것입니다. 죽음은 우리의 생명의 끝이 결코 아닙니다. 우리에게는 계속 되는 삶이 있습니다. 단지 죽음은 우리가 잠시 자는 것뿐입니다.

우리가 밤에 되면 모두 잠을 잡니다. 그러나 잠을 잔다고 해서 모든 것이 다 끝장나는 것이 아닙니다. 우리는 집에서 아이가 잔다고 해서 울면서 통곡하지 않습니다. 또 아버지나 어머니가 주무신다고 해서 울부짖지 않습니다. 왜냐하면 잠을 자야 우리는 내일 더 맑은 정신으로 그리고 새로운 기분으로 다시 새로운 하루를 시작할 수 있기 때문입니다. 예수님은 우리가 이 세상에서 죽는 것은 다시 영원한 새로운 삶으로 태어나기 위한 잠으로 보셨습니다. 우리는 이 세상에서는 자지만 새로운 세상에서 다시 태어나는 것입니다.

제자들은 이 말을 문자 그대로 이해를 했습니다.

요한복음 11장 12절

제자들이 가로되 주여 잠들었으면 낫겠나이다

그러나 예수님은 제자들에게 그런 잠이 아니라고 말씀하셨습니다.

요한복음 11장 13-15절

예수는 그의 죽음을 가리켜 말씀하신 것이나 저희는 잠들어 쉬는 것을 가리켜 말씀하심인줄 생각하는지라. 이에 예수께서 밝히 이르시되 나사로가 죽었느니라. 내가 거기 있지 아니한 것을 너희를 위하여 기뻐하노니 이는 너희로 믿게 하려함이라. 그러나 그에게로 가자 하신대

우리는 여기서 예수님과 제자들이 생각하는 수준이 대학원생과 유치원생 수준의 차이라는 것을 알 수 있습니다. 예수님은 사람이 죽은 것을 가지고 '잔다' 고 하시니까 제자들은 '이제 자면 병이 다 나은 것입니다' 라고 하면서 얼마나 잘난 체 하는지 모릅니다. 그러나 놀라운 것은 예수님과 제자들 사이에 이런 엄청난 지각의 차이가 있음에도 불구하고 이들은 놀랍게 잘 동역을 하고 있었습니다. 그 이유는 서로간에 신뢰가 있었기 때문입니다.

사람 사이에도 신뢰가 없으면 서로 싸우고 갈라지는 것이고 신뢰가 있으면 서로 말이 전혀 통하지 않는데도 불구하고 얼마든지 아름답게 동역할 수 있는 것입니다.

그런데 우리의 수준은 어디에 가깝겠습니까? 예수님의 수준입니까? 아니면 제자들의 수준입니까? 우리들은 틀림없는 제자들의 수준입니다. 제자들은 예수님이 나사로가 잠들었다고 하니까 자는 줄 알았고 죽은 줄은 생각하지 못하는 것입니다. 더욱이 제자들은 유다로 가면

죽는 걸로 생각했습니다.

요한복음 11장 16절

디두모라는 도마가 다른 제자들에게 말하되 우리도 주와 함께 죽으러 가자 하니라

도마는 유다로 가는 것이 죽는 것보다 더 싫었습니다. 특히 도마는 의심이 많고 걱정이 많은 형이었기 때문에 이번에 유다로 가면 분명히 붙들려 죽을 것으로 생각을 했습니다.

사람들 중에는 강박 관념이 좀 강한 사람들이 있습니다. 그래서 자기 혼자 생각을 해버리는 것입니다. '이번에 어디로 가면 우리는 모두 다 죽을 것이다' 라는 식으로 혼자 단정을 해버립니다. 도마는 지금과 같은 형편에 죽은 나사로를 위해서 유다로 가는 것은 죽으러 가는 것이라고 단정을 했습니다. 그러나 도마의 장점은 아무리 그것이 죽으러 가는 길이라 하더라도 주님이 가신다면 우리도 가서 다 죽자고 한 것입니다. 그러니까 도마의 신앙은 아무리 가기 싫고 하기 싫은 일이라 하더라도 주님이 가시면 같이 가서 죽겠다는 것이었습니다.

여기서 예수님은 제자들에게 '내가 거기에 있지 아니한 것을 너희를 위하여 기뻐한다' 고 말씀하셨습니다. 예수님은 나사로가 깊은 병에 걸렸지만 예수님이 거기에 안 계신 것이 다행이었다는 것입니다. 왜냐하면 예수님이 거기에 계셨더라면 제자들이나 사람들 때문에 나사로가 죽을 때까지 기다릴 수가 없었기 때문입니다. 그러나 예수님이나 제자들이 거기에 없었기 때문에 오히려 기다릴 수가 있었고 결국 더 큰 하나님의 세계를 볼 수 있게 된 것입니다. 이것이 바로 하나님과 우리의 차이입니다.

우리는 어떻게 해서든지 사랑하는 사람이 고통스럽지 않고 고생하지 않고 평안하게 살기를 바랍니다. 그러나 하나님께서는 우리가 고통을 극복하고 고생을 극복하고 심지어는 죽음도 극복하기를 원하시는 것입니다.

바다에 가면 아이들은 깊은데 절대로 들어가지 않으려고 합니다. 왜냐하면 깊은데 빠지면 죽기 때문입니다. 그러나 아버지는 키가 크기 때문에 깊은 데로 아이를 안고 들어갑니다. 그러면 아이들은 무서워서 막 소리를 지르면서 안 간다고 합니다. 사실 예수님과 우리사이에 질병과 죽음을 보는 시각은 매우 큽니다. 우리는 모험도 없이 아프지도 않고 매일 편하게 살기를 원하지만 하나님은 우리를 질병과 죽음의 바다에 넣으셔서 그 안에 있는 하나님의 놀라운 은혜와 기적들을 캐내기를 원하시는 것입니다. 지금도 마찬가지입니다. 만약 예수님이 여기에 계신다면 우리는 죄다 우리의 아픈 것만 가지고 와서 예수님에게 고쳐달라고 할 것입니다. 또 예수님도 우리가 아파하거나 우리가 괴로워하는 것을 보지 못하시기 때문에 우리를 다 고쳐주실 것입니다. 그러면 우리는 절대로 아픈 것이나 어려운 시련을 극복을 하지 못합니다. 우리는 때로는 하나님이 안 계신 것 같은 느낌을 받을 때에도 참고 들어가야 더 큰 하나님의 은혜와 축복을 맛볼 수가 있습니다. 그러기에 우리는 너무 고난을 두려워해서는 안 됩니다. 오히려 고난당하면 어렸을 때 학생들이 소풍을 가거나 수학여행을 가면 기뻐하듯이 기대를 할 필요가 있습니다. 하나님께서는 이번 고난을 통해서 도대체 우리에게 어떤 은혜를 주시려고 하시는가 기대를 하셔야 하는 것입니다. 고난은 우리에게 아픔과 고통을 주지만 그것을 통해서 믿음이 가라고 성숙한 그리스도인이 되기 때문입니다.

죽음을 이기는 말씀

예수님께서 유대에 오셨을 때에는 이미 나사로가 죽은지 나흘째 되던 날이었습니다.

요한복음 11장 17절

예수께서 와서 보시니 나사로가 무덤에 있은지 이미 나흘이라

유대인의 장례 방식은 우리 장례 방식과 차이가 있는 것을 볼 수 있습니다. 우리는 사람이 죽으면 보통 삼일 정도 문상을 하고 그리고 나서 장례를 합니다. 그러나 팔레스타인은 날씨가 덥기 때문에 사람이 죽으면 바로 장례를 하고 그 후에 문상을 받았습니다. 예수님께서 나사로의 집에 가셨을 때에는 이미 장례는 다 끝나서 사람들이 문상을 하고 있을 때였습니다. 나사로는 무덤 속에 넣은지 나흘이 되어서 시체가 썩고 있었습니다.

많은 유대인들이 마리아의 집에 와서 문상하고 있었는데 마르다는 예수님이 오셨다는 말씀을 들었습니다.

요한복음 11장 19-20절

많은 유대인이 마르다와 마리아에게 그 오라비의 일로 위문하러 왔더니 마르다는 예수 오신다는 말을 듣고 곧 나가 맞되 마리아는 집에 앉았더라.

예수님은 이 사랑하는 식구들이 예수님을 가장 필요로 할 때에는 오시지 않으셨습니다. 그리고 예수님이 오셨을 때에는 나사로는 이미 죽어서 장사까지 지낸 후였습니다. 예수님은 너무 늦게 그들을 찾아

오셨습니다. 이제 예수님이 그들에게 해 주실 수 있는 것이 무엇이 있겠습니까? 그 때 마르다는 예수님을 영접하기 위해서 나아갔습니다. 그러나 마리아는 가지 않았습니다. 왜 마리아가 예수님을 영접하러 가지 않았는지는 알 수 없습니다.

마르다는 예수님을 만나지 말자 원망의 말을 했습니다.

요한복음 11장 21-22절

마르다가 예수께 여짜오되 주께서 여기 계셨더면 내 오라비가 죽지 아니하였겠나이다. 그러나 나는 이제라도 주께서 무엇이든지 하나님께 구하시는 것을 하나님이 주실 줄을 아나이다

마르다는 예수님이 여기에 계셨더라면 나사로가 죽지 않았을 것을 절대적으로 확신을 했습니다. 그러나 유대인들이 난리는 치는 바람에 예수님은 어쩔 수 없어서 이곳을 피하여 다른 곳에 가셨고 결국 예수님이 없어서 나사로는 죽고 말았다는 뜻으로 이야기를 했습니다. 그러면서도 무엇인가 희망이 있는 말을 했습니다. '그러나 지금이라도 주께서 하나님께 구하는 것을 하나님이 주실 줄 믿습니다' 라고 말을 했습니다. 지금 사람이 죽었는데 죽은 자를 위해서 해줄 수 있는 것이 무엇이 있겠습니까? 지금 마르다는 결코 예수님이 나사로를 다시 살리실 것이라고는 꿈에도 생각을 하지 못했습니다. 사실 인간들 중에는 예수님께서 죽은 나사로를 다시 살리실 것이라고 믿을 수 있는 사람은 단 한명도 없었습니다.

그러면 마르다가 말하는 것은 무슨 뜻입니까? 아마도 예수님은 하나님의 나라에서 왔으니까 나사로를 위해서 예수님이 기도를 해 주시

면 그의 대우가 달라질 것이라고 생각했는지도 모릅니다. 사실 이 본문을 잘못 해석하는 어떤 사람들은 죽은 자를 위해서 기도를 부탁하기도 합니다.

곧 '우리 남편이 죽었는데 지옥에서 너무 고생하지 않도록 기도를 해 달라' 는 것입니다. 여기에서 천주교에서는 '연옥설' 이 나오는 것입니다. 즉 사람이 죄를 다 갚지 못하고 죽으면 연옥에서 공로가 다 찰 때까지 기다려야 하는데 그것을 위해서 기도를 해주는 것입니다. 이것은 대단히 예수님을 무시하는 것이고 성경에 대하여 무지한 것입니다.

여기서 예수님은 마르다에게 엄청난 말씀을 하셨습니다.

요한복음 11장 23절

네 오라비가 다시 살리라

예수님께서 이 말씀을 하신 것은 희망 사항이 아닙니다. '나는 너희 오라비가 다시 살았으면 좋겠다' 는 그런 뜻이 아닙니다. 이 말씀은 죽어서 썩어가고 있는 나사로를 다시 살리시는 창조주 하나님의 음성이었습니다. 예수님께서는 죽은 나사로를 이 말씀으로 다시 살리시겠다고 약속을 하시고 선언을 하시는 것입니다. 그럼에도 불구하고 마르다는 이 말씀에 '아멘! 주여 내가 믿나이다' 라는 말을 하지 못했습니다.

단지 마르다는 예수님의 말씀을 자기 나름대로 해석을 했습니다.

요한복음 11장 24절

마르다가 가로되 마지막 날 부활에는 다시 살 줄을 내가 아나이다 마르다는 왜 여기서 예수님의 말씀을 그대로 받아들이지 못하고 자기 나름대로 해석을 해서 받아들였을까요? 그것은 예수님께서 자기들을 위로하시기 위해서 희망 사항으로 말씀하시는 줄 알았기 때문입니다. 그리고 혹시 나사로가 다시 살지 못하더라도 스스로 실망하지 않으려고 하는 말이었을 것입니다.

그러나 내가 이번에 죽은 나사로를 살림으로 내가 산 자와 죽은 자의 주님인 것을 친히 보여주겠다' 라고 말씀하셨습니다.

예수님이 말씀하시는 것은 '나중에 일어날 수 있는 일' 이 아니고 '지금 여기서' 예수님이 하시려고 하는 것입니다. 물론 마르다나 우리나 모두 예수님의 이 말씀을 이해할 수도 없고 그 능력을 믿을 수도 없는 것이 사실입니다. 그러나 우리가 우리 마음대로 하나님으로부터 실망하지 않으려고 하나님의 말씀을 깎아서 해석하려고 하는 것은 전적인 불신앙의 증거입니다.

우리는 예수님의 말씀을 그대로 믿어야 합니다. 그러니까 예수님은 이제 나사로를 넘어서 모든 사람들에게 적용되는 말씀을 하셨습니다.

이것이 인간의 삶과 죽음에 대한 하나님의 최종적인 선언입니다.

요한복음 11장 25-26절

예수께서 가라사대 나는 부활이요 생명이니 나를 믿는 자는 죽어도 살겠고 무릇 살아서 나를 믿는 자는 영원히 죽지 아니하리니 이것을 네가 믿느냐?

이것은 너무나도 위대하고 너무나도 축복되고 너무나도 영광스러운 능력의 말씀입니다.

우선 예수님은 부활이요 생명이십니다. 예수님이 자신을 부활이라고 말씀하시는 것은 죽음이 모든 것의 끝이 아니라는 것입니다. 예수님은 사망의 권세를 이기신 분이십니다. 우리 인간에게 가장 무서운 적은 사망이었습니다. 우리 인간들은 모두 태어나면서부터 죽음의 암덩어리를 짊어지고 살아가고 있습니다. 우리는 모두 조건부로 제한적인 삶을 살고 있는 것입니다. 우리의 삶 속에는 언제나 죽음이 함께 하고 있었습니다. 왜냐하면 우리 모든 인간들은 사망이라는 너무나도 고통스러운 시한폭탄을 언제나 몸에 감고 살아오고 있었기 때문입니다. 그런데 예수님께서 이 사망을 해결하셨습니다. 우리 몸에 있는 사망의 암 덩어리를 빼내셨고 사망의 시한폭탄을 제거해 주셨습니다. 예수님이 죽었다가 다시 살아나심으로 우리도 영원히 살 수 있게 되었습니다.

사람들은 죽은 후에 어떻게 되는지 아무도 몰랐습니다. 왜냐하면 죽었다가 살아서 돌아온 자가 아무도 없었기 때문입니다. 모두 막연하게 추측만 할 뿐이었습니다. 그러나 예수님은 유일하게 죽었다가 다시 살아나셨습니다. 예수님이 부활하심으로 오직 주님만이 우리의 생명의 주인이심을 증명하셨습니다.

우리 인간의 삶은 죽는 것으로 끝난 것이 아니라 하나님의 심판이 있습니다. 그리고 죽은 후의 삶이 또 있습니다. 어떤 의미에서는 죽은 후의 삶이 더 실제적일 수 있습니다. 그러기에 죽은 후의 삶이 더 중요한 것입니다.

예수님은 여기서 분명히 말씀하셨습니다. '나를 믿는 자는 죽어도 살겠고 무릇 살아서 나를 믿는 자는 영원히 죽지 아니하리라'

예수님은 생명이십니다. 그래서 우리가 예수를 믿는 순간 이미 우리는 살아난 것입니다. 우리는 살았든지 죽었든지 예수님과 같이 있습니다. 이것이 우리에게는 중요한 것입니다. 예수 믿는 자는 산자나 죽은 자나 모두 예수님과 같이 있습니다. 그래서 산자와 죽은 자의 차이는 장막 하나입니다. 이 육체를 사이에 두고 우리는 모두 똑같은 주님을 믿고 주님을 예배하고 있고 똑같은 성도의 교제를 나누고 있는 것입니다.

무엇이든지 처음으로 한계를 극복하는 것이 가장 어려운 것 같습니다. 운동선수들이 끊임없이 시도하는 것은 인간의 한계를 더 먼 곳까지 갖다 놓는 것입니다. 누군가에 의해 한번 한계가 극복되고 나면 그 다음 사람이 거기까지 가는 것은 더 쉽습니다. 왜냐하면 누군가가 한번 성공하고 나면 다음 사람은 '여기까지는 얼마든지 갈 수 있다.' 라는 확신을 가지고 거기까지 도전하기 때문입니다.

에베레스트 산 같은 경우에 누가 한번 올라가고 나면 그 다음부터는 의외로 쉽게 정복됩니다. 왜냐하면 이미 한번 정복한 사람이 있기 때문입니다. 그러기에 모험할만한 자신감이 생깁니다.

그래서 누군가가 한번 높은 산을 정복하고 나면 그 후에는 더 많은 사람들이 정복을 하게 됩니다. 그리고 그만큼 우리 인간의 삶의 지평선은 넓어지게 되는 것입니다.

예수님은 사망의 한계를 정복하셨습니다. 예수님은 사망의 한계를 정복하면서 죄와 율법과 저주와 다른 모든 것까지 한꺼번에 다 정복하셨습니다. 이제는 우리의 삶의 한계가 죽음 너머로 넓어지게 되었습니다.

요한복음 11장 25절

나는 부활이요 생명이니

이 말씀은 죽은 자와 산 자 모두에게 하시는 선언입니다. 단순히 한 여자 마르다에게 하시는 말씀이 아니라 지금까지 인류 역사상 죽은 모든 자들과 현재 살고 있고 또 앞으로 태어나게 될 모든 인간들을 향하여 창조주 하나님께서 자기 자신의 능력을 선포하시는 말씀입니다.

주님은 이미 죽은 자들에게는 부활이 되십니다. 그리고 앞으로 태어날 모든 자에게는 생명의 주가 되십니다.

여기서 '믿는다' 라는 것은 무슨 뜻입니까? 여기서 믿는다는 것은 자신의 전 삶을 하나님께 맡기는 것을 의미합니다. 잘살든 못살든 자신의 모든 것을 예수님 한 분께 맡길 때 우리는 그 순간부터 영원히 살게 됩니다. 이 세상의 다른 사람들의 모든 수고는 죽음으로 다 끝이 납니다 . 마치 바닷가에서 모래성을 쌓다가 썰물이 밀려오면 다 없어지는 것과 같습니다. 그러나 우리의 모든 것은 죽음으로 없어지지 않습니다. 오히려 죽음으로 더 완성되게 되고 죽음으로 더 아름답게 완성되게 됩니다. 왜냐하면 예수님께서 죽음 너머까지 우리의 삶은 연장시켜 놓으셨기 때문입니다. 이 얼마나 기쁜 소식입니까? 그러므로 우리에게 가장 중요한 것은 예수를 생명의 주인으로 믿고 그분의 말씀대로 순종하며 사는 것입니다. 그러므로 우리는 영원히 주님과 함께 사는 복을 누리게 될 것입니다.

Exposition of John

27 _ 요 11:28-44

죽은 나사로를 살리신 주님

요즘 나이가 들어가는 직장 남성들에게 '은퇴' 라는 문제는 상당히 중요한 문제로 마음에 와 닿는 것을 볼 수 있습니다. '은퇴' 라고 하는 것은 지금까지 해오던 사회적인 활동을 나이가 들었다고 해서 중지당하는 것입니다. 어떻게 보면 남자들은 오직 자신의 직장 하나만을 위하여 정신없이 달려왔다고 말할 수 있습니다. 그런데 이제 은퇴를 함으로 진정으로 자신의 삶을 돌아보고 좀 더 폭넓은 인생을 살 수 있는 기회를 갖게 되는 것입니다. 그러나 자칫 잘못 생각하면 '이제 나는 더 이상 아무 것도 할 수 없구나. 오직 죽을 날만 기다려야 하겠구나' 라고 하면서 절망에 빠질 수도 있을 것입니다.

우리 인간들은 이 세상에서 많은 것들을 정복을 해왔습니다. 그러나 우리 인간들이 아직 해결하지 못하고 있는 가장 치명적인 난제가 있습니다. 그것은 바로 죽음을 정복하지 못합니다. 의학이 발달했지만 사람들은 아직도 한 사람도 예외 없이 다 죽어가고 있습니다. 죽음은 젊은이나 늙은이나 구별도 없이 순서도 없이 우리 모두에게 찾아오고 있습니다. 우리 인간들은 죽음을 극복해 보기 위해서 그렇게 많이 연구를 하고 지식을 축적해 왔음에도 불구하고 죽음의 원인이라든지 아니면 죽은 후에 우리 인간이 어떻게 되는지에 대하여 아주 기초적인 지식조차도 가지지 못하고 있습니다.

지금도 죽음은 우리 인간에게 가장 고통스러운 것이며 인간의 모든 소망과 사랑과 모든 기대를 산산히 다 빼앗아가고 있습니다. 우리 인간들은 어떻게 해서든지 전부 죽지 않으려고 이리 도망치고 저리 도망을 치지만 누구든지 걸리면 가차 없이 죽음에 끌려가는 것입니다. 이것은 돈도 도와주지 못하고 권력도 도와주지 못하고 부모도 도와주지 못하고 사랑하는 사람도 도와주지 못합니다. 만약 인간이 죽음을 정복하고 죽음의 문제만 해결할 수 있다면 인간의 모든 문제는 다 해결된다고 보아야 할 것입니다.

예수님이 이 세상에 오신 것은 바로 인간의 죽음의 문제를 해결하시기 위해서입니다. 예수님은 단지 육체적인 죽음만 해결하신 것이 아닙니다. 죽음의 원인과 결과 및 영생의 문제를 완전히 해결하셨습니다. 그 증거로 예수님은 죽은 나사로를 살리셨습니다. 그러나 이것은 우연이나 순간적인 능력이 아니고 앞으로 이루질 수많은 부활의 샘플이 되는 것입니다.

이것은 앞으로 수만 명 혹은 수십만 명의 믿는 자들을 살려내실 예표가 되는 것입니다.

이것은 예수님께서 확실히 죽음을 정복하셨으며 우리 믿는 모든 사람들에게 얼마든지 새로운 생명을 주실 수 있는 분이신 것을 증명한 것입니다.

모든 사람들은 죽음을 의식하고 살기 때문에 할 수만 있으면 죽기 전에 무엇인가를 해보려고 너무나도 서두르고 있고 조급해하고 있으며 다른 한편으로 절망하고 두려워하고 있습니다. 그러나 만약 우리가 영원히 죽지 않는다면 어떻게 하겠습니까? 우리가 늙지도 않고 오히려 시간이 갈수록 더 젊어지고 유능해지며 더 기력이 좋아진다면 우리는 어떻게 하겠습니까? 아마 이 세상에 대하여 그렇게 조급해질 이유는 없을 것입니다. 그리고 무엇인가 우리는 자신의 삶에 대하여 근본적으로 다른 생각을 가지게 될 것입니다.

지금 예수님은 우리에게 그런 질문을 던지고 계신 것입니다.

예수님의 눈물

죽음은 우리에게 이중적인 고통을 남깁니다. 그 하나는 죽음 자체가 너무나도 고통스러운 것입니다. 우리 인간들 중에서 죽음이 즐거운 사람은 아무도 없을 것입니다. 그뿐만 아니라 죽음은 이 세상에서 자신이 사랑하던 사람들이나 이 세상에 있는 모든 것과의 영원한 이별을 의미합니다. 그래서 어떤 의미에서 사람이 늙어가는 것도 의미는 있는 것 같습니다. 왜냐하면 우리 인간들은 늙어가면서 이 세상에 대해서 조금씩 포기를 하게 되고 죽음을 준비하게 되기 때문입니다. 그럼에도 불구하고 죽음이라는 것은 죽는 그 본인이나 그의 가족들에게 너무나도 큰 고통은 안겨다 줍니다.

죽은 나사로는 신앙도 좋았을 뿐 아니라 형제들 사이의 우애도 아주 좋았던 것 같습니다. 그래서 나사로가 죽었을 때 그의 누이 마르다와 마리아는 너무나도 슬퍼하고 괴로워 했습니다. 그들은 하나님의 아들이신 예수님도 사랑하는 사람의 죽음에는 별 도움이 되지 않는다고 생각을 했었습니다.

예수님께서 나사로가 죽은지 나흘이 지난 후에 그의 집에 찾아오셨을 때 마르다는 예수님을 원망했습니다. '주께서 여기 계셨더면 우리 오라비가 죽지 아니하였을 텐데' 라고 했습니다. 그때 예수님께서는 '네 오라비가 다시 살리라' 고 하셨고 '나는 부활이요 생명이니 나를 믿는 자는 죽어도 살겠고 살아서 나를 믿는 자는 영원히 죽지 아니하리니 네가 이것을 믿느냐' 라고 말씀하셨습니다. 이것은 엄청난 말씀이요 부활의 희망을 주시는 말씀이었습니다.

그런데 마르다는 자기 동생 마리아에게 가서 이런 말은 전혀 하지 않았습니다. 단지 '선생님이 너를 부르신다' 고만 말하였을 뿐입니다.

요한복음 11장 28절

이 말을 하고 돌아가서 가만히 그 형제 마리아를 불러 말하되 선생님이 오셔서 너를 부르신다 하니

예수님께서 마르다에게 하신 말씀은 너무나도 중요한 말씀이었습니다. 이것은 단지 한 인간으로서 마르다를 위로하기 위해서 하신 말씀이 아니었습니다. 이것은 전능하신 하나님의 아들이 영원히 사망의 고통에서 벗어날 수 없는 모든 인간들에게 선포하신 말씀이었습니다. 이 말씀 속에는 나사로에 대한 것과 모든 죽은 자에 대한 것과 모든 산 자에 대한 말씀이 다 들어 있습니다. 나사로에 대해서는 '네 오라비가 다시 살리라' 고 하셨고 모든 죽은 자에 대해서는 '나는 부활이요 생명

이니 나를 믿는 자는 죽어도 살겠고' 라고 말씀하셨고 모든 산자에 대해서는 '나는 생명이니 살아서 나를 믿는 자는 영원히 죽지 아니하리라' 고 말씀하셨습니다.

이것은 예수님께서 산자와 죽은 자들 모두를 향해 선포하시는 가장 중요한 말씀이었습니다. 우리가 가끔 뉴스를 보면 대통령이 등산을 하거나 휴가를 가거나 어디를 가든지 기자들이 취재를 하는 것을 볼 수 있습니다. 왜냐하면 대통령은 언제 어디서나 중요한 발언을 할 수 있기 때문입니다. 그래서 대통령이 하는 모든 말은 다 중요한 말이 되는 것입니다. 하물며 하나님의 아들 예수님이 하시는 말씀은 얼마나 중요하겠습니까? 예수님이 하신 말씀은 사람을 살리는 말씀이고 생명을 주시는 말씀이었습니다. 그런데 마르다는 예수님의 이 엄청난 말씀을 모두 삼켜버렸습니다. 이것을 자기 동생 마리아에게도 해주지 않았습니다. 그 이유가 어디에 있습니까? 마르다는 예수님의 말씀보다는 자신의 감정이 더 중요하다고 생각했기 때문입니다.

우리는 모든 사람에게 미치는 어떤 중요한 사실을 알게 되었을 때 다른 사람에게 알려주어야 할 책임이 있습니다. 특히 그것이 생명에 관한 것이며 다른 사람의 운명을 결정하는 문제라면 반드시 발표를 해야 하는 것입니다.

그러면 마르다는 어떻게 하는 것이 옳았겠습니까? 예수님을 만나고 집에 돌아가자 마자 사람들에게 '예수님은 우리 오라비가 다시 산다고 말씀하셨습니다. 예수님은 자신이 부활이요 생명이라고 말씀하셨습니다. 그러므로 누구든지 예수님을 믿으면 죽어도 살고 살아서 믿는 자는 영원히 죽지 않을 것입니다' 라고 알렸어야 했을 것입니다. 그러나 마르다는 이 엄청난 이야기를 어느 누구에게도 하지 않았습니다. 마르다는 자기 동생에게도 '단지 선생님이 너를 부르신다' 고 만 했습니다. 마르다가 왜 그랬을까요? 그녀는 예수님의 말씀을 단지 자기를 위로하는 말씀 정도로만 들었기 때문입니다. 그래서 나는 나의 위로를 받았으니까 너도 예수님을 만나서 너의 위로를 받으라는 뜻이었습니다.

마리아는 예수님이 부르신다고 하니까 급히 일어나 예수님이 계신 곳으로 달려갔습니다. 그리고 예수님 발 앞에 엎드려서 언니가 했던 것과 똑같은 원망의 말을 하면서 울었습니다. 32절, "마리아가 예수 계신 곳에 와서 보이고 그 발 앞에 엎드리어 가로되 주께서 여기 계셨더면 내 오라비가 죽지 아니하였겠나이다 하더라"

이에 예수님은 죽을 수밖에 없는 인생들에게 엄청난 희망의 메시지를 주셨습니다. 그것은 인간들이 예수님을 인하여 죽어도 다시 살 수 있으며 또한 영원히 죽지 않을 수 있다는 것이었습니다.

예수님의 이 말씀은 그냥 슬픈 자를 위로하기 위해서 주신 것이 아니고 실제로 죽은 자를 살리시는 능력으로 약속하신 것이었습니다. 그러나 예수님의 이 엄청난 말씀을 듣고도 마르다와 마리아는 깨닫지 못했습니다. 즉 예수님을 믿지 않는 일반 유대인들은 그렇다 치더라도 그렇게 예수님을 사랑하고 예수님을 하나님의 아들로 믿었던 마르다나 마리아에게도 아무런 변화를 가져오지 못하고 있었습니다.

이것이 바로 오늘 우리 인간들의 모습입니다. 우리는 무엇을 담아갈 때 자기가 가져갈 수 있는 분량밖에 가져가지 못합니다. 예를들어 아무리 많은 과일이 있고 곡식이 있다고 하여도 자기가 가지고 온 보자기나 그릇의 용량밖에는 가져가지 못하는 것입니다.

그만큼 인간에게 있어서 죽음의 문제는 컸고 죽음의 고통은 절대적이었습니다. 마리아가 예수님을 만나기 위해서 급히 나가는 것을 보고 곡하는 자들도 급히 따라 나왔습니다.

요한복음 11장 31절

마리아와 함께 집에 있어 위로하던 유대인들은 그의 급히 일어나 나가는 것을 보고 곡하러 무덤에 가는 줄로 생각하고 따라가더니

마리아의 집에 있던 사람들은 마리아가 너무 엄청난 일을 당했기 때문에 결코 혼자 울게 해서는 안 된다고 생각했습니다. 그래서 마리아가 나가는 것을 보고 무덤에 곡하러 가는 줄 알고 울어주기 위해서 모두 다 따라 나왔습니다. 예수님 앞에서 마리아가 우니까 곡하러 온 사람들도 모두 예수님 앞에서 울어대었습니다. 예수님은 마르다에게 분명히 부활의 소망을 말씀하셨는데 돌아온 것은 죽음의 절망이었고 애통이었습니다.

사람들은 자기가 한 말이 정확하게 정반대로 돌아오면 아마 기가 차서 말을 못할 것입니다. 그럴 경우 자신의 뜻을 정반대로 곡해하는 사람들을 책망하든지 아니면 엄청나게 화를 내든지 빈정거리든지 할 것입니다.

하지만 당시 예수님의 모습은 너무나도 달랐습니다. 예수님은 마리아나 마르다에게 '어떻게 내 말을 이렇게도 알아듣지 못하느냐?' 고 역정을 내시거나 혹은 '어떻게 이렇게 내 말을 믿지 못하느냐' 고 하시면서 야단치지 아니하시고 조용히 우셨습니다.

요한복음 11장 33절

예수께서 그의 우는 것과 또 함께 온 유대인들의 우는 것을 보시고 심령에 통분

여기서 중요한 것은 예수님께서 같이 우셨다는 것입니다. 왜 예수님께서는 예수님의 말씀을 전하지도 아니하고 믿지도 못하고 울기만 하는 마리아나 유대인들을 보시고 우셨을까요?

예수님께서 이들의 마음과 같아지셔서 그들의 마음을 깊이 이해하셨던 것입니다. 예수님께서는 마르다나 마리아가 예수님과 같이 생각하지 아니하는 것에 대하여 야단을 치시거나 화를 내시지 아니하셨습니다. 오히려 예수님께서는 그들의 부족함과 연약함을 깊이 이해하셨습니다.

하지만 유대인들 중에서는 예수님이 우시는 것을 보고 비꼬는 사람들도 있었습니다.

36절에 "이에 유대인이 말하되 보라 그를 어떻게 사랑하였는가 하며"라고 말했습니다. 또 어떤 사람들은 37절에 "소경의 눈을 뜨게 한 이 사람이 그 사람을 죽지 않게 할 수 없었더냐?"라고 비꼬기도 했습니다.

예수님이 눈물을 흘리시는 것을 보고 좋지 않게 생각하는 사람은 '그렇게 울 것 같으면 죽지 않게 하지. 왜 그것은 막지 못했어.'라고 하면서 비난했습니다.

예수님은 잠시 자신의 뜻과 능력을 내려놓으시고 사랑하는 오라비의 죽음 앞에서 절망하고 괴로워할 수밖에 없는 이들의 마음속으로 들어오셨습니다. 지금 이 사람들은 누가 뭐라고 해도 그 말이 귀에 들어오지 않을 정도로 슬퍼하며 비통해하고 있는 것입니다. 예수님은 그들의 마음을 충분히 아셨습니다. 그래서 그들과 함께 가슴 아파하시고 그들과 함께 슬퍼하셨습니다. 그러면서도 예수님께서는 또한 통분히 여기기도 하셨습니다. 여기서 통분히 여긴다는 것은 분노하셨다는 뜻입니다. 즉 죄와 죽음이 인간에게 끼치는 이 비참한 현실에 대하여 다시 한번 분노를 느끼신 것입니다. 우리는 진정으로 어려움에 빠진 사람들을 보면서 이 두 가지를 느낄 수 있습니다. 하나는 마음 아파하는 사람과 같이 아파하는 것이며, 또 하나는 그들을 이렇게 비참하게 만든 그 원인에 대하여 분노하는 것입니다. 더욱이 이 분노는 그것을 바로 잡고야 말겠다는 결심이고 의지인 것입니다.

예수님은 우리의 놀라운 불신앙이나 비참한 모습을 보고 야단을 치시거나 책망을 하시지 않으십니다. 아마 그렇게 하시면 우리는 바늘구멍에라도 들어가야 할 것입니다. 단지 예수님은 우리를 보시고 우십니다. 너무나도 이럴 수밖에 없는 우리의 연약한 처지를 이해하시는 것입니다. 그리고 예수님은 분노를 하십니다. 우리에 대하여 분노하시는 것이 아니라 죄에 대하여 그리고 마귀에 대하여 분노하시는 것입니다. 예수님은 우리가 결코 해결할 수 없는 두 가지 죄와 죽음의 문제를 해결하시기 위해 오셨습니다.

우리는 예수님께서 눈물을 흘리신 것을 통하여 참으로 많은 위로를 받게 됩니다.

로마 시대 스토아학파 사람들은 금욕적인 것을 미덕으로 삼았습니다. 그래서 그들은 어떤 일이 있어도 결코 눈물을 흘리는 법이 없었습니다. 그들은 기쁨이나 슬픔 등의 감정을 전혀 표현하지 않았습니다. 그들은 이렇게 하는 것이 인격적으로 완전한 것으로 생각을 했습니다. 그러나 사람이 울 수 있다는 것이 얼마나 정신적으로 건강한 것인지 모릅니다. 참 감사하게도 예수님은 눈물을 흘리시는 분이셨습니다

다. 그리고 좋은 일을 만나면 어린 아이같이 기뻐하셨습니다. 그리고 어떤 때에는 분노하기도 하셨습니다.

예수님께서 좋은 일이나 슬픈 일이나 일체 감정의 표현 없는 분이시라면 우리가 가까이 하기 얼마나 어렵겠습니까? 그러나 예수님은 그런 분이 아니셨습니다. 예수님은 눈물이 있는 분이었습니다. 그래서 우리는 언제나 예수님을 가까이 할 수 있는 것입니다.

예수님이 눈물을 흘리신 것은 우리의 연약함과 비참함 때문이었습니다. 예수님은 결코 그들의 불신앙을 비난하거나 책망하지 않았습니다. 그냥 눈물만 흘리시면서 우리의 모든 부족한 것을 우리의 탓으로 돌리지 아니하시고 예수님이 책임지셨습니다.

무덤을 열어놓으심

사람이 죽으면 시체가 바로 썩기 시작합니다. 그래서 아무리 사랑하는 사람이라 하더라도 결국 땅에 묻을 수밖에 없고 그리고 나면 그 사람과의 모든 관계는 다 끝나게 됩니다.

그런데 예수님은 우시고 난 후에 죽은 나사로의 무덤을 찾아가셔서 무덤 문을 열라고 하셨습니다.

요한복음 11장 38절

이에 예수께서 다시 속으로 통분히 여기시며 무덤에 가시니 무덤이 굴이라 돌로 막았거늘 이미 죽어서 장사를 지낸 사람의 무덤을 다시 여는 것은 보통으로 심각한 문제가 아닙니다. 왜냐하면 무엇인가 특별한 경우 외에는 무덤 문을 열어야 할 이유가 없기 때문입니다.

대개 죽은 사람의 무덤을 다시 열 때에는 죽은 사람의 사인이 분명치가 않아서 다시 조사를 해야 할 때일 것입니다. 그렇지 않다면 죽은 사람이 누구인지 분명치 않아서 다시 확인하기 위해서 일 것입니다. 옛날에는 죽은 사람을 다시 꺼내어서 심판하기 위해서 곧 부관참시 하기 위해서 무덤에서 다시 꺼내는 일이 있었습니다. 이상과 같은 예외적인 경우가 아니면 죽은 사람의 무덤을 다시 열게 할 이유가 없습니다. 이것은 오로지 유족들의 마음을 다시 고통스럽게 할 뿐인 것입니다.

그래서 마르다는 예수님에게 무덤 문을 열지 못하게 했습니다.

요한복음 11장 39절 下

그 죽은 자의 누이 마르다가 가로되 주여 죽은지가 나흘이 되었으매 벌써 냄새가 나나이다

죽은 자의 누이 마르다가 무덤을 열어 놓으라는 예수님의 말씀에 반대하는 이유가 무엇입니까? 그것은 이미 자기 동생의 일은 끝난 일이기 때문입니다. 이제 그들의 고통은 끝나고 마음속에 아물어 가고 있었습니다. 이제 그들에게 필요한 것은 이 상처가 아물 수 있는 조용한 시간이었습니다.

그런데 예수님은 다시 무덤을 열어 놓으라고 말씀하십니다. 예수님은 다시 그들의 아픈 부분을 들추어내시려고 합니다. 마르다는 예수님에게 무덤 문을 열지 못하게 했습니다.

하지만 예수님은 죽은 지 나흘이나 되어서 썩어가는 사람의 무덤을 열어 놓으라고 하십니다. 그 이유가 무엇입니까? 예수님은 나사로에게 하실 어떤 일이 있었기 때문입니다.

사실 우리의 삶의 거의 대부분은 미완성의 정리에 불과합니다. 모든 것을 완전하게 해결한 것은 아무 것도 없을 것입니다. 그러나 예수님께서는 모든 보따리들을 풀어 놓으라고 명령하십니다. 우리가 생각하고 싶지 않았던 과거, 그럼에도 불구하고 지금까지 나에게 영향을 주고 있는 죄스러운 경험들, 불행했던 과거들, 나의 모든 기쁨을 빼앗아 가는 침체의 원인들… 등등. 이 모든 것들을 내어 놓으라고 말씀하십니다.

무덤을 열어 놓으라는 예수님의 명령에 마르다는 무척이나 놀랐습니다. 그래서 그녀는 예수님께 이미 죽은 지 나흘이 되어서 냄새가 난다고 하면서 제발 죽은 사람을 그대로 놓아둘 것을 부탁했습니다. 무덤에 장사지낼 때도 좋은 모습이 아니었을 텐데 이미 죽은 지 나흘이나 되어 썩어가고 있는 사람을 다시 본다는 것은 얼마나 충격스러운 일입니까?

그때 예수님께서 무엇이라고 말씀하셨습니까?

요한복음 11장 40절

예수께서 가라사대 내 말이 네가 믿으면 하나님의 영광을 보리라 하지 아니하였느냐 하신대

예수님은 우리가 어느 정도 따라오다가 자기 생각과 다르다고 스스로 판단해서 물러서려고 하지 말고 끝까지 믿으라고 요구하십니다.

그러면 하나님의 영광을 보게 될 것이라고 하셨습니다. 예수님은 나사로가 처음 병들었을 때에도 "이 병은 죽을병이 아니요 하나님의 영광을 위한 병이라."고 말씀하셨습니다.

예수님께서는 나사로가 처음 병들었을 때부터 이 문제를 예수님께 맡길 것을 요구하셨습니다. 그러면 하나님의 영광을 보게 될 것이라고 말씀하셨습니다.

'하나님의 영광을 본다'라는 것이 무슨 뜻입니까? 이 말씀은 이 일에 대하여 하나님께서 처음에 가지셨던 뜻이 드러나는 것을 말합니다.

예수님께서는 무덤을 열어 놓고 하늘에 계신 아버지께 기도를 드렸습니다. 이 기도는 모든 사람이 들을 수 있도록 소리를 내어서 드려진 기도였습니다.

요한복음 11장 41-42절

돌을 옮겨 놓으니 예수께서 눈을 들어 우러러 보시고 가라사대 아버지여 내 말을 들으신 것을 감사하나이다. 항상 내 말을 들으시는 줄을 내가 알았나이다. 그러나 이 말씀 하옵는 것은 둘러선 무리를 위함이니 곧 아버지께서 나를 보내신 것을 저희로 믿게 하려 함이니이다

예수님께서는 죽은 나사로를 살리는 것만이 목적이 아니었습니다. 예수님께서는 이 사건을 통해 사람들이 무엇인가를 분명히 알기 원했습니다. 그것이 무엇입니까? 그것은 '아버지께서 나를 보내셨다.'라는 사실입니다. 우리 인간들을 위하여 하나님으로부터 보냄 받은 사람이 있습니다. 그분이 바로 예수님이십니다. 이 사실을 믿게 하기 위하여 예수님께서는 이 모든 일을 하고 계신 것입니다.

예수님께서 가장 원하셨던 것은 사람들이 '예수님은 성부 하나님으로부터 사명을 가지고 보냄을 받았다.' 라는 사실을 알고 믿는 것입니다. 예수님께는 위험에 빠진 인류들을 구원하기 위한 모든 권한과 능력이 주어져 있습니다. 하늘에 있는 천사들도 오직 이 한 분의 지시에 따라 움직이고, 땅에 있는 모든 사람들도 이 한 분의 지시에 따라 움직여야만 살 수 있습니다.

예수님은 하늘에서는 이 일이 잘 이루어지고 있는 것을 보셨습니다. "항상 내 말을 들으시는 줄을 내가 알았나이다."

예수님께서는 이번에 죽은 나사로를 다시 살리시는 엄청난 기적을 통하여 '과연 하나님께서 예수님을 보내셨구나. 우리가 이분만 붙들면 어떻게 되든 구원을 받겠구나.' 라는 확신을 주려고 하십니다.

예수님은 우리의 생명의 주인이십니다. 우리가 붙들어야 할 것이 무엇입니까? 오직 예수님밖에 없습니다.

위기 가운데 주님께서 기도하신 것을 보십시오. 무엇이라고 기도하고 있습니까?

요한복음 11장 41절

아버지여 내 말을 들으신 것을 감사하나이다

하나님께서는 보냄을 받은 자에게 능력을 주십니다. 그가 간구하는 모든 것이 이루어지도록 하십니다. 하나님께서는 누군가를 보내실 때 그냥 보내시는 것이 아니라 모든 사명을 감당할 수 있는 능력을 다 주셔서 보내십니다. 그리고 그가 그 일을 위하여 기도할 때마다 모두 들어 주십니다.

나사로의 이름을 부르심

예수님께서는 죽은 나사로의 무덤을 열어 놓게 하셨습니다. 아마 무덤 밖까지 시체의 썩은 냄새가 났는지도 모르겠습니다. 모두 인상을 찡그리면서 '도대체 예수님이 어떤 일을 하시려는가?' 라고 주시하고 있었을 것입니다.

그때 예수님께서는 큰 소리로 죽은 자의 이름을 부르셨습니다.

요한복음 11장 43절

이 말씀을 하시고 큰 소리로 나사로야 나오라 부르시니

예수님께서 마치 옆방에서 잠자는 친구를 불러내듯이 나사로의 이름을 부르셨습니다. 그때 나사로는 산 사람이 되어서 무덤에서 걸어 나왔습니다.

아마 여러분은 '초혼' 이라는 말을 들어 보셨을 것입니다. 이것은 죽은 자의 영혼을 불러내는 것입니다. 우리는 가끔 죽은 자의 영혼을 불러내는 무속적인 이야기를 듣습니다. 이것은 마귀의 속임수이며 이 세상에서 가장 가증한 것입니다. 즉 귀신이 죽은 사람을 흉내 내는 것입니다.

예수님은 그냥 무덤 앞에서 아버지께 기도를 드리셨습니다. 그리고 마치 옆집에서 잠자는 친구를 깨우듯이 그의 이름을 부르셨고 그 목소리에 죽은 자는 사망의 잠에서 깨어나 다시 산 사람이 되었습니다.

여기서 우리가 내릴 수 있는 결론은 하나밖에 없습니다. 그것은 만약 여기에 기록된 내용이 사실이라면 예수님의 말씀은 없는 것을 불러서 존재하게 하며 이미 죽은 자라도 불러서 다시 살게 하는 능력의 말씀이라는 것입니다.

예수님은 창조주 하나님이십니다. 그러기에 예수님의 말씀은 창조의 능력이 있습니다. 예수님은 아무 것도 없는 상태에서 이 말씀만으로 수많은 생명을 존재하게 하신 분입니다.

예수님께서 나사로를 부르신 말씀은 바로 그 말씀이었습니다. 우리 생각으로는 도저히 이해할 수도 없고 받아들일 수도 없는 말씀입니다. 어떻게 무덤 속에서 썩어가고 있는 자의 이름을 부를 수 있습니까? 그러나 그의 말씀은 존재하지 않는 것들도 얼마든지 존재할 수 있게 하며, 죽은지 오래 되어서 형체가 없을 정도로 부패한 자라고 할지라도 얼마든지 다시 산 모습으로 나타나게 할 수 있습니다.

사도 요한은 요한복음에서 우리가 듣고 있는 이 복음 자체가 생명이라고 일관되게 강조하고 있습니다. 요한복음에서 말씀하고 있는 것은 예수님은 말씀이요 이 말씀 안에 생명이 있다는 것입니다. 예수님은 창조주 하나님이십니다. 그러기에 그분의 말씀은 창조의 능력 그 자체 입니다.

요한복음 11장 44절

죽은 자가 수족을 베로 동인채로 나오는데 그 얼굴은 수건에 싸였더라.

예수님께서 죽은 나사로를 부르니까 그가 장사지낼 때의 모습 그대로 나왔습니다. 아마도 그의 수족을 베로 동였으니까 거동이 자유롭지 못했을 것입니다. 그리고 얼굴은 수건으로 덮었으니까 앞을 볼 수 없었을 것입니다. 그가 비록 방향을 잡지 못하고 수족이 자유롭지 못해서 비틀거렸지만 무덤 밖으로 나왔습니다.

그러나 오늘 이 설명은 직접 목격한 사람이 아니면 설명할 수 없는 장면입니다. 당시 이 장면을 본 사람들에게는 너무나도 충격스러운 장면이 아닐 수 없습니다.

오늘 성경이 말씀하고 있는 것은 예수님의 말씀 한 마디에 이미 부패해 가고 있던 사람이 다시 살아서 무덤에서 걸어 나왔다는 충격적인 사실입니다. 어떻게 죽은 시체가 살아 날 수 있습니까? 이것은 우리 인간의 지성으로 이해하기 어려운 것입니다.

왜 하나님이 이러한 기적을 보여 주십니까? 주님의 말씀은 단지 죽은지 나흘이 지난 사람만이 아니라 수개월, 아니 수십 년이 지나서 형체가 없는 사람들도 이름을 불러서 살려내실 수 있다는 사실을 가르쳐 주기 위한 것입니다.

주님은 자신의 백성을 구원하기 위해 이 땅에 오셨습니다. 주님은 자기 양떼의 이름을 불러서 살려내십니다. 주님이 부르지 않는 사람은 살 수 없습니다.

예수님께서는 사람들에게 무엇이라고 말씀하셨습니까? 44절, "풀어 놓아 다니게 하라."

이 말씀은 무슨 뜻입니까? 그가 완전하게 다시 생명을 되찾았다는 뜻입니다. 우리는 어떤 사람이 죽었다가 살아났다고 할 때 그 사람에게 다가가 풀어 놓기가 두려울 것입니다. 왜냐하면 미친 사람일 수도 있고 광기를 부릴 수도 있기 때문입니다.

그러나 나사로는 완전히 자기 자신으로 되돌아왔습니다. 어쩌면 그는 아프기 전 보다 더 건강한 모습으로 되돌아왔을 것입니다. 그는 다른 사람이 아니었습니다. 그는 '완전한 나사로' 그 자신이었습니다.

그는 완전한 생명을 되찾았습니다. 물론 나사로가 다시 영원히 죽지 않는 생명을 얻은 것은 아닙니다. 나사로는 죽기 전의 나사로였지 영화로운 몸으로 부활한 나사로는 아니었습니다. 우리는 성경에서 부활했다고 할 때의 정의를 바로 알아야 합니다. 부활이라고 하는 것은 완전히 죽은 자가 다시 죽음을 이기고 살아나는 것을 말합니다. 그러나 이때는 다시 죽지 아니하고 병들지 아니한 영화로운 몸으로 살아나야 합니다. 그래서 나사로는 부활의 예표는 될 수 있지만 부활의 첫 열매는 아닌 것입니다. 부활의 첫 열매는 오직 예수님이신 것입니다.

우리가 여기서 알아야 할 것은 우리에게 부활은 확실하다는 것입니다. 우리는 반드시 부활합니다. 우리가 죽는 것은 죽는 것이 아니라 부활할 몸을 심는 것입니다. 모든 삶의 끝이 아니라 더 구체적이고 더 완전한 삶을 새로 시작하는 출발인 것입니다. 마치 우리가 죽는 것은 번데기가 나비가 되는 것과 같고, 씨가 싹이 나서 나무가 되는 것과 같습니다.

그러므로 우리는 우리에게 위대한 생명을 주신 하나님과 예수 그리스도를 온전히 믿어야 합니다. 그리고 우리는 이제 더 이상 죽음 앞에 절망해서도 안 되며 더 이상 허무한 인생을 살아서는 안 되겠습니다. 우리는 늙어갈수록 더 알차게 살아야 합니다. 왜냐하면 우리는 자다가 다시 깰 것이기 때문입니다.

죽음은 그리스도 안에서 패배했습니다. 그러나 아직도 많은 사람들은 이 사실을 믿지 않고 죽지 않으려고 몸부림치면서 허우적거리고 있습니다. 우리는 오직 주님의 말씀을 붙들고 완전히 다른 새로운 차원의 삶을 살아야 할 것입니다. 우리가 믿는 예수님은 창조주이시고 부활의 주이십니다. 그리고 하나님은 언제나 우리의 기도를 들어주십니다. 그런 까닭에 우리는 오직 주님만을 의지하고 거룩하게 살아야 합니다. 이제 여러분은 더 이상 세상에 집착하지 말고 완전히 세상에서 자유로운 멋진 인생들을 사시기를 축원합니다.

Exposition of John

28 _ 요 11:45-12:19

세 가지 반응

얼마 전에 우리나라에서는 미국과 FTA 라고 해서 자유무역 협정을 체결했습니다. 이런 국가 간의 중요한 협정은 수석대표가 그 나라 전체를 대변하는 역할을 하기 때문에 아주 중요한 위치를 차지하게 됩니다. 지난 번 미국과의 협상에서 미국 측 수석대표는 여성이었습니다. 우리나라는 여성이 대표를 맡는 것이 익숙하지 않을 것입니다. 그러나 외국에서는 국제 회담에서 여성이 대표인 예들이 얼마든지 있을 수 있습니다. 이 중요한 협상에는 반드시 대표가 회의에 참가를 해야 하고 대표와 협상을 해야지 다른 사람들과는 아무리 이야기를 해도 전혀 소용이 없는 것입니다.

하나님께서는 이 세상 나라 전체를 책임질 수 있는 대표자를 보내셨습니다. 그 분은 우리 인간들이 기대한 그런 사람이 아니었습니다. 아주 유명한 정치인이라든지 학자라든지 장군 같은 사람이 아니었습니다. 그러나 우리는 모두 이 분을 믿어야 영생을 얻을 수 있습니다. 다른 사람들과 아무리 이야기를 하고 아무리 확인을 받아도 소용이 없습니다. 하나님께서는 자신이 보낸 분이 진짜라는 증표를 보여주셨습니다. 그 증표는 죽은 사람을 살리는 것이었습니다. 그 죽은 사람도 보통 죽은 사람이 아니고 죽은 지 나흘이나 되어서 시체가 썩는 냄새가 나는 사람을 살려내신 것입니다. 그러나 유대인들 중에는 예수님을 믿는 사람들도 있었지만 믿지 않고 오히려 죽이려고 하는 사람들도 많이 있었습니다.

구약 성경에서 하나님께서 구원자를 보내실 때에는 언제나 그들이 원수의 압제 아래 있을 때였습니다. 하나님께서는 그 원수들을 정복하고 그 백성들을 건지기 위하여 구원자를 보내셨습니다. 그런데 이번에 정복될 원수는 사람이 아니요 죽음이요 죄였습니다. 예수님께서는 죽은 나사로를 말씀으로 일으키심으로 예수님이 모든 죽은 성도들을 사망의 권세에서 일으킬 구원자시란 사실을 보여주셨고 사람들은 그것을 믿었습니다.

만약 우리가 병에 걸렸는데 살 수 있는 것만 확실하다면 어떤 고통도 참을 것입니다. 또한 어떤 사람이 큰 죄를 지어서 사형을 당할 위기에 처해 있는데 무죄 선고 받을 것이 확실하다면 얼마나 소망이 있겠습니까?

모든 사람들은 시간의 한계를 받습니다. 사람이 조금 행복하려고 하면 죽음의 사자가 찾아옵니다. 부자들도 죽습니다. 유명한 사람들도 죽습니다. 공부를 많이 한 사람들도 죽습니다.

그리고 죽고 난 후에는 급속도로 시체가 부패하기 때문에 도저히 그냥 둘 수가 없습니다. 반드시 사흘이나 나흘 안에 땅에 묻어야 하는 것입니다.

이러한 비참한 실존적인 모습을 보신 하나님은 우리를 죄와 영원한 죽음에서 구원하기 위해서 이 땅에 예수님을 보내셨습니다. 예수님은 죽은지 여러 날이 지나서 시체가 다 썩어가고 있는 사람을 그 이름을 불러서 살게 하셨습니다. 이것은 예수님이 인간의 가장 치명적인 문제인 사망의 문제를 완전히 해결해 주실 분이라는 사실을 보여주는 것입니다. 그래서 사람들은 예수님을 믿기 시작했습니다.

이제 사람들은 예수님만 믿으면 죽은 후에도 소망이 있다는 것을 믿게 되었습니다. 죽어서 며칠이 되었든 몇 년이 되었든 상관없이 예수님이 나의 이름만 부르면 다시 살아날 수 있는 것입니다. 그러나 예수님은 죽은 자만이 아니라 살아 있는 자들에게도 소망을 주셨습니다. '살아서 나를 믿는 자는 영원히 죽지 아니하리라' 고 약속하셨습니다.

결국 믿는 자에게는 죽음이라는 것이 없는 것입니다. 단지 장소만 조금 바뀔 뿐인 것입니다.

유대 지도자들의 결정

요한복음 11장 47-50절

이에 대제사장들과 바리새인들이 공회를 모으고 가로되 이 사람이 많은 표적을 행하니 우리가 어떻게 하겠느냐? 만약 저를 이대로 두면 모든 사람이 저를 믿을 것이요 그리고 로마인들이 와서 우리 땅과 민족을 빼앗아 가리라 하니 그 중에 한 사람 그 해 대제사장인 가야바가 저희에게 말하되 너희가 아무 것도 알지 못하는도다. 한 사람이 백성을 위하여 죽어서 온 민족이 망하지 않게 되는 것이 너희에게 유익한 줄을 생각지 아니하는도다 하였으니 유대 사회의 신앙적인 지도자들인 대제사장과 바리새인들은 예수님이 죽은 자를 살리신 것을 하나님이 보내신 표적으로 생각하지 않았습니다. 오히려 그들은 예수님이 사람들을 선동하는 것으로 보아서 이대로 두어서는 큰 일 난다고 결론을 내렸던 것입니다. 만약 이 사람을 그대로 두면 더 많은 기적들을 행하게 될 것이고 그러면 더 많은 사람들이 예수를 믿게 될 텐데 그러면 결국 로마가 쳐들어와서 우리 민족은 망하게 된다고 생각했던 것입니다. 그래서 이들은 예수님을 죽여야 한다고 생각을 했습니다. 그 이유가 어디에 있을까요? 그들은 영적인 무지로 인해 하나님의 말씀을 알지 못하기 때문에 기적 자체만으로는 믿을 수 없는 것입니다.

우리가 여기서 깨달아야 할 영적 교훈은 기적 자체만 가지고는 믿음이 생기지 않는다는 것입니다. 기적은 어디까지나 하나님의 말씀에 대한 보충적인 것입니다. 하나님의 말씀을 믿는 자에게는 기적이 기적이 되는 것입니다. 즉 말씀을 믿는 자들에게는 기적을 통해서 하나님이 이 분을 보내셨고 이 분의 말씀은 진짜 하나님의 말씀이구나 하는 것을 확신하게 되는 것입니다. 그러나 하나님의 말씀을 믿지 않는 자에게는 아무리 기적이 일어나더라도 이것은 이상한 호기심 이상의 의미는 가지지 못하는 것입니다. 그러기에 아무리 기적이 일어나더라도 자기 생각을 버리지 못하는 것입니다. 그래서 우리는 언제나 기적보다는 하나님의 말씀을 중요시하고 말씀안에 거하는 신앙생활을 해야 합니다. 그러면 예수님이 행하신 모든 것이 기적인 것을 알게 될 것입니다.

그런데 바리새인들이나 대제사장은 자기들이 속한 유대 사회의 존속을 중요하게 생각했습니다. 자신들의 사회가 좀 더 결속이 잘 되고 유익한 쪽으로 나가는 것을 가장 중요하게 생각하고 있었습니다. 이것은 유대 사회의 인간적인 관계였습니다.

그러나 예수님께서는 지금 유대 사회가 인간적인 관계를 잘 하기보다는 하나님의 말씀으로 돌아가는 것을 절대적으로 중요하게 생각하셨습니다. 즉 예수님은 하나님의 말씀으로 돌아가는 것이야말로 유대 사회가 진정으로 사는 길이라고 말씀하셨습니다. 이것에 대하여 유대 지도자들은 그것은 너무 과격한 것이며 유대 사회의 발전을 저해하는 것이라고 생각했습니다.

사실 하나님의 백성들은 자기들끼리 아무리 발전하고 자기들끼리 아무리 성공해도 아무 소용이 없습니다. 왜냐하면 하나님의 백성들은 하나님의 능력을 힘입어 살기 때문입니다. 특히 하나님의 백성들은 자기도 모르는 사이에 조금씩 조금씩 하나님의 말씀에서 멀어지는데 이것을 본인들은 느끼지 못합니다. 우리가 말씀을 멀리하면 신앙이 형식적이 되고 위선적이 될 수 밖에 없습니다. 그런데 세상적으로는 여전히 지위가 있고 성공했기 때문에 복을 받았다고 생각합니다. 하지만 하나님의 말씀에 비추어보면 자신들이 얼마나 바른 신앙에서 멀리 떠났는지 알게 됩니다. 이때 모든 것을 버리고 울면서 하나님의 말씀으로 돌아오면 사는 것입니다. 그러면 기도 응답이 나타나며 기적이 일어나게 되는 것입니다.

그러나 한번 말씀에서 멀어졌다가 다시 돌아오려고 하면 목숨을 걸어야 합니다. 우리가 이미 세상의 좋은 많은 것을 갖고 있기 때문에 포기하는 것이 쉽게 되지 않기 때문입니다.

절대로 우리의 명성과 사회적 지위와 돈이 우리를 그냥 두지 않을 것입니다. 그래서 우리가 진정으로 하나님의 말씀으로 돌아가려고 하면 이 모든 것을 포기하고 한번 죽는 체험을 해야 합니다.

이것은 단지 유대 지도자들만 그런 것이 아니고 많은 교회나 기독교 단체에서도 마찬가지인 것입니다. 우리가 하나님을 잘 믿고 하나님을 위해서 많은 일을 한다고 하지만 사실은 조금씩 하나님의 말씀으로부터 멀어져서 인간적인 관계로 가게 됩니다. 나중에는 하나님의 성령의 역사가 없어지고 오직 껍데기 신앙만 남아도 전혀 깨닫지 못하게 됩니다. 왜냐하면 형식은 그대로 남아 있고 또 세상적으로 성공한 것도 그대로 남아 있기 때문입니다. 단지 기도의 응답이 없고 말씀의 능력이 없는 것 뿐입니다. 그러나 이 두 가지가 없는 것은 하나님의 백성으로서는 죽은 것이나 마찬가지입니다. 혹시 죽지는 않았다 하더라도 깊은 병에 든 것입니다. 이때 바른 신앙으로 돌아가야 한다는 것을 깨닫는 자체가 쉽지 않습니다. 이미 오래 전부터 그런 식으로 믿어 왔기 때문입니다. 무엇보다 어른들은 전혀 문제를 느끼지 못하는 경우가 많습니다. 그러나 아이들은 이미 이런 신앙의 영향으로 중직자의 자녀들은 교회에 대하여 지쳐있기 때문에 비판적이고 냉소적인 것으로 나타나게 됩니다. 그리고 교회 안에 젊은이들이 별로 남지 않게 될 것입니다. 왜냐하면 젊은이들은 대단히 현실적이기 때문입니다.

특히 이때 누군가가 진정으로 하나님의 말씀으로 돌아가자고 하면 마치 혼자 잘 믿는 것 같고 혼자 잘 난체 하는 것 같고 세상 물정을 모르고 혼자 설치는 것으로 보이게 되어 냉소적인 비난을 받게 되는 것입니다.

그러나 이러한 적망적인 상황에서도 하나님은 그의 백성들이 하나님의 말씀을 듣고 자기들이 붙잡고 있는 모든 것을 다 내려놓고 죽을 각오를 하고 하나님의 말씀으로 돌아오길 원하고 계십니다. 그래야 살길이 열리게 되고 성령의 능력이 나타나게 됩니다.

그러나 사람에게 있어서 자기가 쥐고 있는 권력이나 이권을 스스로 포기한다는 것은 죽는 것보다 더 어려운 일인 것입니다. 특히 적은 것밖에 볼 줄 모르는 우리 인간들의 눈에는 이것이 엄청난 손해로 보이게 되는 것입니다. 그러나 우리가 이 세상의 것을 포기했을 때 하나님은 우리가 상상도 하지 못하는 것을 주십니다. 하나님이 우리에게 주시는 것은 세상의 시시한 명성이나 재물이 아니라 하나님 나라의 모든 복을 다 주십니다.

하지만 이 세상의 부와 명성과 사회적 지위를 중요시 한 유대 지도자들은 예수님을 죽이고 사회 안정을 지키기로 결정을 했습니다. 이것은 스스로 악한 운명을 자초하는 것이었습니다. 하나님의 뜻이 이루어지려면 누군가가 예수님을 대적해서 죽게 해야 하는데 그 사명을 유대지도자들이 기꺼이 떠맡아 실행했습니다. 결국 예수님의 말씀대로 적극적으로 진리의 편에 서지 않으면 마귀의 편에 서게 될 수밖에 없는 것입니다. 하나님의 진리에 있어서는 중간 지대라는 것은 없습니다. 적극적으로 믿지 않으면 결국 마귀의 종이 되는 수밖에 없는 것입니다.

마리아가 비싼 향유를 부음

요한복음 12장 1-3절

유월절 엿새 전에 예수께서 베다니에 이르시니 이곳은 예수께서 죽은 자 가운데서 살리신 나사로의 있는 곳이라. 거기서 예수를 위하여 잔치할쌔 마르다는 일을 보고 나사로는 예수와 함께 앉은 자 중에 있더라. 마리아는 지극히 비싼 향유 곧 순전한 나드 한 근을 가져다가 예수의 발에 붓고 자기 머리털로 그의 발을 씻으니 향유 냄새가 집에 가득하더라

예수님께서 다시 나사로의 집에 오시니까 가족들은 예수님과 나사로를 위해서 잔치를 벌였습니다. 이것은 나사로가 다시 살아난 것을 축하하는 잔치였습니다.

이 잔치에는 예수님과 제자들과 가족들과 아마도 나사로가 죽었다고 조문 왔던 사람들 중에서 연락이 되는 사람들이 모인 잔치였던 것 같습니다. 아마 그냥 이 잔치가 식사로만 끝났더라면 그저 평범한 식사로 끝났을 것입니다. 그런데 마리아가 드디어 이를 저지르고 말았습니다.

나사로의 누이가 마르다와 마리아 둘이 있었는데 마르다는 역시 부엌에서 음식을 만드느라고 정신이 없었습니다. 하지만 마리아는 자기가 보관하고 있던 아주 비싼 향유 나드 한 근을 가지고 와서 예수님의 발에 전부 다 붓고 자기 머리털로 예수님의 발을 씻었습니다.

사람들은 잠시 충격을 받은 듯 가만히 있었습니다. 그리고 예수님도 가만히 계셨습니다. 잠시 후에 가룟 유다는 마리아가 나드 향유를 허비하는 것을 보고 심한 책망을 하기 시작했습니다.

"이 향유를 시장에 갖다 팔면 삼백 데나리온을 받을 텐데 왜 이처럼 비싼 향유를 이런 식으로 허비하느냐? 무엇보다 이것을 팔아서 가난한 자들을 주면 많은 도움을 받을 수 있을텐데 왜 허비하느냐?" 고 야단을 쳤습니다.

가룟 유다의 이 책망을 듣고 아마 제자들은 많이 동감을 했던 것 같

습니다.

우리는 어렸을 때 어떤 사람이 비싼 우유를 가지고 목욕을 한다고 하면 분이 나서 욕을 퍼부었습니다. '비싼 우유는 사람이 먹어야 하는 것인데 왜 한번 목욕을 하는데 허비하는가?' 하는 것입니다.

이 당시 삼백 데나리온은 현재 우리 시세로 치면 삼백만원에서 오백만원 정도 할 것입니다. 그런데 이 비싼 것을 딱 한번 발을 씻는데 오백만원짜리 기름으로 발을 씻으면 저희들이라도 가만히 있지 않을 것입니다.

그런데 예수님께서는 제자들에게 마리아를 책망하지 말고 그냥 두라고 하셨습니다. 그러면서 예수님은 마리아가 나의 장사를 준비했다고 말씀하셨습니다.

아마도 마리아의 가정은 돈이 좀 있었던 것 같습니다. 이 비싼 향유는 시장에서 늘 구할 수 있는 물건이 아니었습니다. 이것은 몇 년에 한 번씩 만날까 말까한 아주 귀한 것인데, 아마 먼 미래를 생각해서 사둔 것 같습니다. 요즘으로 생각하면 먼 미래를 대비해서 적금을 드는 셈치고 이 향유를 사놓은 것 같습니다. 이 향유는 몸에 바르기 위해서 사놓은 것이 아니고 일종의 미래를 위한 저축이었던 것입니다. 그래서 이 향유는 나사로가 죽었을 때에도 쓰지 않고 보관해둔 향유였습니다. 그런데 마리아는 예수님이 오시니까 예수님의 발에 비싼 향유를 붓고 자기 머리털로 예수님의 발을 씻었습니다.

우리가 어떻게 이것을 이해할 수 있겠습니까? 그 당시 현장에 있었던 많은 사람들은 마리아의 행동을 이해하지 못했습니다.

마리아가 이처럼 행동한 이유가 무엇입니까? 그것은 마리아는 자기 오라비 나사로가 죽었다가 예수님의 말씀으로 살아가는 과정을 통해서 예수님이 누구신지 분명히 알았기 때문입니다.

마리아는 그 전에도 예수님이 하나님의 아들이신 줄 믿었습니다. 그러나 이번에 죽은 나사로가 살아나는 것을 통해서 더 확실히 예수님은 진짜 부활이요 생명의 주인이신 것을 믿었습니다.

예수님은 죽은 자의 이름을 불러서 살리실 수 있는 분이셨습니다. 그런 까닭에 모든 죽은 자도 예수님이 이름을 부르기만 하면 얼마든지 살아날 수 있습니다. 지금까지 마리아에게 이 향유가 미래였다면 이제 마리아의 미래는 예수님뿐이었습니다. 그녀는 예수님을 위해서라면 자신에게 가장 소중한 것도 아낌없이 바칠 각오가 되었던 것입니다. 그래서 마리아는 자기에게 있는 최고의 것으로 예수님을 높여드리기를 원했습니다.

지금 마리아에게 가장 값진 것은 이 향유였고 또 귀한 것은 자신의 머리털이었습니다. 마리아는 예수님께 향유를 부었고 그의 발에 입맞추고 자기 머리털로 닦음으로 당신은 진정한 하나님의 아들이시며 자기의 생명이며 미래요 모든 것이라는 것을 고백한 것입니다.

우리가 진정으로 은혜를 받게 되면 내일에 대한 모든 염려나 걱정들을 전부 다 하나님께 맡기게 됩니다. 그러기에 우리는 살아계신 하나님만 의지해야 합니다.

야곱은 벧엘로 가는 길에서 돌을 베개하고 자다가 하나님의 꿈을 꾸게 됩니다. 그리고는 거기에 자기가 베개했던 돌을 세우고 자기 기름을 그 돌에 부어버렸습니다. 그것은 앞으로 자신의 삶의 어떤 어려움이 있어도 모든 것을 하나님께 다 맡겨버리겠다는 믿음의 행동이었습니다. 이것이 진정으로 예수님을 만난 사람의 자세인 것입니다. 앞으로 어떻게 살 것인지 아무 생각이 없어집니다. 왜냐하면 예수님이 나의 부활이시오 생명이기 때문입니다.

마리아의 이런 헌신적인 믿음의 행위를 못마땅하게 여긴 예수님의 제자인 가룟 유다는 그녀를 심하게 비난하게 됩니다.

요한복음 12장 5절

이 향유를 어찌하여 삼백 데나리온에 팔아 가난한 자들에게 주지 아니하였느냐 하니

가룟 유다는 마리아가 이 비싼 향유를 그냥 예수님의 발에 부어서 낭비하는 것에 화가 났습니다. 이 향유를 팔면 삼백 데나리온을 받을 텐데 왜 이 비싼 향유를 단 한번에 허비해버렸느냐 하는 것입니다. 가룟 유다의 말은 일견 상당한 설득력이 있는 것 같습니다. 이처럼 비싼 향유를 딱 한번 예수님의 발에 부어버리는 것은 엄청난 낭비인 것입니다.

지금 밖에는 양식이 없어서 굶주린 사람들이 많습니다. 차라리 향유를 버릴 바에야 가룟 유다에게 맡겨서 이런 가난한 사람들에게 주는 것이 훨씬 더 효과적일 것입니다.

그러나 성경이 무엇이라고 말씀하고 있습니까?

요한복음 12장 6절

이렇게 말함은 가난한 자들을 생각함이 아니요 저는 도적이라 돈 궤를 맡고 거기 넣는 것을 훔쳐 감이러라.

가룟 유다는 겉으로는 가장 의롭고 정의로운 것처럼 말하지만 실제로는 돈을 많이 도적질했다고 말씀하고 있습니다. 그래서 한 푼이라

도 더 자기 궤에 넣어서 자기가 쓰려고 했다는 것입니다. 우리는 이 문제를 떠나서 왜 가룟 유다는 마리아가 예수님에게 향유 붓는 것을 낭비라고 생각했을까 생각해 볼 필요가 있습니다.

가룟 유다는 예수님을 그렇게 소중한 분으로 생각하지 않았습니다. 그는 예수님의 제자로서 삼년 동안 예수님을 따라다니고 있었지만 실제로 그의 마음은 예수님을 경멸하고 있었던 것입니다. 그 이유가 무엇일까요? 예수님에 대하여 인간적인 기대만 하였고 또 인간적인 면만 보았기 때문입니다.

가룟 유다는 처음에는 예수님의 가르침이 아주 신선하고 많은 능력도 나타나서 좋아하고 따랐습니다. 그런데 자꾸 따르다보니까 예수님이 너무 앞뒤가 꽉 막힌 분이신 것입니다. 예수님은 인간적으로 얼마든지 더 사람들의 인기를 누리며 잘 살 수 있는데 오직 하나님의 말씀밖에 몰랐습니다. 예수님은 하나님의 말씀이 전부였습니다. 우리가 하나님의 말씀을 따라가면 굉장히 답답한 순간을 만나게 됩니다. 특히 하나님의 말씀을 따라가면 자꾸 죄를 짓지 말라고 하면서 죄를 책망을 하기 때문에 우리의 기를 다 죽여 놓는 것입니다. 즉 이 세상을 살 의욕을 떨어트리는 것입니다.

구약 성경을 보면 사울왕은 인간적이었습니다. 그래서 사람들은 사실 사울을 좋아했습니다. 왜냐하면 사울은 인간적으로 정이 있고 화끈했기 때문입니다. 그러나 다윗은 말씀 밖에 몰랐습니다. 그래서 사람들은 다윗의 통치에 답답해 했습니다. 그러나 진정으로 이스라엘의 부흥을 가져온 것은 다윗의 말씀 통치였습니다. 특히 다윗의 아들 압살롬은 아버지를 몰아내고 자기가 왕이 되었습니다. 그 이유는 압살롬도 인간적인 통치가 더 효과적이라고 생각했기 때문입니다. 조금만 더 인간적인 방법을 쓰면 열 배에서 스무 배 이상 효과를 거둘 수 있는데 왜 오직 말씀에만 집착을 하고 거기에만 매달리느냐 하는 것입니다. 그러면 말씀을 중시하는 다윗은 죄를 짓지 않았습니까? 다윗은 그렇게 말씀하면서도 자기는 또 신하의 아내와 죄를 지었습니다. 그러니까 압살롬이 보기에 얼마나 아버지가 미련합니까? 그래서 아버지를 몰아내었습니다.

인간들은 모두 죄짓는데 천재들입니다. 그러니까 아무리 이 세상에서 성공하고 잘 해도 죄를 지으면 죄의 종이 되고 마귀의 노예가 되는 것입니다. 이것을 이기는 방법은 오직 하나님의 말씀에 목을 매다는 것입니다. 그러나 이것이 머리가 좋은 가룟 유다가 보기에는 바보짓으로 보이는 것입니다.

그러니까 가룟 유다는 점점 예수님을 무시하게 되고 나중에는 업신여기는 마음까지 가지게 되었습니다. 그 뿐만 아니라 그는 마리아에게도 이런 분에게 무엇 때문에 이 비싼 향유를 허비하느냐 하는 질책을 가감히 하는 것입니다.

가룟 유다의 말에는 '예수가 도대체 무엇이나 된다고 왕에게 바치듯 이런 비싼 것을 바치느냐?' 라는 뜻이 들어 있었습니다.

이것은 비단 가룟 유다만의 문제가 아닙니다. 진정으로 거듭나지 못한 자는 예수님의 소중함을 알지 못합니다. 그들은 예수님이나 하나님의 말씀의 중요성을 알지 못합니다.

그러나 예수님은 마리아의 행동이 자신의 장사를 준비하는 것으로 보셨습니다. 물론 마리아는 그런 생각을 전혀 가지지 않고 단지 예수님이 너무 귀해서 향유를 부었을 뿐입니다. 그러나 그 믿음이 예수님에게는 너무나도 격려가 되고 힘이 되었던 것입니다.

예수님이 이 세상에서 경험하신 것은 사람들의 철저한 불신이었습니다. 사람들은 너무나도 분명한 하나님의 표적에도 불신을 보이고 오히려 예수님을 죽이려고 하고 있었습니다. 그러나 한 여인은 예수님이 누구신지 알고 자신의 가장 좋은 것을 아낌없이 바쳤습니다. 이것이 예수님에게는 십자가를 지시는데 말할 수 없는 용기와 힘이 되셨던 것입니다.

우리는 예수님은 위로가 필요 없고 격려가 필요 없는 분이라고 생각해서는 안 됩니다. 예수님도 마음이 약해질 때가 있었습니다. 그러나 전적으로 예수님을 믿는 이 믿음은 예수님의 마음에 큰 위로가 되고 격려가 되었습니다.

그래서 다른 복음서에 보면 예수님은 복음이 증거되는 곳마다 이 여자가 한 것도 전파되리라고 말씀하셨습니다.

복음은 단 하나밖에 없는 생명을 살리는 것이며 특히 예수님의 십자가는 모든 죄인을 단번에 살리시는 것입니다. 만약 이것이 실패하면 모든 인간들에게는 소망이 없는 것입니다. 마리아는 이 예수님에게 힘이 되어드렸습니다.

복음은 우리의 생명입니다. 다른 것은 다 양보할 수 있어도 복음만큼은 절대로 양보할 수 없습니다. 이것을 위해서라면 모든 것을 다 주어도 아깝지 않아야 합니다.

예수님을 환영하는 무리들

예수님께서 예루살렘에 입성하실 때 아주 많은 무리가 예수님을 환영했습니다.

요한복음 12장 12-13절

그 이튿날에는 명절에 온 큰 무리가 예수께서 예루살렘으로 오신다 함을 듣고 종려나무 가지를 가지고 맞으러 나가 외치되 호산나 찬송하리로다 주의 이름으로 오시는 이 곧 이스라엘의 왕이시여 하더라

종려나무를 가지고 왕을 영접하는 것은 구약 성경에서는 익숙하지 않은 장면입니다.

구약과 신약의 중간기에 마카비 왕국이라는 시대가 있었습니다. 물론 이때 완전한 독립을 한 것은 아니지만 거의 독립에 가까운 상태까지 갔었습니다. 그때 헬라와 싸운 유명한 장수가 있었는데 그가 마카비였습니다. 마카비가 예루살렘에 입성했을 때 그들은 종려나무 가지를 흔들면서 그를 환영했습니다. 그때부터 종려나무 가지는 이스라엘의 독립을 상징하는 표시처럼 통했습니다. 마치 일제 때 태극기를 흔드는 것과 비슷했습니다.

'호산나' 라는 말은 '우리를 구원하소서' 라는 뜻입니다. 예수님께서 입성하실 때 사람들이 나와서 종려나무 가지를 흔든 이유는 예수님이 마카비 같은 장수가 되어달라는 뜻이었습니다. 그 당시 유대인들 가운데는 메시야 대망 사상이 거의 폭발할 정도까지 이르렀던 것입니다. 유대인들은 예수님께서 죽은 자도 살리셨으니까 이번 유월절에 예루살렘에서 엄청난 기적을 한번 행해서 전 세계 유대인들에게 무엇인가 희망을 주고 용기를 주는 일을 해주기를 바랬습니다. 할 수 있으면 예수님이 이번 유월절에 예루살렘에서 한번 큰 혁명 같은 것을 일

으켜주기를 그들은 바랬던 것입니다.

예루살렘에서 예수님을 환영하는 사람들은 바른 동기로 예수님을 좇는 것은 아니었습니다. 그들은 예수님이 광야에서 보리떡 다섯 개와 물고기 두 마리로 오천 명을 먹이신 이야기를 들었습니다. 이번에는 베다니에서 죽은지 나흘 되는 사람을 살리신 이야기도 들었습니다. 그런 까닭에 그들은 예수님이라면 이스라엘 백성들의 모든 필요한 것을 다 채워주실 수 있을 것이라고 생각했습니다.

그러나 유대인들은 예수님이 왜 이 땅에 오셨는지 잘 몰랐습니다. 사람에게 가장 중요한 문제는 죄이며 이것을 해결하려면 죄 없는 하나님의 아들이 우리를 대신해서 죽어야 하는 것입니다. 결국 그들은 죽으실 예수님을 환영하게 되었습니다. 그래서 유대인들은 예수님에 대하여 엄청나게 실망을 했습니다.

나중에 예수님께서 십자가에 못 박히셨을 때 유대인들은 예수님에게 대하여 '다른 사람은 살게 하면서 자기 자신은 살릴 수 없는가?' 라고 욕을 했습니다.

그러나 예수님은 여기에 바른 믿음의 이정표를 남겨 놓으셨습니다.

똑똑한 사람은 다른 사람에 의하여 끌려가면서도 자기가 가는 길에 나뭇가지를 꺾어 놓거나 물건을 흘려 놓음으로써 나중에 자기를 찾는 사람들이 길을 찾아올 수 있게 합니다.

마찬가지로 예수님께서 많은 유대인들의 환영을 받으면서 입성할 때에 진정으로 하나님의 말씀을 믿고 따라오는 자들이 자신이 누구인지 확인할 수 있도록 표시를 하나 해놓으셨습니다. 그것은 예수님이 나귀를 타고 입성하신 것이었습니다.

요한복음 12장 14절

예수는 한 어린 나귀를 만나서 타시니

예수님께서 예루살렘에 입성하시면서 왜 하필이면 어린 나귀를 타고 입성하셨을까요? 제자들도 처음에는 그 이유를 알지 못했습니다.

요한복음 12장 16절

제자들은 처음에 이 일을 깨닫지 못하였다가 예수께서 영광을 얻으신 후에야 이것이 예수께 대하여 기록된 것임과 사람들이 예수께 이같이 한 것인줄 생각났더라

예루살렘에 입성을 하시는데 그 많은 방법 중에서 하필이면 나귀일까요? 그것도 나귀 어미가 아니고 새끼였을까요? 나귀는 힘은 세어도 키가 작아서 어른이 타면 발이 거의 땅에 닿을락 말락합니다. 그런데 나귀 새끼를 타면 그야말로 예수님의 발은 땅에 닿게 되고 이것은 어른 체통에 체면이 서지 않는 것입니다. 그런데 나중에 아이들이 이 모습을 보고 재미가 있어서 많이 몰려 와서 예수님을 찬미하는 노래를 불렀습니다. 아마 예수님이 큰 말을 타셨더라면 아이들은 무서워서 가까이 올 엄두도 내지 못했을 것입니다.

중요한 것은 예수님께서 나귀를 타고 입성하신 것이었습니다. 이것은 구약 성경을 성취시키기 위한 것입니다. 당시 사람들은 정신없이 떠들고 흥분을 하고 있지만 예수님은 하나씩 하나씩 성경 말씀을 성취시키고 계셨습니다.

요한복음 12장 15절

이는 기록된바 시온 딸아 두려워 말라. 보라 너의 왕이 나귀새끼를 타고 오신다

함과 같더라

예수님이 하신 것은 구약성경을 성취시키심으로 우리를 향한 하나님의 구원을 완성시키는 것이었습니다. 예수님의 십자가는 구약 성경 전체의 성취였습니다.

예수님은 사람들의 생각이나 기대와는 상관없이 좌로나 우로나 치우치지 아니하시고 오직 성경만 성취시켜 나가셨습니다. 그렇게 하셨기 때문에 그렇게 절망적이던 인간의 죄 문제가 하나님 앞에서 뿌리째 해결되었습니다. 그 결과 우리 모두가 영생을 얻게 되었습니다. 그리고 우리에게는 성령의 생수가 쏟아지게 된 것입니다.

주님은 이 나귀를 통하여 말씀하고 있습니다. '신앙에는 너희들이 알 수 없는 상황들이 많을 것이다. 그러나 말씀을 믿고 나를 따라오면 분명히 하나님의 구원을 얻을 수 있다' 는 것입니다. 예수님은 우리에게 '사람들의 소리를 듣지 말고 이런 표적을 보고 따라오라.' 고 손짓하십니다.

우리는 왜 예수를 믿습니까? 왜 예수에 대하여 감사와 존귀와 영광을 돌립니까? 우리가 예수를 믿는 것은 현재의 여러 가지 어려움에서 도움을 받았기 때문이 아닙니다. 우리가 하나님께 감사드리는 것은 앞으로 있을 어마어마한 심판에서 우리를 구원하셨기 때문입니다.

하나님께서는 하나님을 반역한 모든 죄인들을 심판대에 세울 것입니다. 하나님을 대적하고 자기 정욕대로 산 자들은 모두 이 무서운 심판에 처하게 될 것입니다. 그러나 주님께서는 우리의 이름을 불러서 가장 영광스럽고 가장 아름다운 하나님의 나라에 영원히 있게 하실 것입니다. 그때 우리는 '예수의 피가 너의 모든 죄를 다 사했다.' 라고 선언하는 소리를 듣게 될 것입니다.

그때서야 우리는 예수의 피가 이토록 권세 있는지를 알게 될 것입니다. 지금 이 세상에서는 예수의 피를 알아주는 데가 없습니다. 예수의 피를 가지고 있다고 해서 돈을 더 주는 것도 아니요, 예수의 피가 있다고 세상에서 좋은 자리를 차지하는 것도 아닙니다. 그러나 하나님 앞에서는 예수의 피만큼 권세 있는 것은 없습니다.

우리의 신앙은 그때의 감사와 감격을 지금 여기에 끌어당겨서 믿고 있는 것입니다. 우리는 예수님에게 가장 비싼 향유를 부을 수 있어야 합니다. 그리고 우리의 머리털을 풀어서 예수님의 발을 닦아 드려야 합니다. 우리는 오직 예수님만 믿고 따라야 합니다. 우리는 겸손히 그분을 섬기고 말씀에 순종하여 살면 행복한 인생을 살 수 있습니다. 그리고 종국에 우리는 영원히 죽지 않는 나라에서 왕노릇할 것입니다.

Exposition of John

29 _ 요 12:20-32

썩어진 밀알

우리는 신앙생활을 하면서 내가 좋아하는 것과 하나님이 좋아하시는 것이 많이 달라서 어려움을 겪을 때가 있습니다. 예를 들어 내 생각에는 이번 직장이 꼭 되었으면 좋겠고 이번 시험에 꼭 합격하는 것이 좋을 것 같은데 하나님의 뜻은 그렇지 않을 때가 있습니다. 그런 경우 우리는 정신적으로 많이 힘들어하게 되고 어떤 때에는 절망도 하게 됩니다.

우리는 부부사이라도 서로 좋아하는 것이 많이 다를 수 있습니다. 어떤 집에서는 남편이 축구를 너무 좋아해서 주말만 되면 축구경기장에 가야 직성이 풀리는데 비하여 부인은 축구의 '축' 자도 모르고 오직 텔레비전의 멜로 드라마를 좋아할 수 있습니다. 이럴 때 부부는 어느 정도 서로 맞추어서 살 수 밖에 없습니다. 그러나 너무 중요한 문제에 있어서 차이가 있을 때에는 어느 한 쪽이 희생을 할 수 밖에 없습니다.

서로의 의견 차이 때문에 겪는 갈등과 고통은 우리 인간사이에도 있지만 하나님과 우리 사이도 있는 문제입니다. 더욱이 이것은 예수님과 하나님 아버지 사이에도 있는 문제였습니다. 그러나 예수님은 언제나 아버지 뜻에 자신을 쳐 복종시키셨습니다.

예수님께서 예루살렘에 입성하시고 난 후에 어떤 헬라인들이 예수님을 찾아오게 되었습니다. 이때 헬라인들은 세계적으로 지식인을 대변했습니다. 드디어 예수님의 소문이 이방인들인 헬라인들에게도 퍼지게 되어서 헬라인들이 예수님의 가르침을 받고 예수님의 제자가 되기 위해서 예수님을 찾아온 것입니다. 이것은 바야흐로 복음이 세계화가 될 수 있는 아주 좋은 시점인 것을 보여줍니다.

그러나 예수님은 찾아온 헬라인들을 만나주시지 않으셨습니다. 그 대신에 한 알의 밀알이 땅에 떨어져 썩지 아니하면 한 알 그대로 있고 땅에 떨어져 썩으면 많은 열매를 맺느니라는 알쏭달쏭한 말씀만 하셨습니다.

헬라인들의 방문

요한복음 12장 20-21절

명절에 예배하러 올라온 사람 중에 헬라인 몇이 있는데 저희가 갈릴리 벳새다 사람 빌립에게 가서 청하여 가로되 선생이여 우리가 예수를 뵈옵고자 하나이다 하니

우리가 알아야 할 것이 있다면 이 당시 세계적으로 가장 지식이 있는 사람은 헬라인이었다는 사실입니다. 그래서 일단 헬라어로 말할 수 있는 연설을 할 수 있는 사람이라면 대단한 지식인으로 통했습니다

다. 그리고 헬라인과 유대인들은 사이가 좋지 않았습니다. 왜냐하면 이 당시 웬만한 도시에서 상권을 가지고 경쟁하는 사람은 언제나 헬라인과 유대인들이었습니다. 그런데 헬라인 중에서 몇 사람이 예수님을 찾아왔습니다. 그런데 벌써 헬라인들은 예수님을 만나는 방식 자체가 점잖았습니다. 우선 빌립을 만나서 자신들이 예수님을 만나 뵙고 싶다는 뜻을 전하자 빌립과 안드레가 예수님을 만나서 '이러이런 헬라인들이 예수님을 만나 뵙고 싶어 합니다' 라는 뜻을 전했습니다.

이때 예수님께서는 23절에 "예수께서 대답하여 가라사대 인자의 영광을 얻을 때가 왔도다"라고 말씀하셨습니다. 우리가 이 말씀만 들으면 '드디어 예수님께서 유대인의 범위를 넘어서서 세계적으로 유명해지게 되었다' 는 뜻으로 상각하기 쉽습니다. 그러나 유감스럽게도 예수님의 말씀은 그런 뜻이 아니었습니다. 이것은 예수님 자신이 죽을 때가 다 된 것을 두고 말씀하시는 것입니다. 그러나 놀라운 것은 예수님은 단 한번도 자신의 죽음을 비참한 것으로 말씀하신 적이 없다는 사실입니다. 예수님은 자신의 죽음을 너무나도 영광스러운 것으로 말씀하셨습니다.

예수님이 예루살렘에 입성했을 때 예수님의 제자들은 굉장히 흥분이 되고 들뜰 수 있는 분위기였습니다. 예수님께서 예루살렘에 입성하신 때가 예수님에게는 인기의 절정이었기 때문입니다. 또한 상당히 많은 유대인들이 예수님을 맞으러 나와서 '호산나 다윗의 자손이여' 라고 소리를 지르면서 환영을 했고 이제는 드디어 외국인들까지 예수님을 찾아와서 만나 뵙고 제자가 되고 싶다는 의사를 표명하고 있었기 때문입니다. 이제 예수님은 드디어 국내외적으로 유명하신 분이 되신 것입니다. 그러나 이것은 너무나도 인간적인 생각이었습니다.

우리가 이 세상에서 아무리 유명해지고 아무리 돈을 많이 벌어도 그것은 모래를 모으는 것밖에 되지 못합니다. 모래는 아무리 많이 모아도 모래 일뿐 입니다. 모래를 많이 모으면 당장 무엇이 되는 것 같지만 파도가 한번 쓸고 가면 모래로 쌓은 것들은 모두 다 흔적도 없이 쓸려가고 마는 것입니다.

인간이 죄를 지은 후로 인간은 마치 모래로 사는 족속들이 되고 말았습니다. 진정한 하나님의 축복은 받지 못하고 하나님이 원초적으로 이 세상에 생존을 위하여 뿌려 놓으신 그 복만 가지고 살아가고 있는 것입니다.

예를 들어 어떤 등산객들이 겨울에 산에서 조난을 당했다고 합시다. 그런데 어떤 한 사람은 비상식량을 많이 가지고 있었고 다른 사람은 비상식량을 많이 가지고 있지 못했다고 가정하면 상식적으로 비상식량을 좀 더 많은 가진 사람이 부족한 사람에 비하여 부자인 것은 사실입니다. 그리고 좀 더 생명을 더 유지하는데 유리한 것도 사실입니다. 그럼에도 불구하고 비상식량은 어디까지나 비상식량에 불과하지 비상식량을 많이 가지고 있다고 해서 그 사람이 완전히 구조를 받는 것은 아닌 것입니다.

예수님이 이 세상에 오신 것은 우리에게 비상식량을 많이 주시기 위해서가 아니라 완전히 우리의 생명을 구원하시기 위해서였습니다. 그러기에 예수님에게 중요한 것은 많은 사람들이 알아주거나 지지해주는 것이 아니었습니다. 예수님의 주된 관심은 하나님과 우리 사이를 연결시켜서 하나님의 생명과 축복이 우리에게 올 수 있게 하는 것이었습니다.

예수님이 하신 일은 최초로 하나님과 우리를 연결하는 것이었습니다. 이 과정에서 가장 핵심적인 문제는 인간의 죄를 누가 어떻게 처리하느냐가 가장 큰 문제이었습니다. 그러기에 예수님의 죽음은 가장 중요한 문제가 됩니다. 만약 예수님이 죽지 않으면 인간들에게는 하나님의 생명이 올 수 없고 하나님의 복이 주어질 수 없습니다. 모두 이 세상에 있는 모래만 파먹다가 비참하게 멸망을 해야 하는 것입니다. 그런데 이때 예수님은 이렇게 말씀하셨습니다. '인자의 영광을 얻을 때가 왔도다'

제자들이 생각한 인자의 영광은 당연히 예수님이 예루살렘에서 높아지시는 것입니다. 즉 예수님이 예루살렘에서 유대인의 왕이 되시는 것입니다. 그리고 로마인 정도야 예수님이 쳐부수면 되는 것입니다. 그러나 예수님의 생각은 유대인의 생각과 전혀 달랐습니다. 예수님은 자신을 희생하지 아니하고 이런 식으로 사람들의 영광을 얻는다면 인간은 단 한 사람도 구원받을 수 없다는 것을 알고 계셨습니다.

그러나 사람에게 가장 고통스러운 것은 자기를 가장 사랑하는 사람의 기대와 희망을 무시해야 하는 것입니다. 지금 예수님을 가장 사랑하고 예수님을 가장 믿는 사람들이 예수님이 잘 되기를 희망하고 있습니다. 그러나 예수님이 지금 해야 하시는 것은 그들을 가장 절망시키는 것이고 그들의 희망을 산산이 다 짓밟는 일을 하셔야 하는 것입니다.

그런데 예수님은 이것이야 말로 '자신이 영광을 얻는 일' 이라고 말씀하고 있습니다. 예수님은 자기가 가장 비참해지고 가장 사랑하는 사람들의 기대를 짓밟는 일이 자기가 영광을 얻는 일이라고 말씀하고 있습니다. 그 이유가 어디에 있습니까? 예수님이 십자가에서 죽어야만 죄인된 우리가 구원을 받고 주를 영광스럽게 할 수 있기 때문입니다.

그래서 예수님은 비유를 말씀하셨습니다.

요한복음 12장 24절

내가 진실로 진실로 너희에게 이르노니 한 알의 밀이 땅에 떨어져 죽지 아니하면 한 알 그대로 있고 죽으면 많은 열매를 맺느니라. 자기 생명을 사랑하는 자는 잃어버릴 것이요 이 세상에서 자기 생명을 미워하는 자는 영생하도록 보존하리라

예수님은 너무나도 평범한 사실을 가지고 말씀하셨습니다. 밀알이 있는데 땅에 심지 않고 그대로 두면 언제나 밀알 하나일 것입니다. 그러나 이것을 땅에 심으면 몇 십 알 내지는 몇 백 알이 열리게 됩니다. 그래서 농사를 짓는 사람에게 중요한 것은 종자입니다. 종자는 아무리 먹을 것이 없어도 먹어서는 안 됩니다. 왜냐하면 종자를 먹어버리면 내년에 농사지을 것이 없기 때문입니다.

예수님은 자신이 죽는 것을 씨를 땅에 심는 것으로 생각하셨습니다. 예수님이 이 세상에 높아지시고 예수님이 유명해지는 것은 마치 밀알이 하나 그대로 있는 것과 같습니다.

예수님은 우리 인간들이 살고 또 이 세상에 하나님의 생명과 복이 어떻게 임하는지 그 방법을 정확하게 알고 계셨습니다. 그것은 자기 자신을 철저하게 하나님의 말씀에 복종을 시키는 것이었습니다. 예수님이 그 하나님의 말씀에 자신을 쳐 복종시켜 가다보면 최종적으로 죽어야 한다는 것까지 알고 계셨습니다. 그럼에도 불구하고 예수님은 십자가에서 우리를 구원하기 위해 죽으셨습니다. 예수님은 그 길이 훨씬 수지맞는 길이라는 것을 알고 계셨습니다.

만약 예수님이 죽지 않으셨다면 하나님의 아들 예수님 혼자만 사셨을 것입니다. 그러면 예수님을 따르고 좋아했던 모든 사람들은 살지 못합니다. 왜냐하면 그들은 여전히 하나님의 생명에서 끊어져 있기 때문입니다. 그래서 예수님은 제자들이 원했고 또 예수님을 사랑하던 사람들이 그렇게 기대했던 길을 갈 수가 없었던 것입니다.

예수님은 이 문제를 우리들에게도 적용시키셨습니다.

요한복음 12장 25절

자기 생명을 사랑하는 자는 잃어버릴 것이요. 이 세상에서 자기 생명을 미워하는 자는 영생하도록 보존하리라

이것은 비단 예수님의 문제만이 아니었습니다. 이것은 우리들에게도 동일하게 적용이 되는 것입니다. 이 세상에서 자기 생명을 사랑하는 사람은 이 세상에 있는 것을 포기하지 못하는 사람들입니다. 즉 이 세상에서 유명해지고 이 세상에서 높아지고 부자가 되기 위해서 이 세상의 좋은 것들은 아무 것도 포기하지 못하는 것입니다. 이러한 사람은 자기 생명을 잃을 것입니다. 우리가 하나님의 말씀을 따르려고 하면 이 세상의 많은 것을 포기를 해야 합니다. 어떤 때에는 그렇게 하는 것이 꼭 죽는 것 같습니다. 마치 이 세상에서 자기 생명을 미워하는 자 같이 보입니다. 그런데 그 사람은 살게 됩니다. 왜냐하면 결국 하나님의 생명을 붙잡았기 때문입니다.

오늘 우리는 모두 이 세상의 영광을 너무나도 좋아하고 원하고 있습니다. 누군가가 이 세상에서 조금 유명해지고 성공하면 모든 사람들이 축하해주고 부러워해 줍니다. 그런 눈으로 보면 예수님이 그렇게

어리석을 수가 없고 예수님처럼 세상의 것을 포기하는 자들이 그렇게 미련하게 보일 수가 없을 것입니다. 그러나 이것이 사는 길입니다. 우리 크리스천들은 이 시각을 분명히 갖고 있어야 합니다. 즉 진정한 축복은 하나님과의 관계에서 오는 것입니다. 우리가 진정으로 살고 또 다른 사람도 살리려면 세상의 복을 포기하고 자기가 죽는 체험을 해야 합니다. 그러기 위해서는 우리는 오직 하나님의 말씀만 믿고 그 말씀에 자신을 완전히 던져야 합니다.

예수님이 헬라인을 만나지 않으신 이유

오늘 성경을 보면 예수님께서 자신을 찾아온 헬라인들을 분명히 만났는지 만나지 않았는지 알 수 없습니다. 그러나 전체적인 정황을 보면 예수님은 만나시지 않으신 것을 알 수 있습니다.

예수님께서 왜 헬라인들을 바로 만나지 아니하셨을까요?

하나님의 구원에 있어서 유대인들이 먼저였기 때문입니다. 예수님께서는 먼저 유대인들에게 복음을 전하시고 그들 중 성령을 받은 자들로 하여금 헬라인들을 찾아가게 하셨습니다. 그 이유는 헬라인들로 하여금 복음의 빚진 자가 되게 하기 위해서 입니다.

예수님께서는 앞으로 세워질 이방인 교회가 교만해질 것을 우려하셨습니다. 그래서 그들을 순서에 있어서 두 번째로 하셨습니다. 로마서에서도 "첫째는 유대인에게요 또한 헬라인에게라" 고 했습니다.

구원에 있어서는 이방인들은 그 순서에 있어서 첫째가 아닙니다. 우리들은 두 번째입니다. 우리들은 원래 하나님의 나라 밖에 있던 자들이요, 돌 감람나무와 같은 자들입니다. 도저히 하나님을 믿을 수 없던 자들이 먼저 복음을 받은 자들의 전도로 하나님 나라 안에 초청된 것입니다.

그러므로 이방인 교회는 결코 교만할 수 없습니다. 원래 우리는 낄 수 없는 자리에 우리가 들어와 있습니다. 예수님의 왕의 잔치 비유에서도 유대인들을 먼저 초청합니다. 그러나 그들은 이런저런 핑계를 대면서 초청에 응하지 않습니다. 그래서 화가 난 왕은 거리나 모든 곳에 가서 거지나 병신들을 다 초청하여 자리를 채우게 했습니다. 우리는 바로 그런 자들입니다. 처음 초청에는 들어 있지 않았지만, 두 번째 강권적인 초청에 의하여 하나님 나라에 들어오게 된 사람들입니다. 우리는 불청객과 같은 자들입니다. 그러기에 우리는 모든 것이 그저 감사할 따름입니다.

하나님께서 유대인들을 먼저 초청하신 것은 그들로 하여금 나중에라도 변명할 거리가 없도록 하시기 위함인 것 같습니다. 즉 자기들이 하나님의 초청을 거절했기 때문에 변명할 아무런 핑계 거리가 없는 것입니다. 그러나 우리는 그저 감사할 따름입니다.

하나님께서 구원에서 있어서 이런 순서의 차이를 두신 것은 이방인 교회가 항상 겸손해서 하나님의 은혜에서 떨어지지 않도록 하기 위해서입니다.

그런 까닭에 우리는 마치 우리가 당연한 권리에 의하여 하나님의 백성이 된 것처럼 교만하게 행하지 않도록 조심해야 합니다.

또한 헬라인들이 보아야 할 것은 육신의 예수님이 아니었습니다. 그들이 보아야 할 것은 십자가에 달리신 예수였습니다. 그들에게 필요한 것은 그들에게 모든 것을 잘 가르쳐 주시는 선생 예수가 아니라, 십자가에 달려서 하나님 앞에 속죄 제물로 바쳐진 예수였습니다.

헬라인들은 원래 논리를 좋아했습니다. 그래서 그들은 가르침에 흥미가 많았습니다. 그러나 그들에게 필요한 것은 이론적으로 진리를 배우기 이전에 십자가에 달리신 예수를 믿는 것이 필요했습니다. 예수님께서는 육신의 예수님을 만나려는 헬라인의 제안을 거부하시고 십자가에 달린 자신의 모습을 보여 주심으로 하나님께 대한 인간의 무서운 반역과 죄를 깨닫게 하셨습니다.

예수님은 전 세계가 예수님을 따른다고 해도 십자가가 없으면 한 사람도 살 수 없다는 것을 알고 계셨습니다. 우리가 살 수 있는 길은 예수님이 하나님의 말씀에 따라서 죽는 것이었습니다. 그리고 우리가 축복받고 능력 받는 것은 오직 하나님의 말씀에 자기 자신을 쳐 복종시키는 것 밖에 없습니다.

그러면 진정으로 예수님을 섬기는 사람은 어떠해야 합니까?

요한복음 12장 26절

사람이 나를 섬기려면 나를 따르라. 나 있는 곳에 나를 섬기는 자도 거기 있으리니 사람이 나를 섬기면 내 아버지께서 저를 귀히 여기시리라

예수님께서 '나를 섬기는 자' 라고 말씀하실 때 이 사람들은 예수님을 믿는 우리 모두를 말합니다. 예수님께서는 예수님을 믿는 우리 모두에게 '나를 따르라' 고 요구하십니다. 이것은 처음부터 끝까지 예수님께서 가시는 그 길을 따라가라는 것입니다.

예수님이 가시는 곳이 어디입니까? 그곳은 십자가가 있는 곳입니다. 그곳은 영광대신 낙심과 절망이 있는 곳입니다.

우리의 출발점은 십자가가 되어야 합니다. 이 길은 세상 출세와 영광과는 완전히 동떨어진 길이요 이대로 살면 반드시 망할 것 같고 굶어 죽을 것 같고 결혼도 하지 못하고 평생 집도 구하지 못할 것 같습니다. 그러나 놀랍게도 우리는 이 세상에서 굶어죽지도 않고 얼어 죽지도 않고 결혼을 못하지도 않고 행복하게 삽니다. 참으로 이해가 되지 않는 것이지요.

우리는 분명히 이 세상에서 무능하기 때문에 죽어야 하는데 이상하게 살고 있습니다. 이것은 전적인 하나님의 은혜입니다. 우리는 하나님의 능력으로 살기 때문에 결코 망하지 않습니다.

예수님의 갈등의 해결방법

우리는 인간이기 때문에 아무리 하나님의 말씀을 들어도 눈앞의 현실이 그렇지 않으면 언제나 넘어지고 좌절할 수밖에 없습니다.

우리는 기드온의 기도를 잘 알고 있습니다. 기드온은 미디안 군대와 싸울 때 하나님의 말씀에 따라서 싸우려고 삼백 명만 남기고 온 이스라엘 백성들을 다 돌려보내었습니다. 기드온이 아무리 믿음으로 이런 일을 했다고 하지만 이것은 객관적인 눈으로 보기에는 미친 짓이었고 기드온 자신도 감당할 수 없는 것이었습니다. 이것은 완전히 자살하는 것이나 마찬가지였고 그것도 자기 혼자 죽는 것이 아니라 삼백 명이 모두 다 죽는 것이고 모든 이스라엘 백성들이 다 죽는 것이나 마찬가지였습니다. 그래서 기드온은 어떻게 합니까? 양털을 가지고 필사적으로 기도를 합니다. 즉 하나님께서 함께 하시면 이 양털에만 이슬이 있게 해 달라고 기도를 드립니다. 하나님께서 한번 응답해 주셔도 부족하니까 그 다음날에는 양털에만 이슬이 없게 해 달라고 기도를 해서 응답을 받았습니다. 그래도 자신이 안 생기니까 하나님께서 아예 미디안 진에 들어가서 군사들이 밤에 꿈을 꾸고 이야기 하는 것을 듣게 하십니다. 그러자 비로소 기드온이 자신을 가지게 되는 것입니다. 우리는 하나님의 말씀과 이 세상 사이에는 엄청난 '갭' 이 있다는것을 알아야 합니다. 우리가 하나님의 말씀대로 하려고 하면 이 세상에서 되는 것이 아무 것도 없을 때도 있습니다. 그래서 말씀과 이 세상 사이의 간격을 없애고 말씀 자체가 능력이 되게 하기 위해서는 우리는 목숨을 걸고 기도를 해야 하는 것입니다.

우리가 하나님의 말씀을 듣는 것은 머리로 믿는 것입니다. 그러나 머리로 믿는 것으로는 이 세상을 이길 수 없습니다. 오히려 실패할 가능성이 매우 높습니다. 그러나 우리가 하나님의 말씀을 붙들고 간절히 기도할 때 언제부터인가 머리로 믿던 것이 가슴으로 내려오게 됩니다.

그래서 예수님께서도 말씀만 전부라고 말씀하시지 아니하셨고 기도하셨습니다.

예수님은 먼저 자기 자신 안에 엄청난 갈등과 긴장이 있는 것을 인정하셨습니다.

요한복음 12장 27절

지금 내 마음이 민망하니 무슨 말을 하리요. 아버지여 나를 구원하여 이 때를 면하게 하여 주옵소서. 그러나 내가 이를 위하여 이 때에 왔나이다 여기서 '민망하다'는 말은 극도로 불안하다는 뜻입니다. 예수님께서는 '나는 하나님의 뜻을 이루는 방법을 다 알고 있으니 아무 것도 걱정할 것이 없다'고 말씀하시지 않으셨습니다.

예수님께서는 제자들 앞에서 극도로 불안해 하셨고 어찌할 바를 몰라 하셨습니다.

사람은 누구나 극도로 불안하게 되면 호흡이 제대로 되지 않을 때도 있을 것입니다. 그리고 너무나도 속이 답답해서 아무 일도 할 수 없고 아무 생각도 할 수 없을 것입니다.

예수님이 바로 이런 상태에 빠지게 되셨습니다. 요즘으로 치면 우울증이 아주 심한 상태인 것입니다. 이때가 언제입니까? 예루살렘에 영광스럽게 입성하시고 사람들의 환영을 받으시던 때입니다. 심지어 헬라인들까지 제자가 되겠다고 찾아온 그때에 예수님은 극도로 불안해 하시면서 거의 숨이 막혀서 죽을 지경이 되신 것입니다.

그 이유가 무엇입니까? 예수님이 사람이시기 때문에 머리로 믿는 것과 실제로 느끼는 것 사이에 너무나도 큰 차이를 느끼셨던 것입니다. 머리로는 이것이 너무나도 틀림없는 하나님의 뜻이고 이것이 모두가 사는 길인데 막상 실제로 그 문제에 부딪혀 생각을 해보니까 너무나도 두렵고 답답하고 심리적으로 불안해서 견딜 수가 없었던 것입니다.

이때 예수님은 하나님께 기도를 드렸습니다. 주위에 사람이 있든지 없든지 소리를 내어서 기도를 드렸습니다. 저는 우울증으로 시달리는 분들에게 자꾸 통성으로 소리를 내어서 기도를 하라고 합니다. 대개 이런 분들은 불안하니까 생각을 많이 하게 됩니다. 그리고 속으로 기도를 하려고 하는데 그러면 금방 좋지 않은 생각이 그를 삼켜버릴 것입니다. 이때 내 속에 답답함과 두려움을 소리를 내어서 하나님 앞에서 토해내듯이 기도를 해야 합니다.

예수님은 세 가지 말씀을 하셨습니다. 하나는 제자들에게 '지금 내 마음이 민망하니 무슨 말을 하리요' 예수님은 제자들에게 자신의 심리적인 불안을 알리셨습니다. 우리는 불안하고 답답할 때 이것을 말해야 합니다. 대개 우울증이 한번 터지면 온 집안이 뒤집어 집니다. 그런데 그러고 나면 좀 나을 때가 많습니다. 왜냐하면 속에 담아 두었던 불안이 터져버렸기 때문입니다. 고름이 터지면서 종기가 낫듯이 혼자 꽁꽁 숨겨 놓고 참든 것이 터져버리면서 이상하게 짐이 좀 가벼워지는 것을 느낍니다.

'아버지여 이때를 면하게 하여 주옵소서' 이 말씀은 쉽게 이야기를 하면 지금 너무 불안해서 숨이 막혀서 죽을 것 같으니까 제발 제 마음을 좀 안정시켜주셔서 이 위기를 넘길 수 있게 해 달라는 뜻입니다.

예수님은 자신의 감정을 하나님 앞에 조금도 감추거나 숨기지 아니하셨습니다. 예수님은 십자가가 아무 것도 아니라는 식으로 떠들어대지 아니하셨습니다. 예수님은 지금 숨이 막혀서 죽을 것 같으니까 제발 지금 나를 좀 살려 달라고 부르짖고 있습니다. 이것이 예수님의 솔직한 감정이셨습니다. 예수님은 말씀만으로 충분치 않다는 것을 아셨습니다. 예수님은 진리로 충만하신 분이셨고 예수님 자신이 말씀이셨습니다. 그럼에도 불구하고 예수님의 마음은 현실 앞에서 거의 숨 막혀 죽을 정도가 되셨습니다. 이때 예수님은 다른 사람들이 있든지 말든지 그 자리에서 바로 하나님께 부르짖으면서 기도를 드렸습니다.

그러면서 예수님은 분명히 자신의 의사를 밝히셨습니다. 그것은 '그러나 내가 이를 위하여 이 때에 왔나이다' 라는 것입니다. 우리의 기도에 놀라운 것은 '그러나' 가 있는 것입니다.

우리는 하나님 앞에서 우리의 연약함과 부족함과 비겁함과 수치를 다 말씀드릴 수 있습니다. 그러나 우리의 기도가 뒤집어 지는 순간은 '그러나' 에 있습니다. '그러나 내가 이를 위하여 있나이다' 우리가 '그러나' 라고 하는 순간 하나님은 우리 모든 부족한 것은 가져가시고 거룩하신 하나님의 뜻만 이루어지게 하시는 것입니다.

사실 그때 예수님은 자신이 원하기만 하면 얼마든지 그 고통의 때를 면할 수 있습니다. 그러나 예수님은 우리를 구원하기 위해서 그렇게 하지 않았습니다.

그러면 왜 예수님은 자신의 고통을 아버지께 호소하고 있습니까? 아들은 얼마든지 아픈 것을 아프다고 말할 수 있고, 자신의 고통을 얼마든지 하나님께 표현할 수 있었기 때문입니다. 그러면서 예수님은 자기가 끝까지 감당할 수 있게 해달라고 기도를 드렸습니다.

요한복음 12장 28절

아버지여 아버지의 이름을 영광스럽게 하옵소서

아들이 원하는 것은 아버지의 이름이 영광스럽게 되는 것이었습니다. 그러면 어떻게 해야 아버지의 이름이 영광스러워 질 수 있습니까?

하나님의 이름이 가장 영광스럽게 되는 것은 죄인들이 이 은혜를 깨닫고 하나님께 찬양과 감사를 돌려 드리는 순간입니다.

특히 예수님은 죄인들의 구원을 통하여 이 죄인들이 하나님을 찬양하는 것을 볼 수 있게 해달라고 기도하셨습니다.

이 기도에 대하여 하나님께서 응답하셨습니다.

요한복음 12장 28절 下

이에 하늘에서 소리가 나서 가로되 내가 이미 영광스럽게 하였고 또 다시 영광스럽게 하리라 하신대

하나님께서는 아들이 심리적으로 답답해하건 말건 그냥 두시는 분이 아니셨습니다. 아버지는 아들의 모든 것을 알고 계시고 듣고 계셨습니다. 그래서 아들이 너무 답답하다고 하면서 기도를 했을 때 육성으로 응답해주셨습니다.

'이미 영광스럽게 하였고' 라는 것은 무엇을 말합니까? 이렇게 하나님의 말씀을 깨닫고 힘들어하고 답답해하는 것이 하나님이 영광스럽게 하셨다는 뜻입니다. 우리가 생각하기에 이렇게 극도로 불안해하고 답답해하는 것은 심리적인 붕괴이고 좌절이며 의지가 실패한 것으로 보아야 할 것입니다. 그러나 하나님은 그것이 지극히 정상적인 것이며 이것이 하나님께 영광이 되었습니다.

즉 우리가 하나님의 뜻을 깨닫고 두려워하면서 기도하는 것이 하나님 앞에서는 가장 아름다운 것입니다. 그러나 중요한 것은 앞으로 '다시 영광스럽게 하리라' 는 것입니다. 우리가 이것을 하나님 앞에 내어놓을 때 하나님은 반드시 이룰 힘을 주시고 또 이루어지도록 하시는 것입니다. 우리는 거저 하나님 앞에서 하나의 도구로 사용되어지기만 하면 되는 것입니다. 그러면 하나님께서는 모든 것을 하나도 남기 없이 백 퍼센트 영광스럽게 하실 것입니다.

우리는 우리 속을 하나님의 말씀으로 채우고 터질 것 같은 우리의 불안과 답답함을 하나님 앞에 기도로 폭발 시키는 것이 얼마나 소중한 일인가를 알아야 합니다. 그것이 되면 그 다음 일은 하나님께서 알아

서 하실 것입니다.

우리가 큰 낙심과 침체 가운데 있을 때 붙들어 주는 것이 무엇입니까? 그것은 하나님의 음성입니다. 하나님께서 지금 나의 고통을 알고 계시며 이 고통이 헛되지 않고 반드시 귀한 열매로 나타날 것이라는 사실을 하나님의 음성을 통해 우리가 듣게 되면 모든 불안과 두려움을 이길 수 있습니다. 그러므로 우리에게 가장 필요한 것은 살아계신 하나님의 말씀을 듣는 것입니다.

요한복음 12장 32절

내가 땅에서 들리면 모든 사람을 내게로 이끌겠노라 하시니

예수님은 자신이 십자가에 달려서 죽으신 후에 온 세상을 자기에게로 이끄시겠다고 말씀하셨습니다. 예수님이 헬라인을 만나시지 않으신 것은 자신이 없어서가 아니라 그들을 위해서였습니다. 구원을 원천적으로 이루시지도 않고 아무리 헬라인을 만나도 소용이 없었던 것입니다.

예수님은 우리의 구원을 완전히 이루신 후에 우리를 부르셨습니다. 그래서 지금은 망설일 이유가 없습니다. 이제는 우리는 예수님의 말씀대로 순종하기만 하면 하나님의 복을 풍성히 받을 뿐 아니라 가장 아름답고 능력있는 삶을 살게 될 것입니다.

Exposition of John

30 _ 요 12:32-50

빛으로 오신 예수님

이 세상에서 가장 신비로운 것이 있다면 그것은 바로 빛의 존재일 것입니다. 빛은 소리도 없이 무게도 없이 우리에게 찾아와서 어두움을 물리치고 온 세상을 환하게 바꾸어 놓습니다. 이 세상에 사는 모든 생물은 빛이 있어야 살 수가 있습니다. 만약 지구에 단 며칠 동안이라도 빛이 없어진다면 살아있는 모든 것의 활동은 중지될 것이며 이 빛이 없는 기간이 좀 더 길어지면 모든 생명체는 다 죽게 될 것입니다. 그러나 예수님은 우리가 눈으로 보는 빛 말고 또 다른 빛이 있다고 말씀하고 있습니다.

오늘 본문 말씀 46절을 보면 예수님께서 자신에 대하여 '나는 빛으로 세상에 왔나니 무릇 나를 믿는 자로 어두움에 거하지 않게 하려 함이로라' 고 말씀하셨습니다.

예수님은 자기 자신을 태양빛에 비유를 하고 계시는 것입니다. 즉 이 세상에 있는 모든 생명체는 태양빛이 있어야 살 수가 있는 것처럼 이 세상에 있는 모든 사람은 누구든지 예수님을 믿어야 살 수 있다는 것입니다.

성경에 보면 태양 빛 외에 다른 빛을 보았던 사람들의 이야기가 적혀 있습니다. 그 대표적인 한 사람이 사도 바울이었습니다. 사도 바울은 예수 믿기 전에 아주 기독교를 박해하던 사울이라고 하는 사람이었습니다. 그런데 그가 예수 믿는 사람들을 더 많이 붙잡아서 박해하기 위하여 다메섹으로 가던 중에 태양보다 더 환한 빛을 보고 쓰러져버렸습니다. 바울은 그 빛 가운데 살아계신 하나님의 아들의 음성을 듣게 되었습니다. 그 음성은 '사울아 사울아 어찌하여 네가 나를 핍박하느냐?' 하는 음성이었습니다. 사울은 너무나도 두려워서 '주여 뉘시오니이까?' 라고 물으니 부활하시고 승천하신 주님께서는 '나는 네가 핍박하는 예수라.' 고 했습니다.

우리 인간에게 가장 중요한 순간은 살아 있는 하나님의 음성을 듣는 것입니다. 이때 우리는 최초로 빛을 보게 되는 것입니다. 우리가 하나님의 말씀을 듣기 전까지는 캄캄한 어두움 가운데 거하게 됩니다. 그렇지만 우리가 하나님의 말씀을 듣는 순간 하나님의 빛을 보게 되고 그 말씀을 받아들일 때 빛 속으로 들어오게 됩니다.

오늘 말씀은 하나님의 빛을 보았던 또 다른 한 사람을 소개하고 있습니다. 그 사람은 오래전 구약 시대에 살았던 이샤야 선지자입니다.

41절에 '이사야가 이렇게 말한 것은 주의 영광을 보고 주를 가리켜 말한 것이라' 고 말씀하고 있습니다.

이사야 6장을 보면 이사야가 성전에서 하나님의 영광을 보는 장면이 소개됩니다. '거룩하다. 거룩하다. 거룩하다. 만군의 여호와여 그 영광이 온 땅에 충만하도다.' 하는 천사들의 소리를 듣게 됩니다. 이사야는 분명히 하나님의 영광이 성전 안에 충만한 것을 보았습니다. 그러나 일반 유대인들은 아무도 그것을 믿지 않았습니다.

그 이유에 대해서 이사야가 자세히 살펴보니까 그들의 눈이 멀어 있었고 마음은 완고하게 되어 있어서 도저히 하나님의 말씀을 받을 수가 없게 되어 있었던 것입니다.

이것은 오늘날도 마찬가지입니다. 하나님의 말씀은 온 세상에 전파되고 있습니다. 그런데 그 말씀을 듣고 빛 가운데로 나아오는 사람이 있는가 하면 이 빛을 죽어도 인정하지 않고 여전히 믿지 않는 사람들이 있는 것입니다.

인자가 누구냐?

요한복음 12장 32절

내가 땅에서 들리면 모든 사람을 내게로 이끌겠노라 하시니

예수님은 자신이 '땅에서 들리면' 이라고 말씀하셨습니다. 우리는 '땅에서 들린다' 는 것이 무슨 뜻인지 잘 알지 못하지만 유대인들은 그 말의 뜻을 금방 알아들었습니다. 즉 '땅에서 들린다' 는 것은 '죽은 사람을 공중에 달아놓는다' 는 뜻이었던 것입니다.

옛날에는 아주 중요한 적을 잡아서 죽였을 때 그 시체를 공중에 달아놓았습니다.

유대인들은 이 말을 들었을 때 적잖은 소동을 일으켰습니다.

요한복음 12장 33-34절

이렇게 말씀하심은 자기가 어떠한 죽음으로 죽을 것을 보이심이러라. 이에 무리가 대답하되 우리는 율법에서 그리스도가 영원히 계신다 함을 들었거늘 너는 어찌하여 인자가 들려야 하리라 하느냐? 이 인자는 누구냐?

칭호라는 것은 사람들에게 아주 중요한 의미를 가지고 있습니다. 예를 들어 대통령이 되기 전에 후보로 나온 사람을 우리는 '대통령 후보' 라고 말을 합니다. '대통령 후보' 는 앞으로 투표에서 당선이 되면 대통령이 될 수 있지만 아직은 아무런 권한이 없는 사람입니다. 그러나 투표에서 당선이 되면 그때부터는 칭호가 '대통령 당선자' 로 변하게 됩니다. '대통령 당선자' 는 아직 대통령이 된 것은 아니지만 곧 대통령이 될 사람이기 때문에 거의 대통령에 준하는 대우를 받게 됩니다.

마찬가지로 예수님에게 중요한 것은 그분의 칭호였습니다. 사람들은 많은 경우 예수님을 '랍비' 라고 불렀습니다. 이것은 하나님의 말씀을 가르치는 선생님이라는 뜻입니다. 요즘으로 치면 '목사님' 과 비슷한 의미였습니다. 그런데 어떤 사람들은 예수님을 '하나님의 아들' 이라고 부르기도 했고 '그리스도' 라고 부르기도 했고 심지어는 '다윗의 자손' 이라고 부르기도 했습니다. 예수님은 이 중의 어떤 칭호도 틀렸다고 말씀하시지는 않으셨습니다. 그런데 예수님은 자기 자신을 부를 때에는 반드시 '인자' 라고 부르셨습니다. 예수님은 자기 자신에 대하여 '그리스도' 라는 칭호를 쓰시지 않으셨습니다. 그 이유는 그 당시 '그리스도' 혹은 '메시야' 라는 칭호가 대단히 정치적인 투사의 의미로 사용되었기 때문입니다. 그래서 예수님은 불필요하게 오해를 일으키지 않기 위해서 자신을 부를 때 '인자' 라고 부르셨습니다.

그런데 이 '인자' 라는 칭호는 그 당시 사람들에게는 흔치 않는 것이었습니다. 이 '인자' 라는 칭호가 주로 많이 사용되는 경우는 에스겔서 입니다. 하나님께서 에스겔을 부르실 때 이 용어를 사용하셨습니다. 이때 사용된 '인자' 라는 의미는 그저 연약한 인간이라는 뜻이었습니다.

예수님이 사용하신 인자의 의미는 이사야서의 고난의 종과 다니엘서에 나오는 구름을 타고 나타난 종말적인 종과 결부된 개념인 것입니다.

그래서 구약 이스라엘 시대에 선지자들이 가장 고민했던 문제는 바로 고난의 종의 정체였습니다. 즉 앞으로 하나님의 기름부음 받는 자가 오는데 그는 고난당하는 종으로 오신다는 것입니다. 구약 선지자들은 왜 하나님의 기름부음 받은 종이 고난을 받아야 하는지 이해할 수가 없었습니다.

예수님께서 자신을 인자로 부르신 의미가 바로 이것이었습니다. 하나님의 아들이 낮아져서 고난을 받는 것입니다. 그리고 두 번째는 그가 높아지셔서 자기 백성들과 하나가 되어서 영광을 받으시는 것입니다. 그래서 '인자' 라는 이름에는 '그리스도' 에서 찾을 수 없는 두 가지 개념이 있습니다. 즉 하나님의 종이 침 뱉음을 당하고 채찍질당하고 고난 받아 죽어야 한다는 것과 다른 하나는 그 고난을 통하여 그가 그 백성들을 구원하시고 영광을 얻으시는 내용입니다. 이것을 구약시대 사람들은 도저히 이해할 수가 없었습니다.

이것은 인간의 죄 문제가 해결되는 것이 얼마나 어렵고 복잡한 것인지 보여주는 것입니다. 인간의 죄를 처리하려면 인간의 노력이나 의지로 되지 않습니다. 또한 이것은 기름부음 받은 자만으로도 해결할 수 없습니다. 인간의 죄가 해결되려면 그리스도가 인자가 되어야 합니다. 그래서 '인자' 와 가장 가까운 개념이 '죽임당한 어린양' 입니다. 세례 요한은 예수님을 보고 '세상 죄를 지고 가는 하나님의 어린양' 이라고 소개를 했습니다. 사실 우리는 하나님의 용서와 은혜를 받는 것이 완전히 불가능한 상태였습니다. 그러나 '인자' 가 그것을 가능하게 했습니다.

요한복음 12장 34절

이에 무리가 대답하되 우리는 율법에서 그리스도가 영원히 계신다 함을 들었거늘 너는 어찌하여 인자가 들려야 하리라 하느냐? 이 인자는 누구냐?

유대인들은 인자와 그리스도를 별개로 생각하고 있었습니다. 그리스도는 영원하셔야 하는데 왜 죽어야 한다고 하느냐 하는 뜻입니다.

그들은 그리스도가 오시면 바로 적을 물리치고 영구적으로 나라를 다스릴 것이라고 생각하고 있었습니다. 바로 유대인이 전세계를 다스리는 시기가 온다고 믿었던 것입니다.

그 결과 그들의 생각과 하나님의 뜻과는 엄청난 차이가 있었습니다. 그리스도는 다스리기 전에 죽어야 합니다. 즉 열매를 맺기 전에 땅에 떨어져 죽어야 하는 것입니다. 그 후에 그가 세우실 나라는 이 세상과 저 세상에 세워질 영원한 하나님의 나라입니다.

빛을 믿으라

예수님께서는 왜 인자가 들려야 하는지에 대해서는 말씀하시지 않으시고 빛이 너희에게 있으니 이 빛을 믿으라고만 말씀하셨습니다.

요한복음 12장 35절

예수께서 가라사대 아직 잠시 동안 빛이 너희 중에 있으니 빛이 있을 동안에 다녀 어두움에 붙잡히지 않게 하라. 어두움에 다니는 자는 그 가는 바를 알지 못하느니라

예수님께서는 일반 유대인들에게 인자의 들리우심에 대하여 자세히 말씀하시지 아니하셨습니다. 예수님께서 인자의 들리우심에 대하여 말씀하신 것은 니고데모를 만났을 때였습니다.

니고데모는 유대인의 율법 학자였지만 어느날 하나님의 진리를 듣고 싶어서 밤에 예수님을 찾아왔습니다. 이때 예수님께서는 '네가 거듭나지 아니하면 하나님 나라를 볼 수도 없다' 고 말씀하시면서 거듭나는 것에 대하여 말씀하셨습니다. 즉 사람은 이 세상에 육체적인 생명을 가지고 태어난 것만으로는 충분치 못하다고 말씀을 하셨습니다. 사람이 이 세상에 태어나서 사는 것이 얼마나 엄청난 일입니까? 그러나 예수님은 그것으로 충분치 않다고 말씀하셨습니다. 사람이 하나님의 나라를 볼 수 있으려면 한 번 더 태어나야 하는 것입니다.

그러면서 예수님은 '모세가 광야에서 뱀을 든 것같이 인자도 들려야 하리라' (요3:14)고 말씀하셨습니다. 옛날 이스라엘 백성들이 출애굽 후 광야를 지날 때 하나님께 원망하고 불평했습니다. 그러자 불 뱀이

나타나서 이스라엘 백성들을 물어 죽였습니다. 이때 하나님께서는 놋으로 뱀을 만들어서 나무에 달라고 하셨습니다. 그런 후 누구든지 이 뱀을 보면 살리라고 말씀하셨습니다. 그때 뱀에 물려서 죽어가던 자들 중에서 이 뱀을 본 자들은 다 치료를 받고 살아났습니다.

그러기에 우리가 구원을 받는 것은 우리의 논리에 달려 있지 않습니다. 이것은 우리의 머리로 이해가 되는 범위의 일이 아닌 것입니다. 죄는 우리가 짓지만 죄를 해결하시는 분은 하나님이십니다. 즉 하나님께서 나무에 다신 인자를 믿으면 사는 것입니다. 사실 우리 인간에게 가장 이해하기 어려운 것은 우리가 죄를 지었는데 이 죄를 과연 다른 분이 책임을 질 수 있느냐 하는 것입니다. 그리고 더 이해가 되지 않는 것은 어떻게 이 분을 믿는다고 해서 모든 죄가 다 사함을 받을 수 있느냐 하는 것입니다. 그런데 이것을 따지는 사람들은 모두 불 뱀 독으로 다 죽어갔지만 무조건 믿고 나무에 달린 놋 뱀을 본 자들은 살아났던 것입니다.

이것은 우리에게도 마찬가지입니다. 사실 우리가 생각해도 십자가에 못 박혀 죽으신 예수가 내 죄를 대신하며 내가 예수를 믿으면 어떻게 죄 사함을 받는지 아무리 이해를 하려고 해도 이성으로는 납득하기가 쉽지 않습니다. 어떻게 생각하면 이것은 도덕적으로도 옳은 일도 아닙니다. 왜 내가 지은 죄를 하나님의 아들이 담당을 해야 합니까? 그러나 이 방법 외에는 우리가 죄에서 구원을 받을 수 없기에 이성으로 따지지 말고 하나님의 은총을 받아 들이라고 하십니다. 예수그리스도의 십자가의 은총을 믿고 주님을 생명의 인으로 모신 사람들은 모두 다 죄 용서 받고 성령 받고 새로운 삶을 얻게 됩니다.

이것은 마치 병원에서 환자가 의사의 진찰을 받았는데 큰 병이 들어서 수술을 받아야 산다고 하면 믿고 수술을 받으면 사는 것과 같습니다. 수술 과정에 대하여 자세히 꼬치꼬치 캐물어봐야 잘 이해할 수도 없기 때문에 무조건 의사를 믿고 수술을 받으면 살 수 있는 것입니다.

또한 예수님은 유대인들에게 이렇게 말씀하셨습니다. '아직 잠시 동안 빛이 너희 중에 있으니' 라고 했습니다. 지금 중요한 것은 구원의 자세한 과정을 유대인들이 이해를 하는 것이 아닙니다. 중요한 것은 지금 예수님이 그들 가운데 계시고 그들에게 하나님의 말씀이 있는 것입니다. 이것이 그들에게 빛이 있는 것이라고 말씀하셨습니다. 지금 그들이 해야 할 것은 빛이 있을 동안에 다녀서 어두움에 붙잡히지 않는 것입니다. 여기서 '빛이 있는 동안에 다녀' 라는 것은 움직이라는 뜻입니다. 즉 장소의 이동을 하라는 뜻입니다. 어두움에 속한 사람들이 하는 것은 믿지 않으면서 따지는 것입니다. 그러기에 이것을 버리고 빨리 빛 되신 생명의 주님을 믿으라고 했습니다.

요한복음 12장 36절 上

너희에게 아직 빛이 있을 동안에 빛을 믿으라. 그리하면 빛의 아들이 되리라

세상의 빛은 눈에 보이는 빛으로 오지만 하나님의 빛은 말씀으로 우리에게 찾아옵니다. 우리는 이 말씀을 믿기만 하면 됩니다. 그러면 우리에게 아침이 찾아오고 봄이 오게 됩니다. 그리고 '빛의 아들이 되리라' 고 말씀하셨습니다.

제가 인격적으로 예수님을 만나지 못했을 때에는 모든 것을 따지는 사람이었습니다. 그런데 빛의 아들이 되게 된 계기가 있었습니다. 그것은 하나님께서 나의 삶 전체가 썩었다는 것을 알게 해 주신 때였습

니다. 내 모든 정신과 삶이 다 썩었는데 따져서 무슨 소용이 있겠습니까? 그래서 하나님 앞에 항복하고 무조건 믿었습니다. 그 후 저는 빛의 아들이 되었습니다. 우선 내 마음에 항상 하나님의 사랑이 있었습니다. 이제는 더 이상 제 자신을 미워하거나 학대하지 않았습니다. 너무나도 소중한 제 자신을 되찾게 되었습니다. 그리고 더 이상 하나님이 무섭거나 두렵지 않았고 '사랑하는 나의 아버지' 라고 고백할 수 있었습니다. 그리고 저의 삶에 항상 하나님의 말씀의 빛이 있었습니다.

한번은 다른 지방에서 저의 설교를 열심히 들으시는 교인이 계셨습니다. 그런데 그 분은 보증을 잘못 서는 바람에 많은 빚을 지게 되었습니다. 얼마 후 어느 날 저에게 이런 말씀을 하셨습니다. '목사님, 저는 빚을 많이 지는 바람에 빛의 아들이 되었습니다.' 라고 했습니다. 그래서 무슨 뜻이냐고 했더니 빚을 지고 나서는 하나님의 말씀을 믿는 것 외에는 사는 길이 없었다는 것입니다. 하나님의 말씀이 없는 즉시 자기들은 파멸이었다는 것입니다. 그래서 매일 매일 하나님의 말씀을 듣고 그 말씀만 붙들고 산다는 것입니다. 그런데 하나님께서 그 말씀들을 통해서 너무 많은 것을 깨닫게 주셨고 너무 많은 빛을 비추어주셨기 때문에 빛의 자녀가 되었다고 말씀을 하셨습니다.

그렇지만 우리가 살아 있고 잘났다고 생각할 때에는 하나님의 말씀을 믿을까 말까 내가 생각을 하고 따지게 됩니다. 하지만 내가 지금 사망의 구렁텅이에 빠져 있고 여기서 한발만 잘못 움직이면 영원히 파멸할 수밖에 없을 때 우리는 무조건 나무에 달리신 하나님의 아들을 믿게 됩니다. 이것이 바로 빛의 자녀들의 진정한 모습인 것입니다.

우리가 이 세상에서 축복받는 비결은 이것저것을 따지는 것이 아닙니다. 이렇게 하는 것은 아직 어두움의 자녀들이 하는 짓입니다.

우리는 무조건 예수님을 믿고 그 말씀을 믿고 살면 복된 인생을 살 수 있습니다.

그런데 여기에 보면 예수님께서 이 말씀을 하신 후에 숨으시는 것을 볼 수 있습니다.

요한복음 12장 36절 下

예수께서 이 말씀을 하시고 저희를 떠나가서 숨으시니라

왜 예수님께서는 이 귀한 말씀을 하신 후에 숨으셨을까요? 유대인들은 틀림없이 이 말씀을 가지고 따질 것이 분명하기 때문입니다. 즉 '왜 당신만 빛이라고 하느냐?' 그리고 '당신이 빛인 증거가 무엇이냐?' 하는 식으로 따지기 시작하는데 이것은 정말 끝없는 말장난이기 때문입니다. 즉 하나님께서는 믿지 않는 자들에게는 버리는 길 밖에 없는 것입니다.

그래서 이렇게 무서운 말씀을 하십니다.

요한복음 12장 37-40절

이렇게 많은 표적을 저희 앞에서 행하셨으나 저를 믿지 아니하니 이는 선지자 이사야의 말씀을 이루려 하심이라. 가로되 주여 우리에게 들은 바를 누가 믿었으며 주의 팔이 뉘게 나타났나이까 하였더라. 저희가 능히 믿지 못한 것은 이 까닭이니 곧 이사야가 다시 일렀으되 저희 눈을 멀게 하시고 저희 마음을 완고하게 하셨으니 이는 저희로 하여금 눈으로 보고 마음으로 깨닫고 돌이켜 내게 고침을 받지 못하게 하려 함이니라 하였음이더라

이 세상에 아무리 하나님의 말씀을 가지고 이야기를 해도 믿지 않는

자들이 있습니다. 그 이유가 어디에 있습니까? 자기 머리로 따지려고 하기 때문입니다. 이사야가 한 말 '주여 우리에게 들은 바를 누가 믿었으며 주의 팔이 뉘게 나타났나이까?' 라는 것은 같은 의미를 설명하고 있는 것입니다. 즉 하나님의 말씀을 믿는 자에게 하나님의 능력이 나타난다는 뜻입니다. 그러나 하나님의 말씀을 믿지 않고 자꾸 따지려 하는 자에게는 주의 은혜가 나타나지 않고 더 마음이 어두워지고 미련해지게 되어 있는 것입니다. 그 이유는 내 머리로 이해가 되어져야 믿겠다는 교만이 있기 때문입니다. 그렇게 생각하는 사람은 죽을 때까지 믿지 못할 것입니다. 우리는 하나님의 말씀을 다 이해하고 믿을 수는 없습니다. 이해가 되지 않아도 믿는 것이 믿음이고 그때 하나님의 능력이 나타나게 됩니다.

요한복음 12장 41-43절

이사야가 이렇게 말한 것은 주의 영광을 보고 주를 가리켜 말한 것이라. 그러나 관원 중에도 저를 믿는 자가 많되 바리새인들을 인하여 드러나게 말하지 못하니 이는 출회를 당할까 두려워함이라. 저희는 사람의 영광을 하나님의 영광보다 더 사랑하였더라

어두움에 속한 자의 특징은 이 세상의 영광이 제일 크게 보이는 것입니다. 본문에서 이사야가 주의 영광을 보았다는 것은 성전에서 그리스도의 영광을 본 것을 말합니다. 이사야가 성전에 들어가게 된 것은 웃시야가 죽었기 때문이었습니다. 웃시야는 제이의 솔로몬이라고 말할 정도로 유다를 부강시킨 왕이었습니다. 그러나 그가 교만하여 성전에서 자기가 분향하겠다고 고집을 부리다가 나병이 걸려서 죽을

때까지 별궁에 있다가 죽었습니다. 이때 이사야는 다시 유다에 이런 왕이 나오겠느냐 하는 절망으로 성전에 들어갔다가 이 세상 영광과는 비교되지 않는 그리스도의 영광을 보았던 것입니다.

우리가 진정으로 하나님을 만나기 전에는 이 세상의 돈이나 명예나 감투를 거의 전부라고 생각할 것입니다. 그러나 진정으로 하나님을 만나고 나면 이 세상의 영광이나 자랑은 정말 쓰레기 밖에 되지 않는 것입니다. 그때 우리는 하나님께 이렇게 기도할 수밖에 없습니다. '주여, 이제는 내가 무엇을 위해서 살아야 합니까?' 우리가 성전에 임한 주의 영광을 제대로 보기만 하면 세상의 영광은 아무 것도 아니라는 것을 알게 될 것입니다.

예수님의 진정성

예수님은 처음부터 자신은 스스로 온 것이 아니요 하나님이 보내셔서 온 것이라고 증거하셨습니다. 특히 예수님이 행하시는 많은 기적들이 그 사실을 증거한다고 말씀하셨습니다. 그러나 보냄을 받은 자들도 종류가 많이 있습니다. 우리가 어떤 사람의 심부름을 할 때에도 부분적으로 대리하는 경우가 있을 것이며 전적으로 전부 다 대신할 때도 있을 것입니다. 예를 들어 편지만 전달해주는 경우도 있을 것이며 아니면 회답까지 받아가지고 올 때도 있을 것입니다. 아니면 안전히 본인을 백 퍼센트 대신해서 전적으로 모든 것을 다 책임지고 할 수도 있을 것입니다. 예수님은 자신이 하나님을 백 퍼센트 대신한다고 말씀하셨습니다.

요한복음 12장 44-45절

예수께서 외쳐 가라사대 나를 믿는 자는 나를 믿는 것이 아니요 나를 보내신 이를 믿는 것이며 나를 보는 자는 나를 보내신 이를 보는 것이니라

예수님은 자기를 믿는 자는 자기를 믿는 것이 아니고 예수님을 보내신 하나님 아버지를 믿는 것과 똑같다고 말씀하셨습니다. 예수님은 여기서 한 걸음 더 나아가셔서 예수님을 본 사람은 하나님 아버지를 본 것과 똑같다고 말씀하십니다. 만약 누군가가 하나님께 갈 수도 없지만 만약 갔다 하더라도 하나님은 그 사람을 예수님께로 도로 돌려보내어서 예수님의 말씀을 들으라고 하실 것입니다.

예수님은 완전한 하나님으로 이 세상에 오셨습니다. 그러나 사람들은 그의 초라한 외모와 그의 초라한 학벌을 보고 인정하려고 하지 않았습니다. 그러나 사람들이 인정하든지 인정하지 않든지 완전한 하나님이 이 세상에 우리에게 오셨습니다. 우리는 예수님을 믿으면 하나님을 믿는 것입니다. 우리가 예수님을 만나는 것이 하나님을 만나는 것입니다.

여기서 예수님은 두 가지를 말씀하십니다.

그 첫째는 예수님이 오신 것은 우리에게 빛을 주시기 위해서라고 말씀하고 있습니다.

요한복음 12장 46절

나는 빛으로 세상에 왔나니 무릇 나를 믿는 자로 어두움에 거하지 않게 하려 함이로라

여기서 예수님의 빛은 무엇을 말할까요? 그것은 하나님이 주시는

생명입니다. 우리가 태양빛에서 생명을 얻듯이 우리는 예수님으로부터 생명을 얻습니다. 또한 우리는 예수님으로부터 이 세상의 모든 시험을 이길 수 있는 능력을 받습니다. 우리가 예수님의 말씀을 믿을 때 결코 캄캄한 밤을 만나지 않을 것입니다. 우리는 결코 사망의 음침한 골짜기에 떨어지지 않을 것입니다. 우리는 결코 방황하지 않을 것입니다. 우리는 많은 열매를 맺게 될 것입니다. 우리는 모두 넉넉하게 구원을 받을 것입니다.

그리고 예수님은 심판에 대하여 말씀하셨습니다.

> **요한복음 12장 47-48절**
>
> 사람이 내 말을 듣고 지키지 아니할찌라도 내가 저를 심판하지 아니하노라. 내가 온 것은 세상을 심판하려 함이 아니요 세상을 구원하려 함이로라. 나를 저버리고 내 말을 받지 아니하는 자를 심판할 이가 있으니 곧 나의 한 그 말이 마지막 날에 저를 심판하리라

예수님께서는 자기 자신과 그분의 말씀을 동일하게 취급하셨습니다. 그래서 우리는 지금 예수님의 말씀을 듣는 것이 예수님을 만나는 것이고 하나님을 만나는 것입니다.

예수님께서는 당장 예수님의 말씀을 듣지 않는다고 해서 보복적인 심판을 하시지는 않으실 것이라고 말씀하셨습니다. 왜냐하면 결국은 모든 것이 말씀대로 다 심판되어질 것이기 때문입니다.

예수님은 자신이 하나님과 똑같은 이유는 말씀이 똑같기 때문이라고 말씀하셨습니다.

요한복음 12장 49-50절

내가 내 자의로 말한 것이 아니요 나를 보내신 아버지께서 나의 말할 것과 이를 것을 친히 명령하여 주셨으니 나는 그의 명령이 영생인줄 아노라. 그러므로 나의 이르는 것은 내 아버지께서 내게 말씀하신 그대로 이르노라 하시니라

여기서 우리는 예수님이 얼마나 겸손하신 지 알 수 있습니다. 예수님은 그의 신성과 능력이 하나님 아버지와 동일하십니다. 그러나 그는 영생이 하나님의 말씀에 있다고 하시면서 그 말씀 그대로 증거하셨습니다.

하나님의 빛은 말씀을 통해서 옵니다. 우리가 하나님의 말씀을 가지고 따질 때 우리는 믿음을 잃게 됩니다. 그러기에 우리가 진정 죄인인 줄 알면 무조건 이 말씀을 믿어야 합니다. 그러면 우리는 이미 빛 가운데 들어와 있게 됩니다. 또한 우리에게는 모든 시험을 이길 수 있는 능력이 주어지게 될 것입니다. 그리고 우리는 많은 축복의 열매를 맺게 될 것입니다. 바라기는 오늘도 말씀을 통하여 여러분 모두 주님을 바라보고 하나님을 만나는 은혜를 누리시길 바랍니다.

31 _ 요 13:1-15

제자들의 발을 씻기심

사람들은 누구나 다 자신이 다른 사람으로부터 소중한 사람이라는 인상을 받기를 원합니다. 우리가 다른 사람들로부터 내가 참 소중한 사람이라는 느낌을 받게 되었을 때 기분이 아주 좋아지는 것은 물론이고 다른 일을 하거나 다른 사람들을 만날 때에도 자신감을 가지게 될 것입니다.

그래서 식당이나 호텔같은데서는 손님들에게 '당신은 소중한 사람입니다' 라는 인상을 주는데 성공을 해야 합니다. 그러면 고객들은 그 기분을 잊지 못해서 아무리 가격이 비싸더라도 또 다시 찾아오게 되는 것입니다.

우리는 가끔씩 사랑하는 사람들과 영구적으로 작별을 해야 할 때가 있을 것입니다. 예를 들어 가장 친했던 친구였는데 먼 외국으로 이민을 가야 하기 때문에 공항에서 헤어져야 할 때도 있을 것입니다. 혹은 부모님이 자녀들을 먼 외국에 이민을 보내거나 시집을 보내면서 공항에서 작별을 해야 할 경우도 있을 것입니다. 그러면 대개 다시 만나지 못할까봐 서러워서 부둥켜안고 울 때가 많습니다. 그래서 한 번씩 공항에 가면 공항 출국장 앞에서 서로 부둥켜안고 큰 소리로 통곡하는 사람들을 볼 때가 있습니다.

우리는 대개 사랑하는 사람과 헤어지게 되면 서로 기념이 될 만한 물건들을 주면서 '건강하라' 고 말을 하기도 하고 혹은 '행복하게 잘 살아라' 고 빌기도 합니다. 또 '언제인지 모르지만 다시 꼭 만나자' 라고 약속을 하기도 합니다.

예수님께서도 자신이 제자들과 헤어질 시간이 다 되었다는 것을 아셨습니다. 예수님께서는 제자들과 헤어지면서 무엇인가 소중한 것을 제자들에게 넘겨주시기를 원하셨습니다. 그것은 다른 것이 아니라 제자들 한 사람 한 사람이 아주 소중한 사람이라는 생각을 몸으로 느낄 수 있도록 해 주신 것이었습니다. 그 실례로 예수님께서 친히 제자들의 발을 일일이 씻겨주셨습니다. 그냥 발만 씻겨주신 것이 아니라 발을 씻겨주신 후에는 수건으로 일일이 그 발들을 닦아 주셨습니다. 제자들이 그 순간에는 예수님께서 자신들의 발을 씻겨주신 의미를 전혀 깨닫지 못했습니다. 그러나 나중에 세월이 흐른 후에 생각을 해 보니까 예수님께서 자기들의 발을 씻겨 주신 이유는 그들이 하나님과 사람들 앞에서 얼마나 소중한 사람들인지 깨닫게해 주시기 위함임을 알게 되었습니다.

모든 것을 아시는 주님

우리가 예수님을 온전히 믿고 따를 수 있는 것은 예수님은 과거와 현재와 미래의 모든 것을 다 아시고 계시기 때문입니다. 예수님께서는 유월절을 맞이하면서 그 때가 어떤 때인 줄 알고 계셨습니다.

요한복음 13장 1절

유월절 전에 예수께서 자기가 세상을 떠나 아버지께로 돌아가실 때가 이른 줄 아시고 세상에 있는 자기 사람들을 사랑하시되 끝까지 사랑하시니라

요한복음 13장 3절

저녁 먹는 중 예수는 아버지께서 모든 것을 자기 손에 맡기신 것과 또 자기가 하나님께로부터 오셨다가 하나님께로 돌아가실 것을 아시고

유월절이라고 하면 유대인들에게는 가장 큰 명절이었습니다. 우리나라로 치면 설날과 같은 날이었습니다. 사람들은 흔히 명절이 되면 마음이 좀 흥분이 되어서 친한 사람들도 만나서 인사도 나누고 또 괜히 좀 기분을 내고 싶은 마음이 들기도 합니다. 그러나 예수님께서는 이번 유월절을 맞이하면서 정확한 하나님의 뜻을 알고 계셨습니다. 그 하나는 인간의 모든 구원이 오직 예수님의 손에 맡겨져 있다는 것이었습니다. 그리고 또 다른 하나는 이제 예수님은 더 이상 이 세상에 있지 못하고 이 세상을 떠나서 아버지께로 가야 한다는 사실입니다. 즉 예수님과 제자들은 작별을 해야 하는 순간이 온 것입니다. 이것은 엄청나게 중요한 것이었습니다.

우선 하나님께서는 모든 인간들의 살고 죽는 문제를 오직 예수님께 맡기셨습니다. 즉 예수님이 원하시면 모두 살 수 있는 것이고 예수님이 원치 않으시면 아무도 구원을 받지 못하는 것입니다. 하나님 아버지께서는 이것을 아들에게 전혀 강요하시지 않으셨습니다. 오직 이것은 전적으로 아들의 손에 달린 것이었습니다. 그러나 아들에게도 이것은 간단한 것이 아니었습니다. 아들이 모든 사람의 구원을 원한다면 자기가 죽어야 합니다. 예수님은 자신이 원치 않으시면 얼마든지 죽지 않으실 수 있습니다. 그러나 우리의 구원을 원한다면 자신은 죽음을 선택해야 합니다. 그리고 이제는 더 이상 자기에게 주어진 시간이 없다는 것을 아셨습니다. 즉 이번 유월절이 마지막 기회였던 것입니다. 예수님은 자신이 아버지께로 돌아가실 것을 알고 계셨습니다. 예수님은 그냥 돌아가실 수도 있었습니다. 이 세상과 작별하시고 제자들과 석별의 정을 나누시고 그냥 하늘로 바로 올라가실 수도 있었습니다. 그리고 예수님이 그렇게 하신다고 해서 예수님이 틀렸다거나 잘못하셨다고 비난할 사람은 아무도 없었습니다. 그러나 그냥 가시면 아무도 천국에 갈 수 없고 모든 인생은 죽어야 하기에 예수님은 우리를 죄에서 구원하기 위해 십자가의 죽음을 기꺼이 수용하셨습니다.

이때 예수님의 마음은 어떤 마음이었습니까? '세상에 있는 자기 사람들을 사랑하시되 끝까지 사랑하시니라' 예수님을 지배하셨던 마음은 우리들을 사랑하는 마음이었습니다. 그러나 그냥 사랑하는 마음이 아니라 끝까지 사랑하는 마음이었습니다. 여기서 '끝까지 사랑하셨다' 는 것이 무슨 뜻일까요? 우리는 대개 사람들을 사귈 때 함께 있는 동안만 친하게 지낼 때가 많습니다. 서양속담에 '보지 않으면 마음에서 멀어진다' 는 말이 있듯이 사람들은 같이 함께 이웃에 살고 함께 직장 생활을 하고 같이 어울려 일을 할 때에는 친하게 지내고 관심도 가져주고 사랑하기도 하지만 일단 헤어지고 나면 잊혀져버릴 때가 많습니다. 그래서 어떻게 보면 이 세상의 사랑은 참으로 무정하고 이기적인 것 같습니다. 눈앞에 있을 때에는 잘 해주고 사랑해주다가 일단 헤어지고 나면 그 사람에 대한 모든 기억도 다 지워버리고 또 다른 사람을 만나면서 사랑하면서 살아가는 것입니다.

그러나 예수님의 사랑은 그런 비정한 사랑이 아니었습니다. 만약 예수님께서 이 세상에 계시는 동안에만 제자들을 사랑하시고 그냥 작별하고 떠나셨다면 모든 제자들은 다 멸망하고 말것입니다. 그러면 예수님에 대한 사랑은 하나의 추억밖에 되지 못하는 것입니다. 사실 그것만 해도 대단한 것입니다. 비록 예수님이 온 세상을 다 구원하시지는 않으셨더라도 이 세상에 오셔서 사람들에게 관심을 가져주시고 사람들과 일시적인 허탄한 사랑을 나누셨다는 것 자체만 해도 인간들에게는 엄청난 것이고 대단한 추억거리가 될 수 있었습니다.

하지만 예수님이 우리에게 보여주신 사랑은 단순히 우리를 동정하거나 일시적인 관심과 사랑만 주시고 떠나시지 않으셨습니다. 그분은 우리를 지극히 사랑하여 우리를 위해 자신의 목숨을 내어주고 가셨습니다. 그래서 우리로 하여금 하나님 앞에서 영원히 죄 용서 받게 하시고 영원한 축복과 생명을 누리도록 하셨습니다.

그리고 예수님은 끔찍한 또 한 가지 사실을 알고 계셨습니다. 그것은 지금까지 예수님을 따라왔던 가룟 유다의 배신이었습니다.

요한복음 13장 2절

마귀가 벌써 시몬의 아들 가룟 유다의 마음에 예수를 팔려는 생각을 넣었더니 가룟유다가 예수님을 배반하기로 결심한 것은 예수님 자신에게도 엄청난 시험거리였습니다. 가장 가까운 사람 중에 자기를 배신할 사람이 있다면 우리는 일단 그 사람이 미울 것입니다. 우리도 한 사람에 대한 미움의 감정이 생기면 다른 사람들은 눈에 들어오지 않기가 쉽습니다. 그뿐만 아니라 그 사람이 어떤 식으로 배반할 것인지 걱정이 되게 됩니다.

그런 까닭에 유월절 만찬 저녁은 예수님에게는 다른 어떤 때보다 생각이 복잡한 때였습니다.

그러나 예수님은 가룟유다의 배반과 열한 제자의 배신에 대해 고민을 하시느라고 시간을 다 낭비하시지 아니하시고 그들을 끝까지 사랑하셨습니다. 예수님은 식사 중에 벌떡 자리에서 일어나셔서 겉옷을 벗고 수건을 허리에 두르고 제자들의 발을 하나씩 씻기기 시작하셨습니다. 이것이 바로 예수님이 우리에게 주신 사랑입니다.

요한복음 13장 4-5절

저녁 잡수시던 자리에서 일어나 겉옷을 벗고 수건을 가져다가 허리에 두르시고 이에 대야에 물을 담아 제자들의 발을 씻기시고 그 두르신 수건으로 씻기기를 시작하여

때로 우리는 유명한 식당에서 나이가 지긋한 점잖은 웨이터의 시중을 받을 때 아주 대단한 사람이 된 것 같은 기분이 들게 됩니다. 뿐만 아니라 누군가가 우리의 발을 깨끗하게 씻어주고 수건으로 닦아준다면 아마 하늘을 날아갈 것 같은 새로운 기분이 들 것입니다.

그런데 놀라운 사실은 만왕의 왕이신 예수님이 식사하시다가 제자

들의 발을 한 사람씩 정성껏 씻어주시고 수건으로 닦아주셨다는 것입니다.

이것은 두 가지 의미를 보여준다고 할 수 있을 것입니다. 하나는 예수님의 결심과 각오를 보여줍니다.

예수님은 이미 각오를 하셨습니다. 그것은 자신의 모든 것을 바쳐서 우리를 섬기시기로 작정하신 것입니다. 예수님은 자신이 이 세상에 오신 것은 섬김을 받으려함이 아니요 섬기기 위해서이고 자신을 화목제물로 주시기 위해서라고 말씀하셨습니다.

그러기에 예수님께서는 제자들의 발을 일일이 씻겨주심으로써 우리에게 섬기는 본을 친히 보여 주셨습니다. 그리고 한 사람 한 사람에 대하여 예수님이 그들을 얼마나 사랑하는지 그리고 그들이 얼마나 하나님과 이 세상에서 소중한 사람인지 피부로 전해주셨습니다. 예수님으로부터 죄 씻음 받은 자들은 모두 이 세상에서 가장 소중한 사람들입니다. 우리는 결코 시시한 사람들이 아닙니다. 우리는 이 세상에서 아무렇게나 태어나서 아무렇게나 살다가 죽어도 되는 그런 사람들이 아닙니다. 우리는 가장 소중한 사람들이며 가장 아름다운 사람들이며 가장 가치 있는 사람들인 것입니다.

베드로와의 대화

성경은 예수님이 제자들의 발을 씻기실 때 다른 제자들이 어떤 반응을 보였는지 아무 말씀을 하지 않고 있지만, 아마도 제자들은 모두 어리둥절했을 것이며 무조건 예수님이 발을 씻겨주시니까 발을 내어드렸을 것입니다.

그렇지만 제자들의 마음속으로는 무엇인가 송구스럽고 죄송한 마음은 있었을 것입니다. 그러나 제자들은 감히 왜 이렇게 하시느냐고 묻지를 못했습니다. 그러나 베드로는 용감하게 물었습니다.

6절, "시몬 베드로에게 이르시니 가로되 주여 주께서 내 발을 씻기시나이까?" 베드로는 예수님에게 용감하게 물었습니다. '왜 주님이 제 발을 씻기십니까? 라는 뜻입니다. 베드로의 이 말 속에는 다른 사람들이 내 발을 씻기면 이해가 되겠는데 왜 주님이 이렇게 하시는지 이해가 되지 않는다는 뜻입니다. 아마도 베드로는 예수님이 제자들의 발을 씻기시는 것이 불만이었던 것 같습니다. 어떻게 생각해보면 이것은 예수님의 위신이 크게 깎이는 일이 될 수 있었습니다. 어떻게 선생이 제자들의 발을 씻겨줄 수 있겠습니까? 한번 발을 씻겨주면 앞으로도 계속 발을 씻겨줄 수도 있고 만약 이것이 소문이 난다면 예수님은 제자들의 발이나 씻겨주는 선생으로 조롱을 받을 수도 있기 때문입니다. 어쩌면 베드로는 예수님이 이런 식으로 파격적인 행동을 하시면 제자들 안에 있는 위계질서가 다 깨어질 것을 우려했는지도 모릅니다. 그렇지 않아도 끝자리에 있는 제자들이 버릇이 없어지고 있는데 예수님이 이런 식으로 위해주시면 그들은 더 버릇이 나빠질 수 있을 것입니다. 그래서 베드로는 예수님께 왜 이렇게 하시는지 따지듯이 물었습니다. 이때 예수님은 직접적인 대답을 하시지 아니하셨습니다.

요한복음 13장 7절

예수께서 대답하여 가라사대 나의 하는 것을 네가 이제는 알지 못하나 이 후에는 알리라 예수님은 베드로가 지금은 설명을 해도 알지 못할 것이라고 말씀하셨습니다. 왜냐하면 지금 예수님이 제자들의 발을 씻으시는 것은 단순히 발을 씻으시는 것이 아니었기 때문입니다. 이것은 예수님의 피와 살과 예수님의 모든 것을 우리들에게 다 주시는 것이었습니다. 이것을 베드로와 제자들은 그 순간에는 이해할 수가 없었습니다. 그러나 예수님이 십자가 위에서 죽으시고 부활하신 후에야 예수님이 발을 씻겨주신 것의 의미를 알게 되었습니다.

예수님이 이 세상에 오신 것은 단순히 구경하러 오신 것이 아니었습니다. 단지 잠시 동안 친구를 사귀러 오신 것도 아니었습니다. 예수님은 우리를 너무 사랑하셔서 모든 것을 다 주시기 위해서 오셨습니다. 그것을 발을 씻기심으로 표현을 하신 것입니다.

그러나 베드로는 이해가 되지 않으니까 예수님이 자기 발을 씻기지 못하신다고 거부를 했습니다.

요한복음 13장 8절

베드로가 가로되 내 발을 절대로 씻기지 못하시리이다. 예수께서 대답하시되 내가 너를 씻기지 아니하면 네가 나와 상관이 없느니라

베드로는 단지 예수님께서 자기들이 서로 발을 씻기 싫어하니까 냄새가 나서 발을 씻겨주시는 줄 알고 '절대로 내 발을 씻기지 못하십니다.' 라고 거부를 했습니다. 즉 '제 발은 제가 알아서 씻겠습니다.' 라는 뜻이었습니다. 베드로는 '지금 내가 아프지도 않고 병들지도 않았는데 왜 내가 내 발을 씻지 못하고 예수님에게 내 발을 씻기시게 하겠느냐? 절대로 안 된다' 라고 생각했습니다. 그러나 예수님은 정말 무시

무시한 말씀을 하셨습니다. 곧 "내가 너를 씻기지 아니하면 네가 나와 상관이 없느니라"

역시 예수님께서 제자들의 발을 씻기신 것은 그냥 그들의 발이 더러워서 냄새가 나서 씻기신 것이 아니었습니다. 예수님은 자신의 보혈로 제자들과 우리들의 모든 허물과 죄를 닦아 가신 것이었습니다. 그러기에 누구든지 예수님 앞에서 발을 내어드리지 않으면 예수님과 아무 상관이 없게 됩니다.

이때 베드로는 예수님이 발을 씻기지 않으면 아무 상관이 없다고 하니까 '이것은 큰일 났다'고 생각한 것 같습니다. 왜냐하면 베드로는 다른 무엇보다 예수님의 은혜를 사모했고 예수님과 친밀한 관계를 유지하고 싶었기 때문입니다. 그래서 베드로는 너무나도 바보 같은 소리를 하게 되었습니다.

요한복음 13장 9절

시몬 베드로가 가로되 주여 내 발 뿐 아니라 손과 머리도 씻겨 주옵소서

베드로는 예수님께서 발을 씻겨주시는 것이 은혜 받는 것이라면 자기는 다른 사람들보다 더 은혜를 받고 싶었습니다. 그래서 발만 씻겨주시지 말고 손과 머리로 다 씻겨주시고 아예 목욕까지 씻겨달라고 부탁을 했습니다.

사실 많은 교인들에게 공통된 마음이 있다면 그것은 할 수만 있으면 다른 사람보다 더 많은 은혜를 주님으로부터 받고 싶어 하는 것입니다. 그래서 교회에서 특별 새벽 기도를 한다고 하면 집이 아무리 멀고 아무리 일이 힘들어도 특별 새벽기도는 빠지지 않으려고 합니다. 어

떤 사람은 은혜를 더 받기 위해서라면 새벽마다 목욕하고 기도하라고 하면 할 것입니다.

그러나 하나님의 은혜는 우리가 간절히 바란다고 해서 받을 수 있는 것이 아닙니다. 그리고 우리가 열심을 내고 정성을 다 한다고 해서 받을 수 있는 것도 아닙니다. 우리는 예수님의 말씀대로 하면 얼마든지 은혜 받을 수 있고 성령 받을 수 있습니다.

예수님은 여기서 아주 중요한 말씀을 하셨습니다.

요한복음 13장 10절

예수께서 가라사대 이미 목욕한 자는 발 밖에 씻을 필요가 없느니라. 온 몸이 깨끗하니라. 너희가 깨끗하나 다는 아니니라 하시니

이와같이 예수님은 제자들이 이미 다 목욕을 한 자라고 말씀하셨습니다. 목욕을 한 자라고 하는 것은 모두 다 예수 믿고 죄 씻음을 받은 자라는 뜻입니다. 우리가 예수 믿으면 한꺼번에 모든 죄를 다 용서받게 되는 것입니다. 우리는 완전히 하나님의 백성이 된 것이며 우리는 구원에 필요한 모든 은혜를 다 받을 자격이 있습니다. 그러나 이것이 우리 쪽의 사정으로 막힐 수가 있습니다.

즉 우리가 아무리 예수를 믿는다고 하지만 죄를 지으면 하나님의 은혜가 중단될 수 있습니다. 또한 우리가 아무리 예수를 믿는다고 하지만 성경적인 신앙을 버리고 기도하지 않으면 성령의 역사가 막힐 수 있습니다. 이때 우리는 우리가 구제적으로 불순종하고 있는 부분만 씻으면 됩니다. 즉 내가 하나님의 말씀에서 벗어나 있는 부분만 바로 잡으면 다시 온 몸에 하나님의 은혜가 부어지게 되는 것입니다.

가끔 어떤 집회에서 예수를 영접하는 자는 앞으로 나오시라고 하면 할 때마다 나오는 사람들이 있습니다. 그 분들은 너무나도 하나님의 은혜를 사모하는 것은 틀림이 없지만 믿음이 부족한 사람들입니다.

우리가 알아야 할 것은 때로는 목욕을 하지 않은 사람보다 발을 씻지 않은 사람이 더 냄새가 지독할 수 있다는 점입니다. 진정으로 예수님을 믿지 않으면서 기독교라는 종교에 발만 담그고 있는 사람이 훨씬 더 거룩하고 고상하게 느껴질 수 있습니다. 반대로 진정으로 예수님을 믿지만 고난 가운데 있고 또 여러 가지 어려움 때문에 훨씬 더 비참하게 보일 때가 있습니다. 우리가 신앙생활을 해 보면 목욕을 한 자가 침체되었을 때 훨씬 더 흉측하게 보일 때가 많은 것을 알게 됩니다. 그 때 우리는 모든 것을 다 의심할 필요가 없습니다. 먼저 하나님의 말씀을 듣고 그 말씀을 붙잡고 말씀대로 기도하기하면 발을 씻게 되는 것입니다. 놀라운 것은 발만 씻었는데도 성령의 능력은 폭포수같이 쏟아지게 되는 것입니다.

그러나 예수님은 모든 사람이 다 목욕한 것은 아니라고 말씀하셨습니다. 그 이유는 가룟 유다는 오랫동안 예수님의 물에 발은 담그고 있었지만 목욕을 한 적이 없었기 때문입니다. 사실 그의 모든 죄는 그대로 다 있었습니다. 단지 본인이 느끼지 못하고 있었을 뿐입니다.

오늘 우리가 넘치는 축복을 받는데 필요한 것은 완벽주의가 아닙니다. 오직 주님의 말씀을 듣고 발을 씻으면 됩니다.

저는 그런 체험을 너무나도 많이 했었습니다. 주님의 말씀에 불순종했을 때 저의 온 영혼에 먹구름이 끼이고 저는 마치 지옥 자식이나 되는 것 처럼 불안과 두려움에 떨 때가 있었습니다. 그러나 주님의 말씀을 듣고 그것으로 발을 씻었을 때 그 모든 먹구름은 다 물러가고 폭포

수 같은 성령의 위로와 능력이 부어졌던 적이 너무나도 많았습니다. 그 이유는 이미 목욕을 했기 때문입니다.

예수님같이 하라

예수님께서는 우리가 하나님과의 관계가 온전해지게 되었을 때 이것을 자기 한 사람에게 만족할 것이 아니라 다른 사람에게도 이것을 적용시키라고 말씀하셨습니다. 즉 주님이 우리의 발을 씻겨주신 것처럼 다른 사람들의 발도 많이 씻겨주라는 뜻인 것입니다.

요한복음 13장 12-15절

저희 발을 씻기신 후에 옷을 입으시고 다시 앉아 저희에게 이르시되 내가 너희에게 행한 것을 너희가 아느냐? 너희가 나를 선생이라 또는 주라 하니 너희 말이 옳도다. 내가 그러하다. 내가 주와 또는 선생이 되어 너희 발을 씻겼으니 너희도 서로 발을 씻기는 것이 옳으니라. 내가 너희에게 행한 것 같이 너희도 행하게 하려 하여 본을 보였노라

예수님의 말씀은 여기서 또 발전을 하고 있습니다. 우리는 내 죄가 하나님 앞에서 다 용서되고 내 은혜가 다 회복이 되었다고 해서 다 된 것이 아니라 다른 사람들에게도 하나님의 은혜가 회복이 될 수 있도록 해야 한다고 말씀하셨습니다.

예수님은 제자들의 선생이요 주님으로서 제자들의 발을 씻겨주셨습니다. 이것은 노예들이 당연히 상전의 발을 씻는 것과는 다른 것입

니다. 이것은 오직 자신을 낮추지 않으면 불가능한 것입니다. 이것은 다른 한 사람 한 사람이 나보다 소중하다는 인식이 있어야 가능한 것입니다. 오직 내 자신은 낮추고 다른 사람을 내 위에 높여야 우리는 그 사람의 발을 씻길 수가 있습니다.

예수님은 교회 공동체 안에서 우리의 관계가 어떠해야 하는지 발 씻는 것으로 보여주셨습니다. 즉 교회 안에서는 내가 더 높아지고 내가 더 위에 있는 것이 아닙니다. 기독교는 주인이 종들의 발을 씻겨주고 선생이 제자들의 발을 씻겨주는 관계인 것입니다. 결국 서로가 서로에게 종이 되고 서로가 서로에게 제자가 되는 것입니다.

그리스도 안에는 우리 모두가 다 종입니다. 어떤 사람은 상전이 되어서 앉아서 호령을 하거나 부려먹고 다른 사람들은 서서 욕을 얻어먹으면서 일만 해야 하는 것이 아니라 우리는 모두가 다 종인 것입니다. 그래서 서로가 서로의 위치에서 남의 발을 많이 씻겨주어야 합니다. 즉 남들이 하기 싫어하는 일을 서로 하려고 해야 하며 세상적인 권위는 사용하지 말아야 합니다. 특히 남의 허물이나 부족한 부분을 많이 닦아 주어야 하고 남이 하기 싫어하는 일을 기꺼이 할 수 있어야 합니다.

우리가 그렇게 할 때 우리 안에는 분명히 주님이 함께 하시게 될 것입니다. 예를 들어 어떤 모임이 있었는데 그 모임은 서로가 다 자기가 잘났다고 생각을 했습니다. 그러니까 모일 때마다 싸워서 사람들이 실망을 해서 자꾸 떠나게 되었습니다. 나중에는 몇 사람 외에는 아무도 남아 있는 사람이 없었습니다. 그때 리더가 된 분이 무슨 생각을 하게 되었는가 하면 여기에 있는 형제들 한 사람 한 사람을 예수님처럼 생각하자고 생각하게 되었습니다. 그래서 그는 실제로 권위를 내세우지 않고 형제 한 사람 한 사람을 마치 예수님인 것처럼 생각을 했습니다. 이 분은 나이가 드시고 지혜로우시니까 예수님 같은 분이고 이 분은 젊지만 성경을 잘 아시니까 예수님 같은 분이고 이 분은 공부는 많이 하지 않았지만 기도를 많이 하시고 겸손하시니까 예수님 같은 분이라고 생각을 했습니다. 그래서 한 분 한 분 대할 때 진짜 예수님을 대하는 심정으로 대했습니다. 그때 모든 사람들이 느끼게 된 사실은 진짜 우리 안에 예수님이 계시는 것 같다는 것이었습니다. 왜냐하면 늘 은혜가 충만하고 기쁨이 충만하며 기도의 능력이 나타나곤 했기 때문입니다. 그 후로는 다른 사람들이 그 모임에 오면 무엇인가 그 모임이 다르다는 것을 느끼게 되었다고 했습니다. 그 모임은 굉장히 편안하고 은혜스럽고 상한 마음이 치유가 되고 예수님이 계신 것 같다는 것이었습니다.

겸손한 사람이 모인 곳에는 반드시 예수님이 계십니다. 그러나 자기가 최고인 줄 아는 사람이 모인 곳에는 예수님이 계시지 않습니다. 그리고 사람들은 그런 모임을 아주 불편해 하고 거기에서 많은 마음의 상처를 받게 됩니다.

저는 예전에 주님의 연단을 많이 받아서 주눅이 많이 들었었습니다. 그래서 얼마나 자신감을 많이 잃었는가 하면 다른 사람들 앞에서 말을 할 수가 없었습니다. 그리고 제 자신에 대해서도 너무나도 부정적인 자아상을 가지고 있었습니다. 그런데 저희 교회 나이가 든 자매들과 부인들이 있었는데 이 분들은 너무나도 하나님의 말씀에 갈급해 있었기 때문에 일체 다른 것을 원하지 않았습니다. 오직 성경 말씀만 있으면 충분했습니다. 그래서 그들은 저의 말을 잘 들어주었습니다. 왜냐하면 저의 말은 모두 다 불쌍한 제 체험이었고 성경 이야기였기 때문입니다. 그런데 그들이 제 말을 들어주면서 제 마음이 치료가 되었고 자신감이 생기게 되었습니다. 저에게 아주 긍정적인 자아상이 생기게 되었습니다.

우리는 굳이 남의 발을 씻겨주지 않아도 눈빛만 보아도 알 수가 있습니다. 즉 내가 받아들여지고 있는가, 거부되고 있는가 하는 것입니다. 똑똑하고 잘난 사람들은 자기 잘난 것을 이야기하기가 바빠서 남을 받아들일 여유가 없습니다. 결국 다른 모든 못난 사람들은 상처를 받을 수밖에 없는 것입니다. 그러나 우리는 다른 사람의 부족한 것을 용납해주는 것이 그의 발을 씻기는 것의 시작입니다. 사실 처음 믿거나 젊은이들은 모두 실수투성이고 허물투성이입니다. 몸은 목욕을 했지만 온 발은 시궁창을 돌아다니느라고 오물투성이입니다. 그런데 이 더러운 발을 교회에서 씻어주지 않으면 나중에 너무나도 부끄럽고 부정적인 자아상을 가진 크리스천이 되게 됩니다.

우리가 남의 발을 씻겨주려면 일단 자기 자신 안에 분노가 없어져야 합니다. 남의 발을 씻는 종은 종들 중에서 가장 낮은 종이고 가장 바보 같은 종입니다. 똑똑한 종은 절대로 남의 발 같은 것은 씻어주지 않을 것입니다.

그러나 교회 안에서 진짜 영향력이 있고 친구가 많은 사람은 좀 바보 같은 사람들입니다. 왜냐하면 사람들은 적어도 그 사람이 자기를 공격하지는 않는다는 것을 알기 때문입니다. 사람들은 누구를 좋아합니까? 좀 바보스럽지만 자기를 공격하지 않는 사람입니다.

우리가 진정으로 남의 발을 닦아줄 수 있는 사람이 되려면 자기 안에 있는 상처와 자기 안에 있는 분노가 다 예수님의 사랑으로 녹아 없어져야 합니다. 요즘 우리 주위에 좋은 일을 하는 분들 중에서 분노로 하는 분들을 많이 보게 됩니다. 즉 이런 일을 하지 않은 사람들은 다 바리새인이고 위선자라고 공격을 할 때 아무리 그 일이 옳아도 부담스러운 것은 사실입니다.

예수님은 전혀 이 세상을 공격하시지 아니하셨습니다. 오직 발을 씻기는 종으로 십자가에 못 박혀 죽으셨습니다. 그래서 우리 같은 죄인들도 겁 없이 예수님 앞에 나아가서 발을 내어놓을 수가 있는 것입니다.

우리가 진정으로 자신의 가치를 회복하면 남의 발을 씻어주어도 비참해지지 않을 것입니다. 오히려 그렇게 함으로 더 존경을 받을 것입니다.

제가 평신도로 있을 때 말씀에 굉장히 굶주려 있었습니다. 그때 어떤 여자 선교사가 성경을 가지고 강의를 하는 것을 들었는데 굉장히 은혜가 되었습니다. 그래서 앞으로는 이런 분들의 신발을 닦으면서 한 평생을 살아야겠다는 생각을 했었는데 결국 실천을 하지 못했습니다. 바라기는 여러분 모두 교회 안에서 남의 구두를 닦아주고 남의 허물을 닦아주는 아름다운 천사들이 다 되시기를 바랍니다.

Exposition of John

32 _ 요 13:16-38

주여 어디로 가시나이까?

어린 아이들이 가장 두려워하는 것이 있다면 엄마가 자기 몰래 어디로 가버리는 것입니다. 그래서 아이들은 엄마가 어디로 갈 것 같은 낌새가 있으면 자꾸 묻습니다. 아이의 입에는 '엄마, 어디가?' 라는 말이 입에 붙어 있습니다. 이럴 때 엄마가 아무리 '엄마는 어디 가지 않는다' 라고 대답을 해도 아이는 불안하니까 그래도 자꾸 묻습니다. '엄마, 어디가?'

아이들이 '엄마가 어디에 가느냐' 고 자꾸 묻는 것은 자기는 엄마가 없이는 잠시도 자기 혼자 살 수 없다는 것을 무언중에 느끼고 있기 때문입니다. 아이는 엄마가 없으면 집도 혼자 지킬 수 없고 밥도 해 먹을 수 없습니다. 특히 무서운 사람들이 자기를 잡아가서 팔아 먹을까봐 몹시도 무서워합니다.

샌키위츠의 소설 '쿠오바디스' 를 보면 베드로가 로마에 있다가 네로의 핍박을 피하여 아피아 가도로 도망을 치는데 환상 중에 십자가를 지고 가는 주님을 보고 묻습니다. '쿠오바디스 도미네' (주여, 어디로 가시나이까?) 그때 주님은 '네가 지지 않으려고 하는 십자가를 지기 위하여 로마로 간다' 는 말씀을 하십니다. 베드로는 그 말씀에 크게 찔림을 받고 자기 십자가를 지기 위하여 로마로 가서 십자가에 처형당하는 이야기입니다.

그런데 그 유명한 말씀이 오늘 성경 말씀에 나옵니다. 36절에 '시몬 베드로가 가로되 주여 어디로 가시니이까?' 라는 말씀이 나옵니다. 오늘 말씀을 보면 예수님이 베드로가 지기 싫어하던 베드로의 십자가를 지러 가시는 것이 아니라는 것을 알 수 있습니다. 오히려 베드로에게 지금은 네가 십자가를 질 수 없다고 말씀하셨습니다. 예수님은 지금 자신의 십자가를 지기 위하여 가려고 하십니다. 그러나 제자들은 모두 불안해서 도대체 예수님은 어디로 가시려는지 그리고 예수님이 가시면 자기들은 어떻게 살아야 하는지 두려워하고 불안해하고 있었습니다. 그때 베드로의 입에서 나온 말이 '쿠오바디스 도미네' 입니다. 다른 말로 바꾸어 말하면 '주님, 우리들은 어떻게 하라고 주님은 어디로 가십니까?' 라는 뜻인 것입니다.

사람들이 평소에 잘 하지 않던 행동을 하면 사람들은 무슨 일이 있는가 하는 의문을 가지게 됩니다. 평소에는 집 청소를 거의 하지 않던 사람이 집 청소도 깨끗하게 하고 옷도 깨끗한 옷을 입고 화장까지 하고 있으면 분명히 무슨 일이 있는 것입니다. 요즘 남편들은 부인이 곰국을 끓여 놓는 것을 가장 두려워한다고 합니다. 혹시 곰국 끓여놓고 어디로 가 버릴까봐 두려운 것입니다.

제자들이 보기에 예수님은 이상했습니다. 평소에는 하시지도 않던 제자들의 발을 씻기는 일을 하시고 그리고는 서로 사랑하라고 거듭 부탁을 하시는 것입니다. 이것은 분명히 예수님이 자기들만 두고 어디로 가시는 것인데 도대체 예수님은 어디로 가시며 예수님이 가시면 제자들은 도대체 어떻게 되는 것입니까? 이것을 예수님은 세 번의 영광이라는 말을 통해서 대답을 하십니다.

> **요한복음 13장 31-32절**
>
> 저가 나간 후에 예수께서 가라사대 지금 인자가 영광을 얻었고 하나님도 인자를 인하여 영광을 얻으셨도다. 만약 하나님이 저로 인하여 영광을 얻으셨으면 하나님도 자기로 인하여 저에게 영광을 주시리니 곧 주시리라

예수님은 자신과 아버지와 우리들의 영광을 위하여 십자가 지시러 가시는 것입니다. 그런데 예수님에게는 두 번의 영광이 나옵니다. 한 번은 십자가에 죽는 영광이고 두 번째는 죽음에서 살아나는 영광인 것입니다.

제자들의 각오

예수님은 십자가를 지시기 전에 제자들에게 인상적인 세 가지 모습을 보여주셨습니다. 하나는 예루살렘을 입성하실 때 새끼 나귀를 타고 입성하신 것이었습니다. 이것은 아무리 예수님에 대한 사람들의 기대가 높아도 예수님은 하나님의 말씀만 따라 낮아지는 길을 택하겠다는 것을 보여주시는 것입니다. 예수님은 오직 성경 말씀대로 나귀새끼를 타고 입성하셨습니다. 그리고 또 하나는 겟세마네 동산에서

고민하며 두려워하면서 기도하신 모습이었습니다. 예수님은 하나님 앞에서 솔직하게 자기는 이 십자가가 싫고 두렵다고 말을 하셨습니다. 그럼에도 불구하고 예수님은 '나의 뜻대로 하지 마시고 아버지의 뜻대로 되기를 원하나이다' 라고 말씀하셨습니다. 예수님은 기도하실 때 자신의 고민과 두려움을 감추지 아니하셨습니다. 그리고 자신의 두려움을 모두 다 말씀하셨습니다. 그러나 끝에 가서는 하나님의 뜻을 붙드셨습니다.

그리고 또 한 가지가 예수님이 직접 제자들의 발을 씻기신 것이었습니다. 다른 사람의 발을 씻긴다고 하는 것은 둘 중의 하나입니다. 하나는 다른 사람이 병자이거나 어린아이여서 도저히 자기 발을 자기 스스로 씻을 수 없기 때문에 씻어주는 것입니다. 그리고 또 하나는 발을 씻는 사람이 종들 중에서 가장 신분이 낮은 종인 것을 보여주는 것입니다. 즉 주인의 머리를 빗겨주는 것도 아니고 손톱을 깎아 주는 것도 아니고 발을 씻겨준다는 것은 가장 낮은 위치에서 상대방의 가장 더러운 것을 씻어주는 것입니다.

예수님은 이 두 가지 모습을 모두 다 보여주셨습니다. 죄에 있어서 인간들은 모두 다 식물인간과 같습니다. 인간들은 스스로의 죄를 전혀 씻을 수가 없는 것입니다. 그러기에 예수님은 가장 낮은 위치로 내려오셔서 두 무릎을 꿇고 그들의 모든 더러운 것을 다 깨끗이 씻어주신 것입니다.

예수님은 제자들에게 이 모습을 따라하라고 말씀하셨습니다. 즉 예수님의 제자들은 어떤 사람들입니까? 그들은 결코 이 세상에서 높은 위치에 있는 자들이 아닌 것입니다. 그들은 이 세상에서 가장 낮은 위치에서 가장 더러운 부분들을 씻어주는 자들인 것입니다.

예수님은 제자들에게 결코 예수님보다 더 높은 대접을 받을 생각을 하지 말라고 말씀하셨습니다.

> **요한복음 13장 16-17절**
>
> 내가 진실로 진실로 너희에게 이르노니 종이 상전보다 크지 못하고 보냄을 받은 자가 보낸 자보다 크지 못하니 너희가 이것을 알고 행하면 복이 있으리라

예수님은 제자들에게 결코 이 세상에서 남의 발을 씻어주는 종 이상의 대접을 받을 생각을 하지 말라고 말씀하셨습니다. 그 이유가 무엇일까요? 믿음의 눈으로 우리 주위를 보면 자기 발도 제대로 씻지 못하는 중환자들이 수두룩하기 때문입니다. 아마도 응급실에 근무하는 인턴들이나 레지던트들은 이런 상황을 잘 이해하실 것입니다. 큰 병원 같은데서는 끊임없이 환자들이 실려 오는데 밤새 한 숨도 자지 못하고 환자들을 체크하고 응급 처지를 하자면 아마 정신을 차릴 수 없을 것입니다. 이럴 때 의사들의 소원은 아무 것도 필요 없고 어느 구석에 가서 잠이나 좀 푹 자는 것일 것입니다. 그러나 큰 사고나 재난이라도 터지면 부상을 당한 환자들이 수십 명씩 몰려 올 때 그야말로 의사의 직업은 이 세상의 어떤 막 노동보다 더 고된 직업이 될 것입니다. 그럼에도 불구하고 의사의 자부심이 무엇입니까? 아무도 하지 못하는 사람의 생명을 살리는 일을 내가 하고 있다는 것입니다.

예수님께서는 이 세상을 믿음의 눈으로 보셨습니다. 그러니까 예수님이 바라 본 모든 인간들은 죄의 독약을 마시고 죽어가는 중환자들인 것입니다. 그 중에서 스스로 몸을 일으켜서 자기 발을 씻을 수 있는 사람은 아무도 없는 것입니다. 이런 세상에서 제자들이 할 수 있는 일이

라고는 가만히 앉아서 책이나 읽고 좋은 설교나 하는 고상한 일이 아니라 한 사람 한 사람 찾아가서 몸을 일으켜서 약을 먹이고 토한 것을 닦아주고 씻지 못하는 발을 씻겨주는 일을 해야 하는 것입니다.

예수님은 제자들이 이 세상에서 가장 낮은 종이 되어서 남들은 아무도 하지 않으려고 하는 남의 발을 씻겨주는 일을 하도록 요구 하셨습니다. 그러기에 하나님의 종들은 이 세상에서 철저하게 섬기는 종이 되어야 합니다.

존 스토트 목사는 '설교자 상' 이라는 책에서 목사들이 이 세상에서 가져야 하는 이미지가 '청지기, 선포자, 아버지, 그리고 종' 이라고 했습니다.

그런데 예수님께서는 그 중에서도 철저하게 종의 자세를 강조하셨고 그 중에서도 발을 씻기는 종의 자세를 강조하셨습니다. 다른 사람의 발을 씻겨준다는 것은 그만큼 자신은 낮은 자라는 것을 인정하는 것이고 상대방의 발만이 아니라 모든 것을 다 씻겨주겠다는 자세를 보여주는 것입니다.

아이들이 아버지보다는 어머니를 더 좋아하는 이유는 아버지는 아무래도 가르치시고 꾸중하시는 입장이라면 어머니는 씻겨주시고 챙겨주시는 입장이기 때문일 것입니다.

이 세상에서 가장 더러운 것이 인간의 죄입니다. 그것도 인간의 마음속에 있는 죄와 입으로 나오는 죄입니다. 그러나 예수님은 이것을 다 닦아주셨습니다. 예수 믿는 사람들이 해야 할 것은 우선 다른 사람에 대하여 너무 높은 기대를 하지 않는 것입니다. 우리가 다른 사람을 너무 높이 평가를 하면 그 속에 들어 있는 죄의 오물에 너무 실망이 되어서 닦아 줄 수가 없을 것입니다. 그렇다고 해서 다른 사람을 너무 무시하면 발을 씻어주기 보다는 발로 밟게 될 것입니다. 인간은 누구든지 죄를 닦아주기만 하면 얼마든지 깨끗하고 아름다운 사람들이 될 수 있는 것입니다. 그런데 무엇으로 인간들의 죄를 닦아 줄 수 있습니까? 하나님의 말씀과 겸손입니다. 어떤 사람이든지 우리가 겸손한 마음을 가지고 하나님의 말씀으로 닦으면 그들의 죄가 닦이게 되어 있습니다. 이 자세를 한 평생을 가져야 하는 것입니다.

사람들은 수많은 번민이 있고 갈등이 있는 이 세상을 견딜 수 있는 데까지 견디다가 결국 안 되면 술을 의지 하거나 자포자기를 해버리는 것 같습니다. 그때 그런 모습을 싫어하지 아니하고 아주 소중하게 그 발을 씻겨줄 때 그는 거기서 예수님의 사랑을 느끼게 될 것입니다. 우리는 발을 씻겨주지만 예수님은 그를 목욕시켜주시고 그의 모든 죄와 번민을 전부 다 닦아 가시는 것입니다. 이것이 우리들에게는 최고의 영광이고 복인 것입니다.

요한복음 13장 20절

내가 진실로 진실로 너희에게 이르노니 나의 보낸 자를 영접하는 자는 나를 영접하는 것이요 나를 영접하는 자는 나를 보내신 이를 영접하는 것이니라

예수님의 제자들은 이 세상에서 내어놓을 만한 것이 아무 것도 없는 사람들이었습니다. 그들은 고등교육을 받은 사람들도 아니었고 돈이나 권력을 가진 자들도 아니었습니다. 오직 하나 겸손과 진리로 무장된 사람들이었습니다. 그러나 이들을 영접하면 예수님이 오십니다. 그리고 예수님이 오시면 하나님이 오시게 됩니다. 겸손과 진리로 무장된 자들은 하나님이 보내신 천사들인 것입니다. 오히려 천사들보다

더 존귀한 사람들입니다.

배신자에 대한 사랑

예수님에게 가장 고통스러운 것은 예수님의 가장 사랑하는 제자들 중에 예수님을 팔려고 하는 배반자가 있었다는 사실입니다.

요한복음 13장 21절

예수께서 이 말씀을 하시고 심령에 민망하여 증거하여 가라사대 내가 진실로 진실로 너희에게 이르노니 너희 중 하나가 나를 팔리라 하시니

예수님께서는 예수님의 열두 제자중의 한 사람인 가룟 유다가 겉으로는 예수님을 추종하고 있지만 마음속으로는 예수님을 믿지 않고 있으며 배반하려고 한다는 것을 알고 계셨습니다.

예수님은 그 때 시편 말씀을 인용하셨습니다. '내 떡을 먹는 자가 내게 발꿈치를 들었다' 는 말은 아주 가까운 사람이 배반을 했다는 뜻입니다. 발꿈치를 들었다는 것은 발꿈치를 들어서 발로 찼다는 뜻인지 아니면 밤에 몰래 발꿈치를 들고 밖에 나가서 적과 내통했다는 뜻인지는 알 수 없습니다. 좌우간 가장 친한 줄 알고 믿었던 사람이 배반했다는 뜻입니다.

우리는 예수 믿는 것이 이리들이 양으로 변화는 과정이라는 것을 알고 있습니다. 그런데 모든 사람들이 다 양으로 변했는데 한 사람만 양의 가죽을 입고 실제로는 전혀 변하지 않은 상태로 있다면 다른 양들

을 얼마든지 다 물어 죽일 수가 있는 것입니다. 그래서 교회라는 곳은 외부의 이리도 단속해야하지만 내부적인 이리도 단속하지 않을 수가 없습니다.

우리 예수 믿는 사람들은 전부 다 미련하고 순합니다. 그래서 그저 시키는 대로 하고 하라는 대로 합니다. 그러니까 어떻게 보면 다 바보 같은 것입니다. 이런 바보들은 이리 한 마리만 들어가더라도 전부 다 물려 죽을 수가 있습니다. 그래서 교회는 주야로 진리의 나팔을 불어야 합니다. 그래서 이리들에게 양들을 물 수 있는 틈을 주지 말아야 하는 것입니다.

그런데 예수님의 열두 제자 중 한 사람이 이리였습니다. 가룟 유다의 배신은 예수님이 삼년동안 하신 모든 일을 충분히 다 파괴시킬 수 있었습니다. 왜냐하면 가룟 유다가 예수님을 배반할 때 예수님만 배반한다는 보장은 없는 것입니다. 예수님을 팔면서 다른 제자들까지 다 팔아버리면 돈도 더 받을 수 있고 대제사장은 이것을 훨씬 더 원하고 있었기 때문입니다.

예수님은 이 사실을 잘 알고 계셨습니다. 그런데 예수님은 끝까지 가룟 유다가 배신자라는 것을 제자들 앞에서 노출시키지 아니하셨습니다. 그러나 예수님은 몇 가지 사실을 우려하셨습니다. 그 하나가 나중에 가룟 유다가 예수님을 배반했다는 것이 드러났을 때 제자들이 예수님의 능력을 의심할 수가 있는 것입니다. 즉 왜 예수님께서는 가룟 유다 같은 신앙이 없는 사람을 제자로 삼으셨으며 왜 배반당하는 것을 알면서 내버려두셨을까 하는 것입니다. 그런데도 우리는 주님을 완전히 믿고 따를 수 있는가 하는 의심이 생길 수 있는 것입니다. 그리고 또 하나는 가룟 유다가 더 미쳐서 예수님만 팔아넘기는 것이 아니라 제자들까지 다 팔아버리는 것입니다. 이것을 예수님은 가장 우려하셨습니다. 그리고 그럴 수 있는 가능성이 아주 많이 있었습니다.

예수님은 이 두 가지 우려 때문에 제자들에게 이 말씀을 하셨습니다. 그 하나는 너희 중에 나를 배반할 자가 있다는 것을 알려주시는 것입니다. 이것은 가룟 유다에게 회개할 수 있는 기회를 주시는 동시에 나중에 제자들에게 예수님은 미리 알고 있었다는 것을 보여주셔서 불신에 빠지지 않도록 하시려는 것입니다. 예수님은 제자들에게 주님은 모든 것을 알고 계시며 우리가 어떤 큰일을 당하기 전에 반드시 알게 하신다는 믿음을 주시는 것입니다.

이것은 우리들에게도 아주 중요한 것입니다. 우리는 지금 오늘이나 내일 당장 무슨 일이 일어날지 모르는 세상에서 살아가고 있습니다. 그야말로 하루하루가 지뢰가 깔린 곳을 지나가는 것처럼 불안할 때가 많습니다. 우리는 주위에서 하루가 멀다 하고 여기저기에서 큰 사건들이 터지는 것을 보면 굉장히 두렵고 걱정될 때가 많습니다. 그러나 우리의 믿음은 주님은 알고 계신다는 것입니다. 그리고 주님은 우리에게 반드시 미리 알려주셔서 피하게 하십니다. 그래서 우리는 이 세상을 믿음으로 끝까지 살아나갈 수 있는 것입니다. 그리고 주님은 결코 가룟 유다를 자극시키지 아니하셨습니다. 왜냐하면 지금 가룟 유다를 자극하면 자포자기하는 심정으로 제자들을 전부 다 팔아버릴 수도 있기 때문입니다. 그래서 주님은 오히려 가룟 유다에게 더 애정에 담긴 표시를 하셨습니다. 그러니까 가룟 유다도 멸망하면서도 예수님에 대해서는 미안해했던 것입니다.

예수님이 제자들에게 '너희 중에 하나가 나를 팔리라' 고 하시니까 제자들이 모두 자신을 의심했습니다. 그 이유는 제자들이 모두 끝까지 주님을 따를 자신이 없었기 때문입니다. 특히 예수님이 자꾸 십자가 지신다고 하시는데 십자가의 형틀을 감당할 자신이 있는 사람은 아무도 없었던 것입니다.

그래서 베드로는 요한에게 머리 짓을 해서 누군지 알아보게 했습니다.

아마 이때 제자들 중에서 요한이 가장 어렸던 것 같습니다. 그래서 식사를 하는데도 버릇없이 예수님에게 기대어서 식사를 했습니다. 요한은 예수님만 알아들을 수 있도록 '그가 누구입니까?' 라고 물었습니다. 그때 예수님께서는 떡 한 조각을 포도주에 찍어서 가룟 유다에게 주셨습니다. 이때는 떡을 식초나 포도주에 찍어서 주는 것이 애정의 표시였던 것 같습니다.

예수님은 배반자에게 애정의 표시로 떡을 한 조각 찍어서 주셨습니다.

이때 가룟 유다는 울었어야 합니다. '예수님, 왜 저에게 이 떡을 주십니까? 저는 십자가가 무서워서 예수님을 팔기로 약속을 했습니다. 저는 이제 어떻게 하면 좋습니까?' 라고 묻기만 했더라면 가룟 유다는 충분히 살 수 있었습니다. 그러나 그는 그렇게 하지 못했습니다. 그 이유는 이미 예수님에게 실망을 했고 자기 생각이 예수님보다 더 옳다고 자신하고 있었기 때문입니다.

요한복음 13장 27절

조각을 받은 후 곧 사단이 그 속에 들어간지라. 이에 예수께서 유다에게 이르시되 네 하는 일을 속히 하라 하시니

이 글을 쓰고 있는 요한은 가룟 유다의 마음속에 언제 마귀가 들어갔을까 생각을 해보니까 아무래도 예수님의 떡을 받은 순간이라는 생각이 들었던 것 같습니다. 왜냐하면 아무래도 이 순간 가룟 유다의 표정이 달라져 보였던 것입니다. 무엇인가 마음에 결심이 선 것 같은 모습이었던 것 같습니다.

예수님은 가룟 유다가 없는데서 다른 제자들 앞에서 가룟 유다의 욕을 하지 아니하셨습니다. '요즘 나는 가룟 유다 때문에 아주 죽을 지경이라고. 그 자는 믿음이 하나도 없어. 바로 그 놈이 나를 팔자란 말이야' 라고 하시지 아니하셨습니다. 만약 예수님이 그렇게 말씀하셨더라면 다른 제자들도 가룟 유다를 미워했을 것이고 결국 가룟 유다는 다른 제자들도 미워해서 배신했을 것입니다. 그러나 오히려 예수님은 가룟 유다에게 끝까지 신사적으로 대하심으로 그가 격동질 하지 않게 하셨고 다른 제자들을 지키셨습니다.

우리는 악한 자를 흥분하게 하고 격동질을 시키는 것이 정의롭게 보일지 몰라도 결코 약한 자들에게는 도움이 되지 않는다는 것을 알아야 합니다.

이제 유다는 조용히 자기 할 일을 하게 됩니다. 곧 예수님을 팔기 위해 밖으로 나가는 것입니다.

요한복음 13장 30절

유다가 그 조각을 받고 곧 나가니 밤이러라

아마도 요한은 유다가 밖으로 나갈 때 그 순간이 너무나도 이상했던 것 같습니다. 그리고 그가 나가는 그 순간이 또 밤이어서 무엇인가 섬

짓했던 것 같습니다. 결국 가룟 유다는 그 길로 바로 가서 군인들을 끌고 예수님을 잡으러 왔습니다. 가룟 유다는 빛의 아들이 되지 못하고 끝내 밤의 아들이 되었습니다. 그러나 예수님은 밤의 아들도 다 나름대로 용도가 있다고 보셔서 대적하지 아니하셨습니다.

우리가 알아야 할 것은 악한 자가 결코 하나님의 자녀들의 머리털 하나 상하게 하지 못한다는 사실입니다. 단지 하나님의 백성들을 실컷 연단시켜 놓고 자기는 지옥으로 가는 것입니다.

세 번의 영광

이제 드디어 예수님께서는 제자들에게 가장 무서운 사실을 알려주십니다. 그것은 예수님께서 제자들만 남겨 두시고 어디론가 가셔야 하는 것이었습니다.

요한복음 13장 33절

소자들아, 내가 아직 잠시 너희와 함께 있겠노라. 너희가 나를 찾을터이나 그러나 일찍 내가 유대인들에게 너희는 나의 가는 곳에 올 수 없다고 말한 것과 같이 지금 너희에게도 이르노라

제자들이 가장 무서워하는 것은 예수님께서 자기들만 버려두고 어디론가 도망치시는 것이었습니다. 왜냐하면 제자들은 예수님 없이는 아무 것도 하지 못하는 어린아이들이 되고 말았기 때문입니다. 가룟 유다가 예수님을 버리고 어둠 속으로 간 것은 그가 어린 아이가 아니

었기 때문입니다. 그는 예수님 없이 얼마든지 살 자신이 있었기 때문입니다. 그러나 다른 제자들은 예수님이 모든 것이었고 예수님의 손만 붙잡고 여기까지 왔습니다. 그런데 이제 예수님은 제자들이 따라올 수 없는 곳으로 가야 한다고 말씀하십니다. 즉 예수님과 제자들의 작별의 순간이 온 것입니다.

하지만 예수님은 제자들과의 이별을 세 번의 영광으로 표현하셨습니다.

요한복음 13장 31-32절

저가 나간 후에 예수께서 가라사대 지금 인자가 영광을 얻었고 하나님도 인자를 인하여 영광을 얻으셨도다. 만약 하나님이 저로 인하여 영광을 얻으셨으면 하나님도 자기로 인하여 저에게 영광을 주시리니 곧 주시리라

예수님은 자신이 지금 이렇게 제자에게 배신을 당해서 비참하게 죽는 것을 영광을 얻었다고 말씀하셨습니다. 어떻게 자기 제자에게 배신을 당해서 죽는 것이 영광스러운 것입니까? 그것은 이 세상에서 가장 바보 같은 짓이고 가장 비참한 것입니다. 그러나 예수님은 한 번도 자신의 배신과 죽음을 비참한 것으로 생각하신 적이 없었습니다. 왜냐하면 그것은 우리의 구원을 위한 것이었기 때문입니다.

그래서 예수님의 첫 번째 영광은 고난과 십자가였습니다. 예수님께서 지금 이 순간까지 모든 것을 참으시고 오신 것이 영광이고 또 잠시 후에 십자가 위에서 죽는 것도 영광입니다. 왜냐하면 이것이 우리의 죄를 치료하는 수술이고 예수님과 우리를 연결시키는 수술이었기 때문입니다. 즉 예수님의 몸에 우리를 연결시켜서 우리 안에 있는 모든

죄는 예수님에게 다 넘어가고 예수님 안에 있는 좋은 것은 다 우리에게 넘어오는 수술인 것입니다. 가룟 유다는 그 수술을 도와주는 사람이었습니다.

이것은 하나님께 영광이었습니다. 왜냐하면 예수님이 우리 인간의 죄를 인정하셨기 때문입니다. 하나님께 가장 큰 영광은 인간이 자기 죄를 하나님 앞에서 인정하는 것입니다. 그러나 아무도 인간의 죄를 인정하지 않는데 예수님은 인정하고 죽으셨습니다. 이 세상에서 하나님께서 가장 기뻐하시는 것은 죄인이 하나님께 자기 죄를 인정하고 돌아오는 것입니다. 이것이 바로 하나님을 인정하는 것입니다.

자식들이 가출해서 멋대로 돌아다니는 것은 아버지를 인정하지 않는 것입니다. 그때 아버지는 얼마나 속이 상하는지 모릅니다. 아마도 아버지는 다른 사람들 앞에서 얼굴을 들지 못할 것입니다. 그런데 아들이 자기 잘못을 시인하고 돌아올 때 아버지의 체면이 살게 되는 것입니다.

예수님은 우리 모든 인간들을 대신해서 자신이 우리의 죄를 인정하고 십자가에서 죽으셨습니다. 그렇지만 하나님은 예수님을 다시 죽음에서 살리심으로 영광스럽게 하셨습니다. 그 결과 우리 모두는 복된 하나님의 자녀가 되었습니다.

그래서 이 세 번째 영광에는 우리의 영광도 포함이 되어 있습니다. 예수님께서는 결국 아버지의 영광과 우리의 영광을 위해서 십자가 고통을 당하신 것입니다. 이것을 예수님은 영광이라고 말씀하셨습니다.

마치 어머니의 산통이 영광인 것과 같습니다. 어머니는 산통을 겪을 때에는 고통스럽지만 아기를 낳고 나면 얼마나 아기가 자랑스러운지 모릅니다. 그리고 자기 몸에서 저런 아이가 나왔다는 사실 자체에 대견스러워하는 것입니다.

예수님은 제자들에게 아무 것도 걱정하지 말고 오직 한 가지만 하라고 하셨습니다. 그것은 제자들이 서로 사랑하는 것입니다.

요한복음 13장 34-35절

새 계명을 너희에게 주노니 서로 사랑하라. 내가 너희를 사랑한 것 같이 너희도 서로 사랑하라. 너희가 서로 사랑하면 이로써 모든 사람이 너희가 내 제자인줄 알리라

예수님은 제자들을 '소자들' 이라고 부르셨습니다. 이것은 그야말로 예수님 없이는 아무 것도 할 수 없는 어린 아이라는 뜻입니다. 예수님은 제자들을 진리의 말씀으로 어린 아이로 만드셨습니다. 이것은 하나님의 최고의 기적인 것입니다. 그러나 이 어린 아이들을 늑대들이 들끓는 들판에 잠시 두어야 합니다. 그 이유가 어디에 있습니까? 이 아이들을 진짜 하나님의 자녀로 만들어야 하기 때문입니다.

제자들은 그냥 가만히 있기만 하면 됩니다. 모든 것을 예수님이 다 알아서 하실 것입니다. 그 대신 제자들은 서로 사랑하기만 하면 됩니다. 왜냐하면 예수님이 그들 한 사람 한 사람을 엄청나게 사랑하시기 때문입니다.

이 세상에서 서로 사랑하는 자들은 전부 예수님의 제자들입니다. 왜냐하면 그들 중에 예수님이 반드시 계시기 때문입니다. 우리가 서로 잘 난체 하지 않고 예수님을 우리 가운데 모시면 반드시 예수님의 은혜가 우리에게 임하게 될 것입니다.

그런데 이때 베드로가 그 유명한 말을 했습니다.

요한복음 13장 36절

시몬 베드로가 가로되 주여 어디로 가시나이까? 예수께서 대답하시되 나의 가는 곳에 네가 지금은 따라 올 수 없으나 후에는 따라 오리라

베드로의 질문에 주님은 지금은 네가 따라 올 수 없다고 하셨습니다. 이제 주님은 어느 누구도 대신할 수 없는 십자가를 지러 가시기 때문입니다. 그런 까닭에 베드로는 따라올 수가 없는 것입니다. 지금 베드로는 다른 제자들을 사랑하면서 가만히 있는 것이 주님의 뜻인 것입니다.

그러나 베드로는 37절에 "가로되 주여 내가 지금은 어찌하여 따를 수 없나이까? 주를 위하여 내 목숨을 버리겠나이다"라고 했습니다. 베드로는 지금 떼를 쓰고 있습니다. '왜 제가 지금 주님을 따르지 못합니까? 저는 지금 죽을 각오가 되어 있습니다. 저를 데리고 가 주세요.'

그때 예수님께서는 '진실로 진실로 네게 이르노니 닭 울기 전에 네가 세 번 나를 부인하리라' 고 말씀하셨습니다.

우리가 오늘 이 본문 말씀을 보면 십자가의 위기를 앞두고 예수님과 제자들 사이에 얼마나 처절한 대화가 있었는지 알 수 있습니다. 그러나 주님은 승리하셔서 돌아오셨습니다. '내가 너희를 고아와 같이 버려두지 아니하고 다시 오리라' 고 하신 말씀 그대로 죽음을 이기고 돌아오셨습니다.

주님은 절대로 우리를 떠나지 아니하셨습니다. 주님은 우리 안에 함께 하십니다. 우리가 서로 사랑하면 그것을 알 수 있을 것입니다. 우리는 나 자신을 포함해서 모든 형제나 자매가 주님의 사랑받는 자인 것을 인정하셔야 합니다. 그때 우리는 주님의 소리를 들을 수 있을 것이

며 주님의 능력을 체험할 수 있을 것입니다.

우리가 이 세상을 이길 수 있는 것은 서로 사랑하는 것입니다. 서로 사랑하면 늑대도 우리를 해치지 못할 것입니다. 그리고 우리는 어린 아이같이 주님이 어디 있느냐고 떼를 쓰지도 않을 것입니다. 더욱이 천국에 빨리 데리고 가 달라고 소리를 지르지도 않을 것입니다. 우리 주위에는 모두 도움이 필요한 중환자들 밖에 없습니다. 오늘도 우리가 누군가의 발을 씻겨줄 수 있다면 우리는 가장 위대한 일을 하고 있는 것입니다. 가장 위대한 교회는 세숫대야가 많은 교회입니다. 즉 다른 사람들의 발과 눈물과 흘린 오물들을 닦아주는 교회가 살아있는 교회이며 주님을 가장 기쁘시게 하는 자들인 것입니다.

33 _ 요 14:1-14

너희는 근심하지 말라

우리는 하나님을 믿고 예수님을 믿지만 여러 가지 어려움을 만나면 근심을 하게 됩니다. 예를들어 병원에서 무슨 큰 병에 걸렸다는 진찰 결과를 받게 되면 굉장히 근심을 하게 됩니다. '혹시 내가 이 병으로 이제 죽는 것이 아닐까?' 혹은 '치료를 받는 과정이 너무 고통스럽지는 않을까?' 혹은 '수술을 받은 후에도 정상적인 건강을 회복하지 못하고 죽을 때까지 병으로 고통을 받지 않을까?' 하는 걱정을 하게 됩니다. 사실 우리는 본격적인 치료를 받을 때보다는 받기 전에 먼저 걱정에 사로잡힐 때가 많습니다.

또한 집세가 많이 올라서 이사를 해야 할 때, 어디에 가서 방을 구하며, 오른 집세는 어떻게 마련을 하며 그리고 이삿짐을 싸고 풀고 하는 이 귀찮을 일들을 어떻게 해야 할지 생각하면 걱정이 되는 것입니다.

혹은 직장에서 이제 그만 두고 나가라고 하면 걱정이 됩니다. 물론 당장 1-2년은 퇴직금을 가지고 먹고 살겠지만 그 후에는 어디서 직장을 구해서 먹고 살겠습니까? 우리는 이 세상에서 먹고 살아야 하기 때문에 필수적으로 집이 필요하고 정상적인 수입이 필요합니다. 우리에게 이것이 보장이 되지 않을 때에는 우리의 생활이 너무나도 비참해질 수밖에 없기 때문에 걱정이 되는 것입니다.

제자들은 이제 큰 근심에 빠지게 되었습니다. 그 이유는 지금까지 제자들의 모든 삶의 근거는 예수님이었습니다. 제자들은 예수님이 계셨기 때문에 먹는 것이나 병든 것이나 다른 사람들이 욕하는 것이나 미래에 어떻게 될 것인가 하는 문제들에 관해서 걱정을 하지 않았습니다. 왜냐하면 제자들은 이 모든 것을 예수님께 가지고 오기만 하면 예수님이 다 해결을 해주셨기 때문입니다. 그래서 비록 제자들은 가난하고 힘들었지만 예수님이 계셨기 때문에 정말 행복하게 하루하루를 살 수 있었습니다. 그러나 이제는 예수님께서 제자들을 두고 떠나시기에 그 행복이 모두 다 끝나려고 하고 있었습니다.

이때 제자들은 마음 속에 있는 기둥들이 전부 무너지는 것을 느낄 수 있었습니다. 갑자기 눈앞에 캄캄해지면서 '이제는 도대체 어떻게 살아야 하나?' 하는 절망이 그들의 마음을 가득 채웠습니다. 그때 예수님께서는 제자들에게 이 놀라운 말씀으로 위로하셨습니다. '너희는 마음에 근심하지 말라. 하나님을 믿으니 또 나를 믿으라'

제자들의 근심

우리가 대개 언제 크게 근심하게 될까요? 우리가 거의 크게 근심하게 되는 것은 자기 힘으로 감당할 수 없는 일을 당하게 되었을 때입니다. 만약 우리가 내 힘으로 얼마든지 감당할 수 있는 일을 당하게 되었다면 우리는 그렇게 크게 근심할 필요는 없을 것입니다. 내 힘으로 다 감당을 해버리면 되기 때문입니다. 그러나 도저히 내 힘으로 감당할 수 없는 큰일을 당하게 되면 우리는 크게 근심을 하게 됩니다. 즉 도대체 어떻게 이 일을 감당할 것인가? 누구의 도움을 받으면 이 일이 해결되겠는가? 만약 어느 누구의 도움도 받지 못할 경우에 나의 처지는 얼마나 고통스럽고 비참하게 될까 생각하게 되는 것입니다.

그러나 예수님의 제자들이 근심하는 것은 이것과는 조금 다른 성격의 것이었습니다. 그 이유는 제자들은 예수님으로부터 이 세상의 모든 것을 다 버리고 오직 예수님만 믿도록 가르침을 받았기 때문입니다. 사실 제자들은 지금까지 그렇게 살아왔습니다. 그 결과 제자들에게 있어서 예수님이 안 계신다면 사는 것 자체가 불가능했고 모든 미래가 불가능했습니다. 그런데 예수님은 제자들을 실컷 예수님이 없으면 살수 없도록 만들어 놓으시고는 이제 떠나야 한다고 말씀하시는 것입니다. 어떻게 보면 이것은 야생동물들을 잡아서 양으로 다 만들어 놓고 버리고 떠나시는 것과 같습니다. 가끔 동물학자들이 야생동물들을 잡아서 키우다가 어느 정도 자란 후에 풀어서 자연으로 보내는 돌려보내는 경우가 있습니다. 이때 가장 심각한 문제가 이미 사람의 손에서 보호를 받은 야생동물들은 자연에서 살 능력을 잃어버린 것입니다. 스스로 사냥을 할 수도 없고 스스로 살아남을 수 있는 야생의 습성도 다 잃어버린 것입니다. 그래서 어떤 곳에는 곰을 풀어 놓았는데 자꾸 등산객들이 있는 곳에 나타나서 어슬렁거리는 바람에 등산객들이 놀란다고 합니다.

제자들이나 우리들의 문제가 바로 이것입니다. 우리가 차라리 주님을 만나지 않았더라면, 차라리 우리가 하나님의 사랑을 몰랐더라면 우리는 이 세상에서 모든 것을 닥치는 대로 부딪치면서 살 수 있었을 것입니다. 그러나 예수님을 만난 제자들이나 우리는 예수님의 도움 없이는 도저히 이 세상에서 살아가는 것 자체가 불가능한 사람들이 되어버린 것입니다.

다시 한번 부연하면, 예수님은 제자들이 예수님만 믿고 살도록 만들어 놓으시고는 제자들만 버려두시고 떠나시겠다고 말씀하시는 것입니다. 이것은 양떼들을 들판에 버려두고 목자만 어디로 가시는 것과 같은 것입니다. 제자들이 이 말을 듣는 순간 금방 눈앞이 캄캄해지면서 이제 예수님 없이 어떻게 살아야 할까 생각하니 정말 막막한 것입니다.

그런데 이때 예수님은 제잘들에게 '너희는 근심하지 말라. 하나님을 믿으니 또 나를 믿으라' 고 하시면서 제자들에게 '근심하지 말라' 고 명령하셨습니다. 이것은 단순한 희망사항이 아닙니다. '염려하게 되면 어쩔 수 없지만 할 수 있으면 염려하지 않는 것이 정신건강에 좋을 거야' 라는 말이 아닙니다. 예수님은 단호하게 '근심하지 마!' 라고 명령을 하시는 것입니다. 이것은 집에서 마치 울어서는 안 되는데 아이가 자꾸 울면 엄마가 '울지 마!' 라고 소리를 지르는 것과 같은 것입니다.

왜 예수님은 지금 죽을 지경이 되어서 근심하고 있는 제자들에게 근심하지 말라고 말씀하시는가요? 하나님은 죽지 않으셨을 뿐아니라 예수님도 궁극적으로 결코 죽지 않으시기 때문입니다.

그래서 예수님은 '하나님을 믿으니 또 나를 믿으라' 고 말씀하셨습니다. 제자들이 해야 할 것은 끝까지 예수님을 믿어야 하는 것입니다.

즉 예수님의 가르침이나 능력만 믿는 것이 아니라 예수님의 죽으심과 부활까지 믿어야 하는 것입니다. 이것이 기독교가 가지는 아이러니입니다. 이 세상에서 자기가 하나님 앞에서 죄인인 것을 아는 사람은 가장 비참한 사람입니다. 다른 사람에 비하여 훨씬 소망이 없는 사람입니다. 그런데 그가 천국의 열쇠를 받아가지고 천국의 자녀들이 되는 것입니다. 그 외에 죄인이 아니라고 생각하는 사람들은 여전히 천국 담 밖에서 서성되는 구경꾼들인 것입니다.

결국 제자들은 예수님의 죽음과 부활을 믿어야 천국의 자녀들이 될 수 있습니다.

또한 이때 예수님은 가장 놀라운 말씀을 하셨습니다.

요한복음 14장 2-3절

내 아버지 집에 거할 곳이 많도다. 그렇지 않으면 너희에게 일렀으리라 내가 너희를 위하여 처소를 예비하러 가노니 가서 너희를 위하여 처소를 예비하면 내가 다시 와서 너희를 내게로 영접하여 나 있는 곳에 너희도 있게 하리라

예수님은 여기서 두 가지 말씀을 하십니다. 하나는 내 아버지 집에 거할 곳이 많다는 것과 예수님이 너희를 위하여 처소를 예비하러 간다는 것입니다.

아니 처소가 많으면 무엇 때문에 구태여 또 다시 처소를 예비할 필요가 있을까요? 그리고 혹시 그렇게 거할 곳이 많이 있다면 굳이 예수님이 가셔서 준비할 필요가 뭐가 있겠습니까? 차라리 하인을 보내어서 '전부다 준비해 놓으라' 고 말씀만 하시면 되지 않겠습니까?

여기서 우리가 알아야 할 것은 이것이 비유의 말씀이라는 것입니다.

어떤 분들은 이것을 문자 그대로 생각해서 꿈에 보니까 '천국에는 집들이 많이 있는데 내 문패가 달려 있는 큰 집이 있더라' 라고 말하기도 하는가 하면 '어느 어느 장로님은 집도 없고 문패도 없더라' 라고 말하기도 하는 것입니다. 이것은 모두 예수님이 말씀하시는 의도를 모르고 자기 멋대로 생각해서 말하고 있는 것입니다. 여기서 예수님이 말씀하시려는 것이 무엇일까요?

우선 첫째로 예수님이 가장 원하는 것은 우리를 천국의 자녀로 삼으려는 것입니다. 즉 우리가 아버지의 집에 자녀로 입양이 되어서 영원토록 아버지의 사랑과 축복을 받으면서 살도록 하시려는 것입니다. 그렇게 하려면 예수님이 하인을 시켜서 '모든 것을 준비해 놓으라' 는 말로는 되지 않습니다. 아버지의 허락을 받으려면 죄가 없는 피가 있어야 합니다. 예수님은 그냥 방을 준비하러 가시는 것이 아니라 자신의 피를 들고 가시는 것입니다. 그래서 예수님이 직접 가셔야 했습니다. 누구든지 하나님 나라에 들어갈 수 있지만 어린 양의 피가 없이는 그 나라에 결코 들어갈 수 없습니다.

그리고 두 번째는 우리는 그 나라에 들어갈 자격이 없는 자들이라는 것입니다. 우리는 모두 다 죄인이고 멸망의 자녀들이기 때문에 아무도 그 나라에 들어갈 수가 없습니다. 그러기에 예수님은 우리가 그 나라에 들어갈 수 있도록 준비를 하려고 가시는 것입니다. 예수님께서 십자가에 못 박혀 죽으시고 부활하심으로 천국 문은 누구에게나 활짝 열렸습니다. 누구든지 예수님을 구원의 주로 믿으면 천국에 들어갈 수가 있습니다. 예수님은 우리의 구원을 성취시키기 위하여 가셨습니다. 그러면 예수님은 왜 알기 쉽게 내가 구원을 이루기 위하여 간다는 식으로 말씀하시지 않고 마치 어느 집이나 방이 있는 것처럼 '처소' 라고 말씀하셨을까요? 그것은 실제로 천국에 우리가 살 수 있는 집이나 공간이 있는 것을 의미하는 것입니다. 우리가 결국 천국에 살 때 이 육체를 가진 상태에서 살게 될 것입니다. 우리는 영혼만 가지고 천국 생활을 하지 않습니다. 우리는 모두 영광스러운 몸을 가지고 이 세상에서 사는 것보다 더 확실하게 천국에서 살 것입니다. 그러니까 천국도 준비가 필요한 것 같습니다.

우리가 어느 곳에 큰 주택 단지를 조성할 때 보면 가장 먼저 길이 나게 됩니다. 왜냐하면 길이 있어야 건설 장비들이 들어갈 수 있기 때문입니다. 그리고 길이 나고 나면 터를 닦는 일을 하게 됩니다. 아주 넓은 토지가 만들어지게 됩니다. 그리고 최종적으로 사람이 살 수 있는 집이 건설됨으로 사람이 살 수 있는 준비가 끝나게 되는 것입니다. 그래서 예수님께서 '너희를 위한 처소'라고 할 때 그것은 천국의 최종적인 완성을 의미한다고 보아야 할 것입니다. 이번에 예수님이 가시는 것은 길을 닦기 위한 것도 아니고 토지를 조성하기 위한 것도 아니고 최종적으로 제자들이나 우리가 살 수 있는 집을 준비하러 가시는 것입니다. 그 집 안에는 온갖 최신 설비들이 다 갖추어져 있고 조금도 불편하거나 조금도 낙후되어 있지 않은 최고로 좋은 집을 준비하러 가시는 것입니다.

그 집이 과연 어떤 집이겠습니까? 물론 우리가 죽어서 천국 가면 우리가 살 집이나 아주 넓은 땅이 있을 것입니다. 특히 우리가 부활하고 나면 우리는 상상할 수 없을 정도의 어마어마한 땅을 상속받게 될 것입니다. 그러나 여기서 예수님이 말씀하시는 집은 그런 집은 아닌 것 같습니다. 하나님이 우리 한 사람 한 사람을 축복하시고 지켜주시며 은혜와 능력으로 충만하게 채워주시는 집인 것입니다. 그 집이 바로 살아 있는 성전입니다. 지금 우리가 예배드리는 이 곳입니다. 예수님의 살이 찢어지고 예수님의 피가 쏟아지는 순간에 우리 모든 방들은 하나님의 능력과 은혜로 가득 채워지게 됩니다. 즉 우리 한 사람 한 사람을 성전의 방으로 생각하시기 바랍니다. 우리의 모든 빈방들은 하나님의 가장 영광스럽고 놀라운 축복으로 가득 채워주시는 것입니다. 그러니까 제자들은 그냥 힘없는 양들이 아니었습니다. 그들은 모두 하나님의 방들이었고 하나님의 집들이었습니다. 예수님은 이 방들과 이 집들을 하나님의 능력으로 채워주시려고 가시는 것입니다.

예수님은 2절 끝에 '그렇지 않으면 너희에게 일렀으리라' 고 말씀하셨습니다. 예수님은 우리 한 사람 한 사람을 천국의 복으로 채워주실 것입니다. 그렇지 않으면 그렇지 않다고 우리에게 분명하게 말씀을 하셨을 것입니다. 그러니까 우리는 예수님이 말씀하시지 않으신 것이나 우리가 모르는 것에 대하여 너무 걱정하지 말아야 합니다. 우리가 모르는 것들은 다 축복을 약속하신 것이라고 믿으시기 바랍니다. 우리는 예수님의 말씀하시지 않으신 것에 대하여 너무 의심하거나 알려고 하지 말아야 합니다.

주님이 말씀하시지 않으신 것은 주님이 다 책임을 져 주실 것입니다.

예수님이 가시는 길

요한복음 14장 4절

내가 가는 곳에 그 길을 너희가 알리라

예수님은 지금까지 실컷 방이나 집에 대하여 말씀하신 후에 비로소

길과 가는 장소에 대한 말씀을 하십니다.

예를 들어 어떤 학생이 친구들에게 자기 집에 초대하기 전에 자기 집에 대하여 한창 설명을 하고 있습니다. 즉 '우리 집은 방이 몇 십 개가 있고 우리 집에는 동물도 많고 과일 나무도 많고 재미있는 책도 무지 많다' 고 설명을 합니다. 그런데 아무래도 친구들의 반응이 이상해서 쳐다보니까 아이들이 비로소 묻습니다. '도대체 너희 집이 어디에 있는 거야? 그리고 거기에 가려면 어떻게 가야하는 거야?' 라고 묻는 것입니다. 이 친구는 자기 집이 어디에 있고 자기 집에 오는 길도 가르쳐주지 않고 집에 대해서만 자세히 설명을 했던 것입니다.

예수님은 제자들에게 아버지 집에 대하여 실컷 설명하신 후에 '내가는 곳과 그 길을 너희들이 알겠지?' 라고 물어보셨습니다.

그랬더니 제자중 하나인 도마가 아주 퉁명스럽게 대답을 했습니다.

요한복음 14장 5절

도마가 가로되 주여 어디로 가시는지 우리가 알지 못하거늘 그 길을 어찌 알겠삽나이까?

우리가 보통 어떤 사람에게 어떤 집이 있는 장소나 가는 길은 가르쳐주지 않고 집만 이야기할 때 어떤 경우일까요? 아마 둘 중의 하나일 것입니다. 하나는 모든 사람들이 그 집이 있는 장소나 길을 알고 있는 경우일 것입니다. 그렇지 않으면 말을 하는 사람이 사람들을 다 데리고 갈 테니까 길이나 장소 같은 것은 걱정할 필요가 없을 때일 것입니다.

이미 예수님은 제자들에게 '내가 다시 와서 너희를 내게로 영접하여 나 있는 곳에 너희도 있게 하리라' 고 말씀하셨습니다. 그러니까 제자들은 예수님의 말씀하시는 집의 장소나 가는 길은 걱정할 필요가 없는 것입니다. 그러나 제자들은 불안했습니다.

특히 도마는 예수님에게 그 집의 주소를 알려주시고 찾아가는 길 까지 알려 달라고 했습니다. 아무리 예수님이 오셔서 데려가신다고 해도 사람은 알 수가 없으니까 혹시 예수님이 못 오실 때를 대비해서 우리에게 약도와 주소를 알려달라는 것입니다. 이것을 보면 도마가 얼마나 야무진 사람이며 얼마나 실제적인 사람인지 알 수 있습니다.

예를 들어 엄마가 아이들만 두고서 어디를 간다고 하면서 다시 와서 너희들을 데려가겠다고 하면 어리석은 아이들은 고개를 끄덕이면서 주는 빵이나 먹고 무한정으로 기다리겠지만 똑똑한 아이들은 당장 주소와 약도를 달라고 할 것입니다. 엄마가 안 오시면 우리가 찾아가겠다는 뜻입니다.

그때 예수님은 너무나도 엄청난 말씀을 하셨습니다.

요한복음 14장 6절

예수께서 가라사대 내가 곧 길이요 진리요 생명이니 나로 말미암지 않고는 아버지께로 올 자가 없느니라

여기서 예수님은 세 가지를 말씀하고 있습니다. 하나는 길이고, 하나는 진리이고, 세 번째는 생명입니다.

구원을 얻는 길은 예수님 자신이었습니다. 사람들은 예수님을 밟고 천국에 가게 되는 것입니다. 그가 피를 흘리신 곳을 밟으면서 그가 십자가를 지고 쓰러졌던 것을 밟으면서 그가 십자가 위에서 죽어가시던 그 곳을 밟고 하나님 앞으로 가게 되는 것입니다.

우리가 가고 있는 길은 예수님의 피가 뿌려진 길입니다. 예수님의 눈물과 고통의 땀이 뿌려진 길 위를 걸어서 가고 있는 것입니다. 하나님 아버지께 갈 수 있는 다른 길은 없습니다. 그래서 예수님은 자신의 피를 뿌리고 자신의 눈물을 흘리시기 위해서 가시는 것입니다.

그러면 그 피와 눈물이 어디에 다 있습니까? 하나님의 말씀 속에 다 들어 있습니다. 우리가 하나님의 말씀을 들으면 우리는 주님의 길을 따라가게 되는 것입니다. 우리의 모든 구원은 말씀을 믿는 것을 통해서 이루어지게 됩니다. 우리는 예수님을 따라가기 위해서 고행을 하거나 십자가를 지고 예수님이 가셨던 그 길을 갈 필요가 없습니다. 우리는 단지 예수님의 말씀을 믿고 그 말씀을 따라가면 우리는 틀림없이 천국으로 가게 되어 있습니다.

하나님을 보여주소서

제자들이 이제 마지막 순간이 되었다고 생각되었을 때 자기들 안에 있는 인간적인 욕구가 튀어나오기 시작했습니다. 그 중에 하나가 빌립이 말한, 하나님을 보여 달라는 것이었습니다.

> **요한복음 14장 7-8절**
>
> 너희가 나를 알았더면 내 아버지도 알았으리로다. 이제부터는 너희가 그를 알았고 또 보았느니라. 빌립이 가로되 주여 아버지를 우리에게 보여 주옵소서 그리하면 족하겠나이다

우리에게는 차원이라는 것이 있습니다. 예를 들어 선은 평면을 알지 못합니다. 또 평면은 입체를 알지 못합니다. 사진은 평면이지만 조각은 입체입니다. 그래서 그림이나 사진은 입체감이 나게 하기 위해서 명암을 사용합니다. 밝고 어두운 부분을 통해서 마치 살아 있는 사람처럼 느끼게 하지만 실제로 만져보면 종이에 불과합니다. 조각은 살아있는 사람처럼 입체감이 있지만 실제로 움직이지는 못합니다. 너무나도 잘 만든 조각은 마치 살아있는 사람처럼 섬세하지만 만져보면 차가운 돌에 불과한 것입니다.

마찬가지로 우리는 천국이라고 하면 어떤 정해진 장소가 있기에 우리가 약도를 들고 찾아가야 하는 곳으로 생각하기 쉽지만 예수님은 그렇지 않다고 말씀하셨습니다. 예수님을 믿는 곳이 천국이며 진리를 믿는 곳에 이미 하나님의 영광과 능력은 나타난다고 말씀하셨습니다.

그러기에 예수님께서 처소를 예비하러 간다는 것은 어떤 방을 꾸미거나 집을 지으러 가는 것이 아닌 것입니다. 하나님의 말씀을 이루어 드림으로 우리가 모인 곳이 성전이 되게 하시고 우리 한 사람 한 사람 속에 하나님의 능력과 은혜로 채워주시는 것입니다. 그렇다고 우리가 죽으면 가는 천국의 세계가 없다는 말이 아닙니다.

위와 같은 경우를 다른 부분에 적용해 보면, 아버지를 보는 것도 마찬가지입니다. 우리가 하나님을 본다는 것은 육체적인 눈으로 하나님을 감각하는 것으로 생각을 합니다. '아, 하나님은 저렇게 생기셨구나. 하나님도 눈이 있으시고 입도 있으시구나. 하나님은 얼굴이 굉장히 빛이 나시는구나' 라고 생각하는 것입니다.

그러나 예수님은 하나님을 본다는 것을 완전히 다른 의미로 사용하셨습니다. 그것은 예수님의 말씀을 듣고 은혜를 받는 것이 바로 하나님을 보는 것입니다. 즉 우리가 하나님을 보는 것은 이 눈으로 보는 것이 아닙니다. 우리는 귀로 하나님을 보게 됩니다. 즉 하나님의 말씀을 듣고 은혜 받는 것이 하나님을 보는 것입니다. 그러면 어떻게 됩니까? 우리 얼굴에서 하나님의 영광이 빛나면서 모든 미신과 두려움은 다 사라지고 믿음으로 충만해지게 됩니다.

그래서 예수님은 제자들에게 7절 하반절에 '이제부터는 너희가 그를 알았고 또 보았느니라' 고 말씀하셨던 것입니다. 하나님의 말씀을 듣는 것이 하나님을 아는 것이고 하나님을 보는 것입니다. 물론 여기서 '하나님을 안다' 는 것이 지식적으로 아는 것을 말하지 않습니다. 이것은 개인적으로 아주 가까워지는 것을 의미합니다. 우리가 어떤 유명한 스타를 그냥 신문이나 텔레비전에서 아는 것과 내가 개인적으로 잘 아는 것과는 다릅니다. 신문이나 텔레비전에서 아는 것은 내가 그의 팬은 될 수 있을지 몰라도 개인적으로는 만날 수가 없습니다. 일본의 불쌍한 여성 팬들은 '욘사마' 를 만나기 위해서 하루 종일 비 맞으면서 기다리곤 합니다. 그러나 그렇게 해도 '욘사마' 는 만날 수 없습니다. 그러나 개인적으로 친한 사이일 때에는 서로 전화를 할 수도 있고 또 스스럼없이 만나서 무슨 이야기든지 할 수가 있습니다.

우리가 하나님의 말씀을 들을 때 하나님은 개인적으로 나와 아주 가까워지게 됩니다. 어느 정도 가까워지게 됩니까? 친 아버지와 아들처럼 가까워지게 됩니다. 하나님은 우리가 요구하시면 얼마든지 시간을 내어주십니다. 그리고 우리가 무슨 이야기를 해도 다 들어주십니다. 무엇보다 하나님의 말씀이 우리의 영혼에 들리면 그 결과 우리 영혼의 모든 의심과 두려움은 사라지고 모든 상처는 치유가 되고 말할 수 없는 영광과 기쁨으로 가득 차게 됩니다.

그런데 빌립은 다른 식으로 생각을 했습니다. 즉 예수님이 어디로 가신다고 하는데 아버지를 딱 한번 보여주시면 큰 영광으로 알겠다는 것입니다. 그리고 자기들의 믿음에도 큰 도움이 될 것이라고 생각을 했습니다.

이때 예수님은 빌립의 엉터리 같은 질문을 통해서 더 깊은 진리로 그들을 인도하셨습니다.

요한복음 14장 9-10절

예수께서 가라사대 빌립아, 내가 이렇게 오래 너희와 함께 있으되 네가 나를 알지 못하느냐? 나를 본 자는 아버지를 보았거늘 어찌하여 아버지를 보이라 하느냐? 나는 아버지 안에 있고 아버지는 내 안에 계신 것을 네가 믿지 아니하느냐? 내가 너희에게 이르는 말이 스스로 하는 것이 아니라 아버지께서 내 안에 계셔 그의 일을 하시는 것이라

여기서 예수님께서는 하나님을 보는 것이 어떤 것인지 분명히 말씀하셨습니다. 우리가 하나님을 본다는 것은 결코 이 눈으로 하나님을 보는 것을 의미하지 않습니다. 우리의 이 눈은 태양도 똑바로 쳐다보지 못할 정도로 약한 시력입니다. 아기들이 조산할 때 가장 조심해야 하는 것이 시력을 잃어버리는 것입니다. 아직 눈이 덜 만들어졌기 때문에 조산한 아이들이 빛을 보면 시력을 잃어버립니다. 다메섹으로 가던 사울이 예수님의 빛을 보고 눈이 멀어버렸습니다. 우리가 이 눈으로 볼 수 있는 범위는 아주 제한되어 있습니다. 우리는 겨우 생활할 수 있는 정도의 시력밖에 가지고 있지 못합니다. 우리는 이 눈으로는 하나님을 보지 못합니다. 만약 우리가 육제의 눈으로 하나님의 모습

을 보면 즉시 죽을 것입니다.

우리가 하나님을 본다는 것은 하나님의 능력을 체험하고 우리 마음에 믿음이 생기는 것입니다. 제자들은 예수님을 통해서 가장 생생한 하나님의 능력과 신성을 체험을 했습니다. 그 이유는 예수님 안에 있는 성품이나 능력은 하나님 아버지와 똑같은 것이기 때문입니다.

예수님은 제자들을 말씀으로 데리고 갑니다. 내가 말하는 것은 아버지께서 내 속에서 말씀하시는 것이라고 하셨습니다. 즉 이 세상에서 하나님을 가장 생생하게 볼 수 있는 것은 하나님의 말씀을 듣는 것입니다. 왜냐하면 하나님께서는 말씀을 통해 그분을 우리에게 보여주시기 때문입니다.

예수님은 빌립에게 '네가 이렇게 오래 함께 있으면서 나를 알지 못하느냐?' 고 책망하셨습니다. 왜냐하면 조금만 생각이 있는 사람이면 예수님의 말씀과 이적을 통해 그분이 누군지 알 수 있기 때문입니다.

예수님은 여기서 한 걸음 더 나아가서 이렇게 말씀하셨습니다.

'나는 아버지 안에 있고 아버지는 내 안에 있다' 고 말씀하셨습니다. 우리는 보통 어떤 경우에 다른 사람이 내 안에 있다고 말할 수 있을까요? 아마 내 마음대로 쥐었다 폈다 할 수 있을 때 일 것입니다.

그러나 예수님이 말씀하시는 '내 안에 있다' 는 것은 그런 의미가 아니라 소유나 독점의 개념입니다. 하나님은 자신을 온전히 예수님 안에 주셨습니다. 그래서 하나님의 뜻은 다른 데를 통하여 나타나지 않고 오직 예수님을 통해서만 나타나게 됩니다. 이것은 독점관계인 것입니다. 그리고 예수님 안에 있는 하나님의 능력은 조금도 부족하지 않은 100 퍼센트 하나님의 능력입니다.

우리는 이와 비슷한 것을 유명한 브랜드의 가게들을 통해서 볼 수 있습니다. 같은 회사의 점포는 모두 똑같은 제품을 가지고 있습니다. 그리고 컴퓨터 인터넷을 통해서 어느 창고에 어느 사이즈 제품이 몇 개나 있는지 다 알 수 있습니다. 그리고 어느 점포를 가더라도 교환이 가능하고 수선도 해 줍니다.

예수님과 아버지는 하나입니다. 하나님의 능력은 오직 예수님을 통해서만 나타납니다. 다른 데서 나타나는 것은 진짜가 아닙니다. 그리고 예수님을 통한 능력은 100 퍼센트 하나님의 능력입니다. 조금도 부족하지 않습니다.

예수님은 이 관계를 다시 우리에게 적용을 시키셨습니다.

요한복음 14장 12절

내가 진실로 진실로 너희에게 이르노니 나를 믿는 자는 나의 하는 일을 저도 할 것이요. 또한 이보다 큰 것도 하리니 이는 내가 아버지께로 감이니라

예수님은 '나를 믿는 자' 는 '나의 하는 일을 저도 할 것이요' 라고 하셨습니다. 즉 우리에게도 하나님의 능력이 독점적으로 나타나게 되는 것입니다. 물론 우리가 예수님이 하신 많은 일들을 다 할 수 없습니다. 우리는 십자가 위에서 죽을 수도 없고 물 위를 걸어갈 수도 없습니다. 그러나 예수님이 말씀하신 의미는 우리에게 하나님의 능력이 온전히 임하면 예수님이 하신 능력을 우리도 할 수 있다는 것입니다. 즉 우리에게서 하나님의 능력이 완전히 나타나게 되는 것입니다. 누구에게 그러한 역사가 일어난다는 말입니까? 예수님을 믿는 자 입니다. 예수님의 말씀을 믿고 그의 능력을 믿는 자입니다.

다른데서 능력이 나타나는 것은 '사이비요 가짜' 입니다. 주님을 믿

는 자에게서 나타나는 능력이 진짜 하나님의 능력입니다. 그것이 무엇입니까? 사람을 변화시키고 성령의 능력이 나타나게 하는 것입니다. 이것은 오직 100 퍼센트 하나님의 말씀에 헌신할 때 나타나게 되는 것입니다.

더욱이 우리가 하나님께 간절히 기도하면서 하나님의 능력을 구하면, 우리도 예수님처럼 하나님의 능력을 행하게 되고 그보다 더 큰 일도 하게 될 것입니다.

요한복음 14장 13-14절

너희가 내 이름으로 무엇을 구하든지 내가 시행하리니 이는 아버지로 하여금 아들을 인하여 영광을 얻으시게 하려 함이라. 내 이름으로 무엇이든지 내게 구하면 내가 시행하리라

예수님은 무엇이든지 구하라고 했습니다. 그러나 예수님의 이름으로 구해야 합니다. 그러면 예수님이 역사하시는 것입니다. 우리는 단지 사용되는 사람에 불과한 것입니다. 주님은 우리가 주님의 뜻에 따라서 믿음으로 무엇이든지 구하면 다 시행하겠다고 말씀하셨습니다. 바라기는 여러분 모두 주님의 이 약속의 말씀을 붙잡고 기도함으로 예수님의 능력이 여러분에게 임하여 병들어 죽어가는 사람들과 복음의 진리를 몰라 지옥가는 자를 살리는 복된 삶을 사시길 바랍니다.

Exposition of John

34 _ 요 14:15-31

보혜사 성령

만약 우리나라 어디엔가 어마어마한 매장량을 가진 유전이 발견되었다면 우리나라 사람들은 모두 엄청나게 기뻐할 것입니다. 혹은 줄기세포가 완전히 의학적으로 성공해서 모든 난치병을 고칠 수 있게 되었다면 백혈병이나 척추장애인이나 파킨슨병 같은 것으로 고통 받는 모든 사람들이 엄청나게 기뻐할 것입니다. 혹은 모든 암을 감기처럼 간단하게 치료할 수 있는 약이 개발이 되었다면 전국에서 암 치료로 고통 받고 또 죽어가고 있는 수십만 명의 암환자들이나 가족들은 엄청나게 기뻐할 것입니다.

그런데 사실 우리 인간들은 이런 난치병이나 암보다 훨씬 더 무서운 병에 걸려 있습니다. 그것은 바로 죄라는 병입니다. 우리 모든 인간들은 하나님 앞에서 모두 중증 장애인이요 백혈병 환자들이요 암에 걸려서 죽어가고 있는 사람들과 같습니다. 그런데 예수님께서 십자가 위에서 죽으심으로 이 병을 치료할 수 있는 길을 열어주셨습니다. 그것이 바로 우리 안에 보혜사 성령이 오시는 것입니다.

우리 믿는 자들에게 보혜사 성령이 오셨다는 것은 우리 인간이 가지고 있는 가장 심각하고 가장 큰 난제를 하나님께서 풀어주신 것을 의미합니다. 이것은 너무나도 기쁜 일이고 이것은 엄청나게 큰 일입니다. 성령을 받은 인간들은 모두 하나님 앞에서 모든 죄를 씻고 죄의 장애를 치료받고 완전한 새로운 삶을 살게 됩니다.

예수님이 유대 지도자들에게 붙잡히시기 전에 제자들은 엄청나게 혼란스러운 상태에 빠져 있었습니다. 그것은 지금까지 제자들이 배운 것은 모두 예수님을 의지하는 것이었습니다. 제자들은 완전히 어린 아이처럼 되어서 철저하게 예수님에게 의존적이 되었습니다. 그런데 예수님은 제자들을 그렇게 만들어 놓으시고는 어디론가 가신다고 말씀하시는 것입니다. 제자들은 이제 도저히 예수님 없이는 살 자신도 없고 아무 것도 할 수 없는데 예수님은 제자들을 버려두고 어디론가 가신다는 것입니다. 이때 예수님은 제자들에게 근심하지 말라고 하시면서 더 큰 능력으로 제자들에게 돌아오실 것을 약속하셨습니다. 그 더 큰 능력이라고 하는 것이 무엇입니까? 바로 보혜사 성령을 제자들에게 주시는 것입니다.

보혜사 성령이 오시다

15절에서 예수님은 이렇게 말씀하셨습니다.

요한복음 14장 15절

너희가 나를 사랑하면 나의 계명을 지키리라

사실 이 간단한 말씀이 우리 인간들에게 얼마나 중요한 말씀인지 모릅니다. 바로 이 말씀이야말로 하나님께서 인간들을 만드신 목적이요, 우리 인간들이 살아야 할 이유인 것입니다. 하나님께서 우리 인간들을 만드신 목적은 하나님을 사랑하는 것이고 또 하나님의 계명을 지키는 것입니다. 만약 우리 인간들이 하나님을 사랑하고 하나님의 계명을 지키기만 한다면 인간들은 불행해야할 이유가 전혀 없습니다. 왜냐하면 하나님을 사랑하고 하나님의 계명을 지키면 우리가 하나님과 완전히 하나가 되기 때문에 다함이 없는 하나님의 은혜와 능력을 공급받기 때문입니다. 이렇게 되기만 한다면 우리 인간들에게 죄나 병이나 비참한 것이 찾아올 이유가 전혀 없는 것입니다.

이것이 천사들에게는 가능했습니다. 왜냐하면 천사들은 육체가 없기 때문입니다. 그러나 우리 인간들은 육체를 가졌기 때문에 혈기가 있고 성욕이 있고 또 먹고 살아야 하는 육체적인 욕구가 있습니다. 이런 상태에서 우리 인간이 완전히 하나님을 사랑하고 하나님의 말씀에 헌신한다는 것은 정말 놀라운 실험이 아닐 수 없었습니다. 만약 인간에게 이것이 가능하기만 하다면 인간의 열정과 육체를 가지고 정말 엄청난 사랑과 영광을 하나님께 돌려드릴 수 있을 것입니다. 그러나 역시 우리 인간들은 교만과 죄에 빠져서 완전히 하나님 앞에서 식물인간이요 중증 장애인이요 암 환자들이 되고 만 것입니다.

결국 우리 인간들은 하나님을 전혀 생각하지도 못하고 오직 자기 자신만 사랑하고 육체의 정욕을 추구하고 혈기를 부리고 죄를 짓는 자들이 되고 만 것입니다. 그러나 하나님께서는 여전히 우리 인간들을 포기하시지 않으셨습니다.

하나님은 우리가 하나님을 사랑하고 하나님의 말씀에 순종하도록 은혜를 베풀어 주셨습니다. 도대체 어떻게 이것이 가능합니까? 죄를 짓기 전에도 말씀에 순종하지 못해서 인류가 타락하고 죄가 찾아오고 죽음이 찾아왔는데 이렇게 죄의 만신창이가 된 상태에서 어떻게 다시 하나님을 사랑하며 하나님의 말씀에 순종할 수가 있습니까? 놀라운 사실은 예수님께서 그 길을 열어 놓으셨습니다.

즉 예수님을 믿고 예수님의 말씀에 순종하기만 하면, 하나님을 사랑하고 하나님의 계명을 지킬 수 있도록 하셨습니다. 그 이유는 어마어마한 능력이 우리에게 주어지기 때문입니다. 16절, "내가 아버지께 구하겠으니 그가 또 다른 보혜사를 너희에게 주사 영원토록 너희와 함께 있게 하시리니"

여기 본문을 보면 그 놀라운 '보혜사' 라는 말이 나옵니다. 일단 우리에게 '보혜사' 라는 말이 귀에 익숙한 용어는 아닐 것입니다. 왜냐하면 우리는 일상생활 가운데 보혜사라는 말을 전혀 사용하지 않기 때문입니다. 우리 사회에는 '보혜사' 라는 직책을 가진 분이 아무도 없습니다. 여기 '보혜사' 는 헬라어로 '파라클레토스' 인데 '옆에서 돕는 자' 라는 뜻을 가지고 있습니다. 그런데 옆에서 돕는 분이라고 하는 의미가 어디 한두 가지가 아니기 때문에 우리 말 성경은 용어를 새로 하나 만들어서 '보혜사' 라고 번역을 했습니다. 어떤 영어 성경은 '카운슬러' 라고 번역을 하고 있습니다. 어쩌면 이렇게 정확하게 번역을 하지 못하는 것이 더 좋은지도 모르겠습니다. 왜냐하면 우리를 옆에서 돕는 분들은 경우에 따라서 굉장히 많기 때문입니다. 예를 들어 어린 아이들 같은 경우에는 옆에서 돕는 분이 유모일 것입니다. 기저귀도 갈아주고 먹을 것도 만들어서 떠 먹여 주고 또 놀아주기도 합니다. 그리고 위험한데 가지 못하도록 지켜주기도 합니다. 또한 환자 같은 경우에는 간호사나 간병인이 돕는 자일 것입니다. 병원에서 간호사는 24시간을 대기하면서 환자를 돌보는 일을 합니다. 특히 간병인의 경우에는 중환자들을 씻기고 돌보는 일을 합니다. 무엇보다 재판의 문제가 있어 소송의 당사자가 되었을 경우에는 법률 지식이 부재한 우리를 대변해 주는 변호사가 우리의 돕는자가 될 수 있을 것입니다. 또 다른 경우 우리가 어렵고 답답한 일을 만났을 때 우리의 이야기를 들어주고 필요한 조언을 해 줄 상담자가 우리의 돕는자가 될 것입니다. 또 운동선수에게는 운동에 필요한 모든 기술을 가르쳐 주고 훈련시켜 주고 작전을 지지해 주는 코치가 돕는자가 될 것입니다.

보혜사 성령이 이 모든 일을 다 하는 분이라고 생각하면 좋을 것입니다.

우선 우리가 알아야 할 것은 '성령'은 아주 신비로운 분이시라는 것입니다. 우리는 성령에 대해서 너무나도 많은 것을 알지 못합니다. 단지 우리가 아는 것은 성령이 하나님과 똑같으신 분이시며 똑같은 능력과 지혜와 신성을 가진 분이라는 것입니다.

성경에서 성령이 제일 먼저 나오는 것은 천지를 창조할 때입니다. 창1:2을 보면, '하나님의 신은 수면에 운행하시니라' 고 되어 있습니다. 이 세상에 있는 모든 아름다운 것은 전부 다 성령의 작품입니다. 이 세상에 이렇게 아름다울 수 있는 것도 성령이 그렇게 만드셨기 때문입니다. 그렇지 않았더라면 지구도 달이나 화성의 표면처럼 돌투성이나 자갈밭이 되고 말았을 것입니다.

그런데 성령이 하시는 가장 놀라운 일은 우리 인간의 마음 속에 오셔서 죄가 저질러 놓은 모든 병과 후유증을 다 치료하시고 우리를 하나님 앞에서 가장 흠 없고 완전한 사람으로 만드신다는 것입니다. 또

한 보혜사 성령의 놀라운 특징은 '영원토록 우리와 함께 있는 것' 입니다. 여기서 '영원토록' 이라고 하는 것은 시간적으로 계속 있는 것을 말합니다. 즉 우리 안에서 스물 네 시간, 아니 일주일 내내 계속 우리 안에 함께 계신 성령이 보혜사 성령이신 것입니다.

우리는 하나님 앞에서 마치 중증 장애인들이고 암환자들이고 전신 마비 환자들입니다. 그런 까닭에 보호자가 항상 필요합니다. 그런데 놀라운 사실은 성령께서 우리 안에 항상 계셔서 우리를 도와 주신다는 것입니다.

예수님은 제자들과 함께 계시면서 필요한 모든 것을 채워주시고 모든 공격으로부터 막아주시고 보호해 주셨습니다. 그러나 예수님은 몸을 가지고 계셨기 때문에 제자들 안에 오실 수가 없으셨습니다. 그저 그들과 함께 계시면서 지켜주시고 먹을 것을 주시고 은혜를 주셨을 뿐입니다. 그러나 보혜사 성령은 영이신 하나님이시기에 우리 안에 오실 수 있습니다. 보혜사가 우리 안에 오시면 어떻게 됩니까? 이제 우리는 스스로 일어서게 되고 말을 하게 되고 활동을 하게 되는 것입니다. 그러니까 우리의 보호자는 우리 몸 안에 있게 됩니다. 우리 몸 안에서 우리를 일으켜 주시고 우리에게 필요한 것을 가르쳐 주시고 우리에게 필요한 능력을 주시는 것입니다.

요한복음 14장 17절

저는 진리의 영이라 세상은 능히 저를 받지 못하나니 이는 저를 보지도 못하고 알지도 못함이라. 그러나 너희는 저를 아나니 저는 너희와 함께 거하심이요 또 너희 속에 계시겠음이라 세상 사람들은 눈에 보이는 것은 잘 알지만 일단 눈에 보이지 않는 세계는 전혀 모르고 잘 믿으려고 하지 않습니다. 예를 들어 전신마비 환자나 중증 장애인이나 암 환자 등은 병에 대하여 얼마나 걱정을 하며 두려워하며 이런 것에서 치료를 받고 싶어 하고 놓임을 받고 싶어 합니까? 그러나 대부분 사람들은 병중에 가장 무서운 병이 죄라는 사실을 깊이 인식하지 못합니다. 그러기에 사람들은 이 세상에서 인간으로 사는데 가장 중요한 성령의 존재에 대하여 알지 못합니다.

사람들이 성령에 대해서 알기만 안다면 불로초 같은 것은 찾지도 않을 것입니다. 또한 사람들이 성령에 대하여 알기만 한다면 석유가 펑펑 쏟아지는 것과 성령 받는 것이 도저히 비교가 되지 않는다는 것을 알 것입니다. 사람들이 성령에 대하여 알기만 한다면 줄기 세포로 난치병이 치료되는 것이나 암을 치료하는 약이 개발이 되어서 모든 암이 감기처럼 낫게 되는 기적과도 비교가 되지 않는 것을 알게 될 것입니다. 중요한 것은 이러한 사실을 예수 믿지 않는 사람들만 모르는 것이 아니고 사실은 예수 믿는 우리들조차도 성령이 오신 것의 가치를 잘 모르고 있을 때가 너무나도 많습니다.

우리에게 성령이 오신 것은 호흡이 끊겨졌던 자에게 호흡이 다시 연결된 것과 같습니다. 우리에게 성령이 오심으로 오랫동안 하나님의 생명을 호흡하지 못했던 우리에게 하나님의 생명의 산소가 공급이 된 것과 같습니다. 우리는 하나님의 생명으로 숨을 쉬게 된 것입니다.

여기에 보면 성령은 '진리의 영' 이라고 했습니다. 성령은 하나님의 진리의 영입니다. 하나님의 진리로 모든 것을 다 하십니다. 하나님의 진리로 우리를 살리시고 진리로 우리를 먹이시고 진리로 우리는 치료하시고 진리로 우리로 세상을 이기게 하시는 것입니다. 우리가 성령의 능력을 받는 비결은 다른데 있지 않습니다. 하나님의 진리를 잡으면 됩니다.

'그러나 너희는 저를 아나니 저는 너희와 함께 거하심이요 또 너희 속에 계시겠음이라' 우리가 성령 하나님을 잘 아는 이유는 그분과 예수님과 똑같은 분으로서 우리 안에 거하시기 때문입니다.

너희를 고아와 같이 버려두지 아니하고

우리 예수 믿는 사람들은 모두 예수를 믿고 난 후에 변해버렸습니다. 그것은 대단히 예수님에 대하여 의존적이 되어버린 것입니다. 즉 우리가 단독적으로는 아무것도 하지 못하고 예수님이 계셔야 겨우 살 수 있는 사람들이 되어버린 것입니다. 그런데 만약 예수님이 제자들을 떠나시면 제자들은 모두 부모가 없는 고아가 되어버리고 맙니다.

요한복음 14장 18절

내가 너희를 고아와 같이 버려두지 아니하고 너희에게로 오리라

예수님은 지금 제자들이 어떤 상태에 있는지 너무나도 잘 알고 계셨습니다.

제자들도 예수님을 만나기 전에는 자기 나름대로 직장을 가지고 나름대로 투지를 가지고 열심히 이 세상을 사는 사람들이었습니다. 그런데 예수님을 만나고 그 분의 말씀을 듣고 난 후에는 모든 것을 예수님께 다 맡겨버리게 되었습니다.

예수님의 그 놀라운 말씀을 들은 제자들은 그 무슨 다른 것이 필요하겠습니까? 물로 포도주를 만드시고 보리떡 다섯 개로 오천 명을 먹이시는 그 능력 앞에서 무슨 생각이 필요하겠습니까? 물 위를 걸어서 오시고 바람과 파도를 잔잔케 하시는 그 분의 능력 앞에서 또 다른 무엇이 필요하겠습니까?

사람들이 결혼을 하고 나면 서로에 대하여 매우 의존적이 되게 됩니다. 왜냐하면 서로를 그만큼 믿기 때문입니다. 그래서 부인은 남편이 어디 장기적인 출장을 하게 되면 밤이 무섭고 무엇을 할 의욕을 잃어버리게 됩니다. 이것은 남편에게도 마찬가지입니다. 부인이 어디 친정집에라도 가면 혼자서 라면을 끓여 먹는데 그 처량함이라고 하는 것은 말로 표현할 수가 없는 것입니다. 우리 예수 믿는 사람들의 특징이 예수를 믿고 난 후에는 스스로 아무 것도 할 수 없는 자들이 되어버리고 말았다는 것입니다.

예수님은 삼년 동안 자신만 믿도록 제자들을 가르쳤습니다. 그런 후에 예수님이 떠나시니까 제자들은 졸지에 모두 부모를 잃은 아이들밖에 안 되는 것입니다. 아이들만 있으면 아이들은 먹을 것도 만들 줄도 모르고 나쁜 사람이 와도 집을 지킬 줄도 모르고 길에 나가면 깡패들이 잡아 갈지도 모르기 때문에 매우 위험합니다.

그런데 예수님은 제자들에게 약속을 하셨습니다. '너희에게로 오리라'

예수님은 곧 다시 오겠다고 제자들에게 약속을 하셨습니다. 그러나 예수님은 그냥 오시는 것이 아니었습니다. 과거와는 비교할 수 없는 능력으로 찾아오시는 것입니다.

요한복음 14장 19절

조금 있으면 세상은 다시 나를 보지 못할 터이로되 너희는 나를 보리니 이는 내가 살았고 너희도 살겠음이라

'조금 있으면 세상이 나를 보지 못한다'는 것은 예수님이 십자가에 못 박혀 죽으시는 것을 말합니다. 그러나 예수님의 죽음은 죽음으로 끝나지 않습니다. '이는 내가 살았고' 이것은 엄청난 선언입니다. '이는 내가 살았고' 물론 지금 예수님은 살아계시지요. 그러나 '내가 살았고'라는 것은 그런 의미로 산 것을 말하지 않습니다. 예수님이 그 무서운 사망의 세력을 깨고 영원히 사신 것을 말합니다. 이제 제자들의 모든 영혼과 육체와 모든 것을 다 책임질 수 있는 능력의 주로 영원히 사신 것을 의미합니다. '너희도 살겠음이라' 이제 제자들은 마귀의 공격이나 다른 그 어떤 두려움이나 어려움도 다 이기고 살게 됩니다. 무엇보다 우리는 그냥 사는 것이 아니고 정말 하나님께서 처음 우리 인간들을 창조하실 때 가지셨던 그 생각대로 하나님을 사랑하며 하나님의 모든 말씀에 완전히 헌신된 그런 상태에서 살게 되는 것입니다. 이러한 삶이 진정한 삶인 것입니다.

그때 우리에게는 하나님의 생명과 능력과 축복이 마치 홍수처럼 부어지게 될 것입니다. 이것이 우리가 진정 추구해야 할 삶인 것입니다.

요한복음 14장 20-21절

그 날에는 내가 아버지 안에, 너희가 내 안에, 내가 너희 안에 있는 것을 너희가 알리라. 나의 계명을 가지고 지키는 자라야 나를 사랑하는 자니 나를 사랑하는 자는 내 아버지께 사랑을 받을 것이요, 나도 그를 사랑하여 그에게 나를 나타내리라

보혜사 성령이 우리에게 오실 때 하나님 아버지와 예수 그리스도와 우리는 하나가 됩니다. 그런데 한번 생각해 보시기 바랍니다. 우리는 하나님 안에 있을 수 있어도 어떻게 하나님이 우리 안에 계실 수 있습니까? 우리가 예수님 안에 있을 수 있지만 어떻게 예수님이 우리 안에 계실 수 있습니까?

그것은 성령의 능력을 통해서입니다. 우리 안에 있는 하나님의 능력은 100 퍼센트 하나님의 능력입니다. 그리고 하나님의 능력은 우리를 통해서만 나타나게 됩니다. 우리가 하나님을 사랑하고 그 말씀대로 살 때 우리는 이미 하나님의 능력 안에 있고 하나님의 능력은 우리를 통해서 나타나고 있습니다. 예수님은 그를 사랑하여 그에게 나를 나타내리라고 말씀하셨습니다. 우리 가운데 예수님이 함께 계신 것이 나타나게 되는 것입니다.

우리는 우리끼리 무슨 일을 잘 해보자고 모이는 것이 아닙니다. 우리가 모이는 이유는 우리 가운데 예수님을 나타내고 하나님을 나타내려고 모이는 것입니다. 우리가 하나님의 말씀 중심으로 모이고 우리가 서로 겸손할 때 예수님이 우리 가운데 계신 것을 느낄 수 있을 것입니다. '너희에게 평안이 있을지어다' 라고 하시면서 예수님이 갈릴리 제자들에게 나타나셨을 때처럼 병자를 고치시고 우리의 두려움을 기쁨과 평안으로 만들어 주실 것입니다. 그리고 우리의 실패한 인생을 치료하시고 우리를 새롭게 하셔서 완전히 새 사람으로 만들어주실 것입니나.

우리에게 예수님이 나타나야 합니다. 예수님의 능력과 예수님의 축복과 예수님이 주시는 은혜와 기쁨이 나타나야 합니다.

그런데 여기서 예수님의 제자 중에서 하나가 똑똑한 질문을 합니다.

요한복음 14장 22절

가룟인 아닌 유다가 가로되 주여 어찌하여 자기를 우리에게는 나타내시고 세상에게는 아니하려 하시나이까?

제자들에게 궁금한 것은 예수님께서 다시 오실 때 이 엄청난 진리를 자기들에게만 말씀하시고 다시 오실 때 다른 사람에게는 나타나시지 않으신 것입니다.

예수님은 부활하신 후에 다른 사람들은 만나지 아니하시고 오직 믿는 자들에게만 나타나셨습니다. 그 이유는 이제 이 세상이 진리를 믿는 자들과 믿지 않는 자들, 그리고 성령이 계신 자들과 성령이 안 계신 자들로 나누어지기 때문입니다. 결국 예수님을 믿지 않은 자들은 하나님의 영광의 모습을 보는 특권을 상실하게 됩니다.

요한복음 14장 23-24절

예수께서 대답하여 가라사대 사람이 나를 사랑하면 내 말을 지키리니 내 아버지께서 저를 사랑하실 것이요 우리가 저에게 와서 거처를 저와 함께 하리라. 나를 사랑하지 아니하는 자는 내 말을 지키지 아니하나니 너희의 듣는 말은 내 말이 아니요 나를 보내신 아버지의 말씀이니라

'우리가 와서 거처를 저와 함께 하리라' 고 하셨는데 우리가 바로 하나님의 성전이 되고 하나님의 능력이 나타나는 곳이 되는 것입니다.

결국 인간의 모든 문제는 우리 안에 하나님의 능력이 들어와야 풀리게 되어 있습니다. 이 기적은 믿는 자에게 일어나게 되는 것입니다.

그러나 예수님을 사랑하지 않고 믿지 않는 사람은 하나님의 영광을 받을 수가 없습니다. 그런 사람들에게 하나님의 영광이 바로 들어가

면 미쳐서 죽을 것입니다. 누구든지 예수의 피를 믿지 않고 하나님을 모실 수 없습니다.

성령이 오신 후에는 이 세상에는 두 종류의 사람이 살게 됩니다. 하나는 자기 능력으로 사는 사람이고, 다른 하나는 하나님의 능력으로 사는 사람입니다. 자기 능력으로 이 세상을 사는 사람은 열심히 땅을 파고 이 세상에 있는 것을 긁어모으는 사람입니다. 결국 그에게는 허무함만 남게 될 것입니다. 그러나 하나님을 사랑하는 자들에게는 위에서부터 하나님의 사랑이 임하고 능력이 임하여 행복한 인생을 살게 될 것입니다. 우리는 이 세상의 것들로 살지 않고 하나님의 능력으로 삽니다. 물론 이 세상 사람들의 눈에는 아무것도 보이지 않겠지만 이것이 진정으로 사는 것이고 이것이 진정한 능력입니다.

예수님이 주시는 평안

예수님은 우리에게 평안을 주신다고 말씀하셨습니다.

> **요한복음 14장 27절**
>
> 평안을 너희에게 끼치노니 곧 나의 평안을 너희에게 주노라. 내가 너희에게 주는 것은 세상이 주는 것 같지 아니하니라. 너희는 마음에 근심도 말고 두려워하지도 말라

이제 제자들은 지금까지 절대적으로 의지했던 예수님을 잃어버리게 됩니다. 사실 예수님이 붙들려서 십자가 위에서 처형당했을 때 제

자들은 자기들이 믿었던 모든 것이 다 무너지는 것을 느꼈습니다.

그런데 예수님은 제자들에게 평안을 주신다고 말씀하셨습니다. 예수님이 죽으시면서 도대체 제자들에게 무슨 평안을 주실 수 있습니까?

우선 예수님께서는 하나님의 말씀을 믿었습니다. 하나님의 말씀에 의하면 예수님만 죽으시지 제자들은 아무도 다치지 않습니다. 오직 멸망의 자식 외에는 아무도 죽지 않을 것입니다. 그러나 더 중요한 것은 예수님이 주시는 평안은 세상이 주는 것과는 완전히 다른 것이었습니다.

일단 세상의 평안은 아무 일도 일어나지 않는 평안입니다. 아프지도 않고 고통당하지도 않고 공격도 받지 않는 것이 평안한 것입니다. 세상의 평안은 당장 내일 죽는 한이 있더라도 아직 아무 일이 없으면 평안한 것입니다. 세상의 평안은 '태풍의 눈' 과 같은 평안입니다. 얼마 있지 않으면 어마어마한 태풍이 몰려오는데도 당장은 평안한 것입니다.

그러나 예수님의 평안은 그런 평안이 아닙니다. 예수님의 평안은 바로 이 태풍을 이긴 평안입니다. 악한 마귀의 세력과 음모와 모든 힘을 다 이기고 난 후의 평안입니다. 그래서 이제는 더 이상 두려워하거나 더 이상 불안해 할 필요가 없는 평안을 주시는 것입니다.

특히 성령께서는 그동안 제자들이 이해할 수 없었던 진리의 세계를 알 수 있도록 하신다는 것입니다. 그 결과 우리는 진리의 지식으로 충만하게 되어 영혼의 평안을 누리게 됩니다.

요한복음 14장 26절

보혜사 곧 아버지께서 내 이름으로 보내실 성령 그가 너희에게 모든 것을 가르치시고 내가 너희에게 말한 모든 것을 생각나게 하시리라 예수님께서 제자들에게 진리를 가르치실 때 제자들은 거의 다 이해하지 못했습니다. 그리고 그들은 배운 것을 거의 다 잊어버렸습니다. 왜냐하면 그들이 이해할 수 있는 진리의 용량이 거의 제로였기 때문입니다. 예수님이 아무리 많은 것을 가르쳐 주셔도 제자들은 그것을 다 소화를 하지 못하고 쏟아버렸습니다. 그러나 오순절에 성령이 오셨을 때 제자들의 영적인 능력은 수천 배, 수만 배 이상 커지게 되었습니다. 그래서 예수님이 말씀하신 모든 것이 다 생각이 나게 되었고 그 의미를 다 깨닫게 되었고 그 이상의 하나님의 놀라운 뜻도 다 알 수 있게 되었습니다. 이것은 마귀의 능력을 훨씬 뛰어 넘는 지각인 것입니다.

지금까지 인간들 중에서 마귀보다 더 머리가 좋고 지혜가 뛰어난 사람들은 없었습니다. 그러니까 모두 무지해서 마귀의 종노릇을 하고 있었습니다. 전부 모두 마귀의 독약을 한 사발씩 마시고 미친 상태에 있었던 것입니다. 그런데 성령이 오셔서 마귀의 독을 다 제거하시고 우리에게 정말 놀라운 지각을 주셨습니다. 그러니까 우리의 생각이 마귀보다 훨씬 더 정확하게 뛰어나게 된 것입니다. 마치 비유를 들면 앞을 보지 못하는 괴물과의 싸움과 같습니다. 마귀는 소리를 지르면서 우리를 잡으려고 온갖 애를 다 씁니다. 그러나 우리는 모든 것을 다 보기 때문에 붙잡히지 않게 되는 것입니다.

놀라운 것은 우리가 마귀를 보지 못하지만 다 알고 정확하게 마귀를 이기는 방법을 알고 있습니다. 마귀는 믿음으로 나아가면 무너지게 되어 있습니다. 의심하고 화를 내고 성질을 부리면 절대로 마귀를 이기지 못합니다. 그러나 믿고 감사하면 마귀는 스스로 미쳐서 나자빠지게 되어 있습니다.

마귀는 이 세상을 멸망시키려고 별 짓을 다 하고 인간들을 자극해서 온갖 악한 짓은 다 하게 합니다. 그러나 성도들의 믿음이 이 악을 막고 하나님의 심판을 막고 오히려 하나님의 축복과 부흥이 일어나게 하는 것입니다.

우리가 멸망을 막는 방법은 성령의 폭포수 같은 역사가 쏟아지게 하는 것입니다. 예를 들어 어느 곳에 물이 없어서 곡식이 다 말라죽고 사람들이 다 말라 죽고 있는데 그 물을 틀 수 있는 자가 있다면 모든 사람들을 다 살릴 수 있을 것입니다. 우리 모든 성도들은 성령의 물고를 틀 수 있는 사람들입니다.

우리는 이 세상을 살릴 수 있는 사람들이며 축복할 수 있는 사람들입니다.

요한복음 14장 28절

내가 갔다가 너희에게로 온다 하는 말을 너희가 들었나니 나를 사랑하였더면 나의 아버지께로 감을 기뻐하였으리라. 아버지는 나보다 크심이니라

예수님은 제자들에게 '너희가 몰라서 그렇지, 알기만 한다면 내가 아버지께로 가는 것을 굉장히 기뻐하고 좋아했을 것이라' 고 말씀하셨습니다. 왜냐하면 예수님이 가셔야 보혜사 성령이 오시기 때문입니다.

예수님의 이 모든 확신은 하나님 아버지를 믿었기 때문입니다. 하나님 아버지를 믿으니까 죽음도 무섭지 않았고 제자들을 남겨두는 것도 걱정되지 않았습니다. 예수님은 그 아버지를 믿고 죽기까지 순종하셨습니다. 그 결과 성령이 우리에게 부어졌습니다. 우리가 진정으로 사는 것은 자신의 야망이나 뜻을 이루는 것이 아닙니다. 아버지를 사랑

하고 아버지의 뜻을 이루는 것입니다. 우리 안에 성령이 오시면 우리 육체는 육체를 가진 천사로 변하게 됩니다. 우리 몸의 가치는 수천억 원을 주고도 살 수 없는 어마어마한 보물덩어리로 변하게 됩니다. 이제 우리가 해야 할 것은 이 몸으로 하나님을 높여드리며 아름다운 삶을 연주를 하는 것입니다. 다른 사람을 사랑하고 희망을 주며 바른 것을 사랑할 때 하늘에 계신 하나님께 무한한 영광이 돌려지게 되는 것입니다. 이렇게 할 때 하늘의 천사도 다 같이 하나님께 영광과 찬송을 돌리게 될 것입니다. 여러분 모두 하나님께 영광을 돌려드리는 거룩한 삶을 사시길 기원합니다.

Exposition of John

35 _ 요 15:1-8

참 포도나무

한때 '신토불이' 라는 말이 많이 유행을 했었습니다. 즉 우리나라 사람들에게는 우리나라 농산물이 가장 몸에 맞다는 뜻입니다. 사실 우리나라 사람들이 동남아시아나 유럽 같은 다른 나라를 여행을 하거나 이민을 가서 살아보면 이 세상에서 우리나라 과일만큼 신선하고 맛있는 과일이 없다는 사실을 다 공감을 하실 것입니다.

구약 성경은 여러 곳에서 이스라엘 백성들을 포도나무로 비유하고 있습니다. 그것은 포도나무가 가지는 특성과 이스라엘 백성들이 가지는 특성이 너무나도 비슷했기 때문입니다.

포도나무는 아주 특이하게 생긴 나무였습니다. 포도나무는 그 나무 자체로는 볼품이 없습니다. 포도나무는 재목으로 쓸 수도 없고 기둥으로 쓸 수도 없습니다. 그러나 그 나무가 만들어내는 열매는 기가 막힐 정도로 맛이 있었고 신선했습니다. 그리고 그 포도로 만든 술은 그야말로 너무나도 맛이 있는 술이었습니다. 포도나무는 외모가 볼품이 없었지만 그 풍성한 열매로 너무나도 많은 사람들에게 기쁨과 행복을 주었습니다. 특히 포도나무는 그 덩치에 비하여 상상할 수 없을 정도로 많은 열매를 맺었습니다. 하나님의 백성들의 삶도 이와 같아야 합니다. 비록 하나님의 백성들이 외모로 보기에는 볼품이 없지만 살아계신 하나님의 말씀을 통해 만들어내는 삶은 기가 막힐 정도로 맛있고 신선한 과일이어야 하는 것입니다. 그러나 이스라엘의 불순종으로 그 열매가 없어져 버렸습니다. 이제 예수님께서는 주님의 제자들을 새로운 열매 맺는 자들로 만들려고 하십니다.

나는 참 포도나무

요한복음 15장 1절

내가 참 포도나무요 내 아버지는 그 농부라.

여기서 예수님께서는 하나님과 예수 그리스도 그리고 우리 믿는 자들의 관계를 말씀을 하십니다. 예수님께서는 나는 포도나무이고 아버지는 농부라고 말씀을 하셨습니다.

그런데 여기서 예수님은 자신을 그냥 '포도나무' 라고 말씀하시지 않고 '참 포도나무' 라고 말씀을 하고 있습니다. 여기서 '참 포도나무' 라고 하는 것은 다른 포도나무와 예수님 자신을 차별화를 시키시는 말씀인 것입니다.

원래 구약 성경을 보면 이스라엘 백성들이 하나님의 포도나무였습니다. 그래서 "이스라엘 백성들은 모두 다 포도나무요, 내 아버지는 그 농부라."고 말씀하면 이해가 잘 됩니다. 그러나 예수님은 그렇게 말씀하시지 않습니다. 예수님은 오직 '내가 참 포도나무요'라고 말씀하고 있습니다.

예수님이 이렇게 말씀하시는 이유는 구약 이스라엘 종교가 진정한 포도의 맛을 잃었기 때문입니다. 구약시대의 이스라엘의 포도나무는 다 죽어버렸습니다.

사실 하나님께서는 많은 포도 열매를 얻기 위하여 열심히 농사를 지으셨습니다. 그러나 어느 날부터 이 포도나무는 잎만 무성했지 포도 열매가 맺히지 않았습니다. 그래서 농부는 이 포도나무를 모두 다 찍어버렸습니다. 그래서 이 세상에는 진정으로 열매 맺는 포도나무는 멸종이 되어버렸습니다.

이제 예수님이 오셔서 하시려고 하는 것은 바로 예수 믿는 자들로 하여금 이 참된 열매를 맺게 하는 일인 것입니다. 무엇보다 예수님은 마음 속에 맺히는 열매를 맺게 하려고 오셨습니다.

예수님은 지금 가나안 땅에 살고 있고 성전에서 예배드리는 많은 이스라엘 자손들은 참 포도나무가 아니라고 말씀하십니다. 비록 그들의 겉모습은 포도나무와 비슷했는지 몰라도 그들에게는 진정한 열매가 없었습니다. 그들의 종교는 마음이 상한 사람들에게 새 힘을 주지 못했습니다. 그들의 종교는 병든 자들을 고치지 못했습니다. 그들의 가르침은 죄에 빠진 자들을 돌이키지 못했습니다.

예수님은 이렇게 말씀하셨습니다.

요한복음 15장 1절

내가 참 포도나무요.

무슨 뜻입니까? 다시 이 포도나무가 나타났다는 것입니다. 절망 중에 있는 세상에 새로운 소망을 주고 인간의 참된 가치와 기쁨을 회복시키는 열매를 맺는 나무가 다시 이 땅에 나타났다는 뜻입니다.

예수님은 얼마나 초라한 외모를 가지고 있었습니까? 그는 가진 것도 없었고 배운 것도 없었습니다. 그러나 그가 만들어내는 삶은 너무나도 엄청난 것이었습니다. 예수님은 너무나도 많은 사람들의 육체의 병을 고치셨고 정신병을 치료하여 주셨습니다. 무엇보다 가장 놀라운 것은 수많은 사람들을 죄에서부터 건져내셔서 하나님의 자녀들이 되게 하셨습니다. 이것이 바로 신종 포도나무인 것입니다.

그래서 예수님께서는 가나 혼인 잔치 집에서 물로 포도주를 만드는 기적을 행하셨습니다. 특히 예수님은 우리 믿는 자들에게 성령을 보내어 주셨습니다. 성령 하나님은 참 포도주 중의 포도주이십니다. 성령은 어떤 죄인도 변하여 새 사람이 되게 하고, 어떤 절망 중에 빠져 있는 자도 기쁨으로 충만하게 하십니다.

그러나 지금 눈에 보이는 이스라엘 종교는 결코 참 포도나무가 아닙니다. 이 종교는 아주 쓰고 떫은 포도였습니다. 이 종교는 사람을 더 괴롭게 하고 더 실망하게 하고 더 좌절하게 하는 포도주였던 것입니다.

예수님의 포도 종자는 어떤 종자입니까? 바로 사람을 바꾸는 포도 종자입니다. 낙심한 자에게 새 힘을 주고 죄에 빠진 자를 거룩하게 하고 침체된 자에게 새 능력과 힘을 주는 포도 종자인 것입니다. 요즘 말로 표현하면 '슈퍼 포도' 인 셈입니다.

하나님의 농사법

포도나무를 재배하시는 분들에게 가장 힘든 것은 포도나무 가지를 치는 일일 것입니다. 아마 포도 농사에서 가장 손이 많이 가는 일은 이 일일 것입니다. 열매를 맺지 못하는 가지나 봉오리를 잘라버려야 제대로 된 가지에 큰 열매가 주렁주렁 열리게 됩니다.

하나님께서는 포도나무에 대하여 두 가지 방법을 사용하신다고 했습니다.

> **요한복음 15장 2절**
>
> 무릇 내게 있어 과실을 맺지 아니하는 가지는 아버지께서 이를 제해 버리시고 무릇 과실을 맺는 가지는 더 과실을 맺게 하려하여 이를 깨끗케 하시느니라

농부이신 아버지는 이 포도나무로부터 많은 열매를 맺기를 원하십니다. 하나님께서는 이 포도나무가 더 많은 열매를 맺기 위하여 가지에 대하여 두 가지 방법을 쓰십니다. 하나는 열매를 맺는 가지는 더 많은 열매를 맺도록 하기 위해서 가지를 치는 일을 하시고 열매를 맺지 않는 가지는 과감하게 잘라버리시는 것입니다.

여기서 우리는 몇 가지 사실을 생각해야 합니다.

우선 첫째로, 도대체 본문에서 '열매 맺는다' 고 하는 것이 무엇이냐 하는 것입니다.

그리고 둘째로 '가지를 깨끗케 하는 것' 은 무엇이며 '가지를 잘라버리는 것' 은 무엇인가 하는 것입니다.

우선 우리는 '열매를 맺는다' 는 것이 무엇인지 생각을 해보아야 합

니다. 우리는 보통 열매를 많이 맺는다고 할 때 이 세상에서 번창하고 잘되는 것으로 생각하기 쉽습니다. 물론 하나님을 모르는 사람들에게는 이 세상에서 많은 자식을 낳고 또 세상적으로 성공해서 잘 사는 것이 복 받은 것이고 열매가 많이 맺힌 것입니다.

또 예수님 당시의 유대인들은 많은 종교적인 업적을 남기는 것을 열매로 생각했습니다. 그래서 할 수 있으면 큰 일을 많이 하려고 했습니다.

그러나 성경에서 이스라엘 백성들이 '열매를 맺는다'는 것은 '하나님의 뜻에 따라 사는 삶' 그 자체였습니다. 하나님께서 이스라엘 백성들에게 기대하셨던 것은 하나님의 말씀에 순종하여 사는 삶이었습니다. 이스라엘 백성들이 가나안 땅에서 오랫동안 쫓겨났던 것은 하나님의 말씀대로 사는 열매가 없었기 때문입니다.

우리가 모두 다 자기 나름대로 야망이나 욕심을 가지고 있지만 우리가 이것을 하나님의 말씀에 쳐서 복종을 시킬 때 이 세상 어느 곳에서도 맛볼 수 없는 아주 독특한 맛이 나오게 됩니다. 이것은 도저히 무엇이라고 말로 표현할 수 없는 상큼하고 신선한 맛입니다. 이러한 열매를 맺는 사람은 많은 사람들에게 무엇인가 신선한 충격을 줍니다. 이것이 바로 하나님의 백성들이 만들어내는 열매인 것입니다.

이 세상 사람들이 하는 것들은 모두 다 진부한 것들입니다. 세상 사람들은 모두 다 이익이 되는 일을 위하여 달려갑니다. 돈이 생기는 일이라면 눈에 불을 켜고 달려갑니다. 자기 이름을 내고 다른 사람의 인정을 받기 위해서라면 별의 별 짓을 다 합니다. 그래서 성공하고 나서는 거드름을 피우면서 자신의 육체의 쾌락을 위해서 모든 것을 즐기는 것입니다.

그러나 말씀에 따라 사는 사람은 그렇지 않습니다. 아무리 이익이 되어도 옳지 않으면 하지 않습니다. 그뿐만 아니라 아무리 하기 싫어도 하나님의 뜻이라면 자기 자신을 설득해서 그것을 합니다. 그리고 이들의 이런 삶이 다른 사람에게 아주 신선한 충격을 주게 됩니다.

"아, 인생이라고 하는 것은 내가 생각한 것만이 전부가 아니었구나! 내가 알지 못했던 너무나도 소중한 것이 따로 있었구나. 그래 인생이라는 것은 좀 더 살아볼 가치가 있어."라고 고백 하게 됩니다. 자기 자신에게 심한 낙심을 한 사람이 이런 사람을 보면 "아, 이 사람을 보니까 나에게도 무엇인가 가능성이 있구나!"라는 희망이 생깁니다. 이것이 무엇입니까? 바로 예수님이 만드시는 신종 포도 열매인 것입니다.

이 세상에서 가장 위대한 일이 무엇입니까? 그것은 사람이 하나님의 말씀대로 사는 것입니다. 많은 사람들이 이렇게 이야기합니다. "어떻게 하나님의 말씀대로 살 수 있어요? 하나님의 말씀대로 살면 되는 일이 없어요."라고 합니다. 물론 이 말은 어느 정도 사실일지 모릅니다.

그러나 예수님은 하나님의 말씀대로 사셨기에 무지무지한 열매를 맺으셨습니다. 그리고 이제 우리에게도 그런 열매를 맺게 하시려고 하는 것입니다.

그런데 여기서 예수님은 가지에 대하여 하나님은 두 가지 방법으로 대하신다고 말씀하셨습니다.

그 첫째가 '열매 맺지 않는 가지는 잘라 버리는 것' 입니다.

여기서 예수님이 대상으로 하는 사람은 예수를 믿지 않는 사람을 말하는 것이 아닙니다. 지금 예수님을 따르고 있고 예수님의 말씀을 듣고 있는 사람을 두고 말씀하고 있습니다. 즉 아무리 예수님의 제자이고 예수님을 따르는 자라 하더라도 전혀 열매를 맺지 않는 사람이 있을 수 있다는 것입니다. 그 사람이 누구일까요? 마음 중심에 변화가 없는 사람입니다.

예수님께서 가장 강조하신 것 중 하나가 좋은 나무가 좋은 열매를 맺는다는 것입니다. 세상 사람들은 중심에는 변화가 없으면서 어디서 열매를 하나 구해 와서 걸어놓고 열매를 맺었다고 떠들어 댑니다. 그러면 다른 사람들은 다 그것을 믿고 칭찬을 합니다. 그러나 진짜 중요한 것은 내 안에 변화가 있어야 하고 내 안에 열매가 있어야 하는 것입니다. 내 안에서 돌 감람나무가 참 감람나무로 변화는 것이 있어야 합니다. 그런데 이런 진정한 변화가 없는 사람은 어느 순간에는 잘리게 되어 있습니다.

다시 말해서 자기 자신은 그리스도에게 속했고 예수님의 제자라고 떠들어 대지만 그 사람 안에 진정한 변화가 없고 열매가 없으면 이 사람은 결코 풍성한 열매를 맺을 수 없는 것입니다.

그러면 하나님은 언제 이런 가지를 잘라내십니까? 우리가 그것은 알지 못합니다. 예수님께서는 가라지 비유에서 가라지를 뽑지 말라고 말씀하셨습니다. 왜냐하면 가라지 처럼 보이지만 알곡이 있을 수 있기 때문입니다. 우리 주위에서 처음에는 열매를 맺지 못하고 오랫동안 지냈다가 최근에 갑자기 변하면서 열매를 맺는 많은 형제와 자매들을 많이 볼 수 있습니다. 비록 열매가 없어도 하나님은 기다리십니다. 우리가 언젠가는 변화되어 새로운 삶을 살기를 원하십니다. 그러나 어느 순간에 그 기회가 박탈되어 버릴 수 있습니다. 그러면 끝장이 나는 것입니다. 이것을 우리는 두려워해야 합니다. 그래서 우리 안에 항상 열매가 있는지 확인을 하셔야 합니다.

또한 예수님은 '열매 맺는 가지는 더 많이 맺게 하기 위하여 깨끗하게 한다' 고 하셨습니다. '가지를 깨끗하게 한다' 라는 것은 그 가지에 붙어 있는 여러 잔가지나 다른 봉오리 같은 것을 잘라 주어서 가지치기를 한다는 뜻입니다. 아마 가지를 치려고 할 때 농부는 참 아까울 것입니다. 왜냐하면 멀쩡한 가지를 잘라야 하고 또 멀쩡한 꽃 봉우리나 작은 포도 열매를 다 잘라야 하기 때문입니다. 그러나 그것이 아까워서 그대로 두면 어떻게 됩니까? 절대로 좋은 포도가 열리지 않습니다. 절대로 상품이 될 수가 없는 것입니다. 그래서 제대로 된 열매를 맺으려면 과감하게 다른 잔가지나 꽃 봉우리나 작은 열매를 잘라서 몇 개만 남겨두어야 합니다.

그렇다면 예수님이 말씀하신 이 말씀 속에 숨겨진 의미는 구체적으로 무엇입니까? 그것은 진정으로 하나님의 말씀의 맛을 알고 중심에 변화가 일어나고 있는 사람에게는 하나님께서 더 연단을 주셔서 오직 하나님만 의지하게 만드신다는 뜻입니다. 즉 다른 모든 세상적인 의지나 생각들이나 방법들은 다 잘라버리셔서 오직 하나님만 붙잡게 하시는 것입니다.

여러 가지 생각이 복잡하고 의지할 수 있는 것이 많은 사람은 주님을 의지할 수 없습니다. 왜냐하면 무엇인가 뜻대로 되지 않으면 거기로 달려가서 도움을 받기 때문입니다. 열매 맺는 삶을 살기 위해서는 이 세상의 그 아까운 것들을 다 잘라버려야 합니다. 아무리 좋은 꽃봉오리나 작은 포도송이나 가지도 다 잘라버려야 제대로 된 열매를 맺을 수가 있습니다.

세상적인 예를들면, 우리나라에서 '창' 을 하는 사람들은 제대로 된 '소리' 를 내게 하기 위해서 심지어는 아이들의 눈을 멀게 하기도 했습니다. 그리고 중세 때 서양에서는 노래를 부를 때 남자 아이들이 소프라노를 불렀습니다. 그런데 변성기가 오니까 남자 아이들에게 '거세'를 해서 소리가 변하지 않도록 만들었습니다. 그러나 나중에는 이것이 인권을 손상하는 것이라고 해서 천주교 안에서 '거세'를 하지 못하도록 법을 바꾸었습니다.

사람들은 노래 하나만을 위해서도 온 몸을 다 바치게 하는데 특히 하나님의 열매 맺는 일을 위해서 아무 것도 희생을 하지 않는다면 말이 되겠습니까?

그래서 구약 시대에 나실인들은 일체 술을 마시지 못하게 했습니다. 그리고 머리도 깎지 못하게 했습니다. 오직 하나님의 일을 위해서 하나님께만 헌신하게 했던 것입니다. 그런데 이런 사람들 중에서 아주 유명하게 훌륭한 사람들이 많았습니다. 사사기에 나오는 믿음의 영웅들은 다 이런 사람들이었습니다. 입다나 삼손이나 기드온 같은 사람들은 모두 나실인 들이었습니다.

이제 우리에게 고민이 생깁니다. 즉 우리가 하나님의 열매 맺는 자로 헌신하기 위해서 과연 무엇을 얼마만큼 헌신하고 버려야 하느냐 하는 것입니다.

옛날에는 예수님의 말씀대로 살기 위해서 자신의 전 재산을 버리고 가정을 버리고 온 몸을 다 바쳐서 헌신을 했던 자들이 많이 있었습니다. 어떤 사람은 하루 종일 기도와 성경 읽기에 자신을 바치기도 하고 아주 간단한 식사 외에는 아무 것도 하지 않고 거의 전 삶을 금식하다시피하면서 사는 사람들도 있었습니다. 그러나 예수님은 가장 바른 방법을 가르쳐 주셨습니다.

그것은 바로 주님의 말씀을 듣는 것이었습니다.

요한복음 15장 3절

너희는 내가 일러준 말로 이미 깨끗하였으니

예수님의 제자들은 다 자신이 하나님께 쓰임 받기 위해서 예수님께 나아온 자들이었습니다. 그들 중에 어떤 사람은 직업을 버렸고 어떤 사람은 부모나 형제나 재산을 버린 자들도 있었습니다. 그러나 그들은 아무리 예수님을 따라다녀도 마음이 깨끗해지지 않는 것이었습니다. 우리가 얼마나 더 철저하게 자신을 학대하면 거룩해질 수 있겠습니까? 그러나 아무리 자신을 학대한다고 해도 깨끗해지지는 않습니다. 왜냐하면 죄는 우리 안에 있기 때문입니다. 그래서 예수님은 바리새인들을 보고 '겉만 깨끗한 대접' 이라고 말씀하셨습니다. 대접 안에 더러운 것이 가득 들어 있는데 겉만 깨끗이 닦는다고 깨끗해지지 않습니다. 사람의 속을 깨끗하게 하는 것은 속에 담기는 것이 달라져야 하는 것입니다. 더러운 것을 담으면 더러운 사람이 되는 것입니다. 그러나 우리가 속에 하나님의 말씀을 담으면 아무리 겉이 나무 그릇이고 뚝배기 그릇이라 하더라도 가장 고상한 그릇이 되게 됩니다. 그 이유는 하나님의 말씀이야말로 최고의 보화이기 때문입니다. 이것에 대해서 사도 바울은 말하기를 '질그릇 속에 담긴 보화' 라고 했습니다.

제자들이 예수님의 말씀을 들으면서 이상하게 모든 것이 깨끗해져 버렸습니다. 우리 인간의 정욕은 우리에게 찰거머리보다 더 질기게 달라붙습니다. 이것을 떼버릴 용사가 없습니다. 단지 모두 거머리를 달고 참는데 이 참는 것이 오래 가지 않습니다. 결국 얼마가지 않아서 일을 저질러 버리고 마는 것입니다. 그러나 하나님의 말씀은 불과 같기 때문에 이 거머리 같은 욕망이 힘을 잃게 됩니다. 그러면 손으로 떼도 떼어지게 됩니다.

이것이 하나님의 말씀이 가지는 놀라운 능력입니다. 우리는 별로 변한 것이 없는 것 같고 할 수 있는 것이 없는 것 같은데 우리 안에 있는 하나님의 말씀이 자를 것은 자르고 붙일 것은 붙여서 온전한 하나님의 사람으로 우리를 만들어내는 것입니다.

제자들도 원래는 생각이 아주 복잡했던 사람들이었습니다. 그러나 주님의 말씀을 듣는 가운데 그 모든 생각들이 다 정리가 되어버렸습니다. 결국 제자들은 자신의 삶을 하나님께 맡기고 오직 주님의 말씀만 붙잡았습니다. 그렇게 했더니 성령이 오시고 그렇게 했더니 열매가 주렁주렁 맺혔습니다.

우리에게도 성령의 능력 있는 삶이 이루어지기 위해서는 불필요한 잔가지를 다 치워야 합니다. 아무리 멋있어 보이고 아무리 좋아 보여도 하나님의 말씀과 믿음이 아닌 것은 다 잘라버려야 하는 것입니다.

우리가 많은 열매를 맺기 위하여 필요한 것이 무엇입니까? 예수님은 그것을 아주 간단하게 설명하셨습니다.

요한복음 15장 4절

내 안에 거하라. 나도 너희 안에 거하리라 가지가 포도나무에 붙어 있지 아니하면 절로 과실을 맺을 수 없음 같이 너희도 내 안에 있지 아니하면 그러하리라.

가지가 열매를 맺는 방법은 간단합니다. 가지치기를 하고 나무에 붙어 있는 것입니다.

가지는 비가 오지 않는 것이나 거름이 부족한 것이나 다른 것은 걱정할 필요가 없습니다. 왜냐하면 그런 것은 모두 농부가 염려해야 할 것이기 때문입니다. 가지는 나무에 붙어 있기만 하면 저절로 열매를 많이 맺게 되어 있습니다. 그러나 가지가 나무에 붙어있지 않고 여러 곳을 돌아다닌다면 아마 전혀 열매를 맺지 못할 것입니다. 결국 가장 중요한 것은 가지가 나무에 붙어 있는 것입니다.

여기서 '예수님 안에 있다'는 것이 무엇을 의미합니까? 모든 정신적인 육체적인 진액을 예수님으로부터만 빨아들이는 것을 말합니다. 즉 이 나무 저 나무 양다리 걸치기를 하지 않고 오직 예수님께만 모든 것을 다 거는 것입니다.

'내 안에 거하라'는 말은 예수님의 능력을 믿고 그분만을 의지하라는 것입니다. 우리가 예수님의 능력을 믿지 못하면 도저히 예수님 안에 있지 못할 것입니다. 우리는 예수님과 세상의 양다리를 걸치든지 아니면 세상에 속하게 될 것입니다. 우리의 모든 행복과 축복이 오직 예수님께 다 있고 예수님만으로 충분하다는 것을 믿을 때 우리는 예수님만 믿을 수 있습니다. 그러면 예수님도 우리 안에 계시게 됩니다.

사실 제자들은 예수님만 믿고 따랐는데 예수님이 십자가에 못 박혀 죽으십니다. 그러면 그들의 믿음은 망한 것이 되지 않습니까? 그러나 예수님은 자신을 끝까지 믿는 자들을 버리지 않으시고 성령을 주셨습니다. 이 세상의 가장 위대한 것은 성령이 오시는 것입니다. 성령은 하나님의 열매를 맺게 하는 유일한 진액입니다.

이 세상에 가장 아름다운 일은 성령을 통하여 이루어지는 일입니다. 우리가 예수 안에 있으면 저절로 과실을 맺게 된다는 것은 우리의 학식이나 재산에 좌우되지 않는다는 뜻입니다. 이것은 우리의 능력과는 상관없습니다. 오직 주님을 의지하기만 하면 내가 누구이며 어떤 사람이든지 상관없이 온 세상을 살리고 치료하는 일을 할 수 있다는 뜻입니다.

우리가 예수님께 붙어 있지 않으면 아무런 열매도 맺을 수 없습니다. 기껏해야 굶어 죽지 않고 밥벌이하는 정도의 삶만을 살 것입니다. 그러나 주님의 말씀에 붙들린 사람은 낙심한 자에게 포도주를 주어서 기쁨이 생기게 하고 다른 사람들도 변하게 하는 아름다운 일을 하게 됩니다.

주님은 믿는 자들 가운데 두 가지 결과가 나타날 것이라고 말씀하십니다. 우선, 예수님을 전적으로 의지함으로 많은 열매를 맺는 사람이 있습니다.

요한복음 15장 5절

나는 포도나무요 너희는 가지니 저가 내 안에, 내가 저 안에 있으면 이 사람은 과실을 많이 맺나니 나를 떠나서는 너희가 아무것도 할 수 없음이라

오직 예수님만 붙드는 사람은 많은 열매를 맺습니다. 왜냐하면 하나님께서 이 사람에게 어마어마한 하나님의 능력을 부어주시기 때문입니다.

물론 처음에는 세상의 복도 붙잡지 못하고 하나님의 복도 붙잡지 못해서 이것도 아니고 저것도 아닌 어중간한 상태에서 많은 고생을 합니다. 그러나 점점 하나님의 복이 강해지기 시작합니다. 마치 에스겔 성전의 생수같이 처음에는 졸졸 흐르더니 나중에는 발목까지 오고 그 다음에는 무릎까지 오고 그 다음에는 허리 나중에는 헤엄을 칠 강물이

되어서 흘러가는데 도저히 감당할 수 없는 하나님의 복과 능력이 나의 삶을 떠밀고 가게 되는 것입니다.

그러나 예수님을 의지하게 않고 말씀대로 믿지 않는 자는 어떻게 됩니까?

요한복음 15장 6절

사람이 내 안에 거하지 아니하면 가지처럼 밖에 버리워 말라지나니 사람들이 이것을 모아다가 불에 던져 사르느니라

얼마동안은 밖에 던져 놓습니다. 그래야 잘 마르기 때문입니다. 그러나 그의 최후는 지옥의 심판입니다. 참으로 무서운 말씀입니다. 하나님께서는 열매 맺는 자들은 주야로 연단하셔서 가지를 치시지만 그렇지 않는 자들은 그냥 가만히 내버려 두십니다. 왜냐하면 버릴 가지이기 때문에 더 이상 칠 것이 없기 때문입니다. 그런 까닭에 하나님 앞에서 가장 무서운 것은 열매가 없어도 가만히 내버려두는 것입니다.

위대한 약속

예수님은 우리가 주님을 의지하고 그분에게 붙어있으면 어떤 결과가 나타나는지 분명하게 말씀하셨습니다.

요한복음 15장 7절

너희가 내 안에 거하고 내 말이 너희 안에 거하면 무엇이든지 원하는 대로 구하라. 그리하면 이루리라

우리가 주님에게 붙어 있는 것이 무엇입니까? 예수님은 간단하게 말씀하셨습니다.

요한복음 15장 7절

너희가 내 안에 거하고 내 말이 너희 안에 거하면

이 두 가지 말씀은 같은 것입니다. 다시 말해서 '가지가 나무에 붙어 있는다' 는 것은 다른 것이 아니라 주님의 말씀을 붙잡는 것입니다. 이것은 우리가 주님의 말씀을 붙들고 그 말씀의 능력을 믿으며 그대로 사는 것을 말합니다.

주님께서 십자가에 못 박히시면서 제자들에게 부탁하신 것이 바로 이것입니다. 주님은 자신이 십자가에 못 박혀 죽어도 제자들이 주님의 말씀을 믿고 붙잡기를 바라셨습니다. 그러면 제자들은 주님에게 붙어 있는 것입니다. 주님의 말씀이 제자들 가운데 있으면 그들은 엄청난 열매를 맺게 되는 것입니다.

이것은 주님이 오늘날 우리들에게 요구하시는 것이기도 합니다. 우리는 주님의 제자들입니다. 오늘도 우리들은 주님을 위해서 많은 일을 하려고 하고 있습니다. 예수의 증인이 되기 위해서 우리의 몸과 생명을 바쳐서 땅 끝까지 가려고 하고 있습니다.

그러나 주님이 원하시는 것은 우리 안에 주님의 말씀이 충만히 있는 것입니다. 주님의 말씀이 우리 가운데 있게 하려면 어떻게 해야 하겠습니까? 모든 것을 제쳐놓고 주님의 말씀 읽고 듣는 일에 전심 전력 해야 합니다.

무엇보다 우리가 모이는 가장 중요한 목적은 주님의 말씀을 듣기 위한 것이 되어야 합니다. 주님의 말씀을 제쳐놓고 우리가 다른 일을 많이 하는 것은 주님의 뜻이 아닙니다.

요한계시록을 보면 라오디게아 교회를 향해서 주님은 '내가 문밖에 서서 두드리노니' 라고 말씀하고 있습니다. 라오디게아 교회는 주님을 문밖에 세워놓고 자기들끼리 많은 의논을 하고 계획을 세우고 많은 일을 했던 것 같습니다. 그들에게 필요한 것은 주님을 그들 가운데 모시는 것입니다. 즉 말씀의 잔치를 벌이는 것입니다. 그러면 주님은 그들과 더불어 먹고 그들은 주님과 더불어 먹으리라고 말씀하셨습니다.

또한 우리는 주님의 말씀을 계속 연구해서 그 말씀의 의미를 밝혀 나가야 합니다. 하나님의 말씀은 깊은 광산과 같습니다. 그 산과 바위 속을 뚫고 들어가서 하나님의 말씀의 의미를 캐내어서 성도들과 나누어야 합니다. 그러면 우리 모두 하나님의 말씀으로 인하여 정금과 같은 신앙으로 변하게 됩니다. 즉 우리 자신들이 보물이 되어버리는 것입니다. 우리들의 가치가 하나님 앞에서 엄청나게 존귀한 자들이 되어버립니다.

모세가 죽었을 때 하나님께서 그 종 여호수아에게 하신 말씀이 무엇입니까?

> 여호수아 1장 8절
>
> 이 율법책을 네 입에서 떠나지 말게 하며 주야로 그것을 묵상하여 그 가운데 기록한대로 다 지켜 행하라. 그리하면 네 길이 평탄하게 될 것이라. 네가 형통하리라

이 작은 하나님의 말씀 안에는 엄청난 세계가 있습니다. 그것을 많이 가지면 가질수록 온 세상을 가지게 되는 것입니다. 그러므로 말씀

의 비밀을 가진 사람은 이 세상의 모든 귀한 것을 다 가진 것과 같습니다.

그러나 예수님은 여기서 아주 중요한 말씀을 하셨습니다.

요한복음 15장 7절(下)

무엇이든지 원하는대로 구하라 그리하면 이루리라

예수님은 우리가 하나님의 말씀을 연구하고 들을 때 모든 것이 자동적으로 다 될 것이라고 말씀하시지 않으셨습니다. 오히려 기도하라고 하시면서 무엇이든지 기도하는 대로 이루어질 것이라고 말씀하셨습니다. 우리가 하나님의 은혜와 능력을 경험하기 위해서는 기도가 절대적으로 필요합니다. 왜냐하면 하나님은 우리의 기도를 통해 일하시기 때문입니다.

사도 바울과 실라는 말씀을 가지고 빌립보에서 전도를 하다가 큰 곤경에 빠지게 되었습니다. 즉 귀신들린 여자 아이를 고친덕 때문에 붙들려 와서 채찍에 맞고 감옥에 갇혔습니다. 그러나 그들이 거기서 기도했을 때 감옥에 지진이 일어나면서 옥문이 열리고 쇠사슬이 다 풀어져 버렸습니다.

우리가 하나님의 말씀을 붙들 때 성령이 우리를 통하여 이 세상에 부어지게 됩니다. 이것이 얼마나 많은 사람들을 기쁘게 하며 행복하게 하는지 모릅니다.

요한복음 15장 8절

너희가 과실을 많이 맺으면 내 아버지께서 영광을 받으실 것이요 너희가 내 제자가 되리라 예수님께서는 제자들을 향하여 '너희가 과실을 많이 맺으면' 이라고 말씀하십니다. 하나님은 오직 많은 열매를 통해서 영광을 받으십니다.

오늘날 사람들에게 가장 필요한 것이 무엇일까요? 그것은 바로 하나님의 사랑입니다. 사람들은 하나님의 사랑을 받지 못해서 그렇게 몸부림을 치며 괴로워하고 있는 것입니다. 이 세상 사람들에게 필요로 하는 것은 단지 먹을 것을 얻고 병들지 않고 오랫동안 사는 것이 아닙니다. 사람은 자신의 모습을 되찾는 것이 가장 중요합니다. 사람은 자기가 누구인지 자기가 어떤 사람인지 모르면 이 세상에서 짐승처럼 살 수밖에 없습니다.

언제 자기가 누구인지 알 수 있습니까? 거울을 볼 때입니까? 아닙니다. 다른 사람이 자기를 바르게 대해줄 때입니다. 자기를 사랑해주고 인정해주는 사람이 있을 때 사람은 비로소 자신의 가치를 발견하기 시작합니다.

어떤 부모가 자기 자식에게 많은 돈을 주었습니다. 그가 하고 싶은 대로 다 하게 했습니다. 그러나 나중에 보니까 그는 마약 중독자가 되었습니다. 부모는 이해할 수가 없었습니다. 필요한 돈을 다 주었는데 왜 자식은 이토록 비참하게 되었는가? 그것은 그에게 사랑을 주지 않았기 때문입니다.

그래서 사람에게 가장 필요한 것이 바른 사랑입니다. 그를 있는 그대로 받아주는 아낌없는 사랑이 필요합니다. 그리고 옳다고 믿는 것을 위하여 살 수 있는 힘이 필요합니다. 하나님은 믿음을 통하여 이 능력을 우리에게 주시는 것입니다.

어떤 사람은 한 사람을 만나고 나서 완전히 변했습니다. 너무나 놀라 그 사람에게 이렇게 변한 이유를 물어 보았더니 어떤 사람이 자기를 인격적으로 대해주더라는 것입니다. 그 결과 그는 자신의 소중함을 알게 되었습니다. 결국 그 사람은 정말 변하여 새 사람이 되었습니다.

오늘날 사람들에게 필요한 것은 자기 자신을 발견하게 해주는 진정한 만남입니다. 이것은 하나님과의 만남으로 이루어집니다. 제자들은 아무것도 가진 것이 없는 사람들이었습니다. 그러나 하나님께서는 이들에게 하나님의 사랑과 능력을 주셨습니다. 그런 까닭에 제자들은 많은 열매를 맺었습니다.

오늘 우리도 선한 이 열매를 많이 맺기 위해서는 주님의 말씀에 내 자신을 철저하게 헌신하는 것이 필요합니다. 왜냐하면 우리가 하나님의 은혜의 통로가 되는데 가장 걸림돌이 되는 것은 우리의 '자아' 이기 때문입니다. 우리가 '나' 라는 존재를 생각하는 동안, 우리는 결코 하나님의 은혜의 통로가 될 수 없습니다. 나의 자존심, 나의 필요, 이런 것들을 생각하는 동안 나의 '자아' 는 하나님의 사랑을 막고 있고 다른 사람에게 가야할 하나님의 은혜를 내가 독차지하게 됩니다.

그래서 주님은 계속 제자들에게 말씀하십니다. '너희들이 많은 것을 가지고 있지 않다고 해서 염려하지 말아라. 오직 내 안에 있기만 하라. 그리고 내 말이 너희 안에 거하게 하라. 그러면 많은 열매를 맺게 될 것이다.' 라고 약속을 하셨습니다.

36 _ 요 15:9-17

예수님의 새 계명

부모님은 누구나 자기 자식을 너무나도 사랑합니다. 자식들을 너무 사랑하기 때문에 자식을 위해서 어떤 것을 사주어도 아깝지가 않습니다. 부모님은 자식들이 가지고 있는 모든 것들도 사랑합니다. 왜냐하면 자기 자식을 사랑하기 때문입니다. 심지어는 자녀들의 친구들도 모두 사랑합니다. 그 이유는 자기 자식을 사랑하기 때문입니다.

옛날에 부모님들은 그 없는 살림에도 자식들이 친구를 데리고 집에 오면 집에 있는 양식을 아끼지 아니하시고 실컷 먹을 것을 주셨습니다. 왜냐하면 자기 자식을 사랑하기 때문에 자기 자식을 좋아하고 좋은 친구가 되어주라고 잘 해주시는 것입니다.

우리는 보통 한 가정 안에 수직적인 사랑과 수평적인 사랑이 있는 것을 볼 수 있습니다. 여기서 수평적인 사랑이라고 하는 것은 부부 사이의 사랑을 말합니다. 부부 사이의 사랑은 감정적인 사랑입니다. 즉 부부 사이는 서로가 사랑의 감정을 느끼고 사랑을 하는 것입니다. 부부 사이의 사랑은 서로를 완전히 소유하는 사랑이기 때문에 상대방이 자기보다 다른 사람을 더 좋아하면 질투의 감정을 느끼게 됩니다. 그래서 부부 사이의 사랑은 서로가 부정을 저지르지 않는 이상 서로 사랑하고 책임을 지게 되어 있습니다. 그런데 이 사랑은 서로가 사랑을 주고받는 사랑이기 때문에 수평적인 사랑입니다.

거기에 비하여 부모와 자식 간의 사랑은 수직적인 사랑입니다. 부모는 일방적으로 주는 사랑이고 자식은 일방적으로 받는 사랑입니다. 이것을 씨.에스 루이스는 선물의 사랑 또는 필요의 사랑이라는 말로 표현을 했습니다. 부모님은 자식을 일방적으로 사랑을 합니다. 그리고 부모님은 그렇게 사랑을 함으로써 기쁨을 느낍니다. 거기에 비해서 자식들은 무조건 부모로부터 사랑을 받아야 합니다. 만약 자녀가 부모의 사랑을 제대로 받지 못하면 정신적으로 병이 들든지 육체적으로 병들게 되어 있습니다. 자식은 부모의 뜻을 거역하지 않는 이상 부모로부터 많은 것을 물려받을 수가 있습니다.

오늘 본문에서 예수님께서는 하나님 아버지가 아들을 사랑하셨다고 말씀하고 있습니다. 우리는 하나님 아버지께서 아들을 사랑하신 사랑이 어떤 사랑인지 잘 알지 못합니다. 그러나 하나님 아버지가 아들을 사랑하신 것은 성부 하나님이 우리 피조물들을 사랑하신 것과는 완전히 차원이 다른 것입니다. 하나님은 우리가 상상할 수 없는 사랑으로 아들을 사랑하셨습니다. 그리고 예수님은 또 아버지의 그 사랑으로 우리를 사랑하신다고 말씀하셨습니다.

하나님 아버지와 아들의 사랑

요한복음 15장 9절

아버지께서 나를 사랑하신 것 같이 나도 너희를 사랑하였으니 나의 사랑 안에 거하라

우리는 보통 하나님께서 우리를 사랑하셔서 우리를 창조하신 것을 믿습니다. 하나님은 우리를 괴롭히시기 위하여 창조하신 것도 아니고 불행에 빠트리시기 위하여 창조하신 것도 아닙니다. 오직 우리의 행복을 위해서 우리를 사랑하셔서 우리를 만드신 것입니다. 그러나 우리가 알아야 할 것은 이것이 창조의 일차적인 목적이 아니라는 것입니다.

예를 들어 어느 아버지에게 사랑하는 딸이 있었습니다. 아버지는 이 딸을 너무나도 사랑했기 때문에 딸에게 많은 것을 주었습니다. 딸의 방에는 아름다운 인형들도 많이 있었고 옷도 많이 있었고 동화책들도 많이 있었습니다. 그러나 이 모든 것들은 아버지가 딸을 사랑하기 때문에 아버지가 딸에게 준 것입니다. 물론 아버지는 딸의 방에 있는 옷이나 인형이나 장난감등을 다 사랑하지만 근본적으로는 딸 때문에 좋아하는 것이었습니다.

그런데 딸이 병이 들어서 아주 먼 곳에 있는 병원에 요양을 갔다고 합시다. 아버지는 딸의 방에 있는 옷이나 인형이나 장난감들이 예전같이 기쁘지는 않을 것입니다. 오히려 딸이 없기 때문에 그 모든 것들이 아버지를 슬프게 할 것입니다. 아버지가 행복해지려면 딸이 다시 건강하게 돌아와야 하는 것입니다.

하나님께서는 이 세상에 아름다운 것들을 많이 창조하셨습니다. 그

러나 이 모든 것들이 하나님의 아들이 있음으로 해서 아름다운 것이 될 수 있었고 하나님께 기쁨이 될 수 있었습니다.

요한복음 1장 3절

만물이 그로 말미암아 지은바 되었으니 지은 것이 하나도 그가 없이는 된 것이 없느니라

이 세상에 있는 모든 것들은 하나님의 아들 때문에 아름다운 것이 될 수 있었습니다. 이 세상에 있는 것들 중에서 아들이 중심이 되지 않는 것은 아무런 의미를 가질 수 없습니다. 그런데 우리 인간들이 범죄함으로 이 세상에서 하나님의 영광을 몰아내었고 그리스도가 중심이 되지 못하게 만들었습니다. 예를 들어 이것은 마치 아버지가 딸에게 준 모든 인형이나 책이나 장난감들이 딸에게 반역을 해서 딸을 따돌리고 자기 멋대로 난장판을 벌인 것이나 마찬가지입니다.

하나님께서는 이 세상 모든 만물들이 아들에게 복종하기를 원하십니다. 하나님께서는 온 세상 피조물이 아들에게 영광을 돌리고 아들에게 잘해주기를 바라셨습니다. 그러나 죄가 아들을 몰아내었고 죄가 모든 것을 엉망진창이 되게 했습니다.

그 결과 이 세상 모든 것들은 아들과 아무 상관없이 되어버렸습니다. 아버지께서 아들에게 선물로 준 것들이 아들을 괴롭히고 아들을 때리고 아들을 아프게 하는 흉기들로 변해버린 것입니다.

물론 가장 간단한 방법은 이 모든 것을 다 심판해버리고 다시 시작하면 될 것입니다. 그러나 아버지의 고민은 우리 인간들을 너무 사랑하시는 것이었습니다. 다른 것은 별 문제가 되지 않는데 우리 인간들

을 하나님께서 너무 사랑하시기 때문에 그냥 다 멸망시키는 것을 원치 아니하셨습니다. 그렇다고 이 모든 혼란과 반역의 원인을 제공한 미친 인간들을 그대로 둘 수만은 없는 일이었습니다.

여기서 아들은 아버지의 사랑을 믿었습니다. 그것은 아들이 아버지의 말씀에 100 퍼센트 순종해서 죽으면 하나님께서 아들도 다시 살리시고 사람들도 다시 살리셔서 모든 것을 다시 아름답게 하실 것을 믿은 것입니다.

하나님 아버지와 아들의 사랑은 부분적인 것이 아니고 '전부'를 다 건 것입니다. 아들은 아버지가 자신을 사랑한다는 것을 믿고 자기 생각과 의지와 목숨과 모든 것을 다 내어 놓았습니다. 아버지께서는 그 아들의 뜻을 존중하여 아들과 아들과 관계되는 모든 자들을 다 살리시고 그들에게 모든 우주를 다시 다 주셨습니다.

그래서 아들의 죽음을 경계선으로 해서 온 우주의 소유권이 아버지에게서 아들에게로 넘어가게 됩니다. 이것이 아버지의 사랑이고 아들의 믿음입니다.

그런데 여기에 보면 어떻게 아들이 아버지의 사랑을 받고 그의 소유권을 차지하게 되는지 비결이 나옵니다.

요한복음 15장 10절

내가 아버지의 계명을 지켜 그의 사랑 안에 거하는 것 같이

예수님께서는 자신이 아버지의 사랑을 그대로 물려받게 된 것은 아버지의 계명을 지켰기 때문이라고 말씀하고 있습니다.

여기서 '아버지의 계명'은 두 가지로 해석할 수 있습니다. 하나는

하나님의 말씀 전체입니다. 예수님께서는 하나님의 말씀에 절대적으로 순종하셨습니다. 예수님에게 있어서 세상에 사는 것은 하나님의 말씀을 지키고 그 말씀을 이루어드리는 것이었습니다. 그리고 또 하나는 아버지와 아들 사이의 약속이 있었습니다. 그것은 아들이 인간들의 죄를 대신해서 죽으면 아버지께서는 아들을 믿는 모든 자들의 죄를 사하시고 그들에게 성령을 주시며 부활하신 아들에게 모든 심판권을 다 맡긴다는 것입니다.

아들은 이 아버지의 말씀을 믿고 이 세상에 계시면서 다른 것은 일체 하지 아니하셨습니다. 오직 하나님의 말씀만 최고로 중요하게 생각하시고 그 말씀을 이루어드리는 일만 하시다가 결국은 약속의 말씀대로 죽으셨습니다.

인간적으로 보면 예수님의 삶은 바보의 삶이었습니다. 예수님보다 더 바보 같은 사람은 없습니다. 왜냐하면 예수님은 얼마든지 이 세상에서 행복할 수 있었고 얼마든지 유명하고 성공할 수 있었음에도 불구하고 오직 하나님의 말씀 순종하는 일에 모든 것을 다 바쳤습니다. 무엇보다 예수님은 자신의 행복을 위해서 얼마든지 죽지 않을 수 있음에도 불구하고 하나님의 사랑을 믿고 죽었습니다.

그 결과 하나님 앞에서 오직 가치 있는 사람은 한 분 예수님 밖에 없게 되었습니다. 예수님만이 하나님 앞에서는 가장 중요한 사람이 되었고 예수님의 말씀대로 온 세상은 다 되어지게 된 것입니다.

인간적으로 생각해 보면 예수님은 아무 것도 아닌 것 같습니다. 유명한 지식인도 아니고 큰 전쟁을 이긴 영웅도 아니었습니다. 그러나 온 세상의 운명은 예수님의 손에 다 넘어갔습니다.

그런데 예수님은 다시 이 아버지의 사랑을 우리에게 넘겨주셨습니다.

요한복음 15장 9절

아버지께서 나를 사랑하신 것 같이 나도 너희를 사랑하였으니 나의 사랑 안에 거하라

예수님은 자기에게 주어진 모든 것을 다시 우리에게 다 주셨습니다. 이 세상에 있는 수많은 사람들이나 생물이나 꽃이나 문학이나 예술이나 모든 것의 운명을 우리 믿는 자들의 손에 다 맡기신 것입니다. 즉 우리들의 태도와 우리들의 생각에 따라서 이 세상에 있는 모든 사람들이나 모든 생물들이 망하기도 하고 살기도 하게 되는 것입니다.

그런데 여기에도 조건이 있습니다.

요한복음 15장 10절

내가 아버지의 계명을 지켜 그의 사랑 안에 거하는 것 같이 너희도 내 계명을 지키면 내 사랑 안에 거하리라

예수님께서 하나님의 계명을 지키셨듯이 우리도 예수님의 계명을 지켜야 하는 것입니다. 그러면 우리들이 지켜야 할 계명이 무엇입니까? 이 세상에서 예수님의 말씀을 가장 중요하게 생각하는 것입니다. 다시 말하지만 우리의 재산이나 명예나 이 세상의 성공보다 예수님의 말씀을 최고로 중요하게 생각하는 것입니다.

물론 우리는 예수님처럼 다른 사람의 죄를 대신해서 죽을 수는 없습니다. 이것은 오직 예수님만이 할 수 있는 것입니다. 그러나 우리가 예수님의 말씀, 이 복음을 내 생명보다도, 내가 이 세상에서 인정받고 성

공하는 것보다 더 중요하게 생각할 때 예수님의 사랑은 우리에게 주어지게 됩니다. 즉 우리는 이 세상에서 최고로 가치 있는 사람이 되게 되는 것입니다.

예수님께서 100 퍼센트 하나님의 말씀에 순종하셨기 때문에 하나님이 믿을 수 있는 분은 오직 예수님 한 분밖에 없었습니다. 또한 예수님이 부활하시고 하나님 보좌 우편에 올라가셨을 때 예수님이 100퍼센트 신임할 수 있는 사람은 하나님의 말씀에 목숨을 거는 사람 밖에 없었습니다. 왜냐하면 다른 사람은 믿을 수가 없기 때문입니다. 그러기에 우리의 삶에 하나님의 능력이 나타나고 기적이 일어나며 놀라운 하나님의 뜻이 이루어지게 하려면 우리도 대가를 지불해야 합니다. 그것은 이 세상에 좋은 것이 아무리 많아도 그것 대신에 오직 예수님의 말씀에 목숨을 거는 것입니다.

'하나님 집의 식구들' 에게는 이상한 습성이 있습니다. 그것은 자기가 좋아하는 것에 모든 것을 다 거는 것입니다. 예수님은 하나님의 말씀에 모든 것을 다 거셨습니다. 그래서 그 사랑을 믿고 십자가 위에서 죽으셨습니다. 그 결과 아버지는 아들에게 모든 사람들의 운명을 다 맡기셨습니다. 그런 까닭에 예수 믿는 자들은 예수님의 말씀에 모든 것을 다 걸었습니다. 목숨을 다하여 주님의 말씀을 지켰습니다. 그랬더니 그들에게 성령이 부어졌고 기적이 일어났으며 놀라운 하나님의 능력이 나타났습니다.

요한복음 15장 11절

내가 이것을 너희에게 이름은 내 기쁨이 너희 안에 있어 너희 기쁨을 충만하게 하려함이니라 예수님의 기쁨은 어떤 기쁨일까요? 이것은 승리의 기쁨입니다. 즉 예수님이 십자가 위에서 죽는 것은 너무나도 끔찍하고 무서운 것이지만 그 후에는 어마어마한 하나님의 사랑이 부어지게 되는 것입니다. 주님이 십자가에 죽으심으로 이제는 하나님이 우리를 사랑하시는데 아무런 거리낌이 없게 되었습니다. 더욱이 이제 우리 믿는 자들에게는 하나님의 폭포수 같은 은혜와 축복이 한없이 부어지게 되었습니다.

하나님께서는 아들이 잊혀지는 것을 절대로 원치 않습니다. 아들이 한 기도를 다 들어주실 뿐 아니라 아들이 애쓴 것들 하나도 빼 놓지 않고 다 이루어주실 것입니다.

여기에 보면 '너희 기쁨을 충만케 하려함이라' 고 했습니다. 여기서 '충만케 한다' 는 것은 완성시킨다는 뜻입니다. 우리가 이 세상에 보는 것은 전부 다 미완성입니다. 사랑도 미완성이고 성공도 미완성이고 연구나 공부도 미완성입니다. 우리 인간들에게는 완전한 것이 없습니다. 왜냐하면 우리 안에 하나님의 온전한 사랑과 능력이 와야 완전해질 수 있기 때문입니다.

우리에게는 다시 예수님이 우리 삶의 중심이 되셔야 하고 성령의 능력이 임해야 우리의 기쁨은 충만할 수 있습니다. 그런데 우리는 지금도 자꾸 세상적인 기준을 가지고 기뻐하려고 합니다. 그렇지만 세상 기쁨은 오래가지 않아서 시들고 맙니다. 마치 우리가 다른 사람에게 꽃다발을 받았을 때 받는 당시는 좋지만 하루만 가면 시들어버리는 것과 같습니다. 세상의 모든 기쁨은 완전하지 않습니다. 그러나 하나님의 기쁨은 완전한 것입니다. 왜냐하면 우리의 죄가 완전히 용서 되었고 우리에게 하나님의 능력과 축복과 사랑이 부어지기 때문입니다.

예를 들어 어떤 분이 몸 안에 큰 병을 가지고 있는데 누가 와서 위로

해주고 선물을 주면 기쁠 것입니다. 그러나 그 기쁨은 완전한 기쁨이 되지 못합니다. 그런데 그 사람이 수술을 하고 난 후에 완전히 병이 낫고 난 후에 누가 찾아와서 선물도 주고 축하도 하면 완전히 기뻐하게 될 것입니다.

우리에게는 죄가 암 덩어리입니다. 이것이 해결되고 난 후에 기뻐해야 진정으로 기뻐하는 것입니다. 우리가 지금 많은 세상 일로 인하여 슬퍼하고 고민하는 것은 암이 나은 사람이 조그맣게 부스럼이 났다고 해서 슬퍼하는 것과 같습니다. 우리는 좀 더 큰 것을 보아야 합니다. 우리는 예수 안에서 진정으로 행복해하고 진정으로 기쁨을 누리는 순간이 있어야 합니다. 그 결과 '나는 이 세상에서 최고로 행복한 사람이다' 는 확신을 가져야 하겠습니다.

소망을 어디에 둘 것인가?

우리가 예수를 믿기 전까지는 우리의 소망을 세상에 두었습니다. 왜냐하면 세상에는 우리가 이 세상 사는데 필요한 모든 것이 다 있기 때문입니다. 세상에 돈이 있고 사람들의 인정이 있고 명예가 있고 직장이 있고 필요한 모든 옷이나 물건들이 다 있습니다. 그러나 이 모든 것들은 비유로 말하면 마치 환자복과 같은 것입니다. 환자가 아무리 좋은 옷을 입고 아무리 좋은 병실을 차지하고 누워 있어도 그 사람은 환자인 것입니다.

전에 어떤 분이 몇 층짜리 빌딩을 가지고 있었습니다. 그런 정도만의 재산만 가져도 그 사람은 그런 대로 부자였습니다. 그럼에도 불구하고 그 사람은 전혀 행복하지가 않았습니다. 왜냐하면 마음이 병이 들어 있었기 때문입니다.

이 세상에 아무리 많은 것이 있어도 그것이 사람의 마음의 병을 치료하지 못합니다. 사람의 마음의 병을 치료하고 사람을 진정으로 행복하게 하는 것은 모두 하나님으로부터 옵니다.

골로새서 3장 1-2절

그러므로 너희가 그리스도와 함께 다시 살리심을 받았으면 위엣 것을 찾으라. 거기는 그리스도께서 하나님 우편에 앉아 계시느니라. 위엣 것을 생각하고 땅엣 것을 생각지 말라

우리 인간은 하늘을 쳐다봐야 진정으로 행복하고 가치 있는 삶을 살 수 있습니다. 우리는 그리스도를 통해서 하늘의 신령한 복을 받게 됩니다.

무엇보다 보좌 우편에 계신 그리스도께서는 하나님의 모든 복을 땅에 있는 믿는 자들에게 부어 주셨습니다.

요한복음 15장 12절

내 계명은 곧 내가 너희를 사랑한 것 같이 너희도 서로 사랑하라 하는 이것이니라

예수님께서는 우리 믿는 자들에게 세상에서 열심히 공부해서 성공하는 사람이 되라고 말씀하지 아니하시고 또 돈을 절약해서 많이 저축하라고 말씀하시지도 아니하셨습니다. 예수님은 오직 우리가 서로 열심히 사랑하라고 하셨습니다. 특히 예수님이 우리를 사랑하셨듯이 사랑하라고 하셨습니다. 이것이 우리가 하나님의 복을 받는 비결인 것

입니다.

왜 우리가 열심히 사랑해야만 하나님의 복을 받게 됩니까? 사실 우리는 사로 사랑하고 싶지도 않고 사랑해야 할 이유도 없는 사람들입니다. 만약 우리가 예수를 믿지 않았더라면 우리는 서로를 알아야 할 이유도 없는 사람들입니다. 그런데 왜 우리가 서로 사랑을 해야 할까요?

그 이유는 우리가 예수님의 십자가의 은혜로 구원을 받았기 때문입니다. 우리는 모두 예수님 때문에 죄 용서받고 하나님의 사랑받는 자녀가 되었습니다. 그 결과 모든 것이 다 새롭고 모든 것이 다 아름답습니다. 특히 함께 구원받은 사람들을 볼 때 얼마나 기쁘고 감사한지 모릅니다. 왜냐하면 이 엄청난 구원에 대하여 이야기가 통하기 때문입니다.

어디서 큰 사고가 났는데 딱 한 사람만 살아남았으면 그 사람은 굉장히 심한 후유증을 겪게 될 것입니다. 왜냐하면 그 엄청난 사고에 대하여 아무도 통하는 사람이 없고 살아남은 감격을 말해도 귀담아 들어주는 사람도 없기 때문입니다. 그러나 같이 살아난 사람이 있을 때에는 모든 것이 서로 통합니다. 그래서 살아난 기쁨이 배가 되는 것입니다. 우리는 다 주님의 십자가의 피로 이 영원한 멸망에서 살아났습니다. 그래서 이야기가 통하고 감격이 통하는 것입니다. 우리의 구원의 기쁨은 성도들을 만남으로 수십 배나 커지게 됩니다. 우리는 모두 천국 시민이 되었습니다. 그러기에 우리는 서로 사랑해야 합니다. 우리가 서로 열심히 사랑하면 예수를 믿지 않는 자들이 부러워 하면서 주님을 찾게 될 것입니다.

하나님의 친구

우리에 대한 하나님의 사랑은 일방적으로 하나님이 부어주시는 데서 시작이 됩니다. 이것은 마치 아이가 어렸을 때에는 일방적으로 부모님의 사랑을 받으면서 사는 것과 같습니다. 그런데 아이들이 점차 자라면 무조건 사랑을 받지만은 않습니다. 어느 정도 자라면 자기들도 부모를 도우려고 합니다. 그래서 자진해서 심부름도 하고 또 아버지의 구두고 닦아 놓습니다. 그러면 부모님은 아이가 그런 일을 해서 경제적으로 득이 된다고 해서 좋아하시는 것이 아니라 아이가 자라고 있다는 사실에서 만족하고 기뻐하시게 됩니다.

잠언에 보면 '거머리에게는 두 딸이 있어 다고 다고 하느니라' (잠 30:15)고 했습니다. 사람이 자라지 않으면 언제나 '달라, 달라' 고만 하는데 이것은 결코 아름다운 모습이 아닌 것입니다.

아이도 어느 정도 자라고 나면 부모님과 대등하게 앉아서 인생을 논할 때도 있고 집안일에 대해서 나름대로 자신의 의견을 말할 때도 있는데 부모는 그 말 보다는 그만큼 자식이 어른스러워진 것에 대해 기뻐하시는 것입니다.

사람이 어리면 어릴수록 자기중심적으로 생각합니다. 그래서 자기가 생각하는 그 한 가지 외에 다른 것은 일체 생각을 하지 못하고 아무리 이야기를 해도 알아듣지 못합니다. 그러나 사람이 자라면 남의 입장이나 처지를 생각해 주게 되고 그때는 모든 대화나 일들이 얼마나 아름답게 풀리는지 모릅니다.

우리의 신앙도 마찬가지입니다. 우리의 신앙이 자라면 우리는 기도하는 것도 달라지게 됩니다.

우리가 신앙이 어렸을 때에는 무조건 하나님께 달라고만 기도를 합니다. 그래서 기도의 내용이 아주 긴 청구서 같을 때가 있습니다. 얼마나 필요한 것이 많은지 모릅니다. 그러나 조금 자라고 나면 그때에는 죄를 회개하는 기도를 많이 합니다. 더욱이 우리의 신앙이 좀 더 자라고 나면 이제 하나님의 뜻을 구하면서 조심스럽게 하나님의 나라를 위해서 자신의 의견을 말씀드리게 됩니다. 물론 우리가 기도드리는 것은 너무나도 유치하고 아직도 내 수준을 벗어나지 못하지만 하나님은 그런 의견을 아주 중요하게 생각하십니다. 그래서 때로는 전쟁을 막아주시기도 하시고 때로는 멸망을 연기시켜 주시기도 하십니다.

이때 우리의 신앙은 하나님의 친구로서의 신앙으로 승격되게 되는 것입니다.

요한복음 15장 13-14절

사람이 친구를 위하여 자기 목숨을 버리면 이에서 더 큰 사랑이 없나니 너희가 나의 명하는대로 행하면 곧 나의 친구라

이제 예수님께서는 제자들을 더 이상 종이나 노예나 죄인으로 생각하지 아니하시고 친구라고 생각하십니다. 그러면서 예수님이 제자나 우리를 위하여 죽으시는 것이 최고의 사랑이라고 말씀하셨습니다.

우리는 예수님의 친구가 되었습니다. 그 결과 하나님 아버지는 우리를 볼 때 전부 예수님의 친구로 보시고 예수님 자신으로 보셔서 우리를 영접해 주십니다.

더욱이 예수님이 이렇게 말씀하셨습니다. “이제부터는 너희를 종이라 하지 아니하리니 종은 주인의 하는 것을 알지 못함이라. 너희를 친

구라 하였노니 내가 내 아버지께 들은 것을 다 너희에게 알게 하였음이니라"(15절) 예수님의 말씀을 들은 자는 더 이상 노예가 아닙니다. 노예들은 주인이 하는 일을 알지 못하고 무조건 시키는 대로 일합니다. 그러나 주인의 친구는 자기 의견을 말할 수 있고 그것이 아주 중요한 의견으로 받아들여집니다. 어떤 중요한 회의에 가면 아무나 회의에 들어가지 못합니다. 아주 엄격하게 자격이 제한되어 있어서 자격이 있는 사람만 회의에 들어가서 모든 일들을 듣게 됩니다. 우리가 하나님의 말씀을 듣는 것은 천상의 회의에서 가장 중요한 이야기를 듣는 것입니다.

오늘도 많은 사람들이 하나님의 말씀을 제쳐놓고 무조건 열심을 내는데 그것은 종들이나 하는 것입니다. 우리는 하나님의 말씀을 들어야 최고의 고급 정보를 듣는 것입니다. 그리고 하나님의 말씀을 들어야 우리의 계획이나 의견도 말할 수 있습니다.

하나님의 말씀을 들은 아브라함을 하나님은 벗이라고 하셨습니다. 그리고 하나님은 소돔과 고모라의 멸망을 아브라함에게 미리 알려주셨습니다. 아브라함은 일방적으로 듣고 끝난 것이 아니라 자기 의견을 말씀드렸습니다. 즉 의인 오십 명이 있어도 소돔과 고모라를 멸망시키시겠느냐고 따졌습니다. 하나님께서 멸망시키지 않겠다고 하시니까 이번에는 아예 협상을 해서 열 명까지 낮추어 놓았습니다. 이제 소돔과 고모라의 의인이 열 명만 있으면 사는 것입니다. 그러나 의인 열 명이 없었습니다. 그래도 하나님은 롯과 그 두 딸을 살려주셨고 롯 때문에 소알이라는 한 성은 멸망에서 건져주셨습니다.

우리는 하나님 앞에서 아주 고급 정보를 들어야 합니다. 그리고 그것을 가지고 기도도 하고 따지기도 하고 협상도 할 수 있어야 하겠습니다.

특히 구약 성경을 보면 가장 좋은 기도는 하나님의 말씀을 듣고 그것을 소화를 해서 자기 나름대로 하나님 앞에서 진술하는 기도였다는 것을 알게 됩니다. 시편은 거의 다 그런 내용으로 되어 있습니다. 이것은 감히 종들이 할 수 있는 것이 아닙니다.

마지막으로 예수님은 우리의 인간적인 자격에 대하여 말씀하셨습니다.

요한복음 15장 16절

너희가 나를 택한 것이 아니요 내가 너희를 택하여 세웠나니 이는 너희로 가서 과실을 맺게 하고 또 너희 과실이 항상 있게 하여 내 이름으로 아버지께 무엇을 구하든지 다 받게 하려 함이니라

우리 가운데 감히 하나님의 일을 할 수 있는 사람은 아무도 없습니다. 그러나 예수님은 우리를 선택하여 하나님의 일을 감당하도록 하셨습니다. 우리를 택하신 분은 예수님이십니다. 그러니까 우리가 부족하고 못하는 것은 예수님이 다 책임을 지십니다. 우리는 오직 예수님의 말씀대로 순종하기만 하면 됩니다. 우리가 예수님의 말씀대로 하는데 사람들이 반대하고 욕하는 것은 예수님이 알아서 책임을 지실 것입니다. 우리는 오직 말씀대로 하기만 하면 반드시 열매를 맺게 되는 것입니다. 우리의 노력이나 기도는 결코 헛되지 않습니다. 그리고 주님은 우리가 구하는 모든 것을 다 아버지께서 해결해 주시도록 하겠다고 약속을 하셨습니다. 결국 우리의 인간적인 부족한 것은 예수님이 책임을 져주실 것입니다. 우리가 주님의 말씀대로 하기만 하면 항

상 열매를 맺게 될 것입니다. 무엇보다 기도의 응답이 있고 생명이 있고 기적이 있고 앞길이 열릴 것입니다.

Exposition of John

37 _ 요 15:18-27

세상과의 관계

저는 어떤 의미에서 우리 사회에서 아웃사이더로 살았던 사람이라고 말할 수 있습니다. 제가 어렸을 때에는 모두 다 초등학교를 다니니까 학교를 다녔습니다. 그러나 서울에 있는 중학교 시험에 떨어지고 아버지 친구 양계장에 얹혀살면서부터 학교를 다니지 않았기 때문에 저는 사회생활을 제대로 하지 못했습니다. 그런데 감사하게도 아버지는 아무리 집이 어려워도 공장에 가라고 하지는 않으셨습니다. 왜냐하면 아버지 자신이 일본 동경에서 고학으로 대학까지 나오셨기 때문에 저도 그럴 것이라고 생각하셔서 제 혼자 공부할 수 있도록 마음껏 내버려두셨습니다. 그래서 저는 남들은 학교 다니는 시간에 마음껏 공상하면서 생각하는 시간을 가졌습니다.

제가 다시 사회생활을 하게 된 것은 검정고시를 쳐서 대학에 입학을 하면서부터였습니다. 저는 제가 다닌 학교를 굉장히 사랑했습니다. 왜냐하면 그 학교가 저에게 다시 사회생활을 할 수 있는 자신감을 주었고 우리 사회에 들어올 수 있는 기초를 마련해 주었기 때문입니다.

그러나 저는 그 후에 다시 고민을 하기 시작했습니다. 그것은 이 사회에서 성공하는 길을 갈 것이냐 아니면 주님이 나에게 요구하는 길을 갈 것이냐 하는 것이었습니다. 저는 주님의 강권적인 역사에 의하여 직장에 사표를 내고 또 비사회인의 생활에 빠지게 되었습니다. 직장도 없이 청소년들이나 대학생들과 성경공부를 하면서 저의 젊음을 보냈습니다. 저는 한 평생을 그렇게 살려고 생각을 했었는데 주님은 다시 저에게 신학 공부를 하게 하시고 정식으로 교회를 개척하게 하신 후에 또 역사가 있는 오래된 우리 교회를 맡게 하셨습니다. 저는 다시 제도권 안으로 들어오게 된 것입니다.

그래서 저는 어떤 의미에서 세상 밖의 외롭고 체계적이지 않은 삶과 세상 속의 안전하면서도 위선적인 삶을 모두 다 겪어 보았다고 볼 수 있을 것입니다.

하나님께서는 이 세상을 창조하신 후에 온 세상을 인간들의 손에 맡겨주셨습니다. 하지만 사탄이 아담에게 하나님을 배신하도록 충동질을 하였습니다. '네가 하나님보다 못하지 않으니까 하나님의 법을 깨트림으로 이 세상을 하나님의 손에서 빼앗으라' 는 것이었습니다. 그래서 이 세상에 죄가 들어오고 죽음이 오게 되었습니다. 오늘 우리는 우리가 살고 있는 이 세상의 정체성을 알 필요가 있는 것입니다. 과연 우리가 이 세상에서 성공하는 것은 무엇이며 우리가 하나님의 말씀에 순종해서 살면 진정으로 이 세상의 모든 것을 다 등지고 야인으로 살아야 하는 것인가? 아니면 오늘 많은 크리스천들이 추구하고 있는 것처럼 세상적으로도 성공하고 신앙적으로도 성공하는 이 두 마리 토끼를 다 잡을 수 있을 것인가 하는 것입니다. 이것은 우리에게 굉장히 중요한 문제입니다.

한때 기독교 세계 안에서 우리 기독교의 구원은 개인 영혼만 구원하는 것이냐 아니면 사회 전체를 구원하는 것이냐 하는 문제를 두고 많은 논란을 한 적이 있었습니다. 대개 빌리 그레함 같은 보수적인 인물은 기독교는 개인 영혼을 구원하는 신앙이라고 주장을 했습니다. 거기에 비해서 사회복음을 신봉하는 자들은 기독교의 구원이 사회 전체를 구원하는 것이어야 한다고 주장을 하기도 했습니다. 그래서 지금은 거의 대개 어느 정도 절충이 이루어져서 '둘 다' 라고 결론을 내리고 있습니다. 즉 개인 영혼도 구원해야 하지만 사회도 구원해야 한다는 것입니다.

예수님께서는 하나님의 백성들은 이 세상에서 '포도나무' 라고 말씀하셨습니다. 포도나무는 외모는 볼품이 없지만 그 맺는 과일은 엄청나게 맛이 있고 신선하기 때문에 먹는 사람들에게 엄청난 기쁨을 줍니다. 그리고 예수님은 아버지께서 아들을 사랑하셨다고 말씀하셨습니다. 결국 이 세상에 있는 모든 피조물들은 미안하지만 하나님께서 아들 때문에 사랑하신 것입니다.

세상과 세상의 가치관

우리는 성경이 세상에 대하여 말씀할 때 모두 같은 뜻으로 사용하는 것이 아니라는 것을 알 필요가 있습니다. 성경의 어떤 곳에서는 '하나님이 세상을 이처럼 사랑하사' 라고 말씀하시지만 다른 곳에서는 '세상을 사랑하지 말라' 고 말씀하시는 것입니다. 여기서 우리는 물리적인 이 세상과 이 세상의 가치관을 구별할 수 있어야 합니다.

우리가 살고 있는 이 도시나 이 지방 자체는 죄가 아닙니다. 성경은 어느 곳에서도 우리가 살고 있는 도시를 떠나서 깊은 산 곳으로 들어가야 더 믿음으로 잘 살 수 있다고 말씀하지 않습니다. 우리가 살고 있는 이 세상은 마귀가 만든 세상이 아닙니다. 우리가 살고 있는 이 세상은 하나님이 만드신 세상이기 때문에 우리는 얼마든지 이 세상에 살 수 있고 또 이 세상에 살아야 합니다. 만약 우리가 이 세상을 떠나서 아무도 살지 않은 깊은 산 속이나 혹은 황무지에 산다면 우리가 더 경건할 수 있을까요? 물론 우리가 텔레비전을 보지도 않고 영화도 보지 않고 책도 보지 않고 술도 마시지 않기 때문에 조금은 덜 타락한 삶을 살 수 있을지도 모릅니다. 그러나 예수님이 말씀하신 것처럼 인간의 부패는 마음 속에서 이루어지고 있기 때문에 이 세상 어느 곳에 가더라도 인간은 부패할 수밖에 없습니다. 단지 자극을 덜 받을 뿐입니다.

우리가 이 사회에서 사는 것은 악한 것이 아닙니다. 그리고 우리는 이 세상에 사는 이상 이 세상의 훈련을 받아야 하고 기왕 이 세상에서 살아야 한다면 인정받고 성공적인 삶을 살고 싶어 합니다. 문제는 여기에서 다 생기는 것입니다.

일단 우리가 알아야 할 것은 사회라고 하는 것은 반드시 어떤 가치관이나 정신을 가지고 있다는 것입니다. 하지만 사회가 가지는 정신이나 가치관은 언제나 비신앙적이고 이기적이며 부패한 것이 더 많습니다.

요한복음 15장 18-19절

세상이 너희를 미워하면 너희보다 먼저 나를 미워한 줄을 알라. 너희가 세상에 속하였으면 세상이 자기의 것을 사랑할 터이나 너희는 세상에 속한 자가 아니요 도리어 세상에서 나의 택함을 입은 자인고로 세상이 너희를 미워하느니라

여기서 예수님께서는 '세상이 너희를 미워한다' 라고 말씀하고 있습니다.

즉 이 세상은 누구든지 마음 놓고 살 수 있는 평범한 곳이 아니라 사람들을 구별해서 어떤 사람은 자기 사람이라고 해서 사랑하고 어떤 사람은 자기 사람이 아니고 불필요한 존재라고 해서 미워하고 배척한다고 말씀하고 있는 것입니다.

사회라고 하는 곳은 그냥 사람들이 어쩌다 보니까 모여서 살고 있는 곳이 아닌 것입니다. 사회는 마치 사람처럼 어떤 생각을 가지고 있고 어떤 성향을 띄고 있는 것입니다. 즉 자기 사회에 잘 적응 하고 자기 사회를 위해서 헌신적으로 노력을 하는 사람은 좋아해서 인정을 해주고 안정된 삶을 주고 명예를 주는 반면에 사회에 대하여 부정적이고 적응도 잘 하지 못하고 유익을 끼치지 못하는 사람은 인정해주지도 않고 안정된 삶도 살지 못하게 하고 명예도 박탈해 버려서 형편없는 사람으로 만들어 버리는 것입니다.

결국 왜 학생들이 죽으라고 공부를 합니까? 세상에 잘 적응해서 필요한 사람이 되기 위해서 그렇게 하는 것입니다. 왜냐하면 그렇게 해야 직장에서 인정받을 수 있고 사회에서 돈도 벌고 집도 사고 승진도 할 수 있기 때문입니다.

그러면 우리 그리스도인들은 이 세상에서 어떤 사람들입니까? 우리는 예수님을 믿고 죄 용서받았으며 아름답게 변화되어 새 사람이 된 사람들입니다. 그럼에도 불구하고 예수님은 세상이 '너희를 미워할

것' 이라고 말씀하셨습니다. 우리는 이것이 이해가 되지 않습니다. 즉 우리는 세상을 미워하지 않는데 왜 세상은 우리를 미워하는 것일까? 그리고 우리는 다른 사람을 미워하지 않는데 왜 그 사람은 나를 미워하는지 이해가 되지 않는 것입니다.

예수님은 그 이유를 21절 하반절에서 이렇게 말씀하셨습니다. '이는 나를 보내신 이를 알지 못함이라' 고 하셨습니다. 즉 하나님을 아는 것과 알지 못하는 것의 차이인 것입니다. 결국 가장 중요한 것은 '하나님을 아는 지식' 때문입니다. 우리가 하나님을 몰랐을 때에는 다른 사람들과 정확하게 똑같았습니다. 우리에게는 가족이 가장 중요했고 친구 관계에 목숨을 걸었으며 우리 사회에서 인정받고 성공하는 것이 인생을 사는 목표였습니다.

그런데 예수 믿고 하나님을 알고 난 뒤 우리의 모든 가치관은 다 뒤집어지게 되었습니다. 그 전에는 옳든 것이 틀린 것이 되고 그 전에는 절대적인 것들이 이제는 별로 중요하지 않은 것이 되고 만 것입니다.

우리가 하나님을 알고 난 후에는 온 세상의 주인이 하나님이라는 것을 알게 되었습니다. 그리고 우리가 해야 할 가장 중요한 것은 하나님께 영광 돌리며 하나님의 뜻을 배우는 것입니다. 물론 가족 관계가 중요하고 친구도 중요하고 이 세상에서 성공하는 것도 중요하지만 '하나님을 아는' 것이 가장 중요합니다. 이것이 완전히 우리를 딴 사람으로 만들어버리는 것입니다.

마치 태양이 없을 때에는 촛불이나 전깃불이 중요하지만 태양이 떠오르고 나면 다른 빛들은 모두 있으나 마나 한 것과 마찬가지로 우리가 하나님을 알고 난 후에는 모든 가치관들이 전부 다 바뀌어 버리게 되는 것입니다.

그런데 우리의 가족이나 친구들이나 이 사회는 우리가 변하여 자기들을 배반했다고 생각해서 미워하고 싫어하게 되는 것입니다. 결국 이 사회나 이 세상 사람들은 다른 것은 일체 생각하지 않고 오직 이 세상만 생각하고 이 세상만을 위해서 충성을 다하는 사람들만 좋아하는 것입니다. 반면에 이 세상에 살지만 이 세상 외에 다른 것도 생각하고 다른 것을 위하여 애쓰는 자는 배반자라고 해서 싫어하고 미워하게 되는 것입니다.

그런 의미에서 본다면 우리는 이 세상의 배반자들이요 이 세상과는 물과 기름처럼 섞일 수 없는 이질적인 존재인 것이 틀림이 없습니다.

우리 가족들이나 친족들은 학교나 직장만을 위해서 충성하고 우리 사회만을 위해서만 최선을 다하라고 합니다. 그러나 우리는 이 세상 이상의 가치를 알았고 이 세상 이상의 대상을 알고 있기 때문에 그렇게 할 수 없습니다. 결국 우리와 이 세상의 갈등은 세상의 맹목성과 이기심에서 비롯되는 것입니다. 우리는 우리의 가족들을 결코 사랑하지 않는 것이 아닙니다. 그리고 이 세상의 것이 필요 없다고 생각하는 것도 아닙니다. 단지 우리는 이 이상에 있는 것에 절대적인 가치를 둘 수 없다는 것을 알게 되었기 때문에 이 세상의 요구를 채워주지 못하는 것입니다.

세상이 예수님을 미워하였다

예수님은 제자들에게 이 세상 사람들이 우리를 미워하기 전에 먼저 예수님을 미워했다는 사실을 기억하라고 말씀하셨습니다.

요한복음 15장 20절

내가 너희더러 종이 주인보다 더 크지 못하다 한 말을 기억하라. 사람들이 나를 핍박하였은즉 너희도 핍박할 터이요 내 말을 지켰은즉 너희 말도 지킬 터이라

예수님은 이 세상에 오셔서 진리만 말씀하시고 많은 병자들을 고치시고 많은 기적을 행하셨습니다. 그러나 유대인들은 예수님을 미워하였고 결국 예수님을 십자가에 못 박아 죽이기까지 하였습니다.

예수님은 아무도 미워한 적이 없었고 어느 누구에게도 해를 끼친 적이 없었습니다. 그러나 이 세상 사람들은 예수님을 미워하고 싫어하셨습니다.

요한복음 15장 25절

그러나 이는 저희 율법에 기록된바 저희가 연고 없이 나를 미워하였다한 말을 응하게 하려 함이니라

예수님은 이 세상에서 미움을 받을만한 일을 하신 적이 전혀 없으셨습니다. 그럼에도 불구하고 사람들이 아무 이유 없이 예수님을 미워한 이유가 어디에 있었을까요? 예수님은 철저하게 이 세상에 속하지 않으셨기 때문입니다.

예수님은 엄청난 능력을 가지고 계시면서도 이 세상 자체가 잘 되는 일을 위해서 힘쓰지 아니하셨습니다. 하지만 예수님은 분명히 말씀하시기를 이 세상 모든 것은 다 하나님의 것이라고 하셨습니다.

예수님은 하나님께서 이 세상 모든 것을 다 만드셨고 하나님께서 지키고 계시기 때문에 이 세상 모든 것은 전부 다 하나님의 것이라고 주장하셨습니다. 만약 이 세상 모든 것이 전부 다 하나님의 것이라면 우

리 인간의 것은 아무 것도 없어지고 마는 것입니다. 결국 기독교와 세상의 갈등은 이 세상 모든 것의 주인이 누구냐 하는 갈등인 것입니다.

법적으로 차압을 당하게 되면 집달리들이 와서 집에 있는 모든 물건에 빨간 딱지를 붙이게 됩니다. 냉장고에도 딱지를 붙이고 텔레비전에도 딱지를 붙이고 카메라나 모든 물건에도 다 딱지를 붙이면 그때는 아무 것도 팔거나 옮기지 못하고 그대로 두어서 나중에 경매에 넘어가게 됩니다.

마찬가지로 복음은 우리가 가지고 있는 모든 것에 하나님의 딱지를 붙이는 것입니다. 복음은 우리의 입에 딱지를 붙이고 우리의 가슴에도 딱지를 붙이고 우리의 머리에도 딱지를 붙여서 우리 마음대로 할 수 있는 것이 아무것도 없게 만드는 것입니다. 그러니까 누가 복음을 알고는 예수를 믿으려고 하겠습니까?

후안 카를로스 오르티스라는 목사는 남미에서 큰 부흥을 일으켰던 목사였는데 '제자입니까?' 라는 책으로 유명해진 사람이었습니다. 오르티스 목사는 어느 날 교인들에게 모두 다 집문서를 가지고 와서 교회에 내어놓으라고 요구했습니다. 왜냐하면 복음이라는 것은 모든 것을 하나님의 것으로 믿는 것이기 때문입니다. 그러자 교인들이 실제로 자기 집 문서를 다 가지고 교회에 내어 놓았습니다. 이것을 보고 어떤 사람은 이 집이나 땅들을 다 팔아서 큰 땅을 사자고 하기도 했다고 합니다. 그러나 오르티스 목사는 전부 다 교인들에게 돌려주면서 '이제 여러분의 재산은 하나도 없습니다. 단지 하나님의 것을 잘 맡아서 관리를 하십시오.' 라고 했다고 합니다.

다시 언급하지만 이 세상 사람들과 예수님의 생각의 차이는 이 세상의 주인이 누구냐 하는 것입니다. 만약 이 세상 모든 것의 주인이 하나님이시라면 인간은 자기 마음대로 할 수 있는 것이 아무 것도 없습니다. 모든 것을 하는데 하나님의 눈치를 봐야 하는 것입니다. 그러나 만약 이 세상에 하나님이 존재하지 않는다면 인간은 스스로의 행복을 위해서 수단과 방법을 가리지 않고 모든 일을 다 할 수 있습니다.

몸도 내 몸이기 때문에 마음대로 정욕대로 살 수 있습니다. 내 인생도 내 것이기 때문에 내 마음대로 살 수 있습니다. 돈도 내가 번 돈이기 때문에 어떻게 사용하든지 내 마음인 것입니다. 그래서 미국의 어떤 갑부는 자기 재산 수억 달러를 자기 집 개에게 상속시켜 주고 그 개를 돌보는 조건으로 자기 동생들에게도 재산을 물려주었다고 합니다.

또한 사람들이 기를 쓰고 우주선을 달이나 화성에 보내는 이유가 무엇입니까? 다른 별에도 생명체가 있다는 것을 증명함으로 하나님이 인간을 창조했다는 것을 부정하려는 것입니다.

우리가 알아야 할 것은 예수님께서 이 세상에서 그토록 배척을 당하신 것은 이 세상이 정상적인 상태에 있지 않다는 것을 의미하는 것입니다. 그래서 예수님은 이 세상에 계실 때 철저하게 제도권 밖에 계셨고 오히려 제도권 안에 있는 사람들의 욕심과 위선을 책망하셨습니다. 그렇기 때문에 사람들이 예수님을 미워했던 것입니다.

오늘 우리 예수 믿는 사람들은 전부 다 제도권 안에서 성공하기 위해서 몸부림치고 있습니다. 이것이 위선이고 모순이라고 생각되지 않습니까? 우리는 이 세상에서 잘 적응해서 안정된 삶을 살고 있는 것을 축복이라고 생각합니다. 그런 의미에서 본다면 예수님이야말로 가장 복을 받지 못한 분이신 것입니다.

우리는 기독교인으로서 이 세상을 보는 눈을 몇 가지로 생각을 해보아야 하겠습니다.

하나는 우리는 하나님의 축복으로 이 세상에서 더 복을 받고 더 잘 되어야 한다는 것입니다. 즉 신앙의 힘으로 이 세상에서 성공해야 한다고 생각하는 것입니다. 이것이 바로 유대인들이 생각했던 것이었습니다. 유대인들은 가장 하나님의 뜻을 정반대로 생각했던 자들이었습니다. 그들은 예수님을 십자가에 못 박으면서 자기들은 복 받는다고 생각했던 것입니다.

거기에 비해서 다른 하나는 우리는 하나님의 백성들이기 때문에 철저하게 사회 밖에 있어야 하고 제도권 밖에서 생활을 해야 한다고 생각하는 사람들입니다. 이런 생각을 가진 사람이 세례 요한이었습니다. 요한은 낙타 털옷을 입었고 메뚜기와 들꿀을 먹었습니다. 즉 그의 옷은 전혀 실로 짠 것이 아니었고 그의 음식은 전혀 요리를 하지 않은 음식이었습니다. 아마도 세례 요한은 죽을 때까지 불로 굽거나 양념을 친 음식은 먹지 않았을 것입니다. 우리가 굽거나 요리만 하지 않아도 얼마나 할 일이 없는지 모릅니다. 사람들은 사는 집과 입는 옷과 먹는 음식과 써먹지도 못하는 학벌에 인생을 다 허비하고 마는 것입니다.

거기에 비해서 우리는 하나님을 믿는 신앙에서도 성숙해야 하지만 다시 세상 속으로 들어가서 세상 속에서도 뿌리를 내려야 한다고 생각하는 입장에 놓여 있습니다. 그것은 세상 속의 성공이라는 개념이 아니라 신앙으로 뿌리를 내리는 것입니다. 즉 이 세상을 따라가지는 않지만 세상을 배척하지도 않는 것입니다. 하지만 우리에게 의문이 느는 것은 이것이 가능하겠느냐는 것입니다.

세상 사람들은 세상 하나만을 위하여 마음과 뜻과 정성을 다 하여 최선을 다하는데 우리는 하나님을 최고로 믿으면서 또한 세상 속으로 들어가서 뿌리를 내릴 수 있겠는가 하는 것입니다. 쉽지 않지만 믿는 자는 이렇게 살아야 합니다.

여기서 우리가 생각해야 할 것은 결국 우리는 세상을 배반할 수밖에 없으며 한번은 세상에서 버림을 받아야 한다는 것입니다. 왜냐하면 우리가 그렇게 하지 않으면 죽을 때까지 이 세상의 맹목적인 사랑에 노예가 될 수밖에 없기 때문입니다.

예수님의 말씀대로 우리는 이 세상에서 하나님의 자녀로 택함을 받은 자들입니다. 그래서 우리는 이 세상만을 위해서 살 수 없습니다. 그리고 이 세상 외에 다른 것은 일체 믿어서는 안 된다는 요구에 순종할 수 없습니다.

이미 우리 우리의 정신이나 생각은 커버려서 세상 속에 갇혀 있을 수가 없는 것입니다. 다른 사람들은 이 세상에 길들여져서 이 세상 속에서 얌전하게 이 세상에서 시키는 삶을 열심히 살지만 우리는 이미 커져서 몸의 일부는 세상 밖으로 나가버렸습니다.

그래서 예수님께서 말씀하시기를 '헌 옷에 새 조각을 기울 수 없고 헌 부대에 새 술을 넣어서는 안 된다' 고 말씀하셨습니다. 이미 우리는 헌 옷에 붙일 수 없고 헌 부대에 넣을 수 없는 새 사람이 된 것입니다.

그럼에도 불구하고 우리에게 여전히 갈등은 남아 있습니다. 그것은 이 세상에서 인정을 받고 돈을 벌고 성공하고자 하는 것입니다.

결국 끝까지 새 술로 나가는 자는 세상에서 완전히 따돌림을 당하게 되고 새 천 조각으로 나가는 자는 이 세상 어디에서도 머리 둘 곳이 없게 되는 것입니다.

그래서 저는 크리스천들이 처음부터 고생도 하지 않고 무조건 세상에서 인정받으려고 하고 세상에서 안정된 삶을 붙잡으려고 하는 것은 위선이라고 생각합니다.

저는 우리가 예수 믿고 난 후에는 반드시 광야 생활이 있어야 한다고 생각합니다. 우리는 어느 정도의 시간동안 철저하게 이 세상에서 추방당하고 쫓겨나서 아무도 알아주지 않는 들판에 내동댕이쳐져 버림을 받는 경험을 해 보아야 합니다.

우리가 광야의 기간을 보낼때는 고통스럽지만 우리는 그곳에서 영적으로 많은 것을 배우게 됩니다. 무엇보다 거기서 우리는 하나님과 일대일로 만나게 되며 거기서 우리는 '사람이 떡으로만 살 것이 아니요 오직 하나님의 말씀으로 산다' 는 진리를 터득하게 됩니다. 그리고 세상 속에서 조금 성공했다고 잘난 체 하고 똑똑한 체 했던 자신이 얼마나 위선적이었고 거짓되었는지 철저하게 깨닫게 됩니다. 우리는 광야에서 세상의 위선과 거짓을 보게 되는 것입니다. 그리고 우리는 광야에서 이 황량한 들판이나 사람들이 우글거리면서 사는 세상이나 모두 하나님의 것이라는 것을 깨닫게 됩니다.

단지 광야는 철저하게 자연 법칙에 따라 움직이고 무시무시한 자연의 법칙이 지배하기 때문에 하나님의 두려움을 매일 보면서 살지만 세상은 인간들이 만든 비닐하우스에 갇혀 인간의 위대함만 생각하면서 살고 있는 것입니다. 인간들의 어리석음은 매일 하나님의 도우심으로 살면서도 그것을 자기의 위대함이라고 믿고 있는 것입니다. 바로 이 사회의 비닐 하나만 벗기면 무시무시한 하나님의 진노와 자연의 법칙이 있는데도 인간 사회는 난공불락의 성으로 믿고 있는 것입니다.

인간에게 필요한 것

예수님께서는 무조건 인간 세상은 틀렸다고 하시든지 저주받아야 한다고 말씀하시지 않으셨습니다. 단지 예수님은 인간 사회의 맹목성과 이기심이 하나님의 사랑과 은혜를 맹목적으로 배척하고 있는 것을 지적하시고 있을 뿐입니다. 그러면 우리 예수 믿는 사람은 언제까지나 세상 밖에 있어야 하는 것입니까? 결코 그렇지 않습니다. 우리는 하나님의 선물을 가지고 다시 이 세상 속으로 들어가야 합니다. 우리가 이 세상 속으로 다시 들어가는 이유는 이 세상에서 출세하고 인정받고 잘 살기 위해서가 아닙니다. 우리가 다시 이 세상에 들어가는 이유는 이 세상에 하나님의 선물을 나누어주기 위해서입니다.

요한복음 15장 26-27절

내가 아버지께로서 너희에게 보낼 보혜사 곧 아버지께로서 나오시는 진리의 성령이 오실 때에 그가 나를 증거하실 것이요. 너희도 처음부터 나와 함께 있었으므로 증거하느니라

우리 예수 믿는 사람들은 이 세상에서 성공하고 출세하는 것이 예수 믿는 목적이 아닙니다. 그러기에 우리들에게는 출세한 사람이나 출세하지 않은 사람이나 똑같습니다.

단지 이 세상과 우리가 물과 기름처럼 나누어질 수밖에 없었던 것은 결국 세상의 맹목성과 이기심 때문이었습니다. 즉 이 세상만 생각하고 우리만 사랑해 달라는 것이었습니다. 우리가 하나님을 알고 난 후에 도저히 그렇게 할 수 없으니까 이 세상은 우리를 미워하였습니다.

그 결과 우리는 직장도 얻지 못했고 안정된 삶도 없을 수가 없었습니다. 특히 우리는 하나님을 믿고 난 후 또 자라야 하기 때문에 솔직히 세상의 다른 사람에 대하여 생각할 수 있는 정신적인 여유를 가질 수가 없었습니다. 하지만 우리가 실컷 광야에서 하나님의 훈련을 받고 나면 정신적인 여유가 생기기 시작합니다. 즉 우리의 가족이나 친척이나 소외된 이웃과 민족을 돌아 볼 여유가 생깁니다. 또한 하나님께서는 우리를 위해서 이 세상에서 우리의 분깃을 남겨놓으셨습니다. 그렇게 실컷 고생하고 헤매었는데도 이 세상에서 우리가 할 수 있는 직업이 있고 또 세상 속에서 일할 수 있는 길이 준비되어 있는 것입니다. 어떤 때에는 하나님께서 너무 복을 많이 부어주셔서 부자가 되기도 하고 어떤 때에는 아주 유명한 사람이 되기도 합니다. 그러나 이런 것들이 우리에게 중요한 것이 아닙니다. 우리에게 중요한 것은 우리가 하나님을 붙잡은 것 그리고 하나님의 말씀을 붙잡은 것입니다. 이것이 우리에게 가장 중요한 것입니다. 나머지는 예수님께서 '더하여 주시겠다' 고 한 것에 불과합니다.

그때 세상 사람들은 우리 믿는 자들의 말씀과 믿음에 놀라는 것이 아니라 우리에게 나타난 복을 보고 놀라는 것입니다.

한때 우리는 '눈높이' 라는 말을 많이 들었습니다. 사실 우리에게는 하나님을 아는 지식이 너무 고상하기 때문에 다른 것들은 모두 다 쓰레기 밖에 되지 않습니다.

사도 바울은 '그리스도를 아는 지식이 너무 고상해서 옛날에 자랑하던 것들을 다 배설물같이 버렸다' 고 고백을 하고 있습니다. 우리는 예수 그리스도를 아는 지식보다 더 귀한 것은 없습니다. 그러나 세상 사람들은 그런 것의 가치는 전혀 인정을 하지 않고 매일 쓰레기통을 뒤지면서 남들보다 조금 더 좋은 쓰레기가 나오면 엄청난 복을 받았다고 하면서 기뻐하고 자랑하고 있는 것입니다.

한때는 우리 사회에서 폐지를 줍는 사람들이 돈을 많이 벌었다고 합니다. 하기야 요즘은 재활용할 수 있는 물건들도 많이 내어버리기 때문에 어떤 때에는 제법 쓸 만한 좋은 물건을 주우면 굉장히 자랑이 될 수 있습니다.

결국 이 세상의 모든 사람들이 누리고 있는 복은 '재활용 복'인 것입니다. 솔로몬은 이것을 일찍이 간파하고 '해아래 새 것이 없다'는 말을 했습니다. 이 세상에 있는 모든 것은 새 것처럼 보이지만 전부 옛날 것을 재활용해서 쓰고 있는 것입니다. 재활용 지식이고 재활용 권력이며 재활용 집이고 재활용 재주인 것입니다.

그러나 우리는 우리가 가장 귀한 것을 붙잡은 후에는 다시 이 세상의 눈높이에 맞출 수밖에 없습니다. 왜냐하면 하나님께서 이 세상 사람들을 사랑하시고 이 세상도 사랑하시기 때문입니다. 그런 까닭에 우리는 어쩔 수 없이 쓰레기를 사용해야 할 때가 있습니다.

사도 바울은 자신의 로마 시민권을 선교하면서 아주 잘 사용했습니다. 또 사도 바울은 자신의 헬라어 지식이나 히브리어 지식을 잘 사용했습니다. 우리가 학교에서 가르치기 위해서는 학위나 자격증이 있어야 합니다. 물론 이것이 내가 구원받는 데는 전혀 필요 없을지 모르겠지만 다른 사람을 위해서는 이것이 필요한 것입니다.

우리는 믿음이 무장된 후에 다시 이 세상의 기준에 맞추어줌으로 다시 이 세상에 필요한 사람이 되어야 하는 것입니다. 우리는 이 세상의 무가치한 것들도 가지고 있습니다. 또 이 세상 사람들이 요구하는 것에도 잘 순종합니다. 그러나 우리는 결코 이 세상에 속한 사람이 아닌 것입니다. 우리에게는 엄청난 지식이 있고 능력이 있습니다.

결국 이 세상에 가장 필요한 것은 하나님의 지식이며 보혜사 성령의 능력입니다. 우리가 광야에서 만났던 그 하나님, 우리가 광야에서 붙잡았던 그 말씀 그리고 우리가 광야에서 소나기처럼 부음 받았던 그 성령의 능력이 이 세상을 살릴 수가 있는 것입니다.

다시 말하자면 이 세상에서 우리에게 꼭 필요한 것은 이 세상을 위한 맹목적인 성공이나 출세가 아니라 하나님의 말씀과 성령의 은혜입니다. 이것이 없으면 이 세상은 즉시 소돔과 고모라처럼 되어서 불과 유황불로 멸망하고 말 것입니다. 그러기에 우리는 이 세상에서 가장 필요한 사람들이며 꼭 이 세상에 있어야 하는 사람들입니다. 더욱이 우리가 이 세상에서 필요한 것은 세상적인 복 때문이 아니라 하나님의 말씀과 보혜사 성령의 능력 때문입니다.

요한복음 15장 22-24절

내가 와서 저희에게 말하지 아니하였더면 죄가 없었으려니와 지금은 그 죄를 핑계할 수 없느니라. 나를 미워하는 자는 또 내 아버지를 미워하느니라. 내가 아무도 못한 일을 저희 중에서 하지 아니하였더면 저희가 죄 없었으려니와 지금은 저희가 나와 및 내 아버지를 보았고 또 미워하였도다

예수님께서 이 세상에서 행하신 놀라운 일들은 모두 하나님이 계신다는 증거였습니다. 사람들은 하나님을 인정하기 싫어서 모두 예수님을 미워했습니다. 그런 까닭에 우리는 이 세상에서 미움을 받을 각오를 해야 합니다. 그러나 우리는 이 세상을 미워할 수 없습니다. 왜냐하면 하나님께서 아직 이 세상을 사랑하시기 때문입니다.

여기서 우리는 몇 가지를 생각해 보아야 하겠습니다.

우선 우리 믿는 자들은 무조건 세상에서 성공하고 출세하는 것을 복이라고 생각해서는 안 된다는 것입니다. 그것은 하나님을 만난 후에 세상에 우리가 다시 진입하는 과정에서 하나님이 선물로 주신 것입니다.

그런데 우리에게 두려운 것은 하나 있습니다. 그것은 우리가 이런 식으로 광야에서 훈련만 실컷 받고나면 영구적으로 세상에 적응하지 못하고 무능한 그리스도인으로 남게 되지는 않을까 하는 것입니다. 즉 이것은 마치 이스라엘 백성들이 출애굽은 했지만 가나안 땅에 들어가지 못하고 광야에서만 수백 년간 맴돌지 않을까 하는 걱정하는 것과 같습니다. 그러나 그럴 염려는 할 필요가 없습니다. 왜냐하면 가나안 땅을 주시겠다고 약속하신 분이 하나님이시기 때문입니다. 그리고 우리에게는 가나안 땅이 중요한 것이 아닙니다. 왜냐하면 하나님이 더 중요하기 때문입니다.

그러기에 우리는 이 세상의 돈이나 명예를 지나치게 사랑하지 않기로 결심을 해야 합니다. 만약 우리가 돈이나 명예나 사람들의 인정을 사랑하게 되면 우리는 변질되게 됩니다. 우리는 언제나 하나님 앞에서 가난한 마음이 되어야 하고 의에 주리고 목마른 자들이 되어야 합니다.

오늘 많은 그리스도인들은 자기들이 잘 믿기 때문에 이 세상에서 더 복을 많이 받아야 한다고 생각합니다. 이것은 소금이 그 맛을 잃은 것이며 불이 그 빛을 잃은 것입니다. 우리는 이 세상의 위선을 벌거벗겨야 합니다. 무엇 때문에 크리스천들이 그렇게 안정된 삶에 목을 매달고 그렇게 유명해지고 성공하려고 합니까? 결국 이 세상을 근본적으로 떠나지 못했기 때문입니다. 우리는 '더하여 주신 것' 을 본질보다 더 사랑해서는 안 됩니다. 우리는 이 세상을 사랑할 수 없습니다. 우리는 이 세상에서 하나님의 은혜와 사랑을 나타내는 것으로 만족해야 합니다. 무엇 때문에 믿는 자들이 그렇게 이 세상에서 명성을 추구하고 그렇게 남에게 인정받으려고 합니까? 그 이유는 아직 진정으로 이 세상의 더러운 때를 벗지 못했기 때문입니다. 우리에게 중요한 것은 하나님 자신입니다. 하나님의 말씀과 성령의 능력입니다. 우리는 이 세상에 살지만 끝까지 광야인으로 살아야 합니다. 여러분은 모두 이 세상에 때 묻지 않고 아름다운 삶을 사시는 성도들이 되시기를 바랍니다.

Exposition of John

38 _ 요 16:1-15

성령이 하시는 일

사람이 육체적으로나 정신적으로 한번 병이 들어서 아파 보지 않으면 육체적으로나 정신적으로 건강한 것이 얼마나 중요한 것인지 모를 때가 많습니다. 누군가가 어떤 병에 걸려서 몇 달씩 혹은 몇 년씩 병원 신세를 지게 되면 아무리 의욕이 있고 생각이 있어도 몸이 말을 듣지 않아서 아무 것도 할 수가 없습니다.

우리는 오늘 이 세상을 살아가면서 우리 사회가 정해 놓은 성공의 기준 같은 것을 가지고 살아가고 있습니다. 확실히 이 세상에서는 성공한 사람도 있고 실패한 사람도 있습니다. 하지만 거의 대부분의 사람들은 이것도 아니고 저것도 아닌 한 평생을 평범하게 살아가고 있습니다. 그러나 성령이 주시는 믿음의 눈으로 각 사람을 보면 온 세상 사람들이 지금 속아서 살아가고 있다는 것을 알게 됩니다. 즉 지금 이 세상에서 성공적인 삶이라고 하는 그것은 완전히 마귀가 준 선전술밖에 되지 못하는 것입니다. 이 세상에서 성공적인 삶을 산 사람이 나중에 하나님 앞에 섰을 때 가장 비참한 인생을 산 사람으로 나타날 수 있습니다. 심지어 정치인이나 교수나 가장 저명한 종교인조차도 전혀 하나님 앞에서 가치없는 실패한 삶을 산 것으로 나타나게 될 것입니다.

우리는 가끔 육상 선수들 사이에 약물 중독의 스캔들을 듣게 됩니다. 세계적으로 가장 빠르게 달린 단거리 육상 선수가 나중에 도핑 테스트에서 금지된 약물을 복용한 사실이 드러나서 이미 받은 올림픽 금메달까지 다 박탈당하고 선수 생명조차 완전히 박탈당해 버리는 일들을 우리는 가끔씩 보고 있습니다. 지금 우리 주위에서 성공했다고 생각하는 사람들은 모두 마귀가 주는 약물을 먹고 성공을 한 것입니다. 이 세상에서 화려하게 성공한 사람들 중 많은 사람들이 나중에 하나님 앞에서는 그 모든 명예와 자격을 박탈당하고 가장 비참한 자리에 떨어지는 경험을 할 때가 올 것입니다.

그러기에 우리가 고유해야 할 것은 다른 무엇보다 보혜사 성령이 주시는 지혜를 가져야 합니다. 보혜사 성령이 주시는 지혜가 없으면 이 세상에서 아무리 성공하고 유명해져도 전혀 가치 없는 마귀에게 속은 실패한 인생만 살게 되는 것입니다.

영적인 무지

아마도 이 세상에서 가장 아름다운 일이 있다면 누군가가 신앙을 가지는 일일 것입니다. 어떤 사람이 신앙을 가진다는 것은 인생에 대하여 진지한 태도를 가지게 되었다는 것이며 적어도 이 세상에 먹고 사는 것 이상의 가치에 관심을 가지게 된 것을 의미합니다.

그러나 가장 놀라운 차이가 있는 것은 바로 이 신앙의 세계 안입니다.

예수님은 이렇게 말씀하셨습니다.

> 요한복음 16장 1-2절
>
> 내가 이것을 너희에게 이름은 너희로 실족지 않게 하려 함이니 사람들이 너희를 출회할 뿐 아니라 때가 이르면 무릇 너희를 죽이는 자가 생각하기를 이것이 하나님을 섬기는 예라 하리라

앞으로 제자들이 가장 놀라게 되는 것이 무엇인가 하면 하나님을 잘 믿는다고 생각하는 사람들이 제자들을 출교를 시키고 그들을 죽이면서 뭐라고 말하는가 하면 이렇게 하는 것이 하나님을 가장 잘 믿는 것이라고 한다는 것입니다.

어떻게 같은 하나님을 믿는 사람들끼리 서로 이해해주고 도와주지는 못할망정 미워하고 죽이는 것이 하나님을 잘 믿는 일이라고 생각할 수 있을까요?

여기에 놀라운 영적인 무지와 맹목성이 있습니다.

사람들이 신앙에 관심을 가지고 신앙인으로 살아가려고 하는 것은 참으로 귀하고 아름다운 일입니다. 그러나 놀라운 것은 아무리 신앙의 세계 안에 들어가서 열심히 종교 생활을 하고 체험을 해도 근본적인 무지는 벗겨지지 않는 것입니다. 사도 바울은 유대인들이 모세 때 쓰고 있었던 수건을 아직까지도 벗지 않고 있다고 말씀한 적이 있습니다.

우리나라 사람들도 종교를 가진 사람들이 너무 자기 종교만을 옳다

고 하는 것을 좋아하지 않습니다. 오히려 종교인들끼리 서로 교류도 하고 서로 인정도 하는 것이 그만큼 종교인들이 독선을 버리는 것이라고 생각합니다.

그러나 예수님은 이렇게 타종교는 물론이고 같은 하나님을 믿는 사람들끼리도 서로 이해를 하지 못하고 심지어는 출교를 시키고 한 걸음 더 나아가서는 잡아서 죽이면서 이것이 하나님을 잘 믿는 것이라고 생각한다고 말씀하셨습니다.

예수님은 그 이유에 대하여 분명히 말씀하셨습니다.

요한복음 16장 3절

저희가 이런 일을 할 것은 아버지와 나를 알지 못함이라

여기서 예수님은 신앙의 세계 안에 엄청난 차이가 있다는 것을 말씀하고 계십니다. 보통 사람들이 생각하는 신앙의 세계라고 하는 것은 인생에 대하여 진지한 관심이나 혹은 신이나 영원을 찾고자 하는 갈망입니다. 그런데 사람의 잠재의식 속에는 엄청난 종교적인 쓰레기들이 들어 있어서 수많은 체험과 환상과 여러가지 현상들이 나타납니다. 이것은 다 어떤 의미에서는 종교적인 쓰레기들인 것입니다. 그러나 사람들은 이런 체험들이야말로 가장 순수한 감정이고 체험이라고 믿습니다. 예수님은 이런 상태야말로 종교적인 무지라고 말씀을 하고 있습니다.

어떤 이는 하나님에 대하여 열심이 있고 많은 체험이 있고 많은 자신감을 가지고 있다고 하지만 실제로는 아무 것도 알지 못하는 맹인인 것입니다.

여기서 중요한 것은 '저희가 이런 일을 할 것은 아버지와 나를 알지 못함이니라' 고 했습니다. 우리 인간에게 있어서 가장 중요한 체험은 '하나님을 아는 것' 입니다. 우리가 하나님을 안다는 것은 그야말로 영적인 무지의 수건이 벗겨지고 하나님의 영광 안으로 들어가는 것입니다. 사람들은 대개 자신이 하나님을 알기 위해 고민하고 방황하고 몸부림치는 것이 아름답다고 생각을 합니다. 그러나 결코 이러한 노력만으로 하나님을 아는 지식의 영광 안으로는 들어가지 못하는 것입니다.

제임스 패커는 그의 책 '하나님을 아는 지식' 이라는 책에서 '하나님을 아는 것' 과 '하나님에 대하여 아는 것' 은 다르다고 지적했습니다. 하나님에 대하여 아는 것은 간접적으로 아는 것이지 인격적으로 아는 것이 아닙니다. 우리가 어떤 유명한 스타를 알 때 나는 그 스타를 알지만 그 스타는 나를 알지 못할 수 있습니다. 그러나 스타와 아주 친한 친구이고 가족이라면 원할 때 언제든지 만나서 이야기를 나눌 수 있을 것입니다. 이것이 바로 그 사람과 개인적으로 아는 것이며 진정한 친분이 있는 것입니다.

우리가 하나님을 안다는 것은 단순히 하나님의 존재를 믿는 것을 말하지 않습니다. 우리가 하나님을 아는 것은 하나님이 나의 삶에 실제적인 분이 되시는 것입니다. 즉 하나님이 실제로 살아계신 나의 하나님이 되는 것이며 내가 살아계신 하나님을 체험하는 것입니다. 이때 비로소 우리는 종교적인 맹인의 상태에서 비로소 눈을 뜨게 되는 것입니다.

그러면 우리가 어떻게 살아계신 하나님을 만나게 됩니까? 그것은 예수님을 통해서입니다. 예수님을 믿는 것은 진정한 하나님을 만나는 열쇠를 가진 것이나 마찬가지입니다. 예수님을 통하지 않고서는 어느 누구도 진정으로 하나님을 알 수 없습니다. 하나님에 대하여 어느 정도 알 수는 있지만 진정으로 하나님을 깊이 알 수는 없습니다.

그래서 여기서 예수님께서는 '아버지와 나를 알지 못함이라' 고 말씀하고 있습니다.

예수님을 모르고 하나님을 아는 것은 무서운 신을 아는 것입니다. 하나님은 늘 나의 죄에 대하여 진노하시며 심판하시며 결코 용서하지 아니하시는 무서운 하나님만 아는 것입니다. 그런 까닭에 예수를 믿지 않고 하나님을 아는 사람은 사랑과 용서의 하나님을 결코 알지 못합니다. 그리고 결단코 하나님을 '나의 아버지' 라고 부를 수 없습니다. 그러기에 예수님을 아는 것이 천국의 보물 창고로 들어가는 열쇠인 것입니다.

그러나 이 세상의 종교인들은 다 나름대로는 무엇인가를 믿고 있는 사람들입니다. 그 사람들이 믿고 있는 것이 무엇일까요? 그것은 자신의 신념과 자신의 체험을 믿고 있는 것입니다. 그러나 실제로 이 세상에서는 그런 사람들이 권력을 다 쥐고 있는데 진정으로 예수 믿는 사람들을 보면 정말 이상하게 보이는 것입니다.

일단 예수 믿는 사람들은 자기들처럼 조직적이지도 않고 체계적이지도 않고 종교적인 의식이 거창한 것도 아닙니다. 겉으로 보면 오히려 자기들보다 금욕적이지도 않고 노력도 많이 하는 것 같지도 않습니다. 역사도 없고 전통도 없습니다. 심지어 종교적인 체험이나 지식도 없고 사회적인 인정도 없고 권력도 없습니다. 그런데 하나님을 사랑을 하는 것입니다. 그리고 놀라운 능력이 그들에게만 나타나는 것입니다. 그들은 하나님을 자유자재로 부르며 하나님을 너무나도 가깝게 느끼고 있습니다. 대체로 이것이 종교인들이 성령의 은혜를 받은 사람들을 보았을 때 가지게 되는 인상인 것입니다.

그런데 이상하게도 이들은 하나님에 대하여 엄청난 믿음과 지식을 가지고 있고 놀라운 기도의 능력이 나타나고 있는 것이었습니다. 무엇보다 그들이 보기에 더 이상한 것은 이들이 가지고 있는 기쁨과 행복함이었습니다.

결국 종교인들은 이들을 시기하고 미워해서 출교하고 죽이기까지 하게 되는 것입니다. 그 이유는 근본적으로 하나님과의 관계에서 다르기 때문입니다. 이것은 도저히 같이 있고 싶다고 해서 같이 있을 수 있는 것이 아닙니다.

그러기에 예수를 믿어야 합니다. 사도 바울은 그리스도를 아는 지식이 얼마나 고상한지 세상에서 자랑하던 모든 것을 배설물처럼 버렸다고 말씀하고 있습니다.

우리가 예수를 믿을 때 우리는 예수님의 죽으심과 부활에 체험적으로 동참을 하게 됩니다. 우리가 어떤 사람을 가장 잘 아는 비결은 어떤 체험을 같이 했을 때입니다. 학교 때 친구가 가장 친한 이유는 많은 시간을 같이 지내면서 여러가지 일을 같이 경험하기 때문입니다. 특히 같이 한번 죽었다가 살아났을 때에는 그 사람과 가장 가까운 사람이 되게 됩니다. 우리는 예수님을 믿음으로 한번 죽었다가 살아난 사람들입니다. 그래서 하나님을 아는 것도 그냥 지식적으로 아는 것이 아니라 하나님의 아들과 가장 가까운 사람이 된 것입니다. 우리도 개인적으로 하나님을 알지만 하나님도 우리를 개인적으로 아시는 것입니다.

만약 우리가 단순한 종교적인 감정이나 체험으로 하나님의 축복의 세계 안으로 들어갈 수 있다면 예수님께서 그렇게 비참하게 죽을 필요가 없었을 것입니다.

우리가 하나님을 안다는 것은 하나님의 어마어마한 축복 속으로 들어가는 것을 의미합니다. 지금까지 우리 눈을 가리고 있던 영적인 맹인 상태에서 눈을 뜨는 것입니다. 우리가 눈을 뜨게 되었을 때 깨닫는 것은 진정한 보물은 하나님 자신이며 또 은혜 받고 변화된 우리 자신이고 그리고 하나님의 진리라는 것을 알게 됩니다. 그리고 이 세상에 보이는 많은 보물들은 보물이 아니고 보물의 그림자에 불과한 것입니다. 사람들은 한 평생 그림자를 실체인 줄 알고 살다가 나중에 가서야 그것이 아무 것도 아니었다는 것을 깨닫게 되는 것입니다.

제자들의 근심

제자들은 그동안 예수님을 따라다니면서 훈련받았기 때문에 예수님 없이는 아무 것도 하지 못하는 절대적으로 의존적인 자들이 되어버렸습니다. 그런데 예수님은 제자들을 두고 어디로 가야 한다고 자꾸 말씀을 하시는 것입니다. 그래서 제자들은 아주 불안하게 되었고 두려워하게 되었습니다.

사람들이 어떤 일을 인정하고 싶지 않을 때에는 할 수 있는 대로 그 일에 대하여 이야기를 하지 않으려고 합니다. 그래서 제자들은 예수님의 말을 듣고도 예수님이 어디로 가시는지 가시면 자기들은 어떻게 되는지 할 수 있는 대로 말을 하지 않으려 하고 있었습니다. 그때 예수님은 왜 묻지 않느냐고 말씀하셨습니다. 즉 예수님이 가시면 자기들은 어떻게 되는지 물으라고 하시는 것입니다. 그 이유가 무엇입니까? 예수님이 가시고 난 후에 그들에게 어마어마한 축복이 임하기 때문입니다. 바로 보혜사 성령이 오시기 때문입니다.

요한복음 16장 4-6절

오직 너희에게 이 말을 이른 것은 너희로 그 때를 당하면 내가 너희에게 이 말 한 것을 기억나게 하려 함이요, 처음부터 이 말을 하지 아니한 것은 내가 너희와 함께 있었음이니라. 지금 내가 나를 보내신 이에게로 가는데 너희 중에서 나더러 어디로 가느냐 묻는 자가 없고 도리어 내가 이 말을 하므로 너희 마음에 근심이 가득하였도다

예수님이 이 세상에 계실 때 예수님은 제자들을 모든 공격으로부터 다 지켜주셨습니다. 제자들은 예수님이 계신 이상 바리새인이나 사두개인이나 아무도 두렵지 않았습니다. 왜냐하면 예수님이 그들의 모든 공격을 다 막아주셨기 때문입니다. 그러나 이제는 제자들은 큰일이 났습니다. 예수님이 자기들을 떠난다고 하시기 때문입니다.

그러나 성령이 오신 후에는 제자들은 더 이상 옛날 같은 바보들이 아닙니다. 성령이 우리들에게 가장 놀라운 지각을 부어주시기 때문입니다. 제자들은 이제 이 세상의 어떤 지식인도 이 세상의 어떤 권세 있는 자도 심지어 마귀도 그들을 이길 수 없는 능력의 사람이 되는 것입니다.

요한복음 16장 7절

그러하나 내가 너희에게 실상을 말하노니 내가 떠나가는 것이 너희에게 유익이라 내가 떠나가지 아니하면 보혜사가 너희에게로 오시지 아니할 것이요 가면 내가 그를 너희에게로 보내리니

예수님은 여기서 가장 중요한 말씀을 하십니다. 즉 우리 인간들이

이렇게 무지하며 이렇게 어리석게 살 수 밖에 없었던 것은 보혜사 성령을 받지 못했기 때문인 것입니다. 결국 인간의 문제는 자기 힘으로 이 세상을 살려고 했기 때문에 생긴 것입니다. 우리기 경험하는 모든 문제들은 결국 인간의 힘으로는 해결할 수가 없습니다. 사람들에게 먹을 것이 있고 입을 것이 있고 살 집이 있으면 아무 문제가 없느냐하면 결코 그렇지 않습니다. 왜냐하면 거기에서부터 진짜 인간의 문제가 시작되기 때문입니다. 즉 먹는 문제가 해결되면 바로 '인간답게 사는 것이 무엇이냐?' 하는 문제가 생기고 그 후에는 내가 과연 누구며 어떻게 살아야 하며 어떻게 해야 가치 있는 과거를 해결할 수 있느냐 하는 문제가 대두되기 때문입니다. 결국 인간의 문제는 우리 안에 하나님의 능력이 임해야 해결될 수 있는 것입니다.

예수님은 이 세상에 오셔서 우리를 대신해서 죽음으로써 바로 이 보혜사 성령이 우리에게 오게 하셨습니다. 그런데 사람들은 이 보혜사 성령이 얼마나 우리에게 중요한 분이시며 얼마나 엄청난 분인지 모르고 있는 것입니다.

제자들은 지금까지 주님과 함께 있는 것이 너무나도 좋았습니다. 주님은 그들에게 많은 말씀을 가르쳐 주셨고 주님은 그들의 먹을 것을 다 책임져 주셨습니다. 그리고 악한 자들이 공격할 때에는 예수님이 다 막아주셨습니다. 그런데 예수님이 떠나려고 하시니까 제자들은 도대체 이해가 되지 않았습니다. '예수님, 우리는 지금이 얼마나 좋은데 왜 예수님은 우리를 버리고 다른데로 가려고 하십니까?' 하는 것입니다. 그러나 예수님은 제자들이 이런 상태에서 아무리 좋아도 죽을 때까지 어린 아이 상태이며 아무 것도 할 수 없다는 것을 알고 계셨습니다. 왜냐하면 이들은 영적인 어린아이들이었기 때문입니다.

우리가 아이를 키울 때 보면 너무나도 귀엽고 사랑스럽습니다. 그러나 아기는 혼자 서 있을 수도 없고 아무 것도 할 수가 없습니다. 단지 사랑스럽고 귀여울 뿐입니다. 마찬가지로 제자들이 예수님을 모시고 기뻐하고 좋아하는 것은 영적인 어린아이 상태였습니다. 예수님은 이것이 그들이 누릴 복의 전부는 아니라고 말씀하시는 것입니다.

그래서 더 좋은 것을 주시기 위해서 죽으시는 것이었습니다. 성령만이 우리의 난제들을 완전히 해결해 주시며 우리를 온전한 하나님의 축복 가운데로 인도할 수가 있습니다. 성령이 오셔서 믿는 자들 속에 역사하면 예수님이 누구인지, 하나님의 뜻과 진리가 무엇인지 깨닫게 되고 인간이 상상할 수 없는 능력을 수여받게 됩니다. 그때 우리는 가장 강할 수 있고 가장 영광스러울 수 있습니다.

성령의 책망

우선 성령은 우리에게 오셔서 놀라운 지식과 권세를 주십니다.

요한복음 16장 8절

그가 와서 죄에 대하여, 의에 대하여, 심판에 대하여 세상을 책망하시리라.

여기서 성경은 '책망' 이라는 말을 사용합니다. '책망' 이라는 것은 보통 위의 사람이 자기보다 어리거나 낮은 사람의 잘못을 따져서 나무라는 것을 말합니다. 그래서 '책망' 이라는 말 속에 이미 권위나 위엄이 들어 있습니다. 우리가 이 '책망' 이라는 말을 좀 더 쉽게 이해하려면 '진단' 이라고 하든지 '선고' 나 '판결' 이라는 의미로 생각하면 좋을 것입니다.

어떤 사람이 몸이 좋지 않아서 병원에 와서 의사의 진찰을 받았는데 아직 진단이 내려지지 않았다면 여러 가지 추측이나 여러 가지 이야기가 있을 것입니다. 그러나 의사가 환자나 보호자를 불러서 최종적인 진단을 내리면 이제 그 병은 결정이 되어버리는 것입니다. 이제는 더 이상 추측이나 생각은 필요 없고 오직 병을 치료받는 것만 남은 것입니다. '판결' 도 마찬가지입니다. '판결' 이 내려지기 전까지는 사람들이 다 자기가 옳다고 주장을 하지만 일단 판결이 내려지면 그때는 더 이상 수군거리거나 따지는 것은 소용이 없고 오직 판결의 집행만 남게 되는 것입니다. 마찬가지로 성령이 오시기 전까지 사람들은 이 세상 사람들이 하는 말만 듣고 자기 나름대로 의의 기준을 가지고 자기 나름대로의 성공의 기준을 가지로 열심히 살아왔습니다. 그러나 성령이 오신 후에 하나님의 말씀을 가지고 판결을 내리면 이제 더 이상 다른 말은 필요가 없고 오직 성령이 하신 말씀만이 최종적인 권위를 가지는 말씀이 되어버리는 것입니다.

복음은 단지 하나의 인생관이 아닙니다. 사람들은 자꾸 기독교를 하나의 인생관으로 생각하려고 합니다. 그러나 기독교 안에는 진리가 가지는 놀라운 힘이 있고 권세가 있습니다. 그것은 성령이 하나님의 말씀으로 온 세상을 책망하시는 것입니다.

다른 말로 표현하면, 이 세상은 책망을 받아야 합니다. 왜냐하면 이 세상 사람들은 너무나도 모르고 거짓 것에 속고 있기 때문입니다. 이 세상 사람들이 성공적인 삶이라고 생각해서 살아가고 있는 것은 모두 마귀가 심어 놓은 가치관인 것입니다. 이 세상 사람들이 원하는 대로 살면 반드시 인생에 실패하게 되어 있고 나중에는 망하게 되어 있습니다.

세상은 결코 이처럼 편하게 살아서는 안 됩니다. 그들은 결코 웃을 수 없는 형편에서 웃고 있고, 만족해서는 안 되는 순간에 자기만족에 빠져 있습니다. 누군가가 이들의 거짓된 만족을 지적하고, 그들의 교만 속에 있는 추하고 벌거벗은 모습을 드러내야 합니다.

성령이 책망하시는 내용은 다음과 같습니다.

요한복음 16장 8-11절

그가 와서 죄에 대하여, 의에 대하여, 심판에 대하여 세상을 책망하시리라. 죄에 대하여라 함은 저희가 나를 믿지 아니함이요 의에 대하여라 함은 내가 아버지께로 가니 너희가 다시 나를 보지 못함이요

이 세상이 가장 먼저 책망 받고 지적당해야 할 내용은 바로 '죄' 에 대한 것입니다. 불행하게도 이 세상은 '죄' 가 무엇인지 모르고 살아가고 있습니다. 도대체 '죄' 라는 것이 무엇입니까? '죄' 는 인간이 하나님을 모르고 살아가는 것입니다. 여기서 하나님을 모르고 살아간다는 것은 '하나님의 존재' 를 모른다는 뜻이 아닙니다. 많은 사람들이 신의 존재를 부인하지 않습니다. 여기서 '하나님을 안다' 라는 말은 그 사람에게 있어서 하나님이 실제적인 의미를 가지고 있느냐는 것입니다. 단순히 개념적으로 하나님의 존재를 인정한다고 해서 그 사람이 하나님을 아는 것이 아닙니다. 하나님이 그에게 실제적인 분이어야 합니다. 다른 말로 표현해서, 하나님께서 그의 모든 삶에 주인이 되시는 것입니다.

요한복음 16장 9절

죄에 대하여라함은 저희가 나를 믿지 아니함이요.

예수님은 사람들이 하나님을 믿지 않는다고 해서 '죄'라고 말씀하시지 않았습니다. '나'를 믿지 않는 것이 죄입니다. 다시 말해서 예수님을 믿지 않는 것이 죄라고 책망하신다는 뜻입니다.

여기서 왜 예수님은 '하나님을 믿지 아니함이요'라고 말씀하시지 않고 '나를 믿지 아니함이요'라고 말씀하실까요? 사람들은 '하나님을 믿지 않는다'라는 것을 하나님의 존재를 믿지 않는 것으로 생각합니다. 그러나 '예수 그리스도를 믿지 않는다'라는 것은 '하나님의 주권'을 믿지 않는 것을 말합니다. 유대인들은 모두 하나님의 존재를 믿었습니다. 그들은 하나님이 어떤 분인지 알고 있었습니다. 그러나 그들은 하나님께서 자기들의 삶에 간섭하는 것을 원치 않았습니다. 하나님께서 그 아들을 보내셔서 그들의 삶의 방향을 돌이키려고 하실 때 그들은 거부했습니다. 우리는 하나님을 믿을 수 있습니다. 우리는 기독교인으로 별 무리 없이 좋은 신앙생활을 할 수 있습니다. 그러나 하나님께서 나의 삶에 간섭하시는 것은 싫어합니다. 죄라고 하는 것은 자신의 삶에서 하나님을 몰아내는 것입니다. 이러한 사람은 누구나 하나님을 업신여기고 있고 하나님의 뜻을 거역하고 있는 것입니다. 그러기에 하나님이 우리의 삶에 실제적인 분이 되셔야 합니다.

성령께서 사람들에게 하시는 말씀이 무엇입니까? '네가 소유하고 있고 네가 누리고 있는 삶이 모두 다 너의 것이 아니라'는 것입니다. 예수님이 오신 이유가 무엇입니까? 우리가 가진 모든 것이 하나님의 것이기 때문에 하나님의 영광을 위해서 써야 한다는 것입니다. 그것 때문에 유대인들은 예수님을 십자가에 못 박아 죽였습니다.

예수님께서 가르치신 것은 '우리가 가지고 있는 모든 것은 하나님의 것이기에 하나님의 뜻대로 사용되어야 한다.' 는 것입니다. 하나님은 우리 삶에 실제적인 분이 되셔야 합니다. 하나님께서 나의 삶의 주인이 되셔야 합니다.

'죄' 라는 것은 단지 다른 사람에게 나쁜 짓을 하는 것만 말하지 않습니다. 나의 삶에서 하나님의 간섭을 몰아내는 것이 죄입니다. 나의 삶을 내 마음대로 살려고 하는 것이 죄입니다.

사람들의 모든 불행은 어디서부터 시작됩니까? 그것은 축복과 은혜의 근원되시는 하나님으로부터 단절되기 때문에 시작되는 것입니다. 하나님으로부터 복이 오지 않으면 아무도 복을 받을 수 없습니다. 그런데 이 복을 차단시키는 것이 무엇입니까? 바로 '죄' 요, 하나님의 앞에서의 '교만' 이요, 하나님의 간섭을 받지 않으려는 고집스러운 자세입니다. 바로 이것이 죄라는 것을 깨닫는 순간부터 그 사람에게는 서광이 비춥니다. 우리에게 필요한 모든 축복은 하나님께 있습니다. 만약 하나님을 향한 우리의 태도가 바뀌기만 하면 우리는 모든 것을 다 누릴 수 있습니다.

그러기에 이 세상에서 죄에 대하여 많이 깨닫는 자는 그만큼 은혜의 자리로 나아갈 수 있는 가능성이 많습니다. 예수님께서는 세리나 창기가 먼저 하나님의 나라에 들어갈 것이라고 말씀하셨습니다. 그 이유는 여기서 죄를 많이 책망 받을수록 우리는 하나님의 은혜에 더 목말라 하며 참 하나님의 은혜를 받을 가능성이 있기 때문입니다.

성령께서는 '의' 에 대하여 이 세상을 책망하신다고 말씀하십니다. '의' 라고 하는 것은 사람들이 자랑하는 것입니다. 즉 남들이 가지고 있지 않은 것을 자기들이 가지고 있기 때문에 더 잘살아야 하고 더 행복해야 한다고 생각하는 근거를 말하는 것입니다. 어떤 사람은 자기가 공부를 많이 했기 때문에 자기는 다른 사람들보다 더 잘 살아야 한다고 생각합니다. 그 사람에게는 그것이 자기 의인 것입니다. 어떤 사람은 자기가 돈을 많이 벌었기 때문에 더 잘 살아야 하고 행복해야 한다고 생각합니다. 그것이 그 사람에게는 자기 의인 것입니다. 어떤 사람은 세상에서 높은 자리에 올라가 있기 때문에 자기는 더 행복해야 한다고 생각합니다. 그것이 그 사람에게는 자기 의인 것입니다. 그러나 우리에게 궁금한 것은 과연 이런 자랑들이 하나님 앞에서도 인정이 되겠느냐 하는 것입니다. 인간의 자랑 중에서 하나님 앞에서 인정될 수 있는 것은 단 하나도 없습니다. 예를 들어 우리는 인물이 미인이라거나 성격이 좋다거나 남을 한 번도 해치지 않았다거나 하는 것들을 자랑하지만 이것들 중에서 어느 것도 하나님 앞에서 인정되는 것은 단 하나도 없습니다. 인간들의 모든 자랑과 체험과 노력은 하나님 앞에서 완전히 쓰레기 밖에 되지 않는 것입니다. 그러나 사람들은 어리석게도 자기들에게는 무엇인가 남들보다 우월한 것이 있다고 생각을 합니다. 그것을 성령은 책망하시는 것입니다. 하나님께서 의롭다고 인정하시는 것은 오직 예수 그리스도의 십자가밖에 없습니다.

요한복음 16장 10절

의에 대하여라 함은 내가 아버지께로 가니 너희가 다시 나를 보지 못함이요

'내가 아버지께로 간다' 는 것은 그냥 가시는 것이 아닙니다. 십자가 위에 죽어서 그 보혈을 가지고 가시는 것을 말합니다.

하나님께서 유일하게 의롭다고 인정하시는 것은 오직 예수 그리스도의 죽으심 밖에 없습니다. 예수님의 십자가는 하나님의 말씀에 대한 완전한 순종이었습니다. 예수님은 하나님의 아들로서 죄 없이 십자가를 지셨습니다. 하나님은 오직 이것만 인정하십니다.

그 외에 인간들의 모든 고행이나 수고나 자랑이나 헌신들은 인간들이 보기에는 놀랍고 자랑스러워 보일지 몰라도 하나님 앞에서는 이러한 것들이 아무런 쓸모가 없는 불합격품들입니다.

우리 인간들은 죽어도 우리 힘으로는 구원받을 수가 없습니다. 오직 하나님이 우리에게 요구하시는 것은 하나님의 사랑하는 아들의 죽음이 너희 죄를 대신한 죽음이라는 것을 믿으라는 것입니다. 이것이야말로 하나님께서 우리들에게 최소 한도로 요구하시는 것입니다. 즉 하나님께서 우리에게 요구하시는 것은 최소 한도의 겸손과 정직입니다. 하나님께서는 우리 인간들에게 다른 것은 일체 요구를 하시지 않으십니다. 오직 십자가의 은혜만을 겸손히 받아들이도록 요구하십니다. 이것만이 우리를 완전한 하나님의 영광 가운데로 인도합니다.

또 성령이 증거하시는 것은 이 세상을 지배해오던 이 세상 신이 이미 심판을 받았다는 것입니다.

요한복음 16장 11절

심판에 대하여라 함은 이 세상 임금이 심판을 받았음이니라

'이 세상 임금' 은 마귀를 의미합니다. 마귀는 예수 그리스도의 십자가로 이미 심판을 받았습니다. 마귀는 하나님의 은혜 안에서 이미 그 힘을 잃어버렸습니다. 그래서 진리가 비취는 곳마다 마귀는 패배

하고 물러가게 되어 있습니다.

마귀는 어떤 존재입니까? 마귀는 모든 인간의 생각과 삶을 지배하던 신입니다. 마귀는 많은 사람들을 속여서 이 세상에서 성공하고 출세하는 것이 성공적인 삶이라고 가르쳤습니다. 그러나 그것은 실패한 삶입니다. 우리는 모두 다 과거에 마귀의 이 썩은 가치관에 중독이 되었던 사람들입니다. 그러나 이제 우리에게 중요한 것은 하나님을 아는 것입니다. 그리고 믿음으로 사는 것이며 죄를 이기는 것입니다.

성령은 우리 믿는 사람들 속에 오셔서 마귀가 만들어 놓은 이 세상의 가치관이 틀렸다는 것을 증거하기 시작하십니다. 그러나 우리는 믿는다고 하면서도 놀랍게 세상 사람들의 가치관에 사로잡히는 것을 볼 수 있습니다. 우리는 예수를 믿는다고 하면서도 여전히 세상에서도 잘 살려고 하고 세상에서도 성공하려고 합니다. 하지만 성령 하나님은 그런 사고방식이 틀렸고 실패한 삶이라고 가르쳐 주십니다.

보혜사 성령과 그리스도

이제 예수님께서는 자신과 성령과의 관계에 대하여 말씀을 하십니다. 우리는 성령에 대한 말씀을 들으면 도대체 예수님과 성령은 어떤 관계가 있는지 의문이 생기게 됩니다. 우리에게 있어서 그리스도와 성령은 두 분 다 없어서는 안 되는 꼭 필요한 분이십니다. 그럼에도 불구하고 많은 경우에 신앙은 그리스도에 치우친 신앙과 성령에 치우친 신앙으로 나누어지는 것을 자주 볼 수 있습니다.

많은 경우 전통적인 신앙을 가져오신 교회나 교파는 '그리스도 중심적' 입니다. 여기서 '그리스도 중심적' 이라는 것은 우리가 예수는 믿지만 성령의 능력은 잘 인정하지 않는 전통적인 입장을 말하는 것입니다. 옛날에 어떤 학자들은 오순절의 성령은 단회적으로 끝났다고 주장하기도 했습니다. 이런 신앙은 너무나도 기계적이고 전통적이며 지식적이라는 뜻입니다. 날마다 살아있는 성령의 폭발적인 능력을 모르는 것입니다.

거기에 비하여 '은사' 를 지나치게 강조하시는 분들은 지나치게 성령중심적 신앙을 가진 사람들이 있습니다. 이들은 무조건 은사만 받으면 된다고 해서 성경을 배우려고 하지 않습니다. 오히려 그리스도의 십자가는 덜 중요하게 생각하려고 합니다. 죄는 아예 들으려고 하지도 않고 좋으신 하나님만 알려고 하고 세상의 축복만 받으려고 합니다. 이 모든 것이 균형을 잃어버린 신앙인 것입니다.

우리는 그리스도와 성령을 분리시켜서 어느 한 분만을 의지할 수 없습니다. 그리스도와 성령은 하나입니다. 그리스도를 믿는 사람은 반드시 매 순간 성령을 의지해야 합니다. 그리고 성령의 능력을 구하는 자는 그리스도 안에서 구해야 합니다. 예수의 십자가를 믿는다고 하면서 매 순간 주님이 주시는 성령의 능력을 의지하지 않고 자기 기분이나 자기 의지로 사는 것은 불신앙입니다.

그리스도의 십자가는 우리 신앙의 출발점입니다. 그러나 그것이 전부가 아닙니다. 우리는 더 풍성한 은혜를 체험하고 능력을 얻기 위하여 더욱더 성령을 의지해야 합니다. 그리고 우리는 더 큰 지혜와 능력을 얻기 위하여 더욱더 성경의 가르침 속으로 들어가야 합니다.

예수님은 제자들이 성령의 도우심을 받아야 할 필요성에 대하여 이렇게 말씀하십니다.

요한복음 16장 12절

내가 아직도 너희에게 이를 것이 많으나 지금은 너희가 감당치 못하리라

주님은 제자들에게 모든 것이 다 전수되었다고 말씀하시지 않습니다. 제자들은 어떤 사람들입니까? 그들은 삼년동안 주님을 따라다니면서 진리를 배운 자들입니다. 주님은 그들을 향하여 '그동안 나를 따라 다니느라 수고를 많이 했다. 이제 나는 더 이상 가르쳐 줄 것이 없다. 지금까지 배운 것으로 충분한 줄 알아라.' 고 말씀하시지 않았습니다. 오히려 주님은 지금 제자들이 너무나도 많은 것을 모르고 있으며 더 많은 것을 배울 필요가 있음을 깨닫게 하십니다.

그러나 지금 주님이 그 모든 것을 가르쳐 주시는 것이 아니라 앞으로 오실 성령께서 그들에게 가르쳐 주실 것이라고 말씀하십니다. 제자들은 성령을 받아야 더 온전하고 능력 있는 신앙을 가질 수 있습니다. 그런데 성령은 제자들을 더 깊은 진리의 자리로 인도를 하십니다.

요한복음 16장 13절(上)

그러하나 진리의 성령이 오시면 그가 너희를 모든 진리 가운데로 인도하시리니

그래서 우리가 성령을 받으면 우리의 신앙은 더욱 더 자라게 되어 그리스도의 장성한 분량에까지 이르게 되는 것입니다. 무엇보다 성령이 우리에게 임하시면 우리가 하나님의 진리에 있어서 지각이 수백 배, 수천 배 커지게 되는 것입니다.

예를 들어 성령의 능력을 받은 삼손이 얼마나 강했습니까? 삼손은 성령의 능력이 임했을 때 혼자서 천명을 이겼고 성 문짝을 혼자 들고 갔던 사람입니다. 그러나 그가 깨닫지 못하니까 들릴라라는 여자 하

나를 이기지 못해서 결국 눈알이 뽑히고 말았던 것입니다.

만약 삼손에게 성령이 주시는 지각이 있었더라면 당장 들릴라라는 여자가 자기를 망하게 하는 여자이며 가장 위험한 원수라는 것은 한 순간에 알았을 것입니다.

오늘 이 세상 사람들은 수많은 정보나 자료를 가지고 있으면 행복한 삶을 살 수 있을 것으로 생각합니다. 그러나 성령은 우리 자신을 지혜 덩어리로 만들어주시고 보물 덩어리고 만들어주셔서 이 세상의 어떤 사탄의 속임수도 다 이기게 하시고 물리치게 하십니다.

우리에게는 감당할 수 없는 엄청난 진리와 능력이 있습니다. 그러기에 우리는 성령이 오신 지금 그것을 깨달아야 하며 그 능력을 받아서 역동성 있는 신앙의 삶을 살아야 합니다. 신앙은 힘이 없는 것이 아닙니다. 신앙은 이 세상이 감당할 수 없을만큼 역동적인 것입니다.

요한복음 16장 13절(下)

그가 자의로 말하지 않고 오직 듣는 것을 말하시며

무엇보다 성령은 자기 마음대로 말씀하시는 것이 아무 것도 없다는 것입니다. 주님께서 말씀하신 것과 성령이 말씀하시는 것은 다 같은 것입니다. 다시 말해서 성령은 예수님이 말씀하시지 않는 영적인 세계에 대한 어떤 새로운 사실을 말씀하시지 않는다는 뜻입니다.

또한 성령에 대하여 무엇이라고 말씀하고 있습니까?

요한복음 16장 14절

그가 내 영광을 나타내리니 내 것을 가지고 너희에게 알리겠음이니라 성령이 하시는 일은 그리스도를 증거하는 일입니다. 성령은 우리로 하여금 예수님이 하나님의 아들이시며 우리를 대신하여 죽으신 것을 증거합니다.

그런 까닭에 우리는 그리스도에 대한 진리가 능력 있고 힘 있게 증거될 때, 분명히 성령이 우리 안에서 가장 강하게 역사하시는 것을 깨달아야 합니다.

그래서 성령의 역사가 가장 강하게 나타나게 하려면 그리스도를 가장 분명하게 증거해야 합니다. 특히 성령의 가장 강한 능력이 나타나게 하려면 성경을 가장 권세 있게 증거해야 합니다. 그러면 성령의 가장 강한 능력과 축복이 나타나게 됩니다. 왜냐하면 그것이 성령이 가장 원하시고 기뻐하시는 뜻이기 때문입니다.

요한복음 16장 15절

무릇 아버지께 있는 것은 다 내 것이라. 그러므로 내가 말하기를 그가 내 것을 가지고 너희에게 알리리라 하였노라

무슨 말입니까? 성령께서 우리에게 주시는 모든 은혜는 바로 주님의 것이라는 사실입니다. 주님께서 부활하시고 하늘에 올리우셔서 떠나신다고 해서 그리스도의 모든 시대가 끝난 것이 아닙니다. 그리스도는 계속 살아계시고 성령을 통하여 하늘의 모든 것을 우리에게 부어주십니다. 성령이 오심으로 그리스도와 성령이 완전히 바뀌는 것이 아닙니다. 이제 모든 것을 성령이 맡아서 따로 일하시는 것이 아니라 주님이 이 세상에 계실 때처럼 여전히 모든 것을 주님이 주관하시고 주님께서 우리의 모든 필요를 채워주시는데, 그것을 성령을 통하여 하

신다는 뜻입니다. 주님은 여전히 주님입니다. 아버지의 것은 모두 주님의 것입니다. 그래서 우리는 여전히 주님의 이름을 구하고 주님께 도움을 간구합니다. 그러면 주님이 성령을 통하여 우리에게 하늘의 모든 지혜와 능력을 부어주십니다.

오늘 성경 말씀이 우리에게 무엇이라고 말씀하십니까? 습관적이고 힘없는 신앙은 병든 신앙이기에 미숙한 신앙을 버리라는 것입니다. 우리에게는 지금보다 수백 배 더 능력 있는 삶이 준비되어 있습니다. 우리 힘으로는 이 세상을 이길 수 없습니다. 우리가 주님의 이름을 부르면서 기도할 때 성령의 능력이 권세 있게 임하셔서 우리를 모든 어려움에서 능히 건져내실 것입니다.

Exposition of John

39 _ 요 16:16-33

완전한 승리

운동선수나 군인들에게 있어서 승리한다는 것은 대단히 중요한 것입니다. 운동선수들은 경기에 이겨야 명예도 얻고 상금도 받습니다. 군인들은 전쟁에 이겨야 국민들의 생명을 지키고 재산을 지켜줄 수 있습니다. 그러나 패배를 당하면 치욕 외에는 아무 것도 얻지 못할 것입니다. 그러나 이 세상 어느 곳에서도 완전한 승리라는 것은 없습니다. 운이 좋으면 이기는 것이고 실력이 좋으면 이기는 것이지 언제나 이긴다는 것은 아무도 보장할 수 없을 것입니다.

가끔 야구나 축구에서 완전한 승리를 얻는 경우가 있습니다. 이때에는 원래부터 워낙 실력차이가 크니까 처음부터 현격한 점수 차이로 경기를 이기는 것입니다. 또한 전쟁에 있어서도 워낙 병력이나 화력의 차이가 크니까 일방적으로 공격을 퍼부어서 이기는 것입니다.

완전한 승리는 참으로 좋습니다. 왜냐하면 상대방을 확실하게 이겼기 때문에 다시는 상대방으로 인하여 공격당하거나 고통받을 걱정을 하지 않아도 되기 때문입니다.

예수님께서는 제자들에게 '조금 후에' 예수님께서 십자가 위에서 죽었다가 부활하심으로 죄에 대하여 마귀에 대하여 심판에 대하여 완전한 승리를 거둘 것이라고 말씀하셨습니다. 이것은 우리에게 엄청난 기쁨을 줄 것입니다. 즉 제자들과 우리들은 예수님에게 잠시 후에 일어날 일로 인하여 과거와는 완전히 다른 능력과 축복 가운데 있게 되는 것입니다. 그래서 우리도 이 세상에서 완전한 승리를 거두는 사람들이 될 것입니다. 예수님은 우리가 이것을 바로 알기를 원하셨습니다. 그러나 한편으로 생각해보면 우리는 이 세상에서 너무나도 부족한 것이 많은 사람들이기에 완전한 승리는 고사하고 겨우겨우 승리하는 것조차 장담할 수 없는 허물투성이의 사람들입니다. 그러기에 우리는 늘 실패하며 넘어질 수밖에 없는 연약한 존재들입니다. 그럼에도 불구하고 예수님은 어느 누구도 우리의 기쁨을 빼앗지 못할 것이라고 말씀하셨습니다. 즉 예수님께서는 우리가 앞으로는 절대로 마귀에게 고통을 당하고 저주에 빠지고 인생에 실패해서 우는 일은 결코 일어나지 않을 것이라고 말씀하셨습니다. 우리가 이렇게 연약한 사람들인데 우리가 결코 실패하지 않는 이유가 어디에 있을까요? 그것은 우리가 더 똑똑해지거나 우리가 더 유능해져서 그런 것이 아닙니다. 우리가 실패하지 않는 가장 중요한 이유는 예수님께서 우리를 위하여 행하신 그 엄청난 일 때문입니다. 우리가 이 진리를 붙들고 있는 이상 절대로 마귀에게 패배당할 염려는 없는 것입니다.

두 번의 '조금 후'

우리는 우리의 미래 일에 대하여 아무 것도 확실하게 말할 수가 없습니다. 왜냐하면 우리는 우리 자신의 미래에 어떤 일이 일어날지 전혀 알지 못하기 때문입니다.

어쩌면 이것이 인간에게 있어서 당연한 일인지 모르겠습니다. 하나님께서는 인간에게 미래를 아는 능력을 주시지 않았습니다. 그래서 모든 정상적인 인간들은 자신들의 미래에 어떤 일이 일어날지 전혀 알지 못합니다. 왜냐하면 그것은 하나님의 영역이기 때문입니다.

그래서 사람은 미래에 어떤 일이 일어날지 모르기 때문에 두 가지 방향으로 살고 있습니다.

어떤 사람들은 미래의 일을 모르기 때문에 지나치게 태평스럽게 사는 사람들이 있습니다. 잠시 후에 어떤 일이 일어날지 알기만 한다면 도저히 그렇게 태평스러울 수가 없는데 아무 것도 모르기 때문에 너무나도 행복하게 지내고 있는 것입니다.

어떤 사람은 잠시 후에 자기가 교통사고가 나서 죽을 줄도 모르고 여러 가지 계획을 세우고 새로운 일들을 추진하고 있었는데 갑자기 교통사고가 나서 죽어버리는 경우가 있습니다. 거의 대부분의 사람들은 사고를 당하고 난 후에 자신에게도 교통사고가 일어날 줄은 전혀 몰랐다고 말을 하는 것을 듣게 됩니다.

거기에 비하여 어떤 사람은 미래에 무슨 일이 일어날지 모르기 때문에 지나치게 불안해 합니다. 그래서 어떤 사람은 미래의 불행을 미리 상상해서 정신적으로 불안한 상태에 살기도 하고 또 어떤 사람은 그래도 무엇인가 알아보려고 점을 치거나 토정비결 같은 것을 봅니다. 그런 사람은 미래에 대하여 너무나도 불안해하기 때문에 무엇인가 엉터리 같은 소리라도 들어야 마음이 놓이는 사람들입니다. 그러나 우리가 미래를 알 수 없는 것은 당연합니다. 왜냐하면 이것이야말로 우리 모든 인간들의 한계이기 때문입니다.

그러나 주님께서는 믿음을 가진 사람들이 이처럼 미래의 일에 대하여 전혀 모른 채 무방비 상태로 있는 것을 원치 않으십니다. 물론 우리가 예수를 믿는다고 해서 우리 앞에 구체적으로 어떤 일이 일어날지 자세히 알 수는 없습니다. 그러나 우리가 전혀 모르는 것은 아닙니다. 우리는 뭔가를 알아야 하며, 또 알 수 있는 사람들입니다. 우리는 미래에 있을 사건들을 자세히 알 수는 없지만 대체적인 윤곽은 알 수 있습니다. 그것은 바로 우리를 향한 하나님의 뜻입니다. 우리에 대한 하나님의 뜻을 아는 사람들은 미래에 대하여 불안해하지 않습니다. 왜냐하면 아무리 이 세상이 뒤죽박죽이고 엉망이라 하더라도 결국은 모든 것이 하나님의 말씀대로 그리고 우리의 믿음대로 될 줄을 알기 때문입니다.

오늘 말씀의 배경은 예수님께서 십자가를 지시기 불과 몇 시간 전의 일입니다. 그러나 제자들은 이 사실을 전혀 모르고 있습니다. 제자들은 잠시 후에 그들에게 밀어닥칠 엄청난 일에 대하여 전혀 준비되어 있지 않았습니다. 그래서 주님은 그들에게 어떤 일이 일어날 것인지 가르쳐 주셨습니다.

요한복음 16장 16절

조금 있으면 너희가 나를 보지 못하겠고 또 조금 있으면 나를 보리라 하신대 오늘 본문에서 가장 중요한 말은 '조금 있으면' 이라는 말입니다. 예수님께서는 제자들에게 아주 '조금 있으면 그들에게 어떤 큰 일이 일어날 것' 이라고 말씀하십니다. '조금 있으면!' 제자들은 지금 전혀 모르고 있지만 불과 몇 시간 후에 예수님은 원수들에게 체포되셔서 가장 비참하고 끔찍한 방법으로 처형을 당하게 되십니다. 제자들에게 이것보다 더 충격적인 일은 없을 것입니다. 지금까지 예수님의 제자들은 예수님이 하나님의 아들인 줄 믿고 무조건 따라왔습니다. 그런데 예수님이 그렇게 비참하게 죽으면 그들의 믿음은 도대체 어떻게 되는 것이며 그들이 믿었던 하나님은 어떻게 되는 것입니까? 제자들의 모든 신앙은 밑바닥에서부터 완전히 무너지게 되는 것입니다.

더욱이 예수님께서 제자들에게 '조금 후에' 어떤 일이 일어날 것이라고 말씀하셨을 때, 제자들은 그 말씀이 무슨 뜻인지 알지 못했습니다.

요한복음 16장 17-18절

제자 중에서 서로 말하되 우리에게 말씀하신바 조금 있으면 나를 보지 못하겠고 또 조금 있으면 나를 보리라 하시며 또 내가 아버지께로 감이라 하신 것이 무슨 말씀이뇨 하고, 또 말하되 조금 있으면이라 한 말씀이 무슨 말씀이뇨? 무엇을 말씀하시는지 알지 못하노라 하거늘

제자들은 잠시 후에 그들이 예수님을 만난 이후 가장 절망적이며 가장 비참한 일이 일어나게 되는 것을 모르고 있었습니다. 어쩌면 이것은 당연한 일입니다. 우리가 인간인 이상 십분 후나 이십분 후나 한 시간 후에 일어날 일에 대하여 전혀 알지 못하는 것이 당연한 것입니다.

그러나 예수님은 제자들이 그것을 모르기를 원치 않으셨습니다. 예수님은 제자들에게 아주 상세한 부분까지 말씀하시지는 않았으나 불과 얼마 후에 그들에게 엄청난 일이 일어날 것이며, 그것이 무엇을 의미하는지 알기를 원하셨습니다.

이것은 바로 우리들에게 하시는 말씀과 같습니다. 우리는 미래의 일을 모릅니다. 그러나 주님은 우리가 미래에 대하여 전혀 준비되어 있지 않는 무방비 상태에 있는 것을 원치 않으십니다. 주님은 우리가 지금 어떤 상태에 있으며 앞으로 무엇이 어떻게 될 것인지 하나님의 뜻을 알기를 바라십니다. 왜냐하면 그렇게 해야 우리가 모든 불안과 두려움을 떨쳐버리고 믿음으로 승리할 수 있기 때문입니다.

예수님은 제자들에게 아주 간단하게 말씀하셨습니다. "조금 있으면 너희가 나를 보지 못하겠고 또 조금 있으면 나를 보리라."

여기서의 표현은 간단하지만 이 내용은 실로 엄청난 것입니다. 여기에 보면 '조금 있으면' 이라는 말이 두 번 나옵니다. 이 두 번의 '조금 있으면' 이라는 시간 동안에 인류에게 가장 중요한 일은 다 일어나게 되는 것입니다.

처음 '조금 후' 에는 예수님은 십자가에 못 박혀 처형이 되십니다. 이것을 제자들은 도무지 이해하지 못할 것입니다. 그리고 예수님이 죽어서 장사를 지내게 됨에 따라서 제자들은 예수님을 보지 못할 것입니다. 여기까지가 인간들이 할 수 있는 일입니다. 그러나 다시 잠시 후에는 엄청난 일이 일어나게 됩니다. 그것은 바로 두 번째 '조금 후' 인 것입니다. 이때 예수님께서는 죽음에서 살아나게 되시고 인간의 죄를 이기시고 죽음을 이기시고 승리하셔서 제자들을 다시 찾아오시게 되는 것입니다.

이것은 모든 인간의 상상력이나 지식이나 판단을 엄청나게 넘어서는 하나님의 능력입니다. 잠시 후에는 어마어마한 하나님의 능력이 나타나게 되는 것입니다. 그때 모든 사망의 세력은 다 깨트려지고 모든 사탄의 세력은 실패하게 되며 우리를 비참하게 만드는 모든 죄와 악은 전부 다 청산되게 되는 것입니다.

제자들은 한번의 '조금 후' 만 보고 절망을 합니다. 그들이 예수님을 믿고 다른 결과가 너무 비참한 것에 놀라게 됩니다. 그러나 그것이 전부가 아닙니다. 두 번째 '조금 후' 가 있는 것입니다. 이것은 사람들의 눈에 보이지 않지만 여기서 인간의 모든 중요한 운명은 다 결정되게 되는 것입니다. 그래서 중요한 것은 '조금 후' 의 제일편이 아니고 제이편인 것입니다.

예를 들어 어떤 영화가 있는데 제일편이 너무 불행하게 마쳤다고 합시다. 사람들은 그것이 영화의 전부인 줄 알지만 제이편이 준비되어 있고 거기서 모든 중요한 것은 다 결판이 나게 되는 것입니다. 그래서 제자들에게 중요한 것은 두 번째 '조금 있으면' 입니다. 이때 예수님께서 다시 부활하신 몸으로 제자들을 찾아오시기에 그들은 다시 예수님을 보게 되는 것입니다.

무엇보다 제자들이 주님께서 다시 살아나신 것을 직접 눈으로 확인하는 것과 단지 그가 부활하셔서 하늘로 올라가셨다고 믿는 것 사이에는 엄청난 차이가 있습니다.

사망과 실종의 차이가 무엇입니까? 사망은 죽은 것이 확인된 것입니다. 일단 그 사람에 대한 모든 것이 끝난 것입니다. 그러나 실종은 죽기는 죽었을 텐데 그것을 확인할 수 없는 것입니다. 그러면 그 사람에 대한 모든 것은 미결로 남습니다.

예수님께서 죽으시고 바로 하늘에 올라가셨다면 그의 죽으심은 미결로 남게 됩니다. 그러나 그가 다시 몸을 입고 나타나시면 그의 죽음은 그것으로 완전히 끝나게 됩니다. 예수님을 통하여 죽음이 정복된 것입니다. 다시는 예수님 앞에서 죽음에 대한 이야기를 할 수 없습니다. 왜냐하면 예수님에게는 죽음이 완전히 끝난 것이기 때문입니다.

오늘날 우리는 인생의 종착역이 죽음이라고 믿습니다. 그래서 사람들은 할 수만 있으면 죽지 않으려고 합니다. 그러나 주님은 죽음이 인생의 종착역이 아니라고 말씀하십니다. 죄가 인생의 종착역인 것입니다.

예수님은 '사람이 살았느냐 죽었느냐?' 하는 것보다도 '그의 죄가 해결되었느냐, 해결되지 않았느냐?' 하는 것이 훨씬 더 중요하다고 말씀하십니다.

대부분 우리 그리스도인들은 잠시 후에 자기 앞에 무슨 일이 기다리고 있는지 모릅니다. 물론 신실한 그리스도인들도 불과 몇 시간 후에 자기가 어떻게 죽을지 모릅니다. 그러나 우리가 분명히 아는 것이 있습니다. 그것이 무엇입니까? 그것은 예수님이 십자가 위에서 죽으심으로 나의 영원한 운명은 변했다는 것입니다. 다시는 사망이나 죄가 나를 이기지 못하고 나를 비참하게 할 수 없다는 사실입니다.

주님은 죄에 비하여 죽음은 하나도 두려울 것이 없다고 말씀하십니다.

주님은 제자들에게 '조금 있으면 너희가 나를 보지 못할 텐데, 그때는 모든 것이 끝장이다.' 라는 식으로 말씀하시지 않았습니다. 주님은 '조금 있으면 너희가 나를 보지 못할 텐데, 또 조금 있으면 너희가 나를 보게 될 것이다.' 라고 말씀하셨습니다.

얼마나 놀라운 말씀입니까? 아주 잠시 후면 제자들은 주님의 가장 비극적인 죽음을 목격하게 될 것입니다. 그러나 그것이 끝이 아닙니다. 주님은 죽음을 이기고 부활하신 몸으로 그들 앞에 나타나실 것이며 제자들에게 너무나도 엄청난 기쁜 소식을 전해주실 것입니다. 그것은 우리가 예수님 안에서 죄를 완전히 이기고 마귀를 완전히 이기고 사망을 완전히 이기고 모든 비참한 운명을 완전히 이겼다는 사실입니다.

이 세상의 그 어떤 그 무엇도 다시는 우리를 비참하게 하지 못할 것이며 영원히 멸망하게 하지는 못할 것입니다. 왜냐하면 예수님이 죄를 이기셨고 우리도 그리스도 안에서 죄를 이겼기 때문입니다.

두 부류의 사람들

요한복음 16장 20절

내가 진실로 진실로 너희에게 이르노니 너희는 곡하고 애통하리니 세상이 기뻐하리라. 너희는 근심하겠으나 너희 근심이 도리어 기쁨이 되리라

잠시 후에 예수님이 십자가 위에서 죽으셨을 때 사람들에게는 두 가지 반응이 나타나게 됩니다. 하나는 예수님의 제자들의 반응입니다. 예수님의 제자들은 오늘까지 예수님에 대한 믿음 하나만 가지고 살아온 사람들입니다. 그런데 그들의 믿음의 결과가 너무나도 비참하게 되어버렸습니다. 예수님은 유대인들에게 붙들리시고 로마 군인들에게 넘겨져서 무지무지하게 맞으시고 십자가에 못 박혀 죽어버리신 것

입니다. 도대체 그들의 믿음은 무슨 소용이 있으며 그들이 믿었던 예수님의 말씀은 무슨 소용이 있습니까? 제자들의 믿음은 완전히 엉터리가 되어버렸고 그들은 이 세상에서 가장 어리석고 무지한 사람들이 되고 말았습니다. 제자들은 예수님의 죽음 앞에서 절망하고 곡을 하며 애통을 하게 될 것입니다.

그러나 세상은 예수님의 죽음에 대하여 기뻐하게 됩니다. 그 이유가 무엇일까요? 그것은 그만큼 예수님의 말씀이 그들에게 부담스러웠던 것입니다. 사람들은 예수님이 하는 말씀은 옳은데 순종하기는 싫으니까 너무나도 예수님에 대하여 부담스러워하고 거북해 했습니다. 그들의 마음 속에서는 예수님이 틀렸기를 바라는 마음이 있었고 차라리 예수님이 없어져 주기를 바라는 마음이 있었던 것입니다. 그러다가 예수님이 십자가에 처형을 당하니까 너무나도 시원해 하고 이제는 완전히 자기들의 생각이 옳았고 이제는 자기들 마음대로 살아도 된다고 생각해서 너무나도 좋아하게 된다는 것입니다.

이것은 무엇을 의미합니까? 사람들은 예수님에 대하여 결코 무관심할 수 없었습니다. 예수님의 존재는 유대인들에게 있어서 대단히 부담스러운 존재였던 것입니다. 아마도 예수님께서 자신 외에 다른 길이 있다고 말씀하셨더라면 유대인들은 절대로 예수님을 죽이지 않았을 것입니다. 예수님이 나는 여러 길들 중에서 '하나의 길' 에 해당할 뿐이라고 하셨더라면 절대로 유대인들은 예수님을 미워하지 않았을 것입니다. 그러나 예수님은 '내가 곧 길이요 진리요 생명이라' 고 말씀하셨습니다. 즉 예수님은 오직 하나 밖에 없는 길이었고 진리였고 생명이었습니다. 그래서 만약 예수님의 말씀이 맞으면 다른 주장들은 다 틀려야 하는 것입니다.

이것은 오늘날도 마찬가지입니다. 만약 기독교가 옳다면 다른 주장들은 다 틀려야 하는 것입니다. 그래서 사람들은 할 수 있는 한 기독교의 의미를 축소 해석을 하려고 합니다. 즉 기독교도 여러 종교중의 하나이며 종교를 가진 자들은 의례 자기 신앙만 절대적으로 옳다고 주장을 하는데 그것만 고치면 아주 좋다는 식으로 말을 하는 것입니다. 그러다가 기독교인들의 비리나 기독교의 잘못이 나타나면 그렇게 기뻐하고 좋아합니다. 그 이유는 '당신의 신앙도 절대적으로 옳은 것은 아니지 않으냐' 라는 것입니다.

예수님의 말씀은 너무나도 분명했습니다. 그분의 말씀에는 모호하거나 흐리멍덩한 부분이 전혀 없었습니다. 다시 말해서 그분의 말씀은 완전한 진리이든지 아니면 완전한 거짓이든지, 둘 중의 하나였습니다. 그분의 말씀은 이럴 수도 있고 저럴 수도 있는 말씀이 아니었습니다.

예수님은 너무나도 분명히 인간의 죄에 대하여 말씀하셨습니다. 그 말씀이 너무나도 분명해서 사람들은 주님의 말씀을 못들은 체 할 수가 없었습니다. 이제 모든 사람들은 둘 중의 하나를 선택해야 합니다. 즉 자기의 모든 것을 버리고 예수님을 절대적으로 믿든지 아니면 예수님을 부인하고 자기 방식대로 살든지 둘 중의 하나였던 것입니다. 그런데 예수님이 십자가에 못 박혀 죽으니까 예수님의 주장은 결국 틀린 것이며 절대적인 진리라고 하는 것은 없다고 생각하고 그렇게 좋아하고 기뻐했던 것입니다.

그러나 중요한 것은 그 후에 있습니다. 예수님은 이렇게 말씀하셨습니다. '너희 근심이 도리어 기쁨이 되리라.' 예수님은 제자들에게 계속 슬퍼하게 되리라고 말씀하지 아니하셨습니다. 또한 세상 사람들도 계속 기뻐하게 될 것이라고 말씀하지 아니하셨습니다. 잠시 후면 모든 것이 뒤집어지게 됩니다. 즉 '너희 근심이 도리어 기쁨이 되리라'고 말씀하셨습니다.

잠시 후에 예수님은 죽음의 권세를 깨트리시고 부활하심으로 예수님의 말씀이 진정으로 옳았고 제자들의 믿음이 옳았다는 것을 밝히 드러내실 것입니다. 그러나 이것은 단순한 증거로 끝나는 것이 아닙니다. 예수님의 죽음으로 어마어마한 일이 일어나게 되고 그 모든 축복이 우리의 것이 되기 때문에 슬픔이 기쁨이 되는 것입니다.

예수님은 자신의 십자가를 여인이 해산하는 것으로 비유하셨습니다.

> 요한복음 16장 21절
>
> 여자가 해산하게 되면 그 때가 이르렀으므로 근심하나 아이를 낳으면 세상에 사람 난 기쁨을 인하여 그 고통을 다시 기억지 아니하느니라

부인들이 아기를 해산하게 될 때 크게 걱정을 합니다. 왜냐하면 아기를 낳을 때 그 고통을 어떻게 감당할까 두렵기 때문입니다. 그러기에 부인들은 해산의 고통이 진행될 때 이것이 빨리 끝나지 않고 오래오래 계속 되니까 죽어서라도 이 고통을 끝내고 싶은 생각을 가질 것입니다. 그러나 그렇게 되면 아기와 엄마가 둘 다 죽게 됩니다. 그러나 오래 참고 견디어서 드디어 아기를 낳게 되면 그때는 아무것도 걱정할 것이 없습니다. 그 대신 자기에게서 태어난 아기가 너무나도 대단하게 생각되고 너무나도 신기하니까 너무나도 행복해 할 것입니다.

예수님께서는 자신이 십자가에 못 박혀 죽으시는 것을 여자가 아이

를 해산하는 고통에 비유하셨습니다. 예수님께서도 십자가 위에 달리셨을 때 빨리 죽지 않았습니다. 너무나도 끔찍한 고통의 시간이 길었습니다. 예수님도 이 모든 것을 다 때려치워버리고 빨리 이 모든 고통을 끝내고 싶었던 것입니다. 그러나 그렇게 되면 예수님도 죽고 모든 인간들도 죽고 모든 것은 다 엉망이 되고 맙니다. 지금까지 하나님께서 기다리시고 계획해오신 모든 것이 다 실패가 되어버립니다. 그래서 예수님은 마치 산모가 아기를 낳듯이 이 고통을 참고 끝까지 인내하며 감당을 해내었습니다. 그 결과가 무엇입니까? 예수 믿는 모든 사람들이 다 살아나게 되는 것입니다. 모두 사망의 권세를 깨트리고 모두 죄의 올무를 벗어버리고 모두 하나님의 새 사람으로 다시 태어나게 되는 것입니다. 우리는 완전히 새로운 인간이 되게 되고 우리는 완전히 새로운 인종이 되게 되는 것입니다. 예수님은 이것을 생각할 때 그렇게 신기할 수가 없는 것입니다. 그렇게 자랑스러울 수가 없는 것입니다.

예수님은 오직 이 십자가 고통을 한번만 참기만 하면 우리 인간들에게는 하나님의 모든 복이 쏟아지게 되고 우리는 영원한 자유인이 된다는 것을 아셨습니다. 그래서 예수님은 십자가의 수치와 고통을 모두 참고 감당하셨습니다. 왜냐하면 그 후의 영광과 축복이 더 크기 때문입니다.

예수님이 십자가를 지심으로 우리는 놀라운 축복을 받게 됩니다.

그 첫째는 어느 누구도 빼앗아갈 수 없는 기쁨을 가지게 되는 것입니다.

요한복음 16장 22절

지금은 너희가 근심하나 내가 다시 너희를 보리니 너희 마음이 기쁠 것이요, 너희 기쁨을 빼앗을 자가 없느니라.

주님은 제자들이 주님께서 다시 사신 모습을 보고 참으로 기뻐할 것이라고 말씀하십니다. 그 이유가 무엇입니까? 예수님이 십자가를 지심으로 우리의 모든 비참한 것과 더러운 것과 실패한 것과 모든 악한 것들을 다 치워버리셨기 때문입니다.

예수님은 우리가 이 세상에 살면서 내어 놓은 모든 인생의 쓰레기와 오물과 썩은 상처와 고름과 암 덩어리들을 십자가로 다 가져가셨습니다. 이제 우리에게는 더럽고 추악한 것은 전혀 남아 있지 않습니다. 이것이 얼마나 기쁜 일입니까?

그뿐 아니라 지금까지 우리를 괴롭히고 공격했던 사탄의 세력은 예수 그리스도 안에서 완전히 우리에게서 손을 떼게 되었습니다. 우리는 다시는 악한 마귀의 세력에 의하여 괴롭힘을 당하지 않게 됩니다. 물론 이 세상에 마귀는 있습니다. 그리고 우는 사자처럼 우리를 삼키려고 돌아다니고 있습니다. 그러나 자세히 보면 그 발에 쇠사슬이 묶여져 있습니다. 그래서 소리는 지르지만 우리에게 덤벼들 수가 없습니다.

존 번연이 쓴 천로역정을 보면 그리스도인이 구원을 받은 후에 천국 길을 가는데 길에 사자 두 마리가 있어서 아무도 지나가지 못하고 있는 장면이 나옵니다. 그리스도인도 두려워하여 가지 못하고 있으니까 전도자가 말하기를 발을 보라고 했습니다. 발을 보니까 사자의 발에 쇠사슬이 매여져 있어서 소리는 지르지만 덤벼들 수는 없었습니다.

이것이 바로 예수님이 우리에게 주신 완전한 승리인 것입니다. 물론 우리가 예수 믿고 난 후에도 연단당하기도 하고 고난을 받기도 하지만 이것은 마귀의 종이 되어서 당하는 고통이 아니라 하나님의 자녀로 연단을 받는 것이기 때문에 완전히 성격이 틀린 것입니다. 우리는 매를 맞아도 노예로 맞는 것이 아니라 아들로 더 아들답게 되기 위해서 얻어터지는 것입니다. 그래서 어떤 때에는 주인의 아들이 종보다 못한 취급을 받을 때도 있습니다. 그러나 그것은 어디까지나 아들로서 훈련을 받기 위한 것입니다. 훈련을 다 받고 나면 그때는 주인의 모든 권리를 다 물려 받게 되는 것입니다.

두 번째는 새로운 차원의 기도와 기도 응답입니다.

요한복음 16장 23-24절

그 날에는 너희가 아무 것도 내게 묻지 아니하리라. 내가 진실로 진실로 너희에게 이르노니 너희가 무엇이든지 아버지께 구하는 것을 내 이름으로 주시리라. 지금까지는 너희가 내 이름으로 아무 것도 구하지 아니하였으나 구하라 그리하면 받으리니 너희 기쁨이 충만하리라

우리가 죄와 마귀의 속박에서 벗어나면 너무나 기쁩니다. 하지만 그것만이 하나님이 주시는 축복의 전부가 아닙니다. 이것은 오직 하나님이 주시는 축복의 시작에 불과할 뿐입니다.

더 중요한 것은 우리가 매일 매일 이 세상에서 여러 가지 어려움을 당할 때 하나님께 기도하면 하나님께서 우리의 모든 기도를 다 들어주시겠다고 약속하신 것입니다. 즉 우리는 이 세상에서 무한정으로 하나님의 축복과 능력을 받을 수 있게 되었습니다.

예수님은 제자들에게 지금까지 '너희가 내 아름으로 아버지께 아무 것도 구하지 아니하였으나' 라고 말씀하고 있습니다. 그렇다고 해서 제자들이 지금까지 하나님께 전혀 기도하지 않았다는 뜻은 아닙니다. 제자들은 하나님께 늘 기도했을 것입니다. 그러나 그들은 하나님께 기도하기 보다는 예수님께 말씀을 드림으로 해결을 받을 때가 더 많았습니다. 그들은 먹을 것이 없거나 누가 아프거나 혹은 어려운 일이 생겼을 때 예수님에게 바로 말씀드림으로 해결을 받게 되었던 것입니다.

그러면서 하나님께 기도는 기도대로 했습니다. 즉 제자들은 지금까지 하나님께 기도하는 것이 별개였고 또 예수님에게 말씀드리는 것이 별개였습니다.

마치 아이가 어떤 일이 있을 때 아버지에게서 받는 것이 다르고 엄마에게서 받는 것이 다르다면 무엇인가 정상적이지 않는 것입니다. 사실 아버지 주머니나 어머니 주머니는 같은 것입니다. 그럼에도 불구하고 따로 따로 말해야 하는 것은 아직 관계가 완전히 회복되지 않았기 때문입니다. 그런데 예수님이 십자가를 지시고 나면 우리는 예수님의 이름으로 하나님 아버지께 직접 기도를 하게 됩니다. 그 이유는 우리가 예수님을 통해서 아들과 같은 지위를 얻게 되었기 때문입니다. 물론 예수님께서는 언제나 우리를 위하여 기도해 주시고 하나님께서도 예수님의 기도를 들어주시지만 이제 하나님 앞에서 우리의 신분은 엄청나게 변하게 되었습니다.

우리는 더 이상 구걸하듯이 종이나 노예가 주인에게 부탁하듯이 기도하지 않게 됩니다. 우리는 자녀가 아버지에게 모든 필요한 것을 다 이야기해서 채움을 받듯이 그렇게 당당하게 기도하게 됩니다. 그러면 하나님은 우리의 그 모든 기도를 예수님의 기도로 기쁘게 받아주시는 것입니다.

이제 우리는 하나님의 모든 지혜와 능력을 자유자재로 사용할 수 있는 자가 되었습니다. 그러나 세상 사람들은 아직 그럴 권리가 없습니다. 하나님 앞에서 아무것도 요구할 수가 없습니다. 그들은 자기에게 있는 것도 하나님의 것인 줄 모르고 그것만 붙들고 어떻게 해서라도 빼앗기지 않으려고 그것만 가지고 살아가게 되는 것입니다. 그러나 결국 마귀가 다 빼앗아갈 것입니다.

말씀의 능력

예수님도 우리와 똑같은 인간이신 것 같았는데 그분이 어떻게 죄를 이기고 죽음을 이기고 사탄을 이기고 우리에게 승리를 주실 수 있게 되었을까요? 그것은 바로 하나님의 말씀의 능력을 믿었기 때문입니다. 예수님은 이 세상에서 다른 것은 아무 것도 믿지 아니하시고 오직 하나님의 말씀만 믿었습니다. 그리고 그 말씀에만 순종했습니다. 그 결과 예수님은 죽음의 길과 십자가의 길로 갈 수 밖에 없었습니다. 그렇지만 예수님께서 목숨을 걸고 말씀을 지켰을 때 말씀의 능력이 예수님을 죽음에서 일으키시고 우리에게도 놀라운 승리를 가져오게 했습니다. 그래서 예수님께서는 오늘 이 말씀의 능력으로 제자들이나 우리나 모두 모든 어려움이나 시험이나 역경을 다 이길 수 있다고 말씀하시는 것입니다.

요한복음 16장 25절

이것을 비사로 너희에게 일렀거니와 때가 이르면 다시 비사로 너희에게 이르지 않고 아버지에 대한 것을 밝히 이르리라

'비사'라는 것은 비유의 말씀을 의미합니다. 지금까지 예수님께서는 제자들에게 하나님에 대하여 말씀하실 때에 주로 비유로 말씀하셨습니다. 그러나 때가 이르면 다시 이런 비사를 사용하지 않고 하나님에 대한 진리를 분명하게 말씀하실 것이라고 말씀하십니다.

주님은 지금 제자들이 예수님에 대한 하나님의 뜻을 완전히 이해하는 것이 그들에게 도움이 되지 않는다고 판단하신 것 같습니다. 그래서 무엇인가 중요한 것을 말씀하기는 하지만 대충 알게 하시고 그것의 완전한 의미를 아는 것을 감추셨습니다.

그러나 제자들은 오늘 예수님의 말씀에서 분명하게 깨달은 것이 하나 있었습니다. 그것은 예수님이 하나님으로부터 오셨다는 사실이었습니다.

요한복음 16장 28절

내가 아버지께로 나와서 세상에 왔고 다시 세상을 떠나 아버지께로 가노라 하시니

제자들은 지금까지 다른 말씀은 다 이해하지 못했지만 이상하게 오늘 이것 하나만은 너무나도 분명하게 이해를 하게 되었습니다. 즉 예수님은 하나님으로부터 오셨고 이제 하나님께로 간다는 것입니다. 예수님은 하나님의 아들이시기에 죽으시든 어떻게 되시든 하나님께로 가야 한다는 것이었습니다.

그런데 하나님께서 우리에게 원하시는 것은 다른 것이 아니고 오직 이것 하나뿐입니다. 즉 예수님이 하나님의 아들이시며 우리의 죄 때문에 이 세상에 오셨다는 사실입니다. 이것 하나만 믿으면 다른 것은 다 몰라도 하나님은 우리를 사랑하십니다.

요한복음 16장 27절

이는 너희가 나를 사랑하고 또 나를 하나님께로서 온줄 믿은 고로 아버지께서 친히 너희를 사랑하심이니라

하나님께서 우리에게서 원하시는 것은 많은 조건들이 아닙니다. 오직 예수님의 말씀을 듣고 예수님을 믿는 것입니다. 그러면 예수님이 우리를 사랑하시는 것이 아니라 하나님이 친히 우리를 사랑하시게 됩니다. 물론 그 전에도 하나님은 우리를 사랑하셨습니다. 그러나 사랑하려고 해도 하나님과 우리 사이에는 죄의 담이 있었습니다. 불신의 담이 있었습니다. 그러나 예수님을 믿고 예수님의 십자가를 믿는 순간 하나님과 우리 사이에는 아무런 담이 없게 되었습니다. 그 결과 하나님이 우리를 직접 사랑하시고 직접 우리에게 은혜를 부어주시게 되는 것입니다.

우리가 예수님이 누구신지 바로 알고 믿는 것이 왜 그렇게 중요합니까? 그 이유는 하나님께서 우리 인간들에게 원하시는 것은 이것 하나밖에 없기 때문입니다.

여기서 '아버지께서 친히 너희를 사랑하심이니라' 는 것은 누군가가 하나님이 나를 사랑하신다고 하니까 그런 줄로 아는 것이 아닙니다. 이것은 '하나님께서 정말 나를 사랑하는구나!' 라는 사실을 자신이 직

접 인격적으로 그리고 체험적으로 느끼는 것을 의미합니다. 무슨 말이 필요 없습니다. 이것은 '내 마음 속 깊은 곳에서 과연 하나님께서 나를 사랑하시되 말로 표현할 수 없을 정도로 사랑하시는구나를 느낄 수 있는 사랑입니다. 또한 이 사랑은 이 세상의 모든 악한 것과 시험을 능히 이기고도 남겠구나!' 라는 확신을 가질 수 있는 사랑입니다.

주님이 우리를 위하여 엄청난 일을 하셨고 하나님이 우리를 너무나도 사랑하시기 때문에 이제 우리가 세상을 이기게 되는 것입니다.

제자들이 '이제는 우리가 주님이 하나님께로서 오심을 믿습니다' 라고 대답했을 때 예수님은 이렇게 대답하셨습니다.

요한복음 16장 32절

보라 너희가 다 각각 제 곳으로 흩어지고 나를 혼자 둘 때가 오나니 벌써 왔도다. 그러나 내가 혼자 있는 것이 아니라 아버지께서 나와 함께 계시느니라

제자들이 얼마나 약한 자들입니까? 그들은 잠시 후에 모두 주님을 버리고 뿔뿔이 달아날 것입니다. 그리고 베드로 같은 제자는 예수님을 모른다고 세 번씩이나 욕을 하면서 부인을 할 것입니다. 우리는 다 이렇게 약한 자들입니다. 그러나 우리가 세상을 이길 수 있는 것은 우리가 강하기 때문이 아닙니다. 주님이 우리를 위하여 행하신 것들을 믿음으로 강해질 수 있는 것입니다.

요한복음 16장 33절

이것을 너희에게 이름은 너희로 내 안에서 평안을 누리게 하려함이라. 세상에서는 너희가 환난을 당하나 담대하라. 내가 세상을 이기었노라 하시니라

분명한 사실은 모든 제자들이나 다른 사람들이 예수님을 다 버리고 달아나도 예수님은 혼자가 아니라는 것이었습니다. 왜냐하면 아버지께서 예수님과 함께 하시기 때문입니다. 예수님은 어떻게 아버지께서 항상 자신과 함께 하신다는 사실을 알 수 있었을까요? 그것은 예수님이 하나님의 말씀을 붙잡고 있었기 때문입니다. 우리가 하나님의 말씀만 붙잡고 있으면 우리의 감정이나 기분과 상관없이 하나님은 우리와 함께 하십니다.

예수님은 이 비결을 제자들에게 가르쳐 주셨습니다. '내가 너희에게 이것을 이름은' 이라고 말씀하셨습니다. 즉 예수님이 제자들에게 이 말씀을 주시는 이유는 다른 것을 붙잡지 말고 주님의 말씀을 붙잡으라는 것입니다. 왜냐하면 주님의 말씀은 모든 어려움을 이기고 마귀를 이기고 악을 이기고 믿음으로 승리하게 되기 때문입니다.

그래서 예수님께서는 '너희로 내 안에 평강을 누리게 함이라' 고 말씀하셨습니다. 우리가 하나님의 말씀만 붙잡으면 어떤 환란과 시험이 밀어닥쳐도 우리는 평안할 수 있습니다. 그 이유는 하나님의 말씀이 우리의 생각이나 감정을 지켜주시기 때문입니다.

태풍이 밀려오고 해일이 밀어 닥쳤을 때 튼튼한 나무에 밧줄로 몸을 묶어놓으면 떠내려가지 않고 사는 것처럼 하나님의 말씀을 잡으면 절대로 멸망으로 떠내려가지 않습니다.

우리는 어려운 환란을 당하면 꼭 죽을 것 같습니다. 그때 우리는 믿음이 하나도 없는 것 같고 더욱이 예수님을 떨쳐버리고 뿔뿔이 흩어지는 제자같이 믿음이 전혀 없는 것 같습니다. 그러나 그런 위기 가운데도 하나님의 사랑이 나타납니다. 그러면 우리는 이미 승리한 것입니다.

예수님은 우리가 이 세상에서 많은 환란을 당하게 될 것을 알고 계셨습니다. 왜냐하면 여전히 이 세상에는 죄가 있고 마귀가 있고 악이 있기 때문입니다. 그러나 예수님은 우리에게 담대하라고 말씀하셨습니다. 왜냐하면 '내가 세상을 이기었노라' 고 말씀하셨기 때문입니다. 예수님이 세상을 이기셨기에 우리도 예수님 안에서 능히 세상을 이길 수 있기 때문에 우리는 담대할 수 있습니다.

우리에게 있어서 진정한 환란이 무엇입니까? 그것은 어려움 가운데서 믿음에 굳게 서지 못하고 인간적인 생각을 하는 것입니다. 예수님께서 해 놓으신 것을 믿지 못하고 내 힘으로 이기려고 하는 것입니다. 우리는 절대로 우리 힘으로 마귀를 이기지 못합니다. 그리고 어려운 시험들을 이기지 못합니다. 우리가 우리 힘으로 모든 어려움을 이기려고 하면 우리 마음은 계속 흔들리게 됩니다. 하지만 우리가 주님의 말씀을 붙들고 그분의 능력을 의지하면 우리는 승리할 수 있습니다. 왜냐하면 그럴 때 예수님의 능력이 우리에게 임하기 시작하고 무궁한 하나님의 지혜와 능력이 임하기 때문입니다. 그래서 우리에게 가장 중요한 것은 복잡한 우리 생각을 버리고 주님을 믿는 것입니다. 우리가 승리하는 순간은 내 생각을 버리고 믿음에 굳게 서는 것입니다. 무엇보다 우리가 불신과 복잡한 생각들을 완전히 이길 때 우리는 완전한 승리를 거두게 됩니다.

그러기에 우리는 세상을 살면서도 두 가지 길이 있다는 것을 알아야 합니다. 하나는 믿지 않는 사람들처럼 처음에는 기뻐하다가 나중에는 망하는 길이 있고 다른 하나는 제자들같이 처음에는 울고 곡하다가 나중에는 온전한 기쁨 가운데 서게 되는 것입니다. 이 모든 것은 예수님에 대한 믿음으로 결판이 나게 됩니다. 예수님을 잡으면 이기게 됩니다. 놀라운 평강이 우리 마음에 있게 됩니다. 마침내 우리는 우리에게 닥치는 모든 환란을 다 이기고 승리할 것입니다.

Exposition of John

40 _ 요 17:1-13

대제사장의 기도

국가에서 어떤 큰 국책 사업을 벌였을 때 나중에 이것에 관해 평가를 하게 됩니다. 그때 어떤 사업은 정말 꼭 필요한 사업이었는데 성공적으로 일을 해내었기 때문에 엄청난 부가 가치를 만들어 내는 결과를 가져왔습니다. 거기에 비해서 어떤 사업은 처음 발상 자체부터 잘못된 것이었는데 억지로 밀어붙이는 바람에 국가의 예산만 낭비하고 완전히 실패로 끝나는 결과를 가져오는 경우도 있습니다. 대개 어떤 일을 할 때 두 가지 형이 있습니다. 하나는 곡괭이형이고 다른 하나는 뇌관형입니다. 우리가 길이 없는 곳에 새 길을 만들 때 가장 어려운 것은 산을 깎는 것입니다. 산을 깎을 때 필연적으로 나오는 것이 바위를 부수어야 하는 것입니다. 옛날에는 바위를 부수어야 할 때 다른 방법이 없으니까 사람이 곡괭이로 일일이 부수어서 길을 만들었습니다. 그러니까 바위를 부수는데 세월이 오래 걸리고 또 제대로 된 길이 만들어지지 않았습니다. 그러나 요즘은 다이너마이트가 있기 때문에 바위를 부수어야 할 경우에 바위를 뚫고 그 안에 다이너마이트를 심어놓고 뇌관에 불을 붙여서 폭파시키면 쉽게 바위를 부술 수 있고 좋은 도로를 만들 수가 있는 것입니다.

우리가 어떤 일을 결산하고자 할 때 할 어떤 사람은 일은 잔뜩 벌여 놓았지만 실제로 된 것은 아무 것도 없는 사람도 있습니다. 거기에 비해서 어떤 분은 다른 사람에 비하여 일을 많이 벌이지도 못했고 아주 소극적이었는데 엄청난 결과를 만들어내는 사람도 있습니다.

사람들은 대개 요한복음 17장에 나오는 예수님의 기도를 예수님의 대제사장의 기도라고 말을 합니다. 즉 예수님께서 십자가를 지시기 전에 자신과 제자들을 위하여 하나님께 기도한 내용인 것입니다.

그러나 우리가 이 예수님의 기도를 자세히 살펴보면 예수님께서 자신의 지상 사역을 결산하고 계신 것을 볼 수 있습니다. 예수님은 자신의 사역을 병자들 몇 명을 고쳤고 기적을 몇 번 일으켰으며 제자들을 전체 몇 명으로 키웠다는 식으로 말씀하지 않습니다. 오히려 예수님의 사역은 다른 사람들이 기대한 것에 비하면 너무나도 소극적이었고 사람들로부터 그렇게 좋은 반응을 얻어내지도 못했습니다. 그러나 예수님은 모든 것의 초점을 철저하게 하나님의 영광을 나타내는데 맞추었습니다. 심지어 예수님은 자신의 모든 성공과 명성을 철저하게 희생하면서까지 하나님의 영광에 초점을 맞추었습니다. 그것이 바로 뇌관을 터트리는 것이었습니다. 예수님은 단 한번의 짧은 생애를 통하여 수천 년 동안 아무도 풀지 못했던 영생의 문제를 풀었습니다. 그리고 우리 믿는 자들에게 하나님의 능력이 쏟아지게 만들었습니다. 만약 예수님께서 사람들의 인기에 초점을 맞추고 사람들의 지지를 얻으려고 애를 쓰셨더라면 예수님의 생애도 별 볼일 없는 생애가 되고 말았을 것입니다.

무엇보다 예수의 제자된 우리도 예수님께서 생애 마지막 순간에 자신의 지상 사역을 되돌아보았던 이 방법을 따라 우리는 인생을 살아야 할 것입니다.

하나님의 영광을 위한 삶

예수님께서는 십자가에 위에서 죽으시기 전에 잠시 자신의 지상 사역을 정리해 보기를 원하셨습니다. 이것은 지금까지 내가 얼마나 하나님의 뜻에 정확하게 일치하게 살아왔는가 하는 것을 돌이켜 봄으로써 앞으로 되어질 결과를 예측하려고 하는 것입니다.

우리가 어떤 일을 할 때 중간 정도에서 자신이 해 온 것을 한번 점검해보는 것이 꼭 필요합니다. 예를 들어 어떤 사람이 길을 만드는데 중간 즈음에서 점검해보니까 길이 좀 잘못된 방향으로 가고 있는 것을 발견하게 되었다고 합시다. 그러면 조금만 수정을 하면 끝까지 바르게 길을 만들 수가 있습니다. 그런데 중간에 그런 수정을 하지 않고 끝까지 밀어붙였을 때 나중에 길이 잘못 만들어졌을 때에는 전체를 다 버리고 다시 만들어야 하는 것입니다.

예수님은 지금까지 자신의 삶이 얼마나 많은 사람들에게 만족을 주고 얼마나 많은 사람들의 기대를 채워주었는가 하는 것으로 평가하지 아니하셨습니다. 예수님은 철저하게 내가 얼마나 하나님의 영광을 위하여 헌신했는가 하는 것으로 평가를 하셨습니다.

요한복음 17장 1절

예수께서 이 말씀을 하시고 눈을 들어 하늘을 우러러 가라사대 아버지여 때가 이르렀사오니 아들을 영화롭게 하사 아들로 아버지를 영화롭게 하옵소서

여기에 두 번의 '영화롭게 한다'는 말이 나옵니다. 하나는 아버지가 아들을 영화롭게 하는 것이고 다른 하나는 아들이 아버지를 영화롭게 하는 것입니다. 우리는 보통 아버지가 아들을 영화롭게 하고 아들이 아버지를 영화롭게 한다면 아버지가 자식에게 돈을 많이 투자를 해서 공부를 시키거나 각종 훈련을 시켜서 아들이 크게 성공해서 아버지를 영화롭게 하는 것으로 생각하기 쉽습니다. 그러나 여기서 예수님이 말씀하는 것은 전혀 그런 뜻이 아닙니다. 우선 예수님께서 아버지를 영화롭게 해 달라고 하는 것은 이 세상 사람들에게 아버지를 바로 알릴 수 있게 해 달라는 뜻입니다.

하나님은 어떤 분이십니까? 사람들은 모릅니다. 사람들은 하나님의 존재조차도 모릅니다. 그러나 예수님은 사람들이 하나님을 바로 알기를 원했습니다. 하나님이 얼마나 의로운 분이신지 그리고 하나님이 얼마나 사랑이 많으신 분이신지 사람들이 바로 알기를 원했습니다. 이것이 아들이 아버지를 영화롭게 하는 것이었습니다.

셰익스피어의 작품 중에 보면 '헨리 6세'가 있습니다. 헨리 5세는 젊었을 때에는 방탕한 삶을 살았지만 나중에는 정신을 차리고 아주 훌륭한 왕이 되어서 프랑스를 정복하고 지배를 했습니다. 그러나 헨리 6세는 나이가 어리고 유약해서 대신들이 서로 반목질시하는 바람에 프랑스가 다시 일어서게 됩니다. 그때 영국 장군 중에서 탈봇이라는 장군이 있었는데 아주 용감한 사람이었습니다. 그런데 이 장군이

위기에 빠졌는데 대신들이 서로 파벌로 나누어져서 서로 돕지 않는 바람에 이 장군이 죽게 됩니다. 그때 전쟁터에 탈봇의 아들이 있었는데 아버지가 제발 살아서 도망을 치라고 해도 아들은 절대로 말을 듣지 않았습니다. 그 이유는 자기가 아버지의 아들로서 아버지를 죽게 하고 자기만 살아서 도망치는 것은 아들된 도리가 아니고 치욕이라고 생각했기 때문입니다. 결국 그는 끝내 전쟁터를 떠나지 않고 싸워서 아버지와 함께 전쟁터에서 죽게 됩니다.

이와 같이 예수님께서 이 세상에서 가장 원했던 것은 자신의 성공이나 인정이 아니었습니다. 예수님은 이 세상에 하나님을 바로 알게 하기를 원했습니다. 사람들이 하나님을 바로 아는 것이 예수님이 이 세상에 사시는 목적이었습니다.

사실 우리 인간들이 어떻게 하나님을 알 수 있겠습니까? 우리 인간들의 치명적인 재앙이 하나님을 알지 못하는 것입니다. 이것은 커다란 바위 보다 더 단단한 것이 우리 마음을 막고 있는 것과 같습니다.

예수님이 이 세상에서 모든 것을 행한 목적은 단 하나 하나님을 알게 하는 것이었습니다. 사람들에게 하나님의 존재를 알게 하고 하나님의 선하심과 의로우심과 인자하심을 알게 하는 것이었습니다.

사람들이 하나님에 대하여 가장 오해하고 있는 부분이 바로 하나님의 의로우심입니다. 왜냐하면 인간들이 아무리 죄를 지어도 하나님이 바로 심판하시지 않으니까 인간들은 하나님의 의로우심을 믿지 않게 되었기 때문입니다. 그 결과 오히려 하나님이 없다고 믿게 되었습니다. 그러나 이것은 하나님의 오래 참으심을 전적으로 오해한 결과입니다. 만약 인간들이 조그만한 죄를 지을 때마다 하나님께서 천둥을 치시고 번개로 때리신다면 모든 인간들은 정신병자들이 되고 말 것입니다.

그래서 하나님께서는 일부러 인간들의 죄를 보지 아니하셨습니다. 그러나 인간들은 이것 때문에 하나님이 없다고 생각하는 것입니다. 반대로 인간의 죄에 대하여 하나님의 심판하시면 인간들은 하나님은 너무나도 잔인하시고 너무나도 무시무시한 분으로 생각을 하는 것입니다. 우리 인간들은 도무지 하나님을 알 수가 없습니다.

그래서 예수님이 오셔서 우리 인간들의 죄에 대하여 오래 참으시고 오래 연민의 정을 품으시고 우리의 모든 불행한 것을 가지고 하나님 앞에 눈물로 통곡하시면서 기도하셨을 때 인간들은 생각이 조금씩 달라지게 된 것입니다. 즉 하나님은 인간의 죄는 미워하시지만 이것을 안타까워하시고 눈물을 흘리시고 하나님 자신의 희생으로 해결하려고 하시는 모습을 보고 깊은 감동을 받게 된 것입니다.

이제 예수님은 하나님께 마지막 허락을 요청하고 있습니다. 그것은 아들을 영화롭게 해 달라는 것입니다. 이것은 정말 엄청난 내용입니다. 예수님은 아버지의 뜻에 따라 죽음으로 하나님의 사랑과 하나님의 용서를 사람들에게 알 수 있게 해 달라고 기도한 것입니다. 그래서 아버지가 아들을 영화롭게 한다는 것은 아들이 죽음으로서 아버지를 가장 잘 보여줄 수 있게 해 달라고 한 것입니다.

하나님은 어떤 분이십니까? 우리 인간들이 하나님 앞에서 정말 벌레만도 못하지만 우리 인간의 죄와 반역에 깊은 마음의 상처를 받으시고 엄청난 고통을 받으셨습니다. 전혀 상대할 가치가 없는 우리들에 대하여 엄청나게 진노하셨습니다. 그러나 그 진노를 모두 우리에게 퍼붓지 아니하시고 자신과 아들에게 더 퍼부으셔서 우리를 용서하신 것입니다.

하나님은 우리들의 죄에 대하여 정말 오래 참으셨습니다. 우리가 방황하며 죄지으며 하나님 없이 살 때 하나님은 오래 기다리셨습니다. 그리고 하나님은 우리의 무지와 교만에 대하여 엄청나게 마음 아파하시고 진노하셨습니다. 무엇보다 그것을 남김없이 자신과 아들에게 다 퍼부으시고 우리를 깨끗하게 용서하셨습니다. 우리가 이것을 바로 알고 믿는 것이 하나님을 영화롭게 하는 것입니다. 하나님은 아무 가치 없는 우리 같은 것을 위해서 하나님의 모든 것을 다 희생하셨습니다. 하나님은 우리를 죄와 죽음에서 구원하기 위해서 아들의 생명을 정말 하루살이보다 못한 우리들을 위해서 다 희생하셨습니다. 그것을 우리가 어떻게 이해하며 어떻게 믿을 수 있습니까? 그러나 그것을 믿는 것이 하나님을 영화롭게 하는 것입니다.

우리는 가장 정직할 때 우리 자신의 과거의 허물을 캐내고 내 자신의 나쁜 점을 분해하고 분석하는 일을 많이 합니다. 그러나 신앙은 자기 자신의 잘못을 다 끄집어내어서 분해하고 분석하는 것이 아닙니다. 만약 우리가 구정물통을 휘저어서 그 안에 있는 것을 분석하고 분해한다면 무엇이 남겠습니까? 결국 쓰레기밖에 남는 것이 없을 것입니다. 우리의 신앙은 '그럼에도 불구하고' 입니다. 우리는 비천하고 우리는 하나님의 사랑을 받을 자격이 전혀 없습니다. '그럼에도 불구하고' 하나님께서 우리를 사랑하셔서 하나님의 영광과 자존심과 아들의 생명까지 우리를 위해서 희생하셨다는 것을 알고 믿는 것입니다. 이것이 아들이 이 세상에서 아버지를 영화롭게 하는 것이었습니다.

이것을 위해서 아들은 사람들에게 모든 초점을 맞추지 아니하셨습니다. 모든 초점을 하나님의 말씀에 순종하는 것에 맞추었습니다. 그랬더니 그에게 마지막 남은 것은 십자가의 죽음이었습니다. 하지만 이 십자가의 죽음만이 아들이 아버지의 이름을 위해서 할 수 있는 최후의 것이었습니다. 아들은 아버지에게 그것을 할 수 있게 해 달라고 기도하고 있는 것입니다. 아버지와 아들이 서로를 영화롭게 하는 것은 아버지와 아들에게만 있는 이 엄청난 사랑의 자부심이 없으면 이해하기 어렵고 불가능한 것입니다.

영생의 문제

우리에게 궁금한 것은 과연 하나님이 계시고 아들이 계신다면 우리는 앞으로 어떻게 되겠는가 하는 것입니다. 즉 우리 모든 인간들에게 일어나는 공통된 생각은 우리가 이 세상에 한번 사는 것으로는 너무나도 아깝다는 것입니다.

우리 인간들에게 과연 죽은 후에도 새로운 삶이 있을까요? 예수님은 그것이 당연하다고 말씀하십니다.

요한복음 17장 2절

아버지께서 아들에게 주신 모든 자에게 영생을 주게 하시려고 만민을 다스리는 권세를 아들에게 주셨음이로소이다

여기서 우리는 아버지께서 아들에게 두 가지를 주신 것을 알게 됩니다.

하나는 아들에게 주신 자에게 영생을 주는 것과 또 다른 하나는 만민을 다스리는 권세입니다. 도대체 아들을 믿는 자에게 영생을 주는

것과 만민을 다스리는 것은 무슨 관계가 있을까요?

이것이 바로 아버지께서 아들이 이 세상에 오실 때 아들에게 약속을 하신 것입니다. 아들이 인간들의 죄를 대신해서 죽으면 아들을 믿는 모든 자를 하나님께서 용서하시고 그들에게 영생을 주실 것과 온 세상을 다스리는 권세를 주시는 것입니다.

그래서 이 두 가지 모두 다 현재와 미래의 두 가지 모습을 가지고 있습니다. 우리 믿는 자의 영생은 현재 죄 용서와 성령을 주심으로 나타나게 됩니다. 더욱이 하나님께서는 우리 믿는 자들에게 성령을 주셔서 사탄의 세력을 이기게 하십니다. 하지만 끝까지 믿지 않는 자들은 영원한 저주와 증오와 비참함 가운데 있게 될 것입니다.

놀라운 사실은 우리가 나중에 죽고 난 후에 영생을 얻는 것이 아니라 지금 영생을 얻었다는 것입니다. 왜냐하면 지금 우리에게 하나님의 생명과 은혜가 공급이 되고 있기 때문입니다. 이미 우리는 살아난 것입니다. 거기에 비해서 믿지 않는 자들은 지금은 그냥 자유가 허용되는 것 같지만 장차 무서운 심판을 당하게 될 것입니다.

그러면 왜 하나님께서는 모든 것을 당장 결판을 내시지 않으시는 것일까요? 그것은 우리 인간들을 너무 존중하셔서 충분히 시간을 주시려는 것입니다. 하나님께서는 우리 인간들을 개를 끌고 가듯이 억지로 끌고 가지 아니하시고 우리가 충분히 스스로 생각해서 결단을 내릴 수 있도록 마지막 순간까지 기다리시는 것입니다.

요한복음 17장 3절

영생은 곧 유일하신 참 하나님과 그의 보내신 자 예수 그리스도를 아는 것이니이다 예수님께서는 영생이 영원한 낙원에서 아주 행복하게 사는 것이라고 말씀하시지 아니하셨습니다. 영생은 하나님을 아는 것이고 예수님을 아는 것입니다. 무슨 뜻입니까? 우리가 하나님을 알게 될 때 우리의 영안이 열리게 됩니다. 즉 우리가 하나님의 말씀을 듣고 예수님을 믿는 순간 우리는 모든 것을 볼 수 있는 눈이 열리게 됩니다. 그때 우리는 굉장히 당황하게 됩니다. 왜냐하면 눈을 뜨고 난 후에 보니까 예전에 생각하던 것과 모든 것이 너무나도 다르기 때문입니다. 전에는 옳다고 믿었던 것이 틀렸으며 전에는 중요하지 않게 생각했던 것이 너무나도 중요하다는 것을 알게 됩니다. 그리고 나의 행복을 보장해준다고 믿고 나의 모든 미래를 다 걸었던 이 세상이 기만과 거짓에 차 있는 죽은 세상이라는 것을 발견하게 되는 것입니다.

무엇보다 하나님께서 내 죄를 사하시기 위하여 예수님을 십자가에 못 박혀 죽게 하셨다 하는 것을 믿는 순간 우리는 하나님을 새롭게 발견하게 됩니다. 특히 나의 모든 노력은 아무 쓸데없고 내 힘으로는 도저히 내 자신의 죄와 정욕에서 구원받을 수 없다는 것을 인정하고 십자가 앞에 무릎을 꿇고 항복할 때 자비로우신 '아바 아버지' 를 발견하게 됩니다. 그 순간 하나님이 무섭지 않고 심판이 두렵지 않고 하나님이 마치 나의 친 아버지같이 친밀하게 다가오시는 것을 깨닫게 되는 것입니다.

예수님의 확신

예수님이 이 세상에서 하신 일은 결코 많은 일이 아니었습니다. 예수님은 거의 외국에 가신 적도 없고 예수님은 어떤 큰 기관이나 단체를 세우신 적도 없으셨습니다. 그런데 예수님은 지금 미래의 승리를 확신을 하고 있습니다. 그 이유는 지금까지 믿음으로 살아왔다면 앞으로도 믿음으로 승리할 것이 틀림없기 때문입니다.

요한복음 17장 4-5절

아버지께서 내게 하라고 주신 일을 내가 이루어 아버지를 이 세상에서 영화롭게 하였사오니 아버지여 창세전에 내가 아버지와 함께 가졌던 영화로써 지금도 아버지와 함께 나를 영화롭게 하옵소서

이 세상에 있는 사람들은 무엇인가 눈에 보이는 큰 업적 남기는 일을 좋아합니다. 중국의 진시황제 같은 사람은 얼마나 사람들을 많이 동원해서 만리장성을 쌓았는지 지금도 만리장성은 불가사의한 일로 남아 있습니다. 그러나 만리장성이라는 것이 무엇입니까? 자기 권력을 이용하여 사람들을 많이 동원해서 돌을 줄 세워놓은 것에 불과한 것입니다. 그것으로 인간의 힘이 과연 대단하다는 것을 과시할 수 있었지만 그것으로 인간들이 다 행복해지거나 인간들이 더 죄를 멀리하거나 거룩한 삶을 살 수 있었던 것은 아닙니다. 결국 인간들의 업적이라는 것은 바닷가의 모래쌓기인 것입니다.

예수님은 인간들의 문제를 정확하게 알고 계셨습니다. 인간들의 모든 불행의 원인은 하나님의 사랑을 받지 못하고 용서를 받지 못하고 축복을 받지 못해서 생긴 것입니다. 예수님은 인간들의 복이 이 세상에 있다고 보시지 않고 하늘에 있다고 보셨습니다. 이 세상을 가장 행복하게 하는 사람은 하늘에 있는 복을 가져오는 사람인 것입니다. 그

러면 어떻게 하면 하나님의 복을 이 세상에 가져올 수 있습니까? 그 비결은 하나님의 말씀에 죽으라고 복종하는 것뿐입니다.

예수님은 '창세전에 가졌던 영화'를 알고 계셨습니다. 그것은 결코 이 세상의 복이 아닌 것입니다. 특히 예수님은 하나님의 복이 내려와야 우리 인간들이 병을 이기고 전쟁을 이기고 죄를 이기고 축복을 받을 수 있다는 것을 알고 계셨습니다. 그 비결은 오직 예수님 자신이 목숨 걸고 하나님의 말씀에 매달리는 것이었습니다.

예수님은 이렇게 말씀하셨습니다. '아버지께서 내게 하라고 주신 일을 다 이루어'라고 했습니다. 예수님께서 지금까지 하신 것은 하나님의 말씀을 목숨 걸고 붙잡는 것이었습니다. 그 결과 많은 기적이 일어났고 놀라운 부흥이 있었습니다. 그러나 예수님은 그것으로 모든 것이 다 끝났다고 생각하지 않으셨습니다. 오히려 예수님은 이제야말로 최후의 결전이 남았다는 것을 아셨습니다. 예수님은 이것도 승리하실 줄 믿으셨습니다.

이것이 바로 예수님께서 뇌관을 터트리는 방식이었습니다. 예수님은 빅딜을 선택하셨습니다. 즉 단번의 죽음으로 우리의 모든 죄를 다 처리하셨고 단번에 살아나심으로 가장 높은 곳에 올라가셔서 우리에게 성령을 부어주셨습니다.

또 예수님은 제자들에 대하여 이렇게 말씀하셨습니다.

요한복음 17장 6절

세상 중에서 내게 주신 사람들에게 내가 아버지의 이름을 나타내었나이다. 저희는 아버지의 것이었는데 내게 주셨으며 저희는 아버지의 말씀을 지키었나이다 예수님은 이 세상에서 구별된 특별한 사람들이 있다는 것을 아셨습니다. 바로 이 사람들은 하나님께서 아들에게 주신 사람들입니다. 전에는 이들이 '아버지의 것' 이었는데 이제는 '내게 주셨다' 는 말이 무슨 뜻일까요? 우리가 예수를 믿기 전에도 이미 하나님의 계획 속에는 우리가 하나님의 택한 자로 선택되어 있었던 것입니다. 그러면 도대체 왜 하나님께서는 우리를 이미 선택하시고 예정하시는 것일까요? 그것은 우리의 고집과 사악함 때문입니다. 예를 들어 들판에 사슴이나 얼룩말이 많아도 사자는 모두 다 사냥하지는 못합니다. 오직 자기 마음속에 오직 한 마리를 생각해 놓고 따라가기 때문에 결국 사냥에 성공을 하는 것입니다. 마찬가지로 하나님께서 우리를 미리 정해놓으시고 집중적으로 추격하지 아니하시면 우리는 절대로 예수를 믿을 사람들이 아닌 것입니다. 우리는 예수를 믿게 될 때 죽는 줄로 알고 망하는 줄로 압니다. 그러나 나중에 믿고 보면 하나님의 어마어마한 복을 상속받게 되는 것입니다.

예수님은 이들에게 아버지의 이름을 나타내었습니다. 원래 '아버지의 이름' 이라고 하면 이스라엘 백성들이 부르던 '여호와' 이십니다. 여호와라는 이름은 '스스로 존재하는 자' 라는 뜻입니다. 즉 다른 모든 신은 다 인간이 상상하여 만들어낸 것이지만 여호와는 스스로 존재하는 창조자이셨습니다. 그러나 이스라엘 자손들에게 이 '여호와' 라는 이름은 바로 재산이었고 능력이었습니다. 왜냐하면 여호와란 이름으로 부르짖기만 하면 하나님께서 모든 어려움을 다 들어주시고 모든 고난에서 다 건져주셨기 때문입니다. 이스라엘 백성들에게 '여호와' 는 그야말로 위대한 이름이었습니다. 그러나 '여호와' 라는 이름으로 해결할 수 없는 것이 하나 있었습니다. 그것은 바로 인간의 마음 속 깊은 곳에 자리 잡고 있는 죄였습니다. 그래서 결국 하나님의 아들이 이 세상에 오셔서 우리를 대신하여 죽으신 것입니다. 이제는 우리가 부르짖으면 와서 도와주시는 것이 아니라 성령을 물 붙듯이 부어서 우리를 완전히 다른 사람이 되게 하십니다.

이것이 예수님이 하신 가장 놀라운 일이었습니다. 즉 뇌관을 터트리신 것입니다.

예수 믿는 자들에게 가장 놀라운 것이 있다면 이제는 그 하나님 아버지를 믿는다는 사실입니다.

요한복음 17장 7-8절

지금 저희는 아버지께서 내게 주신 것이 다 아버지께로서 온 것인줄 알았나이다. 나는 아버지께서 내게 주신 말씀들을 저희에게 주었사오며 저희는 이것을 받고 내가 아버지께로부터 나온 줄을 참으로 아오며 아버지께서 나를 보내신 줄도 믿었사옵나이다

지금까지 우리는 세상에 있는 것이 전부인 줄 알고 세상만 바라보고 살아왔습니다. 그러나 예수를 믿고 보니까 모든 중요한 축복은 하나님께 다 있고 하나님의 말씀 속에 다 있다는 것을 알게 되었습니다.

예수님은 우리에게 오셔서 하나님의 말씀을 주셨습니다. 우리는 이 말씀을 믿음으로 하나님이 분명히 계시는 것을 알게 되었고 말씀을 믿음으로 축복이 오는 것을 알게 되었습니다.

요한복음 17장 10절

내 것은 다 아버지의 것이요, 아버지의 것은 내 것이온데 내가 저희로 말미암아 영광을 받았나이다

이 세상에 있는 모든 것은 다 하나님의 것입니다. 마귀의 것도 아니고 인간들의 것도 아닙니다. 그러나 이 세상에서 아무리 많은 것을 차지하고 있어도 성령이 오시지 않으면 메마른 사막과 같기 때문에 소용이 없습니다. 사막에서 아무리 넓은 땅을 차지하고 있으면 무슨 소용이 있습니까? 아무 소용이 없는 것입니다. 우리가 하나님의 말씀을 잡으면 하나님의 축복이 임합니다. 그 중에 최고의 축복은 성령이 부어져서 놀라운 부흥이 일어나는 것입니다. 이것이야말로 축복의 뇌관을 터트리는 것입니다. 아무리 주식 투자를 잘 해서 돈을 수십억 원을 벌고 부동산 투기를 잘해서 외제 고급 승용차를 몰고 다닌다 하더라도 성령이 오시지 않으면 사막 같은 땅만 잔뜩 가지고 있는 것 밖에 되지 않습니다. 우리는 그런 세상의 축복을 부러워해서는 안 됩니다.

오늘 우리 그리스도인은 이 세상에서 축복의 뇌관을 가지고 있는 사람들입니다. 우리가 자꾸 이 세상을 따라가면 결국 이 세상 전체는 황무지로 변하고 말 것입니다. 우리에게는 해야 할 일이 따로 있는 것입니다.

예수님은 이것을 위해서 세 가지를 우리에게 명령하고 있습니다.

첫째, 진리로 보존이 되는 것입니다.

요한복음 17장 11절

나는 세상에 더 있지 아니하오나 저희는 세상에 있사옵고 나는 아버지께로 가옵나니 거룩하신 아버지여 내게 주신 아버지의 이름으로 저희를 보전하사 우리와 같이 저희도 하나가 되게 하옵소서

우리에게 가장 중요한 것은 오직 하나님의 말씀을 붙잡고 보존을 하

는 것입니다. 예수님은 끝까지 하나님의 말씀을 붙잡으셨습니다. 우리가 해야 할 것이 있다면 주님이 다시 오실 때까지 주님의 말씀만 붙잡는 것입니다. 우리가 세상만을 바라보면 너무나도 이 세상에 좋은 것이 많아서 자꾸 따라가고 싶어집니다. 그러나 그것을 따라가면 결국 사막이 나오게 됩니다. 그러면 우리는 사막에서 길을 잃고 죽을 것입니다.

둘째, 우리는 함께 모여야 합니다. 7절 끝에 보면 '우리와 같이 저희로 하나가 되게 하옵소서.' 우리가 하나가 되는 것이 중요합니다. 왜냐하면 우리는 하나님의 축복을 담는 그릇이기 때문입니다. 그릇이 깨어져 있거나 금이 가 있으면 더 이상 축복은 담길 수가 없습니다. 모두 다 새버리고 말 것입니다. 예수님은 모두 다 하나가 되었는데 멸망의 자식 가룟 유다만 하나가 되지 못하였다고 말씀하셨습니다. 왜냐하면 그는 처음부터 예수님께 속한 자가 아니었기 때문입니다. 그는 자기 죄 때문에 예수님을 믿는 자가 아니었습니다. 그는 사회 운동을 하려고 예수님을 따라다녔던 것입니다.

우리를 하나 되게 하는 것은 말씀과 겸손입니다. 그러나 오늘 세상은 우리가 말씀만 붙잡으면 업신여기고 짓밟고 공격을 합니다. 그래도 우리는 끝까지 하나님의 말씀만 붙들고 겸손해야 하나님의 성령을 담을 수가 있습니다. 분노하고 욕하고 싸우면 그릇이 깨어져버리기 때문에 성령이 담길 수가 없습니다.

그때 우리에게 승리의 기쁨이 충만하게 될 것입니다.

요한복음 17장 13절

지금 내가 아버지께로 가오니 내가 세상에서 이 말을 하옵는 것은 저희로 내 기

뻐을 저희 안에 충만히 가지게 하려 함이니이다

우리가 하나님의 말씀을 죽으라고 붙잡고 겸손으로 하나가 될 때 우리 안에는 예수님의 기쁨이 충만하게 됩니다. 이 기쁨은 승리의 기쁨인 것입니다. 또한 이것은 죽음을 이기고 죄를 이기고 마귀를 이기고 시험을 이긴 기쁨입니다.

우리가 주님의 말씀에 전적으로 순종할 때 우리와 하나님은 하나가 됩니다. 그때 하나님은 우리가 기도하는 모든 것을 다 들어주십니다. 우리가 교만하지 아니하고 이 축복을 끝까지 지키면 축복의 황금기가 오게 될 것입니다. 기도가 응답이 되고 날마다 부흥이 일어날 것입니다. 그러면 사탄은 꼬릴 감추게 될 것입니다. 그리고 하나님은 우리 믿는 자들에게 하늘의 복과 세상의 복을 전부 다 남김없이 부어주실 것입니다.

Exposition of John

41 _ 요 17:14-26

세상 속의 그리스도인

사람들은 누구나 새로운 한 해를 시작하게 되면 새로운 계획을 가질 것입니다. 예를 들어 농사를 짓는 사람들 같으면 어느 곳에 있는 땅을 사서 농지를 넓힌다든지 소를 새로 한 마리 산다든지 하는 계획을 가질 것입니다. 장사하는 사람들은 가게를 넓히거나 더 좋은 장소로 옮기는 계획을 가질 것입니다. 혹은 사업하는 분들은 어느 곳에 새로운 공장을 세우거나 새로운 시설 투자를 하는 계획을 세울 것입니다. 그런데 이런 새로운 계획들은 어디까지나 새로운 희망인 것을 알 수 있습니다. 사람들이 새로운 희망을 가지고 새로운 의욕을 가진다는 것은 아름다운 일입니다. 그러나 사실은 얼마나 오랫동안 이런 희망을 가지고 얼마나 오랫동안 새로운 마음을 가지느냐 하는 것이 더 중요할 것입니다.

무엇보다 우리 예수 믿는 사람들이 알아야 할 것은 하나님께서 우리의 계획을 세우신다는 사실입니다. 그런 까닭에 우리는 잠잠히 하나님 앞에 머리를 숙이고 하나님이 나에 대하여 가지신 계획이 무엇이며 내가 어떻게 해야 그 계획에 동참할 수 있으며 어떻게 해야 그 계획을 온전히 이루어드릴 수 있을까 하는 것을 생각하는 것이 필요한 것입니다.

예수님은 십자가를 지시기 전에 소위 '대제사장의 기도' 라고 하는 엄청나게 중요한 기도를 하셨습니다. 이것을 통해 우리는 예수님이 십자가 지시기 전에 자기 자신에 대하여 이미 하나님의 놀라운 계획이 세워져 있는 것을 믿는 것을 보게 됩니다. 예수님은 십자가 위에 죽으심으로 자신이 무슨 일을 새롭게 하시려는 것이 아니었습니다. 이미 하나님이 세워놓으신 그 놀라운 계획들이 차질 없이 이루어지도록 기도를 드리시는 것입니다.

우리가 생각할 때 적어도 예수님이 죽기 전에 하나님께 드리는 기도라면 지금까지 자신이 갈릴리나 예루살렘에서 하신 일들을 회고하는 내용이 많을 것이라고 생각할 수 있습니다.

그러나 예수님의 대제사장의 기도에는 과거의 일을 회상하는 이야기는 전혀 들어가 있지 않습니다. 갈릴리 사람들의 불신이라든지 예루살렘에서 있었던 일 등에 대하여 전혀 말씀을 하고 있지 않습니다. 오직 예수님은 미래에 대하여 말씀하시는데 그 미래의 중심에 우리 믿는 사람들이 있고 교회가 있습니다. 이것을 보면 예수님의 미래에 우리 한 사람 한 사람의 신앙 자세나 교회의 상태가 얼마나 중요한지 알 수 있습니다.

우리의 중요한 문제는 우리가 '세상 속에 사는 그리스도인들' 이라는데 있습니다. 우리는 하나님의 백성이지만 이 세상 속에 있습니다. 우리는 이 세상 속에서 학교를 다니고 이 세상 속에서 사업을 하며 이 세상 속에서 가정생활을 합니다. 그런데 중요한 것은 예수님의 기도에는 우리가 이 세상에서 유명해지고 성공하는 내용은 전혀 없다는 것입니다. 만약 우리가 그것만을 가장 중요하게 생각하고 미래 계획을 세운다면 우리는 하나님 앞에서 실패하는 자가 될 것입니다.

그리스도인의 정체성

요한복음 17장 14절

내가 아버지의 말씀을 저희에게 주었사오매 세상이 저희를 미워하였사오니 이는 내가 세상에 속하지 아니함 같이 저희도 세상에 속하지 아니함을 인함이니이다

우리가 이 세상에서 하나님의 사랑을 받고 축복받은 사람으로 살아가기 위해서 가장 중요한 것은 '내가 과연 누구인가?' 하는 것을 바로 아는 것이 중요합니다. 어떤 의미에서 우리가 이 세상에 사는 모든 노력이나 모든 과정은 자기 자신을 되찾으려는 몸부림으로 생각할 수 있습니다.

우리는 이 세상에 어느 부모님으로부터 태어났고 또 어느 집에서 자랐다는 사실만으로는 내가 누구인지 바로 알 수가 없습니다. 우리는 사실 이 세상에 왜 태어나야 했는지도 모르고 부모님도 그 사실을 잘 모르십니다. 우리는 자신의 의사와 전혀 상관없이 이 세상에 던져졌고 그리고 어느 누군가의 자식이 되어서 자란 것입니다. 그러기에 어떤 면에서는 사람들이 공부를 하고 사랑을 하고 돈을 벌려고 하는 모든 것은 자기를 찾으려고 하는 몸부림이라고 볼 수 있습니다. 그러나

사람들은 이 세상에서는 결코 자기 자신을 찾을 수가 없습니다.

그런데 예수님은 우리 믿는 자들에 대하여 무엇이라고 말씀하고 있습니까? '내가 아버지의 말씀을 저희에게 주었사오매' 이 말씀을 통해 알 수 있는 것은 우리에게 가장 중요한 일은 하나님의 말씀을 듣는 것이라는 사실입니다.

어느 날 우리가 하나님의 말씀을 듣게 되면 이 하나님의 말씀이 우리를 전혀 다른 사람으로 만들어버립니다. 그래서 우리는 때로 주위 사람들과도 잘 어울리지 못하고 사회생활도 원만하게 하지 못한 자기 자신을 보면서 자신의 성격이 독특하다고 생각할 때가 많이 있습니다. 저도 오랫동안 제 자신에 대하여 가졌던 의문이 바로 이것이었습니다. 저는 다른 사람들에 비하여 무엇인가 이상한 것이 있었습니다. 무엇인가 썩 잘 어울리지 못하고 또 인생을 살아가는데 있어서도 다른 사람들처럼 철저하게 세상적이지도 않고 그렇다고 해서 완전히 신앙적인 것도 아니었습니다. 인생관에 있어서 무엇인가 남들과는 잘 섞이지 못하는 독특한 것이 있었습니다. 저는 그것이 제 개성의 문제라고 생각했습니다. 그리고 때로는 나는 '왜 이렇게 성격이 독특한가?' 하는 생각이 들 때가 많았습니다. 그러나 나중에 보니까 이것이 하나님의 말씀을 들은 결과였습니다. 우리가 완전히 믿음으로 성숙한 그리스도인이 되었든지 아니든지 간에 일단 우리가 하나님의 말씀을 들은 후에는 전혀 하나님의 말씀을 듣지 못한 사람들처럼 평범하게 살아가는 것이 불가능하게 되는 것입니다.

그 이유는 하나님의 말씀이 우리의 정신적인 눈을 뜨게 하기 때문입니다. 물론 처음에는 눈을 제대로 뜨지도 못하고 반만 떠서 어슴푸레 보기이도 하는 것이 사실이지만 그럼에도 불구하고 이미 우리 인생은 다른 사람들처럼 지극히 평범하게 살아가는 것은 불가능해져버리는 것입니다.

오늘날 대부분 사람들이 이 세상에서 원하는 것은 남들같이 평범하게 살면서 조금 더 성공적인 삶을 사는 것입니다. 즉 남들이 대학갈 때 나도 대학을 가는데 좀 더 좋은 대학을 우수한 성적으로 들어가고, 남들이 취직할 때 나도 취직을 하는데 좀 더 좋은 직장에 취직을 하고, 남들이 결혼할 때 나도 결혼을 하는데 좀 더 좋은 조건에서 멋지게 결혼을 하고, 남들이 사업할 때 나도 사업을 하는데 좀 더 성공적으로 사업을 하면 우리는 충분하다고 생각을 하는 것입니다. 그러나 우리가 하나님의 말씀을 듣고 하나님의 말씀에 은혜를 받는 순간부터 이런 모든 공식들이 다 파괴되어버리는 것입니다.

즉 자신이 이 세상에서 가지고 있던 인생 성공의 설계도가 완전히 의미를 잃어버리고 마는 것입니다. 그러면 우리의 인생은 어떻게 되는 것입니까? 완전히 예측할 수 없는 이상한 삶이 되어버리고 맙니다. 마치 호랑이 등에 올라탄 것처럼 도대체 어디로 가서 앞으로 살다가 죽게 될는지 예측할 수 없는 인생이 되어버리는 것입니다. 그것이 바로 하나님의 말씀을 들었을 때 나타나는 효과입니다.

믿음의 조상 아브라함은 75세 때 하란에서 하나님의 말씀을 들었습니다. 아브라함의 생애는 75때까지는 지극히 정상적인 삶이었고 안정적인 삶이었습니다. 그러나 75세 때 하란에서 하나님께서 '너의 본토 친척 아비 집을 떠나서 내가 네게 지시할 땅으로 가라' 고 하는 순간 아브라함의 삶은 완전히 엉망진창이 되고 말았습니다. 그러나 믿음의 조상 아브라함의 진정한 생애는 바로 이 순간부터 시작되는 것이었습니다.

저의 삶을 잠시 이야기하면 제 아내는 지극히 평범한 여자였고 정말 평범하게 사는 것이 꿈이었습니다. 그러나 '저' 라고 하는 이상한 남자와 결혼하는 바람에 완전히 호랑이 등에 올라탄 인생을 살게 되었습니다. 더욱이 저도 마찬가지였습니다. 저도 이 세상에서 지극히 정상적이면서 좀 더 성공적인 엘리트의 삶을 살기를 원했습니다. 그러나 하나님의 말씀을 듣는 순간 그런 모든 욕망은 물거품이 되고 말았습니다. 그 이유가 어디에 있습니까? 하나님께서는 이 세상에서 우리 한 사람 한 사람을 보석으로 만들기를 원하시기 때문입니다.

산에서 원석을 캐내어서 좋은 나무 받침 위에 올려놓는다고 보석이 되지 않습니다. 보석은 갈고 닦고 가공을 해야 합니다. 어떤 때에는 불에 넣어서 완전히 녹여서 불순물을 제거해야 하는 것입니다. 그러기에 이 세상에서 최고로 값진 것은 불을 통과한 정금 같은 믿음인 것입니다.

예수님께서는 우리가 이 세상에서 성공적인 삶을 살기 위해서는 우리 자신의 정체를 바로 아는 것이 중요하다고 말씀하십니다. 즉 우리가 어떤 사람들입니까? 우리는 남들처럼 평범하게 사는 것은 이미 '글러먹은 사람들' 인 것입니다. 다시 말하지만 우리가 어떤 사람들입니까? 이 세상에서 하나님의 거룩한 자들로 택함을 받은 자들입니다. 우리는 이 세상 사람들과는 완전히 다른 사람들인 것입니다.

예수님은 이렇게 말씀하셨습니다. '세상이 저희를 미워하였사오니 이는 내가 세상에 속하지 아니함 같이 저희도 세상에 속하지 아니함을 인함이니이다'

세상은 우리의 이런 이상한 모습을 미워한다고 말씀하고 있습니다. 세상이 우리를 미워한다는 것은 우리의 이런 변화된 모습에 대하여 세상이 아주 불편해 하고 우리도 불편해 한다는 뜻입니다.

세상 사람들은 우리가 하나님 때문에 변하는 것을 원하지 않습니다. 세상은 우리가 예전과 똑같이 평범하게 살아주기를 바랍니다. 우리가 그렇게 하기만 하면 세상은 우리에 대하여 아무 말도 하지 않을 것입니다. 그러나 무엇인가 말로 표현하기는 어렵지만 우리의 변화된 생각이나 가치관이 세상을 아주 불편하게 합니다. 또한 어떤 경우에는 우리 자신도 우리의 이런 변화된 모습이 불편하고 이상할 때가 있습니다. 다시 말해서 우리가 예수 믿고 난 후에 강하게 일어난 현상은 우리가 은혜 받은 것을 무시하고 옛날처럼 혹은 다른 사람들처럼 평범하게 살고 싶은 욕망이 굴뚝같이 일어나는 것입니다. 그러나 그것은 불가능한 것입니다. 왜냐하면 그것은 하나님을 부정하는 것이 되기 때문입니다. 우리가 하나님을 알고 난 후에도 하나님을 모르던 옛날처럼 산다는 것은 불가능합니다. 그래서 사도 바울은 우리와 세상 사이에 십자가가 있어서 우리가 세상으로 넘어갈 수도 없고 세상도 우리에게 넘어올 수도 없다고 말을 했습니다.

그런 까닭에 우리는 이제 새 사람이 되었기에 더이상 믿지 않는 사람들처럼 평범하게 살수 없다는 것을 인정하고 살아야 합니다. 우리는 이제 살든지 죽든지 하나님 안에서, 그리고 신앙 안에서 살아갈 수밖에 없는 것입니다.

그래서 예수님께서는 '좁은 문으로 들어가라' 고 말씀하시면서 또 좁은 길로 가라고 하셨습니다. 예수님의 좁은 문 비유에는 좁은 문도 있고 좁은 길도 있습니다. 그리고 멸망으로 가는 곳에도 넓은 문이 있고 넓은 길이 있습니다.

세상의 길은 자기 하고 싶은 대로 하는 길이기 때문에 넓은 길입니다. 마음껏 자기가 능력을 발휘할 수 있기 때문에 넓은 길입니다. 그러나 신앙의 길은 자기가 하고 싶은 대로 아무것이나 마음껏 할 수 없습니다. 마치 아주 협소한 굴속을 겨우 빠져서 가는 것과 같습니다. 다른 사람들은 세상에서 순풍에 돛단배처럼 쏜살같이 출세의 길을 향해서 달려가도 우리는 여전히 제 자리에서 끙끙거리면서 바위틈에서 몸을 빼내어야 하는 경우가 많은 것입니다.

구약 성경에서 애굽을 떠난 이스라엘 백성들이 실패한 이유는 자신들이 애굽을 떠나면서 완전히 새로운 인종이 되었다는 것을 인정하지 못한 것입니다. 하나님께서는 이스라엘 백성들에게 '사람이 떡으로만 살 것이 아니요 하나님의 말씀으로 살 것이니라' 고 하셨습니다. '떡으로 살지 않고 하나님의 말씀으로 산다는 것' 자체가 이상한 인종이 된 것입니다. 그럼에도 불구하고 이스라엘 백성들이 자꾸 '떡' 으로 살려고 하고 애굽으로 돌아가려고 하니까 '죽도 밥도 안 되면서' 광야에서 다 죽고 만 것입니다.

우리는 하나님의 말씀을 듣고 난 후에 이 세상에 있지만 전혀 새로운 인종이라는 사실을 인정해야 살 수 있습니다. 세상은 우리에 대하여 불편해 할 것입니다. 그리고 우리도 이렇게 신앙으로 사는 것이 불편해서 자꾸 옛날로 돌아가고 싶을 것입니다. 그러나 그것보다 더 위험한 것은 없습니다. 우리는 절대로 과거로 돌아갈 수가 없습니다. 우리는 하나님의 등에 탄 사람들이 되었기에 이대로 앞으로 나갈 수 밖에 없습니다.

그러면 우리가 이 세상에서 하나님의 특별한 백성들이 되었다면 무엇을 위해서 살아야 할까요? 우리는 가장 중요한 교훈을 예수님의 기도를 통해서 배우게 됩니다.

요한복음 17장 15절

내가 비옵는 것은 저희를 세상에서 데려가시기를 위함이 아니요 오직 악에 빠지지 않게 보전하시기를 위함이니이다

하나님께서 이 세상에 사는 우리들에게 가장 중요하게 생각하는 것은 우리가 이 세상에 살기는 살되 죄에 빠지지 않는 것입니다. 즉 하나님의 거룩한 백성으로 계속 보존이 되는 것입니다.

우리는 이 말씀을 통해서 우리가 이 세상에 사는 중요한 목표가 어디에 있는지 분명하게 깨달아야 하겠습니다. 하나님께서는 우리가 이 세상에서 성공적인 삶을 사는 것을 일차적인 목표라고 말씀하시지 않으셨습니다. 높은 자리에 있든지 낮은 자리에 있든지 돈을 많이 벌든지 적게 벌든지 죄를 짓지 않는 사람들이 되는 것이 우리에게 가장 중요하다고 말씀하셨습니다.

여기서 우리는 심각한 하나의 문제에 부딪치게 됩니다. 그것은 과연 우리가 이 세상에서 완전히 죄를 짓지 않는 것이 가능한가 하는 것입니다. 우리가 사회생활을 하면서 거짓말을 전혀 하지 않고 전혀 나쁜 생각이나 악한 생각을 하지 않고 죄를 짓지 않고 사는 것이 가능한 것일까요? 그것은 불가능합니다. 왜냐하면 죄는 이미 우리 본성 안에 들어와 있기 때문입니다. 그리고 이 세상을 가득 채우고 있는 것이 바로 죄입니다. 우리는 죄의 염색통 안에 들어와 있는 것입니다. 아무리 흰 천이라 하더라도 염색통 안에 넣고 염료와 같이 끓이면 색이 물들지 않을 수가 없을 것입니다. 하물며 죄는 이미 우리 안에 들어와 있습니다. 우리는 죄를 좋아하고 죄를 즐거워하는 사람들입니다. 그런데 어떻게 이 세상에 살면서 죄에 물들지 않을 수 있습니까?

그것이 바로 하나님의 말씀의 능력입니다.

요한복음 17장 17절

저희를 진리로 거룩하게 하옵소서 아버지의 말씀은 진리니이다

우리가 이 세상에서 살고 있는 한 죄를 전혀 짓지 않고 살 수는 없습니다. 우리는 오히려 매일 죄를 먹고 마시면서 살아가고 있습니다. 우리가 이 세상에 보고 듣는 것이나 말하는 것들은 모두 다 죄입니다. 우리는 죄의 염색 통에 빠져서 살아가고 있는 것입니다. 그래서 우리는 어떤 때 너무나도 죄를 많이 마신 나머지 스스로 탄식을 하게 됩니다. '과연 내가 신앙인인가? 이렇게 살고도 과연 내가 하나님의 백성이라고 말할 수 있는가?' 라는 생각이 들 것입니다. 그러나 하나님의 말씀을 들으면 어떻게 됩니까? 속에 들어 있는 죄는 전부 다 토해내게 되고 밖에 붙어있는 죄는 다 씻겨지게 되어서 깨끗해지게 됩니다.

그래서 분명히 조금 전까지만 해도 죄가 있었고 죄에 빠져 있었으며 죄에 물들어 있었는데 하나님의 말씀을 듣고 난 후에는 한 순간에 깨끗해져 있는 것입니다. 우리는 이 과정을 계속 해야 합니다. 그러면 나중에는 죄를 덜 마시게 되고 나중에는 죄가 우리를 덜 파고 들어오게 됩니다. 나중에는 죄가 싫어지게 되고 하나님의 거룩하신 성품과 성도의 거룩한 교제를 훨씬 더 좋아하게 됩니다. 이것이 하나님의 원하시는 성공인 것입니다.

하나님께서 이 세상에서 그렇게 오랫동안 원하시고 기다려오신 것은 줄기 세포 연구가 성공하는 것이 아니었습니다. 오직 죄가 들끓고 있는 이 세상에서 죄에 물들지 않고 깨끗한 백성을 만드시는 것이었습

니다.

이 세상에서 최고로 비싼 것이 '깨끗한 양심' 입니다. 깨끗한 양심의 가치는 수천억 원 이상 주고도 못사는 것입니다. 하나님 앞에서 최고로 비싼 것은 죄에 물들지 않는 깨끗한 양심입니다. 우리는 약간의 돈 때문에 거짓말할 때가 있습니다. 이것은 너무나도 엄청난 손해인 것입니다. 대부분 사람들은 양심이 눈에 보이지 않으니까 양심을 속이고 거짓말을 해서 위기를 벗어나려고 합니다. 그러나 죄로 더럽혀진 양심의 가치는 쓰레기밖에 되지 않습니다.

예수님은 이것을 위해서 중요한 결심을 하셨습니다.

요한복음 17장 19절

또 저희를 위하여 내가 나를 거룩하게 하오니 이는 저희도 진리로 거룩함을 얻게 하려 함이니이다

예수님께서 여기서 '내가 나를 거룩하게 하오니' 라고 말씀하고 있습니다.

그러면 예수님도 무슨 죄가 있어서 자신을 거룩하게 해야 할 필요가 있다는 뜻일까요? 결코 그런 뜻이 아닙니다. 예수님이 자신을 거룩하게 하신다고 하는 것은 우리를 죄에서 깨끗케 하시기 위해서 중요한 희생을 결심하신 것입니다. 우리 인간의 죄는 이 세상의 다른 어떤 것으로도 지워지지 않습니다. 그런데 오직 단 하나 예수님의 십자가 피로 지우면 지워지게 되어 있습니다. 여기서 예수님은 자신의 피를 흘리시기로 결심을 한 것입니다.

예수님의 십자가가 없으면 우리가 아무리 하나님의 말씀을 들어도

완전히 깨끗해지지 않습니다. 그러나 예수님의 십자가 보혈이 우리의 모든 썩어 냄새나는 죄들을 전부 다 닦아 갔기 때문에 우리는 완전히 깨끗함을 받게 되었습니다.

우리 인간에게 가장 중요한 것은 속에 있는 죄들이 다 깨끗함을 받는 것입니다. 이것을 위해서 하나님께서는 오래 전부터 인류 역사를 계획하시고 지켜주셨습니다. 우리는 이 세상에서 죄 용서를 받은 유일한 백성들인 것입니다. 아무리 죄 가운데 집어넣어도 하나님의 말씀을 듣고 예수님의 십자가 붙들고 기도하면 또 깨끗하게 되는 사람들인 것입니다.

우리는 이 과정을 통해서 하나님을 모르는 사람들에게 죄가 정상적인 것이 아니라는 것을 가르쳐주게 됩니다. 죄를 먹고 마시고 더러운 짓을 하고 토하고 헛소리하는 것이 결코 아름다운 것이 아니라는 것을 보여주게 됩니다.

세상 사람들은 술 마시고 떠들고 소리를 지르는 것이 굉장히 자유로운 것으로 생각합니다. 그러나 우리는 술 마시지 않고 조용한 가운데서 얼마든지 기뻐할 수 있는 것을 보여주게 됩니다. 믿지 않는 사람들은 담배를 피우지 않고 모르는 사람과 대화를 나누는 것에 대하여 굉장히 불안해합니다. 그러나 그리스도인들은 담배 없이 하루 종일 대화를 나눌 수 있습니다. 세상 사람들은 서로 싸우고 상처를 주고받는 것이 인생이라고 생각하지만 얼마든지 축복하고 상처를 치료해주고 아름다운 말을 하면서 사는 인생도 있는 것입니다. 세상 사람들은 남을 발로 밟고 올라서야 성공했다고 생각하지만 남을 밟고 올라서지 않고도 얼마든지 성공적인 삶을 살 수 있는 것입니다. 또한 돈을 많이 벌고 최고가 되어야 행복하다고 생각하지만 그렇지 않아도 훨씬 더 행복할 수가 있는 것입니다.

그리스도인의 일치

우리가 예수를 믿을 때에는 한 사람 한 사람 개인적으로 예수님을 만나야 하고 하나님을 믿어야 하지만 예수를 믿고 난 후에는 더 이상 혼자가 아니고 많은 하나님의 백성들 중의 한 사람이 됩니다.

이 차이를 잘 보여주는 것이 창세기와 출애굽기의 차이입니다.

우리가 창세기에서 족장들의 생애를 통해 보게 되는 것은 족장 한 사람 한 사람이 어떻게 이 죄 많은 세상에서 믿음으로 승리할 수 있었는가 하는 것입니다. 그들이 믿음으로 승리할 수 있었던 것은 오직 하나님의 말씀 하나 붙잡고 끝까지 따라갔기 때문입니다. 그래서 아브라함이 승리할 수 있었고 이삭이나 야곱이나 요셉이 승리할 수 있었습니다. 이것은 사실입니다. 그리고 지금 우리 개개인들에게도 이 원리는 그대로 적용되고 있습니다. 우리가 하나님의 말씀만 붙잡고 끝까지 가면 승리하게 되어 있습니다.

그러나 믿음의 세계는 이런 개인적인 부분만 있는 것이 아닙니다.

이스라엘 백성들이 출애굽하게 되면 더 이상 혼자가 아니고 수많은 백성들 중의 하나가 됩니다. 하나님께서는 이들이 많은 다른 이스라엘 백성들 가운데서 어떻게 믿음을 지킬 것인지 가르쳐 주기 위해 율법을 주셨습니다.

우리가 혼자는 성경을 읽거나 기도하고 신앙 생활하기가 쉬울지도 모릅니다. 그러나 우리는 다른 사람들과 어울리게 되면 금방 우리의 개성이 드러나게 되고 때로는 모난 부분들이 부딪치게 되어서 어려움을 겪게 됩니다. 우리의 신앙은 개인적으로 시작이 되지만 많은 사람들과 어울리는 가운데 우리는 훨씬 더 성숙한 신앙으로 나아가게 됩니다.

우리는 여기서 왜 하나님께서는 우리를 골치 아프게 많은 사람들과 함께 신앙생활을 하게 하실까 하는 의문이 생길 수 있습니다.

그 이유에 대해서 우리는 바로 예수님이 두 번째로 우리를 위해서 기도하시는 내용을 통해 알게 됩니다.

요한복음 17장 21절

아버지께서 내 안에, 내가 아버지 안에 있는것 같이 저희도 다 하나가 되어 우리 안에 있게 하사 세상으로 아버지께서 나를 보내신 것을 믿게 하옵소서

하나님께서 우리의 구원을 단체적으로 이루어 가시는 중요한 이유가 있습니다.

우선 첫째로 하나님 자신이 혼자가 아니시기 때문입니다.

하나님께서는 혼자가 아니라 아들이 있습니다. 그리고 나중에 알게 되지만 또 성령이 계십니다. 우리를 창조하신 하나님은 혼자 계시기 너무 심심하셔서 심심풀이로 우리 인간들을 만드신 것이 아닙니다. 하나님께서는 아들과 성령 하나님과 함께 너무나도 풍성하고 아름다운 사랑을 나누셨습니다. 거기에 부족한 것이 전혀 없었습니다. 그러나 하나님께서는 이 사랑을 더 많은 사람들에게 주시고 싶어 하셨습니다. 특히 우리 인간들에게 하나님의 사랑을 나누어주시기를 원하셨습니다. 그래서 이 세상을 창조하시고 우리 인간들을 만드시게 된 것입

니다. 하나님은 혼자가 아니십니다. 아버지와 아들과 성령님이 계십니다. 그래서 하나님의 사랑은 사회성을 가지고 있고 하나님의 거룩하심도 사회성을 가지고 있습니다. 하나님의 지식도 사회성을 가지고 있습니다.

예를 들어 우리가 성부 하나님 한 분만 계신다면 하나님이 아무래도 무서울 것입니다. 그래서 성부 하나님만 믿는 이슬람교는 무서울 수밖에 없습니다. 하나님 앞에서 그 아들과 함께 뛰노는 것은 상상할 수도 없는 것입니다. 더욱이 너무나도 재미가 있어서 소리를 내면서 웃는 것은 상상할 수도 없습니다. 그러나 아들이 있기 때문에 우리는 하나님이 전혀 무섭지가 않습니다. 왜냐하면 아들이 아버지를 전혀 무서워하지 않기 때문입니다. 그리고 아들이 너무나도 좋고 기쁘기 때문에 우리는 하나님 앞에서 기뻐할 수 있습니다. 또 우리는 거룩해지기 위해서 사막이나 깊은 산에 혼자 들어가서 수도하는 방식을 택하지 않습니다. 나쁜 생각을 씻기 위해서 폭포 밑에서 수도하지 않습니다. 우리가 다른 성도들을 만나서 말씀으로 교제만 하여도 이상하게 죄의 습관은 떨어져 나가고 혼자서 해결되지 않는 나쁜 습관들도 떨어져 나가게 됩니다. 하나님의 진리도 혼자 도서관에서 원어를 펴놓고 연구한다고 해서 되는 것이 아니라 자기도 잘 모르지만 다른 사람을 가르치고 배우는 가운데 깊은 진리를 터득을 하게 됩니다.

둘째로 하나님의 사랑은 너무 크기 때문에 혼자서 독점할 수가 없습니다.

예를 들어 어떤 엄청난 부자가 있었는데 다른 아이를 사랑해주려고 아이를 하나 입양을 해서 아들로 삼았습니다. 그런데 그래도 더 사랑하고 싶어서 또 다른 아이를 하나 입양을 시켰습니다. 그렇다고 해서 먼저 입양된 아이를 소홀히 하는 것이 아닙니다. 오히려 아이가 둘 있어 서로 의지가 되고 서로 대화하면서 사랑도 나눌 수 있기 때문에 훨씬 더 아버지의 사랑이 풍성해질 수 있는 것입니다.

또한 어떤 배가 침몰을 하는데 할 수 있는 대로 많은 사람들 살렸다고 해서 싫어하는 사람은 아무도 없을 것입니다. 오히려 할 수 있으면 한 사람이라도 더 많이 살려서 같이 사는 것이 좋을 것입니다.

그래서 하나님께서는 이스라엘 백성들을 출애굽 시킬 때에는 이백만명 정도를 구원하셨습니다. 그리고 서로에게 주신 계명이 서로 사랑하라는 것이었습니다. 하나님의 사랑은 너무나도 위대하기 때문에 어느 누구도 한 두 사람이 독점할 수가 없습니다. 그래서 하나님께서는 온 세상을 다 구원하시기를 기뻐하신 것입니다.

그러나 세 번째로 문제가 생길 수 있습니다. 즉 구원받은 사람이 많다보면 별의 별 사람들이 다 있게 되는 것입니다. 그 중에는 구원의 의미를 아는 사람도 있지만 전혀 모르는 사람도 있을 것이고 또한 인격적으로 상당히 변화된 사람도 있겠지만 아직 세상의 사고방식이나 습관을 그대로 가지고 있는 사람도 있을 것입니다. 그래서 자칫 잘못하면 하나님의 구원의 의미는 사라져버리고 어떤 특권층 비슷하게 변질될 수가 있는 것입니다.

이것이 바로 하나님의 백성들의 숙제인 것입니다.

어떤 사람들이 하나님의 백성이라고 하는데 그 안에 가보니까 전혀 하나님의 사랑도 없고 전혀 하나님의 존재도 느낄 수가 없다면 그들은 분명히 잘못된 사람들인 것입니다. 그 이유는 어디에 있습니까? 그들과 하나님과의 관계가 잘못되었기 때문입니다.

사람들은 예수님을 보았을 때 언제나 하나님의 사랑이 있었고 언제나 하나님의 존재를 느낄 수 있었습니다. 그 이유가 어디에 있었을까요? 그것은 그가 자기 자신을 믿지 아니라고 오직 하나님의 말씀만 붙잡았기 때문입니다.

예수님도 얼마든지 인간적일 수 있었을 것입니다. 예수님도 얼마든지 인간적인 인기나 인간적인 지식이나 인간적인 방법을 쓸 수도 있었을 것입니다. 그러나 그렇게 하지 않았던 것은 자기를 통해서 100 퍼센트 하나님이 나타나기를 원했기 때문입니다. 이것이 예수님이 하나님 안에 있고 하나님이 예수님 안에 있는 비결이었습니다.

예수님께서 예루살렘 성전에 올라가셨을 때 그 성전에는 하나님의 사랑이나 하나님의 존재는 찾아볼 수 없었고 소나 양이나 돈 바꾸는 사람들만 가득했습니다. 그 이유는 예루살렘 당국이 하나님의 말씀을 버렸기 때문입니다.

요한복음 17장 22절

내게 주신 영광을 내가 저희에게 주었사오니 이는 우리가 하나가 된것 같이 저희도 하나가 되게 하려 함이니이다

예수님께서는 우리가 하나님의 말씀만 붙들었을 때 우리 안에 하나님의 영광을 주었다고 말씀하고 있습니다. 그것은 하나님의 기적이 나타나고 능력이 나타나고 성령의 역사가 나타나는 것을 말하는 것입니다.

예수님의 제자들이 오순절에 오직 예수님의 말씀만 붙잡고 모였을 때 성령의 부으심이 나타났습니다. 그러기에 하나님의 백성들이 어마어마한 축복을 계속 받으려면 두 가지가 필요합니다. 그 하나는 모이

는 것입니다. 우리는 하나님의 영광을 담는 그릇입니다. 우리가 모일 때 개인과는 또 차원이 다른 하나님의 영광을 체험하게 됩니다. 그러나 우리는 겸손으로 모여야 하고 하나님의 말씀 중심으로 모여야 합니다. 그런데 우리가 겸손으로 모이고 말씀으로 모이는 것을 가장 어렵게 만드는 것이 아이러니컬하게도 하나님의 축복입니다. 이상하게도 우리가 하나님의 축복을 받으면 교만하게 되고 하나님의 말씀을 업신여기게 됩니다. 그러면 하나님의 영광은 없어지고 인간의 자랑만 가득 차게 되는 것입니다.

그래서 우리는 하나님과 우리 사이에 걸림돌이 될 만한 것들을 자꾸 치워야 합니다. 무조건 우리는 겸손해야 하고 하나님의 말씀만이 우리 안에 있어야 합니다. 그러면 우리를 통해서 100 퍼센트 하나님의 영광과 능력만이 나타나게 될 것입니다. 그리고 우리는 이미 하나가 되어 있습니다. 아무리 교파가 많고 또 사람들의 개성이 달라도 하나님의 말씀 하나만 붙잡으면 이미 우리는 하나라는 것을 깨달을 수가 있습니다. 더 이상 조직적으로나 무슨 행사로 하나가 되려고 하지 않아도 이미 하나가 되어 있는 것입니다. 그러나 말씀이 무시되고 인간적인 생각이나 계획으로 억지로 하나로 만들려고 하면 이미 분열되기 시작되게 됩니다.

저는 옛날에 교파 분열 문제로 고민을 많이 했습니다. 그러다가 결국 다른 방법은 생각지 않고 오직 하나님의 말씀만 붙잡았습니다. 그러다가 세월이 많이 흘렀을 때 이미 내 마음속에서 교파의 차이가 없어져버리고 다른 분들도 저에게 전혀 그런 차이를 인식하지 않는 것을 보게 되었습니다. 결국 저도 분열이라는 것은 사람의 마음에 있다는 것을 알게 되었습니다. 오직 우리가 하나님의 말씀 하나만 붙잡으면 교파는 없어져버립니다. 모든 교파가 내 마음에서 그리고 형제들의 마음에서 더 이상 필요 없는 것이 되어버리는 것입니다.

우리는 세상에 무엇을 보여줄 것인가?

이제 마지막으로 남은 것이 있다면 그러면 이 세상 속에 있는 우리 그리스도인들이 세상 사람들에게 무엇을 보여줄 것인가 하는 것입니다. 그것은 하나님께서 우리를 얼마나 사랑하시는가를 보여주면 되는 것입니다.

요한복음 17장 23절

곧 내가 저희 안에, 아버지께서 내 안에 계셔 저희로 온전함을 이루어 하나가 되게 하려 함은 아버지께서 나를 보내신 것과 또 나를 사랑하심 같이 저희도 사랑하신 것을 세상으로 알게 하려 함이로소이다

하나님께서 이 세상 사람들에게 보여주고 싶어 하시는 것은 하나님의 엄청난 사랑입니다.

요한복음 3장 16절

하나님이 세상을 이처럼 사랑하사 독생자를 주셨으니 이는 저를 믿는 자마다 멸망치 않고 영생을 얻게 하려 하심이니라

'이처럼' 이라는 것은 우리 인간으로서는 도무지 상상할 수도 없고 감당할 수도 없는 사랑을 말합니다.

우리가 어렸을 때부터 제대로 사랑도 받지 않고 학대만 받고 자라다가 어떤 사람의 헌신적인 사랑을 받으면 그 사랑이 너무 부담스럽게 느껴질 것입니다. 우리가 신앙 생활하면서 가장 잘 이해가 되지 않는 것이 있습니다. 그것은 왜 하나님이 나 같은 것을 사랑하셨을까 하는 것입니다. 왜 하나님은 내어놓을 만한 것이 아무것도 없는 나를 이렇게 사랑하시고 관심을 가지시고 끔찍하게 대해주시는 것일까요! 이것에 관하여 우리는 아무리 생각을 해도 이해가 되지 않을 것입니다. 단지 우리가 하나님의 지극한 사랑을 믿고 감사하고 찬양하는 수밖에 없습니다.

특히 우리가 이 세상에서 예수 믿는다는 것을 떳떳하게 나타내지 못하는 이유 중의 하나가 우리가 자기 자신에 대하여 자신이 없기 때문입니다. 우리는 하나님의 자녀이기는 한데 너무 조금밖에 하나님을 닮지 못한 것입니다. 이런 상태에서 하나님의 자녀라고 큰 소리쳤다가 나중에 하나님의 이름을 욕되게 하면 어떻게 합니까? 그러니까 우리는 아예 입을 다물고 하나님의 백성이 아닌 체 할 때가 많습니다.

그러나 하나님은 우리가 인정하던 인정하지 않던 우리의 변화된 모습을 통해서 하나님의 사랑을 보여주십니다. 하나님이 세상을 사랑하신 증거가 어디에 있습니까? 우리가 이렇게 변화된 것이 바로 그 증거입니다.

저는 우리 교인들이나 청년들의 모습에서 엄청난 변화를 보고 있습니다. 엄청난 자신감을 보고 있습니다. 이것이 바로 하나님께서 우리를 사랑하신 증거인 것입니다.

우리가 자신감을 회복해감에 따라 다른 사람들을 향해서 웃기도 합니다. 이것이 다른 사람들에게는 굉장한 축복입니다. 늘 심각하던 우리가 웃는다는 것은 내면적인 열등감이 엄청나게 회복이 된 것입니다. 어떤 때에는 다른 사람에게 작은 선물이나 도움을 주기도 합니다. 이것은 대단한 사랑인 것입니다.

또 다른 사람들은 우리가 복을 받는 것을 보고 하나님의 사랑을 체험하기도 합니다. 전에는 지지리도 못살고 죽도록 고생만 하다가 어느 순간 잘 살게 되었을 때 이들은 말은 하지 않지만 하나님의 사랑을 느끼는 것입니다.

그러나 이것은 아직 작은 일부에 불과합니다.

요한복음 17장 24절

아버지여 내게 주신 자도 나 있는 곳에 나와 함께 있어 아버지께서 창세 전부터 나를 사랑하시므로 내게 주신 나의 영광을 저희로 보게 하시기를 원하옵나이다

여기서 '창세전에' 라는 것은 시간적으로 모든 것이 창조되기 전이라는 뜻도 있겠지만 이 세상에서 우리가 보는 영광과는 완전히 다른 영광이라는 뜻도 있습니다. 즉 우리가 이 세상에서 생각하는 그런 영광이 아닌 순수한 하나님의 영광이 우리를 기다리고 있는 것입니다.

요한복음 17장 26절

내가 아버지의 이름을 저희에게 알게 하였고 또 알게 하리니 이는 나를 사랑하신 사랑이 저희 안에 있고 나도 저희 안에 있게 하려 함이니이다

지금까지 우리가 하나님에 대하여 배운 것은 전부가 아닙니다. '저희에게 알게 하였고 또 알게 하리니' 아직 우리가 알지 못하는 엄청난 하나님의 사랑이 있고 하나님의 축복이 있습니다. 이것이 올해 우리

에게 더 풍성하게 나타나서 우리가 충만한 그리스도의 사랑에 빠져 있기를 원합니다.

42 _ 요 18:1-27

아버지께서 주신 잔

우리에게는 한 해를 살아가면서 나름대로 중요하다고 생각하는 것들이 있을 것입니다. 어떤 사람은 개인적으로 더 행복하기 위해서 꼭 갖고 싶은 것도 있을 것이며 또 어떤 사람은 하나님의 일을 많이 하고자 하는 욕구도 있을 것입니다. 그러나 저는 우리가 생각하고 계획하는 많은 가치 있는 일보다 더 중요한 것이 하나 있다는 것을 깨닫게 되었습니다. 그것은 우리가 하나님 앞에서 겸손해지는 것입니다.

그것은 충분한 이유가 있는 것입니다. 왜냐하면 우리가 이 세상에서 다른 것을 붙잡지 않고 오직 겸손하여 하나님의 위대한 말씀만 붙잡기만 하면 이미 하나님의 무한정한 축복을 잡은거나 마찬가지이기 때문입니다. 하나님께서는 우리에게 하늘만이 아니라 땅에서 가장 좋은 것을 주시며 우리를 무한히 높여주시려고 작정하고 계십니다. 그러나 여기에도 가장 위험한 것이 도사리고 있습니다. 그것은 우리가 하나님의 엄청난 축복을 받고나서 스스로 마음이 교만하여져서 하나님의 은혜를 잃어버리는 것입니다. 그래서 우리는 하나님께서 우리에게 많은 복을 주시고 부흥을 시켜주시는 것도 감사해야 하지만 그 보다 우리가 너무 교만해지지 못하도록 때때로 어려움을 주시는 것도 감사해야 합니다.

그러기에 우리는 무엇보다 하나님이 우리를 축복하실 때 교만해지는 것을 아주 조심해야 합니다. 그런데 우리가 조심해서 살펴보면 우리가 매우 약하기 때문에 하나님께서는 우리가 더 이상 교만해지지 못하도록 크고 작은 어려움을 주시는 것을 볼 수 있습니다.

이것은 하나님께서 우리에게 주시는 작은 음성입니다. 즉 그것은 '얘들아, 너희들은 이미 나의 놀라운 축복 안에 들어와 있다. 그러나 너희들은 지금 정신을 차리지 못하고 있는데 너희 마음이 더 이상 교만해지지 않도록 주의해라' 하시는 싸인 것입니다.

우리가 우리에게 닥친 어려움을 보는 두 가지 눈이 있습니다. 하나는 어려움 그 자체만 보는 것입니다. 그러면 우리는 어떻게 해서든지 그 어려움만 피하려고 몸부림을 치게 될 것입니다. 그러나 또 다른 하나는 하나님과의 관계에서 그 어려움을 보는 것입니다. 그러면 이 어려움은 반드시 하나님께서 나를 겸손하게 하시며 나를 낮추셔서 무엇인가 이루려고 하시는 뜻이 있다는 것을 알게 됩니다.

오늘 본문 말씀은 본격적인 예수님의 고난의 시작입니다. 즉 예수님께서 겟세마네 동산에서 붙잡히시고 재판을 받으시고 십자가에 못박혀 죽으시고 죽은 가운데서 삼일 만에 부활하시는 내용이 그야말로 일사천리로 기록되어 있습니다. 그 중에서도 가장 충격적인 내용은 오늘 본문에 나오는 것처럼 예수님께서 겟세마네 동산에서 갑자기 체포되시고 재판에서 사형 판결을 받으시고 십자가 처형이 집행이 되어버린 것입니다. 이것은 어느 누구도 예상치 못한 것이었고 또 아무리 생각을 해도 불가능한 것이었습니다. 그러나 이것은 실제로 예수님의 말씀대로 이루어졌습니다.

예수님은 제자들과 함께 계시다가 가룟 유다가 끌고 온 유대 지도자들이 보낸 사람들과 맞닥트리게 되셨습니다. 그때 예수님은 제자들에게 반항하지 못하게 하시고 조용히 끌려가시면서 '내가 아버지께서 주신 잔을 마시지 않겠느냐?' 고 말씀하셨습니다. 예수님은 자신이 붙잡혀서 죽으시는 것을 나쁜 사람들의 음모로 생각하지 아니하시고 아버지께서 주신 잔으로 생각을 하셨습니다. 이것이 나쁜 사람들이 하는 못된 짓이라면 얼마든지 피해야 하겠지만 아버지께서 주시는 잔이라면 마셔야 되겠다는 것입니다.

예수님은 이미 아버지로부터 이 온 우주의 가장 높으신 분으로 높임을 받을 것을 약속받으셨습니다. 그리고 하나님께서 택하신 모든 자를 주시겠다는 약속을 받으셨습니다. 지금 예수님 앞에는 온갖 영광과 축복이 다 놓여 있는 상태였습니다. 그런 까닭에 예수님은 기꺼이 하나님 앞에서 다시 한번 결정적으로 낮아지셔서 죽으심으로 아버지의 온전하신 뜻이 다 이루어지게 하신 것입니다.

체포되실 때의 능력

요한복음 18장 1-2절

예수께서 이 말씀을 하시고 제자들과 함께 기드론 시내 저편으로 나가시니 거기 동산이 있는데 제자들과 함께 들어가시다. 거기는 예수께서 제자들과 가끔 모이

시는 곳이므로 예수를 파는 유다도 그곳을 알더라

우리가 먼저 알아야 할 것은 예수님도 우리와 똑같은 인간의 몸과 인간의 본성을 가진 사람이라는 사실입니다. 사람은 누구든지 어렵고 고통스러운 일은 피하려고 하고 그 대신에 좀 더 높아지고 좀 더 완전해지는 것을 본성으로 좋아하게 되어 있습니다.

예수님은 예루살렘에 입성하면서 사람들의 열렬한 환영을 받으셨습니다. 예수님은 지금 유대인들 안에서 추앙을 받고 있는 새로운 선지자였습니다. 예수님은 갈릴리에서부터 양육해 오신 제자들도 있고 사람들로부터도 상당한 지지를 받고 있었습니다. 어쩌면 예수님은 지금 생애 최고의 인기를 누리고 있다고 볼 수 있습니다. 더욱이 예수님은 하나님으로부터 사랑하는 아들이라는 말씀을 여러 차례 들었습니다. 예수님은 지금 예루살렘에서 얼마든지 더 높아질 수 있고 얼마든지 최고가 될 수 있었습니다. 예수님이 원하시기만 하시면 얼마든지 왕이 되실 수도 있었습니다. 그러나 예수님은 이 땅에서 그렇게 되는 것을 원치 않았습니다. 오히려 예수님은 낮아지시기를 원하셨고 고난의 종이 되는 것을 원하셨으며 속죄의 제물이 되기를 원하고 있었습니다. 예수님은 여기서 구약 성경에 나타난 모든 고난과 죽음을 자기 자신에게 적용을 해서 이번에 잡히시고 재판받으시고 죽는 것이 하나님의 뜻이라고 생각하셨습니다. 그것은 예수님이 진정으로 자신이 낮아지고 겸손해지는 것이 하나님의 뜻이라고 생각하셨기 때문입니다.

만약 예수님이 원하기만 하셨다면 얼마든지 체포되는 것을 피하실 수 있었습니다. 예수님에게는 두 번 그 기회가 있었습니다.

한번은 예수님께서 늘 가시던 겟세마네 동산에 가시지 않으시는 것입니다.

그러나 예수님은 이번에 일부러 가룟유다가 알고 있는 그곳에 가셨습니다. 그 이유는 이번에 예수님께서 붙잡히시는 것이 하나님의 뜻인 줄 믿었기 때문입니다.

그리고 또 한 번은 예수님이 붙잡히려고 했을 때 베드로가 칼을 들고 반항을 했습니다. 그때 예수님은 얼마든지 피하실 수가 있었습니다. 이때 제자들은 할 수만 있으면 자기들이 군병들과 싸우고 얼마든지 예수님을 피하게 하려고 했을 것입니다.

옛날에 전쟁을 하면 대개 왕을 상대로 해서 왕을 잡거나 죽이려고 했기 때문에 가짜 왕을 많이 만들었습니다. 그래서 셰익스피어의 헨리 4세라는 작품을 보면 반란군 쪽 장군이 헨리 4세를 몇 명이나 죽였는데도 또 헨리 4세가 있는 것입니다. 그것은 대개 왕을 보호하기 위해서 가짜를 많이 만들어놓아서 왕을 보호하려고 하는 것입니다. 그러나 예수님은 자기 자신이 직접 나서셔서 제자들을 피하게 하시고 당당하게 자기 자신만 붙잡히셨습니다.

군병들이 예수님을 잡으려고 했을 때 이상한 현상이 나타난 것을 보게 됩니다. 일단 군병들은 상당히 많은 숫자가 완전 무장을 하고 나타났습니다.

요한복음 18장 3절

유다가 군대와 및 대제사장들과 바리새인들에게서 얻은 하속들을 데리고 등과 홰와 병기를 가지고 그리로 오는지라

아마도 대제사장은 예수님을 체포하는 과정에서 상당한 물리적인

충돌을 예상했던 것 같습니다. 그리고 가능하면 제자들까지 일망타진할 생각을 가지고 상당히 많은 인원을 동원해서 예수님을 체포하러 왔습니다.

이때 예수님은 피하여 숨지 아니하시고 먼저 나서서 누구를 찾느냐고 물으셨습니다. 그때 그들은 모두 땅에 엎드러졌습니다.

요한복음 18장 6절

예수께서 저희에게 내로라 하실 때에 저희가 물러가서 땅에 엎드러지는지라

여기서 우리가 생각하게 되는 것은 예수님을 잡으러 온 사람들이 무엇 때문에 예수님이 '내가 나사렛 예수' 라고 하는데 땅에 엎드러졌겠느냐 하는 것입니다. 아마 어떻게 생각해 보면 예수님이 너무 당당하게 위엄에 차 있었기 때문에 그들이 예수님의 위엄에 압도가 되어서 땅에 엎드려졌다고 생각할 수도 있습니다. 그러나 어쩌면 다른 힘이 그들을 땅에 엎어지게 했을 수도 있습니다.

물론 예수님의 당당함과 위엄에 그들이 겁을 집어 먹었을 수도 있지만 어쩌면 눈에 보이지 않는 다른 힘이 그들의 목을 잡고 땅에 굴복시켰을 수도 있습니다. 즉 자기들의 눈에는 보이지 않지만 하나님의 천사들이 이미 거기에 출동을 해서 예수님을 잡으러 온 사람들의 목을 눌러서 땅에 엎드러지게 했을 것으로 보는 것입니다. 이렇게 보면 예수님이 힘이 없으셔서 붙잡히신 것은 아니었습니다.

특히 예수님이 체포되실 때 사탄이 노린 것이 무엇이었을까요? 아마도 거기서 사람들이 서로 흥분해서 물리적인 충돌을 함으로 예수님의 제자들도 많이 다치거나 죽고 또 대제사장의 하속들도 많이 다치거

나 죽는 것일 것입니다. 만약 이때 사건이 이런 식으로 전개가 되었다면 어떤 결과가 나오게 되었을까요?

아마 예수님의 제자 중에서 죽는 자들이 생겼을 것이고 예수님의 제자 전체가 일망타진이 되었을 가능성이 있습니다. 그리고 더 심각한 것은 지금 하나님의 뜻에 따라서 자신을 복종시키려고 하는 예수님의 의도는 완전히 실패하고 마는 것입니다. 특히 구약 성경의 제물은 소리를 지르거나 반항을 하지 않습니다. 하나님께서 구약 시대 내내 제물로 소나 양을 사용하신 이유가 어디에 있습니까? 소리를 지르거나 반항하지 않기 때문입니다.

그래서 예수님께서는 체포되시는 순간 아주 강하게 나가셨습니다. 즉 붙잡으러온 사람들로 하여금 땅에 엎드러지게 하셔서 감히 폭력을 휘두르지 못하게 하시고 오직 예수님만 잡아가게 하셨습니다. 그리고 폭력을 휘두르는 베드로를 제지시키셔서 더 이상 물리적인 충돌이 일어나지 않게 하신 것입니다.

예수님은 제자들이 다치는 것을 원치 않으셨습니다.

요한복음 18장 9절

이는 아버지께서 내게 주신 자 중에서 하나도 잃지 아니하였삽나이다 하신 말씀을 응하게 하려 함이러라

예수님은 자신은 잡히시지만 아버지께서 주신 자는 한 명도 잃지 않기 위해서 사람들에게 보이지 않는 강한 힘을 사용하셨습니다.

이때 예수님의 제자 베드로는 이미 칼을 휘둘러서 대제사장의 종에게 상처를 입혔습니다.

요한복음 18장 10절

이에 시몬 베드로가 검을 가졌는데 이것을 빼어 대제사장의 종을 쳐서 오른편 귀를 베어버리니 그 종의 이름은 말고라

예수님은 잡히시기 전에 제자들에게 칼이 있느냐고 물어보셨습니다. 그때 제자들이 칼이 두 자루가 있다고 했을 때 '충분하다' 고 하셨습니다. 그러나 예수님이 칼이 있느냐고 물어보신 것은 공격용 칼을 의미하는 것이 아니었습니다. 최소한도 자신들을 지키기 위한 방어하는 칼이었던 것이며 이제부터는 무서운 환란의 때가 온다는 것을 깨닫게 하기 위한 것이었습니다.

그러나 베드로는 군병들이 예수님을 잡으러 왔는데 무기력하게 끌려갈 수는 없다고 생각을 했던 것 같습니다. 그래서 자기가 가졌던 칼을 휘둘러서 대제사장의 종을 공격했습니다. 여기서 대제사장의 종의 오른쪽 귀가 잘려졌습니다. 아마 베드로가 머리를 쳤는데 투구에 맞고 칼이 미끄러지면서 귀가 잘렸을 것이라고 생각됩니다. 이것이 사실이라면 베드로는 정말 사람을 죽일 의사를 가지고 공격을 한 것입니다.

그러나 예수님은 베드로의 행동을 제지시키시면서 폭력을 쓰지 못하게 하셨습니다.

요한복음 18장 11절

예수께서 베드로더러 이르시되 검을 집에 꽂으라. 아버지께서 주신 잔을 내가 마시지 아니하겠느냐 하시니라

예수님이 붙잡히시면서 생각하신 것은 오직 두 가지 밖에 없었습니

다. 하나는 '아버지께서 내게 주신 자 중에서 하나도 잃지 아니하였삽나이다' 하는 말씀과 또 하나는 '아버지께서 주신 잔을 내가 마시지 아니하겠느냐' 하는 것이었습니다.

우리가 인간적인 입장에서 생각해 보면 예수님이 체포되신 것은 너무나도 무기력했고 어리석었습니다. 예수님은 굳이 그렇게 붙잡힐 필요가 없으셨습니다. 그러나 예수님은 자기에게 닥치는 고난을 아버지께서 주신 잔으로 생각했습니다.

저희들이 어렸을 때 몸이 아프면 한약을 달여서 한 사발씩 마셔야만 했습니다. 어머니께서 아프시면 머리에 수건을 매고 누우셨다가 한약 달인 것을 한 사발 마셨습니다. 그러면 우리도 전부 구경을 하고 있다가 같이 온 몸을 떨었습니다. 그러나 어머니께서 그 쓴 약을 다 마신 것은 그것을 마셔야 다시 일어나실 수 있고 또 우리들을 돌보실 수 있었기 때문입니다.

예수님은 우리들을 위하여 고난의 쓴 약을 다 마시셨습니다. 그러면서도 우리 한 사람도 잃지 않기 위해서 모든 방법을 다 쓰셨습니다. 만약 예수님께서 비겁하게 숨으셨거나 혹은 베드로가 폭력을 휘두르는 것을 제지하지 않고 내버려두셨더라면 하나님의 뜻은 완전히 망쳐지고 말았을 것입니다.

우리에게 오는 모든 고난의 의미를 우리는 알 수 없습니다. 그러나 적어도 우리가 아는 한 가지는 이것이 아버지께서 주시는 쓴 약이며 우리가 이것을 다 마셔야 병이 나을 수 있다는 것입니다.

그래서 무엇인가 생각지 못했던 어려운 일이 생기거나 혹은 다른 사람의 공격이나 빈정거림을 당하게 되었을 때 신앙이 없는 자라고 하면 베드로같이 칼을 뽑아서 싸우는 것이 당연하겠지만, 우리는 하나님이 우리를 겸손하라고 주시는 한약 한 사발로 생각하고 기쁨으로 받아들여야 하는 것입니다.

우리에게는 더 높아지고 더 유명해지고 더 부흥되는 것보다 중요한 것이 있습니다. 그것은 하나님 앞에서 겸손한 자세를 되찾는 것입니다.

어두움의 사자 안나스

예수님이 체포되셔서 맨 먼저 붙들려 간 곳은 전직 대제사장인 안나스의 집이었습니다.

요한복음 18장 12-13절

이에 군대와 천부장과 유대인의 하속들이 예수를 잡아 결박하여 먼저 안나스에게로 끌고 가니 안나스는 그 해의 대제사장인 가야바의 장인이라

예수님이 붙잡히셔서 로마에 의해서 사형 당하시는 것을 뒤에서 전부 계획을 하고 실천에 옮긴 장본인이 바로 이 안나스와 그의 사위 가야바였습니다.

이 두 사람은 당시 유대 사회의 종교계에서 가장 권세가 있는 사람이었습니다. 정치권력이 로마 총독 빌라도에게 있었다면 종교적인 권세는 안나스와 가야바에게 있었습니다. 그런데 이 두 사람이 전적으로 예수님을 죽이는 계획을 짠 장본인이었습니다. 왜 이 사람들이 예수님을 그토록 미워했으며 죽이지 않으면 안 되게 되었을까요? 그것은 이들이 입으로는 하나님을 섬기고 있었지만 실제로는 사탄의 종이

었던 것입니다. 예수님은 안나스를 경멸하셨습니다. 그때 안나스는 예수님을 보고 심문하면서 그의 가르침이 무엇이냐고 물었습니다. 그랬더니 예수님은 아주 차갑게 대답하셨습니다.

요한복음 18장 20-21절

예수께서 대답하시되 내가 드러내어 놓고 세상에 말하였노라. 모든 유대인들의 모이는 회당과 성전에서 항상 가르쳤고 은밀히는 아무것도 말하지 아니하였거늘 어찌하여 내게 묻느냐? 내가 무슨 말을 하였는지 들은 자들에게 물어보라. 저희가 나의 하던 말을 아느니라

아마도 대제사장은 자기가 물으면 예수님께서 벌벌 떨면서 공손하게 잘 이야기할 줄 생각했던 것 같습니다. 왜냐하면 유대 사회에서는 대제사장 안나스와 가야바가 하나님을 대신하는 최고의 대제사장이었기 때문입니다. 그러나 예수님은 대제사장을 아주 새로 복음을 들어야 하는 사람으로 대하셨습니다. 즉 직접 예수님에게 말씀을 들으려고 하지 말고 그가 진정으로 예수님의 말씀을 들으려고 하면 예수님의 말씀을 듣고 은혜 받았던 사람들을 통해서 말씀을 들어야 한다는 것입니다. 물론 이미 늦었지만 지금이라도 하나님의 말씀을 듣고 싶으면 그때 회당이나 성전에서 말씀을 듣고 은혜 받은 사람을 찾아서 그런 사람에게 들으라는 것입니다.

예수님이 이렇게 말씀하시는 이유가 무엇입니까? 이것은 우리가 하나님의 말씀을 듣는데 있어서 태도나 자세가 중요하다는 것입니다. 우리는 하나님의 말씀을 가지고 따지고 하나님을 공격하려는 자세로 말씀을 들으려고 하면 하나님은 그 사람에게 철저하게 침묵을 하십니

다. 그 이유는 하나님의 말씀을 그런 사람들에게 주어야 할 이유가 없기 때문입니다. 하나님의 말씀은 어떤 사람에게 주어지게 됩니까? 진정으로 그 말씀을 듣기 원하며 그 말씀에 자신의 모든 것을 바치기를 원하는 자들에게 은혜로 주어지게 되는 것입니다.

한번은 고인이 되신 영국의 로이드 존즈 목사님께서 라디오 방송의 종교 토론하는 시간에 초청이 되었습니다. 그는 믿지 않는 유명한 논평가와 하나님과 기독교에 대해서 토론을 하도록 초청을 받았지만 목사님은 그 초청을 거절했습니다. 그러자 어떤 분들은 그가 불신자에게 하나님과 기독교를 전할 수 있는 좋은 기회를 스스로 포기했다고 말을 했습니다. 그러나 로이드 존즈 목사님은 대답하기를 '하나님은 우리의 경배의 대상이 되어야지 가벼운 토론의 대상이 될 수 없다' 고 했습니다. 즉 라디오나 텔레비전 프로에 나와서 파이프 담배를 피워 물고 온갖 말 재주를 다 동원해서 사람들을 웃기는 그런 방식으로 결코 하나님과 그의 위대한 진리에 대해서 말을 해서는 안 된다는 것이 그의 소신이었다고 했습니다.

가끔 우리 그리스도인들이 전혀 신앙이 없는 친척들이나 직장의 동료들 앞에서 기도를 해야 할 때가 있습니다. 그때 가장 큰 고민이 무엇입니까? 도대체 이 사람들을 위해서 무엇을 기도해야 하느냐 하는 것입니다. 왜냐하면 이 분들은 하나님의 가장 중요한 진리와 축복에 대하여 전혀 들을 마음이 준비되어 있지 못하기 때문입니다. 겨우 그들을 위해서 할 수 있는 기도는 가장 유치한 수준의 축복밖에 없는 것입니다.

그래도 예배의 형식으로 모였을 때에는 담대하게 하나님의 진리를 증거할 수 있습니다. 왜냐하면 이미 예배로 모였다는 자체가 하나님의 은혜에 붙잡힌 것을 의미하기 때문입니다. 우리가 하나님의 말씀을 들을 수 있는 것은 들 나귀들이 아니라 하나님의 은혜에 포로가 되어서 하나님의 양떼가 되었기 때문입니다.

한번은 어느 직장에서 수련회 설교를 하는데 믿지 않은 많은 직원들이 몸은 거기에 앉아 있지만 마음은 문 밖으로 도망을 치고 있는 것을 발견했습니다. 그때 그들은 진리를 들을 준비가 전혀 되어 있지 않았습니다. 그래서 주님께 기도를 드렸습니다. '주님, 이 분들은 지금 도망을 치고 있습니다. 주님께서 그들을 붙잡아 오시기 바랍니다' 그런데 그 다음 시간에 놀라운 일이 벌어졌습니다. 이번에는 모든 직원들이 이미 하나님의 은혜에 포로가 되어 있었습니다. 모두 겁을 집어 먹은 얼굴로 붙들려 와 있어서 무슨 설교를 하든지 이들은 들을 수밖에 없는 상태에 와 있었습니다. 주님은 그 밤에 큰 역사를 행하셨고 그 직원들은 한평생 흘려보지 않았던 눈물을 흘리며 소리를 지르면서 회개하였습니다.

예수님께서 십자가에 못 박히시고 하늘에 올라가실 때 우리를 모두 포로로 사로잡아 가셨습니다. 그런데 쇠사슬로 우리를 묶으신 것이 아니라 하나님의 은혜로 우리를 묶으셨습니다. 하나님의 은혜에 포로가 되지 않은 자들은 가장 기본적인 진리조차 들을 수가 없었습니다.

예수님께서 대제사장에게 예전에 회당에서 예수님의 말씀을 들었던 자에게 가서 들으라고 하신 것은 '이미 당신은 늦었다'는 것입니다. 이미 천국 잔치가 다 끝났는데 무엇 때문에 다시 상을 차려 놓으라는 것이냐 하는 뜻입니다. 예수님의 그 엄청난 말씀이 쏟아지고 기적이 일어나며 부흥이 일어났을 때 안나스는 어디에 있었습니까? 그는 밀실에서 예수님을 죽일 음모를 짜고 있었고 또 성전에서 제물들을 팔고 남은 이익을 챙기는데 정신이 없었습니다. 그런데 이제 무슨 낯짝으로 천국의 복음을 듣겠다고 하느냐는 것입니다.

전에 한번은 어떤 교회 청년들과 수련회를 하는데 엄청난 성령의 축복이 부어졌습니다. 거기에 참석했던 청년들이 모두 성령의 충만을 받았습니다. 그때 수련회가 끝나고 돌아가려고 하는데 청년들이 모두 성령 충만을 받았다는 소문을 듣고 한 자매가 열심히 차를 몰고 수련회 장소로 왔습니다. 그리고 저를 붙들고 자기에게도 성령 충만이 임하게 해 달라고 부탁을 했습니다. 그때 저는 그 자매에게 '당신은 너무 늦게 왔다' 는 말을 할 수 밖에 없었습니다.

예수님은 대제사장 안나스에게 그가 예수님의 말씀을 들으려고 하지만 두 가지면에서 잘못되었다고 지적을 하셨습니다. 하나는 너무 늦었다는 것입니다. 그가 적어도 예수님의 입에서 하나님의 말씀을 들으려고 했으면 돈 헤아리는 것을 포기하고 혹은 못된 음모를 세우는 것을 중단하고 미리 말씀을 들으려 왔어야 하는 것입니다. 그리고 또 하나는 하나님의 진리를 예배드리는 마음으로 들어야 합니다. 하나님의 말씀은 두렵고 떨리는 마음으로 들어야 하는 것입니다. 그러나 그는 시중의 깡패나 도둑들을 심문하는 자세로 예수님의 말씀을 들으려고 했기에 예수님은 그를 경멸하셨습니다. 그가 신분은 유다의 최고 제사장인지 모르지만 그는 전혀 하나님의 말씀을 들을 자격이 없는 영적인 맹수요 들나귀였던 것입니다.

베드로의 부인

예수님이 붙잡히시자 다른 모든 제자들은 예수님을 버리고 달아났습니다. 이것은 예수님께서 예언하신대로 된 것입니다. 예수님은 '내가 목자를 치리니 양떼가 흩어지리라' 는 말씀을 기억하셨습니다. 목자가 죽으면 양떼들은 가까운 숲속에 들어가서 숨어 있어야 합니다. 왜냐하면 지금은 맹수들이 양들을 잡아먹으려고 돌아다니고 있기 때문입니다.

전에 한번 동물의 왕국을 보니까 사슴이 새끼를 낳았는데 맹수가 덮쳤습니다. 저는 아기 사슴이 제대로 달리지 못하니까 죽겠구나 라고 생각했는데 그것이 아니었습니다. 어미 사슴이 맹수를 다른 곳으로 유인해 가는 동안에 새끼 사슴은 풀 속에 가만히 숨어 있었습니다.

그런데 베드로는 풀 속에 숨어 있지 않고 예수님을 따라 안나스의 집 뜰 안까지 들어왔습니다.

요한복음 18장 15-16절

시몬 베드로와 또 다른 제자 하나가 예수를 따르니 이 제자는 대제사장과 아는 사람이라 예수와 함께 대제사장의 집 뜰에 들어가고 베드로는 문 밖에 섰는지라. 대제사장과 아는 그 다른 제자가 나가서 문 지키는 여자에게 말하여 베드로를 데리고 들어왔더니

여기에 보면 베드로 외에 또 다른 제자 한 사람이 더 있습니다. 대개 이 제자가 이 요한복음을 쓴 요한이라고 믿고 있습니다. 베드로는 이미 예수님으로부터 '오늘 밤 닭 울기 전에 네가 세 번 나를 모른다고

부인하리라' 는 경고를 받았습니다. 그럼에도 불구하고 베드로는 예수님을 따르지 않을 수 없었습니다. 베드로는 자기가 예수님을 따라가면 위험하다는 것을 알았습니다. 베드로는 제자들 중에서 반장역할을 많이 했기 때문에 얼굴이 팔려서 아는 사람들이 많았을 것입니다. 그럼에도 불구하고 베드로는 예수님을 따라가고 싶은 충동을 금할 수가 없었습니다. 마치 아이가 엄마가 어디 가는 것을 보면 끝까지 따라가려고 하는 것처럼 베드로는 예수님을 끝까지 따라가려고 했습니다.

베드로는 예수님을 따라다니면서 어린 아이가 되어버렸습니다. 베드로에게는 오직 예수님 밖에 없었습니다. 예수님은 분명히 베드로에게 다른 제자들을 지키라고 명령하셨는데 그런 말씀은 귀에 들어오지도 않았습니다. 베드로는 대제사장의 집 문밖에서 들어가지 못하고 서 있으니까 문지기를 아는 그 제자가 이야기를 해 주어서 뜰 안에 들어갈 수 있었습니다.

그런데 문지키는 여자가 베드로를 보더니 당장 '너도 이 사람의 제자 중 하나인 것 같다' 고 했습니다. 그때 베드로는 자기는 절대로 아니라고 부인을 했습니다. 그때 날씨가 추워서 모닥불을 피웠는데 베드로는 불을 쬐고 있었습니다. 그때 베드로의 얼굴을 보고 어떤 하인이 '너는 예수의 제자가 아니냐?' 고 물었습니다. 베드로는 자기는 절대로 아니라고 부인을 했습니다. 다른 성경에는 저주까지 했다고 했습니다. 아마 욕을 하면서 침을 뱉으면서 부인을 했는지도 모르겠습니다. 그런데 아뿔싸 베드로가 귀를 벤 그 종의 친척이 거기에 있다가 베드로를 보고 '너가 그 동산에 있었다' 고 말을 했습니다. 그때 베드로는 또 부인을 했습니다. 그러자 예수님의 말씀대로 닭이 울었습니다.

여기서 베드로는 처음부터 자기 안에 예수님을 따라가고 싶은 충동과 따라가서는 안 되는 예수님의 말씀 사이에 긴장이 있었습니다. 예수님은 처음부터 '네가 닭 울기 전에 세 번 나를 부인하리라' 고 말씀하신 것은 오늘 밤에 베드로에게는 지금까지 신앙생활 해 온 것을 다 엎어버릴 수 있는 위기가 찾아 온다는 것입니다. 그래서 이 시험에 빠지지 않으려면 베드로는 다른 제자들과 같이 숨어 있어야 했던 것입니다. 그러나 베드로에게는 주님을 따라가고 싶은 충동이 너무 강해서 예수님의 말씀 같은 것은 생각도 나지 않았던 것입니다. 우리가 신앙이 어렸을 때에는 내가 하고 싶은 충동이 너무 강해서 다른 것은 일체 머리속에 들어오지 않습니다.

베드로의 상태가 그러했습니다. 베드로는 영적으로 완전히 어린아이와 같았습니다. 그래서 베드로는 예수님의 말씀은 일체 귀에 들어오지도 않았기에 어린아이가 엄마를 따라가려고 떼를 쓰듯이 예수님을 따라가려고 했던 것입니다.

베드로는 어떻게 해야만 했습니까? 아무리 예수님을 따라가고 싶어도 그 충동을 하나님의 말씀으로 누르고 다른 제자들과 같이 숨어 있어야 했습니다. 그러나 베드로는 예수님의 말씀을 생각지 않았기 때문에 두 번이나 위기를 자초했습니다. 한번은 잡으러 온 사람들에게 칼을 휘둘러서 싸우려고 한 것이고 다른 한번은 대제사장 안나스의 집뜰 안까지 들어온 것이었습니다. 베드로는 이미 얼굴이 팔려 있었기 때문에 대제사장의 집에서 그의 얼굴을 알아본 사람이 세 사람이나 되었습니다. 이것은 대제사장 집 사람들 중에서 예수님의 설교를 들었던 사람도 있고 또 동산에서 그를 본 사람도 있었다는 것입니다. 그러나 베드로는 제발 사람들이 자기를 몰라주기를 바라고 거기에 갔던 것입니다.

그러나 베드로가 거기서 붙잡히지 않았던 것은 반드시 베드로가 예수님을 부인했기 때문만은 아니었습니다. 그때도 또 강력한 하나님의 역사가 대제사장의 종들의 마음을 혼미하게 해서 베드로에 대하여 긴가민가하게 만들었던 것입니다.

그러면 베드로가 예수님을 모른다고 세 번 부인한 것이 베드로에게 어떤 영향을 주었을까요? 이것은 베드로도 가룟 유다같이 예수님을 팔아먹은 것이 될까요? 아니면 목숨을 건지기 위한 선의의 거짓말이었다고 생각할 수 있을까요? 베드로가 예수님을 모른다고 부인한 것은 가룟 유다같이 예수님을 팔아먹은 것은 아닙니다. 이것은 베드로가 너무 연약해서 두려워서 살기 위해서 거짓말을 한 것입니다. 그럼에도 불구하고 이 부인이 베드로의 양심에 큰 손상을 주고 그의 영혼에 엄청난 죄책감을 가져온 것은 부인할 수 없습니다. 어쩌면 베드로는 지금까지 삼년 동안 예수님을 따라다니면서 은혜 받은 것을 다 쏟아버리는 영적인 손해를 겪은 것입니다. 그것은 바로 그가 예수님의 말씀으로 자기를 절제하지 못하고 어린 아이같이 떼를 쓰듯이 예수님을 따라왔기 때문에 자초한 것입니다.

예수님은 '너희가 이 땅에서 나를 부끄러워하면 나도 하나님과 천사들 앞에서 너희를 부끄러워하리라' 고 말씀하셨습니다. 우리는 주님을 결코 부끄러워해서는 안 되며 예수 믿는 것도 부끄러워해서는 안 됩니다. 그러나 우리는 신앙에 자신이 없어서 내가 예수 믿는 것을 드러내지도 못하고 어떤 때에는 떼를 쓰면서 내가 가고 싶은 대로 가기도 하고 내가 보고 싶은 것을 다 보고 난 후에 후회하고 울면서 기도할 때가 많습니다.

무엇보다 예수님은 베드로를 위해 닭 우는 소리를 준비해 주셨습니다. 예수님이 준비하신 닭 우는 소리는 '베드로야, 너는 신앙이 좋다고 생각하지만 사실 떼를 쓰는 어린 아이와 같다. 이제 더 이상 네 성질이나 기질대로 신앙생활을 하지 말고 제발 내 말을 들으라' 하시는 음성인 것입니다.

우리도 어린 아이 같은 충동이 생길 때에는 베드로같이 혼자 아무데나 갈 때가 많이 있었습니다. 그러나 그것은 대단히 위험한 것입니다. 왜냐하면 우리 그리스도인들은 같이 있을 때가 가장 안전하기 때문입니다. 그러기에 우리는 믿음의 공동체를 떠나서 혼자 돌아다니려고 생각해서는 안 됩니다. 너무 외국 출장을 자주 가는 것에 대하여 저는 별로 좋게 생각하지 않습니다. 왜냐하면 그리스도인들은 함께 있을 때 가장 강할 수 있기 때문입니다.

베드로는 신앙에 있어서 가장 중요한 사람이었습니다. 그는 신앙의 용사였습니다. 그러나 그가 충동에 따라서 혼자 돌아다닐 때에는 베드로 한 개인이었고 그는 여자 하인이나 남자 종들도 이길 수가 없었습니다. 그러나 그가 나중에 오순절에 성령을 받고 변화되었을 때 한 번 설교로 삼천 명이 회개를 했고 산헤드린 공회에서도 대담하게 대제사장과 맞서서 싸울 수 있었습니다.

결국 어린 신앙의 특징은 자신의 충동을 이기지 못하여 혼자 돌아다니는 것을 좋아하는 것입니다. 그리고 자기 자신에 대한 자아상이 대단히 낮은 것이 특징입니다. 그러나 우리의 신앙이 성숙하게 되면 충동보다는 말씀으로 자신을 제어하며 다른 성도들과 함께 있으려고 하고 자신에 대한 자존감이 대단히 높은 것이 특징입니다.

오늘 설교 말씀을 통해 여러분은 주님의 음성을 들으시기 바랍니다.

'이제는 제발 네 마음대로 돌아다니지 말고 말씀에 붙잡혀라. 그리고 네 자신을 너무 보잘것없이 생각하지 말고 귀하게 생각해라' 하는 소리가 여러분 모두에게 들리시기 바랍니다.

43 _ 요 18:28-19:16

빌라도의 재판

서양에서 세 가지 직업을 가진 사람은 가운을 입었습니다. 그 세 가지 직업은 판사와 교수와 목사였습니다. 이들이 가운을 입은 이유는 이들의 직업이 공인이라는 의미를 가지고 있었기 때문입니다. 특히 지금도 영국 같은 데서는 판사가 가운을 입을 뿐 아니라 머리에 하얀 가발까지 쓰게 함으로서 절대 공정하게 재판을 한다는 뜻을 나타내고 있습니다.

그러나 어떤 경우에는 가장 공정해야 할 공인이 사적인 욕심이나 야망 때문에 가장 불의한 판결이나 결정을 내리는 일들이 적지 않은 것을 볼 수 있습니다. 우리나라도 군사정권 때에는 불의한 재판들이 적지 않았습니다. 재판장의 입장에서는 아무리 무죄라 하더라도 당시 권력을 쥐고 있는 사람이 만든 법에 의하면 유죄가 되는 경우가 있었던 것입니다. 그 중에 어떤 것은 죄가 없는 사람에게 억지로 죄를 만들어서 사형까지 시켜버렸던 일도 있었습니다. 또 어떤 학자는 자기 야망이나 욕심 때문에 없는 사실을 있는 사실인 것처럼 발표해서 나중에 본인은 물론이고 나라 전체가 진통을 겪는 일도 있었습니다.

빌라도의 재판은 인간이 하나님의 아들을 재판한 가장 기이한 재판이었습니다. 그러나 그 중요한 재판에도 불의와 불법이 가득하였습니다. 그리고 재판장은 자기 양심에 따라서 재판하지 못하고 결국 군중의 떠드는 소리와 그것을 뒤에서 조종하는 세력에 떠밀려서 하나님의 아들을 가장 끔찍한 십자가 사형에 처하고야 말았습니다. 그러나 이런 불의한 재판에 대하여 예수님의 태도는 너무나도 당당했습니다. 그 이유는 아무리 인간들이 불의를 행한다 할지라도 결국 하나님의 뜻은 이루어진다는 것을 믿으셨기 때문입니다.

우리는 지금 당장에는 별로 중요하지 않은 만남이지만 세월이 흐른 후에 돌이켜 보았을 때 너무나도 중요한 만남인 경우가 많이 있습니다.

예를 들어 어느 교수 연구실에 한 학생이 찾아와서 무슨 질문을 했는데 교수가 그 학생을 무시하고 대수롭지 않게 대답을 했다고 합시다. 그런데 나중에 그 학생이 아주 유명한 세계적인 학자가 되었을 때 그 교수는 오랜 세월동안 그 때 무성의하게 대답한 것에 대하여 욕을 얻어먹게 될 것입니다.

우리는 가끔 전혀 예상하지 못했던 장소에서 앞으로 아주 유명하게 될 사람을 만날 때가 있습니다. 그때 우리가 준비된 마음으로 정의롭고도 친절한 태도로 대하면 오랜 세월동안 깊은 좋은 인상을 주게 될 것입니다. 그리고 나중에 그 유명한 사람의 입을 통해서 그 사실이 많은 사람에게 알려지게 될 것입니다. 그러나 이기적이고 탐욕스러운 사람은 그런 사람을 무시하고 업신여겼다면 그 유명한 사람의 입을 통하여 많은 사람들에게 오래 오래 나쁜 기억으로 남아있게 될 것입니다.

예수님께서 어느 집에서 식사를 하실 때에 한 여자가 와서 예수님의 발에 비싼 향유를 붓고 머리털로 예수님의 발을 닦았을 때 예수님은 복음이 증거되는 곳마다 이 여자가 행한 것도 증거될 것이라고 말씀하셨습니다. 그 이유는 이 여자가 아무런 다른 욕심 없이 순수하게 예수님에게 자신의 마음을 다하여 봉사하였기 때문입니다.

거기에 반해서 로마 총독 빌라도는 예수님이 그렇게 중요한 분이 되실 줄 몰랐습니다. 그래서 예수님을 무시하고 업신여기고 예수님에게 억울한, 너무나도 불리한 재판을 한 결과 지금도 기독교인들이 예배드릴 때 마다 '본디오 빌라도에게 고난을 받으사' 라고 하면서 아주 나쁜 이름으로 세상 끝날까지 기억되게 되는 것입니다.

빌라도는 로마인으로는 처음 예수님을 만난 사람이었습니다. 예수님은 처음 만난 빌라도를 무시하지 아니하시고 진지하게 만나주셨습니다. 그러나 빌라도는 출세에 대한 욕심과 예수님의 외모에 대한 업신여기는 마음과 유대인들에게 잘 보이려고 하는 마음 때문에 단 한 번 만난 하나님의 아들을 십자가에 못 박아 죽이는 심판을 내리고 말았던 것입니다.

빌라도와 예수님의 만남

로마 총독 빌라도는 전혀 생각지도 않게 예수님을 만나게 되었습니다.

요한복음 18장 28-29절

저희가 예수를 가야바에게서 관정으로 끌고 가니 새벽이라. 저희는 더럽힘을 받지 아니하고 유월절 잔치를 먹고자 하여 관정에 들어가지 아니하더라. 그러므로 빌라도가 밖으로 저희에게 나가서 말하되 너희가 무슨 일로 이 사람을 고소하느냐?

예수님은 대제사장 가야바에 의해서 로마 총독에게 고소되어 총독 앞에 끌려가시게 되었습니다. 그래서 드디어 예수님과 로마 총독이 정식으로 만나게 되었습니다. 원래 로마 총독은 가이사랴에 군인들과 같이 있었기 때문에 예루살렘에 있지 않았습니다. 그러나 유월절에는 워낙 많은 유대인들이 예루살렘에 몰리기 때문에 혹시 민란이 날까 하여 군대를 데리고 예루살렘에 주둔하고 있었습니다. 이렇게 해서 빌라도는 적어도 로마 고위직에 있던 사람들 중에서 유일하게 예수님을 만난 사람이 되었습니다.

원래 재판석에서는 재판장과 죄인이 만나는 곳입니다. 한 사람은 절대적인 권력을 가진 자이고 다른 한 사람은 재판장의 결정에 의해서 살기도 하고 죽을 수도 있는 절대적인 약자의 입장인 것입니다. 그래서 어떤 의미에서 인간들에게 가장 무서운 곳이 재판석에 서는 것입니다.

거기서 인간은 자기가 지은 죄가 다 발표가 되고 심문이 되며 자기의 생각이나 의도까지도 모든 사람들 앞에서 모두 다 공포되게 되는 것입니다. 그리고 자기가 지은 죄에 대하여 자신의 의사와는 전혀 상관없는 결정이 내려지게 되는 것입니다.

사실 모든 인간들은 언젠가는 모두 하나님의 심판석 앞에서 자신이 이 세상에서 행한 모든 것에 대한 재판을 받게 될 것입니다. 그때 재판장은 예수 그리스도이고 죄수들은 이 세상에 살았던 모든 인간들입니다. 그런데 놀랍게도 그 재판장이 지금 빌라도라는 죄인에 의해서 재판받기 위해서 재판석에 서고 빌라도라는 인간은 예수님을 재판하기 위하여 심문하는 자리에 서게 되었습니다.

사실 본인이 몰라서 그렇지 빌라도는 로마인으로서 하나님의 아들을 만나는 엄청난 기회를 가진 유일한 사람이었습니다. 사실 그는 하나님의 아들의 재판을 받아야 할 자인데도 불구하고 하나님의 아들을 재판하기 위하여 거기에 있었던 것입니다.

세례 요한은 예수님이 자기에게 세례를 받으러 오시는 것을 보고 오히려 예수님에게 말씀하시기를 '내가 당신에게 세례를 받아야 하는데 어떻게 해서 당신이 나에게 오십니까?' 라고 질문을 했습니다. 세례 요한은 자기가 예수님에 의해서 세례를 받아야 할 죄인이라는 것을 알았습니다. 그러나 예수님은 요한에게 '이렇게 하는 것이 하나님의 의를 이룬다' 고 하시면서 요한의 세례를 받으셨습니다.

지금 빌라도가 무엇을 제대로 알았더라면 예수님 앞에서 무릎을 꿇고 '내가 당신의 재판을 받아야 할 터인데 어떻게 해서 당신이 나에게 재판을 받으러 오십니까?' 라고 했어야 합니다. 그러나 빌라도는 예수님에 대하여 전혀 알지 못했습니다.

먼저 빌라도는 일반 재판에서 했던 것처럼 그들이 고소한 사람의 죄가 무엇인지 물었습니다. 그랬더니 유대인들은 아주 이상하게 대답을 했습니다.

요한복음 18장 29-30절

그러므로 빌라도가 밖으로 저희에게 나가서 말하되 너희가 무슨 일로 이 사람을 고소하느냐? 대답하여 가로되 이 사람이 행악자가 아니었더면 우리가 당신에게 넘기지 아니하였겠나이다 빌라도는 이 사람의 죄명이 무엇이냐고 묻는데 그 사람들은 행악자가 아니면 넘기지 않았을 것이라고 대답을 했습니다. 그러면서 죄명이 무엇인지는 분명하게 말하지 않았습니다.

그래서 빌라도가 너희도 법이 있으니까 너희 법대로 판단하라고 하니까 그때서야 엄청난 말을 했습니다. 즉 '우리에게는 사람을 죽이는 권이 없나이다' 라고 했습니다. 그들은 예수님을 죽이기 위해서 고소를 하고 있는 것입니다.

유대인들은 예수님을 고소하는데 고도의 정치적인 트릭을 사용하였습니다. 즉 그들은 이미 예수님에 대하여 사형을 확정해 놓고 빌라도를 끌어들였습니다. 그리고 그들은 이것을 위해서 예수님의 죄명을 두 개로 만들었습니다. 즉 유대인들에게 예수님을 죽이려고 하면 '자기를 하나님의 아들이라' 고 한 신성 모독죄에 해당하는 것 외에는 없었습니다. 그러나 신성 모독죄가 로마인들에게는 전혀 죽일 죄가 되지 않았습니다. 그래서 로마 총독에게 고소할 때에는 '유대인의 왕이라고 한다' 는 죄명을 씌었습니다. 그래서 예수님은 유대인에 대한 죄명과 로마 총독에 대한 죄명이 달랐습니다. 그래서 빌라도는 예수님에게 직접 물었습니다. '네가 유대인의 왕이냐?'

그때 예수님은 '이것은 네가 스스로 하는 말이뇨? 아니면 다른 사람들이 내게 덮어씌운 죄명이냐? 하는 것을 물으셨습니다. 즉 예수님은 빌라도에게 그가 유대 총독으로서 여러 가지 정보를 통해서 예수님이 하는 일이 상당히 반역적이라는 판단을 하게 된 것인지 아니면 아무것도 모르는 상태에서 유대인들이 그렇다고 하니까 그렇게 생각하는 것인지 물어보셨습니다. 이것은 예수님께서 빌라도가 바른 판단을 할 수 있도록 도와주시는 것이었습니다.

예수님께서 로마인 빌라도에 대하여 상당히 인격적으로 대하셨습니다. 예수님께서는 유다의 대제사장의 질문에 대해서는 거의 대답을 하지 아니하셨습니다. 전직 대제사장 안나스가 예수님의 가르침에 무엇이냐고 물었을 때 그 모임에서 이야기를 들은 사람들에게 물어보라는 식으로 아주 퉁명스럽게 대답하셨습니다.

이때 빌라도는 유대인들이 그렇게 말하면서 당신을 고소했다는 식으로 대답을 했습니다.

요한복음 18장 35절

빌라도가 대답하되 내가 유대인이냐? 네 나라 사람과 대제사장들이 너를 내게 넘겼으니 네가 무엇을 하였느냐?

이때 예수님은 빌라도에게 아주 중요한 말씀을 하셨습니다.

요한복음 18장 36절

예수께서 대답하시되 내 나라는 이 세상에 속한 것이 아니니라. 만약 내 나라가 이 세상에 속한 것이었더면 내 종들이 싸워 나로 유대인들에게 넘기우지 않게 하였으리라. 이제 내 나라는 여기에 속한 것이 아니니라

예수님께서는 빌라도에게 이 세상에 속하지 않은 다른 나라에 대하여 말씀하셨습니다. 예수님은 왕이시지만 눈에 보이는 이 세상 나라의 왕이 아니신 것입니다. 예수님께서는 이렇게 말씀하셨습니다. 만약 내 나라가 이 세상에 속하였더라면 내 종들이 싸워서 내가 붙들리지도 않게 했을 것이고 너에게 끌려오지도 않았을 것이라고 말씀하셨습니다.

예수님은 빌라도에게 그가 지금까지 전혀 알지 못했던 다른 한 나라

를 말씀하셨습니다. 예수님은 바로 그 나라의 왕이신 것입니다. 예수님은 한 번도 만난 적이 없었고 오직 세상의 야망을 추구하면서 살아온 빌라도에게 영생의 나라에 대하여 소개를 하셨습니다. 이것은 엄청난 사실이 아닐 수 없습니다.

예수님은 지금 자신이 사형 재판을 받기 위하여 끌려오신 상태였습니다. 그럼에도 불구하고 빌라도에게 진지하게 하나님의 나라에 대하여 그리고 자신의 왕권에 대하여 말씀하셨습니다.

그러나 예수님의 이 말이 빌라도의 귀에는 제대로 들어오지가 않았습니다. 빌라도는 지금 예수님이 횡설수설한다고 생각한 것 같습니다. 그래서 빌라도는 예수님에게 다시 물었습니다.

요한복음 18장 37절

빌라도가 가로되 그러면 네가 왕이 아니냐? 예수께서 대답하시되 네 말과 같이 내가 왕이니라. 내가 이를 위하여 났으며 이를 위하여 세상에 왔나니 곧 진리에 대하여 증거하려 함이로라. 무릇 진리에 속한 자는 내 소리를 듣느니라 하신대

예수님의 나라는 눈에 보이는 이런 나라가 아니고 눈에 보이지 않는 하나님의 나라였습니다. 그런데 그 나라에 들어가는데 중요한 것은 진리였습니다. 예수님은 누구든지 그 나라에 속한 자는 이 진리를 듣는다고 했습니다.

예수님은 빌라도에게 두 가지 사실을 말씀하셨습니다.

하나는 하나님의 나라가 존재한다는 것입니다. 예수님은 이 세상에 속하지 않은 하나님의 나라가 있다는 사실을 말씀하셨습니다. 여기서 예수님이 말한 '내 종들'은 천사들을 말합니다. 천사들은 얼마든지

예수님을 지켜서 잡히지 않게 하실 수 있었습니다.

그리고 예수님은 하나님의 진리를 증거하셨습니다. 진리는 다른 것이 아니라 하나님이 살아계시며 하나님께서 우리 인간들에게 원하시는 것이 있다는 사실입니다. 그것은 하나님이 보내신 예수님의 말씀을 듣고 믿는 것입니다.

지금 빌라도는 전혀 생각지도 못한 순간에 예수님을 만나서 진리를 듣게 되었습니다.

요한복음 18장 38절

빌라도가 가로되 진리가 무엇이냐 하더라

빌라도는 지금 '진리가 무엇이냐' 라고 말을 하고 있습니다. 즉 '네가 죽느냐 사느냐 하는 이 순간에 진리가 무슨 소용이 있으며 지금 이 세상에는 권력이 최고로 중요하지 진리가 무슨 힘이 있느냐?' 하는 소리였습니다.

예수님은 분명히 말씀을 하셨습니다. '누구든지 진리에 속한 자는 내 말을 듣느니라' 아무나 예수님의 말씀을 들을 수 있는 것이 아닙니다. 누구든지 하나님의 진리를 자기 것으로 받아들이려면 진리 안에 들어와야 하는 것입니다. 세상 것을 버리고 맨 손으로 진리 안으로 이사를 와야 진리를 들을 수 있고 진리의 말씀에 순종할 수 있는 것이지 귀로만 말씀을 듣는다고 해서 그 나라가 자기 나라가 될 수 있는 것은 아닌 것입니다.

지금 예수님께서는 비록 이방인이고 악한 정치인이지만 진리에 대하여 분명하게 증거를 하셨습니다. 그러나 빌라도는 너무나도 세상의 권력에 빠진 사람이었기 때문에 진리에 대하여 들을 마음의 준비가 되어 있지 않았습니다.

정말 자신에 대하여 정직하고 진실하기 원하는 자라면 누군가가 진리 때문에 붙들려와서 죽게 되었을 때 그의 나라에 대하여 그리고 그의 진리에 대하여 듣는 것이 예의일 것입니다. 특히 지금 유월절을 앞두고 유대인들이 관정 안에 들어오지 않으려고 하기 때문에 빌라도는 들락날락하면서 예수님과 개인적으로 대화를 나눌 기회가 많이 있었습니다.

물론 빌라도가 한평생을 이방 종교에 젖어왔고 또 세상 권력을 위해서 살아온 정치인이기 때문에 한 순간에 예수님의 말씀을 믿을 수는 없었을 것입니다. 그러나 적어도 이럴 때는 한번 물어보기만 하면 얼마나 좋습니까? '즉 당신의 나라는 어떤 나라인가요? 그리고 당신이 말하는 진리가 무엇인가요?'

하나님께서는 우리가 한 순간에 진리에 푹 빠지지는 못한다 하더라도 관심은 가지는 것을 기뻐하십니다. 그리고 우리가 그런 관심을 가지고 하나님께 물어보는 것은 아주 중요한 것입니다.

그러나 빌라도는 예수님의 초라한 모습에 너무 무시를 했고 또 자신이 가지고 있는 로마 총독이라는 권세를 너무 믿었기 때문에 예수님의 진리는 아무 의미가 없었습니다. 빌라도가 이 세상에서 한평생 추구한 것은 권력이었지 진리가 아니었습니다.

물론 어떤 사람은 한 평생을 돈을 버는 것을 목적으로 산 사람도 있을 것입니다. 또 어떤 사람은 한 평생을 명성을 추구하면서 산 사람도 있을 것입니다. 그런 분들에게 진리라고 하는 것은 그야말로 웃기는 것밖에 되지 않습니다. 그러나 예수님은 진리를 증거하기 위하여 이 세상에 오셨고 진리 때문에 죽게 되신 것입니다.

더욱이 여기서 빌라도가 예수님을 위하여 노력하지 않은 것이 아니었습니다. 빌라도는 유대인들에게 나가서 예수에게서 아무런 혐의를 찾지 못했다고 분명하게 말을 했습니다. 그리고 당시 유월절이 되면 총독이 유대인들의 환심을 사기 위해서 죄수 한 명을 석방하는 관례가 있었는데 예수를 석방하겠다고 말을 했습니다. 그것은 빌라도로서는 예수님에 대하여 대단한 호의를 보인 것이었습니다. 그러나 빌라도에게 필요한 것은 예수님을 놓아주는 것이 아니었습니다. 그는 진리에 대하여 들어야만 했습니다. 그렇지만 빌라도는 예수님의 말씀을 들을 생각을 하지 않고 예수님을 위해서 무엇인가를 하려고 했기 때문에 예수님이나 본인에게 아무런 도움도 되지 못했습니다. 빌라도는 로마 관원들 중에서 유일하게 예수님을 만나서 대화를 나눈 사람이었습니다. 그러나 그는 유감스럽게도 진리에 대하여 전혀 관심이 없었습니다. 그래서 그는 처음 만난 하나님의 아들을 십자가의 처형이라는 극형에 처하고 말았습니다.

채찍에 맞으심

빌라도가 예수님께 가장 먼저 한 것은 데려다가 채찍질을 하게 한 것이었습니다.

요한복음 19장 1절

이에 빌라도가 예수를 데려다가 채찍질하더라

빌라도가 예수님을 채찍질하게 한 것은 무슨 다른 의미가 있어서 한 것이 아닙니다. 빌라도가 생각하기에 예수님의 죄는 십자가에 처형할 정도가 아닌 것이 분명하기 때문에 그냥 석방하기에는 미안하니까 적당하게 채찍질해서 놓을 생각이었던 것입니다. 즉 일종의 유대인들의 마음을 무마할 요량으로 예수님을 채찍질하게 한 것입니다.

로마법에는 채찍질도 여러 가지가 있었습니다. 좀 가볍게 때리는 채찍질도 있었고 살이 완전히 찢어지고 뼈가 보일 정도로 초주검이 되게 하는 채찍질도 있었습니다.

아마 처음에 빌라도가 때린 채찍질은 비교적 가벼운 채찍질이었던 것 같습니다. 그러나 로마 군인들은 예수님을 그냥 채찍질을 한 것이 아니라 먼저 조롱하였습니다.

요한복음 19장 2-3절

군병들이 가시로 면류관을 엮어 그의 머리에 씌우고 자색 옷을 입히고 앞에 와서 가로되 유대인의 왕이여 평안할찌어다 하며 손바닥으로 때리더라

왜 로마 군인들은 예수님을 조롱하였을까요? 아마 두 가지 이유였을 것입니다. 하나는 그 동안 심심했던 것입니다. 그러다가 갑자기 때릴 건수가 하나 생기니까 때리는 데 재미를 붙이기 위해서 조롱을 했을 것입니다. 그리고 또 다른 하나는 유대인들에 대한 미움이 작용을 했을 것입니다. 지금 로마 군인들은 유대인들 때문에 예루살렘에 와서 고생을 하고 있습니다. 그러다가 유대인의 왕이라는 자가 잡혀 왔다고 하니까 그동안 유대인들에 대한 분풀이를 이 왕에게 다 쏟아 부을 생각이었던 것입니다.

사람이 다른 사람을 때린다는 것은 굉장히 미묘한 것입니다. 왜냐하면 사람에게는 하나님의 고귀한 형상이 있기 때문입니다. 그래서 사람이 다른 사람을 때릴 때에는 하나님의 형상을 파괴하는 쾌감이 있는 것입니다. 즉 자기가 마치 신이 된 것 같은 우월감을 느끼게 되는 것입니다.

그래서 사람에게 가장 악한 것이 있다면 같은 사람을 때리는 것입니다. 사람을 때리는 것은 그의 인격을 인정하지 않는 것입니다. 그리고 자기 자신은 거의 신에 가까운 절대적인 위치에 올려놓는 것입니다. 그래서 정상적인 경우에는 사람이 사람을 때린다는 것은 있을 수 없는 일입니다. 어쩌다가 부모가 자식을 훈계하기 위해서 때리는 경우는 있을 수 있겠지만 그것도 짐승을 때리듯이 그렇게 때릴 수는 없습니다.

가끔 학교에서 선생님의 체벌이 너무 심했다고 해서 부모가 항의를 하고 사회가 떠들썩한 경우들이 있습니다. 선생님들 중에는 성격이 아주 병적인 사람이 있습니다. 그런 사람은 학생들을 체벌을 하는데도 완전히 자기 분풀이 하듯이 하는 사람이 있습니다. 그런 것은 너무나도 악한 것이고 하나님의 심판받을 일입니다.

그러나 성경은 예수님께서 채찍질당하시고 조롱당하신 것이 우리 믿는 사람들에게는 아주 중요한 의미가 있다고 말씀하고 있습니다.

베드로전서 2장 24절

친히 나무에 달려 그 몸으로 우리 죄를 담당하셨으니 이는 우리로 죄에 대하여 죽고 의에 대하여 살게 하려 하심이라 저가 채찍에 맞음으로 너희는 나음을 얻었나니

이사야 53장 5절

그가 찔림은 우리의 허물을 인함이요. 그가 상함은 우리의 죄악을 인함이라. 그가 징계를 받음으로 우리가 평화를 누리고 그가 채찍에 맞음으로 우리가 나음을 입었도다.

성경은 예수님께서 채찍에 맞으신 것은 우리가 맞아야 할 것을 대신 맞은 것이며 우리가 조롱당해야 할 것을 대신 당하신 것이라고 말씀하십니다. 다른 말로 표현하면 우리들은 모두 다 하나님 앞에서 채찍질 당해야 하며 조롱을 받아야 할 자들이라는 것입니다.

물론 우리들의 겉모습은 점잖고 모범적입니다. 그러나 한꺼풀만 벗겨보면 우리 안에는 온갖 추악한 죄들이 다 들어 있습니다. 우리는 사실 이 세상의 모든 악한 자들로부터 맞아야 할 사람들이며 조롱을 받아야 마땅할 사람들입니다.

다른 사람들이 우리의 사정을 몰라서 그렇지, 모든 것을 다 안다면 사람들은 우리를 조롱할 것입니다. 침을 뱉을 것입니다. 채찍질을 할 것입니다.

그러나 우리에게 감사한 것은 나의 그 조롱을 대신 당하신 분이 있다는 것입니다. 내가 맞아야 할 채찍을 대신 맞으신 분이 있다는 것입니다. 그분이 바로 우리를 죄에서 구원하신 예수님이십니다.

우리가 너무나도 양심이 괴로워서 로마 군인들을 찾아갔다고 합시다. "내 속에는 너무나 죄가 많습니다. 저를 좀 때려 주십시오. 저를 좀 조롱해 주십시오." 라고 부탁하면 뭐라고 대답하겠습니까?

로마 군인이 이렇게 말할 것입니다. "별 미친 놈 다 보겠네. 나는 지금 이 유대인의 왕을 때리고 조롱한다고 힘이 다 빠졌어. 너 같은 놈까지 때릴 힘이 없어. 모든 것이 끝났어."라고 하면서 우리를 쫓아낼 것입니다.

예수님께서 그 무서운 채찍을 맞으신 것은 바로 나의 죄 때문이었습니다. 그가 많은 사람들 앞에서 조롱받고 침 뱉음을 당한 것은 나의 위선과 거짓을 고치기 위해서였습니다. 그러기에 우리는 채찍에 맞아 쓰러진 주님 앞에 달려가야 합니다. "주님, 얼마나 아프십니까? 저희들이 맞아야 하는 것인데 주님이 다 맞으셨군요."

그러면 주님이 무엇이라고 하시겠습니까? "나는 괜찮다."라고 하시면서 "이제 더 이상 양심에 고통을 받지 말고 믿음으로 떳떳하게 살아가라."고 말씀하실 것입니다.

사실 우리들은 오늘날까지 다른 사람들을 속이면서 살아왔습니다. 우리가 다른 사람들에게 내 자신에 대하여 말한 부분은 천분의 일, 만분의 일도 되지 않습니다. 우리는 정말 자신의 부끄러운 부분들, 다른 사람들이 들으면 정말 나를 경멸할 수 밖에 없는 그런 부분들은 말하지 않았습니다. 만약 그런 것들이 모두 이 자리에서 폭로된다면 우리의 좋은 옷이 더 부끄러울 것이며, 그동안 다른 사람들로부터 쌓아올린 그 좋은 명성이 하루아침에 무너질 것입니다. 사실 우리는 여기서 조롱을 받아야 마땅한 자들이며 채찍질 당해야 마땅한 자들입니다. 우리의 예배는 조롱과 채찍질하는 소리로 가득해야 옳습니다. 그러나 우리가 당할 모든 치욕을 주님이 다 당하셨습니다. 그래서 우리에게는 더 이상 돌아올 치욕이 없습니다.

우리로 하여금 영원히 수치를 당하지 않도록 주님이 홀로 다 담당하셨습니다. 우리의 위선적인 죄들, 죄를 짓고 또 짓는 연약함, 마음속에 양심을 누르는 고통이 있음에도 불구하고 말할 수 없는 연약함, 이 모든 것을 위하여 주님이 고통당하셨습니다.

그러기에 참된 그리스도인들의 특징이 무엇입니까? 자신의 아팠던 과거를 아무런 스스럼없이 말할 수 있다는 점입니다. 다른 사람들은 감추고 또 감추고 싶은 부분들을 믿는 자들은 너무나도 쉽게 남에게 고백합니다. 그 이유는 이미 그 상처가 아물었고 치료받았기 때문입니다.

그래서 그리스도인들은 다른 사람에게 욕먹는 것을 크게 두려워하지 않습니다. 왜냐하면 이미 주님이 나의 모든 상처를 치료하셨기 때문입니다. 또한 다른 사람들이 나에 대하여 수군거려도 큰 상처를 받지 않습니다. 그 이유는 더 이상 당할 수치가 없기 때문입니다. 주님께 고백한 이상 모든 죄와 수치가 다 해결되었기 때문입니다.

우리는 과거의 지은 죄와 실수가 오늘날 내 양심을 짓누르지 못하도록 참된 양심의 자유를 얻어야 하겠습니다.

빌라도의 사형 선고

재판이라는 것은 한 인간이 다른 인간에 대하여 죄의 형벌을 결정짓는 행위입니다. 사실 죄인인 인간이 다른 인간을 재판한다는 것은 어려운 일입니다. 그럼에도 불구하고 하나님께서는 이 세상의 정의를 위해서 정당한 자격을 가진 재판장이 죄를 지은 사람을 재판하게 하셨습니다. 그러나 이것은 대단히 두렵고 떨리는 마음으로 해야 하는 것입니다.

우리가 오늘 읽은 성경 말씀을 보면 빌라도가 놀랍게도 예수님에게 무죄를 선언하려고 애를 쓴 것을 볼 수 있습니다.

요한복음 19장 4절

빌라도가 다시 밖에 나가 말하되 보라, 이 사람을 데리고 너희에게 나오나니 이는 내가 그에게서 아무 죄도 찾지 못한 것을 너희로 알게 하려 함이로라 하더라

빌라도가 판단하기에 예수님은 아무 죄가 없는 사람이었습니다. 그는 예수님에 대하여 무죄의 판정을 내려야만 했습니다. 그러나 그렇게 하려고 하니까 유대인들의 위협이 만만치가 않았습니다.

빌라도가 예수님을 무죄방면하면 유대인들은 폭동을 일으키겠다고 합니다. 그렇게 하면 그의 총독이 무능한 것이 되고 또 유대인의 왕이라는 자를 놓아 주었기 때문에 가이사에게 불충한 것이 됩니다. 지금 빌라도는 생의 중대한 기로에 놓였습니다. '예수가 죄 없다는 것을 선포하느냐? 아니면 가이사의 역적이 되어 모든 지위나 권세를 잃어버리느냐?' 라는 문제가 달린 결정을 해야 했습니다.

요한복음 19장 7-8절

유대인들이 대답하되 우리에게 법이 있으니 그 법대로 하면 저가 당연히 죽을 것은 저가 자기를 하나님 아들이라 함이니이다. 빌라도가 이 말을 듣고 더욱 두려워하여

빌라도는 예수님을 보고 어떤 인상을 받았는지 모르지만 좌우간 굉장히 좋은 인상을 받은 것은 사실이었습니다. 그러나 더 놀란 것은 이분이 체포된 이유가 바로 '하나님의 아들' 이라고 주장했기 때문이라는 것입니다.

그렇다면 이 사람은 둘 중의 하나일 것입니다. 즉 과대망상증 환자나 정신병자이든지 아니면 진짜 굉장히 귀한 하나님의 아들이든지 둘 중의 하나인 것입니다. 우리가 성경을 통해 알 수 있듯이 예수님에게서 과대망상증의 증세에 해당된다고 할 만한 것은 일체 찾아볼 수가 없습니다. 그러나 그는 스스로 판단할 수가 없었습니다. 왜냐하면 그에게는 그럴만한 믿음이 전혀 없었기 때문입니다.

주님은 우리 삶에 갑자기 뛰어 들어오십니다. 자기 자신의 문제에 빠져 있는 사람은 그때 주님을 받아들일 수 없습니다. 왜냐하면 감정이나 생각이 전혀 정리되어 있지 않기 때문입니다. 그러는 동안에 구원은 다른 사람에게로 넘어가고 맙니다.

빌라도가 준비되지 않았던 이유가 무엇입니까? 그것은 그가 출세에 대한 욕심과 야망을 가지고 있었기 때문입니다. 사람이 욕심을 가지고 있으면 자신의 삶에 대하여 진지할 수 없습니다.

빌라도는 다시 예수님의 입에서 이 사실을 확인하고 싶었습니다. 그러나 예수님은 침묵하셨습니다. 예수님께서 침묵하신 것은 '이것은 네가 결정할 일이다.' 라는 뜻입니다.

우리는 무엇인가 결정하기 어려울 때 은근히 다른 사람에게 그 책임을 떠넘기려고 합니다. 빌라도는 이제 더 이상 주님께 물어 볼 것이 없었습니다. 그는 스스로 자신의 생애에 있어서 가장 중요한 결정을 내려야만 했습니다. 그것은 빌라도의 영원한 운명을 좌우하는 결정이었습니다.

요한복음 19장 12절

이러하므로 빌라도가 예수를 놓으려고 힘썼으나 유대인들이 소리 질러 가로되

이 사람을 놓으면 가이사의 충신이 아니니이다 무릇 자기를 왕이라 하는 자는 가이사를 반역하는 것이니이다

유대인들은 빌라도를 협박했습니다. 그는 이 협박이 사실로 실현될까봐 두려웠습니다. 사실 빌라도가 예수님을 만난 것은 무엇인가 새로운 세계와의 만남이었습니다. 그러나 그의 고민이 무엇입니까? 그것은 하나님의 아들 예수는 지금 아무것도 가진 것이 없다는 것과 지금 나의 도움을 받아야 할 지경에 처해 있다는 것입니다. 당시 그는 자칫 자기가 예수를 도와주었을 때 잘못되면 엄청난 불이익을 당하게 될지도 모른다는 두려움이 있었습니다.

그래서 빌라도는 예수님께 다시 물어보았습니다.

요한복음 19장 10-11절

빌라도가 가로되 내게 말하지 아니하느냐? 내가 너를 놓을 권세도 있고 십자가에 못 박을 권세도 있는 줄 알지 못하느냐? 예수께서 대답하시되 위에서 주지 아니하셨더면 나를 해할 권세가 없었으리니 그러므로 나를 네게 넘겨 준 자의 죄는 더 크니라 하시니

빌라도는 예수님에게 '나는 너를 놓을 권세도 있고 십자가에 못 박을 권세도 있는데 왜 대답하지 않느냐?' 라고 말을 했습니다. 그때 예수님은 분명히 대답하셨습니다. 지금 빌라도 네가 가지고 있는 권세는 위에서 준 것이라고 하셨습니다. '위에서 준다' 라는 것은 하나님께서 빌려주신 것이라는 뜻입니다. 이 세상의 모든 것은 하나님께서 사람들에게 빌려 준 것입니다.

예수님은 이 말씀을 통해서 빌라도에게 사람의 눈치를 보지 말라고

말씀하십니다. 즉 모든 권세는 하나님이 빌려주신 것이기 때문에 하나님의 마음에 달린 것입니다. 사람은 누구나 다 자기 양심껏 판단하면 되는 것입니다. 너무 다른 사람에게 아부를 하거나 비위를 맞추어 줄 필요가 없습니다. 하나님께서 허락하시는 동안에는 누구도 나를 쫓아내지 못할 것입니다. 그뿐만 아니라 예수님은 지금 빌라도의 권세에 복종하시겠다고 말씀하셨습니다. 왜냐하면 이것도 하나님이 허락하신 것이며 하나님의 뜻이 이루어지는 과정인 줄 믿기 때문입니다. 예수님은 하나님의 허락 없이는 참새 한 마리도 땅에 떨어지지 않는다는 것을 믿으셨습니다.

이 세상에 있는 학식이나 재산이나 권세나 모든 것의 주인이 누구입니까? 바로 하나님이 아니십니까? 그러나 우리는 하나님을 믿음으로 이 모든 것을 잃어버릴 것을 두려워합니다.

예수님께서는 지금 빌라도가 예수님을 해치는 결정을 내릴 것임을 미리 말씀하십니다. "너는 지금 나를 해치는 결정을 하고 있다. 그러나 그 권세는 하나님이 주신 것이다. 그렇다고 해서 네 죄가 없어지는 것이 아니다."라고 말씀하시는 것입니다.

오늘날 우리들은 예수님이 너무나도 힘없는 모습으로 찾아오기 때문에 그를 무시합니다. 예수님께서 죄인의 모습으로 찾아오시고 가난한 전도자의 모습으로 찾아오시고 병든 환자의 모습으로 찾아오시기 때문에 무시를 합니다. 그리고 우리는 하나님의 놀라운 초청을 받고도 고민을 합니다.

"지금 내가 만난 이 세계는 정말 새로운 세계이다. 마음에 감동이 있고 기쁨이 있다. 그러나 이 세계는 너무나도 가난하다. 오히려 내가 돈을 내어 도와주어야 할지도 모른다. 만약 내가 예수를 선택한다면 내가 가진 것을 잃어버릴 지도 모른다." 그래서 고민하다가 예수를 슬그머니 놓습니다.

여러분, 왜 예수를 슬그머니 놓습니까? 좋기는 좋은데 현실적인 문제에 도움이 되지 않기 때문입니다. 참으로 신선하고 새로운 영역이긴 한데, 나에게 아무런 도움이 되지 않고 오히려 나를 귀찮게 할 것 같습니다.

그때 주님이 무엇이라고 말씀하십니까? "네가 가진 것 중에서 원래부터 네 것이라고는 아무 것도 없다. 지금 주님이 아무 힘없는 모습으로 네 앞에 나타난 것은 지금 너의 믿음을 시험하고 있는 것이며, 네가 가진 모든 것은 하나님의 것이라"라고 말씀하시는 것입니다.

우리가 가진 모든 것은 하나님의 것입니다. 나에게 큰 영향을 미치고 있는 사람들의 권세나 지위도 하나님께서 그들에게 빌려 주신 것입니다. 그렇다면 우리가 내릴 결론은 분명합니다. 모든 것이 주님의 것이고 주님이 도로 가져 가셔도 된다는 믿음입니다. 결국 신앙은 바로 이것입니다. 신앙이란 모든 것이 주님으로부터 왔기 때문에 주님이 가져 가셔도 나는 결국 주님 뜻대로 할 수 밖에 없다는 것입니다.

사람들은 우리에게 위협을 하고 협박을 합니다. 즉 자기 말을 듣지 않으면 모든 것을 다 빼앗아 가겠다고 합니다. 그러나 그것이 바로 하나님이 나에게 맡겨주신 것입니다. 우리는 하나님의 뜻대로 내 양심대로 하면 되는 것입니다. 그렇게 해서 잃을 것 같으면 '내가 잃으면 잃으리로다' 라고 해야 합니다.

신앙은 중간 단계라는 것이 없습니다. 참 신앙을 선택하든지 아니면 불신앙을 선택하든지 둘 중에 어느 하나를 선택해야 합니다. 결국 빌라도는 자기 양심을 버리고 예수님에게 사형의 판결을 내리고 말았습니다.

요한복음 19장 16절

이에 예수를 십자가에 못 박히게 저희에게 넘겨주니라

왜 빌라도가 자기 안에 양심의 소리가 있었음에도 불구하고 양심대로 하지 못하고 군중들의 소리에 지고 말았을까요? 그것은 결코 인간이 진리에 속하지 않은 이상 다른 사람에 의해서 조종될 수밖에 없기 때문입니다. 아무리 높은 지위에 있어도 죄인이기 때문에 양심이 옳다고 하는 대로 할 능력이 없습니다. 우리가 예수 안에서 얻는 것은 다른 것이 아니라 바로 이 양심의 힘입니다. 우리는 우리의 양심대로 살고 판단하기만 하면 하나님께서 모든 것을 다 책임져주십니다. 그래서 아무 것도 두려워 할 필요가 없습니다. 우리는 오늘 예수님 앞에 다시 겸손히 무릎을 꿇고 예수님이 우리의 왕이신 것을 고백해야 할 것입니다. 그리고 다시 진리를 들으며 진리대로 행하는 성도들이 되어야 할 것입니다.

44 _ 요 19:17-42

십자가에 못박히심

셱스피어의 작품 중에 '베니스의 상인' 이라는 유명한 작품이 있습니다. 여기에 보면 바사니오라는 한 청년이 결혼을 하기 위해서 자기 친구 안토니오에게 돈을 빌리려고 합니다. 그런데 막상 그때 이 안토니오의 재산은 무역을 하느라고 전부 다 배에 투자한 상태였기 때문에 가지고 있는 현찰이 없었습니다. 그래서 어쩔 수 없이 필요한 돈은 안토니오가 '빚을 갚지 못하면 가슴 살 한 파운드를 내어놓겠다' 는 약속을 하고 악명 높은 유대인 고리대금업자 샤일록에게서 돈을 빌립니다. 그래서 친구는 무사히 돈 많고 지혜로운 처녀와 결혼을 하게 되었습니다. 그런데 친구 안토니오는 배가 다 파선되는 바람에 돈을 기한 내에 갚을 수가 없었습니다. 이때 유대인 고리대금업자 샤일록은 일체 다른 것은 받지 않고 오직 안토니오의 가슴 살 한 파운드만 떼어 내겠다고 고집을 부립니다. 이 사실을 친구의 지혜로운 신부가 알고는 법학자로 변장을 해서 판결을 내립니다. 즉 '샤일록은 안토니의 가슴 살 한 파운드를 잘라가도록 하라. 그러나 피를 한 방울도 흘려서는 안 된다' 는 판결이었습니다. 왜냐하면 서류에 피를 흘려도 된다는 구절은 없었기 때문입니다. 결국 여기서 샤일록은 패소를 하고 안토니는 목숨을 건지게 됩니다. 그런데 안토니오가 친구를 대신해서 죽으려고 할 때 죽음 앞에서 조금도 비굴하지 않고 굉장히 당당하게 죽음을 맞이하고 있는 장면은 우리에게 매우 깊은 감동을 줍니다.

사람에게 가장 심각한 것은 죽음입니다. 결국 언젠가는 우리 모든 인간들은 다 죽어야 하는데도 불구하고 우리는 할 수 있는 한 죽는 순간을 연기시켜 놓으려고 합니다. 그 이유는 그만큼 죽음은 두려운 것이고 우리 인간으로서는 도저히 감당할 수 없는 너무나도 엄청난 것이기 때문입니다. 그래서 인간들은 할 수 있는 한 죽음을 연기시키고 또 연기시켜서 아주 늙어서 죽는 것을 복되다고 이야기를 합니다. 그 대신 때가 이르기 전에 죽는 것은 불쌍하다고 말을 합니다. 아직 이른 나이에 병으로 죽든지 사고로 죽으면 모두들 굉장히 안타깝게 생각합니다. 그러나 이보다 훨씬 더 비참한 것이 있습니다. 그것은 아마도 죄를 지어서 교도소에서 사형을 당해서 죽는 것일 것입니다. 그리고 더 비참한 것이 있다면 죄를 짓지 않았는데도 누명을 쓰고 억울하게 사형을 당하게 되는 것일 것입니다.

사람이나 동물이나 살아 있을 때 아름다운 것이지, 죽으면 아무것도 아닌 하나의 물건처럼 되어버립니다. 그리고 우리 인간은 죽은 후에 시체가 땅에 파묻히고 나면 결국 나중에 하나의 흙덩이가 되어서 사라지고 맙니다.

우리 인간들에게 가장 안타까운 것은 바로 이것입니다. 살아있을 때에는 너무나도 신기하고 대단한 존재인 것 같은데 죽으면 한 줌의 흙이 되어서 영원히 없어져야 한다는 것입니다.

그렇지만 여기에 예수님께서는 우리 인간들을 위해서 새롭게 살 수 있는 길을 열어주셨습니다. 그것은 우리가 모두 예수 그리스도 안에서 새롭게 사는 것입니다. 예수님은 십자가의 죽음을 통해 우리가 영원히 죽지 않고 살 수 있는 영생의 길을 열어 주셨습니다.

그래서 어떤 신학자는 말하기를 인류 역사는 예수님의 죽으심으로 모든 초점이 맞추어지게 되고 또 예수님의 죽으심에서 모든 새로운 역사가 시작이 된다고 했습니다. 즉 예수님의 죽으심은 인류 역사 전체가 마치고 시작되는 하나의 영원한 초점인 것입니다. 그만큼 예수님의 죽으심은 중요한 사건인 것입니다. 우리는 우리의 시작을 찾으려고 하면 다른 곳으로 가서는 안 되고 예수님의 십자가를 찾아가야 합니다. 왜냐하면 거기에서부터 우리의 새로운 생명이 시작되었기 때문입니다. 그러기에 예수님의 십자가 죽음은 하나의 사건일 뿐 아니라 영원한 현재라는 것을 알아야 합니다. 그 이유는 예수님의 십자가에서부터 우리의 새로운 생명은 영원히 시작이 되기 때문입니다.

그래서 사도 바울은 갈라디아 교인들에게 이렇게 편지를 썼습니다.

> 갈라디아서 3장 1절
>
> 어리석도다 갈라디아 사람들아! 예수 그리스도께서 십자가에 못 박히신 것이 너희 눈앞에 밝히 보이거늘 누가 너희를 꾀더냐?

아마 갈라디아 교인들 중에서 예수님이 십자가에 못 박히신 것을 직접 본 사람들은 아무도 없을 것입니다. 그러나 사도 바울은 갈라디아 교인들에게 '예수 그리스도께서 십자가에 못 박히신 것이 너희 눈앞에 밝히 보인다' 고 말씀하고 있습니다. 그 이유가 무엇일까요? 예수님의 십자가 죽음은 분명한 과거의 사건이지만 또한 우리에게는 영원한 현재인 것입니다. 예수님이 십자가에 못 박혀 죽으셨기 때문에 우리가 영원히 살 수 있는 것입니다. 오늘 우리는 그 이유를 찾아야 되겠습니다. 왜 예수가 2천년 전에 죽었는데 우리는 영원히 살 수 있느냐 하는 것입니다.

예수님의 대속의 죽음

우리는 어떤 사람이 다른 사람을 대신하여 죽는 것을 대속의 죽음이라고 말을 합니다. 우리는 최근에 이런 식으로 다른 사람을 대신해서 죽는 경우를 거의 볼 수가 없습니다. 오늘 우리 주위에서 죽는 사람들은 다 자기 병이나 자기 실수나 사고 때문에 죽는 것입니다. 예를 들어 어떤 사람이 사형 선고를 받았는데 형이나 친구가 대신 죽겠다고 해서 대신 죽어주는 일은 없습니다. 그러나 옛날에는 이런 것이 가능했습니다. 누가 죽어야 하는데 친구나 형이나 동생이 대신 죽어주는 것이 가능했습니다. 왜냐하면 사람의 목숨을 돈으로 계산을 했기 때문입니다.

예수님의 죽음은 놀랍게도 대속의 죽음이었습니다.

우선 성경은 예수님이 어느 장소에서 어떤 식으로 처형당했는지 자세하게 설명을 해주고 있습니다.

요한복음 19장 17-18절

저희가 예수를 맡으매 예수께서 자기의 십자가를 지시고 해골(히브리말로 골고

다)이라 하는 곳에 나오시니 저희가 거기서 예수를 십자가에 못 박을새 다른 두 사람도 그와 함께 좌우편에 못 박으니 예수는 가운데 있더라

예수님이 십자가에 못 박히신 곳은 해골 즉 골고다라는 곳이었습니다. 아마도 이곳을 골고다라고 부르는 이유는 지형이 머리 부근이 벗겨졌는데다가 사형을 집행하면 여기서 했기 때문에 해골같이 생겼다고 해서 골고다라고 이름을 붙인 것 같습니다. 예수님은 자기 십자가를 지고 거기까지 나오셔서 십자가에 못박히셨는데 다른 사형수 두 사람과 같이 못박히셨습니다.

십자가에 못을 박는 방법은 손바닥에 대못을 박는 방법도 있고 팔목에 대못을 박는 방법도 있다고 하는데 아마도 손바닥에 못을 박았을 것입니다.

발도 두 개를 겹쳐 놓고 큰 못으로 박고 십자가를 세워놓으면 몸무게는 무거운데 손에도 못이고 두 발도 못이기 때문에 힘을 줄 수가 없게 됩니다. 그뿐만 아니라 못 박힌 사람이 금방 죽는 것이 아니기 때문에 죽을 때까지 인간으로서는 도저히 상상할 수 없는 엄청난 고통을 받으면서 서서히 죽어가는 것입니다. 이때 죄수들이 가장 원하는 것이 있다면 고통을 빨리 줄여주는 것입니다. 빨리 죽여주는 것이 죄수에게는 가장 감사한 것입니다.

여기서 우리는 예수님의 죽음이 공개 처형의 방식으로 죽은 것을 알게 됩니다. 대개는 나라에서 죄수를 사형에 처하더라도 죄수의 인격을 고려하고 또 고통을 생각해서 이런 식으로 십자가의 처형은 잘 하지 않습니다. 그러나 로마에서는 극형을 처할 때는 바로 이 십자가 처형 방식을 사용했습니다.

대개 공개 처형의 방식으로 처형하는 것은 극단적인 파렴치범이나 혹은 도저히 나라에서 용납할 수 없는 반역죄를 지은 자들입니다. 그래서 로마에서는 반역죄를 지은 자들만 십자가에 처형도록 했습니다. 더욱이 로마인은 십자가에 처형하지 못하도록 법으로 정해 놓았습니다.

그러나 이 후에 예수님의 죄패를 쓰는 것을 보면 예수님의 죽음이 단순한 반역죄가 아니었던 것을 알게 됩니다.

요한복음 19장 21-22절

빌라도가 패를 써서 십자가 위에 붙이니 나사렛 예수 유대인의 왕이라 기록되었더라. 유대인의 대제사장들이 빌라도에게 이르되 유대인의 왕이라 말고 자칭 유대인의 왕이라 쓰라 하니 빌라도가 대답하되 나의 쓸 것을 썼다 하니라

로마 총독 빌라도는 예수님의 죄패를 '나사렛 예수 유대인의 왕' 이라고 썼습니다. 즉 이 사람은 로마에 대하여 반역죄를 저질렀기 때문에 처형을 한다는 뜻이었습니다. 그러나 이 죄패를 보고 대제사장은 대단히 기분 나빠하면서 '자칭 유대인의 왕' 이라고 죄패를 고쳐 달라고 했습니다. 왜냐하면 나사렛 예수 유대인의 왕이라는 말은 유대인들이 다 로마에 대한 반역자인데 그 왕을 처형한다는 뜻이 되기 때문입니다. 거기에 비해서 '자칭 유대인의 왕' 이라는 말은 유대인들은 로마에 대하여 전혀 반역할 생각이 없는데 예수 혼자서 반역을 했다는 뜻입니다. 이 말을 듣고 총독 빌라도는 '내가 쓸 것을 썼다' 고 하면서 죄패를 고치지 않았습니다.

사실 대제사장은 예수님을 속죄양으로 삼은 것이 분명합니다. 대제사장 가야바는 유대에서 일어나고 있는 예수님의 인기에 시기심을 느

졌습니다. 그런데 날이 갈수록 로마에 대한 유대인들의 불만은 더 심해져가고 있었습니다. 이때 가야바가 생각한 것은 예수님을 죽임으로 해서 로마에 대한 유대인들의 충성심을 믿도록 하고 또 유대인들도 로마에 대하여 덜 적대적이 되는데 예수님을 쓰려고 생각했던 것입니다. 그래서 가야바는 아예 처음부터 예수님을 로마에 대한 희생양으로 쓸 생각을 가지고 있었습니다. 거기에 비해서 빌라도 총독은 예수님이 로마에 대한 반역자가 결코 아니라고 하는 것을 알면서도 유대인들의 마음을 무마시킬 목적으로 예수님을 억지로 반역자로 몰아서 예수님을 처형하도록 한 것입니다. 그런 까닭에 원래부터 예수님에게는 죄가 없으셨습니다. 단지 유대인들은 예수님을 죽여서 로마에 잘 보이려고 하는 것이 목적이었고 로마 총독은 총독 나름대로 예수님을 죽여서 유대인들의 비위를 맞추어 주려고 하는 것이 목적이었던 것입니다. 이 모든 것이 가능했던 것은 예수님께서 전혀 힘이 없는 갈릴리의 나사렛 출신이라는 것이었습니다.

아마 예수님께서 예루살렘 출신이라든지 유대의 명문 가정 출신이었더라면 이런 식으로 처형하는 것은 불가능했습니다. 그러니까 대제사장이나 총독이나 모두 다 예수님이 죄가 없는 줄은 알지만 서로에게 잘 보이려는 정치적인 목적으로 예수님을 희생양으로 삼았던 것입니다. 그 결과 예수님의 죄 패가 애매할 수밖에 없었고 또 서로 책임을 전가시키기에 바빴던 것입니다.

그래서 '자칭 유대인의 왕이라고 해라' 는 것과 '아니다. 나는 내 할 말을 다 했다' 는 주장이 팽팽하게 맞섰던 것입니다.

그러나 아무리 인간들이 예수님을 희생양으로 삼으려고 한다고 해서 희생양이 될 수 있는 것이 아닙니다. 이것은 근본적으로 하나님이 허락하셨기 때문에 가능한 것입니다.

그런 까닭에 예수님은 "모세가 광야에서 뱀을 든 것 같이 인자도 들려야 하리니 이는 저를 믿는 자마다 영생을 얻게 하려 하심이니라"(요 3:14-15)고 말씀하셨습니다. 즉 예수님의 십자가의 죽음은 우리를 죄에서 구원하기 위해 이미 예비된 죽음이라는 것입니다.

사람들은 모두 자기의 정치적인 이익을 위해서 예수님을 희생양으로 삼는다고 생각을 했습니다. 대개 학교나 집안에서 명절 때 도마 위에 올라서 가족이나 친척들의 속죄양이 되는 자들은 대개 힘이 없고 순해서 공격을 당해도 반격을 잘하지 않는 자들입니다. 괜히 멋도 모르고 성질 나쁜 사람을 건드렸다가는 본전도 찾지 못하기 때문에 대개 그런 사람들은 잘 건드리지 않습니다. 대제사장이나 로마 총독이 예수님을 보니까 예수님이 별로 이름도 없는 집안 출신이고 더욱이 아무 힘도 없는 갈릴리 사람이니까 얼마든지 건드려도 뒤탈이 없을 것이라고 생각했던 것입니다.

그러나 사실 예수님은 어느 누구도 건드릴 수 없는 가장 막강한 능력을 가진 하나님의 아들이었습니다. 그런데 앞서 언급했듯이 이 십자가 처형이 가능했던 것은 원래 하나님께서 예수님을 속죄양으로 정해 놓으셨기 때문입니다. 즉 예수 한 사람이 죽음으로 우리 모든 죄인들을 하나님이 다 용서하시기로 작정을 하셨던 것입니다.

하나님께서는 우리 인간들이 하나님의 사랑을 그렇게 많이 받고도 하나님을 배신하고 죄의 종이 된 것에 대하여 용서하실 수가 없으셨습니다. 하나님께서 아무리 우리를 용서하고 싶으셔도 하나님의 의로우심 때문에 우리를 용서하실 수가 없으셨습니다. 하나님은 다른 어떤 비난보다도 하나님 자신의 의가 이것을 용납하지 못했습니다. 그래서 하나님께서 아들과 약속하신 것이 있습니다. 그것은 아들이 아버지의 말씀대로 인간의 죄를 대신하여 죽으시면 하나님께서 그 피값을 보시고 모든 믿는 자들을 다 용서하시기로 하신 것입니다. 그래서 겉으로 보기에는 대제사장과 로마 총독의 이해관계가 맞아 떨어져서 억울하게 예수님이 처형당하신 것 같지만 실제로는 그것은 어디까지나 겉으로 나타난 것에 불과하고 진짜로는 우리 죄를 대신 갚는 사랑의 죽음이었던 것입니다.

그러기에 예수님이 대신해서 죽으셨던 유대인들은 우리가 생각하는 그 유대인이 아닙니다. 예수님을 향하여 '십자가에 못 박으소서, 십자가에 못 박으소서' 라고 소리쳤던 유대인들이 아닙니다. 예수님이 대신해서 죽으셨던 유대인들은 모두 예수님을 하나님의 아들로 믿는 사람들이었던 것입니다. 예수님은 우리의 왕으로서 대제사장에게 고소를 당하셨고 예수님은 우리의 왕으로서 십자가 사형 판결을 받으셨고 예수님은 우리 왕으로서 십자가에 못 박혀 죽으셨던 것입니다.

무엇보다 우리는 예수님의 죄패를 보면서 '유대인의 왕 예수' 가 다른 유대인이 아니라는 것을 알아야 합니다. 바로 십자가에 달리신 예수님은 나의 죄를 대신해서 죽으신 우리의 창조자이시요 만왕의 왕으로서 영원히 경배와 찬양을 받으실 분이라는 사실을 알아야 합니다. 옛날에는 왕이 전쟁에서 지면 그 나라 백성들은 다 지는 것이고 그 나라 왕이 죽으면 다 죽는 것이었습니다. 우리는 예수님과 함께 법적으로 다 십자가에 못 박힌 것입니다. 예수님이 십자가 위에서 조롱당하신 것은 우리가 당할 조롱이었고 예수님이 십자가 위에서 고통 받으신 것은 우리가 받아야 할 고통이었던 것입니다.

그래서 과거 교회사를 읽어보면 이 세상에서 가장 마음이 강퍅했던 사람들도 예수님의 십자가를 깊이 묵상하는 가운데 그 마음이 다 녹아져서 십자가 그림 앞에서 울면서 회개했던 일들을 많이 보게 됩니다.

이 세상에 과연 누가 우리를 대신해서 죽어줄 수 있겠습니까? 이 세상에 과연 누가 나를 대신해서 손과 발에 못이 찔리며 옆구리에 창을 찔리면서 나를 사랑해준 사람이 있겠습니까? 그것은 사람은 아무도 해 줄 수가 없는 것입니다. 오직 죄 없으신 하나님의 아들 예수님만이 나를 대신해서 그렇게 죽어 줄 수 있는 것입니다.

그 이유가 어디에 있습니까? 누구든지 예수 믿는 자는 다 영생을 얻도록 하기 위해서입니다. 즉 누구든지 예수님이 십자가에 달린 것을 바라보고 믿는 자마다 사망의 사형 선고를 이기고 다시 새로운 삶을 살도록 하기 위해서입니다.

그래서 우리는 예수님의 십자가를 바라볼 때에 지옥이 있는 것을 믿게 됩니다. 지옥이 없다면 예수님은 그렇게 죽으셨어야 할 이유가 없습니다. 예수님은 십자가 위에서 지옥의 모든 고통을 다 당하셨습니다.

영어로 된 사도신경에는 '십자가에 위에 죽으시고 지옥에 내려가셨다' 는 표현이 있습니다. 그러나 이것은 예수님이 십자가 위에서 죽으시고 그 벌로 지옥에 가셨다는 뜻이 아닙니다. 예수님의 지옥은 십자가 위였습니다. 거기서 우리의 모든 수치와 저주와 능욕을 다 당하셨습니다. 그러기에 우리는 십자가를 볼 때 영생이 있는 것을 믿어야 합니다. 만약 영생이 없다면 예수님은 절대로 십자가 위에서 죽으시지 아니하셨을 것입니다.

예수님이 십자가 위에서 죽으심으로 우리의 모든 죄와 수치는 하나님 앞에서 다 지워지게 되었습니다. 우리의 모든 죄의 저주는 씻겨지게 되었습니다. 이제 우리는 하나님 앞에서 모두 죄가 하나도 없는 깨끗한 새 사람들이 되었습니다. 우리가 십자가에 못 박히신 예수님의 이름을 부르기만 하면 모든 죄의 독은 다 없어집니다. 이 세상 살아오면서 우리 마음속에 그리고 우리의 영혼 속에 있는 모든 죄의 독은 다 없어집니다. 그런 까닭에 우리 속에 있는 모든 우울증과 정신병과 귀신들림과 마음의 상처와 열등감과 피해의식이 다 치료되어야 합니다.

저는 청년시절 많은 죄의 짐을 지고 고통 가운데 살아가고 있었습니다. 그 전에는 세상에서 출세하리라는 욕망에 가득 차 있었는데 어느 날 제 마음 속에 있는 이 죄의 하수구를 발견하고는 단 하루도 마음이 편치가 않았습니다. 그렇게 고민하고 있는데 어느 날 예수님께서 저에게 말씀하셨습니다.

'너는 네 속에 있는 죄 때문에 고민하고 방황하고 있다. 내가 바로 그것 때문에 이렇게 손에 못이 박히게 되었고 내가 바로 너의 그 죄 때문에 발에 못이 박히게 되었다' 라고 말씀하셨습니다. 저는 그 말씀을 이해하려고 생각하지 않았습니다. 이제는 더 이상 무엇을 이해한다는 것이 저에게는 아무런 의미가 없었습니다. 왜냐하면 저는 미치기 직전이었기 때문입니다. 죄가 제 인생을 폭발시키기 직전이었습니다. 아마 그때 주님이 저에게 말씀하시지 아니하셨더라면 저의 인생은 얼마 후에 아마 대형 사고로 비참하게 멸망했을 것입니다. 저는 그 순간 그 자리에서 무릎을 꿇고 죄 용서함을 받았습니다. 이것은 한 순간에 임하는 은혜요 축복이었습니다. 그리고 그 많은 죄의 짐을 다 벗어버리고 하나님을 내 아버지로 모시게 되었습니다.

아직 예수님의 십자가는 우리 앞에 살아 있습니다. 사실 모든 사람들 앞에 예수님의 십자가는 살아 있습니다. 사도 바울은 갈라디아 교인들에게 '어리석도다 갈라디아 사람들아 예수께서 십자가에 못 박히신 것이 너희 눈앞에 밝히 보이거늘 누가 너희를 꾀더냐?' 라고 말씀하고 있습니다.

예수님은 대속의 죽음을 죽으셨습니다. 누구든지 이 사실을 믿는 자는 죄 용서함을 받습니다. 그러나 이 사실 믿지 않는 자에게는 여전히 예수님은 그와 상관이 없습니다. 단지 하나의 과거의 역사적 사실일 뿐인 것입니다. 그러나 믿음으로 예수님의 십자가를 바라보는 자에게는 놀라운 거래가 이루어지게 됩니다. 즉 그의 모든 죄들, 아담으로부터 지었던 원죄와 자신이 지었던 모든 죄들과 예수님의 깨끗한 의가 교환이 이루어지게 됩니다. 이제 우리 죄는 예수님에게로 넘어가고 예수님의 의는 우리에게로 넘어오게 됩니다. 그래서 우리는 깨끗해지고 예수님은 죄 짐을 가득 지고 십자가 위에서 죽으심으로 그 죄를 다 치워버리시는 것입니다.

성경을 성취한 죽음

우리가 자칫 잘못 생각하면 예수님이 너무 훌륭한 분이시니까 우리 스스로 예수님의 죽음을 그런 식으로 성스럽게 한다고 생각할 수 있을 것입니다.

그러나 예수님의 죽음은 철저하게 구약 성경 말씀을 성취시킨 죽음이었습니다. 이것은 무엇을 말해줍니까? 예수님의 죽음은 우연한 사건이 아니고 성경의 약속이고 하나님의 뜻이라는 것입니다. 그러면 성경의 약속이 무엇이고 하나님의 뜻이 무엇입니까?

성경의 약속은 우리가 죄에서 구원받는 것입니다. 그리고 우리를 향한 하나님의 뜻은 우리가 모두 변하여 하나님의 아들이 되는 것입니다. 우리가 성령 받고 능력 받아서 이 세상에서도 당당하게 하나님의 아들답게 사는 것입니다.

예수님이 십자가에 못 박히셨을 때 예수님을 십자가에 못 박은 군병들이 있었습니다. 대개 사람을 처형하는 군인들은 무자비하고 인정이 없습니다. 그들은 예수님을 십자가에 못 박고 예수님으로부터 챙길 것이 있는가 생각해 보았습니다. 그런데 불행하게도 예수님은 가난하셔서 아무 것도 챙길 것이 없었습니다. 만약 예수님께서 비싼 금목걸이나 혹은 비싼 반지 같은 것을 차고 있었더라면 그것은 군병들의 것이 되었을 것입니다. 예를 들어 예수님의 다른 소지품들, 지갑이라든지 비싼 옷 같은 것도 모두 사형집행인들의 부수입이 되었을 것입니다. 그러나 예수님은 소지품 하나 없으셨습니다. 반지나 목걸이도 없으셨습니다. 예수님이 가지신 유일한 재산은 입고 계신 겉옷과 속옷 단 한 벌 밖에 없으셨습니다. 수고한다고 뇌물을 주는 사람도 아무도 없었습니다.

그래서 군인들은 예수님의 옷을 챙기기로 했습니다. 그런데 사람이 네 사람이니까 옷을 사등분해서 하나씩 나누어가졌습니다. 예수님이 입던 옷을 사등분한 것이 얼마나 돈이 될지는 모르겠습니다. 그러나 군병들은 그래도 아무 것도 없는 것보다는 낫다고 생각한 것 같습니다. 그리고 중요한 것이 속옷이었습니다. 속옷은 통으로 짠 것이었기 때문에 칼로 나눌 수가 없었습니다. 그래서 제비를 뽑아서 걸린 사람이 속옷을 통째로 가졌습니다.

그런데 놀랍게도 이것은 구약 성경이 이루어지는 과정이었습니다.

요한복음 19장 23-24절

군병들이 예수를 십자가에 못 박고 그의 옷을 취하여 네 깃에 나눠 각각 한 깃씩 얻고 속옷도 취하니 이 속옷은 호지 아니하고 위에서부터 통으로 짠 것이라. 군병들이 서로 말하되 이것을 찢지 말고 누가 얻나 제비 뽑자 하니 이는 성경에 저희가 내 옷을 나누고 내 옷을 제비 뽑나이다 한 것을 응하게 하려 함이러라. 군병들은 이런 일을 하고

시편 22장 18절

내 겉옷을 나누며 속옷을 제비 뽑나이다

사람들은 시편의 이 말씀이 무슨 뜻인지 몰랐습니다. 누가 감히 다윗을 이렇게 철저하게 껍질을 벗기듯이 망하게 하는가 생각을 했을 것입니다. 그러나 이것은 인간들이 하나님의 아들 예수님을 십자가에 처형하기 위하여 옷을 벗기는 것이었습니다. 예수님의 겉옷도 벗기고 속옷도 벗겼습니다. 그들은 예수님을 완전히 알몸으로 만들었는데 그 알몸은 채찍으로 죽도록 맞아서 찢겨지고 터진 상처투성이였습니다. 그 옷까지 로마 군병들은 가져갔습니다. 그러나 그 모든 것은 성경 말씀 그대로였습니다. 이것은 인간들이 아무리 악하게 미쳐 날뛰고 예수님을 죽도록 채찍질하고 죽여도 성경에서 단 한 자도 벗어나지 못하는 것을 보여주는 것입니다. 모든 것이 완전히 하나님의 뜻대로 이루어졌습니다. 인간들은 가장 악하고 가장 이기적이고 무자비하지만 하나님의 말씀은 일점일획도 틀림이 없이 이루어지고 있습니다.

결국 하나님의 말씀이 위대한 것입니다. 그리고 하나님의 뜻이 위대한 것입니다. 우리 인간이 아무리 하나님을 거부하고 아무리 못된 짓을 해도 하나님의 사랑은 막을 수가 없습니다.

여기 중간에는 구약 성경과 상관이 없는 예수님의 말씀이 나옵니다. 그것은 예수님께서 자신의 어머니를 제자 요한에게 맡기신 것입니다.

요한복음 19장 26-27절

예수께서 그 모친과 사랑하시는 제자가 곁에 섰는 것을 보시고 그 모친께 말씀하시되 여자여 보소서 아들이니이다 하시고 또 그 제자에게 이르시되 보라 네 어머니라 하신대 그 때부터 그 제자가 자기 집에 모시니라

마리아는 예수님을 처녀 때 배었고 또 낳았습니다. 마리아가 어린 예수를 품에 안고 성전에 올라갔을 때 늙은 선지자 시므온은 마리아에게 '칼이 네 마음을 찌르듯 하리라' (눅2:35)고 예언을 했습니다. 마리아는 자기가 낳은 하나님의 아들이 가장 비참하게 죽는 모습을 눈앞에서 보게 되었습니다. 정말 시므온이 예언했던 대로 칼이 마리아의 가슴을 찌르는 것 같았습니다.

이때 아들은 어머니를 외면하지 않았습니다. 그리고 그 어머니 앞에서 창피해하지 않았습니다. 예수님은 어머니에게 '실망시켜드려서 미안합니다' 라고 말하지 않았습니다. 우리가 하나님의 뜻대로 걸어갈 때 가장 죄송한 분이 아버지이고 어머니입니다. 왜냐하면 어떻게 해서든지 아버지나 어머니의 기대를 무너뜨리고 싶지 않았는데 어떻게 이렇게 되었기 때문입니다.

그러나 우리 예수 믿는 사람들에게는 '미안합니다' 가 없습니다. 우리가 하나님의 뜻대로 연단 받고 우리가 하나님의 뜻대로 걸어가기 때문에 부모님을 실망시키고 가족들을 실망시킬 때 이것은 결코 미안한 것이 아닙니다.

예수님은 다른 아무 말도 하시지 않으셨습니다. 예수님은 마리아를 행해 다시 '여자' 라고 부르셨습니다. 이것은 예수님이 마리아를 인간적으로 생각하지 않겠다는 것입니다. 마리아는 한 신자입니다. 그러나 예수님이 죽으시고 떠나면서 마리아는 너무 절망할지도 모릅니다. 그래서 새 아들을 정해주셨습니다. 사랑하는 제자 요한에게 '네 어머니라' 라고 했습니다. 그래서 그 날부터 요한은 마리아를 집에 데리고 가서 어머니로 모셨습니다. 예수님은 동생들이 있었습니다. 그러나 왜 동생들에게 어머니를 맡기지 아니하셨을까요? 이때까지 동생들은 예수를 하나님의 아들로 믿지 않았기 때문입니다. 그래서 신앙이 달랐던 것입니다.

아마 마리아가 예수님의 동생들과 삼일을 지내야만 했다면 이 삼일 동안 온갖 말이 다 나왔을 것입니다. 예수님의 동생들은 예수님의 이해되지 않는 행동들을 욕한다고 삼일을 다 보내었을 것이고 그동안 마리아는 영적으로 엄청나게 침체되었을 것입니다. 그러나 제자 요한은 달랐습니다. 절망을 하더라도 절망하는 방법이 달랐습니다.

우리가 멋도 모르고 인간적인 친구나 가족들에게 위로를 받으려고 하다가 영적인 독약만 몇 사발 마실 때가 많이 있습니다. 이럴 때는 반드시 영적인 형제자매를 만나야 영적으로 버틸 수가 있습니다.

예수님은 십자가 위에서 '목이 마르다' 고 말씀하셨습니다. 유대의 낮은 우리나라의 여름처럼 덥습니다. 예수님이 옷을 다 벗긴 채로 하루 종일 물도 제대로 마시지 못하고 심문받으시고 채찍에 맞으시고 이제 십자가에 달려서 태양을 그대로 맞아야 하니까 엄청나게 목이 마르셨을 것입니다. 그때 예수님은 십자가 위에서 목이 타들어가고 있었습니다.

아마 제자들 중에는 예수님께서 그렇게 목말라 하실 때 물도 제대로 드리지 못했던 자신들이 그렇게 비겁하게 생각될 수가 없었을 것입니다. 조금만 더 용기 있었더라면 '예수님 목이 마르시지요? 조금만 기다리세요. 제가 물을 한 사발 갖다 드리겠습니다' 라고 했을 텐데 군인들이 겁이 나서 접근도 못하고 구경꾼같이 쳐다만 보고 있었던 것입니다.

그러나 예수님이 이 말씀을 하신 것도 성경을 이루기 위해서였습니다.

요한복음 19장 28-29절

이 후에 예수께서 모든 일이 이미 이룬줄 아시고 성경으로 응하게 하려하사 가라사대 내가 목마르다 하시니 거기 신 포도주가 가득히 담긴 그릇이 있는지라. 사람들이 신 포도주를 머금은 해융을 우슬초에 매어 예수의 입에 대니

시69:21을 보면 '저희가 쓸개를 나의 식물로 주며 갈할 때에 초로 마시웠사오니' 라고 되어 있습니다. 예수님은 이제 자신의 모든 일이 다 이루어지는 것을 아시고 마지막 말씀들을 이루기를 원하셨습니다. 시편의 마지막 말씀들을 보니까 아직 예수님이 쓸개를 마시고 초를 마시는 것이 이루어지지 않고 있었습니다. 그래서 예수님께서 '내가 목이 마르다' 고 하니까 사람들이 얼른 달려와서 예수님에게 쓸개도 마시게 하고 초도 마시게 했습니다.

이것이 예수님이 이루실 마지막 작은 예언들이었습니다.

바둑을 잘 두시는 분들에게는 '끝내기' 라는 것을 알 것입니다. 바둑에서 '끝내기' 라는 것은 바둑이 다 끝나갈 때 작은 구석구석을 찾아서

집을 메워나가는 것입니다. 결국 바둑을 잘 두는 프로들은 이 끝내기에서 바둑을 이길 때가 많습니다. 바둑 끝내기를 한다는 것은 바둑의 구석구석을 훤하게 다 알고 있다는 뜻입니다. 예수님께서는 십자가 위에서 성경 말씀과 되어질 것들을 모두 정확하게 다 파악하고 계셨습니다. 그래서 마지막 끝내기에 해당되는 말씀 '쓸개를 먹이고 초를 먹인다' 는 말씀을 이루게 하신 것입니다.

그러나 이것이 결코 쉬운 것이 아닙니다. 왜냐하면 사람들이 극한 상황에 처하게 되었을 때 몰라서 이상한 짓을 하는 것이 아니기 때문입니다. 사람의 몸이라고 하는 것은 생각대로 움직여지지 않습니다. 사람들은 자기 몸이 아프면 사랑하는 사람에게도 원망을 퍼붓고 주위에 있는 사람들에게도 욕을 하게 됩니다. 우리가 죄를 짓고 실패하는 것은 성경을 몰라서가 아닙니다. 아무리 성경을 안다 하더라도 입이 말을 듣지 않고 성질이 말을 듣지 않기 때문입니다. 그러나 예수님은 100 퍼센트 자신을 하나님의 말씀에 쳐 복종시키셔서 일체 다른 소리를 하시지 않으셨습니다.

오직 예수님은 하나님을 믿었습니다. 그래서 일체 다른 소리하시지 아니하시고 오직 성경만 붙들었습니다. 그리고 무엇보다 예수님은 우리를 사랑하셨습니다. 우리를 사랑하셨기 때문에 끝까지 참으실 수 있었던 것입니다.

그리고 예수님은 마지막 말씀을 하시고 숨을 거두고 죽으셨습니다.

요한복음 19장 30절

예수께서 신 포도주를 받으신 후 가라사대 다 이루었다 하시고 머리를 숙이시고 영혼이 돌아가시니라 이것이 하나님 아들의 최후의 운명하신 장면입니다. 예수님의 마지막 말씀은 '다 이루었다' 였습니다. 우리는 아마 죽으려고 할 때 아쉬운 것이 참 많을 것입니다. 그래서 어떤 사람은 '죽으려고 하니까 참 아쉽습니다' 라고 말할 것입니다. 또 가족이나 주위 사람들에게 미안한 마음도 많을 것입니다. 그래서 '정말 미안합니다' 라고 말을 하고 죽는 사람도 있을 것입니다. 그래도 미안하다고 말이라도 하고 죽는 사람은 양심적인 사람입니다. 또 어떤 사람은 정말 애는 애대로 다 먹여 놓고 미안하다는 말도 없이 원망과 불평만 늘어놓고 죽는 사람도 많이 있을 것입니다.

그러나 예수님의 마지막 말씀은 '다 이루었다' 는 말씀이었습니다. 얼마나 위대하고 안심이 되는 말씀인지 모릅니다. 예수님은 마음속에 우리의 구원을 위해서 예수님이 하셔야 할 것은 다 하셨다고 생각하셨던 것 같습니다. 그리고 예수님은 그것을 다 이루시고 돌아가셨습니다. 예수님은 이 일, 저 일 한다고 분주하게 일만 벌려 놓으셨다가 돌아가신 것이 아닙니다. 예수님은 우리가 살기 위해서 하셔야 할 것을 정확하게 아셨고 그것을 다 하시고 돌아가셨습니다.

이제는 하나님이 하실 일만 남은 것입니다.

바위 무덤에 장사 지냄

이제 드디어 예수님은 운명하셨습니다. 예수님은 고통도 끝났고 이제 더 이상 이 세상에서 하실 일은 아무 것도 없었습니다. 그러나 예수님이 돌아가신 후에도 성경은 그대로 성취되고 있었습니다.

그 중에 하나가 굉장히 중요한 것이었습니다.

그것은 예수님이 죽으신 날이 유월절 예비일 이었는데 유대인들은 유월절이 되기 전에 시체를 장사 지내야 유월절을 온전하게 지킬 수가 있었습니다.

그런데 예수님이 너무 생각보다 빨리 운명을 하신 것이었습니다. 대개 사람들을 십자가에 달아놓으면 삼일도 가고 사일도 가고 질긴 사람은 일주일이 지나도 죽지 않고 숨이 붙어 있는 경우도 있다고 합니다. 그런데 예수님은 십자가에 달리신지 여섯 시간 정도 만에 운명을 하셨습니다.

요한복음 19장 31절

이 날은 예비일이라 유대인들은 그 안식일이 큰 날이므로 그 안식일에 시체들을 십자가에 두지 아니하려 하여 빌라도에게 그들의 다리를 꺾어 시체를 치워 달라 하니

십자가에 못 박힌 죄수의 다리를 부러트려서 일찍 죽여주는 것을 로마인들을 쿠루리프라기움(Crurifragium)이라고 하는데 죄수들에게는 엄청나게 봐주는 것이었습니다. 군병들이 우선 예수님과 함께 십자가에 못 박힌 강도들을 보니까 아직 죽지 않고 있었습니다. 그래서 다리를 부러트려서 죽였습니다. 그러나 예수님께 와보니까 예수님은 이미 돌아가셨습니다. 그래서 한 군인이 창으로 예수님의 옆구리를 찌르니까 물과 피가 함께 쏟아졌습니다.

유대인들은 오랫동안 유월절을 지나면서 양의 뼈를 꺾지 않았습니다. 하나님께서 유월절 양의 뼈를 꺾지 못하게 하셨기 때문입니다. 그

런데 그 이유를 알지 못했습니다. 그러나 최종적으로 예수님의 다리 뼈가 꺾이지 않는 것을 통해서 그 말씀이 성취가 되었습니다.

요한복음 19장 36-37절

이 일이 이룬 것은 그 뼈가 하나도 꺾이우지 아니하리라 한 성경을 응하게 하려 함이라. 또 다른 성경에 저희가 그 찌른 자를 보리라 하였느니라"

아주 사소한 말씀인 것 같지만 한 말씀도 땅에 떨어지지 아니하고 다 이루어짐으로 예수님의 죽으심이 완전한 하나님의 뜻인 것이 증명이 되었습니다. 그리고 그를 찌른 자도 보리라고 했는데 누군가가 예수님을 보고 찌른다는 뜻이었습니다.

어떤 분들은 예수님이 생각보다 빨리 운명하신 것이 그의 엄청난 정신적 감정적 고통 때문이었다고 말을 하기도 합니다. 또 어떤 분은 예수님이 너무나도 괴로워하신 나머지 이미 창으로 찌르기 전에 그 분의 심장이 파열되어 있었다라고 말하기도 합니다. 예수님이 십자가에서 숨을 거두시자 곧 바위에 묻는 장사가 거행되었습니다.

예수님의 제자 중에서 숨은 제자가 있었습니다. 그 사람은 아리마대 사람 요셉이었습니다. 이 사람은 예수님의 제자이지만 자신이 제자라는 것을 감히 드러내지 못하고 있었습니다. 그러나 막상 예수님이 십자가 위에서 죽으셨을 때 다른 제자들은 모두 정신을 차리지 못하고 도망을 쳤지만 이 숨은 제자가 나서서 예수님의 시체를 십자가에서 내리고 예수님의 시신을 향품과 함께 세마포로 싸서 아무도 장사하지 않은 자신의 돌무덤에 장사를 지냈습니다. 우리는 언제나 앞장서서 일을 잘 하는 제자가 중요한지 알지만 때로는 숨어있는 소극적인 제자들이 자기 역할을 할 때가 있습니다. 그래서 교회에서는 늘 앞장 서는 사람만 잘 한다고 생각해서는 안 됩니다. 때로는 침체되어서 다른 사람들과 잘 사귀지도 못하고 또 어떤 때에는 오히려 짐이 되기만 하고 걱정거리만 되는 분들이 막상 어려움이 터졌을 때에는 용감하게 나서서 자기 몫을 잘 해내는 분들이 많이 있습니다. 그래서 자기 자신처럼 적극적이지 않다고 해서 무시하거나 섣부른 판단을 해서는 안 됩니다.

예수님은 부자의 무덤에 장사되리라고 한 예언대로 아리마대 요셉의 새 무덤에 장사되었습니다. 새 무덤이 중요한 이유는 유대인들의 무덤은 대개 가족 무덤이기 때문에 여러 사람의 시체를 안치합니다. 그래서 사실 예수님의 부활에 대하여 혼동이 있을 수 있습니다. 그러나 새 무덤이기 때문에 시체는 예수님의 시체 하나 밖에 없었습니다. 그래서 혼동될 수가 없었던 것입니다.

이제 예수님은 죽으시고 바위 무덤에 묻히셨습니다. 이제 남은 것은 오직 하나님의 능력만 남았습니다.

예수님이 죽으신 후에 어디에 계셨을까 하는 것을 두고 사람들의 의견이 분분합니다. 어떤 분은 베드로가 옥에 있는 영들에게 전도했다고 했으니까 지옥에 가서 옥문을 열고 거기에 갇힌 영혼들을 해방시켰을 것이라고 합니다. 거기에 비하여 어떤 분은 예수님은 회개한 한 강도에게 '오늘 네가 나와 함께 낙원에 있으리라' 고 했기 때문에 천국에 가셨을 것이라고 합니다. 거기에 비하여 히브리서에서는 예수님이 자신의 피를 가지시고 하늘의 지성소에 올라가셔서 영단번에 피의 제사를 드리셨다고 말씀하고 있습니다.

예수님께서 장사되신 것은 자신의 피의 제사를 드리고 이제는 하나님의 때를 기다리는 시간이었습니다. 그리고 예수님은 삼일 만에 사망의 권세를 깨트리시고 부활하셔서 부활의 첫 열매가 되셨습니다. 이 십자가의 승리로 예수님은 마귀를 이기셨고 우리를 죄의 감옥에서 모두 건져주셨습니다.

Exposition of John

45 _ 요 20:1-18

사망 권세를 깨트리심

오늘 현대인들은 풍부한 물질문명과 최첨단의 의료 기술 및 가장 좋은 거주 환경에서 행복한 삶을 누리고 있습니다. 옛날에는 사람들이 심각한 병에 걸리면 죽어야 되는 줄 알았지만 요즘은 얼마나 의술이 발달했는가 하면 그런 환자들을 치료해서 다 살려내고 있습니다. 그럼에도 불구하고 아직 현대인들은 암이라든지 교통사고나 자살 같은 문제에서부터 자유롭지 못한 상태에 있습니다. 아무리 돈이 많고 잘 살아도 암에 걸리거나 교통사고를 당하게 되면 모든 것을 다 내려놓고 오직 생존 하나만을 위하여 몸부림쳐야 하는 것입니다.

얼마 전에 우리나라에서는 한 여성 피아니스트가 암 판정을 받고 무려 서른세 번의 항암치료를 받고 대수술을 한 후에도 피아노 독주회를 열었는데 라흐마니노프 피아노 소나타 2번과 3번을 양쪽 귀걸이가 떨어져 나가도록 열연을 해서 박수갈채를 받았습니다. 보통 사람들이 암 판정이 나면 모든 것을 포기하고 낙심할 수밖에 없는데 이 분은 그것을 이겨내고 다시 일어나 피아노를 쳤습니다. 그녀를 이렇게 일어설 수 있게 된 것은 음악에 대한 뜨거운 열정이 있었기 때문입니다.

원래 우리 그리스도인들은 뜨거운 열정의 사람들입니다. 우리에게는 부활의 열정이 있고 성령의 열정이 있습니다. 그럼에도 불구하고 오늘날 많은 그리스도인들은 마치 암환자들같이 풀이 죽은 상태에서 살아가고 있습니다. 이것은 우리에게 주어진 하나님의 위대한 능력을 잘 몰라서 그런 것입니다.

사람들은 모두 다 죽습니다. 우리들도 언젠가는 모두 다 죽어야 합니다. 이런 죽음을 앞두고 우리 인간들이 할 수 있는 것은 할 수 있는 한 죽음을 최대한도로 뒤로 미루어놓는 것입니다. 사람들은 죽음을 뒤로 미루고 미루다가 도저히 더 이상 미룰 수가 없을 정도로 늙어서 죽는 것을 복되다고 말을 합니다. 그러나 우리는 그렇게 늙기 전에도 갑작스런 병이나 사고로 가족이나 자신의 생명을 잃을 때가 많이 있습니다. 어느 경우이든지 사람은 모두 한번은 아주 고통스럽게 죽어야 합니다. 그런데 더 무서운 것은 우리 인간이 죽은 후에 어떻게 되는지 아무도 모르고 있다는 사실입니다.

그렇게 많은 사람들이 죽는데도 불구하고 아무도 사람이 죽고 난 후에 어떻게 되는지 말해 주는 사람이 없습니다. 그 이유는 아마도 죽었다가 다시 살아난 사람이 없기 때문입니다.

만약 누군가가 우리 인간들을 더 이상 죽지 않게 해 줄 수 있다면 어떻게 되겠습니까? 아마 우리 모든 인간들에게 이것 이상의 기쁜 소식은 없을 것입니다. 우리 모든 인간들에게 가장 두렵고 고통스러운 것이 있다면 그것은 죽는 것인데 죽지 않을 수만 있다면 이것 이상의 좋은 일은 없을 것입니다. 아마 이런 사람이 있다면 그 사람에게 노벨 의학상이나 평화상이나 문학상이나 모든 것을 다 주어야 할 것이고 이 사람에게 미국 대통령이나 한국 대통령이나 가장 높은 자리를 다주어도 아깝지 않을 것입니다. 왜냐하면 죽음의 문제는 인간 문제의 전부이기 때문입니다. 그렇지만 지금까지 이 세상 어떤 사람도 죽음의 문제를 해결하지 못했습니다.

그런데 십자가에 달려 죽은 예수님이 인간의 죽음 문제를 완전히 해결하셨습니다. 예수님께서는 사망의 권세를 깨트리시고 죽음에서 부활하셔서 부활의 첫 열매가 되셨습니다. 그 결과 우리 모두에게 영생의 길을 활짝 열어놓으셨습니다.

여기서 우리는 죽지 않는다는 것이 어떤 것인지 한번 생각을 해 볼 필요가 있습니다. 도대체 죽지 않는 것이 어떤 것일까요? 그리스 신화를 보면 인간과 신의 가장 큰 차이가 바로 이 유한과 불멸에 있습니다. 물론 여기서 말하는 신들은 인간의 상상의 산물에 불과하지만, 나이가 들지 않고 늙지 않고 죽지 않습니다. 그러나 이것은 어디까지 신화의 이야기입니다. 인간은 모두 어린 아이로 태어나서 시간이 지남에 따라서 자라게 됩니다. 나중에 청년이 되고 장년이 되고 나중에는 늙어서 결국 죽게 됩니다.

그런데 죽지 않는 것이 어떤 것일까요? 만약 우리가 백 살, 이백 살이 되어서도 여전히 어린 아이로 있다면 이것은 귀여운 것이 아니라 끔찍한 일일 것입니다. 사람은 나이가 들면 자라는 것이 정상적인 것입니다. 그러면 늙은 후에 죽지 않고 계속 늙어가기만 하면 어떻게 될까요? 이것도 결코 행복한 것만은 아닐 것입니다. 결국 인간은 자라고 늙고 결국 죽는 것이 자연스러운 것입니다. 그런데 인간에게 있어서 자라고 늙는 것은 괜찮은데 가장 끔찍한 것이 죽어야 하는 것입니다.

그리고 죽은 후에는 어떻게 되는지 아무도 모르고 있는 것입니다.

그러나 예수님께서 인간의 죽음의 문제를 깨끗이 해결하셨습니다. 즉 예수님께서 사망의 권세를 깨트리고 다시 살아나셔서 부활의 첫 열매가 되셨습니다. 여기서 우리는 예수님의 부활의 의미를 정확하게 알아야 합니다.

성경에서 부활이라고 하는 것은 한번 완전히 죽었다가 다시 살아나는 것입니다. 그런데 여기에 중요한 조건이 있습니다. 그것은 일단 부활이 되기 위해서는 완전히 한 번 죽어야 된다는 것입니다. 이것은 식물인간으로 있다가 다시 살아나거나 혹은 덜 죽었다가 깨어나는 것이 아닙니다. 부활이 되기 위해서는 한번은 완전히 죽어야 합니다. 그 상태에서 하나님의 능력으로 다시 살아나야 합니다. 그런데 다시 살아날 때에는 다시는 늙지도 않고 병들지도 않고 죽지도 않는 완전히 새로운 몸으로 살아나야 합니다. 그때는 몸의 재질 자체가 지금 우리의 이 몸이 아닙니다. 완전히 새로운 재질의 몸으로 다시 살아나야 합니다. 그리고 이 새로운 몸은 공간의 제한을 받지 않습니다. 그리고 이 새로운 몸에는 영광이 있습니다. 그리고 이 새로운 몸을 입은 사람은 영원히 죽지 않습니다. 예수님께서는 바로 이 몸으로 다시 살아나셨던 것입니다. 그래서 이 완전한 부활의 첫 열매는 오직 예수님 밖에 없습니다. 구약 시대에도 죽었다가 기도해서 다시 살아난 사람도 있고, 신약 성경에서도 나사로 같은 경우에는 죽은 지 나흘이 되어서 시체가 썩어가다가 예수님의 명령으로 다시 살아났지만 이 사람들은 나중에 다시 죽어야만 했습니다.

하지만 예수님은 부활의 첫 열매가 되셨습니다. 여기서 첫 열매라고 하는 것은 앞으로 이런 부활의 열매들이 수도 없이 많이 생기게 된다는 뜻입니다. 예수님은 바로 이 일을 해내셨습니다. 즉 우리 인간들의 노화를 방지해서 늙지 않게 하신 것이 아니라 혹은 죽음을 몇 십 년 내지는 몇 백 년 연장시켜놓으신 것이 아니라 우리를 완전히 새로운 생명으로 영원히 다시 살 수 있는 몸으로 부활할 수 있도록 길을 열어놓으신 것입니다.

그래서 우리는 죽지만 그냥 죽는 것이 아닙니다. 사도 바울은 씨를 땅에 심는 것이라고 했습니다. 씨를 땅에 심으면 씨가 죽는 것 같지만 거기서 싹이 나서 나중에 큰 나무가 되어서 꽃도 피고 열매도 맺는 것 같이 우리는 완전히 새로운 재질의 몸으로 다시 살게 되는 것입니다. 이때는 아픈 것도 없고 장애도 없고 못생긴 것도 없고 영원히 영원히 하나님과 함께 살게 되는 것입니다.

예수님의 빈 무덤

예수님이 죽은 상태에서 다시 살아나시는 장면을 본 사람은 아무도 없습니다. 단지 사람들이 본 것은 예수님의 무덤이 열려 있었고 무덤 속에 있던 예수님의 시신이 없어진 것이었습니다. 이것을 가장 먼저 발견한 사람은 예수님의 제자들이 아니었습니다. 여자인 막달라 마리아였습니다.

요한복음 20장 1-2절

안식 후 첫날 이른 아침 아직 어두울 때에 막달라 마리아가 무덤에 와서 돌이 무덤에서 옮겨간 것을 보고 시몬 베드로와 예수의 사랑하시던 그 다른 제자에게 달

려가서 말하되 사람이 주를 무덤에서 가져다가 어디 두었는지 우리가 알지 못하겠다 하니

예수님의 죽음은 갑작스러운 것이었습니다. 아마 예수님의 제자들이나 예수님을 따르던 자들은 예수님은 죄가 없으니까 아무리 재판을 해도 무죄로 풀려 날 줄 알았을 것입니다. 거기에다가 하나님의 아들이시니까 아무리 십자가에 달려도 마지막 순간에는 하나님께서 아들을 십자가에서 건져내실 줄 생각했을 것입니다. 그러나 예수님은 실제로 죽으시고 아리마데 요셉의 소유인 새로 판 무덤에 장사를 지내었습니다. 유대인들의 장례법은 우리나라와는 달리 죽으면 바로 장사를 하는 것이 특징이었습니다.

막달라 마리아와 다른 여자들은 예수님이 갑자기 돌아가시니까 예수님을 장사지낸 무덤만 확인하고 집으로 돌아갔습니다. 왜냐하면 장례 물품을 전혀 준비하지 못했기 때문에 해지기 전에 어서 준비하려고 했기 때문입니다. 그러나 그 다음 날은 안식일이니까 아무 것도 하지 못하고 있다가 안식일이 끝나는 새벽에 다시 예수님의 몸에 향품을 바르려고 생각을 했기 때문입니다.

그런데 막달라 마리아가 향품을 가지고 예수님의 무덤에 찾아왔을 때 이미 예수님의 무덤은 비어 있었고 예수님의 시신은 무덤 속에 없었습니다. 이것을 마리아는 누군가가 예수님의 시체를 다른 곳으로 옮겼다고 생각을 하고는 예수님의 제자들에게 이 사실을 알렸던 것입니다.

막달라 마리아가 확인한 것은 예수님의 무덤이 비어 있고 예수님의 시신이 없어진 것이었습니다. 이것을 마리아나 다른 제자들은 누군가

가 예수님의 시신을 다른 곳으로 옮겼다고 생각한 것입니다.

우리는 이것을 충분히 생각할 수 있습니다. 왜냐하면 이 당시에 돌을 판 무덤은 아주 비싼 것이었습니다. 그러니까 무덤 주인이 예수님이 죽었을 당시에는 어쩔 수 없어서 무덤을 빌려 주었지만 안식일이 지난 다음에 주인이 자기 무덤을 다시 찾으려고 예수님의 시체를 다른 곳으로 옮겼을 수가 있습니다.

예수님의 제자 중에서 베드로와 요한이 이 사실을 확인을 했습니다.

요한복음 20장 3-7절

베드로와 그 다른 제자가 나가서 무덤으로 갈새 둘이 같이 달음질하더니 그 다른 제자가 베드로보다 더 빨리 달아나서 먼저 무덤에 이르러 구푸려 세마포 놓인 것을 보았으나 들어가지는 아니하였더니 시몬 베드로도 따라 와서 무덤에 들어가 보니 세마포가 놓였고 또 머리를 쌌던 수건은 세마포와 함께 놓이지 않고 딴 곳에 개켜 있더라

여기서 '다른 제자'는 요한복음을 기록한 제자 요한을 말합니다. 베드로와 요한은 같이 무덤으로 달려왔습니다. 그런데 요한은 젊기 때문에 먼저 달려와서 무덤 안에는 들어가지 않고 밖에서 안을 보는데 베드로는 뒤에서 달려왔지만 무덤 안에 들어가서 살펴보았습니다. 아마도 요한은 '혹시 무덤에 착오가 있는 것은 아닐까? 우리가 제대로 예수님의 무덤을 찾아온 것일까? 막달라 마리아가 다른 무덤에 가서 예수님의 시신이 없어졌다고 호들갑을 떠는 것이 아닐까?' 하면서 밖에서 무덤을 관찰을 했던 것입니다. 그러나 베드로는 좀 성격이 급하기 때문에 무조건 무덤 안으로 뛰어 들어와서 정말 예수님의 시신이

있는지 없는지부터 확인을 하려고 했습니다. 그런데 두 가지 모두 다 사실이었습니다. 즉 틀림없는 예수님의 무덤이었고 예수님의 시신은 없어졌습니다.

여기서 두 제자가 본 특이한 것은 시신을 쌌던 수건이나 세마포는 그대로 있었다는 것입니다. 누군가가 시체를 훔쳐 간 것 같지는 않았던 것입니다. 만약 누군가가 예수님의 시체를 훔쳐 갔다면 시체를 싼 세마포를 벗기고 시체 알몸뚱이만 들고 갈 리가 없을 것입니다. 그리고 혹시 알몸뚱이만 가져갔다 하더라도 세마포를 잘 개켜놓고 가지는 않았을 것입니다. 아마 시체를 옮겼다면 세마포는 입힌 채로 가져갔을 것이고 만약 시체를 도둑질했다면 시체를 싼 세마포를 개켜놓을 리가 없을 것입니다. 그리고 머리를 쌌던 수건과 세마포는 따로 있었습니다. 즉 누군가가 수건과 세마포를 정리한 것이 아니고 시체가 누워 있던 상태에서 몸만 빠져 나간 것 같은 모습이었던 것입니다.

그러나 제자들은 이것이 예수님이 부활하신 것을 알리는 위대한 서곡인지 알지 못했습니다.

요한복음 20장 8-9절

그 때에야 무덤에 먼저 왔던 그 다른 제자도 들어가 보고 믿더라. (저희는 성경에 그가 죽은 자 가운데서 다시 살아나야 하리라 하신 말씀을 아직 알지 못하더라)

먼저 왔던 제자가 무덤에 들어가 보고 믿었다고 하는 것은 예수님의 부활을 믿었던 것이 아닙니다. 예수님의 시체가 없어진 것을 믿게 되었다는 뜻입니다. 이들은 아직 성경에서 예수님이 다시 살아나야 하리라하신 말씀을 알지 못했다고 말씀하고 있습니다.

이제 이 두 제자가 생각해야 할 것은 무엇입니까? 도대체 이게 무슨 얄궂은 일인가 하는 것입니다. 하나님의 아들인 줄 믿었던 예수님이 죽으신 것도 그들에게는 엄청난 충격이었습니다. 그런데 안식일이 지난 후에 가보니까 예수님의 시체까지 없어진 것입니다. 여기서 제자들은 예수님이 다시 살아나신 것은 꿈에도 생각하지 못하고 도대체 누가 예수님의 시체를 가져갔겠느냐 하는 것입니다. 만약 무덤 주인인 아리마대 요셉이 자기 무덤을 도로 찾기 위해서 예수님의 시체를 치웠다면 그나마 다행일 것입니다. 그러나 만약 로마 군인들이나 대제사장이 예수님의 시체를 치웠다면 이것은 보통 큰 문제가 아닌 것입니다. 아마 이들은 예수 믿는 종교를 완전히 없애고 제자들까지도 잡아서 죽이려고 할 것입니다.

그러나 예수님은 죽음에서 다시 살아나셨습니다. 여기서 우리는 두 가지 사실을 알 수 있습니다. 그 첫째는 예수님은 죽음에서 부활하시는데 어떤 사람의 동의도 필요치 않으셨다는 것입니다. 하나님은 죽은 예수님을 다시 살리시는데 대제사장이나 로마 군인들이 어떻게 생각할 것인지 제자들이 어떻게 생각할 것인지 막달라 마리아가 어떻게 생각할 것인지 전혀 생각지 아니하셨습니다. 예수님은 하나님의 능력으로 죽은 자 가운데서 사망의 권세를 깨트리시고 한 순간에 부활하셨습니다. 예수님은 오랜 시간이 걸려서 서서히 살아나신 것이 아니라 한 순간에 살아나시면서 그 몸이 세마포를 빠져 나가셨습니다. 그리고 두 번째는 아무도 예수님이 살아나시는 것을 막을 수 없었다는 사실입니다. 마태복음에 보면 로마 군인들이 예수님이 다시 살아나지 못하도록 무덤 문에 인봉을 하고 무덤을 24시간 지켰습니다. 그런데 갑자기 지진이 일어나면서 무덤의 인봉은 찢어지고 돌문은 굴러버렸던 것입니다. 무덤을 지키던 군인들은 모두 사색이 되어서 도망을 치고 말았습니다.

예수님의 무덤은 더 이상 닫혀 있을 필요가 없었습니다. 예수님의 무덤은 활짝 열려 있어서 누구든지 안을 들여다 볼 수 있었습니다. 예수님을 쌌던 세마포나 수건은 그대로 있었습니다. 예수님의 몸만 없어졌던 것입니다.

그러면 예수님의 몸은 어디로 갔을까요? 예수님은 부활하신 후에 무덤 주위를 어슬렁거리면서 산책을 하신 것이 아닙니다. 예수님은 부활하시자 말자 바로 하나님의 보좌 우편으로 올라가셨습니다. 가장 높은 곳에 가장 존귀한 곳에 오르셨던 것입니다.

돌아간 두 제자와 남아 있었던 막달라 마리아

예수님의 무덤이 비어있다는 것을 확인한 베드로와 요한은 집으로 돌아가 버렸습니다.

요한복음 20장 10절

이에 두 제자가 자기 집으로 돌아가니라

이상한 것은 바로 이것입니다. 막달라 마리아가 예수님의 시체가 없어진 것을 보고 두 제자에게 알린 것은 아무래도 자기는 여자이고 제자들은 남자들이니까 예수님의 시체를 찾아달라는 의미였을 것입니다. 그러나 두 제자는 예수님의 시체가 없어진 것만 확인하고 집으로 가버렸습니다. 왜 이 두 제자는 예수님의 시체가 없어졌음에도 불구하고 사람들에게 물어보지도 않고 집으로 가버렸을까요? 분명히 대제사장이나 그의 종들이 두려웠기 때문입니다. 아마 두 제자가 아리마데 요셉을 찾아가서 '당신이 예수님의 시체를 치웠습니까?' 라고 물었으면 사정을 좀 더 알 수 있었을텐데 집으로 가버렸습니다. 사실은 도망치듯 가버렸던 것입니다. 그 이유는 베드로는 예수님이 잡히실 때 밤인데도 불구하고 세 번씩 대제사장의 종들에게 발각이 되어서 죽을 뻔 했기 때문입니다. 그런데 이제 훤한 대낮에 예수님의 시체를 찾는다고 돌아다닌다면 대제사장의 종들에게 붙들리는 것은 너무나도 뻔하다는 생각을 한 것입니다.

그래서 아무리 예수님의 시체가 없어졌고 도둑을 당한 것 같더라도 너무나도 무서워서 더 이상 거기에 있을 수가 없었던 것입니다. 베드로와 요한은 붙잡히는 것이 무서워서 더 이상 예수님의 시체를 찾을 수가 없었습니다. 베드로와 요한은 살아있는 예수님도 지켜드리지 못했습니다. 아마 그들의 마음속에는 우리가 돌아가신 예수님을 다시 찾아서 무엇을 하겠느냐 하는 절망이 있었던 것 같습니다.

예수님의 빈 무덤은 사망의 권세가 예수님 앞에서 굴복한 것을 온 세상에 알리는 나팔 소리였습니다. 그러나 제자들은 그가 죽은 지 사흘만에 다시 살아나야 하리라는 말씀을 생각지 못했기 때문에 무서워서 도망쳐야만 했습니다. 이것이 하나님의 말씀이 주는 차이입니다. 우리가 하나님의 말씀을 모르면 예수님의 무덤이 비어 있어도 놀라고 예수님의 세마포가 개켜 있어도 놀라고 예수님의 수건이 따로 놓여 있어도 놀라지 않을 수가 없습니다. 살아 있는 예수님도 지켜드리지 못했는데 무슨 재주로 죽은 예수님을 찾아오겠습니까? 이제는 모든 것이 다 끝장났기에 그들은 오직 도망쳐서 숨어 있는 수밖에 없는 것입니다. 그러나 하나님의 말씀을 알았더라면 빈 무덤은 승리의 개선가요 사망의 권세를 깨트리신 대 승리인 것입니다. 이제 예수 믿는 자들은 아무도 죽는 것을 두려워 할 필요가 없습니다. 왜냐하면 예수님께서 부활의 첫 열매가 되셨기 때문입니다.

우리가 하나님의 말씀을 소홀히 하면 하나님의 놀라운 능력 가운데서 불안해하고 두려워 할 수밖에 없습니다. 그래서 결국 놀라서 달아나 숨게 됩니다.

그러나 막달라 마리아는 집으로 가지 않고 계속 무덤가에 울면서 주님을 찾고 있었습니다. 막달라 마리아는 예수님의 시체가 없어진 상태에서 그냥 집으로 돌아가서는 안 된다고 생각했습니다. 왜냐하면 막달라 마리아에게는 어떤 일이 있어도 예수님을 찾아야 한다는 뜨거운 열정이 있었기 때문입니다. 이 열정이 막달라 마리아로 하여금 도망가지 않게 만들었습니다.

요한복음 20장 11-12절

마리아는 무덤 밖에 서서 울고 있더니 울면서 구푸려 무덤 속을 들여다보니 흰옷 입은 두 천사가 예수의 시체 뉘었던 곳에 하나는 머리 편에, 하나는 발 편에 앉았더라

예수님은 더 이상 무덤에 신경을 쓸 필요가 없으셨습니다. 왜냐하면 예수님은 이미 살아나셨기 때문입니다. 그러나 예수님은 무덤에 두 천사를 보내셔서 예수님의 부활 소식을 알리게 한 후에 막달라 마리아를 만나주셨습니다. 흰옷을 입은 두 천사는 예수님의 머리 편과 발치

에 앉아 있었습니다.

천사는 막달라 마리아에게 '왜 우느냐?' 고 물어보았습니다. 이것은 전혀 울 이유가 없는데 왜 울고 있느냐는 뜻이었습니다.

마리아는 이 천사가 누구인지도 모르고 '사람들이 주님을 옮겼는데 어디로 옮겼는지 몰라서 운다' 고 했습니다. 막달라 마리아가 이렇게 슬프게 우는 것은 너무나도 예수님이 불쌍해서 울었던 것입니다. 즉 그녀는 예수님이 하나님의 아들이시라고 믿었는데 십자가에 못 박혀 죽으셨고 또한 죽은 것만 해도 너무 불쌍한데 시체까지 누가 다른 데로 옮겨버렸으니까 너무나도 불쌍해서 우는 것이었습니다.

그때 이미 부활하신 예수님은 막달라 마리아 뒤에 서 계셨습니다.

요한복음 20장 14-15절

이 말을 하고 뒤로 돌이켜 예수의 서신 것을 보나 예수신줄 알지 못하더라. 예수께서 가라사대 여자여 어찌하여 울며 누구를 찾느냐? 하시니 마리아는 그가 동산지기인 줄로 알고 가로되 주여 당신이 옮겨 갔거든 어디 두었는지 내게 이르소서. 그리하면 내가 가져가리이다

이 장면이 부활하신 예수님이 처음 살아있는 사람을 만나는 장면입니다.

이미 예수님은 엄청난 변화를 거치셨습니다. 예수님은 죽으셨고 하늘의 영원한 지성소에서 자신의 피로 우리 죄를 사하시고 다시 살아나셨습니다. 예수님은 하나님의 보좌 우편에 가셔서 온 세상의 통치자가 되셨습니다. 그런데 예수님이 가장 먼저 만나고 싶어 하셨던 사람은 베드로나 요한이나 빌라도나 대제사장이나 어머니 마리아도 아니

고 오직 과거에 일곱 귀신들렸다가 예수님을 만나서 은혜 받고 새 사람 된 막달라 마리아였습니다.

예수님은 더 이상 무덤으로 오실 필요가 없으셨습니다. 그러나 예수님은 빈 무덤으로 다시 찾아오셨습니다. 예수님이 빈 무덤에 오신 것은 무덤에 무슨 애착이 있었기 때문이 아닙니다. 예수님이 무덤에 찾아오신 것은 예수님을 찾는 성도가 있었기 때문입니다. 예수님이 만나주시지 않으면 울음을 그치지 않을 막달라 마리아가 거기에 있었기 때문입니다.

예수님이 사망의 권세를 깨트리시고 가장 먼저 만나주신 사람은 과거에 일곱 귀신 들렸던 막달라 마리아였습니다. 막달라 마리아는 예수님을 만나고 가장 많이 변화되었던 사람이었습니다. 막달라 마리아는 예수님을 가장 사랑하게 된 사람이었습니다. 그리고 예수님의 은혜를 가장 귀하게 생각했던 사람이었습니다.

마리아는 예수님을 알아보지 못했습니다. 마리아는 예수님이 동산지기인 줄 알고 당신이 시체를 치웠느냐고 물어보았습니다. 자기에게 알려주면 자기가 예수님의 시체를 가져가겠다고 말을 했습니다. 그때 예수님께서 '마리아야' 하면서 이름을 불러주셨습니다. 이때 마리아는 예수님을 알아보았습니다. 부활하신 예수님을 처음으로 알아보았던 것입니다. 마리아는 '랍오니여' 라고 했는데 '선생님' 하는 뜻이었습니다.

막달라 마리아는 자기가 예수님을 찾아야 한다고 생각했지만 예수님은 이미 막달라 마리아 가장 가까이에 계셨습니다. 예수님은 막달라 마리아 바로 뒤에서 마리아의 이름을 부르고 계셨던 것입니다. 마리아는 예수님을 알아보지 못했지만 예수님의 음성은 막달라 마리아에게 익숙한 음성이었습니다.

주님은 결코 우리로부터 멀리 떨어져 계신 분이 아니십니다. 주님은 우리 가장 가까운 곳에서 우리를 보고 계시며 우리를 지키고 계신 분이십니다. 나중에 사도 바울이 전도하러 다닐 때 예수님은 바울이 위험할 때마다 나타나셔서 힘을 주시고 위로해 주셨습니다.

우리는 가장 가까운 곳에서 나를 부르시는 예수님의 음성을 들을 수 있어야 하겠습니다. 우리는 더 이상 나 혼자가 아닌 것입니다.

막달라 마리아는 무덤 안에서 두 천사를 만났지만 만족하지 않았습니다. 오직 끝까지 예수님을 찾아야 하겠다고 생각해서 끝까지 찾았습니다. 그녀의 노력은 헛되지 않았습니다. 결국 살아계신 예수님을 만나게 되었습니다.

다른 복음서에서는 '네가 어찌하여 산 자를 죽은 자 가운데서 찾느냐?' 고 했습니다. 그래도 막달라 마리아는 꾸준히 예수님을 죽은 자 가운데서 찾았습니다. 왜냐하면 예수님이 한번 죽으셨던 것은 틀림이 없었기 때문입니다. 막달라 마리아는 예수님을 사망자 명단에서 계속 찾다가 결국 살아계신 예수님을 만나게 되었습니다. 막달라 마리아는 예수님을 만나기 전에는 절대로 두 가지를 포기하지 않았을 것입니다. 하나는 우는 것을 포기하지 않았을 것입니다. 아마 끝까지 울었을 것입니다. 그리고 또 하나는 예수님을 찾는 것을 포기하지 않았을 것입니다. 아마 예수님을 만나지 못했더라면 온 산을 뒤지기 시작했을 것입니다.

마리아는 예수님을 '선생님' 이라고 불렀습니다. 아마 예수님의 생전에 늘 그렇게 불렀던 것 같습니다. 마리아는 예수님의 말씀을 제일 좋아했습니다. 마르다는 음식을 만드느라고 분주한데도 마리아는 예수님의 발 앞에서 예수님의 말씀을 들었습니다. 그래서 예수님은 마리아를 칭찬하셨습니다.

'마리아는 좋은 편을 택하였으니 빼앗기지 아니하리라' (눅10:42)고 말씀하셨습니다. 마리아는 다른 것을 붙잡지 않고 오직 주님의 말씀을 붙잡았기 때문에 절대로 예수님을 빼앗기지 않았습니다. 막달라 마리아는 부활하신 예수님을 만지는 은혜도 누렸습니다. 무엇보다 그녀는 천국에서 오는 기쁜 소식을 가장 먼저 듣는 자가 되었습니다.

이것은 오늘 우리들에게도 마찬가지입니다. 우리가 자기 생각이나 노력이나 봉사하는 것이나 체험을 붙잡으면 아마 빈 무덤을 보고 무서워서 달아났을 것입니다. 우리가 예수님의 말씀을 붙잡아야 위기 때 하나님의 은혜를 놓치지 않습니다. 결코 하나님의 축복을 놓치지 않게 되는 것입니다.

예수님께서는 '누가 나를 사랑하는지 아신다' 고 하셨습니다. 그리고 나를 사랑하는 자를 하나님도 사랑하시고 나를 미워하는 자를 하나님도 멸시하신다고 말씀하셨습니다. 우리가 자신만을 사랑하면 하나님을 믿지 못하게 될 때가 많습니다. 마리아처럼 우리가 주님만을 찾고 주님의 영광을 위해서만 헌신해야 부활하신 주님을 만나게 되는 것입니다.

요즘 우리는 너무나도 자기만 생각하면서 살아가고 있습니다. 나의 느낌이나 나의 자존심이나 나의 미래를 생각하면서 시간을 거의 다 보낼 때가 많습니다. 그러다가 빈 무덤을 보면 누가 잡으러 오는 줄 알고 놀라서 달아나버리는 것입니다. 자기를 버려야 예수님을 만날 수가 있습니다.

예수님의 명령

예수님은 막달라 마리아에게 몇 가지 말씀을 하셨습니다. 물론 그 중에서 가장 중요한 것은 제자들에게 가서 부활하신 예수님을 만났다는 사실을 전하라는 것입니다. 그러나 예수님은 막달라 마리아에게 예수님을 만지지 말라고 하셨습니다.

요한복음 20장 17절

예수께서 이르시되 나를 만지지 말라 내가 아직 아버지께로 올라가지 못하였노라. 너는 내 형제들에게 가서 이르되 내가 내 아버지 곧 너희 아버지, 내 하나님 곧 너희 하나님께로 올라간다 하라 하신대

여기서 예수님은 왜 막달라 마리아에게 나를 만지지 말라고 하셨을까요?

몇 가지 생각을 해 볼 수 있습니다. 그 첫째로는 그 말씀 그대로 예수님이 지금 하나님께로 올라가야 하는데 마리아가 손을 대어서는 안 되는 어떤 이유가 있었는지 모릅니다. 어쩌면 예수님이 너무나도 거룩하신 상태에 있기 때문에 죄인인 우리로서는 감히 손을 대어서는 안 된다는 뜻으로 생각할 수도 있을 것입니다. 그러나 이것은 맞지 않습니다. 왜냐하면 예수님이 죽으신 이유가 우리 죄를 용서하시기 위해서이기 때문입니다. 그래서 거룩하지 못하기 때문에 손을 대지 말라고 하신 것 같지는 않습니다. 둘째로는 마리아가 예수님이 진짜 예수님인지 아니면 영인지 확인하려고 만지려고 했기 때문에 이제는 손으로 만져서 믿으려고 하지 말고 믿음으로 받아들이라는 뜻으로 생각할

수도 있을 것입니다. 그러나 예수님은 의심 많은 도마에게는 손으로 만져보라고 말씀하셨습니다. 아마도 제 생각으로는 막달라 마리아가 예수님을 놓치지 않으려고 꽉 붙잡고 늘어졌기 때문에 만지지 말라고 하지 않았나 생각됩니다.

'예수님, 다시는 아무데도 못가십니다. 이제는 오직 저와 붙어 있어야 합니다' 라는 식으로 강요할 때 예수님은 자신의 위치가 이 세상이 아니고 하나님의 보좌 우편이며 예수님은 거기서 온 세상을 다스려야 한다는 뜻으로 이 말씀을 하신 것 같습니다. 즉 '너는 나를 독차지 하고 빼앗기지 않으려고 꽉 잡으려고 하는데 나를 놓친다는 걱정은 하지 않아도 된다. 나는 언제나 너와 함께 있을 것이다' 라는 뜻으로 생각하면 좋을 것입니다.

여기서 예수님은 자신의 입장을 분명히 하셨습니다. 즉 부활하신 후에 예수님은 육신으로 계실 때와는 다른 방법으로 제자들과 함께 하실 것이라는 것입니다. 아마도 막달라 마리아는 예수님의 발이나 손을 잡고 제자들에게로 모시고 갈 생각이었을지 모릅니다. 그러나 이제 예수님은 더 이상 시간이나 공간에 제한됨이 없이 자유자재로 움직이시며 이 세상에 계시는 시간도 이제는 제한되어 있는 것입니다. 앞으로 제자들에게는 성령이 임하시고 성령께서 우리의 모든 것을 가르치시고 인도하시게 되는 것입니다.

이제 더 이상 예수님은 막달라 마리아가 찾아야 하고 돌보아 주어야 하는 예수님이 아니신 것입니다. 예수님은 이미 온 세상의 구주가 되셨고 이제 성령을 부으셔서 온 세상을 은혜의 불바다로 만드실 것입니다. 이제는 막달라 마리아도 예수님을 생각하는 관점이 달라져야 하는 것입니다. 이제는 예수님을 놓아드려야 하고 이제는 성령을 받아야 하는 것입니다.

예수님은 막달라 마리아에게 하나님과의 새로워진 관계에 대하여 말씀하셨습니다. '내가 내 아버지 곧 너희 아버지, 내 하나님 곧 너희 하나님께로 올라간다' 는 것입니다. 하나님이 예수님의 아버지이면서 우리들의 아버지이십니다. 하나님은 예수님의 하나님이시면서 우리들의 하나님이 되십니다. 이것이 바로 예수님이 죽으시고 부활하신 후에 새로워진 관계인 것입니다.

예수님은 지금 죽은 자와 산 자 모두의 주님이 되십니다. 우리 산자들도 예수님을 중심으로 예배드리며 모든 일을 예수님이 주시는 능력으로 합니다. 그러나 죽은 자들도 예수님을 중심으로 예배드리며 예수님이 주시는 능력으로 살아가고 있습니다. 예수님은 죽은 자와 산 자를 모두 하나 되게 하셨습니다.

막달라 마리아가 보았던 빈 무덤은 어마어마한 사건의 증거물이었습니다. 예수님께서는 사망의 권세를 깨트리시고 부활하셔서 부활의 첫 열매가 되셨습니다. 우리 믿는 자들에게 죽음은 이미 정복이 되었습니다. 우리에게 있어서 죽음은 더 이상 심판이 되지 못합니다. 이제 더 이상 죽음은 우리가 알지 못하는 비극이 아닙니다. 이제 더 이상 우리는 죽지 않으려고 몸부림칠 필요가 없게 되었습니다. 우리의 삶은 예수님을 통해서 영원히 이어지게 됩니다. 지금은 우리가 옛날의 육체를 입고 살고 있습니다. 그러나 우리에게 죽음이 찾아오는데 이것은 이 육신을 벗는 것입니다. 우리는 주님을 더 가까이에서 볼 것이며 더 충만한 영광 가운데서 하나님을 예배할 것입니다. 그러다가 하나님의 구원의 역사가 완성되면 모두 다 새 옷을 입게 될 것입니다. 그때 우리는 예수님과 똑같은 몸으로 부활하게 됩니다. 그때 우리는 늙지 않습니다. 우리에게는 나이라는 것이 없습니다. 우리는 아프지도 않고 병들지도 않고 다시 죽지도 않을 것입니다. 우리의 이 몸은 시간과 공간의 제한을 받지 않을 것입니다. 우리의 이 몸에서는 주님처럼 빛이 날 것입니다.

오늘도 우리 주위에는 사랑하는 많은 사람들이 죽어가고 있습니다. 또 우리 자신도 늙어가고 있습니다. 우리 주위에는 많은 무덤들이 채워져가고 있습니다. 우리는 거기서 놀라거나 두려워하지 말아야 합니다. 우리 주님은 살아계시며 우리는 모두 주님처럼 영광스럽게 변화될 것입니다. 그것이 사실이라면 우리는 지금 하루하루를 죽는 순간만 기다리면서 사는 것은 너무 소극적인 인생이 될 것입니다. 우리가 영원히 죽지 않는다면 우리의 인생 계획을 좀 더 적극적으로 세워볼 필요가 있습니다. 막달라 마리아와 같이 끝까지 주님을 찾아보시기 바랍니다. 성경 속에서 예수님에 대한 놀라운 비밀들을 끝까지 찾아보시고 부활하신 예수님을 직접 만나보시기 바랍니다.

46_ 요 20:19-31

너희에게 평안이 있을찌어다

사람들에게 있어서 '평안하다' 는 것은 아주 중요한 것 같습니다. 여기서 '평안하다' 는 것은 우리의 모든 정신적인 혹은 육체적인 조건들이 정상적인 상태에 있는 것을 말합니다. 그 모든 조건들 중에서 단 하나라도 비정상적인 것이 있으면 우리는 평안할 수가 없습니다. 만약 우리 마음이 큰 걱정거리가 있다든지 아니면 우리 자신이나 가족이 병들었다든지 하면 우리는 결코 평안할 수가 없습니다. 하지만 예수님은 어떤 분이십니까? 불안과 두려움에 빠져 있는 우리를 찾아오셔서 평안을 주시는 주님이십니다.

집안에서 아이들이 평안할 수 있는 것은 부모님이 계시기 때문입니다. 만약 엄마나 아빠 중에서 어느 한분이 아프시다거나 혹은 엄마가 어디에 나가셨는데 집에 돌아오지 않고 있으면 아이들은 결코 평안하지 않을 것입니다.

예수님의 제자들은 삼년 동안 예수님을 따라다니면서 말씀을 듣는 가운데 철저하게 예수님을 의존하게 되었습니다. 왜냐하면 예수님의 말씀을 듣고 그의 능력을 보았을 때 그런 믿음이 생겼기 때문입니다. 또 예수님은 제자들에게 철저한 믿음을 요구하셨습니다. 그런데 갑자기 예수님이 십자가에 못 박혀 죽으시자 제자들은 도저히 평안할 수가 없었습니다.

만약 여러분들이 친구나 친척을 믿고 재산을 다 맡겼는데 그 사람이 갑자기 사업에 실패해서 모두 다 날리게 되었다면 절대로 평안할 수가 없을 것입니다. 갑자기 눈앞이 캄캄해질 것입니다. 제자들은 예수님께 재산만 맡긴 것이 아니었습니다. 그들의 모든 것을 예수님께 다 맡겼습니다. 그들의 생명과 미래와 모든 계획까지 다 예수님께 맡겼습니다. 그런데 예수님이 아무것도 책임지시지 않고 십자가에 못 박혀 죽어버리신 것입니다. 제자들은 자신들의 모든 것은 이제 끝장이 난 것이라고 생각했습니다. 그런데 예수님께서는 제자들을 다시 찾아오셔서 그들에게 가장 먼저 '너희에게 평안이 있을지어다.' 라고 인사를 하셨습니다. 이것은 굉장히 중요한 인사입니다.

'지금까지 너희들은 엄청나게 절망하고 있었고 두려워하고 있었고 낙심하고 있었다. 그러나 이제 그 모든 낙심과 절망은 끝이 났다. 내가 다시 너희에게로 돌아왔고 너의 모든 부족한 것을 다 채워주어서 완전하게 해 주겠다' 고 말씀하시는 것입니다.

예수님이 없는 제자들에게 '평안' 은 있을 수가 없었습니다. 예수님의 모든 제자들은 마음 한 가운데서 큰 구멍이 생겼고 그들이 믿었던 모든 믿음이 다 허물어지고 있었습니다. 그러나 주님은 더 강한 능력으로 찾아오셔서 제자들의 믿음을 붙들어주시고 그들의 마음에 평안을 가득 채워주셨던 것입니다.

오늘 본문 말씀은 예수님께서 죽은 가운데서 부활하신 후에 처음 제자들을 찾아오셔서 만나신 장면을 기록하고 있습니다. 예수님은 제자들이 문을 닫고 있는데도 문을 열지 않고 바로 나타나셨습니다. 그리고 그들에게 손의 못자국과 옆구리의 창 자국을 보여주셨습니다. 부활하신 예수님을 만난 제자들은 너무나도 기뻐했다고 말씀하고 있습니다. 그러나 이것은 오늘 우리들에게도 해당되는 것입니다. 우리는 이 세상을 살아가면서 여러 가지 이유로 평안하지 못하고 걱정과 두려움과 불안 가운데 있을 때가 많이 있습니다. 우리는 많은 일들 중에서 단 하나만 이상해도 우리의 마음은 평안하지 못합니다. 그러나 주님은 우리 가운데 오셔서 우리에게 '너희에게 평안이 있을지어다.' 라고 하시면서 평안을 주십니다.

제자들의 모임

요한복음 20장 19절

이날 곧 안식 후 첫날 저녁 때에 제자들이 유대인들을 두려워하여 모인 곳에 문들을 닫았더니 예수께서 오사 가운데 서서 가라사대 너희에게 평강이 있을찌어다

제자들이 다 함께 모인 날은 예수님이 부활하신 날 저녁이었습니다. 예수님의 제자들이 한 자리에 모인 이유는 예수님의 무덤에 이상이 생겼고 예수님의 시체가 도둑맞은 것 같다는 다른 제자들의 말을 들었기 때문이었습니다.

이 날 새벽에 이미 막달라 마리아는 무덤에 찾아갔다가 무덤이 비었고 예수님의 시체가 없어진 것을 발견을 했습니다. 그리고 두 제자 베드로와 요한은 직접 무덤에 가서 시체가 없어진 것을 확인을 했습니다. 그 후에 아주 중요한 일이 일어납니다. 그것은 예수님께서 부활하신 몸으로 직접 막달라 마리아에게 나타나셔서 예수님이 부활하신 것을 제자들에게 알리라고 명령하신 것이었습니다. 그러나 제자들은 유대인들을 무서워하고 두려워해서 밤에 모였고 또 모인 곳의 문을 닫아놓았습니다. 아마 다른 사람이 들어오지 못하도록 문고리를 잠구었을 것입니다.

우리는 예수님의 제자들의 모습을 얼마든지 연상해 볼 수 있습니다. 한 사람씩 한 사람씩 어두워지자 모이기 시작했습니다. 그들은 연방 주위를 살피면서 몰래 한 사람씩 집 안으로 들어갔을 것입니다. 그때 그들의 표정은 두려움과 불안으로 가득 차 있었을 것입니다. 그들은 제자들이 다 모인 것을 알고는 문을 걸어 잠구었습니다. 그리고는 한 사람이 아주 목소리를 낮추어서 묻습니다.

"도대체 어떻게 된 건가요?"

그때 다른 제자가 대답을 합니다.

"글쎄 예수님의 시체가 도둑맞았다는 것이 아니요?"

"아니, 세상에 그런 일도 다 있을 수 있소?"

"도대체 우리 예수님의 시체를 누가 훔쳐 갔단 말이요?"

"그걸 우리가 어떻게 알겠소? 그런데 새벽에 무덤에 간 막달라 마리아가 예수님을 만났다고 하지 않소?"

"말도 안 되는 소리 하지 마시요. 아마 마리아가 제 정신이 아니었겠지요." "다른 소식은 없소?"

"아직까지는 그것이 전부요"

"아, 정말 답답해서 미치겠구려. 도대체 뭐가 어떻게 된 것인지 도무지 알 수가 없으니."

이것이 예수님이 부활하신 날 한 자리에 모인 제자들의 분위기였습니다.

그들은 모두 불안해하고 두려워하고 있었습니다. 또한 도대체 무엇이 어떻게 되고 있는지 몰라서 혼란스러워하고 있었습니다. 어떤 사람은 예수님의 시체가 누군가에 의해서 옮겨졌다고 하고 어떤 사람은 아예 시체가 도둑맞았다하고 막달라 마리아는 자기가 부활하신 예수님을 만났다고 말을 하고 있는 것입니다.

그때 주님이 제자들을 찾아오셨습니다. 문은 닫혀 있었는데 예수님은 그들 앞에 갑자기 나타나셔서 '너희에게 평강이 있을지어다.' 라고 말씀하셨습니다. 이것은 예수님의 제자들에게 너무나도 충격과 놀람 그 자체였습니다.

만약 어떤 집에서 아이를 하나 잃어버려서 온 식구들이 모여서 걱정을 하고 있는데 그 아이가 갑자기 집에 들어오게 되었다면 아마 식구들은 너무나도 놀라면서 기뻐할 것입니다. 아마 아이를 붙잡고 울면서 야단법석을 떨 것입니다. 그런데 만약 죽은 줄 알았던 사람이 문을 열고 들어오면 너무나도 놀라고 말을 하지 못할 것입니다. 그러나 예수님은 분명히 죽으셨습니다. 제자들은 예수님이 죽는 것을 보았고 또 무덤에 장사지내는 것도 두 눈으로 똑똑히 보았습니다. 그런데 바로 그 예수님이 문을 열지도 않고 그들 앞에 서서 '너희에게 평강이 있을지어다.' 라고 하시니 이것이 얼마나 놀랄 일입니까? 도무지 믿을 수 없는 일이었습니다. 예수님은 막달라 마리아가 말한 것처럼 다시 살아나신 것입니다.

예수님은 제자들이 믿을 수 있도록 손의 못자국과 옆구리의 창자국을 보여주셨습니다.

요한복음 20장 20절

이 말씀을 하시고 손과 옆구리를 보이시니 제자들이 주를 보고 기뻐하더라

예수님은 부활하신 후에 더 이상 공간의 제약을 받지 아니하셨습니다. 문과 벽을 바로 통과하셨습니다. 그런데도 불구하고 예수님의 손에는 못자국이 그대로 있었고 예수님의 옆구리에는 창자국이 그대로 있었습니다.

예수님께서 제자들에게 '너희에게 평강이 있을지어다' 라고 하신 말씀이 무슨 뜻이었을까요?

예수님은 제자들이 평안할 수 없다는 것을 잘 알고 계셨습니다. 예수님이 십자가 죽으신 후 제자들은 절대로 평안할 수가 없었습니다. 그들의 모든 믿음은 실패한 것 같았습니다. 그들은 졸지에 부모를 잃은 고아처럼 되고 말았습니다. 그들은 앞으로 자신들이 어떻게 될지

몰라서 몹시도 불안해하고 두려워하고 있었습니다. 예수님이 안 계신 제자들은 비참할 수밖에 없었고 예수님이 안 계신 제자들은 아무 것도 할 수가 없었습니다. 예수님은 이것을 너무나도 잘 알고 계셨습니다. 그런데 바로 그때 예수님께서 찾아오셔서 '너희에게 평안이 있을지어다.' 라고 말씀하셨습니다. 이것은 '이제 너희의 불안과 두려움은 끝났다' 는 것입니다. '나는 이제 더 강하고 온전하게 돌아왔다. 이제는 더 너희들을 사랑하고 돌보아 주며 더 강한 능력으로 너희들을 지켜주겠다' 는 뜻인 것입니다.

이제 모든 고통의 시간은 지나갔습니다. 이제 모든 시험은 끝이 났습니다. 예수님은 사망의 고통을 이기시고 영원히 우리에게 오셨습니다.

예수님이 부활하신 후에 다시 사신 모습으로 제자들을 찾아오신 것은 구약 성경에 비추어 볼 때 아주 중요한 의미가 있습니다. 구약 성경에 보면 대제사장이 일 년에 한 번씩 지성소에 짐승의 피를 가지고 들어갑니다. 거기서 대제사장은 이스라엘 백성 전체의 죄를 속죄 받게 됩니다. 그런데 대제사장도 인간이기 때문에 잘못하면 지성소 안에서 죽을 수 있었습니다. 그래서 대제사장은 지성소 안에 들어갈 때 반드시 허리에 끈을 매고 들어갔습니다. 왜냐하면 그가 죽었을 경우에 끈으로 당겨내어야 하기 때문입니다.

그런데 대제사장이 지성소에서 하나님 앞에 짐승의 피를 뿌리고 살아서 나오면 모든 이스라엘 백성들의 죄는 용서가 된 것입니다. 앞으로 일년 간 이스라엘 백성들은 다시 하나님 앞에서 축복받으며 살 수 있습니다. 그러나 대제사장이 지성소 안에서 죽어버리면 이스라엘 백성들의 죄는 용서받지 못한 것입니다. 그런데 예수님은 자신의 피로 영단번에 영원한 제사를 드리시고 다시는 죽지 않는 몸으로 살아서 돌아오셨습니다. 이것은 예수님의 십자가가 우리의 모든 죄를 사하는 데 성공했다는 것을 의미합니다. 하나님께서는 예수님의 십자가를 완전한 제사로 받으신 것입니다. 이제 우리 죄는 다시 하나님 앞에서 기억되지 않습니다. 우리는 다시 죄의 심판을 두려워 할 필요가 없습니다. 그러기에 이제 우리는 아무 것도 두려워하거나 불안해 할 필요가 없습니다.

우리는 지금도 이 세상을 살아가면서 평안하지 못할 때가 많이 있습니다.

우선 우리는 우리 힘으로 도저히 이 세상을 살아갈 자신이 없어서 두려워하기도 하고 혹은 자신의 성격적인 문제나 혹은 가족의 질병의 문제로 아니면 사업상의 어려움으로 많이 불안해하고 두려워합니다. 그런데 예수님이 우리에게 하시는 첫 마디가 무엇입니까? '내가 하나님 앞에서 다 해결했으니까 이제 더 이상 걱정하지 말라. 너희에게 평강이 있을지어다.' 라고 말씀하시는 것입니다. 우리는 주님이 주시는 이 평안을 우리의 모든 문제에 다 적용해야 할 것입니다.

요한복음 16장 33절

세상에서는 너희가 환난을 당하나 담대하라. 내가 세상을 이기었노라 하시니라

사실 우리가 보기에 예수님은 세상을 다 이기신 것 같지가 않습니다. 오히려 예수님은 이 세상에서 아무 것도 정복하지 못하셨습니다. 그러나 예수님은 가장 어려운 것을 다 정복하셨습니다. 예수님은 죄를 정복하셨고 죽음을 정복하셨으며 마귀의 세력을 정복하셨습니다.

그러면 온 세상을 다 정복하신 것입니다.

제자들은 예수님이 승리하신 줄도 모르고 불안과 두려움 가운데 함께 모였습니다. 그러나 예수님은 그들 가운데 승리자로 찾아오셨습니다. 예수님의 손의 못자국과 옆구리의 창자국은 그의 싸움이 얼마나 치열했는지 잘 보여주고 있습니다. 그러나 예수님의 상처는 아물어 있었고 예수님은 이미 부활을 쟁취하셨으며 이제 아무 것도 예수님을 막거나 이길 수 없었습니다. 예수님은 우리 인생의 모든 문제의 승리자가 되신 것입니다.

우리는 이 예수님께서 오늘도 살아계신 것을 믿어야 합니다. 예수님이 오늘 우리들에게도 평안을 주시는 것을 믿어야 합니다.

제자들에게 주신 사명

제자들은 이제 드디어 부활하신 예수님을 만나게 되었습니다. 이제 그들은 예수님을 다시 찾았습니다. 그러자 이제 궁금한 것이 생기기 시작했습니다. 자기들은 옛날 예수님이 돌아가시기 전으로 완전히 돌아가게 되느냐 아니면 우리의 역할은 이제 끝이 나버렸는가 아니면 무엇인가 새로운 임무가 주어지게 되느냐 하는 것입니다. 이제는 미래가 궁금해지는 것입니다.

요한복음 20장 21절

예수께서 또 가라사대 너희에게 평강이 있을지어다. 아버지께서 나를 보내신 것 같이 나도 너희를 보내노라 예수님은 여기서 두 번째로 '너희에게 평강이 있을지어다.' 라고 말씀을 하십니다. 예수님께서 첫 번째 '평강이 있을지어다.' 라고 말씀하신 것은 제자들이 지금 현재에 겪고 있는 불안과 두려움을 모두 다 해결해주는 말씀이었습니다. 즉 제자들이 지금 겪는 두려움은 예수님이 죽으셨기 때문에 생긴 것이었습니다. 제자들이 예수님을 믿었는데 예수님이 비참하게 죽으셨기 때문에 생긴 충격과 두려움이었습니다. 그러나 이제 예수님이 더 강하게 되셔서 그들을 찾아오셨습니다. 이제 더 이상 제자들은 두려워하거나 불안해 할 필요가 없습니다. 그런데 제자들을 또 불안하게 만드는 것이 있었습니다. 그것은 앞으로 자기들은 어떻게 되느냐 하는 것입니다.

어떻게 보면 제자들은 모두 믿음에 있어서 실패한 사람들이었습니다. 모두 예수님의 말씀을 믿지 않았고 예수님이 죽으실 때 도망쳤으며 예수님이 부활하신 것도 믿으려고 하지 않았습니다. 이제 자기들은 모두 집으로 돌아가서 농사나 짓고 물고기나 잡아야 하는지 아니면 예전처럼 예수님을 따라다니면서 복음을 전하게 되는지 미래가 궁금했습니다.

이때 예수님은 또 다시 '너희에게 평강이 있을지어다.' 라고 말씀하셨습니다. 그것은 미래에 대해서도 너희는 불안해하거나 두려워 할 필요가 전혀 없다는 뜻입니다. 왜냐하면 '아버지께서 나를 보내신 것 같이 나도 너희를 보내기' 때문입니다. 여기서 '아버지께서 나를 보내신 것 같이 너희를 보낸다' 는 말은 아주 중요한 말씀입니다.

여기서 '보낸다' 라고 할 때 헬라어로 '아포스텔로' 라는 말을 쓰는데 여기서 사도 즉 '아포스톨로스' 라는 말이 생기게 되었습니다. 우리가 어떤 사람을 보낼 때 간단한 심부름을 시켜서 보내는 경우도 있겠지만 전권을 주어서 보내는 경우도 있습니다. 여기서 하나님이 예수님을 보내시고 또 예수님이 제자들을 보내시는 것은 전권을 주어서 보내는 것입니다.

하나님께서는 우리 인간을 구원하시는데 있어서 아들에게 전권을 다 맡기셨습니다. 그러기에 우리 인간의 구원은 오직 예수님께 달린 것입니다. 아무도 예수님을 믿지 않고는 구원을 얻을 수가 없습니다. 그리고 예수님을 믿는 자는 한 사람도 빼놓지 않고 그가 어떤 사람이든지 상관없이 전부 다 구원을 받습니다. 그런데 이제 하늘과 땅의 모든 권세를 가지신 예수님께서 제자들에게 전권을 주시는 것입니다. 이제 이 세상의 모든 사람들은 제자들이 전하는 복음을 들어야 구원을 받을 수 있습니다. 이 세상에서 아무리 똑똑하고 성공한 사람이라 하더라도 제자들의 가르침을 무시하고 구원받을 수 있는 사람은 아무도 없습니다. 그리고 하나님께서는 제자들이 드리는 기도를 최우선적으로 들어주시게 됩니다. 천국의 모든 능력과 축복은 제자들을 통해서 전적으로 주어지게 되는 것입니다. 이것이 바로 복음의 능력입니다.

요한복음 20장 23절

너희가 뉘 죄든지 사하면 사하여질 것이요 뉘 죄든지 그대로 두면 그대로 있으리라 하시니라

사람에게 가장 중요한 문제는 죄 씻음 받는 것입니다. 예수님은 바로 이 죄 씻는 권세가 제자들에게 있다고 말씀하셨습니다. 그것은 제자들이 예수님처럼 무조건 죄 사하는 권세가 있다는 뜻은 아닙니다.

오직 제자들이 전하는 말씀을 듣고 믿으면 모두 죄 사함 받고 새 사람이 되는 것입니다.

바로 이런 특권이 들어 있는 복음을 제자들에게 맡기시는 것입니다.

우리는 우리의 미래에 대하여 두려워하고 불안해 할 때가 있습니다. 우리는 예수님의 십자가의 보혈로 지금까지 우리의 모순과 두려움은 다 해결되었다는 것을 믿을 수 있습니다. 그런데 우리는 앞으로 어디서 무엇을 하면서 살아가야 할까요? 예수님은 그것조차도 걱정하지 말라고 말씀하셨습니다. '너희에게 평강이 있을지어다.' 라고 하셨습니다. 그 이유는 우리는 하나님의 축복의 가장 중요한 자리에 있게 되기 때문입니다. 모든 축복을 가져오게 하는 그 열쇠인 하나님의 말씀을 우리가 가지고 있는 것입니다. 그리고 그것과 함께 가장 귀한 복중의 복인 성령이 우리에게 임하게 됩니다. 말씀과 성령 이 두 가지 복을 가지고 있으면 이 세상에서 최고의 복을 다 가지고 있는 것입니다. 우리가 이 두 가지 복을 가지고 있는데 무엇을 두려워하겠습니까? 무엇을 불안해하겠습니까? 우리가 이 두 가지 복을 가지고도 우리의 미래를 불안해하고 두려워한다면 우리는 아직 세상의 가치관에 중독이 되어서 술 취해 있는 것과 같습니다. 우리는 지금 다시 정신을 차려야 하는 것입니다. 우리가 지금 최고로 능력 있고 최고로 복된 사람들인데 어떻게 세상 사람들의 기준에 우리 자신을 맞추려고 하겠습니까? 이것은 마치 어른이 된 사람이 유치원생의 옷이나 가방에 자기를 맞추려고 하는 것과 같습니다.

아마 우리들 거의 대부분이 이런 상태에서 진땀을 흘리고 있는 것 같습니다. 사실 우리는 이 세상에서 가장 강하고 가장 축복받은 상태에 있으면서도 우리는 아직 거듭나지 못한 사람의 상태에서 우리의 미래를 두려워하고 불안해하고 있는 것입니다. 우리는 이런 생각을 바꾸어야 합니다. 우리는 더 이상 유치원생이 아니고 우리는 더 이상 입시생이 아니고 우리는 더 이상 훈련받는 신병이 아니고 우리는 더 이상 대학의 수학과 유기화학을 시험쳐야 하는 사람이 아닌 것입니다. 우리는 훨씬 더 고차원적인 상태에서 인생을 보아야 하고 하나님의 눈으로 우리 자신의 위치와 우리에게 주어진 특권을 생각해야 하는 것입니다.

그런데 이때 예수님은 제자들에게 이해가 잘 안 되는 이상한 행동을 하셨습니다.

요한복음 20장 22절

이 말씀을 하시고 저희를 향하사 숨을 내쉬며 가라사대 성령을 받으라

제자들은 이제 예수님을 만나서 한편으로는 두렵기도 하고 다른 한편으로는 정신이 없기도 한데 예수님은 제자들에게 숨을 내어 쉬셨습니다.

이것은 해석하기 굉장히 어려운 것입니다. 왜 예수님은 제자들에게 숨을 내어쉬셨을가요? 이것은 분명히 한숨을 쉬신 것은 아닐 것입니다. 예수님은 십자가를 지시기 전에도 한숨을 쉬셨습니다. 그리고 제자들에게 내가 받을 세례가 있는데 그것을 받기까지 내 마음이 답답하다고 하셨습니다. 예수님의 전 생애는 십자가를 앞에 두고 눌린 삶이었습니다. 사람이 마음이 답답하면 한숨을 내쉬게 되어 있습니다. 그러나 이제 예수님은 그 모든 짐들을 다 벗어버리셨습니다. 이제 예수님은 정말 홀가분하게 되셨습니다. 그런데 왜 예수님께서 제자들에게

'숨' 을 내쉬셔야 하셨을까요?

여기에 두 가지 의견이 있습니다. 하나는 예수님께서 숨을 내쉬시면서 제자들에게 이때 성령을 주셨다는 것입니다. 그래서 제자들은 오순절에도 성령을 받고 이때도 성령을 받고 두 번 받았다고 생각하는 사람도 있습니다.

거기에 비해서 어떤 학자는 여기서 예수님께서 앞으로 제자들이 꼭 성령을 받아야 한다는 상징적인 뜻으로 성령을 주시는 제스처를 하셨다고 해석을 합니다. 즉 앞으로 제자들은 예수님이 주시는 이 성령을 받음으로 온전히 능력 있게 되고 또 예전과는 다른 성숙한 믿음을 가지게 된다는 뜻에서 숨을 내쉬셨다고 보는 것입니다.

그런데 우리가 이 해석을 수용하게 되면 우리에게 궁금한 것이 생깁니다. 그것은 예수님께서 제자들에게 아무 의미없이 그저 상징적인 뜻으로만 숨을 내쉬셨을까 하는 것입니다. 그때 예수님께서 제자들에게 숨을 내쉬셨을 때 제자들에게 아무 느낌이나 감동이 없었을까요? 심지어 죽음을 이기시고 하나님의 보좌 우편에 가신 예수님께서 숨을 내쉬시는데 제자들에게 아무런 느낌도 없었을까요? 저는 그렇지는 않았을 것이라고 생각합니다. 물론 강력한 불같은 성령은 오순절에 임하셨지만 예수님께서 숨을 내쉬실 때 제자들의 마음속에도 무엇인가 온화하고 신선하고 기분을 아주 상쾌하게 하는 그런 새로운 느낌이 있었을 것입니다.

아가서에 보면 사랑하는 연인의 입맞춤이 '포도주보다 낫다' 고 했습니다(아1:2). 예를 들어 두 연인이 데이트를 하려고 만났을 때 느낌이 다를 것입니다. 무엇인가 새롭고 신선한 향수 냄새를 맡으면서 기분이 새로워질 것입니다. 지금 예수님은 시체 썩는 냄새가 나는 무덤 속에 삼일 동안 있다가 오신 것이 아닙니다. 예수님은 지극히 거룩한 하나님의 존전에서 지금 제자들에게 바로 찾아오신 것입니다. 그동안 예수님의 생각은 오직 제자들을 만나서 기뻐하는 것밖에 없었습니다. 이때 예수님께서 제자들에게 숨을 '훅' 내쉬셨을 때 제자들에게 아무 느낌이 없었다면 말이 되지 않는 것입니다. 아마 제자들은 천국의 살아있는 숨을 느꼈을 것입니다. 예수님의 생명의 호흡을 느꼈을 것입니다. 성령으로 숨을 쉬시는 예수님의 충만하신 기쁨을 느낄 수 있었을 것입니다.

예수님은 지금 제자들의 생각과 감정을 새롭게 하실 필요가 있다고 생각하셨습니다. 제자들은 너무나도 과거에 집착하고 있고 너무나도 자기 문제에 빠져 있습니다. 제자들은 지금 천국의 새 기운으로 생각과 감정이 새로워질 필요가 있었던 것입니다. 제자들은 잠시 동안 예수님의 호흡으로 숨을 쉴 수 있었습니다. 예수님의 숨은 어떤 숨입니까? 참으로 달콤하면서도 순결하면서도 새 생명이 넘치는 호흡이었던 것입니다.

지금 우리는 예수님의 숨을 맡아야 하겠습니다. 지금까지 우리의 호흡은 시장에서 장사하면서 억울해서 싸우려고 씩씩거리는 것이었거나 아니면 혼자 기분 나쁜 일을 속으로 삭이느라고 울분을 참는 숨소리가 아니던가요? 여러분은 부활하신 예수님의 숨소리를 들어보셨습니까? 사망의 권세를 이기시고 그렇게 사랑하는 제자들을 만나서 처음으로 데이트 하시면서 모든 미래를 하나님께 맡기라고 말씀하시는 예수님의 숨소리를 우리를 배워야 하는 것입니다.

예수님은 제자들에게 천국의 숨소리를 가르쳐주셨습니다. 이제는 아무 것도 두려워 할 필요가 없는 것입니다. 왜냐하면 예수님은 죽으신 것이 아니라 살아계시기 때문입니다.

그러면서 예수님은 제자들에게 성령을 받으라고 명령하셨습니다. 이것은 우리가 천국의 호흡을 하는데 있어서 성령 받는 것이 얼마나 필수적인지 보여주시는 것입니다. 성령을 받지 못하면 천국의 기쁨은 결코 오래가지 않습니다. 특히 보혜사 성령을 받지 못하면 우리의 지각은 영원히 어린 아이 상태에 있기 때문에 이 세상 모든 것이 두려울 수밖에 없습니다. 성령님은 우리의 지각과 감정을 수천 배 이상 성숙하게 하십니다.

도마의 불신앙

예수님이 부활하신 그 날 다른 제자들은 다 모였는데 오직 도마라는 제자만 빠졌습니다.

요한복음 20장 24-25절

열 두 제자 중에 하나인 디두모라 하는 도마는 예수 오셨을 때에 함께 있지 아니한지라. 다른 제자들이 그에게 이르되 우리가 주를 보았노라 하니 도마가 가로되 내가 그 손의 못자국을 보며 내 손가락을 그 못자국에 넣으며 내 손을 그 옆구리에 넣어 보지 않고는 믿지 아니하겠노라 하니라

도마라고 하는 제자는 아주 현실적인 사람이었습니다. 그의 현실주의적인 인식은 예수님께서 죽은 나사로를 살리실 때 나타났습니다. 예수님이 나사로가 병들었다는 말을 듣고서도 유다로 가시지 않

으니까 제자들은 예수님이 유대인들 때문에 안 가시는 줄 알았습니다. 그런데 이틀 뒤에 가자고 하시니까 도마가 기가 막혀서 '우리가 주와 함께 죽으러 가자' 고 했습니다. 그만큼 도마는 위험한 곳에 가는 것을 싫어했고 확실하지 않은 일은 하려고 하지 않았습니다. 예수님께서 죽으시기 전에 '내가 아버지께로 간다' 고 하니까 '우리가 그 길을 모르는데 주님이 가는 곳을 어떻게 알겠습니까' 라고 물었습니다. 그때 예수님은 유명한 대답을 하셨습니다. '내가 곧 길이요 진리요 생명이니 나로 말미암지 않고는 아버지께로 갈 자가 없느니라' (요 14:6).

예수님이 처음 찾아오셨을 때 다른 제자들은 다 모였는데 도마만 오지 않았던 것은 도마에게만 연락이 닿지 않아서 그런 것은 아닌 것 같습니다. 도마의 성격을 미루어 볼 때 적어도 도마는 위험한 곳은 가려고 하지 않았습니다. 도마는 예수님의 시체가 없어졌다고 해서 제자들이 모이는데 자기가 거기에 가는 것은 굉장히 위험하다고 생각을 한 것 같습니다. 아마 유대인들이 판 함정에 빠지는 것이라고 생각한 것 같습니다. 그래서 다른 제자들은 다 모였지만 도마는 오지 않았습니다. 즉 위험하다고 해서 빠진 것입니다.

그리고 막달라 마리아가 예수님을 보았다고 하지만 아마 다른 사람을 보고 착각했든지 아니면 헛것을 보았을 것이라고 생각했습니다. 그래서 다른 제자들은 오는데 도마만 오지 않은 것은 예수님의 부활을 믿고 싶지 않았기 때문입니다. 그리고 다른 제자들이 예수님을 보고서 도마에게 와서 예수님을 보았다고 했지만 도마는 믿지 않았습니다. '나는 내 손가락으로 예수님의 손과 발 못자국에 넣으며 내 손으로 옆구리를 만지기 전에는 믿지 않겠다' 라고 장담을 했습니다. 이것은 다른 모든 제자들도 헛것을 보았고 오직 자기 생각만 옳다는 것입니다. 이것을 보면 도마는 아주 자의식이 강한 사람이었던 것 같습니다. 즉 자기 손으로 확인을 하고 자기 눈으로 확인하지 않은 것을 일체 믿지 않는 스타일이었던 것입니다. 막달라 마리아의 말도 소용이 없고 다른 열 제자가 말하는 것도 소용이 없었습니다. 오직 자기 눈으로 보고 자기 손으로 만진 것 외에는 일체 믿지 않겠다는 사상을 가지고 있었던것 같습니다.

그리고 여드레가 지났습니다. 이미 다른 사람들은 유월절이 지나고 일주일이 지났기 때문에 다 짐을 싸서 고향을 향하여 떠났습니다. 그러나 제자들은 고향으로 내려가지 않았습니다. 왜냐하면 언제 다시 예수님께서 자기들을 찾아오실지 모르기 때문이었습니다. 이제 예수님이 오신 지 여드레가 되었습니다. 일주일이 지났는데 다시 예수님이 오실 것 같은 기대가 제자들의 마음속에 다 있었습니다.

제자들은 도마를 이론적으로 설득하려고 하지 않았습니다. 그렇다고 해서 도마를 그냥 자기 마음대로 하도록 내버려두지도 않았습니다. 다른 제자들은 도마를 자기들의 모임에 오게 했습니다. 이것이 제자들이 잘 한 것이었습니다. 우리가 믿음이 침체된 형제나 자매를 가장 잘 도울 수 있는 것은 같이 예배에 데리고 오는 것입니다. 그러면 예수님께서 직접 그 사람을 만나셔서 위로해주시고 믿음을 주실 것입니다. 이것이 제자들의 기대 그대로 되었습니다. 일주일 후에 다시 제자들이 모였는데 예수님이 전과 똑같이 찾아오셨습니다. 문이 잠겼는데도 그냥 통과하셨습니다. 그리고 제자들에게 똑같이 인사하셨습니다. '너희에게 평강이 있을찌어다'

이 세 번째 평강은 도마의 불신앙 때문에 깨어진 평강을 회복시켜주시는 평강이었습니다. 제자들 중에 단 한 사람이라도 믿음이 침체되어 있을 때에 그들은 평안하지 못했습니다. 마음이 다시 답답함이 있었고 안타까움이 있었으며 이상하게 힘이 잘 나지 않았습니다. 예수님은 '너희에게 평강이 있을찌어다' 라고 하셨습니다. 이것은 제자들 안에서 침체된 형제를 예수님께서 위로해주시고 붙들어주심으로 모두 다 하나 되게 하시겠다는 뜻입니다.

그리고 바로 도마에게 말씀하셨습니다.

요한복음 20장 27절

도마에게 이르시되 네 손가락을 이리 내밀어 내 손을 보고 네 손을 내밀어 내 옆구리에 넣어보라 그리하고 믿음 없는 자가 되지 말고 믿는 자가 되라

예수님은 도마가 한 말을 그대로 따라 하셨습니다. 마치 도마가 그 말을 할 때 예수님이 옆에서 듣고 계셨던 것처럼 도마가 말한 것을 다 알고 계셨습니다. 아마 요즘 같으면 제자 중 누가 예수님을 몰래 만나서 도마가 한 말을 고자질한 줄 알 것입니다.

그러나 이러한 현상은 종말의 시대를 살아가는 우리 교회 안에도 일어나는 것입니다. 놀라운 것은 내가 말한 것이 설교 시간에 그대로 나올 때가 많이 있다는 것입니다. 누군가가 내가 말한 것을 일러 준 것처럼 그대로 다 나오는 것입니다.

여기서 도마는 거꾸러지고 말았습니다. 도마는 자기가 얼마나 완벽하며 얼마나 이성적이고 철저한가 생각을 하고 있었습니다. 그러나 예수님은 도마의 모든 생각과 그가 말한 모든 것을 다 알고 계셨습니다. 주님은 지금 우리가 생각하는 것과 말하는 모든 것을 다 듣고 계

시고 알고 계십니다. 아무도 모를 줄 알고 무심코 내뱉은 말들이 예수님의 입에서 그대로 나올 때 우리가 얼마나 부끄럽고 놀라겠습니까?

도마는 그 자리에서 거꾸러지면서 '나의 주시며 나의 하나님이십니다' 라고 고백을 했습니다. '나의 예수님' 이 아니었습니다. '나의 하나님' 이셨습니다.

오늘 우리는 생각하기를 눈으로 보고 손으로 만진 것이야말로 가장 확실하다고 생각합니다. 물론 그럴 수 있습니다. 아마 이 세상에서 우리가 직접 보고 확인한 것 이상으로 정확한 것은 없을 것입니다. 그러나 하나님의 나라는 눈으로 보고 손으로 만질 수 있는 것이 아닙니다. 무조건 말씀만 믿고 받아들이는 것이 최고로 믿음이 좋은 것입니다. 그러면 눈으로 보고 손으로 만진 이상의 능력이 나타나게 됩니다.

예수님은 도마에게 믿음이 없는 자가 되지 말고 믿는 자가 되라고 말씀하셨습니다. 도마는 믿음이 없는 상태에 빠져 있었습니다. 막달라 마리아에게 제자들에게 전하라고 하신 분은 예수님이셨습니다. 그러나 아무도 막달라 마리아의 말을 믿지 않았습니다. 하지만 그래도 다른 제자들은 그 날 오후에는 믿음이 회복되었습니다. 그들은 오후에 다시 모여서 예수님의 말씀을 들을 수 있었고 예수님의 새로운 숨을 마실 수 있었습니다. 그러나 도마는 예수님의 부활을 목격하지 못했기 때문에 무려 팔일 동안이나 신앙이 복구되지 않고 있었습니다.

우리 가정에 가끔 정전 사고가 나면 전력회사에서 한밤중에 와서라도 전기를 복구시켜 놓습니다. 대개 두 시간이나 세 시간 후에 전기가 다시 돌아오면 아쉬운 대로 견딜 수 있지만 일주일 동안 전기가 복구되지 않았을 때에는 우리 생활에 큰 어려움이 따릅니다. 그런데 우리의 신앙이 일주일 이상 침체 되면 어떻게 되겠습니까?

도마의 영적 침체는 일주일이 넘었습니다. 이것은 도마가 거의 신앙인의 모습을 잃고서 그렇게 살았다는 것입니다. 도마가 일주일 동안 기쁨에 충만해서 지냈을 리가 없습니다. 자기도 괴롭고 다른 사람들도 괴롭게 했습니다. 그 이유는 여자가 한 말을 믿지 않았기 때문이었습니다. 반드시 자기 손으로 확인을 해야 믿겠다고 고집을 부렸기 때문입니다.

도마는 예수님이 죽으시고 부활하셨는데도 믿음을 가지는데 실패했습니다. 왜냐하면 그는 예수님의 말씀을 믿지 않았기 때문입니다. 하나님의 나라는 오직 말씀을 믿음으로 전파되는 나라입니다. 그러니까 우리는 아무 것도 없어도 하나님의 말씀만 있으면 되는 것입니다.

예수님은 도마에게 이렇게 말씀하셨습니다.

요한복음 20장 29절

예수께서 가라사대 너는 나를 본 고로 믿느냐? 보지 못하고 믿는 자들은 복 되도다 하시니라

도마가 예수님에 대한 믿음을 회복한 것은 좌우간 예수님을 다시 보았기 때문이었습니다. 도마에게는 이것이 아주 다행이었습니다. 그러나 예수님은 이것은 복된 것이 아니라고 말씀하셨습니다. 왜냐하면 이제는 '아날로그'가 아니라 '디지털' 시대로 바뀌기 때문에 보고 믿는 것은 너무 늦기 때문입니다. 누구든지 이 예수님의 말씀을 믿기만 하면 예수님의 능력이 그대로 나타나게 됩니다. 무엇보다 우리가 예수님을 본 것 이상의 믿음이 생기는 것입니다. 이제 우리는 예수님을 이 눈으로 보는 것이 아니라 믿음의 눈으로 보게 됩니다. 그런데 놀라

운 사실은 이 믿음의 눈으로 보는 것이 눈으로 보는 것보다 훨씬 더 정확하다는 사실입니다.

이제 우리는 우리가 가졌던 모든 고집과 자기 생각의 틀을 깨어야 합니다. 살아계신 주님이 오늘도 우리 모임 가운데 오셔서 평안을 주시고 천국의 숨소리로 우리의 생각과 감정을 새롭게 해주시길 바랍니다.

47 _ 요 21:1-14

153의 기적

기적이라는 것은 우리 주위에서 우리의 상식과 능력을 뛰어넘는 일이 일어나는 것을 말합니다. 예를 들어 의학적으로는 도저히 치료될 수 없는 병인데 이상하게 낫게 되는 경우를 가리켜 기적이라고 할 수 있습니다. 또 사람의 힘으로는 도저히 해결할 수 없는 어려운 문제들이 신앙의 힘으로 해결되는 것도 기적에 속합니다.

저는 어렸을 때부터 오랫동안 신앙생활을 해 왔지만 기적이 일어나는 것을 거의 본 적이 없고 또 기적의 존재도 믿지 않았습니다. 청년기가 되면서 하나님 앞에서 굉장히 기적을 사모했고 또 하나님이 그런 능력을 주시기를 기도를 많이 했지만 그런 능력은 저에게 주어지지 않았습니다. 그래서 저는 어쩔 수 없어서 '아, 이런 기적이나 능력은 나와는 상관이 없는 모양이구나' 생각하고 성경 말씀만 많이 읽고 연구를 했었습니다. 그러다가 하나님의 강권적인 역사에 의해서 직업이나 다른 인간적인 도움은 다 포기하고 오직 말씀만 붙들고 살게 된 적이 있었습니다. 그리고 그런 훈련을 수년 동안 받고 난 후에 교회를 개척하게 되었습니다. 그런데 어려움이 참 많았습니다. 하지만 놀라운 일은 기도하면 기도가 응답되기 시작했습니다. 저는 그것이 우연의 일치인 줄 알았는데 나중에 횟수가 거듭되고 어려운 기도도 많이 응답되면서 기적을 믿게 되었습니다.

저는 대구에 오면서 기적이 많이 나타나기를 기도했습니다. 그러나 처음에는 생각한 것처럼 기적이 많이 나타나지 않았습니다. 그 대신에 주님께서는 우리로 하여금 오로지 하나님의 말씀만 붙들고 기도하게 하셨습니다. 그런데 차츰 놀라운 부흥이 일어나면서 기도의 응답이나 병이 낫는 기적들이 많이 나타나게 되었습니다.

저는 하나님께서 우리를 이런 식으로 인도하신 것에 대하여 진정으로 감사를 드립니다. 왜냐하면 그렇게 하지 않고 무조건 기적이 많이 일어나거나 무조건 병만 많이 나았더라면 우리는 언제나 병이 낫는 것만 사모하고 기적만 사모하고 또 우리 신앙만 자랑했을 가능성이 많습니다. 그러나 우리가 먼저 하나님의 말씀을 사모하고 우리의 심령이 먼저 뜨거워지면서 병도 낫고 기적이 일어나니까 더 하나님을 사랑하게 되고 의지하게 되는 것 같습니다.

우리 많은 성도들은 자기가 믿는 신앙과 이 세상 현실이 너무 달라서 고생을 할 때가 많이 있습니다. 즉 우리가 하나님 앞에서 은혜 받고 축복받을 때에는 이 세상 모든 것이 우리의 소원대로 다 될 것 같은데 실제로 이 세상에서는 여전히 주님은 눈에 보이지 않고 우리가 할 수 있는 것은 아무 것도 없는 것입니다. 그럴때 우리는 실망하게 됩니다.

그러나 예수님은 예배당 안에만 계신 것도 아니고 혹은 예루살렘에만 계신 것도 아니고 더 높은 하늘 보좌 우편에만 계신 것도 아닙니다.

예수님은 오늘 우리가 힘들게 싸우고 있는 생활 현장 가운데 찾아오셔서 우리에게 길을 가르쳐주시고 또 기적의 능력으로 우리를 도우시는 분이신 것입니다. 그런 까닭에 우리는 생활 현장 가운데서 주님의 음성을 잘 들을 수 있어야 합니다.

예수님의 제자들은 예루살렘에서 두 번씩이나 부활하신 예수님을 만났습니다. 두 번다 놀라운 체험이었습니다. 그들은 예수님이 죽으신 후에 시체마저 도둑맞았다고 생각하고 있었는데 예수님은 문이 닫힌 가운데도 제자들을 찾아오셨습니다. '너희에게 평강이 있을찌어다' 라고 하시면서 손의 못자국과 옆구리의 창자국을 보여주셨습니다. 너무나도 영광스러운 체험이었습니다.

그 후에 제자들은 다시 갈릴리로 돌아왔습니다. 제자들이 갈릴리로 돌아온 후에 보니까 그들에게 남아 있는 것은 아무 것도 없었습니다. 제자들은 예수님을 따르느라고 직장도 버리고 배도 버리고 그물도 버리고 모든 것을 다 버리고 예수님을 따랐습니다. 그런데 무엇보다 갈릴리로 돌아온 제자들에게 당장 부딪치는 문제는 생계 문제였습니다. 예수님이 안 계신 지금 누가 제자들의 먹을 것을 해결해 주겠습니까? 그래서 제자들은 어쩔 수 없어서 옛날처럼 다시 고기를 잡으러 갈릴리 호수에 갔습니다. 그러나 밤새 그물을 던졌지만 물고기를 한 마리도 잡히지 않았습니다. 그때 예수님께서 나타나셔서 배 오른편에 그물을 던지라고 하셨는데 그 말씀대로 했더니 그물이 찢어질 정도로 많은 물고기가 잡히게 되었습니다. 여기서 중요한 것은 부활하신 예수님께서는 완전히 제자들을 떠나신 것이 아니라 제자들이 고기 잡는 현장에 찾아오셨다는 것입니다. 그리고 예수님의 말씀 한 마디는 제자들의 모든 어려움을 단번에 해결하는 능력의 말씀이었고 기적의 말씀이었던 것입니다. 예수님은 부활하심으로 제자들만 내팽개치고 하늘로 올라가신 것이 아니라 제자들의 생활 현장인 갈릴리에 다시 찾아오셔서 동일한 능력으로 그들의 어려움을 해결해주신 것입니다.

갈릴리 호수의 일곱 제자

요한복음 21장 1절

그 후에 예수께서 디베랴 바다에서 또 제자들에게 자기를 나타내셨으니 나타내신 일이 이러하니라

여기서 '그 후에' 라는 것은 예수님께서 예루살렘에서 제자들에게 자신을 나타내신 이후를 말합니다. 우리가 여기서 알 수 있는 것은 예수님께서 부활하신 후에는 옛날처럼 제자들과 늘 함께 계셨던 것이 아니고 나타나신 후에는 어디론가 또 가셨던 것입니다. 그래서 결국은 제자들만 남게 되었습니다.

여기에 보면 갈릴리 호수를 '디베랴바다' 라고 부르고 있습니다. '디베랴 바다' 라고 하는 것은 갈릴리 호수의 또 다른 명칭입니다. 아마도 갈릴리의 분봉왕 헤롯 안티파스가 새로운 황제 티베리우스에게 이 도시를 바쳐 잘 보이려고 갈릴리 호수의 이름을 디베랴 바다라고 새로 이름을 지었던 것 같습니다.

그러나 좌우간 이 시대는 새로운 황제의 시대로 접어들고 있었습니다. 전 세계는 로마를 중심으로 해서 격동하고 있었습니다. 그런데 지금 제자들의 입장에서 보면 주님은 부활하셨지만 자기들은 전혀

아무 것도 변한 것이 없는 상태에 있는 것입니다. 제자들이 예루살렘에서 부활하신 주님을 만나고 갈릴리로 왔지만 갈릴리에서는 철저한 가난 외에는 아무 것도 그들을 기다리고 있는 것이 없었습니다. 이미 그들은 처음 예수님을 따를 때 직업을 버렸습니다. 배도 버리고 그물도 버렸습니다. 이제 그들은 언제 또 예수님이 오실지 모르겠지만 자기들끼리 생계 문제나 모든 것을 해결해야 하는 입장에 있었던 것입니다.

이것이 오늘 우리가 예수를 믿으면서 많이 경험하고 있는 어려움들입니다.

성경에서 예수님께서 '무엇이든지 믿고 구하는 것은 다 받을 줄 믿으라' 고 말씀하셨기에 우리는 그 말씀을 믿고 기도를 합니다. 나의 병이 나으며 나의 어머니나 아들의 병이 나을 것을 믿습니다. 우리 집 문제나 사업의 어려움이 해결될 줄 믿습니다. 그러나 실제로우리가 사는 현실 세계인 직장이나 병원에 와 보면 아무 것도 해결이 되어 있지 않은 것을 보게 되는 것입니다. 이럴 때 우리는 어떻게 해야 합니까? 기도한 것은 기도한 것이고 또 현실적인 어려운 문제는 현실적인 문제로 이리 뛰고 저리 뛰면서 몸부림을 쳐야 하는 것입니다.

요한복음 21장 2-3절

시몬 베드로와 디두모라 하는 도마와 갈릴리 가나 사람 나다나엘과 세베대의 아들들과 또 다른 제자 둘이 함께 있더니 시몬 베드로가 나는 물고기 잡으러 가노라 하매 저희가 우리도 함께 가겠다 하고 나가서 배에 올랐으나 이 밤에 아무 것도 잡지 못하였더니 예수님의 제자 일곱 명이 갈릴리 호숫가 어느 집에 머물고 있었습니다.

여기에 보면 시몬 베드로가 가장 먼저 나오고 그 다음에 바로 도마의 이름이 나옵니다. 그리고 나다나엘이 나옵니다. 그리고 그 후에 세베대의 두 아들이 나옵니다. 여기에 가장 먼저 나오는 사람들이 바로 문제가 많은 사람들입니다. 베드로는 예수님이 붙잡히실 때에 예수님을 모른다고 세 번이나 부인을 했었습니다. 도마는 예수님이 부활하시고 난 후에 믿지 못하겠다고 끝까지 버티었던 사람이었습니다. 나다나엘은 예수님이 부활하셨다는 소식을 듣고도 엠마오로 내려가던 그 두 제자 중의 한 사람이었다고 생각합니다. 그러니까 여기 앞에 있는 세 사람은 예수님이 죽으시고 부활하시는 가장 중요한 순간에 믿음에 굳게 서지 못하고 불신앙에 빠졌던 사람들이었습니다. 그런데 이 사람들의 이름이 가장 먼저 기록되어 있습니다. 그 이유는 아마도 이 세 사람이 부활하신 예수님을 보고 은혜를 많이 받았고 믿음으로 살려고 굳게 결심을 했기 때문이 아닌가 생각됩니다. 좌우간 한때는 믿음이 흔들렸던 자들이 부활하신 예수님을 만나고 난 후에는 다른데 가지 않고 다른 제자들과 같이 자리를 지키고 있었다는 것을 알게 됩니다.

그런데 그때 갑자기 베드로가 자기는 물고기를 잡으러 가겠다고 말을 합니다. 그러니까 다른 제자들도 선뜻 '우리도 물고기를 잡으러 가겠다' 고 해서 제자들은 다같이 옛날의 직업으로 돌아가게 되었습니다. 이때 중요한 것은 도대체 왜 갑자기 베드로가 물고기를 잡으러 가겠다고 했을까 하는 것입니다

어떤 사람들은 베드로가 너무 신앙적으로 침체가 되어서 예수님이 부활하신 후에도 옛날 직업으로 돌아가려고 했다고 생각합니다. 거기

에 비해서 어떤 사람들은 베드로가 그냥 우리가 무료하게 있는 것보다는 물고기나 잡으면서 유익하게 시간을 보내는 것이 낫다고 생각했다고 봅니다. 거기에 비해서 제 생각으로는 베드로가 갑자기 고기를 잡으러 가겠다고 말한 것과 다른 제자들이 거기에 선뜻 동의한 것을 보면 그들의 사정이 고기를 잡으러 갈 수 밖에 없는 사정이었다고 생각합니다. 즉 제자들이 갈릴리로 온 후에 경제적인 어려움이 있었던 것입니다.

예수님께서 살아계신 동안에는 예수님께서 먹을 것을 다 책임져 주셨습니다. 물고기 두 마리로 오천 명을 먹이는 능력을 행하기도 하시고 또 예수님을 위해서 헌금을 바치는 사람들도 있었습니다. 그러나 예수님이 부활하시고 그들을 떠난 후에 누가 오병이어의 기적을 행하며 누가 예수님의 제자들에게 먹을 것을 갖다 주겠습니까? 그럼에도 불구하고 다른 제자들은 가만히 서로의 눈치만 보고 있는데 베드로는 무엇인가 해야 되겠다고 생각해서 결단을 내린 것입니다. 즉 이제는 우리가 우리의 먹을 것을 해결해야 하니까 우리가 할 수 있는 것은 옛날의 고기 잡는 기술을 살려서 고기를 잡아서 파는 수밖에 없다고 생각한 것입니다.

무엇보다 지금 베드로와 다른 제자들이 생각하고 있는 것은 예수님이 부활하신 것은 참 좋은 일이지만 예수님은 부활하셔서 자기들을 떠나셨다고 생각하고 있는 것입니다. 이제 제자들은 자기들의 먹고 사는 문제를 자기들이 해결해야 한다고 생각했습니다. 그러니까 베드로와 다른 제자들은 용감하게 옛날 직업으로 돌아가게 된 것입니다.

우리가 제자들의 입장이라면 어떻게 하시겠습니까? '예수님은 부활하셔서 어디론가 가셨지만 우리의 모든 것을 다 알고 계신다. 그런 까닭에 우리는 예수님이 뭐라고 하실 때까지 이대로 가만히 있어야 한다' 라고 생각하시겠습니까? 아니면 '아무리 예수님이 부활하셨지만 우리 문제는 우리가 해결해야 하니까 지금이라도 내가 할 수 있는 최선의 방법을 다 해봐야 한다' 고 생각하시겠습니까?

특히 도마는 이미 부활하신 예수님의 능력을 체험해 본 적이 있습니다. 도마가 다른 제자들이 우리가 주님을 만났다고 하니까 도마가 뭐라고 이야기를 했습니까? '나는 내 손가락을 그 손의 못자국에 넣어보지 않고 또 내 손을 옆구리에 넣어보지 않고는 믿지 않겠노라' 고 했습니다. 예수님께서는 그 후에 찾아오셔서 도마가 한 말을 그대로 하셨습니다. 예수님은 도마에게 '네 손가락을 이리 내밀어 내 손을 만져보고 네 손을 내밀어 내 옆구리에 넣어보라' 고 하셨습니다. 예수님께서는 제자들과 함께 계시지는 않으셨지만 그들의 대화를 다 듣고 계셨고 그들의 사정을 다 알고 계셨습니다.

그것이 사실이라면 제자들은 무슨 행동을 하기 전에 예수님을 상대로 말을 했어야 합니다. '예수님, 저희들의 눈에는 보이지 않지만 저희들을 보고 계시며 저희들의 말을 다 듣고 계시지요? 지금 저희들이 갈릴리로 와 보니까 아무 것도 먹을 것이 없고 도저히 생활할 수가 없는데 어떻게 할까요?' 이렇게 예수님의 도움을 요청하고 기도했다면 얼마나 좋을까요?

그러나 아직 제자들은 예수님의 부활을 두 번씩이나 보고 난 후에도 예수님이 안계시면 자기들이 무엇인가를 해결해야 한다고 생각을 했습니다.

우리가 인간적으로 생각해 보면 베드로나 다른 제자들의 결단이 대단히 용기가 있는 것 같습니다. 이들은 먹을 것과 돈이 없다고 멍청하게 누군가가 해결해주기를 기다린 것이 아니라 스스로 자기들이 할 수 있는 것을 최선을 다해서 하려고 했던 것입니다. 물론 우리에게 때로는 이런 적극적인 자세가 매우 필요할 때도 있습니다. 그러나 예수님께서 부활하신 직후 제자들이 다시 갈릴리에서 모였을 때 그들이 가장 먼저 걱정해야 할 것이 과연 먹을 것을 해결하는 것이었을까요? 밤새 나가서 물고기를 잡아서 파는 것이었을까요? 왜 예수님께서는 제자들에게 갈릴리에서 너희들을 다시 만나겠다고 하셨을까요? 갈릴리는 제자들이 예수님을 처음 만난 곳이었습니다. 제자들은 갈릴리에서 예수님의 말씀을 듣고 기적을 체험하면서 엄청난 부흥을 경험을 했습니다. 그러다가 그들은 예루살렘에서 예수님이 왕이 되실 줄 기대하고 예루살렘에 올라갔다가 너무 엄청난 비극을 겪은 것입니다. 제자들은 예수님의 죽음을 통해 신앙에 있어서는 타격을 당했습니다. 그렇기 때문에 예수님께서는 다시 제자들을 갈릴리에서 만나셔서 옛날의 첫사랑을 회복시켜 주시고 옛날의 그 은혜를 되찾게 해주시려는 것입니다. 그런데 제자들에게는 먹는 것이 언제나 걱정이었습니다.

우리가 오랫동안 세상에서 먹고 사는 문제로 시달리게 되면 옛날의 열정과 신앙을 다 잃어버리게 됩니다. 그러면 어디로 가야 옛날의 신앙과 열정을 되찾겠습니까? 옛날의 은혜 받았던 그 현장으로 다시 가야 하는 것입니다.

사람들은 자기 나름대로 은혜 받았던 곳이 있을 것입니다. 새벽 기도에 은혜 받았던 사람도 있을 것이고 금요일 기도에 은혜 받았던 사람도 있을 것이며 수련회에서 은혜 받았던 사람도 있을 것입니다. 그러나 많은 경우 그곳을 찾아간다고 해서 자동적으로 은혜가 되살아나는 것은 아닙니다. 왜냐하면 장소도 바뀌었고 사람들도 다 바뀌었고 무엇보다 내 자신이 변했기 때문입니다. 그러나 처음 주님을 만났던 그 심정으로 돌아가면 됩니다.

처음에 너무나도 비참한 상태에 있었고 하나님의 은혜에 주리고 목말랐으며 도저히 기도할 자신이 없어서 혼자서 눈물만 흘리던 그 심정으로 돌아가면 얼마든지 주님을 다시 만날 수가 있는 것입니다. 그러나 베드로나 다른 제자들은 일단 먹는 문제부터 해결해 놓고 주님을 만나자고 생각한 것 같습니다. 그래서 제자들은 다같이 고기 잡으러 호수로 나갔습니다. 아마 배도 빌린 것 같고 그물도 빌린 것 같습니다.

그러나 밤새도록 그물을 던졌지만 단 한 마리의 물고기도 잡히지 않았습니다.

요한복음 21장 3절

시몬 베드로가 나는 물고기 잡으러 가노라 하매 저희가 우리도 함께 가겠다 하고 나가서 배에 올랐으나 이 밤에 아무 것도 잡지 못하였더니

물고기들은 냉정했습니다. 제자들은 밤새 그물을 던졌지만 물고기들은 단 한 마리도 잡혀주지 않았습니다.

지금 제자들은 예수님의 부활을 목격한 사람들입니다. 이들은 모두 예루살렘에서 온 천지의 주인이신 예수님을 만나고 은혜 받고 온 사람들입니다. 이 사람들은 이제 고기를 잡은 후에 또 예수님을 만나서 하나님의 일을 하려고 하는 사람들입니다. 그러나 물고기는 한 마리도 잡혀주지 않았습니다. 이것이 바로 제자들이 갈릴리에서 경험한 것이었습니다.

우리가 아무리 하나님 앞에서 은혜를 받고 능력을 받고 귀한 체험을

했어도 세상 사람들은 아무도 우리를 알아주지 않습니다. 오히려 우리가 귀한 체험을 했다고 떠들면 떠들수록 더 우리를 미쳤다고 할 것입니다. 이 세상은 예수님의 부활을 믿지도 않지만 예수님이 부활하신 후에도 아무 것도 변하지 않았습니다. 역시 이 세상은 세상의 법칙대로 돌아갈 뿐인 것입니다.

여기서 우리가 할 수 있는 것이 무엇일까요? 우리의 신앙이 통하지 않는 이 세상에서 우리가 할 수 있는 것이 무엇이겠습니까? 우리가 할 수 있는 것은 아무 것도 없습니다. 제자들이 이것을 빨리 인정을 했어야 합니다. 그들이 아무리 옛날 실력을 발휘해서 고기를 잡으려고 했지만 고기는 전혀 잡히지 않았습니다.

예수님이 찾아오심

예수님은 갈릴리 호수에서 밤새 그물을 던졌지만 고기를 한 마리도 잡지 못하고 고생하고 있는 제자들을 찾아오셨습니다. 그러나 제자들은 예수님을 알아보지 못했습니다.

요한복음 21장 4절

날이 새어갈 때에 예수께서 바닷가에 서셨으나 제자들이 예수신줄 알지 못하는지라

아마 아직 날이 밝지 않고 좀 어둑어둑 했기 때문에 제자들이 예수님을 몰라볼 수도 있었을 것입니다. 그러나 더 중요한 것은 제자들은

그 시간에 예수님이 그 장소에 나타나실 줄 전혀 예상을 하지 못하고 있었던 것입니다.

아마 제자들은 부활하신 예수님이라면 성전이라든지 아니면 왕궁 같은 데를 찾아오시지 제자들이 배를 빌리고 그물을 빌려서 고기를 잡는 그 시시한 시골구석에 오실 것이라고는 전혀 생각을 하지 못했던 것 같습니다. 그래서 예수님이 오셨지만 제자들은 예수님인 줄 몰랐습니다.

예수님은 우리들을 찾아오십니다. 예수님은 교회에만 찾아오시는 것이 아니라 공장에도 찾아오시고 장사하는 곳에도 찾아오시고 수술하는 곳에도 찾아오십니다. 그러나 우리는 예수님이 오신 줄을 모르고 나의 힘으로, 우리의 힘으로 어려움을 해결하려고 애를 쓰고 있는 것입니다.

그때 예수님께서 제자들에게 물어보셨습니다.

요한복음 21장 5절

예수께서 이르시되 얘들아! 너희에게 고기가 있느냐? 대답하되 없나이다

여기서 이상한 것은 예수님은 왜 제자들을 '얘들' 이라고 불렀을까요?

여기서 예수님께서 제자들을 부르신 '파이디아' 라는 말은 정말 작은 아이를 말하는 것입니다. 분명히 제자들은 아이들은 아니었습니다. 그들은 다 큰 어른들이었고 자신의 문제는 스스로 해결할 수가 있는 나이에 있는 사람들이었습니다. 그러나 예수님에게는 제자들이 아무리 나이가 많이 들고 경험이 많아도 '아이들' 에 불과했습니다. 그래

서 제자들은 예수님이 자기들을 '얘들' 이라고 불렀을 때 예수님을 주의해서 봤어야 합니다. 그러나 제자들은 그 말을 주의 깊게 생각하지 않고 고기만 많이 잡지 못한 것에 마음이 빼앗겨 있어서 '잡은 것이 없소' 라고만 대답을 했던 것입니다.

우리는 다른 사람들이 우리를 부르는 칭호에서 많은 것을 느낄 수 있습니다. 엄마가 아이들을 부르는 소리가 다양합니다. 아이들은 그 다양한 부름을 통해서 지금 엄마가 나에게 무엇을 요구하며 무엇을 시키려고 하는지 알 수 있습니다. 대개 아들의 이름을 정식으로 다 부를 때에는 야단을 치려고 하는 것입니다. 그리고 무엇인가 부드럽고 친절하게 부르실 때에는 심부름을 시키려고 하는 것입니다. 그리고 무엇인가 좋을 것을 주려고 하실 때에는 애칭을 부를 때가 많을 것입니다.

예수님께서 제자들에게 '얘들아' 라고 불렀을 때 그 음성 속에는 '너희들은 내가 부활하고 난 후에 너희들을 떠났다고 생각하는데 결코 그렇지 않다. 너희들은 나의 도움 없이는 아무 것도 할 수 없는 어린아이들과 같다. 이제 내가 너의 고민과 어려움을 해결해주겠다' 고 하시는 것입니다.

그러나 제자들은 지금 고기에 너무 정신이 팔려 있었기 때문에 예수님의 이 부르시는 음성을 놓쳤던 것입니다. '예들아' 는 듣지 못하고 '고기 잡은 것이 있느냐?' 하는 소리만 들렸던 것입니다.

우리는 이 시간 '얘야!' 라고 부르시는 주님의 음성을 들어야 하겠습니다.

'얘야!' '작년에도 돈 벌려고 엄청나게 쫓아다녔지 그래 돈을 얼마나 벌었느냐?' 라는 소리가 들려야 합니다.

'얘야! 작년에도 시험 공부하느라고 예배 빼먹고 많이 좇아다녔지? 그래 좀 성적이 올랐느냐?' 하는 소리가 들려야 합니다.

'얘야! 작년에 결혼해 보겠다고 이 사람 저 사람 많이 좇아다녔지? 그래 좀 낚은 사람이 있느냐? 하는 소리가 귀에 들려야 합니다.

예수님이 우리에게 '얘야!' 라고 부르실 때에 우리는 우리 힘으로는 아무 것도 할 수 없다는 것을 예수님은 아시고 하시는 말씀입니다. 사실 우리는 이 세상에서 우리 힘으로 아무 것도 할 수가 없는 어린 아이들입니다. 심지어 우리는 제자들 같이 옛날 직업으로 돌아가고 옛날 전공으로 돌아가고 옛날 직장을 찾아가서 좀 써 달라고 해도 아무도 우리를 반겨주지 않는 것입니다. 그러면 도대체 우리는 어떻게 해야 합니까? 부활하신 주님이 능력이 있으시다는 것을 믿어야 합니다. 이제는 내가 살려고 이리 뛰고 저리 뛰는 것이 아니라 주님이 나에게 하시는 말씀을 들을 수 있어야 합니다.

예수님은 베드로에게 무엇이라고 말씀하셨습니까?

요한복음 21장 6절

가라사대 그물을 배 오른편에 던지라. 그리하면 얻으리라 하신대 이에 던졌더니 고기가 많아 그물을 들 수 없더라

예수님은 베드로에게 배 오른 편에 그물을 던지라고 말씀하셨습니다. 베드로는 지금 누군지도 모르는 사람이 호숫가에 서서 여기 던지라, 저기 던지라고 훈수를 두고 있는데 성질 같아서는 도저히 그 사람의 말을 들을 수가 없을 것입니다. 그러나 베드로는 누군지도 모르는 사람의 말을 듣고 순종했는데 단 한 번의 그물로 그물이 찢어질 정도

로 많은 고기를 잡았습니다.

이것이 바로 부활하신 예수님의 말씀의 능력이었습니다. 바로 이 체험이 제자들과 우리들에게는 너무나도 중요한 것입니다. 어쩌면 예수님께서는 바로 이 깨달음을 주시기 위해서 일부러 제자들이 디베랴바다에 고기를 잡으러 가는 것을 알면서도 내버려 두셨을지 모릅니다. 예수님이 부활하신 지금 제자들은 옛날의 경험이나 기억을 되살려 돈이나 벌려고 해서는 안됩니다. 지금 제자들에게 중요한 것은 예수님의 음성을 듣는 것입니다.

왜냐하면 부활하신 예수님의 음성 한 마디 한 마디가 바로 기적이요 능력이요 축복이기 때문입니다. 이제는 우리의 모든 생각과 우리의 모든 토론을 중단해야 합니다. 이제 우리가 해야 할 것은 열심히 주님의 음성을 듣는 것입니다. 오른쪽으로 던지라고 하시면 오른쪽으로 던지면 되는 것이고 왼쪽으로 가라고 하면 왼쪽으로 가면 되는 것입니다. 여기에 다른 말은 일체 필요가 없는 것입니다. 베드로는 밤새 그물을 던졌지만 고기를 한 마리도 잡지 못했는데 예수님의 단 한마디의 말씀에 순종하니까 그물이 찢어질 정도로 고기를 잡았습니다.

베드로와 예수님의 만남

요한복음 21장 7절

예수의 사랑하시는 그 제자가 베드로에게 이르되 주시라 하니 시몬 베드로가 벗고 있다가 주라 하는 말을 듣고 겉옷을 두른 후에 바다로 뛰어 내리더라

많은 물고기가 잡혔을 때 예수님의 사랑하시던 제자 요한이 가장 먼저 영안이 떠진 것 같았습니다. 요한은 예수님을 알아보고 베드로에게 '주님이다!' 라고 외쳤습니다. 그 말을 듣고 베드로는 그 자리에서 겉옷을 입고 물에 뛰어 들어서 예수님께 왔습니다. 아마 헤엄을 치려면 옷을 벗고 헤엄을 쳐야 할 것 같은데 베드로는 도로 옷을 입고 물로 뛰어 들었습니다. 왜 그랬을까요? 갑자기 예수님 이야기를 들으니까 예의를 차리고 싶어졌을까요? 부활하신 예수님을 웃통을 벗고 만나서는 안 된다고 생각했을까요? 이것은 베드로가 처음 예수님을 만났을 때 그가 한 말이 있었기 때문입니다.

베드로가 예수님의 말씀을 듣고 물고기를 많이 잡은 것은 이번이 처음이 아니었습니다. 베드로는 삼년 전에 예수님을 만날 때 이와 비슷한 체험을 한 적이 있었습니다. 누가복음 5장에 보면 이 사건이 기록이 되었습니다. 그런데 오늘 본문의 사건과 누가복음 5 장의 사건이 너무 비슷하기 때문에 사람들 중에서는 동일한 사건이 두 번 기록이 되었을 것이라고 추측하는 사람도 있습니다. 그러나 전체적으로는 비슷한 것 같은데 세부적으로는 차이가 있는 다른 사건인 것이 분명합니다.

누가 복음 5장의 사건은 베드로가 처음 예수님의 부름을 받을 때였습니다.

베드로는 그때도 밤새 고기를 잡으려고 그물을 던졌는데 고기는 한 마리도 잡지 못했습니다. 그 때 예수님은 베드로의 배를 빌려서 몰려온 사람들에게 하나님의 말씀을 전하셨습니다. 베드로는 그 바람에 계획에 차질이 생기게 되었습니다. 베드로는 낮에 그물을 씻어서 말려야 또 저녁에 고기를 잡으러 나갈 수가 있는 것입니다. 그런데 예수님의 설교를 듣느라고 그물을 씻을 시간을 다 놓쳐버리고 말았습니다. 그때 예수님께서는 베드로에게 깊은 곳에 가서 그물을 던지라고 말씀하셨습니다.

이때 베드로가 한 말은 아주 의미심장한 말입니다.

누가복음 5장 5절

주여, 우리가 밤이 맞도록 수고하였어도 얻은 것이 없지만 말씀에 의지하여 그물을 내리이이다

이 말이 도대체 무슨 뜻입니까? 우리는 이미 밤새도록 이 부근에 그물을 던져보았다는 것입니다. 그러나 오늘 적어도 이 부근에는 깊은 곳이나 낮은 곳이나 고기를 없다는 뜻입니다. 무엇보다 베드로는 여기서 고기를 잡으면서 잔뼈가 굵은 사람입니다. 즉 고기 잡는데 있어서는 전문가인 것입니다. 그런데 예수님은 목수 아닙니까? 목수가 고기 잡는데 알면 무엇을 얼마나 알겠습니까? 사실 그때 베드로는 예수님이 뭐라고 하시니까 기분이 조금 나빠지려고 하고 있었습니다. 그러나 말씀을 듣고는 예수님에 대한 믿음이 조금 생겼기 때문에 억지로라도 순종을 했습니다. 만약 베드로가 예수님의 말씀을 듣지 않았더라면 절대로 그물을 던질 리가 없는 것입니다. 그나마 말씀을 듣고 예수님에 대한 믿음이 생겨서 그물을 던졌습니다. 그런데 그 결과는 그물이 찢어질 정도의 많은 고기가 잡혔습니다. 베드로는 전문가인데 전문가가 밤새 한 마리도 잡지 못했는데 예수님의 단 한 마디의 말로 엄청난 고기를 잡은 것입니다. 이것은 전문가가 아니면 절대로 이해를 하지 못하는 영역입니다. 자기가 최고라고 생각했는데 밤새 풀지 못하

는 문제를 상대방은 전혀 전문가가 아닌 것 같은데 한 마디로 해결해 버렸을 때 완전히 손을 들게 되는 것입니다. 어떤 사람이 자기를 컴퓨터 천재라고 생각하고 밤새 어떤 문제를 가지고 씨름해도 풀지 못했는데 전혀 컴퓨터를 모를 것 같은 사람이 딱 한 마디로 풀어버렸을 때 그 충격은 본인만 알 것입니다.

우리는 이 세상에서 자신이 전문가라고 생각할 때가 많습니다. 그러나 예수님은 전문가 위의 전문가이십니다. 전문가가 아무리 머리를 싸매고 애를 써도 풀지 못하는 것을 예수님은 말씀 한 마디로 다 풀 수 있으십니다.

그러니까 제자들은 자기들이 고기를 잡으려고 배를 빌리고 그물을 빌릴 것이 아니라 예수님이 나타나셔서 말씀하시는 것만 들으면 되는 것입니다.

베드로는 처음 예수님의 능력을 보고 예수님 앞에 무릎을 꿇고 '주여, 나를 떠나소서. 나는 죄인이로소이다.' 라고 고백을 했습니다. 왜 자기가 죄인이라고 고백을 합니까? 그리고 왜 자기를 떠나라고 말씀을 합니까? 자기가 멋도 모르고 예수님 앞에서 잘난 체하고 예수님을 무시하고 예수님을 인정하지 않았던 것이 부끄러웠던 것입니다. 예수님께서 깊은 곳에 그물을 던지라고 하실 때에도 마음 한 구석에서는 예수님을 조롱하고 비웃으면서 억지로 순종을 했던 것입니다. 하지만 이제 예수님 앞에서 베드로는 설 곳이 없었습니다. 지금까지는 멋도 모르는 사람들 앞에서 잘난 체하고 뽐내면서 살아왔는데 이제 모든 것을 다 아시는 예수님 앞에서 무엇을 하겠습니까? 베드로의 영역이 없어져버린 것입니다.

그때 예수님께서는 베드로에게 '내가 너로 사람을 낚는 어부가 되게 하겠다' 고 약속하셨습니다. 그러자 베드로는 말씀 한 마디로 자기는 상상할 수도 없는 고기를 잡으시는 예수님을 무조건 믿고 따랐습니다. 다시는 먹는 것이나 입는 것이나 다른 것은 일체 걱정하지 않고 오직 사람을 낚는 어부만 되겠다고 결심을 했던 것입니다.

그런데 지금 예수님께서 삼년 전에 행하셨던 것과 비슷한 것을 행하고 계신 것입니다. 이것은 그냥 하신 것이 아니고 베드로에게 삼년 전의 자신과 지금의 자신을 비교해보라는 뜻인 것입니다. 즉 예수님은 아무 말씀하시지 않고 삼년 전에 행하셨던 기적을 다시 행하심으로 베드로가 삼년 전에 처음 주님을 만났을 때 가졌던 생각, 그리고 그 열정과 지금 그가 염려하고 걱정하고 있는 것들을 비교해보라는 뜻인 것입니다.

삼년 전에 베드로는 예수님의 능력을 보고 모든 염려를 버리고 예수님을 따랐습니다. 그 동안 많은 기적을 보았습니다. 그리고 엄청난 말씀을 들었습니다. 그리고 예수님이 죽으셨다가 살아나시는 것을 직접 보았습니다. 두 번씩이나 보았습니다. 그러나 여전히 베드로는 지금 먹는 것을 걱정하고 있는 것입니다. 예수님은 아무 말 없이 베드로에게 '베드로야 너는 그동안 얼마나 변했느냐?' 하는 것을 질문하고 계신 것입니다. '베드로야, 너는 왜 그렇게 변한 것이 없느냐? 너는 왜 오히려 그 뜨거운 첫 사랑을 잃어버렸느냐? 왜 너는 지금 고기 잡는 일에만 빠져 있느냐?' 하는 것입니다.

베드로는 그것을 안 것입니다. 그는 처음 은혜를 받았을 때 다시는 이 옷을 벗지 않고 다시는 고기 잡는데 빠지지 않고 오직 사람만 낚는 어부가 되겠다고 결심을 했는데 다시 고기 낚는 어부가 되어 있는 것입니다. 그래서 다시 예수님 앞에 겉옷을 입고 다시 사명을 감당하려고 겉옷을 두른 채로 물에 뛰어 내렸던 것입니다.

우리는 삼 년 전의 자신과 지금의 자신을 비교해 보아야 합니다. 그 때의 그 결심, 그때의 그 열정은 어디에 가고 돈 걱정만 하고 있는지 생각해 보아야 합니다. 그리고 벗어 놓은 겉옷을 도로 입고 주님 앞에 서야 할 것입니다.

우리는 예수님이 부활하신 후에 우리를 떠나셨다고 생각할 때가 많습니다. 예수님은 눈에 보이지 않기에 내 문제는 내 힘으로 해결해야 한다고 해서 이리 뛰고 저리 뛸 때가 많습니다. 그러나 내 힘으로 아무리 뛰어도 고기는 잡히지 않습니다. 중요한 것은 부활하신 주님을 나에게 모셔야 합니다. 그리고 주님이 나에게 말씀하시게 해야 합니다. 우리는 주님이 나를 '얘' 라고 부르는 소리를 들을 수 있어야 합니다. 지금까지 길을 마련하느라고 열심히 뛰어다녔지만 아무 성과가 없었던 것을 주님 앞에 인정을 해야 합니다. 그리고 그 동안 벗었던 옷을 다시 입어야 합니다.

제자들이 잡았던 물고기 숫자를 헤아려보니까 일백 쉰 세 마리였습니다. 어떤 사람들은 153의 숫자에 무슨 의미가 있을 것이라고 생각해서 풀어보려고 많이 애를 썼습니다. 그러나 이것은 그냥 잡힌 물고기의 숫자일 뿐입니다.

그러나 중요한 기록입니다. 우리가 주님의 말씀을 듣고 순종할 때 엉뚱하게 보일지 몰라도 기적이 일어나게 됩니다. 그 기적의 숫자가 153인 것입니다.

그런데 성경에는 그물이 찢어지지 않았다고 강조하고 있습니다. 이것은 다른 말로 표현하면 정상적으로는 찢어졌어야 한다는 뜻입니다. 그 그물은 몇 십 마리 이상은 절대로 잡을 수 없는 그물이었던 것입니다. 그러나 예수님은 그물이 찢어지지 않게 하셔서 제자들의 수고가 헛되지 않게 하셨습니다. 주님이 허락하시지 않으시면 우리가 아무리 돈을 벌어도 그물이 찢어질 것입니다. 돈지갑이 터져서 돈이 새버릴 것입니다. 주님이 그물을 지켜주셔야 합니다. 이제 우리가 모두 '얘들' 이라는 것을 인정합시다. 우리의 생각과 우리의 계획을 중단하고 주님의 음성을 듣기위해 노력합시다. 여러분의 삶에 153의 기적이 나타나기를 바랍니다.

Exposition of John

48 _ 요 21:15-25

네가 나를 사랑하느냐

가끔 학교 교무실이나 교실 옆에서 잘못을 행한 학생들이 선생님에게 야단맞는 모습을 볼 때가 있습니다. 선생님은 잔뜩 화가 나셔서 상기된 얼굴로 소리를 지르시고 학생은 무엇을 잘못했는지 몰라도 고개를 푹 숙이고 가만히 있습니다. 이때 학생의 바람은 아마 어서 '이 시간만 지나가기만 해라'는 심정일 것입니다. 대개 이런 식의 책망은 일방적인 의사소통의 방식이기 때문에 어른은 주로 화풀이를 하고 학생은 야단을 맞는 것으로 끝나게 됩니다. 그러나 우리는 가끔 선생님이나 학생이 단 둘이서 굉장히 진지하게 대화를 나누는데 야단치는 것도 아니고 일방적으로 한 사람이 말하는 것도 아니고 오히려 학생의 입장에서 흥미를 보이면서 적극적으로 대화를 하는 모습을 볼 수 있을 것입니다. 사실 사람들은 어느 누구나 자신의 문제에 대하여는 관심을 가지게 되어 있습니다. 집에서 아이를 키워보면 아무리 어린 아이라 하더라도 어른들이 자기에 대한 이야기를 나누면 '나에 대하여 도대체 무엇이라고 말을 하나?' 고 해서 눈을 반짝이면서 집중해서 이야기를 듣는 모습을 보게 될 것입니다. 그러나 대개 자기 자신에 대하여 이야기를 하는데도 전혀 이야기를 들으려고 하지 않는 것은 자기 이야기는 하나도 들어주지 아니하고 너무 일방적으로만 야단을 치기 때문에 흥미가 생기지 않는 것입니다.

그리스도인들은 육신의 연약함 때문에 실패할 때가 많습니다. 예수님께서는 겟세마네 동산에서 제자들에게 '마음은 원이로되 육신이 약하도다.' 라고 말씀하신 적이 있습니다. 우리는 신앙 생활하면서 이 말씀처럼 더 마음에 절실하게 와 닿는 때가 없을 것입니다. 우리 마음은 기도하고 싶고 우리는 늘 성령 충만하고 하나님의 말씀대로 순종해서 살고 싶지만 이 육신 때문에 혈기를 부리게 되기도 하고 거짓말을 하게 되기도 하고 하나님이 싫어하시는 죄를 짓고 말 때도 많습니다. 그런데 우리가 이런 식으로 육신에 져서 죄를 지었을 때 이미 우리 마음은 가만히 있는 것이 아니라 나쁜 쪽으로 발전하기 시작합니다. 처음에는 죄를 지었기 때문에 하나님에 대하여 미안한 마음을 가지게 됩니다. 그러다가 시간이 지나면서 자신을 미워하고 하나님을 원망하는 마음이 생기게 됩니다. 그러다가 조금 더 시간이 지나면 비관적이 되거나 냉소적으로 변하게 됩니다. 이것은 마치 고무줄이 처음에 당겼다가 놓으면 원상으로 회복이 되지만 자꾸 당겼다 놓으면 늘어져서 잘 회복되지 않다가 나중에는 아예 끊어져버리는 것과 비슷합니다.

마음이 이렇게 굳어지게 되었을 때에는 아무리 좋은 말씀을 들어도 마음에 은혜가 되지 않습니다. 이때 우리는 주님을 개인적으로 만날 필요가 있습니다.

오늘 말씀은 예수님이 부활하신 후에 베드로를 개인적으로 만나신 내용을 기록하고 있습니다. 십자가에 못 박혀 죽으신 예수님이 살아나셨으니까 베드로의 마음이 얼마나 기쁘겠습니까? 그러나 베드로의 마음속에는 무엇인가 말로는 잘 표현할 수 없는 답답함이 있었습니다. 예수님에게도 이런 답답함이 있었습니다. 베드로는 예수님이 붙잡히실 때 예수님을 모른다고 세 번씩이나 부인을 했습니다. 그리고 그 후부터 베드로의 마음속에는 무엇인가가 좋지 않은 변화가 일어나게 되었습니다. 처음에는 주님과 다른 제자들에 대한 미안한 마음이 생기다가 나중에는 자기 자신이 누군지 도무지 알 수 없는 자포자기한 상태가 생기게 된 것입니다.

베드로는 지금 심한 정체성의 혼란을 겪고 있습니다. 나는 도대체 누구인가? 나는 지금도 예수님의 제자라고 할 수 있을까? 아니면 이제부터는 고기를 잡는 어부로 돌아가야 하나? '나를 따라 오너라. 내가 너로 사람을 낚는 어부가 되게 하리라' 고 하셨던 예수님의 부르심은 지금도 유효한 것일까? 아니면 나는 이제 제자들의 모임에서 빠져야 하는가? 하는 것이었습니다.

이때 예수님은 개인적으로 베드로를 만나주셨습니다. 그리고 베드로와 예수님 사이에 진지한 대화가 있었습니다. 이것은 일방적으로 주님이 베드로를 야단치시고 베드로는 고개를 푹 숙이고 눈물 흘리는 그런 대화가 아니었습니다.

우리가 이것을 볼 때 사람이 마음 문을 열고 대화를 나눈다는 것이 얼마나 어려운 일인지 알 수 있습니다. 일단 마음 문이 열리지 않은 상태에서는 아무리 좋은 이야기를 해도 전혀 귀에 들어오지 않습니다. 그러나 예수님은 탁월한 상담자였습니다. 예수님은 무조건 베드로를 야단치거나 몰아붙이지 않으셨습니다. 예수님은 베드로의 마음속에 있는 작은 믿음을 고백하게 하심으로 무서운 침체에서 벗어나게 하셨습니다.

예수님은 베드로에게 다른 것은 묻지 않으시고 오직 '네가 나를 사랑하느냐?' 하는 것만 물으셨습니다. 이것은 '오직 주님이 내 죄를 대신해서 죽으신 것을 믿느냐?' 는 뜻입니다. 우리는 이것만 믿으면 모든 어려움과 침체에서 벗어날 수 있습니다.

예수님의 질문

지금 예수님의 제자들 중에서 가장 도움이 필요한 사람은 바로 베드로였습니다. 베드로는 예수님이 붙들리실 때 예수님을 모른다고 세 번 부인한 후 지금까지도 심한 후유증을 앓고 있었습니다. 예수님은 부활하셨지만 베드로의 마음은 죄책감에서 벗어나지 못하고 있었습니다.

이것이 바로 양심이 가지는 문제입니다. 양심은 자기 자신의 죄가 직접 해결되었다는 증거가 있기 전에는 결코 그 사람을 풀어 놓지 않습니다. 예수님께서 십자가 위에서 못 박혀 죽은 것은 우리 모두의 죄를 위해서입니다. 그 죄에는 물론 베드로의 죄도 포함되어 있습니다. 그러나 베드로에게는 아직 그 십자가의 은혜가 전달되지 않고 있습니다. 그 이유는 베드로의 마음속에 죄책감과 수치심이 너무 커서 주님의 은혜를 막고 있었기 때문입니다.

이때 주님은 베드로를 찾아오셔서 만나주셨습니다. 예수님은 베드로에게 무조건 '내가 여전히 너를 사랑하며 너의 모든 죄는 다 용서되었으니까 용기를 내어라' 고 위로하시지 않으셨습니다. 주님은 베드로에게 질문하셨습니다.

요한복음 21장 15절

저희가 조반 먹은 후에 예수께서 시몬 베드로에게 이르시되 요한의 아들 시몬아 네가 이 사람들보다 나를 더 사랑하느냐 하시니

예수님은 베드로에게 '베드로야' 라고 부르시지 않으셨습니다. '요한의 아들 시몬아' 라고 부르셨습니다. 여기서 '베드로' 라는 이름은 베드로가 예수님을 만난 후에 예수님이 새로 지어주신 이름입니다. '요한의 아들 시몬' 은 자연인 베드로 그 자신인 것입니다.

예수님은 낙심해 있는 베드로에게 '내가 너를 사랑한다.' 라고 말씀하시지 않고 '네가 나를 사랑하느냐?' 고 질문하셨습니다.

그러나 지금 베드로는 단순히 사랑한다는 일방적인 설명이 통하지 않는 상태에 있었습니다. 즉 베드로의 마음이 뒤틀려 있는 것입니다. 어떤 사람은 자기 마음이 뒤틀리면 말하는 모든 것을 가지고 사사건건 시비를 걸고 따지는 사람이 있습니다. 만약 예수님이 베드로에게 '베드로야' 라고 부르셨다면 베드로는 '나는 베드로의 자격이 없습니다.' 라고 쏘아 붙였을지도 모릅니다. 만약 예수님이 베드로에게 '나는 너를 사랑한다' 고 하셨더라면 베드로는 '나는 그런 사랑을 받을 자격도 없는 놈입니다' 라고 대답을 했을지도 모릅니다.

지금 베드로는 주님이 부활하신 것을 믿지 못하는 것이 아닙니다. 주님은 다시 살아나셨습니다. 그러나 베드로에게 가장 혼란스러운 것은 도대체 '나는 지금 누구냐?' 라는 것입니다.

베드로는 예수님을 모른다고 부인했기 때문에 아마도 제자의 자격을 상실해 버린 것으로 생각했던 것 같습니다.

그때 베드로는 지금 '나는 어떤 상태에 있으며 나는 어떤 존재인가?' 하는 자격지심 때문에 고통을 겪고 있었던것 같습니다.

자신의 정체성에 혼동을 겪고 있고 정신적인 혼란을 겪고 있는 사람에게 일방적으로 아무리 좋은 말을 쏟아 부어도 소용이 없습니다. 왜냐하면 그 자신이 자기변명과 수치심으로 단단한 껍질을 싸고 있기 때문입니다. 이때는 그 사람 자신이 그 껍질을 깨고 나올 수 있는 합의점을 찾아야 합니다.

사실 베드로가 예수님을 부인하기 전에 자기는 죽을지라도 예수님을 따르겠다고 큰 소리를 쳤습니다. 그러나 예수님을 부인하고 난 후에는 자기 자신에 대해서 믿을 수 있는 것이 아무 것도 없었습니다. '그럼에도 불구하고' 베드로에게 너무나도 확실한 한 가지가 있었습니다. 그것은 베드로가 다른 어떤 것보다도 주님을 사랑한다는 사실이었습니다. 이것이 중요합니다. 즉 '그럼에도 불구하고' 입니다. 이러 이러한 일은 다 사실이지만 '그럼에도 불구하고' 라고 말할 수 있는 사람이 복 받은 사람입니다. 사탄은 우리의 양심을 공격합니다. 우리가 지은 모든 죄들을 다 들추어내어서 우리가 하나님의 은혜를 받기에 부적합하다고 공격합니다. 그때 우리는 무엇이라고 대답해야 합니까? "그래, 그 모든 것은 사실이다. 그럼에도 불구하고 주님은 나를 사랑하신다" 라고 대답할 수 있어야 합니다.

주님은 베드로에게 다른 것을 질문하시지 않았습니다. '너는 앞으로 어떻게 할래?' '또 다시 이런 짓을 하면 너와 나와의 관계는 완전히 깨어질 텐데 자신이 있어?' 라는 식으로 말씀하시지 않았습니다. 예수님은 베드로의 마음 속 깊은 곳에 숨어 있는 주님에 대한 뜨거운 사랑, 그것을 끄집어 내셨습니다. 베드로는 다른 것은 다 자신이 없어도 주님을 사랑하는 마음 하나만은 자신이 있었습니다. 베드로는 다른 어느 누구를 주님보다 더 사랑한 적이 없었습니다. 베드로에게는 주님이 그의 모든 것이었습니다. 베드로가 이것을 자기 입으로 고백하고 인정하는 순간 지금까지 베드로를 내리누르고 있던 무거운 죄책감과 수치심의 벽이 허물어져버렸습니다. 그 이유는 '네가 나를 사랑하느냐?' 하는 질문은 '내가 너의 죄 때문에 십자가에 못 박혀 죽은 것을 믿느냐?' 하는 것과 똑같기 때문입니다. 예수님께서 나의 죄 때문에 십자가에 못 박혀 죽으신 것을 믿는다면 우리는 더 이상 그 죄를 붙잡고 있을 필요가 없는 것입니다.

우리는 다른 사람이 잘못했을 때 그 사람의 잘못만 열거하면서 그에 대한 불만이나 요구사항을 늘어놓는 것은 좋지 않기에 피해야 합니다. 그렇게 하면 아무리 길게 이야기를 해도 상대방은 전혀 듣지 않을 것입니다. 중요한 것은 그 사람 안에 들어 있는 1 퍼센트의 아름다운 부분입니다. 우리가 그것을 찾아내고 그것을 인정해 줄 때 그 사람은 닫고 있었던 마음 문을 열고 오히려 더 적극적으로 흥미를 가지고 대화를 나누게 될 것입니다.

우리가 많은 죄를 지었을 때 주님은 다른 것을 가지고 야단을 치시지 않으십니다. 주님은 우리 안에 있는 작은 믿음, 그것 하나 보시고 말씀을 하십니다. 그러니까 우리는 언제나 주님을 만났을 때 자신이 있는 것입니다.

요즘 여러분의 상태가 어떤 상태에 있습니까? 혹시 베드로처럼 육체에 져서 자주 자주 좋지 않은 상태에 빠져 있지 않습니까? 그러면 분명히 내 마음에 단단한 껍질이 생겨 있습니다. 지금 주님이 아무리 좋은 말씀을 하셔도 우리 귀에는 들리지 않을 것입니다. 우리가 죄를 지었을 때 처음에는 주님에 대한 미안한 마음을 가집니다. 그러다가 금방 주님을 원망하는 마음을 가지게 됩니다. '왜 주님은 다 아시면서 막아주시지 않으셨을까?' 죄를 짓기는 자기가 지어놓고 원망은 주님을 하게 됩니다. 그리고 나서는 자기 자신에 대하여 비판하기 시작합니다. 즉 '나는 결국 그렇고 그렇기 때문에 아무리 은혜 받아도 소용이 없어' 라는 식으로 냉소주의에 빠져 버리는 것입니다. 우리 예수 믿는 사람에게 가장 무서운 병이 냉소주의입니다. 냉소주의는 한 때 너무나도 주님을 사랑했던 사람이 그 후에 여러 가지로 현실에 부딪쳐서 실패하면서 생기는 병입니다.

그런데 우리에게 분명한 것 하나가 있습니다. 그것이 무엇입니까? 그것은 내가 주님을 사랑하는 것입니다. 우리는 모두 다른 것은 다 몰라도 주님을 사랑하는 것 하나만은 어느 누구 앞에서도 분명합니다. 우리는 이것 하나로 냉소주의의 껍질을 깨어버려야 합니다. 왜냐하면 나머지 것들은 모두 주님이 다 책임지시기 때문입니다. 이것 하나만 인정하기만 하면 되는 것입니다.

결국 우리를 다시 일어서게 하는 것은 예수님의 사랑입니다. 이제는 내가 그것을 입으로 시인을 해야 합니다. '내가 다른 어느 누구보다도 주님을 사랑합니다. 이것 하나만은 절대로 부인할 수 없습니다.' 그러면 이미 우리 마음에 주님의 첫 사랑이 살아나기 시작합니다.

내 양을 먹이라

베드로가 예수님께 '내가 주를 사랑하는 줄 주께서 아시나이다' 라고 했을 때 예수님은 다른 것을 맡기지 아니하시고 '내 어린양을 먹이라' 고 말씀하셨습니다.

요한복음 21장 15절 下

"가라사대 내 어린 양을 먹이라"

예수님은 베드로에게 '내 어린양을 먹이라' 고 말씀하셨습니다.

여기서 우리는 베드로가 다시 주님의 사랑을 회복하는 것과 예수님의 어린양을 먹이는 것이 무슨 상관이 있는지 생각을 하게 됩니다.

예수님께서는 베드로에게 '베드로야, 네가 나를 사랑한다니 그것으로 충분하다' 고 말씀하시지 아니하셨습니다. 예수님은 또 베드로에게 '네가 정신이 드는 모양이구나. 이제부터 또 정신을 차리고 나를 좇아오도록 하라' 고 하시지도 아니하셨습니다.

예수님께서는 베드로에게 '내 어린양을 먹이라' 고 말씀하셨습니다. 이것은 지금 예수님께서 부활하신 후에 가장 관심을 가지고 계신 대상을 보여주시는 것입니다. 예수님께서는 '내가 부활하고 난 후에 손 볼 사람이 몇 명 있다' 고 말씀하시지 않으셨습니다. 또 '국제 정치가 어떻게 될 것' 이라고도 말씀하시지 아니하셨습니다. 지금 예수님에게 가장 중요한 사람들은 예수님의 어린양들인 것입니다. 어린양은 어떻습니까? 어린양은 그야말로 제대로 서 있지도 못하고 세워놓으면 넘어지고 또 세워놓으면 넘어집니다. 어린 양은 자기 힘으로는 어미

젖도 제대로 찾지 못하며 어떤 경우에는 젖병으로 젖을 먹여주어야 할 때도 있습니다. 어린 양을 그냥 두었다가는 사나운 염소에게 들이받혀서 죽게 될 것입니다.

예수님은 지금 예수 믿는 모든 형제와 자매들을 예수님의 어린양이라고 하셨습니다. 지금까지 그들이 예수님의 말씀을 들으며 기적을 체험한 것은 어미 품에서 만들어지고 있는 과정이었습니다. 이제 예수님이 부활하시고 그들은 이제 막 눈을 뜨게 되었고 이 세상으로 나오게 되었습니다. 예수님은 베드로에게 바로 이 어린양들을 맡기셨습니다.

예수님은 지금까지 만신창이가 되었던 베드로에게 또 다른 상처받은 영혼들을 맡기셨습니다. 즉 연약해서 넘어졌던 베드로에게 다른 연약한 자들을 돌보게 하셨고 상처를 입어서 넘어졌던 베드로에게 또 다른 상처를 입었던 자들을 부탁하셨습니다.

예수님께서 어린양들을 베드로에게 맡기신 것은 모든 약한 자들을 사람의 손에만 맡기시고 예수님은 완전히 손을 떼시겠다는 뜻이 아닙니다. 예수님은 모든 약한 자들을 베드로를 만나셨던 것처럼 개인적으로 만나셔서 위로해주시고 상처를 싸매어주실 것입니다. 그러나 이 세상에서도 누군가가 주님을 대신해서 그들을 보살펴주어야 할 사람이 필요한 것입니다. 우리는 주님으로부터 도움을 받지만 또 사람의 도움도 받아야 하는 것입니다.

그런데 예수님은 어린양을 돌보는 자를 선택하실 때 가장 허물이 많았고 가장 상처가 많았던 베드로를 택하셨습니다. 그 이유가 무엇일까요? 자기가 넘어져 보았고 자기가 실패를 해 보았기 때문에 다른 넘어진 자와 실패한 자들의 심정을 이해를 할 수 있기 때문입니다.

신앙적으로 넘어진 자들에게 아무리 좋은 명언을 쏟아 부어도 사실 상처를 입은 자들에게는 큰 위로나 격려가 되지 않습니다. 그들에게 필요한 것은 자신들의 아픔을 이해해주는 것입니다.

그리고 자신들이 넘어질 수밖에 없었고 죄에 빠질 수밖에 없었던 것을 이해해줄 수 있는 사람인 것입니다. 베드로같이 적어도 자기 자신이 넘어진 적이 있었던 사람은 다른 사람이 넘어진 것을 비난하거나 공격하지는 않습니다. 그래서 예수님께서는 베드로에게 다른 넘어진 자들과 약한 자들을 돌보아주는 일을 맡기신 것입니다.

우리가 알아야 할 것은 우리 예수 믿는 사람들은 모두 다 약한 자들이라는 사실입니다. 우리는 옛날에는 모두 강한 자들이었습니다. 사자들이었고 늑대들이었기 때문에 다른 사람의 도움 없이 모두 다 잘 알아서 살 수 있었습니다. 그러나 예수 믿으면서 우리는 모두 양으로 변해버렸습니다. 그것도 어린양으로 변해버렸습니다. 우리는 모두 조금씩 조금씩 자신을 찾아가고 있는 과정 중에 있습니다. 그러기에 우리 중에 어느 누구도 완전하지 않습니다. 우리는 서로가 얼마나 잘 넘어질 수 있고 얼마나 자주 실패할 수 있는지 잘 이해할 필요가 있습니다. 아마 집에서 장애인 아이를 키우는 부모들은 얼마나 아이가 잘 넘어지고 얼마나 아이가 잘 실패하고 얼마나 남보다 더디게 이해하는지 잘 이해를 할 것입니다.

예수님에게 최고로 중요한 사람들은 어린양들입니다. 그것도 보통 어린양이 아니고 상처 입은 어린양이고 저능아 어린양이고 장애인 어린양들입니다.

예수님은 베드로가 영적 침체에서 벗어났을 때 비로소 약한 자들을 지켜주는 일을 시키셨던 것입니다. 아마 베드로에게 이 실패했던 체험이 없었더라면 약한 자들은 눈에 들어오지도 않았을 것입니다. 얼른 이 복음을 땅 끝까지 전하고 많은 사람들을 전도하기 위해서 계획을 세우고 사업을 구상했을 것입니다. 그러나 교회에서 가장 중요한 것은 약한 어린양을 지키는 것입니다.

그런데 예수님은 베드로에게 어린양들을 맡기시면서 '네가 이 사람들 보다 더 나를 사랑하느냐?' 고 물으셨습니다. 우리가 생각하기에는 예수님께서 베드로에게 '네가 이 사람들을 진정 사랑하느냐? 그러면 좋다' 라고 하실 것 같은데 그렇지가 않습니다. 즉 예수님은 베드로가 아무리 양들을 사랑한다 하더라도 예수님보다 더 사랑해서는 안 된다고 말씀하시는 것입니다. 왜 다른 사람들을 예수님보다 더 사랑해서는 안 되는 것일까요?

우선 중요한 것은 양들을 예수님보다 더 사랑하면 실망하게 되기 때문입니다. 처음에 양들을 보면 너무나도 사랑스럽고 귀엽고 그들을 위해서 목숨까지 바칠 것 같지만 점점 알아가게 되면 실망스러운 부분들이 많이 나타나게 되는 것입니다. 우리는 다른 사람들을 좀 더 자세하게 알면 실망할 때가 많습니다. 그래서 나중에는 덜 사랑하게 되고 그 뒤에는 아예 버리게 되는 것입니다. 한때 우리나라에서 애완견을 많이 키우다가 경제가 어려워지니까 애완견을 버리는 사람들이 많아지게 되었습니다. 그래서 어떤 때에는 제법 괜찮게 생긴 개도 주인이 없어서 길거리를 돌아다니는 것을 보게 될 때가 있습니다.

주님은 그 사람들이 좋은 점이 있기 때문에 돌보라고 말씀하시지 않습니다. 그 사람들이 인물이 좋고 교양이 있고 재산이 많기 때문에 돌보라고 하는 것이 아닙니다. 왜 베드로가 다른 양들을 돌보게 됩니까? 예수님이 그들을 사랑하셨고 예수님이 그들을 위해서 피를 흘리셨기 때문입니다. 우리는 하나님의 양들이 아무 사랑할 이유가 없어도 하나님의 백성들이기 때문에 사랑하는 것입니다. 결국 그들은 주님의 양떼이지 내 양떼가 아닌 것입니다.

우리가 할 것은 푸른 풀이 있는 곳으로 양떼들을 데리고 가기만 하면 됩니다. 그러면 거기서 주님은 우리 한 사람 한 사람을 다 만나시고 우리의 아픔을 치료해주시고 우리의 앞길을 인도해주시는 것입니다. 그래서 목자는 양들을 주님을 만날 곳으로 데리고 가면 됩니다. 그러면 우리 각자 각자의 문제가 아무리 복잡하고 어려워도 주님이 다 해결해 주십니다.

우리는 양들이 예수님을 잘 만날 수 있도록 지켜주고 안내해줄 책임이 있는 것입니다. 양들 중에 건강한 양들은 길을 보여주기만 하면 앞장서서 달려가는 양들도 있을 것입니다. 그러나 병든 양은 자기 혼자 힘으로 걷지 못하고 안고 가야합니다. 또한 그 중에서도 말을 듣지 않는 것들은 다른 길로 달려갑니다. 그런 것들은 따라가서 도로 붙잡아 와야 하는 것입니다.

어떤 사랑인가?

예수님께서는 베드로에게 '요한의 아들 시몬아, 네가 나를 사랑하느냐?' 하는 질문을 세 번씩이나 하셨습니다. 예수님이 베드로에게 세 번째로 똑같은 질문을 하셨을 때 베드로는 마음에 근심을 하게 되었습니다. 그 이유는 자기가 주님의 의도를 모르고 있다는 것을 알았기 때문입니다.

요한복음 21장 17절

세 번째 가라사대 요한의 아들 시몬아 네가 나를 사랑하느냐? 하시니 주께서 세 번째 네가 나를 사랑하느냐? 하시므로 베드로가 근심하여 가로되 주여 모든 것을 아시오매 내가 주를 사랑하는 줄을 주께서 아시나이다 예수께서 가라사대 내 양을 먹이라

그런데 예수님이 두 번째로 베드로에게 '네가 나를 사랑하느냐?' 고 물으셨을 때 베드로는 약간 의아하게 생각을 했습니다. 왜 예수님께서 나에게 두 번씩이나 이 질문을 하시는 것일까?

그러다가 세 번째로 예수님이 똑같은 질문을 했을 때 베드로는 근심을 하게 되었습니다. 왜냐하면 지금 자기가 생각하는 것과 주님이 물으시는 것이 좀 다르다는 것을 알게 되었기 때문입니다.

예를 들어 학교에서 선생님이 학생들에게 이 문제를 모두 아느냐고 물었다고 합시다. 학생들은 다 '예' 라고 대답했습니다. 그런데 선생님이 한 번 더 질문하십니다. '정말 모두 다 이 문제를 알아요?' 라고 했을 때 학생들은 약간 신경질적인 반응으로 '아, 예! 우리 다 알아요.' 라고 대답할 것입니다. 그런데 선생님이 세 번째로 '정말 너희들이 다 안다고 생각하니?' 라고 질문하시면 학생들은 근심할 것입니다. 왜냐하면 무엇인가 선생님은 우리가 생각하는 것과 다른 것을 말씀하시기 때문입니다.

우리는 베드로에게 세 번 '네가 나를 사랑하느냐?' 하는 질문을 통해서 예수님의 뜻이 어떻게 발전하고 있는지 알 수 있습니다.

첫 번째 예수님께서 '네가 나를 사랑하느냐?' 고 물으신 것은 베드로를 그 침체된 마음에서 끌어내시는 것입니다. 즉 베드로가 다시 은

혜를 회복할 수 있는 길은 예수님에 대한 사랑의 확신 밖에 없었습니다. 베드로는 예수님도 자기를 사랑하시지만 자기도 예수님을 사랑한다는 것을 알고는 죄책감에서 벗어날 수 있었습니다.

그런데 예수님이 두 번째로 '네가 나를 사랑하느냐"고 물으신 것은 이것을 다시 확실히 다지시는 것입니다. 즉 예수님은 베드로에게 '네가 앞으로 어떤 실수를 하고 어떤 좌절에 빠지더라도 나에 대한 사랑만 붙잡으면 얼마든지 다시 힘을 회복할 수 있다' 는 것을 가르쳐주시는 것입니다. 그래서 처음 사랑은 지금 현재의 실패에서 이기기 위한 사랑이라면 두 번째 사랑은 앞으로 베드로 자신이나 다른 모든 성도들이 실패하고 어려움에 빠졌을 때에도 이 방법으로 회복을 하라는 뜻입니다.

그런데 주님이 세 번째로 베드로에게 '네가 나를 사랑하느냐? 는 질문을 하신 것은 결국 우리가 누구의 힘과 누구의 의지로 다른 사람들을 사랑하느냐 하는 문제인 것입니다.

결국 내가 힘이 있고 내가 의지가 있기 때문에 주님을 사랑하고 남을 사랑하는 것이 아니라는 것입니다. 우리가 주님을 사랑할 수 있는 의지나 힘마저도 우리의 것이 아니고 주님이 우리에게 주신 것입니다. 이 사실을 우리는 분명히 알아야 합니다.

이제 베드로는 예수님의 세 번째 질문을 통해서 무엇인가 자신이 주님의 뜻을 다 이해하지 못하고 쉽게 대답하고 있다는 것을 생각하게 되었습니다.

이때 주님은 우리가 어떤 식으로 사랑해야 하는지 말씀해주셨습니다.

요한복음 21장 18절

"내가 진실로 진실로 네게 이르노니 젊어서는 네가 스스로 띠 띠고 원하는 곳으로 다녔거니와 늙어서는 네 팔을 벌리리니 남이 네게 띠 띠우고 원치 아니하는 곳으로 데려가리라."

주님은 바로 이것을 말씀하시려고 계속 질문하신 것입니다. 주님이 생각하는 진정한 예수 사랑이라고 하는 것이 무엇입니까? 그것은 자기 능력을 믿고 자기 비전(vision)을 찾아서 이 일도 하고 저 일도 하는 것이 아니라는 것입니다.

어떤 젊은 사람이 있었습니다. 이 사람은 너무나도 의욕이 많고 활기에 넘쳤습니다. 그는 너무나도 하고 싶은 일이 많아서 도저히 한 자리에 머물러 있을 수가 없습니다. 그래서 매일 이른 아침에 옷을 챙겨입고 허리띠를 띠고 주님의 일을 하러 갑니다.

그는 너무나도 할 일이 많고 바빠서 다른 사람과 이야기를 하면서도 어떤 일을 해야 합니다. 식사도 햄버거 같은 것을 먹고 식사를 마친 후에는 또 다른 사람들을 만나서 회의를 하기 위해서 쏜살같이 달려갑니다. 얼마나 바쁜지 주님조차도 그 사람을 만날 수가 없습니다. 우리는 이런 사람이 유능하다고 생각합니다. 하지만 주님이 보실 때 이런 사람은 유능한 자가 아닙니다.

또한 여기에 보면 예수님이 '젊어서는'라고 말씀하고 있습니다. 이것은 우리가 아직 덜 성숙했을 때를 말합니다. 우리의 믿음이 덜 성숙했을 때에는 나의 계획이 많습니다. 그래서 내가 계획을 세워가지고 여러 곳을 다니면서 주님의 일을 하는 것을 좋아합니다. 물론 우리는 이것도 필요하다는 것을 인정합니다.

하지만 예수님은 진정한 사랑이라는 것은 내가 의욕을 가지고 내가 많은 계획을 세워서 하나님의 일을 하는 것이 아니라고 말씀하십니다.

주님이 좋아하는 사람은 주님의 손에 딱 붙잡히는 사람입니다. 목수들이 좋아하는 도구는 자기 손에 딱 맞는 도구들입니다. 망치나 톱이나 대패나 자기 손에 딱 맞고 손에서 빠지지 않는 도구를 좋아합니다. 그러나 대부분의 사람들은 참으로 자질은 훌륭한데 좀처럼 주님의 손에 잡히지가 않습니다. 주님이 좀 잡으려고 하면 언제나 빠져서 달아나버립니다.

그래서 하나님께서 우리를 쓰시기 위해서 사용하시는 방법이 무엇일까요? 우리를 집 옥상에 데리고 가서 거기서 떨어트려서 '완전히 옥상에서 떨어진 메주'가 되게 하시는 것입니다. 완전히 세상적으로나 자기 자신에게로나 볼품없이 만들어놓으십니다. 그렇게 잘 나가던 인생을 바닥에 내팽개치셔서 아무것도 할 수 없게 만들어버립니다. 그리고 난 후에 조금씩 치료하셔서 주님의 뜻이 아니면 아무 것도 할 수 없게 만드시는 것입니다.

사도 바울 같은 사람은 다메섹에서 예수님을 만나기 전에 유대 사회의 엘리트였고 잘 나가던 사람이었습니다. 그러나 사울은 다메섹으로 가던 길에서 완전히 맨 바닥에 '패대기' 쳐졌습니다. 그때 사울이 할 수 있었던 유일한 말은 '주여 뉘시오니까?' 라는 말이었습니다.

이 세상에 잘 나가는 사람의 특징이 무엇입니까? 주님의 손에 붙잡히기에는 너무나도 바쁘다는 것입니다. 그러나 그것은 자기 일을 하는 것이고 자기 이름을 내는 것이지 주님의 일을 하는 것이 아닙니다.

우리가 주님의 손에 붙잡혀야 하는 중요한 이유가 두 가지 있습니다.

그 하나는 주님의 손에 붙잡혀야 성령의 힘으로 일할 수 있습니다. 우리는 이 세상의 많은 일을 좋아하지만 그것은 모래를 이곳에서 저곳으로 옮기는 것에 불과합니다. 결국 이 세상에 하나님의 축복이 나타나고 부흥이 일어나려면 하나님의 손에 붙잡혀야 하고 말씀에 붙잡혀야 하는 것입니다. 우리가 하나님의 손에 붙잡힐 때 진정한 부흥의 역사가 나타나게 됩니다.

그리고 또 하나는 우리가 하나님의 손에 붙잡히지 않았을 때에는 죄를 이길 수가 없습니다. 그래서 일도 많이 하지만 죄에 빠지기도 쉽습니다. 그래서 결국 어느 순간에 죄에 빠져서 망하기가 쉽습니다. 삼손 같은 경우에 하나님의 손에서 빠져나가서 돌아다니다가 결국 들릴라의 유혹에 걸려 넘어가서 눈알이 빠지고 머리털이 밀리는 실패를 경험했습니다.

무엇보다 우리가 주님의 손에 붙잡혀야 하는 이유는 주님의 손에 붙잡혀야 안전하기 때문입니다.

사도 바울은 자기가 남에게 복음을 전한 후에 자기 자신이 버림을 당할까 두려워한다고 했습니다. 예수님은 '나더러 주여, 주여 하는 자마다 다 천국에 들어갈 것이 아니요, 아버지의 뜻대로 행하는 자라야 들어가리라' 고 말씀하셨습니다.

주님의 일을 많이 했다고 해서 천국 들어가는 것이 아닙니다. 아버지의 손에 붙잡혀서 아버지의 뜻대로 살아야 들어가는 것입니다.

그런데 이것을 요한은 베드로가 순교하는 것으로 생각을 했습니다.

요한복음 21장 19절

이 말씀을 하심은 베드로가 어떠한 죽음으로 하나님께 영광을 돌릴 것을 가리키

심이러라

사도 요한이 이 서신을 쓸 때에는 많이 늙었을 때인데 이 서신을 기록하기 전에 베드로가 순교를 당했던 것 같습니다. 아마 베드로도 예수님의 말씀을 듣고 기분이 심상치가 않았던 것 같습니다. 그래서 언제나 자기와 같이 다니며 함께 일했던 요한은 어떻게 되느냐고 물었습니다. 21절, "이에 베드로가 그를 보고 예수께 여짜오되 주여 이 사람은 어떻게 되겠삽나이까?"

베드로는 갑자기 요한을 끌고 들어가려고 합니다. 그때 예수님은 요한은 어떻게 되든지 상관하지 말라고 말씀하셨습니다.

요한복음 21장 22절

예수께서 가라사대 내가 올 때까지 그를 머물게 하고자 할지라도 네게 무슨 상관이냐? 너는 나를 따르라 하시더라

교인들 중에는 꼭 다른 사람을 끌고 들어가야 직성이 풀리는 사람이 있습니다. '나는 좋은데 이 사람은 어떻게 되겠습니까? 이 사람이 그만 두어야 저도 그만 둘 수 있습니다'

이런 것은 좋은 것이 아닙니다. 우리가 어렸을 때에는 다른 사람들을 따라 할 때가 많고 같이 가는 것을 좋아합니다. 여학생들 중에는 친구가 화장실에 가면 우르르 따라가기도 합니다. 진학하는 학교가 다르면 서로 부둥켜안고 울면서 다른 학교에 가더라도 매일 만나자고 약속을 합니다. 하지만 여자 친구들은 애인이 생기면 그때부터는 멀어지기 시작할 것입니다.

예수님은 이제 우리가 성숙한 신앙의 자리로 나아가서 각자 각자가

하나님의 뜻을 찾아야 하고 때로는 아무리 사랑하는 사람이라 하더라도 두고 떠나야 하기도 하고 어떤 때에는 먼저 죽을 때도 있다는 것입니다.

때로는 너무 남편 때문에 주님의 일을 소홀히 해서는 안 될 것입니다. 남편은 남편이고 또 내가 할 일이 있는 것입니다. 혹은 아내나 아이 때문에 주님의 일을 못하겠다고 해서도 안 됩니다. 아내는 아내이고 나는 내가 해야 할 일이 있는 것입니다. 또한 아버지나 어머니 때문에 주님의 일을 못한다고 해서도 안 됩니다. 우리는 모두 다 각자 나름대로 최선을 다해야 할 책임이 있습니다.

우리가 다시 주님을 만났을 때 '누구 때문에 못했습니다.' 라는 것은 핑계가 되지 않습니다. 그러니까 우리가 주님을 따르려면 참으로 비장한 각오가 필요한 것입니다. 우리 가운데 어느 누구도 자기 할 일 다 하고 자기 챙길 것을 다 챙기면서 주님의 일을 할 수는 없을 것입니다.

예수님은 '여우도 굴이 있고 새도 둥지가 있지만 인자는 머리 둘 곳도 없다' 고 말씀하셨습니다. 아버지를 장사지내고 주님을 좇겠다는 제자에게는 '죽은 자들로 죽은 자를 장사하게 하고 너는 나를 좇으라' 고 말씀하셨습니다. 가족들과 인사를 하고 오겠다는 제자에게는 '쟁기를 쥐고 뒤를 돌아보는 자는 내게 합당치 않다' 고 말씀하셨습니다.

우리는 다른 사람과 비교해서도 안 되고 다른 사람 때문에 어떤 일을 할 필요도 없습니다. 우리는 각자 각자 주님이 원하시는 길이 있는 것입니다.

그런데 예수님의 이 말씀을 듣고 오해가 생겼습니다. 그것이 무엇입니까? 그것은 '요한은 안 죽는다더라' 는 소문이 퍼졌던 것입니다. 그래서 교회사에도 보면 요한은 끓는 기름 가마에 넣었는데도 도로 튀어

나왔다는 말이 있을 정도입니다. 이것은 다 오해에서 빚어진 것들입니다.

우리가 아무리 예수님을 사랑하고 믿어도 육신이 약하여 죄를 짓거나 넘어질 때가 많이 있습니다. 그때 우리가 우리 자신에 정직하고 충실하면 죄책감에 눌려서 도저히 일어설 수가 없을 것입니다. 주님에 대하여 미안한 마음이 나중에는 결국 냉소주의로 빠지게 됩니다. 우리는 주님을 사랑하는 마음으로 일어서야 합니다. 영적 침체가 오래가는 것은 우리에게 좋은 것이 아닙니다. 우리는 오늘 주님의 사랑으로 다시 일어서야 합니다. 그리고 주님에게 가장 중요한 것은 많은 일을 해야하는 것이 아니라는 것을 알아야 합니다. 오직 우리가 할 일은 주님의 어린양들을 지키는 것입니다. 그들을 푸른 풀밭으로 인도하는 것입니다.

무엇보다 우리는 다른 사람 때문에 주님의 일을 못한다고 해서는 안 됩니다. 우리는 언젠가 주님 앞에서 내가 최선을 다했는지 질문을 받게 될 것입니다. 그때 '잘 하였도다 착하고 충성된 종아' 하며 칭찬받는 성도들이 되면 우리는 행복한 인생을 산 것입니다. 여러분 모두 주님께 그렇게 칭찬받는 자들이 되시길 바랍니다.